기호, 텍스트 text 그리고 삶

신현숙 · 박인철 편

말, 문자, 이미지, 몸짓, 음과 같은 표현 매체들은 의미와 결합함으로써 기호를 형성하고, 인간은 기호들을 통해 의미활동을 한다. 기호학은 간단히 말해 이러한 일단의 기호들이 갖는 의미의 내적, 논리적 구조를 파악하는 학문이라고 할 수 있다. 그런데 기호학의 본령은 하나 하나의 기호의 의미를 밝히는 데 있지도 않고, 교통 신호나 도로 표지판과 같은 단순한 기호 체계를 밝히는 데 있지도 않다. 기호학은 담화(discours) 내에서 실현된 의미의 생성과 파악의 조건을 규명하는 것을 소임으로 삼는다.

도서출판 월인

책머리에

말, 문자, 이미지, 몸짓, 음과 같은 표현 매체들은 의미와 결합함으로써 기호를 형성하고, 인간은 기호들을 통해 의미활동을 한다. 기호학은 간단히 말해 이러한 일단의 기호들이 갖는 의미의 내적, 논리적 구조를 파악하는 학문이라고 할 수 있다. 그런데 기호학의 본령은 하나 하나의 기호의 의미를 밝히는 데 있지도 않고, 교통 신호나 도로 표지판과 같은 단순한 기호 체계를 밝히는 데 있지도 않다. 기호학은 담화(discours) 내에서 실현된 의미의 생성과 파악의 조건을 규명하는 것을 소임으로 삼는다.

그런데 기호학이 담화에서 밝히고자 하는 의미는 어떤 심오한 사변적인 의미도 아니고 형이상학적인 의미도 아니다. 그것은 모든 사람들이 공유하고 있는 의미, 말하자면 '공통 의미'(sens commun)와 같은 것이다. 한 편의 동화를 읽든, 만화를 보든, 영화를 감상하든 어린이나 어른이나 모두 동의하는 의미가 있는데, 이러한 의미를 우리는 공통 의미, 혹은 1차적 의미라고 부를 수 있다. 담화에 내재된 이러한 공통 의미를 구성하는 것을 규명하는 것이 곧 기호학 이론이며, 이를 통해 기호학이 의미 대상에서 규명하고자 하는 것도 이 의미 대상에 대해 누구나 파악할 수 있는 그러한 의미이다.

그러나 이 1차적 의미가 그렇게 손쉽게 파악될 수 있는 것은 아니다. 왜냐하면 언어는 단지 정보전달을 위한 투명한 도구에 그치는 것이 아니라, 많은 경우에 있어서 주체가 세계와 타인들에게 작용하는 도구이기도 하기 때문이다. 발화 주체는 자기가 전달하고자 하는 정보를 타자가 '믿게끔'(faire croire) 타자를 조종하기도 하고 정보를 조작(操作)하기도 한다. 이런 점에서 담화는, 그레마스가 말한 것처럼, "참과 거짓, 비밀과 기만이 뒤섞여 있고 읽혀지는 불안정한 장소"라고 할 수 있다. 이러한 사태에서 발화자가 진리를 말한다는 것은 거의 불가능한 일일 지도 모른다. 그의 담화는 단지 진리라는 의미 효과(effet de sens)만을 창출할 수 있을 뿐이다. 진리가 단지 의미 효과라면 이제 발화자의 담화는 진실을 말하는 것이 아니라 '진실처럼 보이게 하는 행위'(faire-paraître-vrai)로 생각해야 할 것이다. 아울러 발화자는 자신의 진리 진술이 진실처럼 보이기 위해 그의 진술이 지시물과 일치하도록 애쓰기 보다는 오히려 피발화자로부터 동의를 구하려고 애쓴다. 이러한 설득 전략은 주체가 담화를 통해 실현코자 하는 기본 전략 중의 하나이다.

한국기호학회를 창설하시고 초대 회장을 역임하신 이화여자대학교 金治洙 教授님의 정년을 기념하기 위해 한국 기호학회는 여러 편의 논문들을 『기호, 텍스트 그리고 삶』이라는 제목으로 묶어 특집호를 펴냈다. 독자들은 이 특집호에서 이론적인 관점에서나 텍스트의 분석에서나 기호학이 어떻게 그 고유한 방법으로 기호 자체에서나 문학 작품, 영화, 광고, TV 보도와 같은 실제 텍스트에서 진실과 거짓의 유희, 다의적 의미의 조작(操作), 설득 전략을 파악하는 지를 볼 수 있을 것이다.

여기에 덧붙여 우리는 정념에 관한 몇 편의 논문을 수록하였다. 정념의 기호학은 기존의 기호학의 연장이나 단순한 첨가가 아니다. 최근의 연구자들은 기존의 문제틀에서 벗어나 이 새로운 분야의 연구를 통해 기존의 기호학 이론을 쇄신하고 이를 기초부터 다시 세우는 작업을 시도하고 있다. 정념의 기호학은 과거 기호학의 이론 수립 과정에서 다소 배제되었던 철학, 정신분석이론, 인지과학, 사회학 등 여러 인문과학의 이론을 포섭하여 이론의 바탕으로 삼으려는 원대한 계획을 갖고 있다. 그것이 다루고자 하는 영역이 광대한 만큼 아직 확고하게 정립된 이론이 나오지는 않았지만 국내에서도 몇몇 연구자들이 이 분야를 적극적으로 연구하기 시작한 것은 고무적인 일이라고 할 수 있다. 『기호학 연구』는 가까운 시일 내에 정념의 기호학 특집호를 낼 계획을 갖고 있으니 기대해 볼만한 일이다.

2006년 1월

박인철

차 례

Ⅱ. 텍스트

Ⅲ. 삶

Ⅰ. 기호

기호와 거짓말*

김운찬**

1. 기호의 속성과 메커니즘

퍼스Ch. S. Peirce(1839~1914)의 정의에 의하면 기호란 본질적으로 "다른 무엇을 대신하는 것"[1]을 가리킨다. 퍼스의 기호학 이론을 직접적으로 이어받고 있는 움베르토 에코Umberto Eco(1932~)는 기호의 이러한 성격을 아이러니컬하게 지적하면서, 일반 기호학 이론의 방법론적 가설로서 "거짓말 이론"을 제안한다. 그는 기호학이란 "원칙상 거짓말을 하기 위해 사용될 수 있는 모든 것을 연구하는 학문"(Eco 1975: 17)이라고 규정한다. 왜냐하면 기호가 대신하는 "그 다른 무엇은 필수적으로 존재하지 않아도 되며, 기호가 그것을 대신하는 순간에 실제로 현존하지 않아도" 되기 때문이라는 것이다(*ibid.*). 바꾸어 말하자면 거짓말이 탄생할 수 있는 것은 바로 기호 자체의 본질적 속성과 메커니즘 때문이라고 말할 수 있다.

---

* 본 논문은 『지중해지역연구』, 제4권 제1호, 부산외국어대학교 지중해연구소, 2002년 2월에 실린 글을 수정하고 보완한 것임.

** 대구가톨릭대학교 이탈리아어과 교수

1) Charles S. Peirce, *Collected Papers*, Cambridge(MA), Harvard University Press, 2.228 (이탈리아어 번역본, *Semiotica*, Torino, Einaudi, 1980, p.132).

모든 기호에 있어 표현의 단면과 내용의 단면 사이의 상호 관계는 자의적이며, 보편적이고 불변하는 대응 관계를 형성하지는 않는다. 바로 여기에서 기호의 모호성 또는 다의성(多義性)이 비롯되며, 표현과 내용(또는 소쉬르의 표현에 의하면 기표signifiant와 기의signifié) 사이에는 불안정하고 유동적인 상관 관계가 형성된다. 단적으로 말해 모든 기호의 의미는 잠정적인 것에 불과하다. 그렇기 때문에 모든 발화체의 내부 또는 그 주위에는 언제나 거짓말의 가능성이 맴돌고 있다. 그러나 에코가 지적하였듯이, 거짓의 가능성이 있기 때문에 역설적으로 기호는 진실(또는 참)을 말하는 데에도 사용될 수 있다.

이러한 맥락에서 보면 프로이트의 탁월한 성찰(소위 "압축과 전이")에서 시작하여, "기표의 표류"(데리다J. Derrida), "기의의 미끄러짐"(라캉J. Lacan), "거짓말 이론"(에코) 등에 대한 수많은 논의는 "커뮤니케이션은 끊임없는 오해의 과정에 불과하다"는 극단적인 주장[2] 또는 "텍스트의 진정한 의미는 없다Il n'y pas de vrai sens d'un texte"는 발레리P. Valéry의 선언[3]과 맞닿아 있다. 모든 커뮤니케이션 과정에서 발신자와 메시지, 그리고 수신자 사이의 의도가 서로 어긋나고, 경우에 따라서는 "행복한 오해"가 빚어지는 것도 동일한 맥락에서 이해된다.

에코는 텍스트라는 거대 기호를 중심으로 나타나는 '작가의 의도intentio auctoris'와 '작품의 의도intentio operis', '독자의 의도intentio lectoris' 사이를 구별할 수 있다고 지적한다(Eco 1990: 22~25). 문제는 이 세 가지 의도들이 언제나 일치하는 것은 아니며, 오히려 서로 배반하는 경우가 많다는 데 있다. 이것은 수신자의 언어 능력competence(또는 코드)은 필연적으로 발신자의 언어 능력(또는 코드)과 동일하지 않다는 엄연한 화용론적

---

2) 물론 이러한 주장은 지나치게 과장된 것이지만, 그레마스의 지적(Greimas 1970: 이탈리아어 번역본, p.13)대로 일부에서 그러한 단언들이 나오고 있는 것은 사실이다.

3) Eco 1979: 58에서 재인용.

법칙에 의해 검증된다(Eco 1979: 53 및 1978: 40 참조). 그리고 이러한 현상은 우리의 거의 모든 커뮤니케이션 실천 과정들에서 쉽게 찾아볼 수 있다. 모든 커뮤니케이션 과정이 필연적으로 기호들을 매개로 이루어질 수밖에 없다면, 아마도 그것은 불가피한 현상일 것이다. 단적으로 말해 기호가 개입되는 한, 가령 선(禪) 불교에서 말하는 '이심전심(以心傳心)'과 같은 이상적이고 완벽한 커뮤니케이션은 이루어질 수 없다.

그렇다면 분명한 것은 기호, 아니 엄밀하게 말하자면 '기표'의 단면은 유리처럼 투명하고도 명확하게 자신의 의미 또는 내용을 드러내지 않는다는 사실이다. 발화의 상황이나 맥락 또는 문맥에 따라 기호는 언제든지 새로운 의미로 충만해질 수 있고, 또한 수신의 상황 및 수신자에 따라 달리 해석될 수도 있다. 극단적인 경우 최초의 의미와는 상관없이 우리는 기호의 "벌거벗은 이름"[4] 앞에 직면하기도 한다.

더구나 기호들의 복합적인 구성으로 이루어지는 "담론은 진실성과 허위성, 거짓말과 비밀이 등록되고 읽혀지는 취약한 장소이다"(Greimas 1983: 이탈리아어 번역본, 103). 물론 그것은 그레마스의 지적대로 담론에 대한 "순진한 접근"에서 이끌어낸 결론이라고 말할 수 있다. 하지만 어쨌든 "언어는 고유의 진실 말하기의 장소"이자, "동시에 담론은 거짓말처럼 보이는 장소"(*ibid.* 107)라는 것은 분명해 보인다. 그리하여 하나의 동일한 텍스트는 서로 다른 읽기 또는 해석을 허용한다. 그리고 비록 텍스트 자체에 의해 그 숫자는 제한되어 있지만,[5] 상이한 '동위적 읽기들'을 허용

4) 세계적으로 수천만 부가 팔릴 정도로 엄청난 인기를 끈 자신의 첫 소설 『장미의 이름*Il nome della rosa*』(Milano, Bompiani, 1980)의 마지막 문장에서, 에코는 12세기의 베네딕트 수도사 몰레 사람 베르나르Bernard의 라틴어 시구를 원용하여 "Stat rosa pristina nomine, nomina nuda tenemus[태초의 이름으로 장미가 있었으나, 이제 우리는 그 벌거벗은 이름만 갖고 있다]"고 쓰고 있다. 이 구절의 구체적인 의미에 대해서는 여러 비평가들이 다양한 해석을 하고 있다. 그 명확한 해석은 어렵지만, 이 구절이 기호학의 본질적인 문제와 연결되어 있는 것은 분명해 보인다. 평소 에코는 기호학이 이론만으로는 해결하지 못하는 문제들을 소설화한다고 말한 데에서도 그러한 실마리를 찾을 수 있다.

한다. 그레마스가 말하는 동위성(同位性) isotopy이란 "어떤 이야기의 균일한 읽기를 가능케 하는 풍부한 의미 범주들의 총체"(Greimas 1970: 188)로 정의될 수 있다.

하나의 텍스트에 대해 여러 가지 상이한 동위적 읽기와 해석들이 가능하다는 것은, 극단적으로 말해 텍스트는 단 하나의 명백한 진리로만 해석되기 어렵다는 것을 의미한다. 이러한 상황에서 궁극적으로는 참말과 거짓말 사이의 경계선이 모호해질 수밖에 없다. 태초의 의미(또는 지시물)에서 벗어나 한갓 벌거벗은 이름으로 전락해버린 기호에 대해 최소한 이론상으로는 여러 가지 많은 의미들이 부과될 수 있다면, 그것은 결국 아무것도 말하지 않는 것과 마찬가지이기 때문이다. 어떤 것이(가령 에코의 소설 제목이 암시하듯이 "장미"라는 하나의 이름이) 모든 것을 의미할 수 있다는 것은 바꾸어 말해 아무 것도 의미하지 않는다는 말과 같다.

텍스트가 진실 말하기의 장소이면서 동시에 거짓말의 장소가 될 수 있다는 사실은 바로 기호학을 곤경에 빠뜨리는 주된 요인이다. 의미에 관한 수많은 철학적 또는 언어학적 논의들이 통일적인 해결책을 제시하지 못하고, 여전히 시론의 단계에 머물러 있는 것도 그러한 이유 때문이다. 사실 의미론은 언어학에서 가장 골치 아픈 분야에 속한다. 벤베니스트의 은유적인 표현에 의하면(Benveniste 1966: 178), 의미론은 "메두사의 머리"를 가진 괴물이며, 따라서 자칫하면 그 앞에서 돌이 되어버릴 수도 있다. 그렇다면 모든 문제의 근원은 어떠한 의미론도 의미의 문제를 완벽하지 해결하지 못하는 데에서 비롯된다.

---

5) "텍스트 자체는 고유의 동위적 읽기 표지marker들(우리의 경우에는 '진실 말하기의 표지들')을 갖고 있으며, 그것들이 그 가능성을 제한한다."(Greimas 1983: 이탈리아어 번역본, 105).

2. 진실의 기준에 관한 문제

참과 거짓(또는 진실과 허위) 사이에 명확한 경계선을 긋기는 어렵다. 객관적이고도 합리적으로 검증된 진실이 명백히 존재할 경우에는 간단하다. 하지만 문제는 바로 진실이란 무엇인가 확정하기 어렵다는 데 있다. 가장 손쉬운 방법 중의 하나는 진실과 사실을 동일시하는 것, 즉 "진실과 사실은 상호 교환된다verum et factum convertuntur"는 비코G. Vico의 견해를 따르는 것이 될 것이다. 그렇지만 사실(물리적 사건 또는 사물들의 상태)이란 그것이 이미 이루어진 사건factum(즉 과거의 역사적 사실)이 되는 순간, 그 사실에 대한 흔적(그것이 물리적이든 또는 정신적이든)의 형태로만 우리에게 전해지게 된다. 바꾸어 말해 현실은 하나의 기호로 전환되며, 그것은 또 다시 우리에게 해석을 요구한다. 심지어는 현재 우리 눈앞에 전개되어 있는 사실과 사물들도 궁극적으로는 읽혀지고 해석되어져야 할 대상에 불과하다.

다른 한편으로 사실의 진위 여부와는 상관없는 담론들이 무수하게 존재한다. 신화와 전설, 문학, 윤리, 종교, 철학 등의 담론들에서는 사실성이 별로 중요하지 않는 경우들이 많다. 특히 소설이나 동화 같은 허구적 이야기들에서는 종종 사실들의 세계(공통적인 경험들의 세계)와는 배치되는 나름대로의 '가능 세계possible world'들이 형성될 수도 있다.[6] 그러한 담론들은 대개 가치 판단의 세계를 서술하며, 따라서 그 진실의 기준은 언제나 유동적이다.

---

6) '가능 세계'라는 개념은 원래 형이상학과 양식 논리학에서 사용되었던 개념인데, 텍스트 기호학 이론에서 이것을 빌려 사용하고 있다. 특히 '허구'의 세계를 다루는 서사 텍스트들은 무수한 가능 세계들을 전제로 한다. 그렇지만 여러 가능 세계들을 출발점을 이루는 소위 '기준 세계'를 필연적으로 '현실'이라고 규정할 수는 없다. 엄밀한 의미에 있어 현실 역시 "백과 사전에 의한 명제적(命題的) 태도들의 세계"이기 때문이다. 이에 대한 에코의 자세한 설명으로는 Eco 1979의 제8장 참조.

실제로 현실의 진리는 역사적, 사회적, 문화적인 맥락에 따라 얼마든지 변화할 수 있다. 그리스 사람들에게 있어 번개는 구름에 의한 전기적 현상이 아니라 제우스가 던진 불 칼이었고, 중세의 사람들에게 있어 페스트는 하느님의 형벌이었다. 그들의 믿음 그 자체가 바로 진리였다. 그것은 단지 과거의 이야기가 아니다. 과학과 기술 문명의 발달과 함께 객관성을 지향하는 현대에 있어서도 동일한 현상은 반복되고 있다. 가령 보드리야르J. Baudrillard가 지적하는 '시뮬라크르simulacre'는 전적으로 기호에 의해 탄생하고 또 실존하는 현실을 만들어내기도 한다. '시뮬라크르'는 실제로는 존재하지 않으나 기호에 의해 존재하게 되는 대상, 즉 없는 것을 있는 것처럼 만들어놓은 것을 가리킨다. 그것은 거짓말을 하기 위해 사용되는 기호의 전형적인 양상이다.

> 무엇인가를 감추고 있는 기호로부터 아무 것도 없음을 감추고 있는 기호로의 이전은 결정적인 전환점이다. 첫 번째 기호는 진실과 비밀의 신학으로 돌려진다(이데올로기는 여전히 여기에 속한다). 두 번째 기호는 시뮬라크르와 시뮬라시옹의 시대를 여는데, 여기서는 자신을 인지하기 위한 신이 더 이상 존재하지 않으며, 참으로부터 거짓을, 실재의 인위적 부활로부터 진짜 실재를 분리하기 위한 최후의 심판도 더 이상 존재하지 않는다. 왜냐하면 모든 것이 이미 죽었고 또 미리 부활되었기 때문이다. (Baudrillard 1981: 한국어 번역본, 27쪽)

바르트가 암시적으로 말하는 "기호들의 제국"(Barthes 1970)에서는, 기호들에 의해 자행되는 이러한 전횡으로 인해, 진리 또는 진실의 기준은 이제 "더 이상 존재하지 않는다". 그렇다면 진실이란 시간적으로나 공간적으로 제한된 특정한 문화의 집단 의식 또는 '상식'으로 환원될 수 있을 것이다. 그것은 집단적인 '믿음'의 결과 또는 암묵적인 합의로서 설정될 수도 있다. 결국 어느 한 담론이 진실한 것이냐 아니냐의 여부는 그 자체로서 드러나는 것이 아니라, 바로 수신자들에 의한 입장의 차이에 의해 결정된다. 또는 하나의 담론은 상이하게 해석되면서 동시에 동일하게 진실을 말할 수도 있고, 또는 동등하게 옳은 상이한 진실을 말할 수도 있다. 즉 다양한 동위성들이 동시에 공존할 수 있다. 그러한 예들은 특히 성서 텍스트들에서 많이 찾아볼 수 있다.

이러한 맥락에서 그레마스는, 담론이 진실한 것으로 보이기 위한 요건으로서 소위 "진실 말하기의 계약"을 들기도 한다(Greimas 1983: 이탈리아어 번역본, 101～110). 그것은 다수 집단의 상식에 토대를 둔 암묵적인 사회적 계약의 형태로 나타난다. 물론 기호학적인 관점에서 볼 때 그것은 명시적인 형식으로 코드화되어 있지 않다. 또는 기껏해야 "과잉 코드화"[7]의 형태로 등록되어 있을 뿐이다.

또한 명백하게 기존 믿음의 세계와 배치되는 가능 세계를 다루는 서사적 담론의 경우에는, 작가와 독자 사이에 일종의 '허구적 약정'이 성립되어야 한다(Eco 1994: 91～92). 말하자면 가령 소설을 읽는 독자는 무엇보다도 그것이 작가의 상상력에 의해 창조된 허구의 이야기라는 사실을 인정해야 한다(또는 최소한 그러한 사실을 전제로 하고 읽기 시작한다). 그럼에도 불구하고 작가는 마치 진실을 말하는 척하고, 동시에 독자는 마치 그것이 실제로 일어난 사건으로 믿는 척하는 것이다. 이러한 허구적 계약을 받아들임으로써 텍스트를 중심으로 독자와 작가, 등장인물들 사이에서 여러 가지 형태의 가능 세계들이 형성되게 된다. 그래야만 동화 『빨간 모자』에서는 늑대가 말을 할 수 있고, 늑대에게 잡아먹힌 할머니가 그 뱃속에서 살아 나올 수 있다. 『빨간 모자』의 세계에서는 그것이 진실이다.

반면에 논리학이나 수학에서 다루어지는 진리 판단의 경우는 다르다. 여기에서는 주어진 공리에 기반을 둔 내적 논리에 따라 나름대로의 참과

7) 에코의 정의에 의하면 과잉 코드화란 "이전의 규칙을 토대로 일반적 규칙의 아주 특수한 적용을 위하여 추가적 규칙을 제안"하는 것을 가리킨다. 이에 대한 에코의 구체적인 설명으로는 Eco 1975: 188～190 참조.

거짓이 거의 명백하게 드러나기 때문이다. 수학의 부호 같은 인공적인 언어들에서는 고유의 공리들을 토대로 진리의 기준이 명백하게 설정되어 있다. 그러나 현실 또는 자연 언어의 세계들에서는 그것이 불가능하다. 가능 세계의 개념을 극단적으로 확장해서 보자면, 우리가 '현실'이라 일컫는 세계 역시 한갓 또 다른 하나의 가능 세계에 불과하다고 말할 수 있다. 명제들에 불과한 현실이란 우리에게 절대적인 객관성을 보장해 주지 못한다. 어떤 의미에서는 세상 그 자체가 해석되어야 할 거대한 책에 불과하다면, 우리들 각자가 바라보는 모습들은 서로 달라질 수밖에 없기 때문이다. 현실 역시 믿음들의 세계로 환원된다. 그리고 그것은 에코의 표현대로 단지 해석들의 총체에 지나지 않음으로써, 사회적이고 문화적인 맥락에 따라 유동적이다.

3. 거짓말의 유형

사전들의 정의에 의하면 거짓말이란 "사실과 다르게 꾸며 하는 말"(『엣센스 국어사전』, 민중서림), "의식적으로 그릇된 진술"(징가렐리Zingarelli 이탈리아어 사전)이다. 이러한 정의에 따르자면 거짓말의 요건은 크게 보아 두 가지로 나눌 수 있다. 하나는 객관적인 사실factum의 존재이고, 다른 하나는 발화자의 의도성이다. 그런데 앞에서 말했듯이 사실의 확인 가능성 및 그 객관적 기준 설정에는 여러 가지 문제가 수반된다. 그리고 그런 경우에는 어떤 객관적인 현실의 존재를 전제로 진실과 거짓을 구별해야 하는데, 그것은 기호학 이론의 관점에서 볼 때 여러 가지 문제점을 드러낸다. 특히 언어학이나 철학, 논리학 등에서 의미와 관련하여 많이 논의되는 '지시'와 '외연'의 문제와 직접적으로 연결되기 때문이다. 하지만 에코가 지적하였듯이 기호학의 이론이나 모델에서 그런 것들을 고려할 경우 일련의 오류들에 빠질 위험이 있다. 에코가 지적하는 대표적인 예로

'지시적 오류'와 '외연적 오류'가 나타날 수 있다(Eco 1975: 88~97).

그러므로 기호학의 순수한 이론적 관점에서 객관적인 현실 세계와 관련하여 진실의 문제를 다루기는 어렵다. 문제는 객관적 현실의 존재를 의심하는 것이 아니라, 그런 현실의 재현이 어느 정도까지 가능한가, 얼마만큼 충실한가 등과 관련되어 있다. 현실이나 대상은 어떤 형식으로든 기호들을 매개로 표현되고 전달될 수밖에 없기 때문이다. 그렇다면 결국 거짓말의 문제는 주로 발화자의 의도와 관련되어 있는 것처럼 보인다. 그렇지만 발화자의 의도는 담론의 표면상에 명백하게 드러나지 않는다. 만약 거짓말임이 당장 눈앞에 분명히 드러난다면 그것은 거짓말로서의 효과를 상실할 것이다. 최소한 거짓말로 드러날 때까지는 진실로서(또는 진실인 것처럼) 남아 있어야 한다. 거짓말의 역설은 바로 여기에 있다.

그렇다고 해서 발화자의 의도성이 거짓말의 절대적 기준이 될 수는 없다. 그 의도와는 상관없이 담론 자체가 거짓말로 드러나는 경우도 있다. 이것은 일종의 비의도적 또는 무의식적 거짓말로서, 발화자의 의도가 담론 속에 충분히 반영되지 못했을 때 나타난다. 아니면 발화자의 무의식(갈등 또는 억압)이 그의 의도를 배신하는 경우이다. 이런 현상은 우리가 일상 대화에서 거의 무의식적으로 사용하는 표현들에서도 쉽게 찾아볼 수 있다. 가령 "이것은 비밀인데," 하고 가까운 친구에게 어떤 정보를 알려주는 경우, 대부분 그것은 이미 비밀이 아니다. 물론 일반적으로 그것은 그 정보를 아는 사람이 상대방을 포함하여 소수로 제한된다는 뜻으로 이해된다. 하지만 현재 공개되고 있는 상황에서는 지금까지 유지되어온 비밀로서의 효력을 상실한다.[8] 이와 비슷한 표현들로 "네가 나쁘다는 말

---

8) 다른 한편으로 우리는 소위 "비밀의 역설"에 대해서도 말할 수 있다(Fabbri 2000: 99~104). 그것은 일종의 전략으로 설정된 "비밀의 에스컬레이션escalation" 현상으로서, 거기에서는 "비밀의 존재론, 그 진리의 전략보다는, 그것의 수사학적 힘, 설득 능력"이 더 중요한 관심사로 부각된다(*ibid.* 103). 가령 유럽의 대표적인 비밀단체인 프리메이슨Freemason 결사들은 그 이름이 이미 모두에게 알려져 있으며, 그 목적 또한 공개적으로 알려져 있다. 간단히 말해 그것은 더 이상 비밀이 아니다.

은 아니지만…", "--에 대해서는 말할 필요도 없이" 등을 들 수 있는데, 그런 말들은 프로이트가 지적하듯이 소위 '긍정 속의 부정' 또는 '부정 속의 긍정'을 자체 안에 내포하고 있다.

두말할 필요도 없이 이것은 기호의 본질적 속성에서 기인한다. 기호의 모호성 또는 다의성은 표현과 내용의 상관 관계가 자의적으로 설정되는 데에서 기인한다. 에코는 기호가 언제나 등가(等價)의 관계로 이해되지 않았다는 사실을 지적한다. 원래의 기호 관념은 표현과 내용 사이의 등가, 코드에 의해 고정된 상관 관계를 토대로 인식되지 않았다는 것이다. 아리스토텔레스를 비롯한 고전 철학에서 기호란 단순한 동일성identità의 원리에 의한 등식의 모델 p ≡ q가 아니라, '만약 p라면, 그렇다면 q'라는 식의 추론에 기초하고 있었다는 것이다(Eco 1984: xv). 철학적인 입장에서 볼 때 기호는 p라는 하나의 명제, 즉 거기에서 다른 명제 q를 추론할 수 있도록 해주는 명제이다. 예를 들면 연기를 보고 불이 있음을 추론하는 방식이다. 여기에서 기호는 본질적으로 추론, 해석, 세미오시스semiosis의 역학을 토대로 하고 있다. 추론의 대상으로서의 기호는 그 구체적인 의미의 확인을 어렵게 만든다. 담론의 조작은 이러한 모호성을 더욱 부추긴다.

만약 담론이 지시하는 대상을 명백히 설정하기 어렵고, 또한 현실 세계의 객관적 진실의 기준이 유동적이라면, 거짓말의 실체를 뚜렷하게 포착하기는 거의 불가능해진다. 유일한 근거는 담론(또는 텍스트) 그 자체뿐이다. 이러한 맥락에서 보자면, 담론을 중심으로 내포적 거짓말과 외연적 거짓말을 구별할 수 있을 것이다. 내포적 거짓말은 담론 내부에서 드러나는 허위성으로, 외연적 거짓말은 외부의 사실과 어긋나는 진술로 정의할 수 있다. 후자의 경우는 진실의 기준 문제로 환원된다. 반면 내포적 거짓말은 담론 자체에서 생산되는 것으로서, 일종의 논리적 모순 또는 자가당착으로 나타난다. 이 경우 담론 자체가 하나의 모순적 공간으로 제시된다. 여기서도 발화자의 의도성이 중첩될 수 있다. 즉 치밀한 계산 아래 담론이 이중적인 진실을 말하기도 한다.

간단히 말해 우리가 여러 가지 다양한 기호 체계들을 활용하여 생산하는 담론은 대부분의 경우 양면적인 가치를 지닌 것으로 해석될 수 있다. 그것은 의도적인 것일 수도 있고, 또는 앞에서 지적한 대로 화자의 무의식적인 자체 모순을 드러내는 담론의 내재적인 결과로 나타날 수도 있다. 수신자의 입장에서 볼 때, 그 모든 것을 고려하면서 메시지를 해석할 수밖에 없는데, 그것은 결코 쉬운 작업이 아니다. 그것은 에코가 예시적으로 설명하는 텍스트 해석의 과정처럼 험난하고도 복합적인 노력과 '협력'을 요구한다.[9] 그것은 아마도 불가피한 현상인지도 모른다. "거짓말을 하기 위해 사용될 수 있는" 기호의 의미(또는 내용)는 결코 분명하게 고정되어 있지 않기 때문이다.

이러한 의미의 불투명성과 커뮤니케이션 당사자들 사이의 미묘한 관계들로 인해, 진실과 거짓 사이에 분명한 경계선을 설정하기는 어렵다. 극단적인 의미에서 볼 때 의식적이든 무의식적이든, 사람들은 커뮤니케이션 과정에서 서로의 의도와 의미들을 끊임없이 속이거나 배반한다. 그런 의미에서 파브리(Fabbri 1992)는 "우리는 모두 이중 간첩이다"고 지적한다. 그의 은유적인 표현은 서로 상충하는 의도들이 기호와 담론을 매개물로 하여 벌이는 일종의 신경전을 상기시킨다. 누구든지 "거짓말을 하기 위해 사용될 수 있는" 기호 자체의 내재적인 속성을 전략적으로 활용할 수 있으며, 또한 실제로 우리가 접하는 수많은 담론은 그렇게 조직적인 '전략' 또는 '전술'로 짜여 있을 수 있다. 거기에서는 참과 거짓이 동일한 공간 안에서 서로 뒤엉켜 있으며, 때로는 불가분의 관계에서 야누스처럼 두 얼

---

9) 에코에 의하면 텍스트는 본질적으로 수신자에 의한 "협력"을 요구한다. 그 협력은 여러 층위에서 복합적으로 전개되어야 하며, 그럴 경우에만 텍스트는 비로소 고유의 내용을 구체적으로 실현할 수 있다는 것이다. 에코는 이것을 가리켜 "텍스트 협력의 층위들"이라 말한다(1979: 제4장). 텍스트 해석의 복잡한 과정에 대한 개략적인 설명으로는 김운찬 1998 참조.

굴을 갖기도 한다.

4. 담론의 조작

극단적으로 보자면, 어떠한 경우든 발화자는 자신의 담론이 '진실처럼 보이게 하기' 위해 다양한 형태의 조작을 가한다. 그것은 기표의 단면이나 기의의 단면, 또는 두 단면 모두에서 가능하다. 좁은 의미에서 보면 거짓말은 담론의 조작을 통한 진실 감추기, 또는 거짓을 진실인 것처럼 믿도록 만드는 데에서 탄생한다. 소위 텍스트 전략은 담론 조작의 결과이다. 조작이라는 측면에서 보면, 그것은 주로 발화자의 의도에 의한 것이라고 말할 수 있다.

그렇지만 담론의 조작은 단지 거짓말을 위한 수단일 뿐만 아니라, 진실을 효과적으로 전달하기 위해서도 사용된다. 가령 그것은 독재 체제하에서 검열을 피하기 위한 효율적인 방편으로 사용되기도 한다. "행간(行間)을 읽어라read between the lines"는 마르케즈G. G. Marquez의 권유는 표면적인 문자 그대로의 해석과 심층적 해석 사이의 차이를 전제로 한다. 이 경우 작가는 '드러내면서 감추기' 또는 '감추면서 드러내기'의 위험한 곡예를 감행하며, 독자에게 함축된 의미를 읽도록 은근히 권유한다. 그런 담론은 이중성을 드러내는 만큼, 자칫하면 실패의 가능성도 높다. 반면 군대라든지 비밀 집단에서 사용하는 암호문은 특정 대상만을 위한 감추어진 진실을 전달하기 위해 표면상의 담론은 무의미하다는 것을 거의 명시적으로 드러내기도 한다. 물론 여기에서는 발신자와 수신자 사이에 미리 정해진 코드를 전제로 한다.

그러나 기호학에서 널리 사용되는 '코드'라는 개념 역시 두루뭉실한 용어일 뿐이다(Eco 1979: 83). 코드라는 용어는 원래 정보 이론에서 사용되었던 것이다. 예를 들어 군대의 암호문처럼 어떤 메시지의 작성 및 해석의 기준이 되는 규칙들의 총체를 가리킨다. 그렇지만 여러 기호학자들과 언어학자들에 의해 다양한 맥락에서 다양한 은유적 의미로 사용되기 때문에, 명확한 정의를 내리기는 어렵다. 에코의 정의에 따르자면, 코드란 '통사 체계', '의미 체계', 수신자에 의한 '행동적 반응들', 그리고 이것들을 서로 연결해주는 '규칙들'의 총체이다(Eco 1975: 54~6).

그런데 이 모든 체계들과 규칙들 역시 역사 및 문화적 상황에 따라 변화하기 때문에, 코드 자체도 유동적으로 변할 수밖에 없다. 이것은 소위 문법의 규칙을 생각해 보면 쉽게 수긍할 수 있을 것이다. 문법이란 영구불변의 '법칙'이 아니다. 통시적 관점에서 볼 때, 그것은 시간과 공간의 규제를 받으면서 언제든지 새롭게 설정될 수 있으며, 또한 공시적 입장에서 보더라고 그 내부에 무수하게 많은 '예외'들을 인정하고 있다. 코드 자체가 잠정적이며(또는 잠정적인 합의이며),[10] 또한 설령 특정한 코드들이 설정되어 있다고 하더라도, 상황에 따라서 적용되어야 할 코드는 서로 달라지기도 한다.

규칙 또는 코드의 유동성은 담론의 조작을 더욱 용이하게 허용해준다. 서양 문화의 전통에서 수사학의 이름으로 알려진 수많은 말하기 기법들은 모두 특정한 효과를 목적으로 하는 담론 조작 기술을 가리킨다. 특히 역설이나 아이러니는 겉으로 말하는 것과 속뜻이 서로 다름으로써, 발화의 양면성을 뚜렷이 부각시킨다. 가령 "그래, 잘한다" 하는 말은 경우에 따라 아이러니가 될 수 있다. 그럴 경우 칭찬이 아니라 비아냥거리는 부정적 함축 의미를 띠게 된다. 물론 당연한 말이지만, 어떤 표현이 아이러

10) 에코는 코드가 언제나 새롭게 설정될 수 있다는 사실을 강조한다. 가령 어떤 개인이나 집단에 의한 새로운 표현(소위 "창안invention")은, 그것이 사회 구성원의 다수에 의해 공유될 경우, 코드로 제도화될 수 있다(Eco 1975: 315~20). 여기에서 창안이란 "기호 기능의 생산자가 목적에 알맞게 아직 분할되지 않은 새로운 물질적 연속체continuum를 선택하고, 거기에다 형식을 부여할 새로운 방식을 제안하여, 그 안에다 내용의 유형에 적절한 요소들을 '전환'하고자 하는 기호 생산 방법"으로 정의된다(*ibid*, 309).

니로서 기능하기 위해서는 최소한 대화자들 사이에 어떤 암묵적인 합의(또는 코드)가 있어야 한다. 또한 아이러니의 대상(또는 그 희생자) 역시 그 함축성을 깨달아야 한다. 만약 정말로 자신이 잘해서 상대방이 칭찬하는 말로 받아들인다면, 발신자의 아이러니 의도는 반감될 것이다. 그렇지만 수신자는 그 대가로 바보 취급을 당할 것이다.

이런 의미에서 보면 거짓말은 에코가 말하는 이데올로기적 조작과 유사한 방식으로 생산된다. "의미소의 가능한 상황적 선택들 중의 하나를 명시적인 전제로 선택하면서, 다른 모순적 전제들 또는 모순적 결론으로 이끄는 보완적 전제들이 존재한다는 사실을 명시화하지 않고, 따라서 의미 공간의 모순성을 감추는" 이데올로기적 조작(Eco 1975: 364)은 거짓말의 담론 조작과 밀접하게 연결된다. 이데올로기 조작은 아마도 가장 교묘한 담론 전략을 통해 상대방을 속이는 거짓말일 것이다. 고도로 전략적인 조작일수록 수많은 순진한 사람들이 그 희생자로 전락하기 마련이다.

어쨌든 조작 과정을 거친 텍스트(또는 담론)는 수신자로 하여금 적지 않은 해석적 노력을 하도록 만든다. 그러한 조작이 발화자의 의도에 의한 것이든 아니든 상관없다. 그렇다면 아마 섣부른 일반화처럼 보일지 모르지만, 거의 모든 담론은 나름대로의 진실을 말하면서 또한 동시에 거짓말을 감추고 있다고 말할 수 있으리라. 그리고 일상 생활에서 우리가 접하는 수많은 담론들이 그렇게 전략적으로 조직화되어 있다면, 우리는 그것들의 궁극적인 의도를 파악하기 위해서는 적지 않은 노력을 기울여야 할 것이다. 그것은 단지 발화체 그 자체의 사전적인 의미 해석만으로는 해결되지 않는다. 연인 관계의 남녀 사이에서 "사랑한다"는 말을 끊임없이 주고받으면서도 때로는 그 말의 진위 여부를 파악하기 위해 고민하고 탐색하는 이유도 여기에 있다. 이것은 발화체의 의미와 발신자의 의도가 정확하지 일치하지 않을 수도 있다는 가정 하에서 나타나는 현상이다. 그것은 명백한 의도적인 거짓말을 전제로 한다. 또는 이와는 반대로 나이든 세대들의 경우 사랑한다는 명시적인 말이 전혀 없으면서도 다른 담론들을 통해 서로의 사랑을 느끼고 확인하기도 한다.

이러한 현상은 기호 그 자체의 의미와 발신자의 의도 사이에서 나타날 수 있는 불일치에서 비롯된다. 그리고 가장 커다란 문제는 발신자의 의도를 파악하기 어렵다는 데 있다. 의도적으로 담론을 조작할 경우 그것은 텍스트의 표면상으로는 전혀 드러나지 않는다. 그렇기 때문에 종종 발화체의 의미 파악을 위해 발화의 상황을 고려해야 할 필요가 있다. 이러저러한 상황 또는 문맥으로 미루어 보건대, 어떤 진술은 진실이다 또는 아니다 하고 판단을 내리기도 한다. 경우에 따라서는 언어 외적 요소들이 언어 그 자체보다 더 중요한 요인으로서 그 의미를 결정하기도 한다.

그러나 그런 모든 것들을 고려할 수 없을 경우 유일한 판단의 근거는 텍스트 그 자체뿐이다. 즉 "벌거벗은 이름"만 남아 있을 수도 있다. 그리하여 때로는 기호가 고유의 메커니즘("무한한 세미오시스"의 과정)을 통해, 발신자의 의도와는 상관없이 수신자를 압도하기도 한다. "말 한 마디로 천 냥 빚을 갚는다"는 속담은 기호의 힘(또는 폭력)의 테두리 안에 갇힌 인간의 상황을 단적으로 보여준다. 간단히 말해 어떤 담론이든지 수신자를 속일 수 있다. 지나치게 비관론적인 견해일지 모르지만, 커뮤니케이션을 위해 어떤 방식으로든 기호를 사용하는 한, 우리는 거짓말의 함정으로부터 완전하게 벗어날 수는 없다. 다른 무엇을 대신하는 기호의 속성상 그것은 우리의 불가피한 숙명인지도 모른다.

참고 문헌

Barthes, Roland, *L'empire des segnes,* Genéve, Éditions d'Art Albert Skira, 1970. (우리말 번역본, 『기호의 제국』, 김주환 · 한은경 옮김, 민음사, 1997).

Baudrillard, Jean, *Simulacres et simulation*, Editions Galilée, 1981. (한국어 번역본, 『시뮬라시옹. 포스트모던 사회문화론』, 하태환 옮김, 민음사).

Benveniste, Èmile, *Problèmes de linguistique générale I*, Paris, Gallimard, 1966. (한국어 번역본, 『일반 언어학의 제문제 I』, 황경자 옮김, 민음사, 1992).

Eco, Umberto, *Trattato di semiotica generale*, Milano, Bompiani, 1975. (한국어 번역본, 『기호학 이론』, 서우석 옮김, 서울: 문학과지성사, 1985).

___________, *Il superuomo di massa*, Milano, Bompiani, 1978. (한국어 번역본, 『대중의 슈퍼맨』, 김운찬 옮김, 서울: 열린책들, 1994).

___________, *Lector in fabula*, Milano, Bompiani, 1979. (한국어 번역본, 『소설 속의 독자』, 김운찬 옮김, 서울: 열린책들, 1996).

___________, *Semiotica e filosofia del linguaggio*, Torino, Einaudi, 1984. (한국어 번역본, 『기호학과 언어 철학』, 서우석 · 전지호 옮김, 서울: 청하, 1992).

___________, *I limiti dell'interpretazione*, Milano, Bompiani, 1990. (한국어 번역본, 『해석의 한계』, 김광현 옮김, 서울: 열린책들, 1995).

___________, *Sei passeggiate nei boschi narrativi*, Milano, Bompiani, 1994. (한국어 번역본, 『소설의 숲으로 여섯 발자국』, 손유택 옮김, 서울: 열린책들, 1998).

Fabbri, Paolo, "Siamo tutti agenti doppi", *Carte semiotiche*, n. 9, 1992. (현재는 Fabbri 2000: 105～124쪽에 실려 있음).

___________, *Elogio di Babele*, Roma, Meltemi, 2000.

Greimas, Algirdas Julien, *Du sens*, Paris, Seuil, 1970. (이탈리아어 번역본, *Del senso*, Milano, Bompiani, 1974: 한국어 번역본, 『의미에 관하여』, 김성도 옮김, 서울: 인간사랑, 1997).

___________, *Du sens II – Essais sémiotiques*, Paris, Seuil, 1983. (이탈리아어 번역본, *Del senso 2, Narrativa, Modalità*, Passioni, Milano, Bompiani, 1984).

Greimas, Algirdas J.와 Courtés, Joseph, *Sémiotique. Dictionnaire raisonné de la théorie du langage*, Paris, Hachette, 1979. (이탈리아어 번역본, *Semiotica. Dizionario ragionato della teoria del linguaggio*, Firenze, Casa Usher, 1983).

Peirce, Charles S., 이탈리아어 번역본, *Semiotica*, Torino, Einaudi, 1980.

김운찬, 「해석의 지평: 움베르토 에코의 텍스트 기호학」, 『이어이문학』 제4집, 한국이어이문학회, 1998.

Il segno e la menzogna

Kim Woon-chan

Secondo Peirce, è segno qualsiasi cosa che "sta per" qualcosa d'altro sotto qualche aspetto. In seguito alla definizione, Eco osserva che "la semiotica, in principio, è la disciplina che studia tutto ciò che può essere usato per mentire", dato che questo qualcosa d'altro può essere assente nel momento in cui il segno sta in luogo di esso (1975). In altre parole il segno può funzionare indipendentemente da ciò che lo origina, e può affermare la propria esistenza del tutto autonoma, con propria forza di significazione e comunicazione. Questa osservazione mette in dubbio il concetto stesso della "menzogna". A volte è assai difficile determinare se un enunciato sia menzogna o no, perché non è più possibile verificarlo, quando in specie non riguarda alla realtà reale. Questo perché, seguendo la nozione del "mondo possibile" di Eco (1979), la realtà come mondo di riferimento non è altro che un altro mondo possibile che dipende dagli atteggiamenti proposizionali. In questo senso ogni enunciato sta in bilico tra il vero e il falso, finché non sia accettato tale da un consenso di interpretazioni spesso contrastanti. Né la intenzione del parlante (o intentio auctoris) può servire come un criterio assoluto di giudizio. Ogni discorso allora implica e nasconde una possibilità di menzogna, e parafrasando appositamente il Fabbri (1992) si potrebbe dire in un senso che "siamo tutti agenti doppi".

열쇠어 : 기호, 거짓말, 세미오시스, 의도, 의미, 담론, 텍스트, 조작

프랑스 철학과 기호학의 상호 호혜성*

- 철학 담론의 텍스트성과 서술성을 중심으로 -

김성도**

1. 서론

프랑스 철학과 인문과학의 범위는 너무나 방대하여 어떤 제한적 제스처를 사용해도 필자의 지적 역량에서 벗어난다. 이들 두 영역의 방대함은 내포적 차원에서 뿐만 아니라, 그 외연적 범위조차 온전하게 파악하기 힘들다. 이를테면 이같은 주제는 결코 단일 분야의 전공자가 취급할 수 있는 연구 주제로 성립되기 힘든 것이며, 최고의 학술적 능력을 구비한 다수 연구자들의 집단적 노력으로서만 성취될 수 있는 사안이다.[1)]

---

* 본고는 2005년 5월 한국 프랑스 철학회 창립 기념 학술 대회에서 발표한 글을 수정 보완한 것으로서 전문적인 학술 논문이 아닌 미완성된 시론의 성격을 띠고 있음.

** 고려대학교 언어학과 & 영상문화학 협동프로그램 교수

1) 프랑스 철학의 기념비적 업적인 총 4부작으로 이루어진 철학 백과 사전은 프랑스 철학자들과 인문과학 전공자들의 위대한 성취물이라고 볼 수 있다. 필자는 본 시론을 준비하면서 평소 철학적 체조 훈련을 위해서 규칙적으로 열람했던 이 사전들을 관련 주제들에 초점을 두고 선별적으로 숙독했다. *Encyclopédie Philosophique Universelle*, publiée sous la direction d'André Jacob, volume I: *L'Univers philosophique*, volume II: *Les notions philosophiques*(Dictionnaire), volume III: *Les oeuvres philosophiques* (Dictionnaire), volume IV: *Le discours philosophique,* Paris, PUF, 1998. 이 글은 그 같은 선별적 독서의 재배치로서, 특히 4장과 5장의 주요 내용은 제 1권과 제 4권으로부터 핵심적 단초를 제공 받았음을 밝혀둔다.

프랑스 철학 담론과 인문과학의 담론의 축을 구성하는 시간과 공간의 좌표 설정을 비롯하여 양자의 지식 고고학적 계보도를 그리는 작업은 아마도 프랑스 학계에서도 조차도 완결된 작업이 이루어진 바 없을 것 같다.[2] 앞서 언급한 『철학 사전』에서 취한 나무의 이미지를 빌려와 설정한 철학 일반의 網을 참조한다면, 프랑스 철학과 인문과학의 네 가지 갈래에는 프랑스 철학과 인문과학의 기록 매체인 각인의 문제, 이들 분야의 역사적 공간적 분산의 문제, 프랑스 철학 담론과 인문과학 담론의 고유한 형식의 문제를 비롯하여, 이들 양자가 구축한 場의 지형도가 모두 포함된다. 이를테면 프랑스 철학과 인문학은 프랑스어라는 매체의 도움을 빌려서 생산된 담론으로서 표현 매개물인 프랑스어로부터 완전하게 독립될 수 없다. 예컨대 프랑스 철학과 프랑스어 사이의 친화성 내지는 상동성의 관계를 염두에 두지 않을 수 없다. 물론 이 문제는 프랑스 철학의 언어적 토양을 상기하는 차원을 넘어서 프랑스어의 철학적 개념적 기층을 제공한 그리스어, 라틴어, 독일어, 영어 등을 비롯한 인도 유럽어족 전반의 개념적 구조의 검토로 이어져야 한다. 예컨대, 벵베니스트가 1958년 발표한 문제의 논문 「사고의 범주와 언어의 범주」에서 20세기 최고의 인구어학자이며 일반 언어학자는 아리스토텔레스가 제시한 10개의 범주들은 실상은 보편적 존재의 범주가 아니라, 그가 사용한 그리스어의 형태론적 특수성에 기인한 언어적 범주에 불과하다는 파격적 주장을 내놓았다. 이같은 테제는 일부 철학자들을 불편하게 만들었고 그들로 하여금 격렬하게 반응케 했다. 그것은 이 테제가 파생시킬 수 있는 두 가지 상황 때문이었다. 언어 상대주의 또는 언어 결정주의가 하나요, 다른 하나는 서구 형이상학 토대의 상대성이다. 이 문제는 프랑스 철학 담론과 프랑스어 사이의 관계에 대해서도 그대로 적용되어서 심도 있게 논의될 가치가 충분히 있

2) 대표적인 시도는 다음과 같다.

François Dosse, *Histoire du structuralisme,* t.1, *Le champ du signe*, Paris, La découverte, 1991. t.2, *Le chant du cygne*, Paris, La découverte, 1992.

다. 그것은 프랑스 철학의 사유와 프랑스 철학의 글쓰기 사이에 존재하는 관계의 양태성을 규명하는 일로서 프랑스 철학 담론의 의미론적 장, 논증의 전략 속에 배태된 언어적 존재론과 통사적 생산 등의 문제가 연루된다. 두 번째 갈래인 프랑스 철학과 인문과학의 분산은 프랑스어라는 특정 언어의 각인을 뛰어 넘어, 프랑스어와 글쓰기에서 구축된 지식을 공간과 시간을 통하여 분산시키고 확산시키는 문제로 이해될 수 있다. 요컨대, 프랑스 인문과학 담론의 자생력과 힘은 상당 부분 번역을 통하여 이루어졌다. 프랑스 철학 담론과 인문과학 담론을 프랑스어에서 다른 언어들에로 이동, 이행시키는 것을 가능케 할 수 있는 다양한 전략들의 차원에서 번역의 노선을 지적해야 할 것이다. 여기서 당장 머리 속에 떠오르는 과제 중의 하나는, 프랑스 철학과 인문과학의 한국어에로의 번역을 체계적으로 평가 및 비평을 하는 비판적 번역사를 쓰는 일이다. 이밖에도, 프랑스 철학과 인문과학의 독특한 형식들과 독창성을 비롯하여, 이들 분야의 실천적 장의 문제가 나머지 두 개의 가지에 해당된다. 특히 새로운 매체 기술의 환경 변화로 야기된 가상성과 이로 인해 제기된 존재의 새로운 양태성들이 철학의 긴급한 의제로 부상되었다.

2. 프랑스 철학과 인문과학의 관계 : 호혜성

프랑스 철학과 인문과학이라는 주제를 구성하는 요소는 모두 세 가지이다. 이 가운데, 논자는 먼저 프랑스 철학과 프랑스 인문과학 두 분야의 내포와 외연의 방대성을 강조하고, 4개의 연구 프로그램을 암시하였다. 또 하나 문제점은 접속조사 '과'가 내포하는 의미이다. 이 단음절 '과'의 함의는 매우 넓다. 병열, 중첩, 포함, 배제, 위계, 상보, 시간적 추이, 역접, 모순 등 사실상 접속 조사 '과'에는 인간이 생각할 수 있는 모든 관계 유형이 포함되어 있다 해도 과언이 아니다. 따라서 프랑스 철학과 인문학에서 접속 조사 '과'로 맺어진 관계의 성격과 본질을 기술하고 설명하기 위해서는 특정 시각과 관점을 필요로 할 것이다. 시간의 추이에 따른 통시적 시각, 일정 수의 주제를 선정하여, 두 영역의 공통 지대를 구성하는 주제적이며 문제 구성적 시각, 아니면, 지식 생산 체계의 제도적 시각, 또는 인문과학의 철학이라는 표현에서 나타나듯 철학이 인문과학을 포괄, 포용하고, 상위 학문으로서 인문과학 위에서 철학적 시각을 투시하는 방법, 또는 인문과학이 철학의 풍요화에 기여한 개념과 성취 등등 다양한 시각이 가능할 것이다. 하지만, 양자의 관계를 어떻게 파악하건, 철학자와 인문과학자 진영 모두에 의해서 받아들여지기를 희망하기는 힘들 것이다. 요컨대, 철학과 인문과학 사이의 관계에 함의된 사실성은 이 관계를 분석하기 위해서 채택된 관점에 종속될 수밖에 없는 것이다. 논자는 이 가운데 접속 조사 '과'를 양자의 상보성과 호혜성을 나타내는 기호로 상정하였다. 여기서 '과'는 양자가 서로 윈-윈 게임을 할 수 있게 만들어 줄 수 있는 연결고리에 해당된다. 논자는 모든 인문과학의 활동에는 궁극적으로 철학적 문제가 배태되어 있다는 점을, 인류학, 언어학, 기호학의 예를 들어서 진술하고, 같은 논리로, 철학은 인문과학의 재원과 경험으로부터 자신의 모습을 새롭게 볼 수 있게 만들어 줄 시각을 제공 받을 수 있다는 점을, 서술성, 텍스트와 같은 기호학적 개념을 중심으로 간략하게 살펴볼 생각이다.

논자는 다음 사실을 강조하였다. 즉, 철학과 인문과학 사이의 관계를 새롭게 발견하고 해명하는 것은 필연적으로 철학자의 관점에서 이루어지거나 아니면 개별 인문과학자의 관점에서 이루어질 수밖에 없다는 것이다. 철학적 실천과 개별 인문과학의 활동을 초월하여 상위에서 이 두 분야를 조망할 수 있는 제 3의 메타적 관점을 설정하는 것이 가능하지 못하기 때문이다. 물론, 철학적 사법권의 범위를 확대하여 철학자는 위에 치솟은 이 자리를 점유하려 할 것이다. 예컨대, 철학 전공자는 이미 제도화된 과학 철학을 하면서 인문과학의 철학을 제시할 것이다. 실제로 인문과학의 본질과 방법에 대한 논쟁은 그 중요성을 갈수록 더해 가는 현대 철학의 중요한 장을 성립하고 있다는 사실에 이의를 제기할 마음은 없다. 세속적으로 말해서 인문과학은 물론 철학자의 밥그릇을 빼앗지는 않을 것이다. 주지하다시피 철학사는 역사가의 작업 마당이 아닌 철학자의 영역에 속한다. 언어학과 기호학 전공자인 논자가 철학과 인문과학의 관계를 겨냥하는 것은 인문과학의 관점에서 이루어질 것임을 분명히 하며 따라서 철학 전공자의 관용과 불간섭 원칙을 주문하는 바이다.

이어서 우리는 철학자의 관점과 인문과학 전공자의 관점 사이에 있는 분리적 성격을 완화시키기 위해서 철학과 인문학의 관계를 마치, 국제 관계 전문가가 한국과 일본의 관계를 검토하는 방식처럼, 다룰 수 없음을 분명히 해야 할 것이다. 즉, 이들 양자는 한국과 일본처럼 외연이 선명하게 구별되는 실재가 아닌 것이다. 물론, 철학과 개별 인문과학은 학술 분야들로서 학문적 계통과 제도적 설정 차원에서 포함과 배제 원칙에 의해서 지배되는 내부와 외부에 의해서 상대적으로 선명하게 경표가 설치된 영토들이다. 하지만 동시에 이들 분야들은 학제성과 복합주제성으로 인해서 개별 분과 학문 이상의 것이며, 더 나가 철학은 개별 학술성을 뛰어넘는 정도가 인문과학에 비해서 더 강하다.

철학부터 시작해보자. 논자와 같은 기호학자가 철학의 정의를 기호학적 시각에서 분석해 본다고 가정해 보자. 십중팔구, 논자는 모든 철학자들의 만장일치로 가결된 하나의 정의를 찾기가 매우 어렵다는 사실을 깨닫게 될 것이다. 아마도, 이 같은 철학의 규정과 관련된 복수성을 증언하는 단적인 사례는 「철학이란 무엇인가」라는 제목을 달고 나오는 수많은 철학서들일 것이다. 이들 저자들과 그들이 귀속된 전통 사이에서 그들은 제각기 새로운 개념을 재발명하거나, 기존의 한계를 넘어섰다고 주장하나, 한 가지 확실한 사실은, 완전한 의사 수렴을 발견할 수 없다는 점이다. 그들이 제시하는 답변들이 일치하지 않을 뿐만 아니라, 철학적 물음의 의미와 기능, 탐구 방법이 모두 제각기 다르다. 철학자는 그같은 상황은 결코 놀랄만한 일이 못된다고 대응할 것이다. 철학 전공자들의 대답을 정리하면, 철학은 반성과 성찰의 지대로서, 이 성찰의 내부에서, 바로 철학적 술어들과 개념들을 통해서 철학이란 것을 알려는 물음이 제기되는 것이다. 하나의 문제, 하나의 합리적 사유, 하나의 발화체, 하나의 개념에 철학적 성질을 부여하는 것은 바로 철학이 무엇이냐는 그 같은 물음 자체이기 때문이다. 여기에 첨언할 것은, 이같은 반성과 성찰의 지대, 즉 철학의 정체성을 공식화하는 방식은 철학 자체를 끊임없이 재구성하는 역사적 생성에 달려 있다는 점이다. 철학적 담론은 결코 자연스런 대상물도 아니며 불변하는 사항도 아니다. 이 점에서는 인문과학도 마찬가지다.

이제 인문과학으로 넘어와 보자. 철학과 달리, 개별 인문과학들은 고유한 대상을 소유하고 있다. 예를 들어서, 인류학은 모스와 레비-스트로스의 표현을 사용하자면, 독창적이면서도 특화된 지식 방식으로서, 다양한 사회와 문화를 현재의 시각에서 다룬다. 이를테면, 인식적 차원에서 인류학은 영토화된 학술 분야인 것이다. 다양한 사유들의 경험과 상상적 변이형들을 자유롭게 수용하는 철학과 달리, 인류학은 자신의 연구 분야로서 다분히 실재적이며 현실적인 경험에 직면한다. 인류학은 19세기 말에 경험 과학의 위상을 획득하고, 20세기 초에는 민족지 방법과 같은 조사 방법을 구비한다. 철학은 하나의 사변적 활동인 반면, 인류학자들은 데이터를 수집, 분류, 기술한다. 그렇다면 이같은 데이터를 갖고 어쩌자는 것인가? 오직 기술적 계통 분류적 기획만을 노리는가? 여기서 곧바로, 인종학과 인류학 사이의 관계와 관련된 첨예한 문제가 제기된다. 물론, 영미권에서는 프랑스에서 오래 동안 인종학으로 규정한 것을 사회 인류학 또는 문화 인류학이라고 규정한다. 최소한 레비-스트로스와 모스가 도입한 인류학이라는 술어를 다시 취하고 제도화시키기 까지 말이다. 인류학은 인종학자들이 단지 자료를 기술하고 분류하는 데 만족하지 않았다는 점을 높이 평가한다. 인종학자들은 원하건 원치 않건, 경험적 사실로부터 일반적 법칙을 추구한다. 일반화시키는 것은 개별화시키기를 시작할 때부터, 누락될 수 없는 절차인 것이다. 한편으로, 인종학자들은 특수한 사실들을 파악하기 위하여 일반적 개념들을 집결시킨다. 다른 한편으로는 인종학자들은 보편적 범위의 명제들을 발화하거나 요청한다. 이같은 보편적 명제들은 사회에서의 인간, 즉, 호모 쿨투랄리스(Homo culturalis)에 대한 것이며 따라서 인간 그 자체와 그의 능력에 대한 것들이다. 달리 말해서, 사회 및 문화의 다양성을 설명하려는 인종학적 소명은 필연적으로 인류학에 기댈 수밖에 없다. 즉, 인종학을 구성하는 인간의 고유함에 대한 물음을 말한다.

20세기 초부터, 모스와 더불어서, 인류학을 말한다는 것은 인간 정신의 바탕의 통일성을 말함을 제기한다. 모든 것이 문화적이라는 강령을 내놓는 상대주의적 인류학자조차도 모든 인간들이 무엇인가 공통된 것을 공유하며, 바로 공약수에서 벗어나는 문화의 특질들, 사회적 공존의 공식을 발명하면서 다른 문화와 차별화시키려는 태도를 공유하고 있음을 암암리에 전제한다. 인간들은 도대체 공통적으로 그리고 고유하게 어떤 속성들을 갖고 있는가? 이 물음은 바로 인종학적 탐구에 가능성의 조건과 그 의미의 조건과 궁극적 목적을 부여하는 물음이다. 바로 이같은 물음에 대해서 철학적 인류학은 지난 수 세기 동안 끊임 없는 논쟁을 벌여온 것이다. 철학적 사변과 인종학적 실천 사이의 활동과 관련된 표면적 차이에도 불구하고, 두 분야는 모두 인식적으로 철저하게 불연속적인 공간 속에 배치된 것이 아니라, 매우 근접한 장소들을 통한 사유의 장소들 속에 배치된다. 달리 말해서, 철학과 인문과학 사이의 관계를 다룬다는 것은, 철학이 어떤 식으로든, 인문과학 속에 존재하는 것이 아닐까라는 물음을 던지는 것이다. 물론, 정반대의 경우가 성립될 수 있을 것이다.

3. 프랑스 철학과 인문과학의 관계 : 역사 인식론적 고찰

프랑스 철학과 인문과학 사이의 관계는 다면성과 중의성의 성격을 띠었다. 계몽주의 철학의 요람 속에서 탄생한 프랑스 인문학은 인간과 사회의 본질을 설명하고, 진보주의적 시각에서 더 나은 세상을 건설하겠다는 두 가지 야심을 목표로 설정한 원대한 기획을 구비하고 있었다. 1789년의 프랑스 혁명은 인간 과학이라는 새로운 학문에 자리를 내주기 위하여 도덕학과 정치학이라는 전통적 명명을 포기하면서 이같은 혁신적 야심을 실현하는 데 헌신하였다. 19세기 기간 동안 이들 인문과학은 자신들의 비약을 합법화시킬 수 있는 구체적이며 선명한 대상과 방법에 기초하여 인문학의 발전을 공고하게 만들기 위해서 자신들을 철학과 맺어놓고 있던 탯줄을 끊어 놓는데 성공하였다. 이어서 새로운 모험을 감행할 인문과학의 위대한 설립자들의 시선은 자연 과학으로 향하고 있었다. 만약 이성이 세계를 지배한다면, 이성이 자신의 날개를 펼칠 수 있는 것은 철학이 아닌 바로 과학적 방법에 힘입어서라는 확신이 도사리고 있었다. 이것은 소쉬르의 언어학, 뒤르카임의 사회학, 프로이트의 정신분석학에서 확인된다.

20세기에 진입하면서 제 자리를 잡고 제도화된 프랑스의 인문과학은 오랜 준비 기간을 거쳐 창발한 구조주의와 더불어 질풍노도와 같은 시기를 맞는다. 인류학, 언어학, 정신 분석학의 제도적 부상과 인식론적 단절을 통한 제학문에서의 관통은 철학의 종언을 외치면서 그 대가로 실현된 측면이 강하다. 인문과학과 철학의 그 같은 단절은 상당 시간 많은 사람들로부터 향유된 것으로 판단된다. 인문과학과 철학 사이의 깨진 틈, 아울러 그같은 균열과 합법적 지식이라는 쟁점 차원을 비롯하여, 지식의 고고학과 인식론적 토대와 관련된 첨예한 문제들이 20세기 프랑스에서 특히 부각되었다. 그것은 철학의 아성 앞에서 프랑스 인문과학이 자신의 자리를 굳건하게 자리 잡는데 많은 어려움을 겪었다는 방증이다.[3)]

오늘날 위대한 통일적 패러다임의 퇴락과, 개별 인문과학 분야에서 성립된 다양한 지식들에 의해서 획득된 합법화는 인문과학과 철학 사이의

---

3) cf. François Dosse, *L'Empire du sens*, Paris, La découverte, 1995, pp.406～417.

관계를 평화로운 관계로 진화시켜 놓았다.

더 이상 인문과학은 철학과 더불어 과거와 같은 긴장 관계를 맺을 필요가 없다. 심지어, 양자 사이의 관계가 전복되는 것을 목격한다. 구조주의 사상 이후로 철학자들은 자신들의 성찰의 근원을 경험적 탐구와 실험실의 연구 결과에서 찾았으며, 다른 한편으로 오늘날 인문과학자들은 자신들의 경험적 일차 자료와 문제를 최적의 상태에서 분석하기 위해서 그들이 필요로 하는 개념들을 철학 속에서 찾고 있기 때문이다.

이제 철학은 자신의 이중적 역할, 즉, 한편으로는 인문과학에 제공하는 개념의 공급자로서, 다른 한편으로는 해당 학문들의 내용에 대한 반성과 성찰을 통한 철학적 회수를 수행한다.[4] 인문과학에 철학적 자본을 투자하고 개별 학문에서 여과된 과학적 내용을 철학적 반성을 통해서 다시 회수해가는 철학의 전통적 역할은 지식의 원자화와 파편화로 인해서 인문과학 전공자들끼리는 물론, 단일 학술 분야의 전공자들 사이에서도 소통이 불가능해진 상황 속에서 더욱더 그 필요성이 절감되었다. 풀어 말해서, 인문과학의 개별 학술 분야들의 지나친 전문화와 세분화로 치닫는 이같은 진화 방향은 일종의 지식의 봉토화, 파편화, 부족화로 유도되었으며, 다시 자신들의 과학적 내용을 재전유하기 위해서는 반성적 유형의 지식에 의해서 극복되어야 했는데, 다행스럽게도 그같은 임무가 철학에 부여되었던 것이다. 그 결과 철학은 지식의 파편화를 지양할 수 있는 포괄적 소명을 띠는 두 번째 층위의 문제 설정 프로그램을 개발해야하는 자신의 소명을 다시 찾을 수 있었다. 철학의 '오르가논'이 반성이라는 점에서, 철학이 지식의 생산으로부터 가능케 하는 전유는 여러 인문과학에 의해서 필수불가결한 것으로 체감되었다. 특히, 이같은 기능이 인문과학의 빈번하게 불협화음을 일으키는 연주 속에서 철학의 절대적 제어라는 특징을 과시하려는 제국주의적 야심을 자제한다는 점에서 그같은 철학의 소임은

4) 개념의 제공자로서의 철학의 역할에 대해서는 다음 논문 참조.
Nicolas Dodier, "Agir dans plusieurs mondes", in: *Critique,* n°47, pp.529~530.

명분을 얻었다. 철학은 시간이 갈수록 인문과학의 생성 그 자체로서 체험되었던 반면, 인문과학은 철학을 자신들의 과거, 자신들의 고고학적 시원으로 바라보았다. 이같은 새로운 풍경의 내부에서, 철학은 본질적인 소통적 역할을 맡을 수 있다.

인문과학과 철학 사이의 관계의 평화로운 관계는 두 가지 진화의 산물이다. 먼저, 의미 일반에 대한 총체적 통어의 자리를 주장하지 않는 철학의 자기 한계 설정과, 철학적 물음들에 기대어서 자신들의 고유한 문제를 허위로 극복하려는 흐름 속에 매몰되지 않는 인문과학의 진화가 그것이다. 풀어 말해서 철학은 추상적, 총체적, 유일무이한 이성에 대한 정박과 결속을 과감히 포기하였다. 그리고 절대적 이성으로부터 다원적, 실천적, 복잡한 합리성의 복수성으로 이동되었다. 이것은 철학과 인문과학을 두 개의 공약 불가능한 노선으로 파악하는 것을 가능케 했다. 따라서 제왕으로서의 철학자의 모습은 사라진다. 하지만 이같은 상황은 더욱더 복잡해지고, 분산되고 파편화된 현실을 판독 가능케 만들 수 있는 소명을 가진 복잡한 담론으로서의 철학 담론의 역사적 사명을 축소시키지 않는다. 이같은 사태 이후에 발생한 반성성은 반성적 철학이라는 전통의 반성성에 비해서 더 폭 넓은 임무에 해당된다. 이 수준에서, 우리는 더 이상 위대한 체계의 건설에도, 형이상학적 기획으로서의 철학의 해체의 건설에도 해당되지 않는 현대성의 새로운 철학적 시대 속에 진입했던 것이다.

현대 철학의 새로운 임무가 함의하는 의미의 문제의 재배열은 인문과학과 더불어, 지금까지 적대성 차원에서 생각되던 관계들을 새롭게 갱신하게 이른다. 물론, 인문과학은 계몽주의의 기획의 연장 속에서 탄생하였으며 이성에 의해서 실현된 진보에 대한 신념 속에서 실현되었다. 하지만 인문과학은 자신들의 시도를 인간 역사의 가능한 제어 또는 투명성의 믿음에 내재한 순진함에 대한 비판으로서 정의된다. 인문과학의 역사적 역할은 따라서 개인과 사회에 그들도 모르게 미치는 다양한 규정들을 보여주는 데 있었다.

이같은 시각은 자신의 외부에서 객관화된 것을 재전유할 수 있는 철학이 파편화된 인문과학의 지식들을 다시 아우르는 개방된 노선을 채택하도록 만들었다. 철학은 점차로 윤리, 법, 정치, 사회 문제 등에 민감해졌다. 특히, 이같은 대화의 조건은 두 전통 사이에서 더 우호적이다. 그 결과, 인문과학에 고유한 동학이 나타나 그 이전 시대와는 반대로 스스로를 개선시킨다. 자신들의 철학적 기원에서 벗어나서, 과학적 능력의 이름으로 철학적 지평의 초월로서 스스로를 제시하는 대신, 인문과학은 자신들의 철학적 생성에서 작업할 수 있다.

그같은 개방성은 철학자들에게 능동적 대화에 기초한 철학의 역사라는 오랜 전통과 더불어 과학적 발견의 문제화를 재갱신하게 만들 수 있다. 이같은 시각은 철학자들이 자신의 선험 속에 빠진 제한된 철학의 단절적 빈곤적 개념에 의존하는 것을 막을 수 있다.

4. 철학적 문제의 소거불가능성 : 언어학적 실재와 표상[5)]

언어학은 기본적으로 인류문화의 유산으로서 지구상에 존재하는 자연언어들에 대한 기술과 설명을 목표로 하며, 50년대 이후에는 수리화의 테크닉을 마련하여 자연 언어의 자동 처리를 목표로 삼게 된다. 철학을 어떤 식으로 정의하던, 언어학처럼, 실증적 지식으로 이루어진 인지적 수순의 유형은 아니다. 따라서 양자 사이에 연속성의 해결책을 마련하는 것은 쉽지 않다. 하지만 철학은 주로 존재론 또는 방법론과 관련된 매우 일반적인 수준에서 실증 과학의 결과들을 다룰 수 있다는 점에서 철학과 언

5) 본 내용은 언어학의 철학(philosophie de la linguistique)에 해당되는 언어 인식론의 문제틀로서 주로 오루 교수의 관점을 참조하였다. cf. Sylvain Auroux, "Le langage et la philosophie", in: *Encyclopédie Philosophique Universelle*, volume IV: *Le discours philosophique*, Paris, PUF, 1998, pp.5～16.

어학의 접점은 생각할 여지가 많다.

언어학자가 구성하는 실재들의 위상은 무엇인가? 이 물음은 특히, 표면적 발화체 속에서 나타나지 않는 따라서 언어 사용자들이 현실적으로 지각할 수 없는 실재들에 대해서 던져볼만한 질문이다. 이것은 오늘날 언어이론의 표상에서 심층 구조와 대립되는 표층 구조라고 부르는 것으로서, 이른바 제로 요소라고 불려지기도 한다.

예컨대, '학교에 가'라는 한국어 표현이 공주어(empty subject)를 포함한다고 말한다면, 도대체 이 공주어라는 것은 무엇인가? 그것은 어디에 존재하며 무엇에 쓸모가 있는 것인가? 예문에서 분명 문법적 주어는 동사의 활용에서 표현되지 않았다. 이 물음은 이론적 구성 자체와 관련된다. 이같은 유형의 존재론적 문제는 모든 언어학의 영역들과 관련된다. 한 가지 예로 비교 역사 문법에서 재구의 위상과 더불어서 한 가지 예를 소개해 보자. 1879년 소쉬르는 그의 나이 약관 21 세에, 인도 유럽어의 상이한 모음들의 가치를 설명하기 위하여, 인도유럽어의 원시적 상태에서 일정한 음운론적 요소들의 존재를 상정하였다. 이것을 자음 계수라고 부른다. 이들 요소들은 원시 모음들과 결합될 경우, 특정 모음의 궁극적인 출현을 설명해 줄 수 있게 될 것이라는 가설을 세웠다. 소쉬르는 그의 이론을 정당화시켰다. 왜냐하면 그것은 이 알려진 일정 수의 사실들을 다시 일정 수의 무리들로 묶는 것을 가능케 했으며, 따라서 자음 계수가 표현하는 규칙성 속에서 일정한 규칙성의 가설을 수단으로 해서, 그같은 사실들을 설명해줄 수 있기 때문이다. 1927년, 쿠릴로비츠(Kurlylowicz)는 이미 사어가 된 히타이트어의 h 속에서 두 개의 계수를 인지할 수 있었다. 이같은 유형의 예측은 언어학의 다른 영역에서도 찾아볼 수 있다.

토씨를 달 수 없는 방법론적 성공에도 불구하고, 존재론적 문제는 결정적이다. 재구성된 실재는 무엇인가? 가장 직접적인 입장은 마치 선사 고고학이 화석화된 요소들로부터 동물 또는 식물의 일정 부분을 재구성하는 것처럼, 과거에 존재했던 것이라고 생각하는 데 있다. 만약, 하나의 어족(예컨대 원시 인도 유럽어)의 원시 상태를 구성하는 요소들의 집합을 재구성한다면 원시 인도 유럽인들이 말하던 언어를 재구했다고 생각하는 것은 정상적으로 보인다. 독일 언어학자 쉴라이셔는 이것을 기초로 해서, 원시 인도 유럽어로 쓰여진 우화를 쓰기도 했다. 하지만 이 원시 인도 유럽어가 존재했다고 확실하게 말할 수 있는 결정적 증거는 없다. 독일의 소장문법학파는 쉴라이셔에 비해서 유명론적 노선을 채택한다. 즉, 재구된 요소들은 단지 하나의 어족에 대해서 갖고 있는 우리들의 지식의 상태를 표상할 뿐이라는 생각에 이르렀다. 즉, 이같은 어족의 통일성 정도에 대한 우리들의 가설들을 성립하는 것이다. 하지만 이같은 해결책은 매우 불만족스러운 것이다. (나중에 이같은 수순을 언어학사에서는 신칸트주의라고 명명한다). 만약 재구가 참이라면, 어떻게 재구된 요소들의 전체에 대해서 일정한 현실을 부여하지 않을 수 있단 말인가? 소쉬르의 계승자인 옐름슬레우는 재구된 요소들은 단지 목격된 상이한 언어 형태들 사이의 종속 관계를 요약하는 한 가지 방식이라고 생각했으며 거기서 기원 언어의 구조의 표상을 보고 있다.

우리 모두는 직관적으로 당신의 언어가 무엇이냐고 물을 때 특별한 문제에 봉착하지 않는다. 우리는 모두 한국어를 모국어로 사용하기 때문에 우리의 언어는 한국어라고 답할 것이다. 예컨대 방언학의 예를 들어 보자. 우리는 어떻게 방언의 진정한 경계선을 찾을 수 있는가? 이것을 위해서는 일련의 특징적인 특질을 파악해야 할 것이다. 하지만, 이같은 특질들은 상이한 경계선에 따라서 분배된다. 그 결과 상이한 화자들 사이에는 진정한 연속성이 존재한다. 하나의 방언에서 다른 방언으로 자신도 지각하지 못한 채 넘어간다. 하나의 방언 또는 언어는 마치 개, 장미, 돌처럼 자연적 종이 아니라, 그것의 정체 파악은 계약적이라는 것이다. 앙리(Victor Henry)는 그의 저서 『언어의 이율배반성』(*Antinomies linguistiques*, 1896)에서, 언어의 연속성과 불연속성이라는 문제를 제기하면서 연속론을 채택함으로써 이율배반을 극복한다. 소쉬르는 『일반 언어학 강의』에서, 랑그는 언어학의 유일한 대상이며, 대상을 창조하는 것은 관점이라고 주장한다.

이같은 유형의 해결책은 랑그라는 실재의 존재론에 대해서 유명론적 개념을 도입한 것이라고 생각할 수 있다. 하지만 그렇게 간단하지 않다. 소쉬르의 개념은 극도로 미묘하다. 랑그를 실질이 아닌 형식으로 간주하면서 그의 개념은 실재론적 선택의 유형에 길을 터주고 있다. 실체론의 거부는 그의 일련의 이분법들에 의해서 표현되는 불연속성의 채택에 해당된다.

랑그는 순수한 가치들의 체계로서, 그 무엇도 그 구성항들의 순간적 상태를 벗어나서 결정짓지 못한다. 달리 말해서, 언어의 한 상태의 한 요소가 있을 때, 그것의 언어적 현실은 오직 동일한 상태의 다른 요소들, y, z와의 관계에 의해서 결정된다. x가 v로부터 왔다는 것을 말할 수 있는 것은 그것의 현재적 현실에 대해서 그 어떤 심오한 영향도 행사하지 못한다. 아울러, 시스템으로서의 랑그는 소쉬르가 파롤이라고 부르는 개인들의 언어 활동과 혼동되지 않는다. “언어는 집단 속에서 각각의 두뇌 속에 배치된 흔적들의 형식 아래, 존재한다. 이것은 마치 개인들 사이에서 동일한 사본들이 배분된 사전의 이미지와 같다.”

따라서 그것은 그들 각자 속에 놓여 있는 그 무엇이며, 모든 사람들에게 공통적이면서, 동시에 보관인 또는 수탁자의 의지를 벗어나 자리 잡는다. 이같은 랑그의 존재 방식은 다음과 같은 공식으로 표명된다. 1 + 1 + 1 + 1 + 1 …… = 1. 이와 달리, 파롤 속에서는 전혀 집단적인 것이 없다. 제 발현은 개별적이며 순간적이다. 여기서는 이같은 특수한 사실들의 총합 이외의 것이 없다. 1 + 1 + 1 + 1 …….

프랑스의 구조주의는 이같은 존재론적 개방성을 발굴하게 되며 총체성이 부분들에 선행하여 존재한다는 사실에 의해서 규정되는 구조 또는 시스템 속에서 진정한 언어적 실재계를 보게 된다. 그같은 구조 또는 시스템은 개별 특이적 발현 속에서 경험적으로 주어질 수 없으며, 언어 주체의 활동을 초월하는 것이다. 문제의 관건이 바로 하나의 형식, 즉 가치들을 규정하는 대립들의 시스템이라는 점에서, 이같은 소쉬르의 해결책에서 플라톤주의의 한 변이형을 찾으려는 유혹에 빠질 수도 있을 것이다. 그런데 정작 소쉬르는 보다 사회학적 개념을 갖고 있었다. "만약, 새롭게 발생하는 모든 것이 담화의 기회를 통해서라면, 이것은 동시에 모든 것은 언어의 사회적 측면에서 진행됨을 말하는 것이다." 수수께끼는 여전히 남는다. 어떻게 개별적 행위들로부터 그것들의 사회적 효율성 즉, 시스템으로 이동할 수 있단 말인가?

랑그의 표상 속에서 소쉬르의 제이분법, 즉 불연속성을 수용한다는 것은 지극히 어려운 존재론적 문제로 유도된다. 랑그의 문제는 현대 언어학의 철학에서 가장 어려운 문제 가운데 하나이다. 촘스키의 생성 문법은 진정한 문제 해결 없이 개념들을 이동시켜 놓았을 뿐이다. 그의 능력과 수행 개념은 소쉬르의 랑그와 파롤의 대립을 여러 면에서 상기시킨다. 물론 주된 혁신은 대립의 각항에 발화자를 도입했다는 데 있다.

촘스키는 언어 능력이 언어학자의 진정한 대상이라고 주장하면서 언주에 의한 발화체의 생산과 청자에 의한 그것의 해석 사이의 총체적 가역성(réversivilité)을 주장한다. 하지만 이같은 가설과는 정반대로, 생산 과정의 일정한 비가역성이 존재한다는 점을 받아들여야 할 것이다. 촘스키의 언어 개념은 이렇게 정리될 수 있다. 내포 차원에서 언어는 발화자에 의해서 내재화된 규칙들의 총합이며, 외연 차원에서는 규칙들에 의해서 생성된 문장들의 총합이다. 그는 전자를 내재적 언어, 후자를 외재적 언어라고 명명한다. 이같은 언어 표상의 실재론에 대해서 적지 않은 논쟁과 물음이 제기되었다. 그의 이론은 늘 기원적인 상징 시스템을 전제로 하며, 그것은 곧 생득주의에 대한 귀결로서 해결된다. 그렇다면 외재적 언어와 한국어라는 사회학적 현실 사이에는 무슨 관계가 있단 말인가 ? 그는 말한다. 양자 사이에는 아무런 관계가 없다는 것이다. 그렇다면 모든 언어의 기원 속에 있는 보편적인 생물학적 구조를 옹호하는 그의 테제는 약화될 수밖에 없다.

인문과학의 존재론은 자연 과학의 존재론에 비해서 훨씬 더 복잡하다. 자연 과학의 경우, 우리는 단지 이론 T와 이론의 표상의 대상 Oi의 속성들 사이의 관계를 밝히면 된다. 이 관계에 대해서 철학적 원칙과 교리가 대립된다. 실재론자들은 T의 실재들이 O의 실재들과 동일하다는 것을 받아들이며, 그것이 물질적 현실이건 아니면 또 다른 세계의 현실이 관련되건 마찬가지다. 반면, 유명론자들은 T의 실재들이 표상에 불과하다고 주장한다. 또는 조작론자들은 그같은 실재들은 우리가 현실에 대한 우리의 포착과 이해를 조직화시키는 방식에 상응할 뿐이라고 주장할 것이다.

대부분의 인문과학과 마찬가지로, 언어의 경우, 제 3의 요소 유형을 도입해야 할 것이다. 즉 주체가 대상 Oi를 생산하는 메카니즘이다. 물론 그같은 메카니즘을 생략할 수 있으며, 언어학은 단지 T와 O 사이의 관계에만 관련되었다는 주장을 제시할 수 있을 것이다. 이같은 태도는 미국의 언어학자 블룸필드가 20세기 초에 반정신주의를 채택하면서 피력한 객관주의적 입장이다. 따라서 존재론적 물음들은 자연 과학에 대해서 마주치는 문제들의 유형에 속한다. 하지만 만약, M을 도입한다면, 그것에 하나의 위상을 할당시켜야 할 것이다. 객관주의를 거부하는 두 개의 입장이 지배적이다. 해석학적 입장에서는 T가 언주가 의식할 수 있는 M의 한 부분에 대한 표상과 섞인다고 가정할 것이다.

즉, 자신이 행하는 것에 대한 의식의 표상은 곧 행동의 내용에 대한 지식이다. 반면 실체론적 입장에서는 O에 대한 지식, 즉 표상 T는 M 속에서 진행되는 것에 대한 표상과 동일하다는 것이다. 이때, 표상은 발화자가 반드시 인지하지는 않는다.

실체론적 입장이 언어학사에서 가장 널리 전파된 입장이라고 말할 수 있을 것이다. 특히 촘스키 이론을 추종하는 사람들이 제시하는 비전은 매우 흥미롭다. 촘스키가 제시하는 보편 문법의 원칙들은 정확히 화자의 머리 속에 이식된 것과 동일하다는 것이다. 즉, 인간에게 고유한 생물학적 차원의 언어 구사 능력은 알고리듬의 집합으로서 이것은 인간 두뇌이건 컴퓨터이건 무차별적으로 이식될 수 있다는 주장이다. 이것은 매우 강한 존재론적 테제라고 말할 수 있을 것이다.

5. 기호학이 철학에 선사할 수 있는 새로운 시각 : 텍스트성과 서술성

5.1. 철학 담론의 텍스트성에 대한 기호학적 시각[6)]

모든 철학은 해석적 본질을 머금고 있다. 왜냐하면 철학의 타당성은 자신이 내놓은 언표들의 지시적 진리에 달려 있기 보다는 철학적 언표들의 골자와 짜임을 해명할 수 있는 힘에 달려 있기 때문이다. 이같은 철학적 씨실과 날실은 흔히 논증적이라고 불려진다. 이때 논증적이라는 표현은 증명 테크닉 보다는 지성 작용의 경로를 의미하는 것으로 이해되어야 한다. 왜냐하면 철학이라는 직물을 짜는 씨실과 날실은 테제의 타당화의 수단으로 사용되지만, 이같은 수단들이 반드시 증명적 본질에 속하지는 않기 때문이다. 철학적 텍스트성은 결국 하나의 짜임에 따라서 사고의 형상들의 방향을 결정짓는 시원적이며 건축적인 원칙이다. 텍스트성이란 개념은 단지 합리적 이유들의 정리 정돈이거나 사실들의 판독 가능성의 조건들일 뿐만 아니라, 이같은 질서가 철학적 사고 형상들을 운반하는 언어에 영향을 미치는 방식이기도 한다. 철학은 자연 언어라는 구조물로 세워진다. 이런 관점에서, 철학적 텍스트는 다른 모든 담론들과 마찬가지로, 그 기초에 있어서, 일상 언어의 형상들(또는 비유들)에 고유한 '모호성'의

---

6) 철학 텍스트의 존재론적 속성에 대한 기호학적 분석은 알메이다 교수의 견해를 참조하였다. cf. Ivan Almeida, "Sémiotique et textualité philosophique", in: *Encyclopédie Philosophique Universelle*, volume IV: *Le discours philosophique*, Paris, PUF, 1998, pp.1927～1937.

필연적 함유량을 간직한 채 작동된다. 따라서 철학의 이해는 언어 해석의 모든 제약과 구속을 통과해야 한다. 그 결과, 전형적으로 철학적인 것은 이같은 형상들이 개념적 실타래로서 재범주화되고 구조화되는 두 번째 형식에 의해서 규정된다.

기호학의 본령이 지식의 모든 형상들(언어적, 서사적, 미학적, 논증적 등등)의 구조화를 담당한다면, 세계를 총체성으로 해석하는 모든 철학적 텍스트는 이미 본질적으로 기호학적 활동이다. 20세기 중반기 이후로 기호학은 근본적인 딜레마에 빠졌다. 철학에 동화되지 않으려는 자주적 노선을 채택하면서도, 기호학은 스스로 하나의 제도화된 독립적 학문으로서 규정되는 데 이르지 못했다. 하지만 인문과학과 철학 사이의 경계선이 조밀하고 잠정적이라는 점에서 기호학은 이 두 비전이 소통하는 늘 변화하는 언저리를 점유한다. 과학으로부터, 기호학은 현상을 토대가 아닌, 현상으로서 설명하려는 야심을 드러낸다. 철학으로부터 기호학은 이론적 대상의 고유한 장을 규정할 수 없다는 불가능성을 받아들인다.

하나의 과학은 현실을 대상이라 불려지는 이론적 단위들로 재단하는 제스처에서 탄생한다. 이같은 대상들은 닫혀진 시스템 내부에서 관계를 통하여 규정되며 한정된 수의 변별적 자질들의 목록을 갖고 있다. 이같은 변별적 자질들은 대상들에 대해서 일의적인 정의를 부여하며, 이 정의는 곧 이 단위들이 시스템의 배분 속에서 점유하는 위치에 해당된다. 시스템에 속하지 않는 모든 것은 제외된다. 이같은 시각을 채택함으로써 얻을 수 있는 논리적 장점은 확실성의 정도를 유일하게 담보할 수 있는 연역적 추론들을 특권시할 수 있는 데 있다.

기호학의 당혹감은 다음과 같은 사실에 있다. 기호학은 의미를 생산하는 데 사용될 수 있는 모든 것을 기술하는 임무를 부여 받는다. 이야기, 대화, 예술 작품 등 인간 문화의 모든 지식의 형상들을 말한다. 동시에, 기호학은 과학으로서 스스로를 규정짓기를 갈망한다. 즉, 닫혀진 시스템, 공식들, 일정수의 변별적 자질들에 토대를 두려 한다. 이 때 위험성은, 하나의 이론적 시스템이 되면서, 기호학은 인간적 경험 역시 이론적인 것으로 선취하려는데 있다. 아울러 행동적이며 화용적인 의미 작용에 연역적 정의를 부여하려는 것이다. 예컨대 구조 기호학의 이상형은 하나의 시스템 내부에서, 차이들의 효과로부터 모든 의미 작용을 파악하는 데 있다. 일정한 방식으로, 의미(sens)를 엄밀한 형식으로 연역하는 것이다. 이같은 엄밀성이 이론적 유형의 발화체에 적용될 때, 결과는 매우 만족스럽다. 반면, 생활적 화용적 유형의 발화체에서 그같은 엄밀성은 사물의 풍성함을 불모화시킬 수 있는 환원주의에 빠질 소지가 농후하다. 자신이 간직하고 포착하고 싶은 것만을 변별성의 여과기를 사용해서 선별적으로 통과시키기 때문이다.

이런 맥락에서 르네 톰은, "엄밀한 모든 것은 의미하는 바가 없다."(tout ce qui est rigoureux est insignifiant)이라고 했던 것이다. 따라서 과학의 개념을 확대해야, 비로서 정밀성의 상실을 댓가로, 의미 작용 사실들의 질적 성질을 다룰 수 있게 될 것이다. 여기서 우리는 가추법을 하나의 대안으로 상정할 수 있다. 가추법의 형식은, 하나의 놀라운 사실 앞에서 다음과 같은 형식을 띤다 : "만약 A(하나의 명제)가 참이라면, C는 하나의 규범화된 사실로서 설명될 수 있을 것이다." 즉 A가 참이라는 것을 증명하는 것이 문제가 아니라, 가장 높은 원칙과 원인들의 추구를 사유 가능한 무엇인가로 전환시킬 수 있는 것을 착상하는 데 있다. 퍼스는 '철학의 개념적 구성이 결코 관찰된 사실들에 기초하는 것이 아니라, 그것의 근본적 명제들이 합리적 이성을 편안하게 만들어주는 것으로 나타나기 때문이다'라는 진술을 한 바 있다. 과학과 달리, 철학은 따라서 고유한 대상을 갖는 것이 아니라, 자연적 현상들의 사고를 판독 가능하게 만드는 데 목적을 두는 개념적 구성이다. 철학은 사실들을 증명하지 않고, 의미 작용, 즉 해석의 노선들을 제안한다. 우리가 철학적 텍스트성이라고 언급한 이유는, 바로 철학이 대상들로 이루어진 것이 아니라, 실타래로 이루어져 있기 때문이다. 직물과 실타래는 동의어이다. 직물은 결코 참이거나 거짓이 아니라, 잘 짜여진 것이냐 아니냐 가운데 하나 일 뿐이다. 생활적 담론의 경우에, 그같은 실타래의 기초에는 밀도 높은 형상들이 존재하며, 그것들의 의미 작용은 현동화된 실타래 속에서의 위치에 달려 있지 않다. 철학 담론의 경우는 더 복잡하다. 한편으로는, 그것의 형상들은 은유적 기원에 속한다. 즉, 철학의 기본 어휘는 이미 원시적 사용의 기억을 여전히 보존하고 있는 개념적 위반의 조작의 산물이다. 다른 한편으로는, 통합의 실타래 짜기는 순수한 판독 가능성(지성화)의 방식들을 창조하기 위해서 개념들의 일차적 지시성을 결정적으로 자기 것으로 사들인다. 이같은 순수 판독 가능성의 세계는 데리다에 따르면 은유들의 통사이다. 그것들의 발화체의 검증은 은유적인 동시에 통사적인 본질에 속한다. 달리 말해서 철학적 발화체는, 개별적으로 취했을 경우, 진리가를 갖지 못하며, 일반화될 수 있는 의미 조차 갖지 못한다. 이론적 발화체들과 달리, 이같은 동일한 실타래는 기원적인 비유적 전용들이다. 철학적 언표의 가치는 관찰 가능한 것과의 상응에 기초하여 판단할 수도 없으며, 순수한 이론적 언표들에서처럼, 시스템 속에서 통사적 통합에 기초하여 판단할 수도 없을 것이다. 철학적 실타래는 현실계의 위반으로부터 탄생된 형상들의 방향을 정하도록 되어 있으며, 현실계 자체의 사고를 해명하는 작업으로 향한다. 이점에서 바로 철학의 의미와 그것의 진리가가 놓여 있는 것이다. 기호학의 임무는 철학 담론의 형상들을 식별하고, 철학적 텍스트의 실타래의 가추라는 이중적 작동으로 이루어진다.

5.2. 철학 담론의 서술성[7)]

철학에서 이야기(récit)의 문제는 매우 많은 접근법들을 수용할 수 있다. 몇 가지 이정표를 상기해보자. 이야기의 차원은 먼저 철학 담론을 관류하

7) 데카르트의 텍스트 분석을 연구의 시점으로 삼아 철학 텍스트의 서사 문제를 기호학적으로 천착한 대표적 학자로는 보르드롱이 있다. 본 장은 그의 논지의 핵심

는 제 분할들의 총화에 따라서 식별될 수 있다. 그 결과, 이야기는 철학적 담론의 고유성에 속하지 않는 것으로 파악되며, 이야기는 철학에서 가장 외부에 있는 것인 동시에, 가장 은밀한 것으로 간주된다. 이야기는 따라서 동시에 현교적이며 비의적이다. 철학 콩트에서처럼, 또 도덕적 교육적 가치를 갖는 우화에서처럼 현교적이다. 따라서 이야기는 보다 접근 가능하고, 대중적 견해에 가까우며, 쉽게 기억될 수 있는 것으로 파악된다. 하지만, 이야기는 알레고리, 교훈적 우화에서 하나의 교리의 비밀을 지칭한다는 점에서 비의적이다. 이야기라는 장르는 자신의 발화체로서 이해될 수 없이 하나의 사고의 내부와 외부를 소통시킬 수 있는 것으로 나타난다. 철학에서 이야기가 갖는 양가성은 대략 그렇게 정리될 수 있다.

다른 한편, 이야기는 철학이 그 기원에서부터 부정했던 신화와 결속된다. 철학은 신화와 맞서 성립되었으며 동시에 신화는 철학의 내부 자체로부터 철학을 끊임없이 위협하는 것이기도 하다. 그 결과, 철학은 자신이 끊임없이 신비적 상태로 귀환하려는 위협을 받는 바로 그 순간 속에서 가장 액면적인 의미에서 신화들을 들려준다. 철학 담론에서 신화를 축출시키는 것은 과잉 폭력을 동반하지 않는 한 그처럼 쉬운 일이 아니었음을 역사는 입증한다.

하지만 이야기하기(narrer)란 역사와의 관계를 지칭하며, 따라서 시간 속에서 사건들이 조직화되는 형식을 지칭한다. 이런 의미에서 이해될 경우, 철학적 이야기의 영역은 방대하다. 철학자의 삶, 줄거리, 철학적 관념의 이야기, 이야기가 특권시되는 표현 방식이라 할 수 있는 역사학 학술 분야가 모두 포함된다.

아울러, 헤겔의 사상에 따라서, '철학은 철학사 외 다름 아니다'라는 격언을 받아들일 때, 철학의 사변적 발달은 본질적으로 이야기가 허락되

요지를 반영하였다. cf. Jean-François Bordron, "Discours philosophique et narrativité", in: *Encyclopédie Philosophique Universelle*, volume IV: *Le discours philosophique*, Paris, PUF, 1998, pp.1532~1540.

는 곳이다. 이같은 철학적 '나레이션'이 물론, 평범한 이야기와 동일한 외관을 띠는 것은 아니지만, 그래도 여전히 서술물이라는 동일한 영역에 속함을 부정할 수는 없다. 여기서는, 철학적 사유와 관련하여 이야기의 구성적 차원, 즉 철학의 언어적 텍스트적 표현과 관련된 구성적 차원을 강조하는 것에 초점을 둘 것이다.

이야기란 무엇인가? 이야기의 조직 원칙을 설명하기 위해서, 하나의 길잡이로서 데카르트의 『방법론 서설』을 취해 보자. 여기서 이야기는 가장 명백한 의미에서 시간 속에서 정돈된 일련의 사건들로 주어지며, 다소 복잡할 수 있으며, 나레이터의 몫에서, 예상과 기대, 재기억, 줄거리의 대상을 성립한다. 사건들은 압축되거나 팽창될 수 있다. 데카르트는 자신의 수학 시절, 독일에서의 체류를 들려주며, 이야기를 들려주는 당시의 상태에 대해서 이야기한다. 이야기의 첫 번째 기능은 시간의 흐름을 조직화시키는 데 있다. 아울러 이야기는 장소와 인물들의 배분을 정돈한다. 사고는, 담론을 통한 형식을 취하기 위하여 범주화되어야 한다. 사고는 곧, 인물, 장소, 시대 등의 이야기의 일차적 요소들을 만나게 되는 것이다. 이야기는 단지 목록이나 달력이 아니다. 전체적인 본질의 형식에 의해서 사건들이 연결되어야 한다. 『방법론 서설』에서 사건들은 진리 추구에 따라서 서술된다. 하지만, 데카르트의 다른 저작들을 읽게 되면, 서술적 형식이 본질적으로 사건들의 구상적인 본질과 연관된 것이 아님을 알 수 있다. 보다 추상적인 서술성도 존재한다.

일정한 철학적 맥락에서, 철학 텍스트는 이야기의 형식에 따라서 스스로를 있는바 그대로 알고, 스스로를 사유할 수 있다. 예컨대, 『형이상학적 성찰』은 매우 사변적 이야기에 속한다. 달리 말해서, 서술성은 단지 발화체의 내용으로서만 파악될 수 있는 것이 아니라, 인간 정신이 사유할 때 띠고 있는 본질적 형식으로서 발현된다. 흥미롭게도 최근에 발표한 글에서 김우창은 데카르트의 이성의 원리와 방법의 발생 맥락을 논하며, 데카르트가 결코 추상적인 인식론을 제시한 것이 아니라 삶의 지혜에 이르게 되는 여정을 말하였음을 강조하면서 인간 실존의 형식을 서사의 차원에서 파악할 것을 주문하였다. "『방법론 서설』에서의 데카르트의 설득력은 그의 엄격한 논리적 사고에 못지않게 서술의 서사적 방법에서 온다. 사실 그의 『방법론 서설』이나 『명상(Meditations)』의 호소력은 서사와 논리를 겸하고 있는 데에 있다. 서사는 엄격한 논리보다는 그럴싸한 전개를 통하여 설득력을 얻는다. 이 글들은 철학적 분석을 시도하는 책이면서도 그의 생활의 편력이나 개인적인 수상을 담고 있다. 그의 방법의 추구는, 낭만주의 시대의 성장소설에서처럼 정신적 성장의 기록 속에서 정당화된다. 이것은 나중에 다시 언급하겠지만, 이성이 단순히 방법의 수련이 아니라 삶의 여정에서 길러지는 것이라는 것을 말하여 주는 것으로 보인다."[8)]

철학적 서술성의 본질에 접근하기 위하여 추구 또는 탐구 이야기의 본질적 양상을 이해하는 것은 유용할 것이다. 추구는 일반적으로 욕망의 실현을 취하는 형식으로서 장애물과 그것의 제거로 이루어진다. 은유적 표현 방식을 차용하면서 데카르트는 하나의 행동을 시도하려는 사람은 어떻게 그 행동의 완수에 필요한 능력을 갖고 있어야 하는가를 설명한다. 이같은 진술 속에는 서술 논리의 모든 알맹이가 다 녹아들어가 있다. 한 편의 이야기의 전체적 형식이 하나의 추구로 이루어질 때, 이 추구의 완수는 추구 주체의 능력을 규정하는 양태성들의 획득을 요청한다. 일반적으로 행위자의 능력에서, 세 가지 유형의 양태성을 구별한다. 의도를 규정하는 양태성(vouloir), 능력을 확실히 해주는 양태성(pouvoir), 한 개 이상의 인지적 영역(savoir)을 규정하는 양태성이 그것이다. 양태적 장 속에서 이같은 세 가지 양태성들의 관계에 따라서 이야기의 상이한 유형들이 존재한다. 데카르트가 과학에 필요한 전주곡으로서 형이상학을 파악했을 때, 과학은 곧 형이상학적 앎의 설정을 전제로 한다는 점에서, 양자의 차이는 양태적 본질에 속한다.

---

8) 김우창, 『마음의 생태학』(한국학술협의회), 아카넷, 2005, p.48.

이제 우리는 하나의 문제, 욕망, 최초의 갈등과 이같은 욕망들의 실현 사이에 설정된 긴장에 의해서 규정된 공간을 포착할 수 있다. 이같은 공간은 양태적 제약들을 참작하면서 주파된다. 만약, 서술적 행로가 하나의 추구에 의해서 시초화된다면, 우리는 이같은 추구가 칸트가 '이성의 관심'이라고 불렀던 것의 기초라는 점을 이해할 것이다. "나의 이성의 관심은 세 가지 물음 속에 집중된다. 1.나는 무엇을 알 수 있는가? 2.나는 무엇을 해야만 하는가? 3.나는 무엇을 희망할 수 있는가?"

우리는 이런 의미에서 이야기의 형식이 사고의 도식화의 특수한 경우 외 다름 아니라는 결론에 도착한다. 이야기라는 개념 자체는 구성 가능성 원칙을 제공식화하는 것을 요청한다. 프레게가 설정한 이 원칙은 실제로 하나의 발화체의 의미는 이 발화체의 부분들의 의미의 함수이다. 그런데, 서술적 형식은 하나의 발화체의 의미를 이해하기 위해서는 부분들의 합이 아닌, 오직 전체적으로만 기술될 수 있는 요인들을 참작할 것을 요구한다.

하나의 이야기는, 만약 그것의 전체적 제약을 추상화시킨다면, 사건들의 연속들을 조직화시키는 기본적인 행동 도식들로 이루어진다. 이 도식들은 이야기가 취할 수 있는 구상적 또는 추상적 형식으로부터 독립한다. 철학 텍스트에서처럼, 추상적 도식과 사건들이 문제의 핵심이 될 수 있다. 이 점을 유념할 필요가 있는 것은 이야기를 빈번하게 구상적인 형식과 동일시하기 때문이다.

하나의 사건은 두 개의 상태 사이에서의 이동으로 기술할 수 있으며, 이 이동은 하나의 행동 또는 과정에 의해서 완수될 수 있다. 사건을 규약 체계에 따라서 다음과 같이 나타낼 수 있다. 사건 = [(상태 1) → 행동 → (상태 2)]. 이것은 사건의 도식일 뿐이며, 다양한 가치들에 의해서 투자가 이루어질 수 있다. 하나의 사건은 개방되거나 폐쇄될 수 있으며, 그것을 구성하는 상태들이 그 자신 속에서만 포함된다면 닫혀진 것이며, 이 동일한 상태가 선행하거나 이어져 올 사건들에 속한다면 열린 것이다. 사건 개념은 서술성의 토대 속에 놓인 복잡한 동학이라는 개념을 시사할 수 있다는 장점을 지닌다. 하나의 상태란 안정성의 계기로서 행동과 과정에 의해서 동요된다. 상태 개념은 행동자 문법의 틀 속에서 이해되어야 할 것이다. 상태를 사건의 부분으로서 이해하는 상태 개념에 도달한다면, 우리는 곧 행동자 개념이 상태의 본질을 규명하는 것을 가능케 할 것이라는 점을 깨닫게 될 것이다. 하나의 상태는 하나의 행동자와 과정 사이에서, 하나의 행동자와 다른 행동자 사이에서 연접 또는 이접으로 밝혀진다. 그 결과, 이야기의 과정을 역동적 과정과 연관된 특정 연접과 이접의 연속으로 표상할 수 있다. 이같은 과정들과 그것들이 구조와 생성에 미치는 효과들은 원형적 형태론에 의해서 표상될 수 있으며, 수학자 르네 톰은 그것을 처음으로 기술한 장본인이다.

서술성은 이야기 개념 속에서 고갈되지 않는다. 서술성 개념에는 구상적 이야기가 갖는 본질적으로 프로그램적인 구조들이 설명할 수 없는 다른 형식들로 가능하기 때문이다.

5.3. 철학 담론의 상호(간) 텍스트성

바흐친의 대화주의 이론과, 특히 크리스테바가 텍스트 개념에 부여한 이론적 조율 이후로, 우리는 모든 텍스트는 필연적으로 그것에 선행하는 다른 복수 텍스트들의 흡수이며 변형이라는 사실을 알고 있다. 하나의 텍스트는 선행하는 텍스트들과 대화하며 다른 텍스트 전통에 접목될 수밖에 없다. 정확히 말해서, 텍스트는 자신의 자양분을 제공하는 선행하는 담론성의 총화를 전제로 하며 그것을 포함한다. 그 결과 언어학적 관점에서 상호텍스트성은 이를테면 모든 담론의 법칙으로 자리 잡는다.

하지만 이같은 법칙은 철학에서 보다 엄밀한 의무와 구체적인 형식을 띤다. 다른 담론들과 달리, 철학 담론은 자신의 임무로서 경험적 현실을 발화하는 것이 아니라, 이같은 발화 작용의 진리의 가능성의 조건들을 명시화하는 것을 겨냥하기 때문이다. 바로 존재 자체의 판독 가능성의 조건을 겨냥하는 것이다. 아울러, 이같은 인식론적 규범적 목적을 통해서 아울러 이같은 수순의 반성적 본질을 통해서 철학 담론은 단지 자신에 선행하는 담론들을 변조하거나 변형시키면서 그것들을 참작하거나 다시 취하는 데서 머무르지 않고, 특히 선행하는 담론들을 넘어서려 한다. 철학 담론은 보다 큰 판독 가능성, 최소한 보다 적절하고 보다 생산적인 물음 제기의 방식을 겨냥한다. 따라서 철학 담론의 경우, 이런 의미에서 공통적 지식의 기술적 서사적 텍스트 구조를 철학적 지식의 이론적 분석적 텍스트 구조로 변환시켜야 할 뿐만 아니라, 선행하는 철학적 지식들의 특이한 담론성을 통합하고 완결지어야 한다. 철학 담론은 따라서 철학소들의 발명이자 동시에 갱신이며, 필연적으로 연속적인 발명이 될 수밖에 없다. 갈레가 썼듯이, 모든 철학소는 다른 사람의 발명으로부터 발명될 수밖에 없다.[9)]

이같은 연속적 발명 과정에 대한 이해는 단지 텍스트 생산 당시의 지배적 견해, 또는 문화적 유산의 발굴과 같은 모호한 심리적 설명으로 환원될 수 없을 것이다. 이것은 철학 담론의 텍스트적 물질성과 심리학적 수용 방식 대신 그 의미를 축소 환원시키는 이중적 환원이다. 아울러, 발화된 내용을 중시한 나머지 발화 작용의 형식을 희생시키는 처사이다. 이같은 이중적 환원을 통해서, 주석가는 모든 담론은 무엇보다 근본적으로 하나의 글쓰기라는 중추적 사실을 누락시키는 것이다. 즉, 철학 텍스트의 저자의 의도와 심리적 역사뿐만 아니라, 의사 소통의 사회적 규정으로 환원될 수 없는 발화 작용의 물질적 행위라는 점을 말소시키는 것이다. 다른 모든 담론들처럼, 철학 담론은 철저하게 흔적화된 기호들, 각인된 기호들의 짜임과 놀이의 생산이라는 육체적 과정으로 제공되며. 아울러 있는 그대로 본능적 욕구 충동과 감정의 백터로서 제시된다. 요컨대, 철학

---

9) J.-L. Galay, *Philosophie et invention textuelle*, Paris, Klincksieck, 1977.

담론은 하나의 행위이며 권력 행사이다. 펠만의 말을 빌려서 더 잘 표현하자면, 담론의 쓰기 행위는 작위의 원형이며, 모델이며 본질이다.[10] 말라르메가 목격한 것처럼, 모든 작위는 흔적을 남기고, 영속적으로 촉지 가능하거나 가시적인 효과들을 남긴다는 특징을 갖기 때문이다. 만약, 행위가 현실 속에서 일종의 쓰기라면, 글쓰기는 발화 작용적 신체의 행위의 물질화로 남아 있다. 그런데 철학 담론이 필연적으로 또 근본적으로 '하다'의 차원에 속함에도 불구하고, 지금까지, 사소하다고 전제된 이같은 파생을 은폐시키고 부정하면서 비로소 철학은 자신을 정당화시킬 수 있었던 것이다. 달리 말해서, 철학은 자신의 텍스트 파생의 물질적 행위라는 철학에서 사유되지 못한 것을 강제적으로 또 영속적으로 부정함으로써만 비로소 자신을 유의미적 사고로서 규정할 수 있었다. 그런데, 사실은 이 같은 철학 담론의 생성은 바로 선행하는 텍스트 구조들의 변형 작업에 의해서 실행된다. 철학적 간텍스트성은 따라서 단순한 해석학적 관계로서 아울러 그것의 유일한 '독싸'적 심리적 차원에서 파악되서는 안될 것이다. 오히려 새로운 텍스트들의 글쓰기적 구성이라는 화용론적 과정으로서 파악되어야 할 것이다.

그런데 그 같은 과정을 어떻게 파악할 수 있단 말인가? 하나의 텍스트를 다른 텍스트로 전환시키는 내재적 조작성의 정확한 본질은 무엇인가? 갈레에 따르면, 이 같은 전환은 두 가지 종류의 담론적 기층의 작동을 통하여 두 층위에서 수행된다. 무엇보다, 담론의 지시체를 대부분 규정짓게 될 내용들, 달리 말해서, 독자에게 대상을 지시할 내용으로서, 특정 어휘의 선택이 그것을 도와준다. 이어서, 그것의 의미 작용을 규정짓게 될 이 같은 담론의 형식을 이루는 구성 요소들, 교육적 논증적 도식들의 사용, 텍스트의 논리적 가치에 신임을 부여할 수 있게 만들어 준다. 그 같은 기층들에서, 함유량의 다소가 무엇이건, 그것은 다른 차원의 텍스트들과 견

10) Sh. Felman, *Le scandale du corps parlant*, Paris, Le Seuil, 1978.

주어서, 아울러 선행하는 철학 담론들에 견주어서 철학적 특수성 또는 참신성을 보장하는 데 충분하지 않다. 이것을 위해서는, 갈레가 철학적 상호 텍스트라고 부르는 또 다른 장르의 기층이 개입되어야 한다.

그에 따르면 철학은 대부분의 경우, 철학적 제스쳐들의 모방으로 이루어진다. 즉, 철학 담론은 철학적 제스쳐의 재생산과 변형을 통해서 이루어져야 한다. 각각의 철학 텍스트는 닫힘이자 열림이며 보수이자 변화의 가능성이다. 철학 텍스트는 하나의 언어를 재사용할 뿐만 아니라, 자신의 방식대로 기존의 텍스트적 가능성을 다시 놀이화한다. 철학 작업은 더 이상 발송된 메시지들의 의미론적 내용의 계보에서 또는 형식적 어휘적, 수사학적 구조 속에서 파악되서는 안되며 자신이 후견자로 선택한 사람들에 따라서 철학소의 발명 과정 속에서 파악되어야 할 것이다.

하나의 철학소의 총체성을 다시 떠맡는 것은 그것의 발명 과정을 변형시키는 것이며, 그것을 재발명하는 것이며, 새로운 문제 설정 속에서 새로운 의미를 재부여하는 것이다. 달리 말해서, 철학적 상호텍스트성의 특수성은 텍스트 근원의 담론적 조작들에 연동되는 것이 아니라, 하나의 철학을 만들어내는 발명 과정의 본질에 있는 것이다. 엄밀한 의미에서의 철학적 상호텍스트성은 철학적 담론의 목적과 장르가, 선행하는 텍스트를 갱신하기 위해서 철학 텍스트가 작업하려하는 언어적 기층과 토양에 새겨 넣는 방향 지시적 역할에 의해서만 작동된다. 철학 텍스트를 그것의 담론적 공식화의 양태성을 추상화시키면서 단지 의미된 내용 속에서만 파악하는 그것을 지양해야 할 일련의 이유들이 존재한다. 다른 한편으로는 발화된 철학적 관념과 독립해서 발화 작용의 언어적 형식성만 파악해서도 곤란하다. 이같은 임무에 도달하기 어려운 이유는 바로 철학이 하나의 전통이기 때문이다. 즉, 역사적 연쇄이며 복잡한 착종으로서 하나의 철학소의 발명의 정확하고 결정적인 식별과 구획 설정을 불가능하게 만든다.

하지만 여전히 모든 텍스트는 부분적이건 정확한 한 점에서건, 상호

텍스트적 작업의 산물로서 어떤 철학자도 그것을 무시할 수 없을 것이다. 하나의 철학소의 독창적 창발을 선명하게 가려낼 수 있다는 주장을 절제하면서도, 텍스트-자료와 대화 상대적 텍스트로부터 하나의 텍스트성의 성립의 조건과 양태성을 결정지을 수 있을 것이다. 모든 철학적 텍스트가 다른 유형의 담론들과 그것을 차별화시키는 발굴 방향의 선택을 함의한다. 철학 텍스트는 언어의 몇 가지 형식의 강세로부터 결과되는 것이다.

이같은 강조는 자신의 상호 텍스트에 견주어서 새로운 텍스트의 인수를 성립시키며 두 가지 노선을 통해서 실행된다. 참고 자료 활용과 텍스트적 대화주의가 그것이다. 새로운 담론의 출현을 가능케 하는 철학적 상호 텍스트성의 작업은 전적으로 해당 텍스트의 형상성에 속한다. 형상성은 수사적 비유들의 복잡한 조합들의 산물이며 그것들의 토픽적 양태성들의 산물이다. 이때 형상은 더 이상 고전 수사학에서처럼, 담론에 도래하는 형식이 아니라, 담론이 도래할 수 있게 만들어 주는 것이다. 그것은 초월적 진리의 흔적이며 의미의 신체를 구성하고 일종의 담론적 신체성을 이룬다. 텍스트는 능동적 주체이며 동시에 수동적 주체이다. 그것은 언어의 기표와 기의의 자료를 받아들인다는 점에서 피동작주이다. 하지만, 동시에, 상징화 과정에 의해서 이같은 표상들의 도식화를 유도한다는 점에서 동작주 텍스트이다. 철학적 관념성을 생산하는 상상력의 조작들은 이미 언어 속에서 완결된다. 언어는 표현 수단이 아니라, 의미 생산의 초월적 조건이다. 이같은 시각에서, 상호 텍스트적 작동은 표상의 담론적 도식들에 의해서 운반되는 시각들의 놀이에 의해서 실행된다. 만약 텍스트가 다른 텍스트 위에서 하나의 흔적으로서 각인된다면, 그것은 단지 보는 방식들의 중개를 통해서이다. 달리 말해서, 두 개의 텍스트들 사이의 행동은 순전히 형식적이며 의미론적이다.

6. 맺는 말

우리는 지금까지 프랑스 철학과 인문과학 사이의 상호 호혜적인 관계를 현대 프랑스 지성사의 중요한 변천으로서 지적하였다. 아울러 우리는 단일 장소와 단일 학과에 할당될 수 없는 프랑스 인문과학은 복수적 현실이며 풍요로운 이론적 시너지들을 작동시키면서 특정 프로그램의 선험적인 방향성을 강요하지 않는다는 점을 분명히 하였다. 프랑스 철학과 인문과학에서 진행되는 지적 생산의 잠재적 풍요로움을 측정할 수 있는 것은 바로 이같은 다양한 추구들의 풍부함과 대화적 상상력의 기준이다. 인문과학의 몇 가지 중요한 전회 가운데, 텍스트성과 서술성은 철학 담론의 중심적 의미를 부여하며, 철학 텍스트의 특수성과 서술물의 중요성을 복권시킨다. 인문학을 철학과 결부시키던 탯줄을 끊어놓은 것을 축하한 다음에 인문과학은 매우 풍요롭게 철학적 전통을 다시 방문할 수 있다는 사실을 깨닫는다. 만약 철학이 더 이상 학문의 제왕의 자리를 주장하지 않는다면, 인문과학은 철학과의 교섭을 통해서 풍부한 재원을 제공받을 수 있다. 인문과학에서 철학적 차원은 이제 하나의 강령이다. 왜냐하면 해석적 다원주의, 가능태들의 다원성, 선택 가능한 세계들의 보존성을 가능케 할 유일한 수단이기 때문이다. 철학은 인문과학의 작업을 괴롭히고 빈곤하게 만들었던 건조하고 비생산적인 양자택일들과 이원적 쌍들을 피하면서 연구 공간의 재개방을 가능케 할 것이다. 그 결과 인문과학과 철학 사이에서 새로운 연대가 형성된다. 더 이상 개념들의 강제 수용과 학제성의 투박한 실천에 기초한 관계가 아니라, 상보적이며 대등한 관계의 초학제성에 기초한 평화로운 관계 속에서 그 같은 연대는 이루어진다. 이 같은 새로운 이론적 다원주의는 과학을 있는 그대로 투자해야하며, 더 이상 이미 만들어진 모델화를 수입하기 위해서가 아니라, 학문 행위자가 말하는 것을 진중하게 삼으면서 이루어져야 한다. 바로 이 같은 조건에서 모든 차원 속에서 이루어지는 인간 작위의 의미에 대한 연구에 기초한 초학제성은 현재의 가장 긴박한 호출에 부응할 수 있을 것이다. 현재 진행 중인 새로운 방향 설정은 과거를 비롯하여 현재의 경험의 장, 작위의 모든 영역을 인문과학의 문제 설정에 개방시키고 있다. 행동, 그것은 현재 결정화되고 있는 핵심어이다.

참고 문헌

ALMEIDA I., "Sémiotique et textualité philosophique", in: *Le discours philosophique*, Paris, PUF, 1998.

BARTHES R., "Introduction à l'analyse structurale des récits", in: *Communications*, n° 8, Paris, Le Seuil, 1966.

BENVENISTE É., *Problèmes de linguistique générale*, Paris, Gallimard, 1966.

BORDRON J.-F., Descartes. *Recherches sur les contraintes sémiotiques de la pensée discursive*, Paris, PUF, 1987.

CAHNÉ P. A., *Un autre Descartes. Le philosophe et son langage*, Paris, Vrin, 1980.

CASSIRER E., *La philosophie des formes symboliques*, t. 1 : Le langage, Paris, Minuit, 1972.

COSSUTTA F., *Éléments pour la lecture des textes philosophiques*, Paris, Bordas-Dunod, 1989.

BOUACHA, BEACCO & COLLINOT (éd), *Parcours linguistiques de discours spécialisés*, Berne/Paris, Peter Lang, 1994.

__________ (éd), *L'analyse du discours philosophique, Langages*, n° 119, Paris, Larousse, sept. 1995.

__________, "Dimensions dialogiques du discours philosophique : les Dialogues de Platon", in: LUZZATI D., BEACO J. C. et al (éd), *Le dialogique*, Berne/Paris, Peter Lang, 1997.

CULLER J., *On Deconstruction*, Londres, Routledge, 1983.

DELEUZE G. & GUATTARI F., *Mille plateaux*, Paris, Minuit, 1980.

__________, *Qu'est-ce que la phiolsophie?*, Paris, Minuit, 1991.

DERRIDA J., *De la Grammatologie*, Paris, Minuit, 1967.

__________, "La mythologie blanche. La métaphore dans le texte philosophique", in: Rhétorique et philosophie, *Poétique*, n ° 5, Paris, Le Seuil, 1971, repris dans Marges de la philosophie, Paris, Minuit, 1972, pp.274 ~324.

__________, *Marges de la philosophie*, Paris, Minuit, 1972.

__________, "Y a-t-il une langue philosophique?", in: *A quoi pensent les philosophes ? Autrement*, n ° 102, nov. 1988.

DESCOMBES V., "L'esprit comme esprit des lois", in: *Le Débat*, n ° 90, 1996, pp.93~114.

ECO U., *L'oeuvre ouverte*, Paris, Le Seuil, 1965.

__________, *La Structure absente*, Paris, Mercure de France, 1972.

__________, *Lector in fabula : La cooperazione interpretativa nei testi narrativi*, Milan, Bompiani (trad. fr., Paris, Grasset, 1979).

ENGEL P., *Introduction à la philosophie de l'esprit*, Paris, La Découverte, 1994.

François Dosse, *Histoire du structuralisme*, t.1, *Le Champ du signe*, Paris, la découverte, 1991.

__________, *L'Empire du sens*, Paris, La découverte, 1995.

FELMAN S., *Le Scandale du corps parlant*, Paris, Le Seuil, 1980.

FONTAINER P., *Les Figures du discourse*, Paris, Flammarion, 1968.

FOUCAULT M., "Qu'est-ce qu'un auteur?", in: *Bulletin de la Société française de philosophie*, sept. 1969.

GALAY J.-L., *Philosophie et invention textuelle*, Paris, Klincksieck, 1977.

GREIMAS A.-J., *Du sens I*, Paris, Le Seuil, 1970.

GREIMAS A.-J. & COURTÉS J., *Sémiotique. Dictionnaire raisonné de la théorie du langage*, Paris, Hachette-Université, 1979.

GRICE H. P., "Logic and Conversation", in: P. COLE & J. L. MORGAN (éd), *Syntax and Semantics 3*, New York, Academic Press, 1967.

GROETHUYSEN B., *Anthropologie philosophique*, Paris, Gallimard, 1980.

KRISTEVA J., "La Productivité dite texte", in: *Communications*, n ° 11, Paris, Le Seuil, 1968.

__________, *Sèméiotikè :Recherches pour une sémanalyse*, Paris, Le Seuil, 1969.

LEROI-GOURHAN, *Le geste et la parole. Technique et langage*, Paris, Albin Michel,

1964.

LÉVI-STRAUSS C., *Les structures élémentaires de la parenté*, Paris/La Haye, Mouton, 1967.

____________, *Anthropologie structurale deux*, Paris, Plon, 1973.

MAINGUENAU D. & COSSUTTA F., "L'analyse des discours constituants", in: MAINGUENEAU (éd), Les analyses du discours en France. *Langages*, n° 117, Paris, Larousse, 1995.

MARROU H.-I., *De la connaissance historique*, Paris, Le Seuil, 1954.

MAUSS M., *Oeuvres* t.II, Paris, Minuit, 1969.

MEYER M., *De la problématologie. Philosophie, science et langage*, Bruxelles, P. Mardaga, 1986.

PEIRCE C. S., *Écrits sur le signe, trad. G. Deledalle*, Paris, le Seuil, 1987.

PETOFI J.-J., *Vers une théorie partielle du texte*, Hambourg, Buske, 1975.

PRIETO J.-L., *Études de linguistique et de sémiologie générale*, Genève/Paris, Librairie Droz, 1975.

RICOEUR P., *La Métaphore vive*, Paris, Le Seuil, 1975.

____________, "Narrativité, phénoménologie et herméneutique", in: *Encyclopédie philosophique universelle*, t.I, Paris, PUF, 1998. P.63 sq.

RIFFATERRE M., *Essais de stylistique structurale*, Paris, Flammarion, 1971.

SAUSSURE F. DE, *Cours de linguistique générale*(1916), éd. crit. T. De Mauro, Paris, Payot, 1970.

TODOROV T., "Les Catégories du récit littéraire", in: *Communications*, n° 8, Paris, Le Seuil, 1966.

VAN DJIK T., *Text and Context*, New York, Longman, 1977.

V. Descombes,, "L'esprit comme esprit des lois", in: *Le Débat*, n° 90, 1996.

The reciprocal complementarity between French philosophy and semiotics

Kim, Sung-Do

This article aims to offer a close examination of the reciprocal relation of modern French philosophy and humanities, which is an important transitional aspect in the history of French thoughts. I noted that French humanities, which cannot be divided into specific places or single school, is a plural reality that generates theoretical synergy. I also found it exceptional that French humanities does not enforce transcendental orientations. In this article, I selected the concepts of text and narrative among other important revolutions of humanities and let them permeate into philosophical discourses. This highlights the possibilities of inquiring text and narrative of philosophical discourses, and ultimately the peaceful solidarity between French philosophy and humanities.

열쇠어 : 텍스트, 담화, 프랑스 철학, 서술성, 기호학, text, discourse, French philosophy, narrativity, semiotics

바흐친과 로트만 : <대화>에 관한 대화

김수환*

1. 후기 로트만과 바흐친

1970년대 후반 이후 로트만(U. M. Lotman) 기호학 사상의 가장 특징적인 현상 중 하나는 기호학을 '인간화(очеловечение)'하려는 의식적인 지향이다. 후기 로트만 기호학의 전반적인 경향은 기호학에 보다 유연하고 유기적인 성격을 부여함으로써 전 시기의 구조주의적 모델이 지녔던 기계적인 색채를 약화시키려는 지향으로 특징지어질 수 있다. 로트만 후기의 저작들에서, 기호학적 구조는 "인성(personality)"과 매우 유사한 어떤 것으로 나타나기 시작하며, 그런 의미에서 (일반적으로는 "창조적인 지성(intellect)"에 본질적인) 체계로부터의 일정한 자립성을 지니는 것으로서 모델화된다.

로트만은 한편으로 "최소한의 기능하는 기호학적 구조란 인공적으로 유리된 단 하나의 언어나 혹은 그 언어로 된 텍스트가 아니라 상호간에 번역 불가능한 관계에 놓인 평행하는 언어들의 쌍"이라는 명제("복수언어주의(полиглотизм)")를 확언하면서, 다른 한편으로는 그러한 구조를 일종

* 서울대학교 노어노문학과 강사

의 "사유하는 조직체(думающее устройство)"[2]로서 정의하고 있다.

여기서 우리의 특별한 관심을 끄는 사항은, 로트만이 자신의 사유를 정식화하는 과정에서 보여주고 있는 바흐친(M. M. Bakhtin)의 사유와의 현저한 근접의 문제이다. 기호학적 구조의 "내적 비단종성(неоднородность)"을 모든 "사유하는 조직체들"을 위한 필수적인 조건으로 정의하면서, 로트만은 그러한 구조를 지칭하는 주요한 술어로서 "대화적 구조"라는 용어를 사용한다. 로트만의 맥락에서 단일언어적 구조는 "독백적" 구조에 해당하며 이중언어 혹은 복수언어적 구조는 "대화적인(диалогичная)" 구조에 해당한다. 즉 그에 따르면,

> "그 어떤 독백적인(/단일언어적인) 조직체도 본질적으로 새로운 정보(사유)를 만들어낼 수 없으며, 사유하는 것이 될 수 없다. 사유하는 조직체는 원칙상, (최소한의 도식에 있어) 대화적인(/이중언어적인) 구조를 지녀야만 한다. 이러한 결론은, 부분적으로, 대화적 텍스트들의 구조에 관한 바흐친의 예언적인 사유에 새로운 의미를 부여한다."[3]

훗날 로트만은 <바흐친의 유산과 기호학의 당면 문제들>이라는 글에서 바흐친의 용어인 <대화>가 원래의 맥락에서 이탈하여 자의적으로 '오용'되는 경우들을 비판하며 다음과 같이 지적한 바 있다; "바흐친의 저작들에서는 표현의 인상주의적인 방식이 목도된다. 이것은 때로 바흐친의 개념을 공허한 실용적 잡담을 위해 사용하려는 시도로 이끌며, 이런 경우의 예는 무수히 많다. 이런 종류의 특징적인 왜곡은 예컨대 <대화>

---

2) "그 어떤 사유하는 조직체도 단일구조적이고 단일언어적일 수는 없다: 그것은 반드시 다언어적이고 상호번역불가능한 기호학적 조직들을 자신 속에 포함해야만 한다. 여하한 지능적 구조의 필수적인 조건은 그것의 내적 기호학적 비단종성이다" Лотман Ю. М. Феномен культуры Семиосфера. СПб., 2000, С. 570.

3) Лотман Ю. М. "Культура как коллективный интеллект и проблемы искусственного разума," Семиосфера. СПб., 2000, С. 566.

라는 말에서 그것이 지니는 정확한 개념적 내용을 탈각시키는 경우나 혹은 이 개념을 (비록 독단적이고 거칠게는 아니라 하더라도) 매우 넓은 의미로 사용하는 경우에 시작된다. 이럴 경우 용어는 학문적 엄격성, 즉 그 안에 담긴 개념적 의미를 상실하게 된다."[4]

결국, 로트만 그 자신에 의한 바흐친 용어의 적용의 예가 단순히 효과적인 '메타포'의 경우가 아니라면, 이러한 '차용'이 지니는 심대한 의미에 관한 보다 본격적인 탐구는 피할 수 없는 과제가 된다. 여하한 이론적 개념의 '차용'이란 필연적으로 일정한 해석의 결과로서의 '번역'일 수밖에 없으며, 이런 점에서 개념의 원-맥락과의 유형학적 '대응'에 못지않게 중요한 것은 그러한 대응에 첨가되는 특정한 '재해석'의 지점에 대한 세밀한 통찰이다. 이론적 차원에서의 상호 작용을 단순하고 일방적인 '영향' 관계가 아닌 생산적인 상호 소통, 즉 개념적 '대화'로 만들어주는 것이 바로 후자의 부분이며, 그런 의미에서 우리의 관심 대상은 로트만이 바흐친의 <대화> 개념을 두고 벌이는 특정한 '대화'의 양상이다.

2. 텍스트 뒤의 인간 對 인간으로서의 텍스트

이른바 "사유하는 조직체"로서의 "기호학적 인성(semiotic personality)"에 관한 로트만의 논의에서 가장 눈에 띄는 부분은 그것의 존재론적 조건에 관한 성찰이다. 즉, 사유하는 구조로 '기능'하는 기호학적 인성 개념은 불가피하게 그것의 '존재론적' 양태를 문제 삼게 되며, 이 물음은 자연스럽게 '또 다른' 구조, '또 다른' 지성의 존재와 그것들 간의 관계문제를 포함하게 된다. 로트만의 주장에 따르면, "<사유하는 조직체>는 그

4) Лотман Ю. М. "Наследие Бахтина и актуальные проблемы семиотики," *История и типология русской культуры.* СПб., 2002. С. 152.

자신이 기호학적 인성이 되어야만 하며 동시에 또 다른 기호학적 인성을 필요로 한다."[5]

말하자면, 여하한 기호학적 체계가 "인성"의 자격으로 기능하기 위해서는 또 다른 인성들의 존재가 필수적이다. 사유하는 조직체는 결코 홀로 고립된 채 기능할 수 없으며, 이러한 사실은 개인인 '자연적 이성'으로부터 문화의 '이차적, 집단적 이성'에 이르기까지 공히 적용된다. 인류 집단으로부터 완전히 절연된 채 성장한 아이의 경우가 보여주듯이, 여하한 발생의 체계는 정보의 외적 물결로부터 동떨어진 채 온전히 기능할 수 없다. 분명 "텍스트는 그 자체로는 아무것도 발생해 낼 수 없으며" 그것은 반드시 또 다른 텍스트들, 또 다른 의식들, 또 다른 지성들과의 관계 속에 놓여야만 한다. 로트만에 따르면,

> "의미의 발생기, 사유하는 조직체로서의 텍스트는 그것이 기능하기 위해서 대담자(собеседник)를 필요로 한다. 바로 여기에 의식의 깊은 대화적 본성이 놓여있다. 적극적으로 기능하기 위해서 의식은 의식을 필요로 하며, 텍스트는 텍스트를, 문화는 문화를 필요로 한다."[6]

이와 같은 로트만의 사유를 마주하며 "텍스트들 간의 대화적 관계"에 관한 바흐친의 저명한 논지를 떠올리지 않기란 사실상 불가능하다. 주지하다시피, 바흐친에 따르면, "고립된 발화는 존재할 수 없다. 그 어떤 발화도 최초의, 혹은 마지막의 것이 될 수 없다. 그것은 사슬(цепь)의 한 매듭이며 이 사슬을 떠나서는 연구될 수 없다."[7] 언어 체계의 기계적인 실현이 아닌 살아있는 '발화'로서의 텍스트가 지니는 본질은 오직 "텍스

---

5) Лотман Ю. М. "Мозг – текст – культура – искусственный интеллект," *Семиосфера*. С. 589.

6) Лотман Ю. М. "Текст в тексте," *Об искусстве*. СПб., 1998. С. 429.

7) Бахтин М. М. "Из записей 1970-1971 годов, *Эстетика словесного творчества*. М., 1986. С. 359.

트들의 사슬"속에서만 밝혀질 수 있다; "이 극점(полюс)은 언어(기호) 체계의 (반복 가능한) 요소들과 관련되는 것이 아니라 또 다른 텍스트들과 (반복 불가능한) 독특한 대화적(…) 관계로서 관련되어 있다."[8)]

그런데 여기서 보다 본질적인 사항은, 텍스트들 간의 이와 같은 대화적 상호 관계란 무엇보다도 먼저 서로 다른 두 "인성"간의 대화의 양상으로 구현된다는 점이다. 바흐친에게 있어서 텍스트는—객관적인 것의 주관적인 반영, 즉 "의식의 표현"이며 이런 점에서 그것은 "반영의 반영"[9)]이 된다. 바흐친에 따르면, 두 텍스트 간의 만남—이것은 다름 아닌 두 주체들, 두 저자들 간의 만남인데, 왜냐하면 "텍스트적 삶의 사건, 즉 그것의 진짜 본질은 언제나 두 의식, 두 주체들의 경계선 상에서 발생"[10)]하기 때문이다. 바흐친의 현저하게 "인격화된" 텍스트 이해에 따르면,

> "텍스트는 또 다른 텍스트들(콘텍스트)과의 접촉함으로써만 살아간다. 단지 이러한 접촉의 지점에서만 앞과 뒤를 비춰주고 주어진 텍스트를 대화로 가입시키는 빛이 발화한다(……) 이러한 접촉은 텍스트들(발화들) 간의 대화적 접촉이지 결코 (…) 추상적인 요소들(텍스트 내부의 기호들)의 <대립들>의 접촉이 아니다(…) 이러한 접촉의 뒤에는 사물들이 아니라 인성들이 놓여 있다."[11)]

상술한 바흐친적 이해를 배경으로 했을 때, 기호학을 '인간화'하려는 로트만의 이론적 입지는 한층 명확한 것이 될 수 있다. 만약 바흐친이 구조주의에 의한 텍스트 개념의 "사물화"를 비판했다면[12)], 새로운 로트만의

---

8) Бахтин М. М. "Проблема текста в лингвистике, филологии и других гуманитарных науках," *Там же*. С. 299.

9) Бахтин М. М. *Там же*. С. 308.

10) *Там же*. С. 301.

11) Бахтин М. М. "К методологии гуманитарных наук," *Там же*. С. 384.

12) 구조주의에 대한—부분적으로는 초기 로트만의 방법론에 대한—바흐친의 다음과 같은 비판적 언급은 잘 알려져 있다; "구조주의에 대한 나의 태도. 텍스트 안에

입장은 텍스트 개념에 '인성'의 속성들을 부여함으로써 그러한 비판에 답하려는 것이 된다. 즉, 로트만의 새로운 이해에 따르면, 텍스트는 청중-독자들, 문화적 맥락과의 복잡한 관계 속에 투입되면서 헤라클레이토스(Heracleitos)가 "자가생성하는 로고스(самовозрастающийЛогос)"라고 부른 바 있는) 그 어떤 자질들을 드러낸다. 정보를 응축시키는 능력을 드러내기 시작하면서 텍스트는 '기억'을 획득하고 실제로 일종의 '인성', 보다 정확하게는 '지능적 구조'로서의 성격을 나타내 보인다; 이렇게 해서 "텍스트 해독의 과정은 인간과 또 다른 독자적인 인성간의 기호학적 교제라는 우리에게 익숙한 행위에 근접하며, 자신의 일회적이고 제한된 성격을 탈각하고 현저하게 복잡화 된다."[13)]

그러나 여기서 반드시 강조해야만 할 사실은, 텍스트에 관한 바흐친과 로트만의 이해가 보여주는 일정한 대응의 측면이란 다음과 같은 하나의 중대한 유보적 전제하에서만 가능한 것이라는 점이다. 만약 바흐친에게 텍스트들 간의 만남(접촉)이 그러한 텍스트들의 뒤에 자리하면서 언제나 자신들의 '목소리'를 통해 스스로를 표현하고 있는 인성들(/주체들)간의 대화라면, 로트만이 의미하는 청중, 문화적 맥락과의 텍스트적 접촉은 '인성'으로서의 텍스트들 자체의 대화, 즉 기억할 줄 알며, 생각할 줄 알고, 나아가 새로운 의미들을 발생시킬 줄 아는 '기호학적 인성'으로서의 텍스트들 간의 대화라는 사실이 바로 그것이다. 이러한 차별성은 결코 부차적인 것이라 볼 수 없는데, 왜냐하면 바로 이 지점에서 로트만적 입지의 독

갇히는 것(замыкание)에 대한 반대. 기계적인 범주: '대립', '코드들'의 교체(<예브게니 오네긴>의 다문체성에 관한 로트만의 연구와 나의 연구). 이어지는 형식화와 탈인간화(деперсонализация): 모든 관계들은 (넓은 의미에서의) 논리적 성격을 지닌다. 나는 모든 것에서 목소리들과 그들 간의 대화적 관계를 듣는다. 구조주의에 대한 높은 평가. '정확성'과 '깊이'의 문제. (물질적) 대상으로의 침잠의 깊이와 주체(인격주의) 속으로의 침잠의 깊이." Бахтин М. М. *Там же*. С. 393.

13) Лотман Ю. М. "Семиотика культуры и поятие текста," *Избранные статьи. Т. 1*. Таллинн. 1992. С. 132.

자성, 보다 정확하게는 소위 텍스트의 '화용론적 관계'를 바라보는 그의 차별적 인식이 자리하기 때문이다.

화용론적 관계란 인간과 텍스트 사이의 관계이다. 비록 로트만 후기의 텍스트 개념 속에서 텍스트의 내적 구조란 이미 고전적 구조주의의 경우에서처럼, 그 자체로 자족적인 격리된 절대적 실체가 아니라 반대로 화용론적 관계와 주변적 맥락에 따라 역동적으로 변모하는 작동하는 실체로서 나타나는 것은 사실이지만 그럼에도 불구하고 그것이 여하한 종류의 주관적, 자의적 해석에 일방적으로 열려진 무정형의 실체인 것은 결코 아니다.

로트만의 주장에 따르면, 비록 "텍스트가 자신과 동일하지 않은 의식(무엇보다도 먼저 독자의 의식)과의 상호 작용 속에서 자신의 내적 구조를 현저하게 변화시키는 것"은 사실이지만 그럼에도 불구하고 그러한 "재해석(перестройка)의 가능성은 제한적이며 바로 이 사실이 이런 저런 한 텍스트의 삶에 한계를 부여한다. 동시에 이것은 문화적 맥락의 변모 과정 속에서 기념비(적인 작품)들이 새롭게 재해석 되는 현상을 텍스트가 표현할 수 없는 의미들을 자의적으로 텍스트에 부여하는 행위로부터 구분지어 준다(……) 화용론적 관계는 주변적 혹은 자동화된 구조를 활성화시킬 수는 있지만 텍스트에 원칙적으로 부재하는 코드들을 텍스트 속으로 끌어들일 능력은 없다."[14]

이러한 사실은 로트만이 텍스트의 화용론을 고전 철학에서 말하는 주관적인 것의 범주와 동일시하고 있지 않다는 것, 즉 그가 화용론을 텍스트의 객관적 구조로부터 분리된 것, 텍스트의 밖으로부터 부여된 어떤 외적인 것으로서 대하지 않는다는 것과 관련된다. 로트만에게 있어서 "화용론적 측면이란—텍스트적 활동(работа текста)의 측면이다." 그에 따르면, "텍스트적 활동의 메커니즘은 외부적인 어떤 것의 내부로의 진입을

---

14) Лотман Ю. М. "Текст в тексте," *Об искусстве* СПб., 1998. С. 428-429.

전제한다. 이러한 외부적인 것들, 예컨대, 또 다른 텍스트, (또 다른 텍스트로서의 독자), 혹은 문화적 맥락의 진입은 텍스트의 내적 구조 안에 잠재적으로 내포되어 있는 새로운 의미의 발생 가능성이 현실화되기 위해 필수적이다. 결국 텍스트의 변형이란 객관적 구조의 왜곡을 의미하는 것이 아니라 텍스트의 활동 과정 속에서 그 메커니즘의 본질이 드러나는 것을 의미한다."[15]

결국, 텍스트의 화용론을 텍스트 자체에 본연적인 활동 메커니즘의 한 측면으로 이해하는 로트만의 이러한 입장은 "기호학은 기지의 코드를 사용하여 기지의 전언을 전달하는 것에 전적으로 집중한다"[16]는 잘 알려진 바흐친의 비판으로부터 이미 상당부분 벗어난 것임에 틀림없다. 하지만, 화용론적 관계를 "주변적 혹은 자동화된 구조의 활성화"로 이해하는 그의 입장은 여전히 "살아있는 발화에 있어 전언이란, 엄격하게 말해, 전달의 과정에서 '최초로' 생성되며, 본질상 코드란 없다(никакого кода, в сущности, нет)"는 바흐친의 입장과는 분명한 거리를 지니는 것이다.[17]

---

15) Там же. С. 428. 텍스트를 커뮤니케이션의 단순한 매체가 아니라 커뮤니케이션의 과정에 참여하는 하나의 독자적인 주체로서 파악하는 로트만의 견해에 관해서는, 김수환, 「로트만 기호학에 있어서 텍스트 화용론의 문제: 인간과 텍스트의 문화적 교제」, 『러시아연구』, 제13권 제1호, 서울대학교 러시아연구소, 2003, 1~39쪽 참조.

16) Бахтин М. М. "Из записей 1970-1971 годов," *Эстетика словесного творчества.* М., 1986. С. 371.

17) 잘 알려진 바대로, 바흐친에게 있어서 콘텍스트가 잠재적으로 비완결적인 반면, 코드는 반드시 완결적이어야만 한다; "코드는 - 단지 정보의 기술적인 수단이며 그것은 인식적, 창조적 의미를 지니지 못한다. 코드는 - 의도적으로 부여된, 사장된 콘텍스트(умерщвленный контекст)이다." Бахтин. *Там же.* С. 372. 한편, 로트만에게 있어서, 의미발생의 메커니즘이란 여전히 '코드들이 교체하는 경계(지대)'에서 발생하는 것이다; "바흐친에 의해 살펴지고 그에 뒤이어 반복적으로 연구된 바 있는 텍스트 속으로의 <타자적인 말(чужое слово)>의 진입의 모든 경우들은 상이하게 코드화된 하부텍스트들의 충돌과 코드들의 교체의 경계 지대에서 발생하는 의미생성 과정에 해당하는 것이다." Лотман Ю. М. "Текст и полиглотизм культуры," *Избранные статьи, Т. 1.* Таллинн, 1992. С. 145.

그리고 이러한 거리는 '사물'로서의 텍스트 뒤에서 언제나 '살아있는 인간'을 보고, 그의 '목소리'를 듣고자 하는 바흐친의 지향과 텍스트와 접속하는 독자의 의식까지를 '또 다른 텍스트'로서 모델링하고자 하는 로트만의 지향 사이에 존재하는 엄연한 거리에 상응한다.[18)]

3. 대화적 교환: 다성악 對 수사학

하지만 물론 바흐친과 로트만의 이러한 차별성이 두 사람의 이론적 입지 간의 중대한 근접성의 문제를 무의미하게 만드는 것은 아니다. 반드시 지적해야만 할 것은, 로트만이 이 단계에서 '타자의 존재는 다름 아닌 나 자신을 위해 필수적이다'[19)]라는 바흐친적 사유를 나름의 방식으로 내면화하고 있다는 점이다. 즉, 로트만의 '기호학적 인성' 개념은 원칙적으로 '또 다른 기호학적 인성'의 존재를 전제하며, 어떤 점에서 그것 없이는

---

18) 소위 "기호학적 비단종성"이라는 메타적 보편 자질을 통해 개체로서의 인간 의식과 텍스트, 그리고 문화를 일종의 유비적 구조(подобие)로 모델링하려는 로트만의 시도는 잘 알려져 있다; Лотман Ю. М. "Мозг - текст - культура - искусственный интеллект," *Семиосфера.* 2000. С. 584. 사실 '인간'을 '텍스트'로 바라보려는 로트만의 관점은 이 보다 앞선 시기(70년대 중반)에 이미 발견되는 것이다; "<사람들(люди)>이라는 개념을 특정한 문화의 구조적인 법칙에 따라 조직된 집단(коллектив)의 개념과 교체하는 것은 아마도 타당하게 여겨질 수 있다. 이때 주어진 문화와 관련하여 이 집단은 특정한 종류의 '텍스트'로 여겨질 수 있다. 이렇게 되면, <화용론적 관계>란 각기 나름의 구조를 지니며 서로 다른 위계적 위치를 차지하되 공히 동일한 문화적 총체의 범위 내에서 작동하는, 두 가지의 서로 다른 텍스트들 간의 관계로 간주될 수 있다." Лотман Ю. М. "О Хлестакове," *Избранные статьи, Т. 1.* Таллинн, 1992. С. 350.
19) "나는 최초에 타자들을 통해 나 자신을 인식한다: 그들에게서 나는 스스로에 관한 최초의 개념을 형성하기 위한 말과 형식, 어조를 얻는다(…) 마치 최초에 몸이 어머니의 몸 안에서 형성되듯이, 인간의 의식은 타자적 의식에 감싸임을 통해 깨어난다." Бахтин М. М. *Там же.* С. 361-362.

불가능하다. 인성은 오직 그것에 또 다른 인성이, 텍스트는 또 다른 텍스트가, 문화는 또 다른 문화가 선행했을 경우에만 가능해진다. 이와 같은 역설적 상황은 러시아의 희곡 작가 폰비진의 희극에 나오는 유명한 질문인 "최초의 재봉사는 누구에게 재봉 기술을 배웠는가?"를 떠올리게 하지만 로트만에게 이런 질문은 신화론의 영역에 속할 수 있을지언정 과학의 관점에서는 의미를 상실하는 것이다. 즉, 질문은 다른 방식으로 물어져야만 한다; "최초의 인성으로서의 텍스트는 어디서 왔는가"가 아니라 "인성으로서의 텍스트가 출현하고 기능하기 위한 기호학적 조건이란 무엇인가" 라는 질문이 보다 타당하다.

잘 알려진 바대로, 바로 이 두 번째 질문을 통해 로트만은 (한때 바흐친 자신이 언급하기도 했던)[20] 또 다른 '타자적' 사유, 즉 20세기 초반 러시아의 저명한 생물학자인 베르낟스키(В. И. Вернадский)와의 흥미로운 대화를 시작한다. "우리들의 행성에서 생명의 근원의 흔적을 찾을 것이 아니라 행성적 삶의 출현을 위한 물질적-에너지적 조건을 찾아야만 한다"[21]는 베르낟스키의 입장은 로트만으로 하여금 이 저명한 생물학자의 이론

20) Вернадский의 이름을 빌어 '부분'과 '총체'간의 유기적 관련성을 확언하려는 입장은 이미 바흐친에 의해 (예언적인 방식으로) 표명된 바 있다; "근원적 범주들(과학적 범주 뿐 아니라 예술적 범주들)의 느린 역사적 형성 과정에 관한 베르낟스키의 (사고) (…) 문예학과 문화사(현상들의 합계로서의 문화가 아닌 총체성(целостность)으로서의 문화)간의 관련성. 바로 여기에 베셀롭스키(기호학)의 힘이 있다. 문학은 - 문화의 총체성의 뗄 수 없는 부분이며 그것은 문화의 총체적 문맥 밖에서 연구될 수 없다 (…) 문학적 과정은 문화적 과정의 분리불가능한 부분이다." Бахтин М. М. *Там же*. С. 363. 베르낟스키(биосфера)를 매개로 한 바흐친의 로고스피어(логосфера)와 로트만의 세미오스피어(семиосфера) 사이의 개념적 대질 문제에 관해서는 Mandelker Amy. "Semiotizing the Sphere: Organist theory in Lotman, Bakhtin and Vernadsky," *PMLA, Vol. 109. No. 3.* 1994 (*Bakhtin in context – across the Disciplines,* Northwestern Univ. Press. Evanston, IIlinois, 1995, pp.177～190 재간행)를 참조.

21) Вернадский В. И. Химическое строение биосферы Земли и ее окружения. М., 1965. С. 344; Лотман Ю. М. "Текст и полиглотизм культуры," *Там же*. С. 147.

적 개념인 "생물계(biosphere)" 개념과의 유추를 통해 "기호계(semiosphere)" 개념을 창안하도록 한다.[22)]

상이한 유형의 기호학적 조직체들이 가득 차있는 모종의 연속체(континуум)로서의 "기호계"는 "오직 그것의 내부에서만 커뮤니케이션 과정의 실현과 새로운 정보의 발생이 가능해지는, 말하자면 그것의 외부에서는 기호작용(семиосис) 그 자체가 불가능해 지는 어떤 공간"[23)]을 의미한다. 로트만에 따르면, 이 공간을 채우고 있는 상이한 유형의 기호학적 조직체들이 바로 닫힌 자립적 단위들로서의 '기호학적 인성들'에 다름 아니다.

'자립적'이라는 표현이 지시하는 것처럼, 기호계의 내적 공간이 지니는 다종성은 명백한 것인데, 동시에 이러한 다종성이 그것의 총체성을 파괴하지 않는다는 사실을 지적하는 것은 매우 중요하다. 기호계 속에서 부분들은 기계적인 디테일로서 전체에 포함되는 것이 아니라 일종의 유기적 단위로서 유기체에 포함된다. 즉, 모든 닫힌 독립적 부분들(인성들)은 전체의 부분이면서 동시에 전체에 대한 이질동상(изоморфизм)의 속성을 드러내면서 그것의 유비(подобие)로서 나타난다.[24)]

재인용.

22) "놀라움과 함께 베르낱스끼를 읽으면서, 나는 그에게서 나 자신의 많은 사유들을 발견합니다(……) 당신도 아시다시피, 언젠가 모스크바에서 열린 우리들의 세미나에서 나는 '텍스트는 단지 그것에 다른 텍스트가 선행할 때에만 존재할 수 있으며, 모든 발달된 문화에는 그것에 선행하는 또 다른 발달된 문화가 있어야만 한다'는 자신의 신념을 소리 내어 밝힐 용기를 낸 적이 있지요. 그리고 나는 지금 베르낱스키에게서 천체 지질학의 거대한 연구 경험을 통해 깊게 있게 근거 부여된 다음과 같은 사유를 발견합니다; 생명이란 오직 생명으로부터만, 즉 그것에 (또 다른) 생명이 선행했을 때만 발생할 수 있다는 사실이 그것입니다." Лотман Ю. М. "Из письма Ю. М. Лотмана Б. А. Успенскому <19 марта 1982 г.>," *Семиосфера*. С. 683-684.

23) Лотман Ю. М. "О семиосфере," *Избранные статьи, Т. 1*. Таллинн, 1992, С. 13.

24) 이러한 수직적 이질동상(вертикальный изоморфизм)의 예로 로트만은 이른바 "깨진 거울의 비유"를 들고 있다; "거울에 비친 전체 얼굴이 거울의 깨어진 부분들에서도 역시 동일하게 반영됨으로써 각각의 부분들이 전체의 유비를 이루는 것처럼, 총체적인 기호학적 메커니즘 하에서 개별 텍스트는 일정한 구조적 관계들 속에서

그러나 로트만에 따르면, 체계가 단지 '정보를 전달'하는 것이 아니라 '새로운 의미들'을 발생시키기 위해서는 기호계 속에서 이들 개별적인 단위들은 보다 특별한 메커니즘을 통해 상호 작용해야만 한다; 즉, "참여자들은 서로 서로에 대해서 이질동상인 것이 아니라 그들이 공히 참여하고 있는 체계로서의 보다 높은 차원의 제 삼의 요소에 대해 이질동상이어야만 한다." 예컨대, "구어적 언어와 도상적 언어는 그들 상호간에 이질동상인 것은 아니지만, 각자가 자신의 언어로서 반영하고 있는 기호학 외부의 현실세계에 대해 이질동상"[25]이며 바로 이러한 사실이, 다양한 체계들 사이의 교환의 과정을 가능케 하는 동시에 그것을 의미심장한 '변형'의 과정으로 만들어 준다.

그런데 여기서 결코 간과될 수 없는 사실은, 이와 같은 메커니즘이 로트만에 의해 다름 아닌 <대화>라는 용어로, 보다 정확하게는 기호계 내

전체 텍스트적 세계와 이질동상을 이루며 여기서 개별적 의식과 텍스트, 그리고 전체 문화간의 뚜렷한 대응(параллелизм)이 존재한다." Лотман *Там же*. С. 18. 우리는 여기서 이와 같은 '마뜨료슈까'적 구조가 로트만의 잘 알려진 이론적 개념인 "텍스트속의 텍스트(Текст в тексте)"에서 뿐만 아니라 '신화적 유형의 서술'에 관한 그의 언급("신화적 유형의 서술은(……) 모든 개별적인 잎들이 일정한 변형을 취하며 나머지 것들을 반복하는 형태, 즉 '양배추의 통'처럼 엮여진다. 동일한 수젯의 핵이 무한정 반복되면서 열려진 전체로 자라난다" Лотман Ю. М. (вместе с Минц Г.) "Литература и мифология")과 '중세적 세계 모델'에 관한 설명("이와 관련하여 부분의 개념이 매우 독특한 의미를 부여받는다. 부분은 전체와 동형동상이다. 부분은 전체의 한 단편을 나타내는 것이 아니라 전체의 상징이다." Лотман Ю. М. "Проблема знака и знаковой системы и типология русской культуры XI-XIX веков")에서도 반복되고 있음을 지적할 수 있다. 이러한 사고는 훗날 로트만이 기호학적 인성으로서의 개별 단위를 라이프니츠의 철학적 개념인 "단자(монад)"와 대응시킬 때 다시 한번 반복된다. "Культура как субьект и сама-себе-обьект," *Избранные статьи, Т. 3*. Таллинн, 1992. С. 374. 로트만의 "기호학적 단자(semiotic monad)" 개념과 들뢰즈/고진이 말하는 (단자적) '단독성(singularity)' 개념과의 비교에 관해서는, 김수환, 「로트만의 문화 기호학: 구조적 대립에서 비대칭적 대화로」, 『기호학연구』 제16집, 한국기호학회, 2004, 135~158쪽 참조.

25) Лотман *Там же*. С. 18.

부에서 펼쳐지는 텍스트들과 전언들 간의 <대화적 교환>으로 이해되고 있다는 점이다. 만약 이전에 <번역(перевод)>이 창조적 사유의 기초적 행위로 간주되었다면 여기서 그러한 번역의 메커니즘의 자격으로 등장하고 있는 것은 <대화>이다. 로트만에게 있어서 “두 개의 유사하면서 동시에 상이한 상대자들의 존재는 비록 유일한 경우는 아니지만 대화적 체계의 발생을 위한 중대한 조건이 되며” 이로부터 “대화” 개념을 사이에 둔 바흐친과 로트만의 대화는 또 한 번 불가피해진다.

무엇보다도 눈에 띠는 것은 ‘대화적 상황’을 바라보는 두 사람의 차별적 인식, 보다 정확하게는 대화적 대립항들을 아우르는 ‘메타적 관점’에 대한 그들의 상이한 가치론적 입지이다. 잘 알려진 것처럼, 바흐친의 ‘대화’ 개념이 지니는 가장 본질적인 자질 중 하나는 그것이 원칙적으로 “완결될 수 없다는 것”, 그런 의미에서 자신의 본질상 그 어떤 삼자적 관점을 통한 완결에 대립된다는 점이다. 바흐친에게 있어서, “변증법”이란 —“대화의 추상적 산물”일 뿐이며 “변증법은 보다 높은 차원에서 대화로 되돌아가기 위해서 대화로부터 태어난”[26] 것이다. 그러나 로트만에게 있어서는, 대화적 교환의 메커니즘에 관한 앞선 지적이 보여주는 것처럼 만약 “기호학적 차별성이 없는 대화가 무의미한 것이라면, 완전하고 절대적인 차이의 상황에서 대화란 이미 불가능한 것이 된다.”[27] 만약 대화가 그것의 참여자들 사이의 ‘비대칭(асимметрия)’을 전제하는 것이라면, 다른 한편으로 그러한 비대칭은 반드시 일정한 ‘불변항(инвариантность)’을 가정해야만 한다. 말하자면 로트만에게 있어서, 대화 상대자들이 일정하게 공유하고 있는 메타적 불변항의 존재는 그들 간의 구조적 차별성만큼이나 원칙적인 것이다.

이런 점에서 볼 때, 로트만이 대화적 관계의 가장 단순하고 일반적인 경우로서 “좌우상(энантиоморфизм),” 즉 “거울 대칭상”을 지적하고 있는

---

26) Бахтин М. М. “К методологии гуманитарных наук” *Там же.* С. 384.

27) Лотман Ю. М. *Внутри мыслящих миров,* // *Семиосфера.* 2000. С. 193.

것은 결코 우연이 아니다. 이 경우 두 부분은 대칭적으로 '동일하지만' 동시에 좌/우의 상이한 배열을 통해 '같지 않은 것'으로 나타난다. 로트만에 따르면, "대화가 가능해지기 위해서 그것의 참여자들이 서로 다른 동시에 각자의 구조 속에 상대편(контрагент)의 기호학적 이미지를 지녀야만 한다고 할 때, 좌우상은 가장 기초적인 대화 <기계>가 된다."[28)]

'대화'를 바라보는 바흐친과 로트만의 이와 같은 차별적 관점을 염두에 두었을 때, <수사학(риторика)>에 관한 두 사람의 상반된 이해는 몹시 의미심장하다. 주지하다시피, 바흐친에게 있어서 '수사학'과 '다성악(полифония)'은 원칙적으로 상반된 현상으로서 상호 대립하는 개념으로 나타난다; "수사학에는 절대적으로 옳은 것과 절대적으로 잘못인 것, (일방의) 완전한 승리와 상대방의 소멸이 존재한다. 대화 속에서 상대방의 소멸이란 담론적 삶의 대화적 영역 자체를 소멸시킨다(……) 여기서 말하는 것은 비 인칭적인 객관적 진리, 즉 제 삼자의 관점을 통한 진리이다. 중재 법정(третейскийсуд)－이것은 수사적 법정이다(……) 다성악의 특성. 다성악적 대화의 비완결성. 이러한 대화를 나누는 것은 심리적 주체들이 아니라 완결될 수 없는 개인성들이다."[29)]

한편, 로트만에게 있어 <수사학>이란－무엇보다도 먼저, 서로 합치될 없는 요소들 사이에서 그럼에도 불구하고 행해지는 일정한 '상응(эквивалентность)'의 구축을 의미한다. 원칙적으로 상이하게 조직화된 요소들의 병존 상황, 즉 원칙적인 번역 불가능성의 상황 속에서 오히려 그것들을 하나로 묶기 위한 집요한 번역의 욕구가 생겨난다. '비합법적인' '부정확한' 번역, 하지만 동시에 일정한 관계 속에서 조건적으로 '대응될 수 있는' 번역이야말로 (수사적 비유를 포함한) 모든 종류의 '창조적 사유'의 본질적인 측면을 이룬다; "상호 대응될 수 없는, 그러나 특정한 콘텍스트의 틀 내에서 대응의 관계가 구축될 수 있는 요소들의 쌍(пара)이 의미론

---

28) Лотман Ю. М. "О семиосфере," *Избранные статьи, Т. 1.* Таллинн, 1992, С. 21.
29) Бахтин М. М. "Из записей 1970-1971 годов," *Там же.* С. 375-376.

적 비유(троп)를 형성한다."[30]

바흐친에게 있어, '수사학'이 진리를 향한 '대화'가 아닌 상대방에 대한 승리를 목표로 하는 '논쟁'의 형식일 뿐이라면 로트만에게 그것은 '새로운 의미의 창출'을 가능케 하는 '대화적 교환'의 메커니즘을 예증하는 대표적인 경우가 된다.

4. <기호계> 이후: 인간, 우연성, 책임감

결국 상술한 사항들로부터 분명해지는 사실은, "대화" 개념을 규정하는 로트만의 일련의 언급들, 예컨대 "소통 없는 의식이란 불가능하며 이런 점에서 대화는 언어에 선행하며 그것을 생성한다고 말할 수 있다"와 같은 구절들이 보여주는 바흐친적 관점과의 명백한 근접[31]에도 불구하고, 두 사람의 이론적 입지를 접근시키려는 여하한 시도는 그들 사이에 존재하는 원칙적인 차별성을 전제로 하지 않고서는 가설적 접근 이상의 것이 되기 어렵다는 점이다.[32]

---

30) Лотман Ю. М. "Риторика," *Об искусстве.* СПб., 1998, С. 407.

31) "산다는 것은 - 곧 대화에 참여한다는 것을 의미한다: 묻고, 귀 기울이고, 책임지고, 동의하는 등등. 이 대화 속에 인간은 자신의 전 삶에 걸쳐 참여한다: 눈으로, 입술로, 손으로, 정신과 영혼으로, 모든 육체와 행위로. 그는 자신의 모든 것을 말 속에 투사하며 이 말은 인간적 삶의 대화적 직물(ткань), 세계적 심포지움에 포함된다." Бахтин М. М. "К переработке книги о Достоевском," *Там же.* с. 337.

32) 이러한 시도의 대표적인 경우로 슉만의 다음과 같은 언급을 보라; "만약 현대적 세계의 기호계가, 로트만이 적고 있는 것처럼, 위성들의 호출, 시인들의 시, 동물들의 외침까지를 포함하는 것이라면(……) 사람이 된다는 것은 - 곧 기호계의 참여자가 된다는 것, 기호학적 상호 작용의 무한한 과정 속에 산다는 것, 즉 '대화' 속에 산다는 것을 의미하게 된다." Shukman A., "Semiotics of cultural and the influence of M. M. Bakhtin," *Issues in Slavic literature and cultural theory.* 1989, p.196.

그러나 다른 한편으로, 이러한 사실의 확인은 로트만의 창작적 활동의 마지막 시기를 장식했던 일련의 탐구들을 매우 흥미로운 각도에서 새롭게 접근할 수 있도록 만들어 준다. 주지하다시피, 로트만은 1980년대 초반 "기호계" 개념의 창조라는 나름의 '절정기'를 거친 이후에도 1990년대 초반에 이르기까지 몹시 흥미로운 내적 진화를 계속했으며, 이는 과거의 문화 기호학적 탐구의 성과물들을 '역사 기호학(semiotics of history)'이라는 새로운 범주 속으로 포괄하려는 지향으로 실현되었다. 자신의 마지막 저작들에서 로트만은 "역동적 발전의 이후 과정이 일의적으로 예측가능하지 않게 됨으로써 '우연성'의 비중이 현저하게 증대되는" 프리고진(И. Пригожин)의 "양분점(兩分點; точка буфуркации)" 개념에 기대어, 역사적 과정에 원칙적으로 "비예측적"이고 "폭발적인" 성격을 부여하려는 명백한 경향을 보여준다.

여기서 우리의 특별한 흥미를 끄는 대목은 다음과 같다; 이 시기 로트만의 저작들에서, 이전 시기 문화 기호학적 탐구들의 중심에 놓여졌던 '반복되는 것', '순환적인 것', '가역적인 것' (따라서, 손쉽게 위상학적(topological) 공간 개념으로 변형 가능한 것들) 대신에 반복되지 않는 것, 말하자면 이미 명백하게 '시간적인' 성격을 지니는 "비가역적 과정"의 중요성이 현저하게 부각되고 있다는 사실이 바로 그것이다.[33]

그러나 어떤 점에서 진정으로 흥미로운 것은, 이러한 강조점의 변화가

---

33) "이러한 모델(중심-주변 모델-인용자)이 지니는 명백한 생산성에도 불구하고 그것과 실제의 역사-문학적 진화와의 비교는 일련의 물음을 제기한다. 어째서 체계의 중심과 주변은 단지 자리를 바꾸는 것이 아니라 이러한 교환의 과정 속에서 일련의 완전히 새로운 예술적 형식을 창조하는가? 이것은 보다 일반적인 물음과 관련된다; 문화적 사실들의 진화는 자신 속에서 반복적인(/가역적인) 과정들과 역사적인 과정들, 즉 시간적인 성격을 지니는 비가역적(необратимые) 과정들을 복잡하게 결합한다. '중심-주변' 모델은 표면적인 연구에 있어 순환적인(циклические) 과정들을 설명하며 비가역적인 것의 존재에는 대립하고 있는 듯하다." Лотман Ю. М. "Вместо заключения о роли случайных факторов в истории культуры," *Избранные статьи, Т. 1.* Таллинн, 1992, С. 472.

수반하는 특정한 측면이다. 언급한 과정 속에서 '우연적'이고 '폭발적'인 성격을 부여받는 역사적 과정이란 곧 인간에 의한 "의식적"인 행위의 결과들, 즉 인간의 "자유로운 선택들"의 다발과 다르지 않다. 다시 말해, '의식적이고 자유로운 선택의 결과'로서 역사적 과정을 이해한다는 것은 필연적으로 그것에 개입하는 인간의 '개성적 단초'가 지니는 의미를 현저하게 증대시키게 된다. 프리고진을 인용하며 로트만은 다음과 같이 적고 있다; "프리고진은 양분(兩分)의 순간들에서, (전개의) 과정이 '인문학적인' 특성들에 근접하면서 개인적인 성격을 획득하게 된다고 지적했다. 고로 우리는 비예측성의 강도에 따라 단계를 지어볼 수 있을 것이다; 우연의 개입 → 사유하는 존재의 개입 → 창조적 의식의 개입."[34]

여기서 '사물의' 과학과 '영혼(дух)의' 과학을 구별하는 바흐친의 유명한 언급을 떠올리게 되는 것은 자연스럽다; "인문 과학에서 텍스트의 문제. 인문 과학은—목소리 없는 사물이나 자연적 현상에 관한 과학이 아니라 인간과 인간의 특수성에 관한 과학이다."[35] "개인성"에 관한 로트만의 이해가 단지 지능적(intellectual) 자질 뿐 아니라 행위 할 수 있는 능력, 즉 자동적인 예측 가능성이 부재하는 상황 속에서 자신의 행위를 "선택(выбирать)" 할 수 있는 능력을 드러내기 시작하면서[36], 그는 극도로 흥

---

34) Лотман Ю. М. *Внутри мыслящих миров // Семиосфера.* С. 325.

35) Бахтин М. М. "Проблема текста в лингвистике, филологии и других гуманитарных науках," *Там же.* С. 301.

36) "인간적 인성에는 개인적인 의식 뿐 아니라 개인적인 행위가 또한 본질적이다. 이것은 하나 이상의 대안(выход)이 가능한 모든 경우에 있어 인간은 행위의 선택을 감행한다는 사실을 의미한다(……) 지능적 차원으로까지 상승한 구조는 우연성을 자유로 변모시킨다." Лотман Ю. М. "Культура как субьект и сама-себе-обьект," *Избранные статьи, Таллинн, Т. 3* 1992, С. 373. 로트만 창작의 마지막 시기를 장식하는 흥미로운 테마들 중 하나인 "창조적 활동으로서의 작가의 전기(biography)" 문제(Лотман Ю. М. "Литературная биография в историко-культурном контексте")는 정확하게 이 지점과 관련되는 것이다. 창조적 지성의 삶, 예컨대 푸쉬킨의 전기는 시대의 문화적 코드들(결투)을 받아들이면서 동시에 언제나 그것을 미래의 행위를 위한 프로그램으로 이용함으로써 그것으로부터 벗어나며,

미로운 방식으로 바흐친에 가까워진다.

이론적 정식화의 분명한 차별성에도 불구하고, 다음과 같은 로트만의 구절들에 깊게 드리워져 있는 바흐친적 색채를 감지하는 것은 어렵지 않다; "역사적인 동요의 순간들이 지니는 비중이 증대한다. 이러한 상황들 속에서 체계의 이후 운명은 우연적 요소들과 의식적인 선택에 의존한다. 이것은 역사적 과정 속으로 그것의 참여자들의 개인적인 책임감과 윤리적 행위와 같은 국면들을 들여놓는다. 한편으로 역사적인 존재는 창조의 세계와 근접하면서 다른 한편으로는 선택의 자유와 뗄 수 없이 관련된 도덕성(нравственность)의 개념과 가까워진다."37)

가장 현저한 접근의 순간에조차 바흐친의 그것과 끝내 합치될 수 없었던 로트만의 '최종적인' 입장이 자신의 대담자가 표명한 다음과 같은 '최초의' 입장 속에서 예기치 않은 대응을 발견하게 되는 것은 놀라운 일이다; "무엇이 개인성의 요소들의 내적인 관련성을 보장해주는가? 오로지 책임감(ответственность)의 일체성뿐이다(……) 개인성은 전적으로 책임감 있는 것이 되어야만 한다(……) 삶과 예술은 하나가 아니지만, 그러나 그것들은 내 안에서, 즉 나의 책임감의 일체성 안에서 하나가 되어야만 한다."38)

이렇게 보자면, 로트만이 사망하기 얼마 전 타르투 대학의 학생들을 대상으로 한 강연에서 말한 다음과 같은 구절은 이미 예사롭게 들려지지 않는다; "인간을 동물로부터 구분 짓는 자질들은 여러 가지이다. 나는 인

이런 점에서 '코드'는 '사장된 콘텍스트'가 아니라 우연하고 예측 불가능한 삶의 전환(перемена)을 위한 창조적 수단이 된다. 이 문제에 관해서는, Бетеа Д. "Юрий Лотман в 1980-е годы: код и его отношение к литературной биографии," *Н. Л.О. No. 19.* 1996. С. 14-29.

37) Лотман Ю. М. "Вместо заключения о роли случайных факторов в истории культуры," *Избранные статьи, Т. 1.* Таллинн, 1992. С. 479.

38) Бахтин М. М. "Искусство и ответственность," *Там же.* С. 7-8. 「예술과 책임감」이라는 제목을 달고 있는 이 짧은 글은 바흐친이 지면에 발표한 최초의 글로 알려져 있다.

간은 현명하고 동물은 우매하다는 것을 말하려는 게 아니다. 동물들은 전혀 우매하지 않다. 동물들은 고도의 지성을 소유하고 있지만, 그러한 지성은 언제나 특정한 상황에 억매여 있다(……) 그러나 인간은 언제나 미지의 상황 속에 위치한다. 그리고 여기 그를 지탱하는 두 다리가 있다; 지성과 양심. 발달된 지성이 없는 양심이 맹목인 것처럼 양심이 없는 지성이란 위험한 것이다."[39]

5. <대화>에 관한 대화: 역사적 영향 관계를 넘어서

1920년대 바흐친의 최초의 학문적 입지는 당시 '형식주의'라고 지칭되었던 예술학과 시학의 지배적 경향으로부터의 논쟁적 이탈의 과정을 통해 형성되었다. 바흐친은 자신의 학문적 활동의 마지막 시기에 또 다른 동시대의 지배적 경향에 대해 비판적인 태도를 취했던 바, 그것은 그가 형식주의적 방법론의 연장으로 간주했던 '구조주의적 기호학'이었다.

한편, 1960년대에 시작된 로트만의 학문적 입지는 그가 "형식주의의 복권이 아니라 차라리 그것에 대립되는 방법론의 확립"[40]이라 간주했던 새로운 과학적 방법론인 '구조주의'의 영향권 아래에서 형성되었다. 그리고 자신의 학문적 삶의 마지막 시기에 로트만의 구조주의 기호학 이론은 구조주의적 방법론에 대한 극단적인 부정으로 자신을 유표화한 새로운 인식론적 패러다임인 '포스트구조주의'와 직면해야만 했다.

만약, 로트만 기호학의 이 새로운 '타자'를 위한 가장 중요한 근원들 중 하나가 다름 아닌 바흐친의 학문적 유산이었음을 염두에 둔다면, 바흐

39) Лотман Ю. М. "Чему удаестя люди? (Из выступления Ю. М. Лотмана на открытии русской гимназии при Тартуском университете)," *Ю. М. Лотман и тартуско-московская семиотическая школа.* М., 1994. С. 461.

40) Лотман Ю. М. *Лекции по структуральной поэтике // Там же.* С. 23.

친과 로트만간의 만남과 대화는 결코 학문적 과거에 속한 것이 될 수 없을 것이다. 어쩌면 이제, 로트만의 학문적 유산은 바흐친 그 자신이 아니라 포스트구조주의의 언어로 "해석된" 바흐친의 형상과 다시 한 번 적극적인 '대화'를 나눠야만 할지 모른다. 그리고 아마도 이러한 대화는 말의 진정한 의미에서 국제적인(international) 것이 되어야만 할 것이다.[41]

참고 문헌

Бетеа Д. "ЮрийЛотман в 1980-е годы: код и его отношение к литературной биографии," Н.Л.О. No. 19. 1996.

Бахтин М. М. Эстетика словесного творчества. М., 1986.

Вернадский В. И. Химическое строение биосферы Земли и ее окружения. М., 1965.

Зенкин. С. "Русская теория и интеллектуальная история," Н.Л.О. 2003. No. 61.

Лотман Ю. М. Избранные статьи. Т. 1. Таллинн. 1992.

__________, Избранные статьи, Т. 3. Таллинн, 1992.

__________, Об искусстве. СПб., 1998.

__________, Семиосфера. СПб., 2000.

__________, История и типология русской культуры. СПб., 2002.

Ю. М. Лотман и тартуско-московская семиотическая школа. М., 1994.

41) 지난 2002년 12월 모스크바의 국립인문대학(РГГУ)에서 열렸던 제 10회 로트만 독회(Лотмановские чтения)의 주제는 "러시아적 이론(русская теория): 1920-1930년대"였다. 물론 여기서 다루어진 대상들은 형식주의를 위시한 20-30년대 러시아 이론들이었지만, 이러한 시도가 장차 바흐친과 러시아 기호학을 대상으로 한 포괄적 작업을 위한 첫 단계의 성격을 지닌다는 것은 분명하다. 컨퍼런스에 대한 개략적 소개는 Сироткиная И. *НЛО.* 2003. No. 60.를, 이 테마에 대한 비평적 논의는 Зенкин С. "Русская теория и интеллектуальная история," *НЛО.* 2003, No. 61. 참조.

Mandelker A. "Semiotizing the Sphere: Organist theory in Lotman, Bakhtin and Vernadsky," PMLA, Vol. 109. No. 3. 1994.

Shukman A. "Semiotics of cultural and the influence of M. M. Bakhtin," Issues in Slavic literature and cultural theory. 1989.

김수환, 「로트만 기호학에 있어서 텍스트 화용론의 문제: 인간과 텍스트의 문화적 교제」, 『러시아연구』, 제13권 제1호, 서울대학교 러시아연구소, 2003.

김수환, 「로트만의 문화 기호학: 구조적 대립에서 비대칭적 대화로」, 『기호학연구』 제16집, 한국기호학회, 2004.

Бахтин и Лотман: Диалог о <диалоге>

Ким Су Кван

При известном расхождении между концептуальным установками Бахтина и Лотмана неоспоримо, что существуют определенные пере клички между идеями двух ученых. По Бахтину, диалогическое отно шение между текстами в первую очередь проявляется в виде диал ога между "личностями", встреча двух текстов - это встреча дву х субъектов, двух авторов.

Лотман считал, что семиотическая структура есть нечто аналог ичное человеческойличности - "думающее устройство", требующее несколько языков для порождения смысла. Статья посвящена подро бному анализу сходства и различия позицийвыдающихся филологов XX века.

열쇠어 : 대화, 대화적 구조, 기호학적 개인성, 다성악, 수사학, 바흐친, 로트만, dialogue, dialogical structure, semiotic personality, polyphonia, rhetoric, Bakhtin, Lotman

영상 문화와 이미지-기호

김호영*

1. 총체적 허구로서의 영상매체

지금까지 인류가 사용해온 수많은 표현매체 중에서 영상매체보다 더 자유로운 매체는 없었다. 물론 영상매체 이후 컴퓨터와 인터넷 같은 새로운 매체들이 등장해 인류의 표현 양식에 또 다른 성격의 자유를 가져다주고 있지만, 이 새로운 매체들의 자유로운 표현능력 역시 영상매체의 직, 간접적인 활용에 크게 의존하고 있는 것이 사실이다. 영상매체가 자유롭다는 것은 그만큼 표현을 위해 동원될 수 있는 수단의 종(種)이 다양하다는 것이고, 그 다양함의 범위는 빛, 소리, 색, 동작, 언어 등 기본적인 수단들로부터 출발해 인간이 사용할 수 있는 모든 표현 수단을 아우른다. 즉, 영상예술의 역사는 이 모든 것들을 조합하고 통제하는 기술의 발달사라고 해도 과언이 아니다. 더욱이 최근 급속도로 발전하고 있는 컴퓨터 및 멀티미디어 기술은 이 같은 조합과 변형의 기술의 발전을 더욱 가속화시키고 있어, 영상매체가 생산해내는 세계는 소위 '가상 현실'의 도래를 예상케 할만큼 설득력 있는 현실감을 보여준다. 영상매체의 표현

* 한국정신문화연구원 연구교수

능력은 그야말로 '자유로움' 그 자체이며, 우리에게 남은 문제는 단지 그 자유로운 표현수단을 통제할 수 있는 전문적인 지식을 익히는 일 정도이다.

그런데, 우리가 영상매체 앞에서 받게 되는 이 자유로움의 인상은 사실 '영화'라는 최초의 영상매체의 탄생 때부터 강하게 전파되어온 것이다.[1] 많은 이들이 언급했던 것처럼, 영상예술의 시작이자 핵심인 영화는 그 탄생시기부터 뛰어난 현실 재현 representation 능력 때문에 다른 예술과 구별되는 독자성과 변별성을 얻는다. 영화의 현실 재현능력의 핵심은 무엇보다 현실에서 행해지는 모든 움직임, 즉 모든 운동 movement의 재현이었는데, 이를 통해 영화는 인류가 예술과 문화의 제 영역에서 오랫동안 이루고자 했던 현실 재현의 소망에 큰 걸음으로 다가가는 전기를 마련한다. 즉, 그 전까지의 모든 예술이 염원했으나 감히 실현의 꿈조차 꾸지 못했던 '운동'과 '시간의 진행'을 영상을 통해 재현해낸 것이다[2]. 이전의 모든 예술이 시도했던 보다 그럴듯한 리얼리티의 재현 노력은 '기차의 이동'과 '나뭇잎의 흔들림'을 스크린에 그대로 옮겨놓은 영화의 영상

---

1) 영화(映畵)가 최초의 영상매체인가 아닌가에 대한 논의는 순전히 '영상(映像)'이란 단어에 대한 우리의 무분별한 남용에서부터 비롯된다. 영상이란 기본적으로 '빛의 반사나 투사로 인해 비추어진 물체의 상(像)'을 말하는 것이나, 우리는 그 동안 영상이라는 개념을 곧잘 '이미지 image'와 동의어로 간주하며 그 안에 모든 종류의 이미지들을 포함시켜온 것이 사실이다. 후자를 따를 경우 사진 뿐 아니라 회화 역시 영상예술에 속하게 되며, 전자의 경우로 개념을 제한하면 '시네마토그라프 cinematographe(1893)'라는 도구를 사용했던 영화, 혹은 그보다 좀 이른 시기에 '프락시노스코프 praxinoscope(1887)'라는 만화영사기를 사용했던 만화영화 정도가 최초의 영상매체로 인정받을 수 있을 것이다. 때문에, 영화 혹은 만화영화의 발명과 함께 탄생된 개념인 영상은 사실상 '빛의 투사로 이루어진 물체의 이미지'라는 의미뿐 아니라 '움직이는 빛의 이미지'로서의 의미도 함께 지닌다. 르네 프레달, 『세계 영화 100년사』, 김희균 역, 이론과 실천, 1999, pp.14~19 참조.

2) 이 때문에, 들뢰즈 Deleuze는 영화사를 통틀어 가장 중요한 순간은 바로 영화의 발명의 순간이라고 주장한다. 보다 자세한 설명은 김성태, 「들뢰즈 : 영화의 아베세데르」, 『필름 컬처』, 6호, 2000, pp.10~31을 참조할 것.

적 표현 능력 앞에서 무기력한 것으로 전락한다. 그리고 이 놀라운 재현 능력 덕분에, 영화는 이전까지 그 어떤 예술이 보여주었던 것보다도 더 큰 흡인력으로 일반 대중들을 사로잡게 된다.[3)]

또한 들뢰즈 Deleuze가 주목했던 것처럼, 영화는 탄생 후 약 반세기를 지나면서 있는 그대로의 객관적인 현실 뿐 아니라 주관적이고 심리적인 현실세계와 상대적인 시공간마저 영상을 통해 구현해내기에 이른다. 1950년대에 등장하기 시작한 오즈 야스지로 Ozu Yasujiro, 미켈란젤로 안토니오니 Michelangelo Antonioni, 알랭 레네 Alain Resnais 등의 영화들은 이미 하나의 장면 속에 가시적이고 물리적인 현실 세계와 비가시적이고 심리적인 현실 이면의 세계를 동시에 담아내는데 성공하기 때문이다.[4)] 동시

---

3) 물론, 영화사 초기에는 이와 같은 영화의 운동 재현능력에 대해 회의적이거나 비판적인 주장을 제기하는 이들도 적지 않았다. 예를 들어, 벤야민 Benjamin은 영화의 역사를 또 다른 역설의 역사라고 주장하면서, 영화가 실현한 '실재(혹은 운동)의 포착'이란 결국 실재(혹은 운동)을 아날로그화한 후 분해, 재결합하는 하나의 구성과정이라고 언급했다. 즉, 움직임의 해체와 망막의 결합을 이용해 정지상태를 운동인 것처럼 보여주는 일종의 속임수에 불과하다는 것이다. 또한, 베르그송 Bergson은 운동이란 분할할 수 없고 분할되는 순간마다 질적으로 변화하는 것이라는 자신의 철학적 사유를 바탕으로 영화의 운동에 대해 비판적인 시각을 보였다. 즉, 연속적으로 보이지만 움직이지 않는 단편들로 구성되어 있는 영화 이미지는 '거짓 운동 faux mouvement', 혹은 '영화적 환상 illusion cinématographique'에 불과하다는 주장이다. 훗날 들뢰즈는 이러한 베르그송의 주장에 대해, 영화에서의 운동은 움직이지 않는 단편들의 고정된 이미지에 부가된 것이 아니라 즉각적인 소여로서의 '매개적인 이미지 image moyenne'에 주어지는 것이라 보며, 따라서 영화는 움직이지 않는 단편이 아니라 움직일 수 있는 단편으로서의 이미지를 다루는 것이라고 반박한다. 벤야민의 주장에 관해서는 발터 벤야민, 「기술복제 시대의 예술작품」, 『발터 벤야민의 문예이론』, 민음사, 1983, pp.197～231을 참조. 베르그송과 들뢰즈의 입장의 차이에 대해서는 질 들뢰즈, 『영화 1』, 주은우/정원 역, 새길, pp.23～30와 박성수, 「운동-이미지 : 베르그송과 주석들」, 『필름 컬쳐』, 한나래, 2000, pp.62～73을 참조할 것.

4) 물론, 주관적이고 심리적인 영화의 창작은 1920년대 유럽 특히, 프랑스를 중심으로 활발하게 시도된 바 있다. 실제로, 카메라와 렌즈의 기능에 대한 탐구를 통해 주관적이고 정신적인 세계를 표현하려는 시도는 이미 1920년대 프랑스의 초현실

기에 서구의 문학계에서 일어났던 일련의 새로운 문예사조들이 '이야기'보다는 '묘사'를 중심으로 대상의 표면이나 외적 세계의 기술에 충실했던 것과는 반대로, 영화 작가들은 다양한 표현기법들을 통해 스크린 위에 재현되는 외부 세계 자체가 이미 시선 주체의 내적 상태에 의해 주관적으로 변형된 것임을 나타내려 애쓰거나[5], 혹은 영상으로 표현된 세계 자체가 실상은 실재와 상상, 사실과 기억들이 뒤섞여 있는 우리의 내면적 의식세계의 풍경을 묘사한 것임을 가리키기 위해 다양한 실험들을 감행한다.[6]

주의나 인상주의 영화들에서 다각적으로 이루어졌었다. 즉, 1960년대 이후 현대 영화들이 벌인 시도들은 유성영화의 등장으로 중단되었던 무성영화 말기의 실험들을 언어적 영역을 고려해 재개한 것으로도 볼 수 있다. 르네 프레달, 앞의 책, pp.80~94 와 뱅상 피넬 외, 『프랑스 영화』, 김호영 역, 창해, 2000 참조.

5) 예를 들어, 안토니오니는 그의 첫 번째 컬러 영화인 『붉은 사막 *Il Deserto Rosso*』(1964)을 발표하면서 일종의 주관적 시점에 해당하는 기법을 적극적으로 사용하기 시작한다. 화면을 메우는 빛, 색, 소리, 형상 등 모든 물질적 요소들은 객관적 리얼리티를 유보하고, 대신 그 화면을 바라보는 시점 주체의 심리적 갈등이나 감정의 파장을 주관적으로 표현해낸다. 즉, 감독은 "신경증에 걸린 자신의 인물 속에 들어가 그 인물의 시각을 통해 사실들을 되살려내면서 세상을 바라보는" 것이다. 한편, 동시기의 이탈리아 감독인 베루톨루치 Bertolucci의 『혁명전야 *Prima della Rivoluzione*』(1965)나 『거미의 계략 *Strategia del Ragno*』(1967) 등에는 신경증 혹은 강박관념에 빠진 주인공들이 세상을 보는 시각과 감독 자신의 시각이 혼재되어 나타난다. 즉, 기계적 메카니즘과 객관성을 보장해주던 현실세계의 물질적 요소들은 이탈리아와 프랑스의 현대 영화들에서 모두 시선의 주체의 주관성을 표현해주는 수단으로 뒤바뀐다. 전양준 편, 『세계영화작가론 』, 이론과 실천, 1992 참조.

6) 물론, 대상들의 표면에만 집중하는 듯한 현대 서구 소설의 묘사도 실제로는 다양한 암시와 상징을 통해 그 시선의 향방이나 초점 자체가 이미 화자나 다른 등장인물의 심리 또는 감정을 반영하는 것임을 나타내었거나(알랭 로브그리예 Alain Robbe-Grillet의 경우), 혹은 암시와 상징마저 배제되어 있는 단순한 나열식 묘사라 해도 작가의 시선이란 곧 세계의 총체성에 대한 국지적 선택, 즉 객관성을 전혀 보장받을 수 없는 주관적인 지각일 뿐이라는 인식을 전제로 했다(조르주 페렉 Georges Perec의 경우). 즉, 현대 소설과 영화는 그 표현 양식에서 하나의 중요한 목표를 공유하는데, 그것은 바로 서사 텍스트를 통한 '주관적 리얼리티'의 구현이

이후, 영화의 비약적인 발전에 힘입어 애니메이션, TV, 비디오, 컴퓨터 동영상 등 다양한 영상매체들의 발전이 가속화되고, 영화는 '영상예술'이라는 더 큰 영역의 한 분야로 자리잡게 된다. 영화가 이룬 성과와 기타 영상매체들이 이룬 성과를 합친 영상예술은 실로 총체적인 표현능력을 갖춘 영역으로 빠르게 부상하는데, 즉 객관적이고 주관적인 리얼리티를 모두 담아내는 영화적 표현과 다양한 기술의 개발을 통해 인간이 상상할 수 있는 모든 것들을 표현해내는 기타 영상적 표현의 합은 이제까지 그 어떤 예술보다도 총체적이고 충실하게 '현실'을 재현할 수 있게 된다. 그 결과, 현재 영상예술은 그 어떤 예술이 이룩했던 허구 세계보다도 더 그럴듯한, 하나의 '총체적 허구'를 구현해내는 것이다.

그런데 때로는, 이 총체적 허구의 '그럴듯함'이 지나쳐 혹은 현실보다 더 현실적으로 느껴져 어떤 구체적인 실제 상황 속에서 허구와 현실을 혼동케 하거나 허구와 현실을 공존하게 하는 결과를 낳기도 한다[7]. 근자

다. 이는 묘사라는 기능이 내포하는 기록성 및 객관성이라는 특징과 일견 상반되는 것처럼 보이나, 현대 소설과 영화는 묘사 위주의 서사양식을 추구하면서도 궁극적으로 리얼리티의 재현에 있어서는 철저하게 주관적이고 상대적인 입장을 지키는 것이다. 이런 연유로, 누보로망의 기수이자 현대 영화의 중요한 개척자로 평가받는 로브그리예는 자신의 소설에 나타난 묘사의 기능을 단지 카메라의 '객관적 기록'의 기능과 연관시켜 판단하는 일부 주장들에 대해 다음과 같이 반박한다. : "영화에 있어서 창작이 많은 누보로망 작가들에게 확실한 매력을 느끼게 만든다면 그것은 다른 데서 찾아져야 한다. 누보로망의 작가들을 열광시키고 있는 것은 카메라의 객관성이 아니라, 주관적인 것, 상상적인 것의 영역에 있어서 카메라의 가능성인 것이다. 그들은 영화를 표현의 한 수단으로 생각하는 것이 아니라, 탐구의 한 수단으로 생각한다. […] 결국 음향에 있어서나 마찬가지로 영상에 있어서도 이러한 가능성이란 외견상 가장 이의를 달 수 없는 객관성을 가지고서 꿈이나 추억에 지나지 않는 것을, 한 마디로 말해서 상상력에 지나지 않는 것을 제시할 수 있다는 가능성이다."(알랭 로브그리예, 『누보로망을 위하여』, 김치수 역, 문학과지성사, 1982, pp.106～107)

7) 여기서, 보르헤스 Borges를 비롯한 여러 예술가들이 활발하게 탐구해온 '허구 세계의 독자성' 문제를 전적으로 부정하려는 것은 아니다. 이에 대한 논의는 또 다른 차원에서 심도 있게 고려되어야 하기 때문에, 본고에서는 일단 유보하기로 한다.

에 일어난 미국의 9.11 비행기 테러 당시 CNN 뉴스의 헤드라인이었던 "이것은 영화가 아닙니다. 실제상황입니다"라는 문구는 사실 그 자체로 얼마나 기막힌 역설인가? 그 동안 영상 세계가 이룩해온 허구 세계의 강력한 현실성을, 아니 현실보다 더 자유롭고 다채로운 (즉 이 같은 대규모 테러나 전쟁이 수시로 일어날 수 있는) 영상적 허구 세계의 총체성을 단적으로 보여주고 있는 말이 아닌가?

2. 프레임 : 결여 또는 단절의 창(窓)

그러나 이 화려한 표현수단, 무한대에 이를 것 같은 자유자재의 표현능력에도 불구하고 영상매체는 우리에게 끝내 심각한 결여를 남겨놓고 만다. 영화든, TV든, 인터넷 게임이든 모든 영상물은 처음부터 끝까지 철저한 단절 속에서 전개되기 때문이다. 어느 영상 작품 속에 등장하는 아무리 감동적인 장면이나 아무리 잔인한 상황이라도 그 모두는 우리에게 (적어도 물리적으로) 완전하게 부재한다. 아니, 사실은 관객인 우리가 그 모든 시공간에 부재한다. 여주인공의 얼굴에 흐르는 눈물, 잘린 다리에서 솟구치는 피, 굉음과 연기 속에 파괴되는 건물 등 모든 것들은 어디까지나 저 거대한 스크린에 영사되는 혹은 거실의 TV화면이 발산해내는 빛들의 조합일 뿐이다. 이 가공할만한 인위성 속에, 우리는 영상 세계 속에 없고 영상은 우리의 현실 세계 속에 없다.

다시 말해, 연극에도 없고 오페라와 음악회에도 없는, 물론 미술관에도 없는 투명하고 견고한 '막'이 영상물 속의 '그들'과 '우리' 사이에 존재한다. 이 막은 무대와 객석을, 혹은 행위자들과 구경꾼들 사이를 갈라 전혀 다른 시간과 장소에 옮겨 놓는다. 모든 영상매체는 이 막을 '프레임 frame'과 '스크린 screen'이라는 장치를 통해 구현하는데, 물론 프레임의 가장 중요한 기능은 세계의 어느 한 부분을 취해 영상 세계의 틀을 짓는 '선택'의 기능이고, 스크린의 주요 기능은 3차원적인 우리의 현실을 2차원적인 영상 세계에 담아내는 '평면화' 기능이다. 그리고 프레임과 스크린이 공동으로 수행하는 주요 기능은 바로 실제 세계와 영상 속 허구 세계를 잇는 '통로'의 기능일 것이다[8]. 그러나 프레임과 스크린이 이루어내는 하나의 막, 즉 일정한 틀(프레임)을 갖는 평면인 이 막은 통로의 기능과 정반대 되는 또 하나의 기능을 동시에 수행한다는 사실에 주목해야 한다. 그것은 글자 그대로 장막 혹은 '벽'의 기능이다. 이 막은 단순한 막이 아니다. 일견 서로를 비추는 투명한 유리벽 같으나 실제로는 벽을 사이에 둔 양자간의 시공간을 철저하게 단절시키는, 그래서 접근 뿐 아니라 충분한 감정이입조차 불가능하게 만드는 절대적인 장막인 것이다. 이 막은 결국 영상 속의 허구를 더욱 허구답게, 우리가 있는 현실을 더욱 현실답게 만든다.

따지고 보면, 지금까지 관객(혹은 수용자)의 참여를 이토록 철저하게 차단하는 예술은 없었다. 행위자와 관객이 같은 장소와 시간에 존재할 수 있는 예술들은 그렇다 치더라도, 행위자가 부재하는 회화나 조각 같은 예술에서도 관객은 적어도 작가의 손길과 흔적을 느끼기 위해 그 진품의 현장에 있어야 했다. 관객은 비록 작가가 작업했던 시간 및 공간과는 다른 시공간에 존재하고 있지만, 작가가 작업한 예술작품은 그 유일무이성으로 인해 작가의 시공간과 관객의 시공간을 간접적으로 이어주는 매개체가 되는 것이다. 그러나 벤야민 Benjamin의 언급처럼, 무한한 기술 복제가 가능한 영상매체에서 이 진품의 가치는 그 자체로 무효화되기 때문에 관객의 현장 참여란 아무런 의미를 갖지 못한다.[9] 특히 사진의 경우와는 달리, 실제 움직임의 재현과 흥미진진한 내러티브 구조로 주위를 끌어당기는 일반 영상물에서 관객은 화면에 나타나는 인물과 배경에 대해 충분한 추론과 상상을 할 수 있는 시간적 여유를 박탈당한다. 나아가,

---

8) 루이스 자네티, 『영화의 이해』, 김진해 역, 현암사, 1999, pp.58～61 참조

9) 벤야민, 앞의 글, pp.205～207 참조.

TV 및 비디오의 대중화는 아예 간접적 참여와 직접적 참여, 수동적 참여와 능동적 참여의 구분을 없애면서, 영상예술에 있어서의 관객의 현장 참여 문제를 불필요한 것으로 만든다. 즉, '현장에의 실재'란 더 이상 영상매체의 관객에게 해당되는 개념이 아니며, 관객은 영상매체에서 쏟아지는 빛들을 단지 수용하고 소비하면 되는 것이다.[10)]

이처럼 투명하지만 완전한 단절장치로서의 프레임(창)의 이미지는 바로 현대 문명의 상징과도 같은 '자동차'의 창유리 이미지를 상기시키기도 한다. 기 드보르 Guy Debord의 지적처럼, 현대 문명 속에서 생산되는 모든 예술과 문화작품들은 하나의 스펙타클로 환원되며, 관객은 마치 달리는 기차나 자동차 안에서 외부의 대상들을 경험하듯 그 문화예술품들을 빠르게, 그리고 철저한 단절 속에서 간접적으로 경험한다.[11)] 즉, 과거에 한 개인이 공간을 지나치면서 겪는 경험은 온몸의 감각으로 겪는 직접적인 경험이었던 반면, 현대인들은 자동차 안에서 투명한 창을 통해 오로지 간접적으로만 경험하고 이해하게 되는 것이다. 그 공간의 실제 상황이 어떠하던, 어떤 사건과 현상이 그곳에서 발생하던, 모든 종류의 자극들은 단지 시각적인 자극들로 축소되어 시각 주체에게 전달된다. 자동차 안의 개

---

10) 물론, 최근 새롭게 각광받고 있는 '인터렉티브 interactive 영화'나 '팬 픽션 fan fiction'에 대해 고려해볼 여지가 없는 것은 아니다. 그런데, 하이퍼텍스트의 개념을 바탕으로 하는 인터랙티브 영화는 막대한 제작 규모에 비해 상대적으로 매우 빈약한 드라마들만이 생산될 수밖에 없는 구조적 특성 때문에 현재 별다른 호응을 얻지 못하고 있다. 반면, 팬 픽션의 경우 미국을 중심으로 비교적 활발한 반응을 얻고 있으나 관객(혹은 독자)의 참여가 어디까지나 문자 텍스트, 즉 시나리오에 대한 개작에 국한되고 있다는 한계를 드러낸다.

11) 기 드보르, 『스펙타클의 사회』, 이경숙 역, 현실문화연구, 1996, p.155 : "문화가 상품에 불과한 것이 될 때, 그것은 또한 반드시 스펙타클적 사회의 상품이 되어야 한다. 이런 경향의 제일 가는 이데올로그 중 한 사람인 클라크 커 Clark Kerr는 지식의 생산, 유통과 소비라는 복합 과정이 이미 미국 연간 국민생산의 20%를 차지하고 있다고 추산한다. 그리고 그는 금세기 후반기에 문화가 경제발전에서 추동력이 되리라고 예측하는데, 금세기의 전반에는 자동차가 그리고 전세기의 후반기에는 철도가 그 역할을 수행했다."

인처럼, 영상매체의 관객 역시 모든 자극들을 시각적 자극으로밖에 받아들일 수 없으며(물론 일정 수준의 청각적 자극도 동반된다), 이때 스펙타클과 관객 사이의 관계는 시각적인 소통 상태와는 달리 실제적으로는 철저하게 현장에서 배제되는 단절의 성격을 지니게 된다. 도로와 자동차로 이루어진 문명이며, 그 어느 문명보다 영상매체의 개발과 활용에 힘써온 미국 문명에 대해 보드리야르 Baudrillard는 다음과 같이 언급한다.[12)]

> 드라이브는 스펙타클한 형태의 기억상실이다. 모든 것이 발견되어야하고, 모든 것이 말소되어야 한다. 주지하다시피, 사막의 일차적 충격과 캘리포니아의 눈부심이 존재한다. 그러나 이것이 사라질 때 여행의 이차적 광휘가, 과도하고 무자비한 거리 distance의 광휘, 익명의 얼굴들과 거리들의 무한성, 혹은 어떤 기적적인 지질학적 구성체들의 무관심이 시작된다. 그리고 지질학적 구성체들은 아무런 인간의 의지를 증명하지 않은 채 융기의 이미지를 고스란히 유지한다. 이런 형태의 여행은 예외를 허용하지 않는다. : 그것이 잘 알려진 얼굴과 친숙한 경치, 혹은 어떤 해독 가능한 메시지와 마주칠 때, 주문은 깨어진다. : 사라짐의 기억상실증적, 금욕적, 점근선적 매력은 감동과 세계적 기호에 굴복해버린다[13)].

결국, 영상매체에서 관객은 처음부터 끝까지 작품의 세계에서 분리되고 작품의 시공간에 부재하게 된다. 그런데 이 같은 현장성의 제거는 문화(혹은 예술)의 기원으로 거슬러 올라가 볼 때, 결국 행위자와 수용자의 공동참여로 이루어지는 '제의 cult'로서의 문화 culture라는 의미 자체를 폐기시킨다. 즉 문화이면서 문화가 아닌 것. 영상예술이 아직까지도 그 예술성을 의심받고 있는 가장 중요한 이유 중 하나가 바로 여기에 있다.

---

12) 로드 무비라는 장르가 미국에서 탄생하고 발전해온 이유도 그 때문이다. 이에 관한 설명으로는, Steve Cohen & Ina Rae Hark, *the Road Movie Book*, London : Routled, 1997을 참조할 것.

13) 장 보드리야르, 『아메리카』, 주은우 역, 문예마당, 1994, pp.48~49.

관객을 철저하게 참여자가 아닌 구경꾼, 그것도 시공간적으로 완전히 차단되어 어떤 직접적인 영향도 행사할 수 없는 허상의 구경꾼으로 밀어놓기 때문이다. 예술이 행해지는 그 순간에 행위자만 있고 구경꾼은 없는, 행위자에게만 예술이고 수용자에게는 단순한 볼거리에 지나지 않는 영상 예술은 그래서 불완전한 예술일 수밖에 없다.

3. 허구적인, 혹은 너무나 현실적인

따라서, 영상예술은 철저하게 허구적이다. 영화가 발전을 거듭하던 20세기 중반 무렵에는, 이 철저한 허구가 지닌 총체적 표현 능력 때문에 관객이 지나치게 영화속 세계에 몰입한 나머지 이데올로기와 가치관의 세뇌를 받지 않을까 우려하는 이들도 있었다. 그 중에서도 고다르 Godard는 브레히트 Brecht의 서사극 이론을 영상적으로 해석해 소위 '소격 효과'라는 것을 영화에 도입했는데, 관객을 영화 속 허구세계에 몰입시켜 현실을 잊게 만드는 영화는 일종의 부르주아적인 가치에 부합하는 영화라는 주장을 바탕으로 했다. 즉, 부르주아적인 영화는 영화의 스크린이 이차원적 매체임을 잊게 하고 마치 삼차원적 세계인 듯한 착각을 일으키는 기법을 써서 관객을 혼란시키는데, 바로 이러한 혼란을 틈타 감독이나 제작자의 이데올로기 및 가치관이 관객에게 무의식적으로 주입된다는 것이다[14]. 따라서 '점프 컷', '플랑 세캉스', '평면적 미장센'[15] 같은 그의

14) 고다르의 '소격 효과'에 대한 자세한 설명은 전양준 편, 앞의 책, pp.400~406을 참조할 것.

15) '점프 컷 Jump Cut'은 숏과 숏의 연결을 불연속적으로 행하는 편집방식을 말하며, 이러한 기법은 시간과 공간상의 전이를 단속이거나 급작스러운 비약에 가까운 것으로 만든다. 일반적인 편집이 아닌 점프 컷으로 편집된 장면들은 내러티브를 따라가던 관객의 주위를 순간적으로 분산시키며, 관객에게 영화라는 허구와 관극행위에 대해 환기시키는 효과를 발휘한다. '플랑 세캉스 plan séquence'는 영어로

소격 효과 장치들은 관객에게 눈앞의 스크린에서 펼쳐지는 영상 세계가 어디까지나 하나의 인위적인 허구일 뿐이라는 사실을 끊임없이 환기시켜 주기 위해 소용되었다. 즉, 관객으로 하여금 영화라는 철저한 허구 앞에서 객관적 인식의 자유와 비판적 현실의식을 가질 수도 있도록 하기 위한 수단이었던 것이다.

그러나 시간이 지날수록, 고다르의 우려는 한낱 기우에 지나지 않았음이 드러나고 있다. 그의 우려는 어디까지나, 극장을 찾아가 거대한 스크린에 압도되어 영화를 보는 관극행위를 고려해 생겨난 것이기 때문이다.[16] 이미, 1970년대 말부터 시작된 비디오의 대량보급은 영화가 지니고 있던 일말의 참여의 의식(儀式)도 사라지게 만든다. 극장에서의 관극행위가 주는 그 최소한의 제의적 의식도 거실 소파에 누워 수십 번씩 정지와 재생을 반복할 수 있는 비디오의 대중화로 이미 구시대적인 감상이 되어 버린 것이다. 아무리 극적인 장면에서도 우리는 울려오는 전화벨 소리에 아무렇지도 않게 정지 버튼을 누를 수 있으며, 잠깐의 다른 생각으로 놓친 장면은 되감아 몇 번이고 다시 볼 수 있다. 또한, 인터넷은 비디오가 관객에게 안겨준 자유로운 영상 조작의 권한을 더욱 확대시켜준다. 인기 연예인의 음란 비디오에서부터 현재 극장에서 상영중이거나 아직 상영도

'시퀀스 숏 sequence shot'이라고도 불리며, 단일 숏이 하나의 시퀀스를 이루는 것을 가리킨다. 이 기법은 관객의 보편적인 시간감각을 넘어서기 때문에 비현실성을 유발해낸다. '평면적 미장센'은 카메라의 수평이동만을 고수한 채 클로즈업, 미디엄 숏, 롱 숏 등의 쇼트 조절을 자재하는 것을 말한다. 이 기법은 화면의 입체감을 없애고 밋밋한 화면을 통해 화면의 평면성을 강조하기 때문에, 관객이 스크린 속의 허구세계에 몰입하는 것 자체를 불편하게 만든다. 자세한 설명은 수잔 헤이워드, 『영화 사전 [이론과 비평]』, 이영기 역, 한나래, 1997와 제임스 모나코, 『뉴 웨이브 2』, 주은우 역, 한나래, 1996 등을 참조할 것.

16) 이 때문에, 고다르 자신도 70년대 중반 이후로는 자신의 탐구영역을 영화보다는 '비디오'라는 새로운 매체로 바꾸어간다. 임재철, 「장뤽 고다르, 이름 저편에 있는 것」, 『필름 컬처』, 3호, 1999, pp.100~112와 전양준 편, 앞의 책, pp.408~413 참조.

안 된 미발표 영화들에 이르기까지 온갖 종류의 영상물들이 인터넷을 통해 수많은 익명의 주체들에 의해 자유롭게 복제되고 편집되어 무한수의 관객에게 재보급되는 것이다. 이제 관객은 극장 앞에 줄을 서는 수고는 고사하고 비디오 가게의 진열대에서 비디오를 고르는 수고도 귀찮아하며, 그리고 비디오 대여료라는 약간의 경비 부담마저 줄이며 방안에 앉아 마음대로 영상물의 교환과 편집을 행할 수 있게 되었다. 이러한 편리는 컴퓨터의 작은 화면과 조악한 화질이 주는 불편함도 감수하게 만들며, 물론 이 불편함도 머지 않아 가볍게 극복될 것이다.

비디오와 인터넷의 이 같은 자유롭고 편리한 관람 기능 덕분에, 이 시대의 관객들은 더 이상 고다르의 우려와 달리 영상물 속의 사건들을 현실이라 믿으며 동화되는 우(愚)를 범하지 않는다. 거꾸로 그들은, 영상물 속의 모든 것이 어디까지나 철저한 허구이고 자신들은 더 우월한 현실 속에서 그것을 적당히 다룰 수 있다는 인식을 공유해가고 있다. 허구에의 완전한 몰입은 현대의 관객에게는 다소 저급한 일이 되어가며, 오히려 관객과 영상 작품 사이에 생겨난 지나친 거리감이 영상물이 가질 수 있는 최소한의 예술적 신비감을 소거시키는 하나의 요인으로 지목되고 있는 실정이다. 따라서, 현대인은 시간이 지날수록 '허구'에 대한 '현실'의 우위를 확인하고 점점 더 현실을 숭배하게 될 것이다. 모든 것은 현실 속에 포함될 것이며, 현실은 적어도 영상예술에게만큼은 어떠한 경외감이나 신비감도 허락하지 않을 것이다.

물론, 여기서 우리는 어렵지 않게 영상예술과 현실 사이에 존재하는 복잡한 모순 관계를 거론할 수도 있다. 그 어떤 예술보다도 충일한 현실의 재현으로 구현된 영상물 속 허구 세계는, 마치 현실보다도 더 그럴듯한 정교하고도 복잡한 이미지들의 조합을 통해 종종 현실을 허구처럼, 허구를 현실처럼 느끼게 하는 강력한 '현실성'을 발산한다. 반면, 결코 관객의 실제적 시공간과 만날 수 없는 철저한 유리로 인해 그 어느 예술이 보여준 허구 세계보다 더 허구적인 '비현실성을' 지닌다. 또 다른 차원에서 보아도, 영상 세계는 온갖 허구적 표현장치들을 동원한 총체적 '허구'이지만, 동시에 스스로에게 가한 대량 복제와 대량 보급의 시스템으로 인해 그 어느 예술보다 더 깊숙이 현실 속에 개입되어 있는, 철저하게 '현실적'인 대상이다.

그러나 문제는, 이 복합적인 양가성의 비례가 결코 균등하게 지속되고 있지 않다는 것이다. 저울의 추는 결국 현실 쪽으로 불균형하게 기울어져 있다. 그 어느 예술보다 총체적인 허구 세계를 이루어내 마치 언젠가는 현실로부터 독립된 자율적 세계를 보여줄 것 같던 영상 세계는, 그 지나친 대중화와 대량보급의 시도로 인해 스스로 현실에 파묻히는 결과를 낳고 말았다. 그토록 완전하고 자유로운 허구 세계도 결국 현실에 의해 얼마든지 정지되고 재생되며 잘려지고 재결합될 수 있다는 사실을 몸소 보여준 셈이다. 때문에 일각에서는, 다양한 표현들에 근거하는 종합예술이라 하지만 사실은 시각 기호를 중심으로 이루어지고 있는 영상예술이 이 거대한 현실에 의해 완벽하게 재단되지 않으려면 결국엔 촉각 기호나 혹은 다른 어떤 육체적 감각 기호의 힘을 빌릴 수밖에 없을 것이라는 전망도 심심치 않게 제기되고 있다[17].

이제 더 이상 허구와 현실 사이의 팽팽한 대결은 존재하지 않는다. 중요한 것은, 지금까지 수많은 허구세계가 현실 속에 만들어냈던 신비감이 급속도로 소거되어가고 있다는 사실이다. 그 동안 많은 예술 작품들이 남겨놓았던 탈현실적이거나 신비로운 느낌들, 혹은 기타 인류 문화에서 신비나 경이의 이름으로 정의되어 오던 수많은 허구적 현상들은 이제 영상예술이 스스로에게 가하는 자해와 함께 차츰 그 효력을 잃어가고 있다.

---

17) 영화 『공각기동대』나 『매트릭스』가 예상한 미래의 '사이버 인간'은 지금 우리가 인터넷상에서 보는 사이버 인간들과 달리 실제적인 육체적 접촉이 가능한 존재들이다. '사이버 섹스'의 원리가 그렇듯, 결국 영화의 시각 효과조차도 어떤 경로를 통해서든 관객의 촉각 내지는 육체적 감각을 자극할 수 있어야만 비로소 관객의 흥미를 유발할 수 있는 시대가 곧 도래할 지도 모른다.

영화, TV, 비디오, 인터넷을 거치면서 가장 그럴듯한 '비현실(영상 세계)'이 가장 '현실'적인 일상의 한 부분으로 자리잡아가고 있기 때문이다. 영상매체의 자발적인 '탈신비화'는 바야흐로 현실의 완전한 승리, 유물론의 완전한 정착을 의미하는지도 모른다. 이제 모든 것은 현실, 특히 일상의 한 부분이며, 모든 신비나 경이는 현실의 거대한 입 속으로 삼켜질 것이다. 그리고 우리의 사유는 더욱 철저하게 현실주의적이거나 현실 지향적으로 변모해갈 것이다. 그렇다면 다음 단계는 무엇인가. 결국 감동의 소거, 정서의 소거 아니겠는가.

4. 언어-기호에서 이미지-기호로?

영상매체의 범람이 우리의 생활 전반에 중대한 변화를 가져오고 또 여타 예술 장르에도 적잖은 영향을 미치고 있는 것은 기정 사실이다. '움직이는 영상'의 이미지는 핸드폰이나 PDA 같은 새로운 정보통신의 도구에서부터 각종 교양강좌, 기업의 홍보행사, 심지어 가정 생활에 이르기까지 다양한 시공간에서 다양한 용도로 이용되고 있다. 또, 점점 더 많은 소설가들이 단편소설 하나를 창작하면서도 영상성, 그러니까 움직이는 이미지의 추상적 구현을 염두에 두고 있으며, 연극이나 음악회, 기타 여러 예술행위에서도 영상매체는 직접적이거나 간접적인 방식으로 소용된다.

그런데, 과연 이와 같은 영상매체의 발달과 보급은 우리의 사유방식에 어떤 실질적 변화를 가져다주고 있는가? 우리는 일단, 영상매체의 대대적인 파급 효과만을 진단하는 근자의 유행적 태도에서 벗어나 이 문제를 좀더 신중한 자세로 숙고해볼 필요가 있다. 우선, 예술가나 기타 여러 문화행위자들이 앞다투어 벌이는 영상적 표현의 수용 혹은 '학습' 현상을 놓고, 우리의 사유 전체가 영상화되어간다거나 혹은 영상성이 우리의 사유 전체에 어떤 중요한 변화를 가져오고 있다고 단정짓기는 어렵다. 예를 들어, 작금의 일부 문인들, 음악인들, 기타 예술인들이 보여주는 영상적 창작방식이 과연 순수하게 그들의 사유방식의 전환을 의미하는지, 또 어느 소설가가 영상적 느낌이 강한 소설을 썼다고 해서 우리의 사고 방식이 영상적으로 전환했다고 볼 수 있는지에 대해서는 좀더 차분하게 되짚어볼 일이다. 단지, 영상매체에 익숙하고 활자 매체의 이해에 불편을 느끼는 독자층을 사로잡기 위해 소설가가 자신이 표현방식을 일시적으로 그리고 표면적으로 개편한 것에 불과한 것일 수도 있기 때문이다.

우리가 지금 주목해야 할 문제는, 어떻게 해서든지 영상매체의 표현방식을 자신의 창작 과정 안에 끌어들이려는 일부 문화예술인들의 작업보다, 점점 더 영상적 표현에만 익숙해져 가는 일반 대중들의 수용 자세이다. 사실 엄밀히 말한다면, 소설가들의 영상적 글쓰기는 지극히 헛된 노력에 불과하다. 문제의 핵심은 거기에 있지 않으며, 할 수 있다면 차라리 소설가 자신이 글쓰기라는 표현 양식을 버리는 것이 낫다. 왜냐하면, 영상매체의 지속적인 발전은 종국엔 우리의 사유방식 자체를 '언어적' 사유가 아닌 '이미지적' 사유로 대체할 것이기 때문이다. 이것은 이미 익히 들어온 얘기일지 모르나, 사실 무서운 얘기일 수도 있다. 도대체 언어적 사유에서 이미지적 사유로의 전환이란 무엇을 뜻하는가? 이를 위해, 언어와 이미지 양자에 대해 그 누구보다도 예민하고 치열하게 사유했던 파졸리니 Pasolini의 불길한 진단을 잠시 주목해보자.[18)]

파졸리니는 문학적 표현과 영화적 표현의 차이를 설명하면서, 전자는 '언어 기호 lin-segni'에 후자는 '이미지 기호 im-segni'에 기초를 두고 있다고 주장한다. 그런데 중요한 점은, 언어-기호의 실제 표현도구인 언어가 오랜 역사를 거치며 세밀하고 정교하게 구축된 반면, 이미지-기호의

---

18) 이에 관해서는 Pier Paolo Pasolini, "Le Cinéma de poésie", in *Nouveaux cinémas, nouvelle critique*, traduit par Marianne di Veltimo et Jacques Bontemps, Petite bibliothèque des Cahiers du cinéma, 2001, pp.171～198을 참조할 것. 파졸리니의 이 논문은 본래 Cahiers du cinéma, n 171, oct. 1965에 실렸던 것이다.

표현도구인 이미지는 여전히 '아주 거칠고 거의 동물적'이며 '문법 이전의 비합리적인 유형의 것'으로 남아 있다는 것이다.[19] 즉, 언어가 이미 일정 수준 이상의 객관성을 바탕으로 한 하나의 규칙인 반면, 이미지는 여전히 원시적이고 주관적인 표현 수단에 가깝다. 그러므로 이러한 이미지를 주요 수단이자 제재로 삼는 영화나 기타 영상 예술들은 본질적으로는 지극히 원시적이고 주관적인 매체에 해당한다. 즉, 영상예술의 특성은 무엇보다 주관적이고 시적인 표현에 있다는 것이다. 그렇지 않을 경우, 어떤 영상 작가가 이미지를 언어처럼 하나의 정교하고 복잡한 객관적 표현수단으로 사용하려 할 경우, 그 표현의 수준은 복합적이고 심오한 사유를 드러내기보다는 오히려 일차적이고 초보적인 수준에 머무를 수밖에 없게 된다.

따라서 파졸리니는 영화(영상) 작가의 작업은 이중적일 수밖에 없다고 주장한다. 즉, 글쓰기 작가는 언어 기호의 체계가 사전과 문법을 통해 이미 정리되어 있기 때문에 머리 속 사전 lexicon에서 단어들을 꺼내 의미를 재형성하면 되지만, 영화 작가는 이미지 기호체계가 따로 이미지 사전이나 문법을 가지고 있지 않기 때문에 우선 혼돈 속에서 이미지를 꺼내 마치 이미지 사전에 있는 것처럼 제시한 후 의미의 형성과 미학적 작업을 수행해야 한다는 것이다. 글쓰기의 작가의 작업은 그 자체로 미학적인 반면, 영화 작가의 작업은 먼저 언어적 작업을 이행해야 비로소 미학적 작업으로 이어질 수 있다.

> 지명학적으로 설명하자면, 영화 감독의 작업은 하나의 작업이 아니라 이중 작업이다. 그는 혼돈 속에서 이미지 기호를 꺼내, 그것을 마치 이미지 기호(제스처, 환경, 꿈, 기억)의 사전 속에 정리되어 있는 것처럼 만들어 제시할 수 있어야 한다. 그 다음 글쓰기 작가의 작업을 수행해야 하는데, 즉 순수하게 형태론적인 이미지 기호에 개인적인 표현 특성을 부가해야 한다.

19) *Ibid*, pp.172～173.

결국 글쓰기 작가의 작업은 미학적 창작인 반면, 영화 작가의 작업은 처음에는 언어적인 창작이고 그 다음에 미학적인 창작 작업이 된다.[20]

다시 정리해보면, 영화적 작가의 이중적 작업에 대한 파졸리니의 이 같은 주장은 크게 두 가지 목적에 근거를 두고 제기되었다. 우선, 파졸리니는 무엇보다 영화적 표현의 원시성, 즉 '움직이는 이미지'라는 표현 수단의 본능적이고 원초적인 표현능력을 강조하기 위해 이러한 주장을 제기했다. 우리가 알고 있는 영상이라는 매체가 현대의 각종 테크놀로지와의 조우에 힘입어 대단히 복잡하고 정교해 보이지만, 실제로 그 근본적인 성격은 매우 초보적이고 원시적일 수밖에 없으며 따라서 영상의 표현과 수용 과정에서 전개될 수 있는 인간의 사유 역시 기초적인 수준에 머무를 수밖에 없다는 것이다. 다른 한편으로, 파졸리니는 영화적 표현의 주관성, 즉 영화 기호의 주관적이고 '시적인' 특성을 강조하기 위해 위와 같이 언어-기호와 이미지-기호의 특성을 구분했다. 위에서 언급한 영화 작가의 작업 중 첫 번째 작업인 '언어적 작업'은 공동의 제도화된 사전을 가지고 있지 않은 이미지-기호를 마치 사전 속의 어휘처럼 선택해야 하는데, 이 선택의 과정에는 현실에 대한 작가의 이데올로기적이고 시적인 비전이 개입될 수밖에 없다는 것이다. 즉, 영상 기호의 성향은 주관적이며, 그것의 표현 경향 역시 주관적이 된다.

그러나, 지금까지 살펴본 파졸리니의 주장 중 두 번째 주장은 현시점에서 점점 설득력을 잃어간다. 영상 작가가 이미지-기호를 어휘처럼 다루

20) *Ibid*, p.175 : "Donc, décrit toponymiquement, l'acte du cineaste n'est pa un, mais double. Il doit d'abord tirer l'im-signe du chaos, le rendre possible et le tenir pour classé dans un dictionnaire des im-signes (gestes, milieu, rêverie, mémoire) ; il doit ensuite réaliser le travail même de l'écrivain, c'est-à-dire enrichir un tel im-signe purement morphologique de son expression personnelle. Quand le travail de l'écrivain est invention esthétique, celui du cinéaste est d'abord invention linguisitique, puis esthétique." (원문의 번역은 필자가 임의로 행한 것임.)

는 언어적 작업을 수행하고 그 작업을 바탕으로 미학적 작업을 실현하기에는, 이미 너무 많은 이미지들이 전세계 곳곳에서, 지구촌 전역의 문화와 사회 속에서 범람하고 있기 때문이다. 만일 영화 작가가 혼돈 속에서 일련의 이미지들을 꺼내 이미지 사전에 있는 것처럼 제시하는 언어적 작업을 수행한다 해도, 관객의 입장에서 그 이미지들을 언어적 작업 없이 직접 수용한다면 어떻게 되겠는가? 영화 작가의 표현작업(특히 언어적 작업)이란 무엇보다 작가와 관객 사이의 공통된 시각 자산을 근거로 하는 것인데, 갈수록 세계 전역에서 다종다양한 이미지들이 홍수처럼 쏟아지는 탓에 관객이 미처 그 공동의 시각 자산을 충분히 인지하고 있지 못한다면 어떻게 되겠는가? 파졸리니의 이미지-기호는 어디까지나 영화라는, 그래도 일말의 예술적 신비가 남아 있는 마지막 영상매체를 근거로 하고 있는 것이다. 그는 TV 및 비디오의 대량보급을 고려하지 못했으며, 당연한 일이겠지만 인터넷이라는 엄청난 정보통신수단을 예상조차 하지 못했다.

5. 결론을 대신하며 : 이미지적 사유란 가능한가

결국, 수많은 이미지-기호들의 범람으로 갈수록 빈약한 '공동의 시각 자산'을 공유할 수밖에 없는 영상매체의 수용자들에게, 그리고 비디오, 컴퓨터, 인터넷 등의 대량보급으로 인해 이미지의 취사선택 및 조합작업에 있어 무기력해지고 무능해진 다수의 수용자들에게[21] 무한한 이미지-기호

21) 최근 우리가 쉽게 빠지는 착각 중 하나가, 바로 정보화 시대가 되면 모두가 '정보화'되고 인터넷 및 컴퓨터 조작에 통달하게 될 것이라는 전망이다. 그러나 정보화 시대가 되어갈수록, 광활한 인터넷 세계와 복잡한 컴퓨터 기능을 능숙하게 다룰 수 있는 이들의 수는 더욱 한정될 것이다. 대부분은 그 시대의 기술발전단계가 요구하는 최소한의 기본적인 원리들과 편리사항들만을 익히며 살아가기 때문이다. 보다 우월한 통제능력으로 다량의 정보를 얻을 수 있는 자와 그렇지 못한 자. 과

들을 사전식으로 체계화해서 언어적 작업을 수행하는 일은 불가능하고 또 거추장스러워 보일 뿐이다. 이 새로운 시대의 매체 수용자들은 이미지를 그냥 '이미지 자체'로 수용한다. 영상매체의 작가가 자신의 이미지 혼돈-세계 속에서 원하는 이미지들을 선택해 체계화하건 말건, 이들은 그 이미지들을 다시 자신의 고유한 이미지 혼돈-세계 속에 던져놓으며 해체시킨다. 영상 작가가 이미지에 행한 언어적 작업은 관객의 이미지 세계 속에서 무효화되고, 결국 작가와 관객은 탈언어화된 이미지들만을 혹은 언어 이전의 이미지들만을 주고받을 뿐이다. 여기에는 단지 혼돈과 혼돈 사이의 교통, 이미지와 이미지 사이의 교통만이 있을 뿐이다. 달리 보면, 교통이 아니라 단절에 가깝다. 여하튼, 영상매체가 발전하면 할수록, 그 표현방식은 복잡해지고 문법화되어가기 보다는 오히려 점점 더 단순해지고 날것화되어갈 것이다.

모두가 주목하는 것처럼, 분명 영상매체는 우리에게 지금까지의 언어적 사유와 대립되는 새로운 사유의 방식을 가져다주고 있다. 그런데 언어적 사유의 매개가 되는 언어 체계란 결국 관념적 사유의 출발점이 아닌가? 만일 우리가 언어 체계 혹은 언어적 사유를 거부한다면 그것은 곧 관념적 사유에 대한 거부가 될 것이다. 그리고 관념적 사유의 거부란, 사실 '사유' 자체에 대한 거부에 다름 아니다. 우리의 사유는 지금까지 언어 체계를 통한 관념화 작업을 기본으로 해왔기 때문이다.

그렇다면 영상매체가 제시하고 있는 새로운 형식의 사유를 '사유'라는 이름으로 부를 수 있을까? 영상매체가 우리의 사유에 가져올 변화는 혹시 새로운 사유방식으로의 전환이 아닌 '사유의 정지' 또는 '사유의 포기'가 아닐까? 파졸리니의 얘기처럼 이미지란 본래 거칠고 동물적이고 문법 이전의 원시적 표현수단이라면, 영상매체의 끝없는 발전과 함께 우리의 사유단계는 다시 사유 이전의 시대로, 그러니까 언어 기호라는 수단

거에는 '힘'에 의해 나뉘고 근대 이후로는 '자본' 의해 나뉘던 계급이, 언젠가 '정보'에 의해 나뉘지 말라는 법이 어디 있겠는가?

없이도 여러 이미지 기호들로 충분히 소통이 가능했던 저 먼 원시 시대로 돌아가게 되는 것은 아닐까?

참고 문헌

김성태, 「들뢰즈 : 영화의 아베세데르」, 『필름 컬쳐』, 6호, 2000.

드보르, 기, 『스펙타클의 사회』, 이경숙 역, 현실문화연구, 1996.

들뢰즈, 질, 『영화 1』, 주은우/정원 역, 새길, 1996.

로브그리예, 알랭, 『누보로망을 위하여』, 김치수 역, 문학과지성사, 1982.

모나코, 제임스, 『뉴 웨이브 2』, 주은우 역, 한나래, 1996.

박성수, 「운동-이미지 : 베르그송과 주석들」, 『필름 컬쳐』, 6호, 2000.

벤야민, 발터, 「기술복제 시대의 예술작품」, 『발터 벤야민의 문예이론』, 민음사, 1983.

보드리야르, 장, 『아메리카』, 주은우 역, 문예마당, 1994.

임재철, 「장뤽 고다르, 이름 저편에 있는 것」, 『필름 컬쳐』, 3호, 1999.

자네티, 루이스 『영화의 이해』, 김진해 역, 현암사, 1999.

전양준 편, 『세계영화작가론』, 이론과 실천, 1992.

프레달, 르네, 『세계 영화 100년사』, 김희균 역, 이론과 실천, 1999.

피넬, 뱅상 외, 『프랑스 영화』, 김호영 역, 창해, 2000.

헤이워드, 수잔 『영화 사전 [이론과 비평]』, 이영기 역, 한나래, 1997.

Cohen, Steve & Hark, Ina Rae, *the Road Movie Book*, London : Routled, 1997.

Deleuze, Gilles, *Cinéma II L'image-temps*, Ed. de Minuit, 1985.

Pasolini, Pier Paolo, "Le Cinéma de poésie", in *Nouveaux cinémas, nouvelle critique*, traduit par Marianne di Veltimo et Jacques Bontemps, Petite bibliothèque des Cahiers du cinéma, 2001.

L'art audio-visuel et l'image-signe

Kim Hoyoung

Aujourd'hui, l'art audio-visuel nous parait le domain d'expression le plus convaincant, en raison de sa capacité complexe qui comporte en principe tous les moyens d'expression comme luimière, son, couleur, langue etc. Notament, comme Deleuze le remarque, dès la naissance du cinéma qui a su incarner sur l'écran tous les mouvements de la réalité, l'art audio-visuel peut etre consiéré comme un art ayant la possibilité de réaliser un vieux rêve de l'homme, c'est-à-dire représentation totale de notre réalité.

Cependant, d'un autre point de vue, il est indéniable que l'art audio-visuel est un art de rupture complète qui nous donne aucune possiblité de l'accéder. Car, cadre et écran, deux moyens importants de l'art audio-visuel, ne sont pas simples moyens de communications ou de liaison, mais aussi moyens de coupures entre spectateurs et spectacles. De plus, comme le dit Benjamin, la possibilité de la reproduction illimité de l'image nous mène toujours dans la confusion entre l'original et la copie.

Il nous faut donc noter le remarque de Pasolini, écrivain et cinéaste de l'époque moderne, qui a su contrôler presque parfaitement ces deux moyens différents, langue et image. D'après lui, l'image reste tout au long de l'histoire comme un moyen d'expression très élémentaire et sauvage, parce qu'elle n'a jamais de grammaire, ni de lexicon. Autrement dit, comme il est déjà trop tard de classer et grammatiser toutes les sortes d'images qui inondent dans le monde, la dépendance sous l'image de notre civilisation pourrait causer un autre problème grâve : reculer le niveau de notre pensée vers l'époque préhistoire.

열쇠어 : 영상문화, 이미지-기호, 언어-기호, 프레임, L'ant audio-visuel, image-singe, langue-signe, Cadre

디지털 이미지의 시간성

심은진[*]

1. 서론

디지털 기술은 영화의 이미지를 변화시킨다. 영화 이미지를 탄생시킨 셀룰로이드 필름은 점차 디지털이라는 새로운 기술 앞에서 사라지고 있다. 더불어, 필름을 가위로 자르고 붙이며 영화의 미학을 만들어 낸 '몽타주' 작업도 디지털 기술 앞에서 그 존재론적인 기능을 변모시키고 있다. 영화는 지금, 갑작스러운 자신의 변화 앞에 당황하고 있다. 영화 속에 재현된 가상 이미지의 모습은 이러한 이미지의 변모에 대한 영화의 자기 반영적 모습이다. 거울을 통해 자신의 모습을 비춰보듯, 영화는 자신의 내부에서 디지털 이미지의 모습을 보여주면서 새로운 이 기술이 만든 이미지의 변모를 고찰하고, 또 자신의 변화를 반성한다.

우리는 영화 속에 재현된 디지털 이미지에 대한 고찰을 통해 영화가 평가한 새로운 기술의 특징을 살펴 볼 수 있다. 이러한 고찰은 기존의 영화 이미지 생산 방식, 즉 아날로그적 이미지와 디지털 이미지의 특성을 비교할 수 있게 한다. 레지 드브레이 Régis Debray에 의하면, 이미지의

* 이화여자대학교 불문과 강사

탄생은 흘러가는 시간을 극복하기 위한 인간의 노력에서 나온 것이다.[2] 죽음을 알고 인간은 사라지는 것을 이미지를 통해 붙잡으려 했다. 인간은 "죽음의 해체에 이미지에 의한 재구성으로 맞선다"[3] 그러므로 이미지에는 항상 '시간'의 문제가 담겨 있다. 시간은 이미지를 만드는 존재론적인 근원이다. 영화 속에 재현된 디지털 이미지 속에도 시간은 중요한 주제가 된다. 이를 통해 영화는 아날로그적 이미지의 시간과 디지털 이미지의 시간이 어떻게 다른가, 그리고 그 차이가 영화의 이미지와 영화를 바라보는 관객에게 어떤 영향을 주는가 알려 준다.

2. 영화 속의 사진–아날로그 이미지

<브레이드 러너*Blade Runner*>[4]의 레이첼, <토탈리콜*Total Recall*>[5]의 크웨이드, <다크 시티*Dark City*>[6]의 머독은 모두 입력된 기억으로 고민하는 인물들이다. 입력된 기억은 가상의 기억이다. 그런데 기억이 이미지로 존재한다면, 입력된 가상의 기억도 가상의 이미지이다. 레이첼과 크웨이드, 머독은 가상의 이미지를 체험하고, 그 이미지를 기억으로 갖고 있다. 입력된 기억은 강요된 기억이다. 강요된 기억은 그 기원에 대한 의혹의 눈길을 거두기가 힘들다. 그 기원은 기억을 만든 자, 그 기억을 소유한 자, 지금 기억을 소생시키는 자, 기억하는 자신이다. 그러므로 입력된 기억은 기원에 대한 의혹, 기억하는 자신에 대한 의혹을 만들어 낸다. 자신의 기억을 의심하고, 그 기억이 만든 자신의 정체를 의심하는 일은 끊

2) Régis Debray, *Vie et mort de l'image*, 『이미지의 삶과 죽음』, 정진국 역, 시각과 언어, 1994, 1장 '죽음에 의한 탄생'은 이미지의 기원에 대해 논하고 있다.

3) Ibid. p.31.

4) Ridley Scott, *Blade Runner*, 1982.

5) Paul Verhoeven, *Total recall*, 1990.

6) Alex Proyas, *Dark City*, 1998.

임없이 상대를 의심하는 가학적이고 자학적인 사랑만큼이나 잔인하다. 자신의 존재를 의심해야하는 레이첼, 크웨이드, 머독은 모두 강요된 기억이 만든 폭력의 희생자들이다.

기억은 시간이 남겨놓은 흔적, 시간이 만들어낸 무늬를 재생시키는 작업이다. 그러므로 기억의 혼란은 시간의 혼란을 의미한다. 레이첼과 크웨이드, 머독의 방황은 기억 속의 나와 현재의 나 사이에서의 방황, 서로 다른 시간들 사이에서의 방황이다. 기억의 혼란은 추억이 정박한 시간에 대한 혼란, 혹은 그 시간에 대한 불신에서 생겨난다. 기억 속의 나와 현재의 나와의 차이는 기억의 기원을 묻고, 자신의 정체를 묻고, 기억이 머물렀던 시간을 묻게 된다.

그런데, 이러한 시간에 대한 불신, 과거와 그 과거 속의 자신에 대한 의혹과 방황 속에서도 이 인물들의 신뢰를 얻고 있는 것이 있다. 그것은 '사진'이다. 입력된 기억, 가상의 기억을 다룬 영화들에서, '사진'은 기억과 시간에 관한 중요한 상징으로 등장한다. 자신이 사이보그라는 사실을 알고 난 <브레이드 러너>의 레이첼은 인간임을 증명하는 것으로 어린 시절의 사진을 데커드에게 보여준다. 그녀에게 사진은 입력된 가상의 기억을 부정하는 증거, 실재했었다고 믿는 시간들에 대한 증거이다. 외계인들이 매일 밤 사람들에게 가상의 기억을 입력시키는 <다크 시티>에서도 사진은 기억과 관련한 사물로, 과거의 시간과 존재의 증거물로 등장한다. 외계인들이 조합한 가상의 기억이 제대로 입력되지 않아 자신의 존재에 대한 모든 기억이 사라진 머독에게 신분증 위에 붙어 있는 사진은 자신에 관해 알 수 있는 유일한 방법이 된다. 그는 또한 사진을 통해, 자신이 결혼했다는 사실도, 아름다운 부인이 있다는 사실도 알게 된다.

그런데, 이 '사진'들에 대한 그들의 신뢰에는 다소 어색한 구석이 있다. 인간과 구분하기 힘들 정도로 정교한 사이보그가 존재하고, 그 사이보그의 감정까지도 프로그램화되어 입력되는 때에, 낡은 사진 한 장으로 자신의 과거를 증명하려는 레이첼의 모습은 너무 초라하지 않은가? 거대한 이미지들이 밤하늘을 가득 채우고 그 옆으로 우주선들이 떠다니는 미래의 도시에서 한 장의 사진을 반란을 일으킨 사이보그를 추적하는 중요한 단서로 여기는 대커드의 태도는 너무 순박한 것은 아닐까? 왜 가상의 기억을 다룬 영화들에서, 사진은, 그리 어울리지도 않으면서, 이곳 저곳에 등장하는 것일까? 우리보다도 영악한 주인공들이 사진에 대해 보여주는 저 순박한 믿음은 무엇인가?

영화 속에서 '사진'은 가상의 기억, 가상의 이미지와 대립되는 것, 실재 세계의 흔적을 간직한 이미지, 아날로그적 이미지를 상징한다. 사진은 빛의 흔적, 시간의 흔적이다. "사진은 빛을 직접 흡수하여, 자신의 몸 위에 시간을 담는다."[7] 사진 속에는 실재하는 시간, 실재하는 세계가 담겨 있다. 그러므로 사진의 본질 자체, 사진의 노에마는 "그것이-존재-했음"[8]이라고 바르트는 말한다. "사진은 과거를 회상시키지 않는다. (사진에는 푸르스트적인 것이 없다.) 사진이 나에게 일으키는 효과는 사라진 것(시간에 의해, 거리에 의해)을 돌려주는 것이 아니라, 내가 지금 보고 있는 것이 참으로 존재했음을 증언하는 데에 있다."[9]

레이첼, 머독, 데커드와 크웨이드는 사진의 이러한 능력을 믿는, 믿으려는 사람들이다. 왜냐하면 그들은 지금 시간의 혼란 속에 빠져 있기 때문이다. 그들은 "존재했음이 분명하다는 사실"[10], 그 증언을 사진을 통해서 얻으려 한다. 왜냐하면, 우리의 눈이 이미지-기억의 증인이 되듯, 사진에서는 "시선이 시간의 증인"[11]으로 작용하기 때문이다.

<블레이드 러너>는 2019년, 미래 도시의 모습으로 시작된다. 그런데

---

7) Yves Bédard, Images technologiques: ce qu'il advient de la mémoire, in Cinémas, Vol.1, n°3, 1999, p.90.

8) Roland Barthes, *La chambre claire*, 『카메라 루시다』, 조광희 역, 열화당, 1991, p.120.

9) Ibid. p.129.

10) Ibid. p.148.

11) Yves Bédard(1999), p.91.

이 도시의 모습은 곧 바로 눈동자의 이미지와 오버랩 된다. 눈동자와 겹쳐진 도시의 모습은 어떤 의미인가? 도시를 바라보는 눈의 의미는 무엇인가? 눈동자와 겹쳐진 도시의 모습은 눈으로 지각하고 경험한 이미지-기억이, 입력된 가상의 기억과 다른 것임을 알려주기 위해서이다. 이 영화에서는 사이보그를 알아내는 방법으로 홍채 반응 테스트를 한다. 이 테스트도 눈으로 본 이미지가 만든 기억을 밝혀내기 위한 것이다. 넥서스가 사이보그의 수명을 연장시킬 수 있는 방법을 알아내기 위해 찾아 간 곳이 사이보그의 눈을 만들어 납품하는 공장인 것도 우연만은 아니다. 사이보그에게 '본다는 것'은 세계와의 공존을 증명해 주는 것, 세상의 시간 속에서 인간처럼 존재했음을 의미하기 때문이다. 넥서스는 죽기 직전에 자신이 눈으로 본 세계, 눈으로 본 경험을 이야기하며, 자신도 인간과 다를 바 없는 존재임을 처절하게 증명한다.

시간은, '눈'[12]을 통해, 우리의 정신 속에 기억으로 기록된다. 카메라의 '눈'이 빛을 흡수하여 불투명한 판 위에 남긴 시간의 흔적은, 눈을 통해 바라 본 세계의 이미지가 우리의 기억 속에 남겨 놓은 추억과 같다. 그 세계는, 우리에게 추억으로 만들어지기 이전에도 존재한 것, 추억으로 남은 후에도 존재하는 것, 우리의 존재와 더불어 있는 것, 과거, 현재, 미래의 시간을 지닌 세계이다. 입력된 기억, 가상 이미지의 기억은 실재를 재현하는 이미지, 아날로그적 이미지로서의 사진을 중요하게 생각한다. 레이첼과 머독, 데커드의 '사진'에 대한 순박한 믿음은 실재 세계 속에 자신들이 존재했다는 믿음, 그 증거이기 때문이다.

그렇다면, 영화 속에서 '사진'이 아날로그적 이미지, 재현의 이미지를 상징한다면, 입력된 기억을 만드는 가상의 이미지는 디지털 이미지를 의

---

12) 레이몽 벨루는 이렇게 말한다. '세계와 그 세계의 이미지들 사이의 관계를 보장해 주는 것은 바로 눈이다. 왜냐하면, 그것들을 지각하는 것은 바로 눈이기 때문이다.'
Raymond Bellour, *L'Entre-images* 2, P.O.L 1999, p.13.

미한다. 0과 1의 조합으로 프로그램을 짜듯, <다크시티>의 외계인들은 기억을 조합하여 사람들에게 입력시킨다. 가상 여행의 추억을 입력받기 위해 <토탈 리콜>의 크웨이드는 '리콜' 여행사에서 컴퓨터 프로그램을 선택한다. 그런데, 가상의 이미지가 이들에게 시간의 혼란, 정체성의 혼란을 가져오는 이유는 무엇일까? 사진은 자신의 존재를 입증하고 실재했던 시간을 증명하기 위해 사용되는데, 왜 디지털 이미지는 존재했던 시간을 입증하지 못하는 것일까? 그것은 사진의 이미지가 증명하는 시간성과 가상 이미지가 담고 있는 시간의 개념이 서로 다르기 때문이다. 가상의 이미지에는 실재의 시간이 비어 있다. 엄밀한 의미에서 디지털 이미지에는 실재의 시간, 과거, 현재, 미래로 이어지는 선조적인 시간의 개념이 부재한다.[13)]

가상의 이미지는 실재 세계에 대한 모든 기억을 몰아냄으로 만들어진다. 왜냐하면, 디지털 이미지에서는 카메라와 대상 사이의 직접적인 만남이 요구되지 않기 때문이다. 디지털 이미지에는 실재의 흔적이 없다[14)]. 실재 세계와의 관계보다, 그리고 그 이전에, 이미지를 탄생시키기 위해서는 조합의 법칙, 컴퓨터의 기억이 필요하다. 가상의 기억은 이미지에 우선하는 수학적인 모델과 알고리듬이라는 기억에 토대를 두고 있다. 디지털 이미지에서는, 이미지가 시간의 흔적으로 기록되어 기억으로 작용하는 것이 아니라, 이미지가 존재하기 이전에, 먼저 수학적인 모델이 만든 기

13) 디지털 이미지의 시간성을 Edmond Couchot는 'Uchronique'라는 용어로 설명한다. Edmond Couchot, *La technologie dans l'art*, Edition Jacqueline Chambon, 1998, p.141.

14) 디지털 이미지를 아날로그 이미지와 구별하는 가장 큰 특징은 '비 물질성'이다. 디지털이미지는 종이, 붓, 물감 등으로, 혹은 감광제, 은판등으로 만들어지는 아날로그 이미지와는 달리 이미지를 만들기 위해 물질적인 요소가 필요하지 않다. 0과 1이 만드는 상징 언어로 이루어지는 디지털 이미지는 개념으로만 존재하는 것이다. 이러한 점을 강조한 Jean-Pierre Balpe는 디지털 이미지를 '재료-개념', '이미지-개념' 이라고 표현한다. Jean-Pierre Balpe, *Les concepts du numérique*, in L'art et le numérique, 2000, p.21.

억이 존재한다.

그러므로 가상의 이미지는 "실재하는 세계에 대한 망각, 세계에 대한 기억 상실증으로부터 탄생한다."[15] 영화 속에서 가상의 기억이 주입된 머독이나 크웨이드가 기억상실증으로 정체성의 혼란을 겪는 근본적인 이유는 여기에 있다. "실재의 시간을 몰아냄으로써만 존재하는 가상의 이미지"[16], 실재의 기억이 부재함으로써만 존재할 수 있는 가상의 기억 때문이다. 크웨이드에게 입력된 가상의 기억은 하우저라는 실재의 존재, 하우저로서 실재한 시간의 기억을 완전히 몰아내며 만들어 졌다. 크웨이드가 자신이 크웨이드임을 믿기 위해서는 하우저의 세계는 포기되어야 한다. 가상의 기억을 믿기 위해서는 실재의 세계는 포기 되어야한다. 가상의 기억은 실재하는 세계가 사라진 기억이다. 그리고 가상의 이미지는 실재하는 세계의 시간이 사라진 이미지이다. '사진' 속에는 과거의 시간이 흔적으로 남아 있는 것이라면, 실재와 직접적인 관계를 맺지 않는, 더 이상 실재의 재현을 의미하지 않는, 디지털 이미지 속에는 실재의 시간이 비어 있다.[17]

그러므로 가상 이미지 속의 시간은 존재하지 않는 시간이다. 존재하지 않는 시간에 대한 기억은 존재하지 않는 기억, 망각과 같은 것이다. 가상의 이미지가 실재하지 않는 것의 이미지인 것처럼, 가상의 기억은 엄밀히 말하자면, 기억이 아닌 것, 거짓 기억이다. 그리고 거짓 기억에 의해 만들어진 존재는 거짓 존재이기 때문에, 레이첼과 머독, 크웨이드의 고민은 여기에서 출발한다.

---

15) Yves Bédard(1999), p.99.

16) Ibid., p.99.

17) Ibid., p.98. 이브 베다르의 표현을 빌리자면 디지털 이미지에는 '기억의 공백' 만이 있을 뿐이다.

3. 영원한 현재－디지털 이미지의 시간성

입력된 기억으로 고민하는 인물들, 레이첼, 크웨이드, 머독은 가상의 세계를 떠나 실재의 세계 속으로 돌아온 자들이다. 그리고 상처 자국처럼 가상 이미지는 기억으로 남아서 그들을 괴롭힌다. 현실의 시간성과 가상의 이미지가 보여주는 시간성은 다르다. 그들의 고민은 돌아 온 이 세계, 실재 세계를 기준으로 가상의 기억을 복원시켜야 하는 것, 서로 다른 시간성을 하나로 만들어야 하는 것이다. 그러나 오픈 유어 아이즈 Open your eyes[18]의 세자르는 가상의 세계 속에 남아서 가상의 이미지, 가상의 시간성 속으로 우리들을 불러들인다. 우리가 이 영화에서 보는 것은 세자르라는 인물에게 입력된 가상의 기억, 가상의 이미지뿐이다.

영화는 처음에는 세자르라는 인물이 등장하는 평범한 이야기처럼 시작된다. 그러나 곧 세자르의 이야기는 정신병원 의사와의 대화 속에 이루어지는 꿈의 이야기임이 밝혀진다. 그런데 영화의 끝에 가면, 세자르의 꿈 이야기, 그리고 정신과 의사와의 대화도 모두 가상의 기억이 만들어낸 이야기, 가상의 이미지임이 밝혀진다. 이 영화에는 이처럼 세 차원의 서사적 세계가 있고 세 층의 시간성이 존재한다. 그런데 이 세 층위의 서사적 세계는 '보이스 오버voice over'의 장치를 통해 하나의 세계 위에 또 다른 층위의 세계가 끼어 들고, 또 다시 그 위에 다른 층이 들어가 있는, '박혀진 구조'의 모습을 갖게 된다. "존재하는 소리와 부재 하는 화면"[19]을 만드는 보이스 오버는, 관객에게 서로 다른 층위의 서사적 세계, 다른 차원의 시간성을 동시에 전달한다. 화면은 세자르의 꿈 이야기이지만, 화면

18) Alejandro Amenabar, *Open your eyes*, 1997.

19) 데이비드 보드웰은 '외화면의 내재 음향'이라는 표현을 사용한다. 한번에 두 개의 서로 다른 공간에서 일어나는 사건에 대한 스토리 정보를 제시하고 싶을 때 이러한 장치를 이용한다, David Bordwell & Kristin Thompson, *Film Art*, 『영화 예술』, 주진숙 · 이용관 역, 이론과 실천, 1997, p.374.

밖의 소리는 정신과 의사와의 대화가 감싸고 있다. 화면은 가상의 이미지이지만, 화면 밖에서는 실재의 세계에서 세자르를 부르는 목소리가 들려온다. 꿈과 현실, 가상과 실재의 세계, 서로 다른 층위의 시간들, '겹쳐진 시간성'을 보이스 오버 장치를 통해 전달함으로, 이 영화에서는 시간의 선조성이 위협을 받게 된다.

한 시퀀스와 다음 시퀀스 사이에 빈번하게 사용되는 '검은 화면'의 장치 또한 시간의 선조성을 교란시키는 작용을 한다. 고전적인 영화에서는, 영화의 시작을 알리기 위해 혹은 커다란 마침표를 찍듯, 영화의 마지막을 알려주기 위해 '검은 화면'을 사용되었다. 그런데, 시퀀스들 사이에 사용되는 이 장치는 한 시퀀스의 끝과 다음 시퀀스의 처음의 의미를 모두 담고 있다. 그래서 이 '검은 화면'이 만드는 아주 짧은 시간동안, 영화의 이야기에서는 한 세계가 끝나고, 다른 세상이 열릴 수도, 세상이 여러 번 뒤바뀔 수도 있다. "시간과 공간의 생략"[20]을 상징하는 이 장치의 빈번한 사용은, 그러므로 빈번한 시간의 단절을 만들고, 급기야는 서사의 선조적 시간성이 교란되거나 파괴된다. 오픈 유어 아이즈의 '검은 화면'은 선조성에서 벗어난 세자르의 가상 기억, 가상 이미지가 담고 있는 시간을 표현하기 위한 것이다.

그런데, 이 '검은 화면'에는 또 다른 시간적 의미가 담겨 있다. 이미지가 부재 하는 이 화면에는 겹쳐진 시간들이 담긴다. '검은 화면'을 통해 영화에서는 한 시퀀스의 문이 닫히고 또 다음 시퀀스의 문이 열린다. 끝과 시작의 의미를 동시에 포함하고 있는 이 '검은 화면'은 그래서, 열린 곳과 닫힌 곳이 만나는 '문턱'과도 같다. '검은 화면' 속에는 두 세계가 겹쳐지고, 두 시간성이 겹쳐진다. 우리는 세자르의 두뇌 속에서 펼쳐지는 가상의 이미지 속에서 수없이 닫히고 열리는 문, '검은 화면'을 보게 된다. 그런데, 이 '화면'은 하나의 창문을 닫으면, 또 다른 이미지가 떠오르

---

20) Laurent Jullier, *L'Analyse de séquence*, Nathan, 2002, p.55.

는, 컴퓨터 스크린 위의 창문과도 같지 않은가? 이미지를 닫는 것은 곧 또 다른 이미지를 열어주는 컴퓨터의 창문도 '문턱'과 같은 기능을 한다. 닫고 여는 것이 동시에 공존하는 시간성, 시간이 시간 위에 덧붙여진 모습, 동시에 공존하는 두 시간성, 이러한 시간의 모습이 '보이스 오버'와 '검은 화면'이라는 영화적 장치를 통해 재현된 세자르의 가상 이미지의 시간의 개념이다. 그리고 바로 이것이 디지털 이미지의 시간성이다.

디지털 이미지에서는 실재의 세계와 더불어 선조적인 시간의 개념도 소멸된다. 그러나 이것은 "시간성 그 자체가 폐기되는 것을 의미하지는 않는다."[21] 디지털 이미지에서 시간은 다른 개념으로 등장한다. 선조적인 시간의 흔적을 담고 있는, 아날로그 이미지 속에서 시간은 과거, 현재, 미래라는 '사이', '간격'의 개념이 담겨 있다. 그러나 디지털 이미지에는 이러한 간격의 개념이 더 이상 없다. 실재하는 대상과 그 이미지 사이의 거리가 시간의 사이와 간격을 만드는 것인데, 디지털 이미지에서는 실재 세계와 직접적인 관계가 사라지고, 알고리듬의 모델에 의해 이미지가 존재하기 때문에, 대상과 이미지 사이의 거리도, 시간의 간격도 존재하지 않는다. 다만, 모든 가능한 현재의 시간성이 프로그램으로 입력되어서, 디지털 이미지 속에는, 무수한 현재들, "가능성의 현재들"[22]만이 존재한다.

그래서 세자르의 이야기는 종잡을 수 없이 이곳 저곳의 시간의 층으로 미끄러진다. 같은 시퀀스가 반복되기도 하고, 혹은 미세한 변형이 있기도 하고, 또 여러 시퀀스가 융합되어 하나로 모이기도 한다. 전자 게임의 가상 이미지의 세계를 보여주는 eXistenZ 엑시스텐즈[23]에서도 이러한 시퀀스 사이의, 이미지들 사이의 이동이 잘 나타나있다. 이 영화는 전자 게임을 즐기는 게이머, 알레그라와 테드의 모습을 게임의 이미지 속에 들어간

---

21) Jean-Louis Weissberg, *Sous les vagues la plage*, in Paysage Virtuels, Dis voir, 1988, p.21.

22) Edmond Couchot(1998), p.251.

23) David Chronenberg, *eXistenZ*, 1999.

것으로 묘사한다. 그리고 이 두 사람은 어떤 인과관계도, 선조 관계도 없이 다른 차원의 가상 이미지 속으로 계속 미끄러져 들어간다. 게임의 이러한 세계 속에서는 과거 현재 미래의 선조적인 시간의 개념은 사라진다. 이 영화는 이러한 이야기 구조를 통해 가상 이미지에는 잠재하는 수많은 현재의 시간들, 시간의 층을 보여 주고자 한다.

디지털 이미지의 잠재적 현재의 시간들은 사이와 간격의 개념이 사라진 동시적 현재이다. 이 시간은 바라보는 주체—사용자—에 의해 잠재된 이미지가 직접적으로, 즉각적으로 현재화된다. 오픈 유어 아이즈에서 엘리 박사가 세자르에게 그가 바라보는 이미지들이 꿈도, 실재의 것도 아닌, 가상의 이미지임을 설명하는 시퀀스는 가상의 이미지가 지닌 가능성으로서의 시간의 개념을 상징적으로 보여 준다. 세자르는 이미지들을 그가 원하는 대로 바꿀 수 있다. 주변의 사람들을 모두 사라지게 할 수도 있고, 또 움직이지 못하게 할 수도 있다. 괴물 같은 자신의 모습을 수술로 완전히 고칠 수 있기도 하고, 또 다른 시퀀스에서는 여전히 괴물 인 채로 남아 있기도 한다. 또한 사랑하는 소피아가 자신을 죽이려한 누리아로 보이기도 한다. 왜냐하면 잠재적인 시간의 층으로 이루어진 가상 이미지의 시간은 주관적인 재구성이 언제나 가능하기 때문이다. "가상의 이미지에서는 주체의 조작에 따라 시간의 세계가 회절된다,"[24)]

직접성과 동시성으로 표현되는 디지털 이미지의 시간은 무엇보다도 시간적 차이의 소멸을 의미한다. 컴퓨터 시뮬레이션을 통해 모든 시간은 현재적인 것이 될 수 있다. 시뮬레이션은 시간적 차이의 소멸을 완수한다. 시간의 차이가 소멸된 디지털 이미지에서 시간은 무수한 동시적 현재가 만드는 시간의 층으로 존재한다. 즉, 시간의 층이란 공간이 직접적으로 시간화 된다는 의미이다[25)]. 이러한 공간의 시간이 바로 '인터페이스(interface)' 시간이다. "디지털 이미지에서는 '인터페이스'의 시간이 '인터

---

24) Jean-Louis Weissberg(1988) p.22.
25) Yvonne Spielmann, *Expanding film into digital media*, in Screen n°38, 2000 p.134.

벌interval'의 시간을 몰아 낸다."[26] 인터페이스의 시간은 영원한 현재의 시간이다. 현재의 순간만이 존재하고, 그 순간만이 의미가 있다. 그곳에는 반추해볼 과거도 없고, 희망을 걸 미래도 없다. 순간의 감각만을 즐기는 시간은 소비의 시간이다. 현재적 순간의 연속 속에서 시간은 멈춰 지고 기억은 마비된다. 그곳에서는 날카롭게 곤두선 감각들이, 순간 속에서 만나야 하는 이미지의 표면 위를 끝없이 스쳐간다. 기억의 마비, 시간의 마비는 디지털 이미지의 시간성이 우리에게 거는 마법이며, 최면이다. 거짓인 줄 알면서도 그 세계의 감각 속에, 그 감각의 유혹 속에, 이미지의 중독 속에 빠지게 만드는 힘은 바로 디지털 이미지의 이러한 시간성에서 나온 것이다.

4. 결론

이미지가 만든 기억의 혼란은 단지, 머독과 크웨이드, 레이첼의 것만은 아니다. 시간의 합성, 이미지의 합성 앞에서 당황하는 것은 현실의 우리도 마찬가지이다. 우리는 도처에서 혼종(hybride)의 이미지를 만나고, 그 이미지의 미혹 앞에 노출된다. 옛 시절의 영화들이 디지털 방식의 텔레비전을 통해 전달되고, 디지털 기술로 만들어진 이미지가 셀룰로이드 필름 위에 기록되어 극장에서 상영된다. 디지털은 이미지를 재현하는 매체가 아니라, 이미지를 구현하는 개념이며, 방식이기 때문에 아날로그와 디지털의 결합은 곳곳에 있다. 네오를 추적하는 메트릭스 The Matrix[27]의 요원들이 어떤 인물 속으로든지 쉽게 침투하는 것처럼, 개념과 방식으로 존재하는 디지털은 기존의 아날로그적인 매체에 물처럼 스며들어가, 이미지

26) Paul Virilio, L'image ou le reste du temps, in Imaginaire numérique, modèle image, création, V°1, N°1, 1988, p.22.

27) Andy & Larry Wachowski, The Matrix, 1999.

의 특성을 변하게 한다.

새로운 이미지에는 새로운 시간의 개념이 담겨 있고, 그것은 우리에게 새로운 기억을 만들어 준다—영원한 현재성이 만드는 순간성과 직접성, 감각과 소비의 시간—. 그런데, 문제는, 거짓 기억을 실재의 것이라 믿었던 레이첼처럼 우리도 우리 앞에 펼쳐지는 합성된 이미지를, 그리고 그것이 우리에게 강요하는 가상의 기억을 쉽게 알아차리지 못한다는 것이다. 왜냐하면, 이미지의 특성은 변하였는데, 우리가 그 이미지를 지각하는 방식은 여전히 동일하기 때문에, 이미지를 바라보는 우리의 눈은 여전히 아날로그적이기 때문이다. 계산에 의해 만들어지는 기계의 시간과 실재의 시간 사이의 혼란, 아날로그적 시간과 디지털적 시간을 합성시켜야 하는 고민 앞에 우리는 늘 서있다.

머독과 크웨이드, 레이첼의 모습은, 쉽사리 정체성을 확인할 수 없는 이미지들 속에 둘러 싸여 있는 우리의 모습이다. 우리의 지각만으로는 판별 불가능한 혼종의 이미지가 도처에 출몰하고, 알고리듬의 기억이 만든 이미지가 실재를 재현한 이미지의 객관적인 기억보다 더 정확하고, 진짜인 것처럼 우리 눈앞에 나타난다. 실재를 살해하며 만드는 "시뮬라크르의 자전(自轉)"[28], 시뮬라크르의 움직임들은 또한 우리를 "거짓 기억의 자전(自轉)"[29] 속으로 몰고 간다. 그러므로 크웨이드나 레이첼 보다 더 끔찍한 존재는 어쩌면 데커드 일지도 모른다. 레이첼은 데커드에게 이렇게 묻는다. '사이보그를 알아내는 테스트를 당신 자신에게 해본 적이 있나요?' 대커드가 기억이 입력된 사이보그를 찾아내는 또 다른 사이보그라면? 레이첼처럼 데커드도 옛 시절의 사진을 피아노 위에 가득 놓고, 입력된 기억을 위로 받는 사이보그일지 모른다. 레이첼과의 사랑마저도 입력된 기억이 만들어 낸 것이라면…

---

28) Jean Baudrillard, *Simulacres et simulation*, 『시뮬라시옹』, 하태환 역, 민음사, 1981, 1장을 참고.

29) Yves Bédard(1999), p.100.

우리도 모르는 사이에 우리의 기억을 점령하는 가상의 이미지들 속에서 우리는 어떠한가? 우리는, 이미지의 정체도, 이미지가 우리의 의식에 남기는 기억의 정체도 모르는 채, 자신은 예외라 생각하는 대커드인가? 아니면, 이미지의 혼란 앞에 당황하는 크웨이드와 머독인가? 입력된 기억의 비루함 때문에 눈물을 흘리는 레이첼인가? 가상의 이미지와 그 이미지가 만드는 기억 앞에서, 그리고 그 이미지의 순간성이 끊임없이 우리 앞에 던지는 유혹 속에서 우리는 자신을 얼마나 믿을 수 있는가?

이처럼 영화는 자신의 이미지를 변화시키는 디지털 기술 앞에서, 거울과도 같이 자신의 모습을 비쳐본다. 영화 속에 재현된 디지털 이미지는 영화의 자기 반영이며, 성찰이다. 그 거울 속에는 새로운 이미지 앞에 노출된 우리의 모습도 들어 있다. 영화는 자신의 내부 속에서 이미지의 변모를 보여주면서, 이미지의 변신 앞에 무심하게 노출된 현실의 관객, 바로 우리의 성찰을 촉구한다.

참고 문헌

Jean-Pierre Balpe, Les concepts du numérique, in L'art et le numérique, 2000.

Roland Barthes, La chambre claire, 『카메라 루시다』, 조광희 역, 열화당, 1991.

Jean Baudrillard, *Simulacres et simulation*, 『시뮬라시옹』, 하태환 역, 민음사, 1981.

Yves Bédard, Images technologiques: ce qu'il adevient de la mémoire, in Cinéma vol.1, n°3, 1999.

Raymond Bellour, L'Entre-images 2, P.O.L 1999.

David Bordwell & Kristin Thompson, Film Art, 『영화 예술』, 주진숙·이용관 역, 이론과 실천, 1997.

Edmond Couchot, La Technologie dans l'art, Editions Jacqueline Chambon, 1988.

Régis Debray, Vie et mort de l'image, 『이미지의 삶과 죽음』, 정진국 역, 시각과 언어, 1994.

Laurent Jullier, L'Analyse de séquence, Nathan, 2002.

Yvonne Spielmann, Expanding film into digital media, in Screen n°38, 2000 p.134.

Paul Virilio, L'image ou le reste du temps, in Imaginaire numérique, modèle image, création, V°1, N°1, 1988.

Jean-Louis Weissberg, Sous les vagues la plage, in Paysage Virtuels, Dis voir, 1988.

참고 영화

Alejandro Amenabar, *Open your eyes*, 1997.

David Chronenberg, *eXistenZ*, 1999.

Alex Proyas, *Dark City*, 1998.

Ridley Scott, *Blade Runner*, 1982.

Paul Verhoeven, *Total recall*, 1990.

Andy & Larry Wachowski, *The Matrix*, 1999.

Le temps de l'image numérique

Shim Eun Jin

Les images technologiques ont considérablement altéré la mémoire, don't elles étaient porteuses. Avec l'apparition de la photographie, l'image a cessé d'être uniquement représentative. Elle est devenue aussi une mémoire du monde. Et en l'animant et, en même temps, en se repliant sur le réel comme son double, le cinéma a fait de l'image un souvenir vivant.

C'est grâce à une mémoire qui précède l'image que l'image numérique se dispense de tout le contact avec le réel. Cette image hybride naît d'une mémoire amnésique du réel. Elle anéantit toute la mémoire du réel, en la remplaçant par des modèles mathématiques et algorithmes. Les personnages du film, à qui les souvenirs artificiels implantés dans le cerveau, repré sentent ce caractèristique de l'image virtuelle, élaborée par la nouvelle technologie. Ils ne sont pas dans une précession des simulacres mais aussi une précession de la mémoire. Les films sur le virtuel reflètent le nouveau spectateur réel en face de cette image nouvelle. Ces personnages ne peuvent être que notre propre figure. L'écran devient la scéne d'une mé moire du virtuel.

열쇠어 : 디지털 이미지, 가상의 기억, 망각, 시뮬라크르의 자전, 기억의 자전, l'image numérique, une mémoire du virtuel, amnésie, une précession des simulacres, une précession de la mémoire

기호-화용론적 광고읽기

- 광고카피와 비주얼 성분의 의미작용을 통한 광고텍스트 분석을 중심으로 -

오장근*

0. 분석대상 :

“사람과 사람 그리고… 행복한 커뮤니케이션”(SK Telecom)

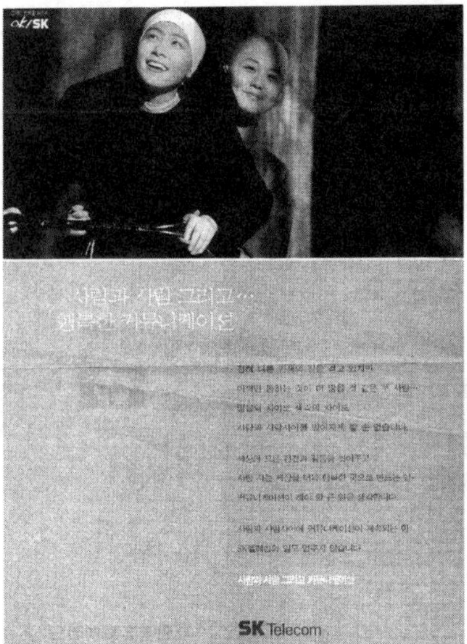

* 고려대학교 민족문화연구원

위의 분석광고는 SK텔레콤이 2002년 일간신문에 게재한 인쇄광고로, 이 광고의 카피부분은 회색의 파스텔톤 바탕 위에 쓰여 있으며, 전체 광고의 2/3 정도를 차지하고 있다. 광고카피의 구성은 수용자의 주의를 환기시키고 흥미를 유발하게 하는 헤드라인과 커뮤니케이션의 필요성을 통해 SK텔레콤의 공익성과 사회성을 표현하는 바디카피 그리고 광고 하단의 서비스 특징을 기술하는 슬로건이 회사로고와 함께 구성되어 있다. 그 외에도 광고의 상단좌측에는 모 기업인 SK그룹의 슬로건과 로고가 쓰여 있다. 광고의 나머지 1/3 부분을 차지하는 것은 비주얼이다. 지배적인 비주얼 성분은 웃으면서 전방과 위를 바라보는 두 명의 젊은 여자로, 이들의 독특한 복식을 통해 이들이 서로 다른 특정한 종교에 몸담고 있음을 추측케 한다. 이 분석대상을 좀 더 세분하여 단순 기술형식으로 정리하면 다음과 같다:

헤드라인, 매우 크고, 흰 바탕의 글씨체:

사람과 사람 그리고.... / 행복한 커뮤니케이션

바디카피, 보통 크기의 검은 바탕의 글씨체:

전혀 다른 인생의 길을 걷고 있지만
어쩌면 통하는 것이 더 많을 것 같은 두 사람 ....
믿음의 차이도 생각의 차이도
사람과 사람사이를 멀어지게 할 순 없습니다. (.....)

슬로건, 조금 큰 흰 바탕의 글씨체:

사람과 사람 그리고 커뮤니케이션

로고, 파란색 바탕의 크게 쓰여진 글씨체:

SK Telecom

비주얼, 광고 상단에 위치, 광고의 1/3을 차지: 지배적인 색깔은 배경으로 주어진 파스텔 톤의 어두운 색. 그 밖에 하얀색, 검은색, 회색 등이 어우러져 있다.

[비주얼 묘사는 자전거를 함께 타고 가는 수녀와 비구니의 웃는 모습에 포커스를 맞추고 있다. 이들은 해당 종교 특유의 복식을 착용함으로써 광고수용자들은 이들의 직업과 종교를 쉽게 판단할 수 있다. 자전거는 손잡이 부분만을 보여 주고 있으며, 앞에 탄 수녀는 웃는 모습으로 위쪽을 바라보고, 뒤에 탄 비구니는 수녀의 허리를 붙잡은 체 정면을 바라보며 미소짓고 있다.]

"광고의 역사는 근본적으로 인간 문화의 역사이다.
인간의 정신이 창조된 이래로,
선과 악이 서로 투쟁하기 시작한 이래로, 광고는 존재하였다…"
— 부흘리Buchli

1. 들어가며

광고텍스트에 있어서 우선적으로 요구되는 것은 광고수용자의 주의집중일 것이다. 그렇지 않으면 광고텍스트의 수용에 대부분 피동적인 소비자에게 자신의 의도를 전달하여야 하는 광고의 기능은 근본적으로 효과가 없다고 할 수 있다. 이를 위해 광고는 늘 적절하고 효과적인 수단들을 사용해야만 하는데, 예를 들어 인쇄광고의 경우에는 글자나 그림의 형태 그리고 이들의 배치를 다양한 인쇄테크닉으로 가능한 한 효과적으로 처리하는 것이 중요하고, 방송광고의 경우에는 효과적인 텍스트 처리와 화면처리 그리고 음향효과가 중요하며, 플래카드나 간판 같은 외부광고에는 눈에 띠는 글과 색깔의 선택이 중요한 역할을 하고 있다 하겠다. 이러한 주의환기성은 그러나 광고의 외적인 형식에만 관련되어 있는 것은 아니다. 광고의 내적 형식 중의 하나인 독특한 언어유희나 의미의 모호성(또는 중의성) 역시 소비자의 주의를 끌 수 있으며, 이렇게 이끌어진 주의는 특히 소비자의 상품에 대한 기억력을 높여주어, 많은 상품들 중에서 해당 상품을 구매하는데 지대한 역할을 수행하기도 하기 때문이다.

결국 광고는 언어 성분(광고카피 부분)과 비언어 성분(비주얼 부분)의 상호작용을 통해, 광고되는 기업이나 상품, 서비스에 대한 호감도나 관심도를 높여 궁극적으로는 소비자로 하여금 광고된 대상을 구매 또는 사용하도록 유도하는 기능을 수행한다. 그럴 경우 소비자의 광고 제품 구매여부는 광고의 내용이 어떠한가에 따라 상당부분 좌우되게 마련이며, 이 때 광고의 언어 성분들(헤드카피, 바디카피, 슬로건 등)과 비언어 성분들(그림, 사진, 도표, 활자 등)은 독립적으로 작용하는 것이 아니라 서로 유기적으로 관련되어 있는 것이다. 따라서 광고를 이해함에 있어 우리에게 중요한 것은 광고의 언어 성분과 비언어 성분이 어떻게 구성되어 있는가를 분석하는 일이다.

본 논문은 커뮤니케이션의 관점, 특히 기호-화용론적 관점에서 광고를 분석하여 그 구조와 기능을 살펴보는데 그 목적이 있다. 이를 위해 본 논문은 우선 광고를 수용하는데 있어 수용자가 지니는 텍스트기대에 관심을 가지고자 하며, 그런 다음 이 기대유형에 근거한 다양한 의미조절 성분들의 상호작용을 설명하기 위해 광고의 언어 성분과 비언어 성분의 특징과 그 해석가능성을 언급하고자 한다.

2. 기호－화용론적 분석 대상으로서의 광고텍스트

2.1. 텍스트구성의 층위와 광고텍스트 분석

텍스트언어학적 문제제기의 중심에는 언제나 텍스트구성의 문제가 자리한다. 텍스트언어학의 발전 과정을 살펴볼 때, 초기 텍스트 언어학의 연구는 대체로 문법적(즉, 통사적이고 의미적인) 조건들에 몰두하였던 반면, 소위 언어학에서의 화용론적 교체가 일어난 후 텍스트구성에 대한 연구는 커뮤니케이션 관점의 기호－화용론적 측면에서의 연구가 지배적이었다. 이는 텍스트구성의 기술, 다시 말해 하나의 언어형성체가 텍스트로 간주되기 위하여 수행하여야 하는 조건의 기술이 텍스트언어학의 발전과정과 관련하여 상호 밀접하게 결합된 화용론적 층위, 주제적 층위 그리고 문법적 층위 등 언어이론적 층위에서 이루어져 왔음을 의미한다. 이제 간략하게 텍스트구성 층위들 간의 특징을 브링커(Brinker 1994, 110)를 참조하여 기술하면 아래와 같다:

(1) 문법적 층위에서의 텍스트구성: 문법적 층위의 텍스트구성은 무엇보다도 텍스트응집성의 통사적－의미적 조건들을 포함한다. 이때 중요한 두 가지 텍스트구성의 원칙으로는 재현원칙(Rekurrenzprinzip)과 연결원칙(Konnexionsprinzip)을 들 수 있다. 재현(Rekurrenz)은 한 텍스트의 연속된 문장 속에서 나타나는 언어단위의 반복과 재수용을 말하며, 연결(Konnexion)은 이와는 달리 명제들 사이의 결속관계를 나타낸다. 텍스트응집성의 이 두 가지 유형 모두 명시적(예를 들어 대용형이나 접속사 같은 일정한 문법적 수단을 통해)으로도 비명시적(즉, 의미적－인지적)으로도 실현될 수 있다.

(2) 주제적 층위에서의 텍스트구성: 주제적 층위의 텍스트구성은 주제적 텍스트응집성의 조건과 관련한다. 즉 문장으로 표현된 사태들(명제

들) 사이에서 텍스트가 창출하는 인지적 상관관계－소위 거시층위(Makrostruktur)－와 관련하고 있는 것이다. 결국 서로 다른 정보를 전달하는 문장들도 하나의 주제로 통합되어 하나의 텍스트로 현실화 될 수 있는 것이다.

(3) 기호－화용론적 층위에서의 텍스트구성: 텍스트 화용론적 구성에 있어서 중요한 것은 텍스트의 행위특성, 즉 텍스트기능에 대한 파악이다. 브링커의 관점에서(1994, 114) 볼 때, 텍스트기능은 텍스트로 표현된 발화자의 (지배적인) 행위의도로서 이해되며, 이는 일정한 언어형식과 구조를 통해 직접적으로 텍스트에 실현되거나, 또는 간접적으로 표현될 수 있고, 그 밖의 텍스트내적－언어적이든, 비언어적이든－자질과 텍스트외적(또는 콘텍스트적) 자질에 의해 추론될 수도 있다. 따라서 기호－화용론적 층위의 텍스트구성에서는 어떠한 언어적, 비언어적 수단들이 텍스트의의(Textsinn) 내지는 텍스트기능을 파악하는데 도움이 되는지를 확인하는 것이 우선적으로 요구된다.

그렇다면 본 논문은 왜 광고텍스트를 기호－화용론적 층위에서 기술하고자 하는 것일까? 언어학의 범주에서 광고가 분석대상이 된 것은 그리 오래된 일이 아니다. 예를 들어 독일의 경우는 60년대부터 광고언어의 현상에 강한 관심을 갖고 이에 대한 분석을 시도하였는데, 처음에는 주로 경제적으로 또는 관념적으로 표현되어진 선전용어의 어휘적, 통사적 그리고 문체적인 언어현상들이 연구되어졌다. 뢰머(Römer 1968)를 비롯한 이들 기술언어학적 연구의 주안점은 광고언어와 일상적인 표준어와의 상관관계를 규정하는데 있었으며, 이를 위해 낱말의 조어 형식이나 낱말선택, 문장유형 그리고 자주 사용되는 문체적 수단 등이 자세하게 연구되었다. 그러나 광고언어에 대한 이러한 문법적, 주제적 층위의 연구에도 불구하고, 언어학자들은 곧 광고의 발화가 언어적으로 뿐만 아니라 시각적 또는 청각적인 표현양식을 통해서도 전달되어지고 있음을 인식할 수 있었다. 따라서 언어학에서는 비언어적인 기호체계의 연구를 통해－그것이 비록 개별현상의 설명에 머무르고 있다하더라도—기호학과 심리언어학 그리고 텍스트언어학의 성과와 맞물려서 광고의 호소기능(appellative Funktion)을 설명하고, 어떠한 내용이 어떠한 방법으로 광고에서 전달되어 지는지 그리고 어떠한 심리적인 효과가 광고를 통해 야기되어 지는지를 통합적으로 연구하고자 하였다.

이미 야누세크(Janusek 1974)가 70년대의 광고언어 분석을 통해 말하고 있는 것처럼, 광고의 독특성은 결국 언어 구조적 기준에서 파악되는 것이 아니라, 오히려 기호—화용론적인 범주에서 분석되어질 수 있는 것이다. 다시 말해 광고텍스트는 수용자에게 순수 언어적인 정보전달의 형식으로서가 아니라, '일반적인 커뮤니케이션'과는 완전히 다른 독특한 언어형식으로 다루어져야 한다는 것인데, 이는 광고텍스트가 비록 일반적인 텍스트와 마찬가지로 동일한 규칙, 동일한 언어기호, 동일한 텍스트 유형을 사용하고 있다하더라도, 그것이 '소비자의 구매행위 창출'이라는 일정한 목적에 의해 형성되고, 조직된 자율적이고 인위적인 구조물이기에 일반 언어의 사용과는 또 다른 형식으로 다루어져야만 한다는 것이다(오장근 2000 참조). 따라서 본 논문에서는 광고텍스트의 분석을 통합적 텍스트층위인 기호—화용론적 층위에서 시도하고자 한다. 이는 광고를 일정한 텍스트기능을 지닌 텍스트종류로 인식함과 동시에, 이러한 텍스트종류 '광고'가 기본적으로 언어적·비언어적 코드로 형성된 메시지를 다양한 매체를 통해 전달하는 광고주와 소비자 사이에서 이루어지는 비대인적 커뮤니케이션이라는 이해에서부터 출발하고 있기 때문이다.

2.2. 텍스트 기대: 기호—화용론적 분석의 시작

광고는 기본적으로 광고텍스트의 생산자와 수용자 사이에서 이루어지는 커뮤니케이션 활동으로 간주될 수 있다. 따라서 광고의 기본적인 고유기능을 우리는 정보전달을 통해 일정한 목적에 이르고자 하는 커뮤니케이션 기능에서 찾아볼 수 있는데, 이러한 커뮤니케이션 관점에서 광고의 기능을 살펴볼 때, 광고의 주요기능으로는 정보기능과 호소기능, 그리고 회기기능이 언급될 수 있다: 정보기능은 광고주가 제품이나 서비스의 특성을 정보차원에서 소비자에게 알려주는 것을 의미하며, 호소기능은 광고의 적극적인 의미로서 소비자가 자사 제품이나 서비스를 조만간 채택하도록 광고를 통해 설득하는 것을 말한다. 또한 회기기능은 소비자가 제품이나 서비스를 채택하게 될 당시 이미 노출된 광고의 내용을 상기함으로써 채택에 도움을 받는 것을 말한다.

이와 같은 견해는 코틀러(Kotler 1988, 619 참조)에게서도 찾아볼 수 있는데, 그는 특히 이 세 가지 주요기능들 중 호소를 중심으로 하는 커뮤니케이션 기능을 광고의 기본적인 고유 기능으로 간주하고 있다. 왜냐하면 광고는 다양한 커뮤니케이션 수단들을 통해 광고의 수용자인 소비자들에게 호의적인 이미지를 창출함으로써, 소비자들의 광고대상에 대한 태도를 변화시키는 일종의 설득커뮤니케이션으로 이해될 수 있기 때문이다.

그렇다면 우리는 어떻게 광고의 지배적 기능인 호소기능을 텍스트 이해의 관점에서 규정할 수 있을까? 이에 대한 논의를 우리는 우선 텍스트종류 '광고'에 대한 접근에서부터 시작되어야 할 것이다. 왜냐하면－이미 브링커(1985, 118)가 언급하고 있는 것처럼－텍스트종류는 한 언어공동체에서 전형적으로 반복되는 의사소통의 모형으로, 역사적으로 발전해온, 다시 말해 관습적으로 통용되는 복잡한 언어행위의 커뮤니케이션 기능적 그리고 구조적 특징들의 결합으로 이해될 수 있는데, 우리가 하나의 텍스트를 일정한 텍스트종류로 인식할 경우 이에 대한 텍스트종류의 지식이 텍스트이해의 선신호(또는 기대)로서 해당 텍스트에 대한 기능과 내용에 대해 일정한 정보를 제공해 줄 수 있기 때문이다.[1]) 이러한 텍스트종류에 의한 기대 개념은 1970년대 야우스(Hans Robert Jauss 1978; 김동윤 1999

1) 오장근 2003, 325 참조.

재인용)가 문학작품 수용연구에 도입한 '기대지평(Erwartungshorizont)'의 개념과도 관련되어 있다. 다시 말해 텍스트의 이해는 텍스트의 내/외재적인 법칙들(즉 텍스트의 생산과 수용)의 상호작용을 전제로 하고 있을 뿐만 아니라, '심미적 인식이 기입되는 삶의 경험의 문제'를 전제로 하고 있기 때문에, 텍스트 안에는 '기호(드러난 것이든 잠재된 것이든), 관례화된 특성들, 암시적인 지시대상들이 서로 어우러져 상호작용을 일으키고 있으므로, 텍스트를 수용하는 사람들은 이미 일정한 수용방식을 받아들이도록 준비되어 있다'는 것이다.[2)]

그러나 광고는 텍스트 수용자(소비자)에게 흥미유발이나 충격을 가해야 하기 때문에, 기대와의 결별은 광고가 추구하는 방식이고 광고의 주된 동인 가운데 하나이다. 예를 들어 '선영아 사랑해'나 초기의 'June' 광고의 경우는 광고상품(서비스)을 정확하게 전달하지 않아 텍스트종류의 지배기능과 포괄적 구조에 대한 기대를 유보시킴으로써, 흥미와 인지도를 높인 경우라 할 수 있을 것이다. 더 나아가 기사유형의 광고나 드라마 양식의 광고는 수용자에게 처음부터 광고가 아닌 다른 텍스트 기대를 야기함으로써 광고의 인지도를 높이는 경우이기도 하다. 결국 이들 예에서 볼 수 있는 것처럼 텍스트종류에 대한 지식은 텍스트를 분석하는데 있어 기초가 되는 기대개념과 관련된 지식으로 텍스트의 지배적 기능을 규정하고, 이해하는 출발점이 된다 하겠다.

결론적으로, 광고텍스트는 '광고'라는 텍스트종류 특유의 구성원칙에 의해 만들어지고 텍스트종류 특유의 기능들을 수행하게 된다. 따라서 텍스트종류에 대한 지식은 우리가 하나의 텍스트를 일정한 텍스트종류로 인식함으로써 생기게 되는 수용자의 기대로서, 이를 통해 텍스트수용자는 텍스트 분석을 위한 최초의 단서를 발견할 수 있고, 텍스트의 기능과 내용에 대한 대강의 기대도 이루어 질 수 있다. 본 논문에서는 이를 텍스트종류에 의한

---

2) 김동윤 1999, 94 참조.

선신호적 기능(Präsignalrolle)과 스키마적 기대 기능(Schemaerwartungsrolle)으로 부르고자 한다.

3. 광고카피와 비주얼 성분의 의미작용을 통한 기호-화용론적 광고 읽기

3.1. 광고카피[3)]의 기호-화용론적 읽기

본 논문의 텍스트 분석은 우선 텍스트종류에 대한 지식에서부터 출발한다. 왜냐하면 텍스트종류의 지식은 텍스트이해의 선신호로서 해당 텍스트에 대한 기능과 내용에 대해 일정한 정보를 제공해 줄 수 있기 때문이다. 따라서 텍스트 분석에 앞서 텍스트 수용자는 이 예문 텍스트의 언어정보가 일정한 회사정보를 직접적으로 언급하고, 또한 전체적 레이아웃이 회사 또는 이 회사에 의해 제공되는 서비스와 관련하여 구성되어 있음을 근거로 하여 이를 광고텍스트로 기대하게 된다. 물론 이러한 근거가 텍스트종류를 규정하는데 절대적 특징은 될 수 없지만, 적어도 일종의 기대유

3) 카피를 사전에서 살펴보면 베낀 것, 사본, 등사, 모사의 뜻을 담고 있으며 광고 관계 용어로는 광고 문장, 광고 문안이라고 되어있다. 광고 용어로서의 카피는 대략 세 가지 의미를 담고 있다(맹명관 1999, 30 이하): 첫째, 좁은 의미의 카피는 광고의 본문(body copy)을 의미한다. 둘째, 본문 말고도 그것을 포함한 광고상에서 읽히는 모든 요소, 즉 헤드라인, 서브 헤드라인, 리드, 소제목 등을 말한다. 셋째, 넓은 의미의 카피는 광고 작품을 구성하는 일체의 것을 말한다. 그러나 일반적으로 카피라고 할 때는 첫 번째와 두 번째를 합한 뜻을 가리키며, 조사에서 거론하는 카피 테스트나 카피 전략(copy strategy)은 세 번째 의미를 가리킨다. 본 논문에서는 우리의 일반적인 이해에 근거하여 용어 '카피'를 광고를 구성하는 다양한 언어정보를 포함하는 개념으로 사용하고자 하며, 그럴 경우 언어적 유형으로 전달되는 광고메시지로서 '광고언어'나 '광고의 언어정보'같은 용어와 동일한 의미로 쓰이게 된다.

형으로서 이들 특징이 위 분석 텍스트를 광고텍스트로 분류하는데 최소한의 이유는 될 수 있을 것이다. 결국 수용자는 텍스트종류 지식에 기초해 분석 텍스트의 지배기능을 다음과 같이 확정한다:

이 예문 텍스트는 세 개의 언어정보를 지니는 호소기능의 광고텍스트로, 텍스트의 지배기능을 형식화하면 다음과 같다:

> Ich empfehle Ihnen (dem Rezipienten), das Produkt(Dienstleistung) X zu kaufen(benutzen).
> 나는 (텍스트 수용자인)당신이 상품(서비스)X를 구매(사용)하기를 권합니다.

물론 텍스트종류 지식에 의해 분석 텍스트의 기본기능을 확정할 수 있었다 하더라도, 이것이 광고텍스트가 전달하고자하는 전체 정보를 이해하기에 충분한 것은 아니다. 여기에는 아직도 대답되어져야 할 몇몇의 질문들이 여전히 남아있기 때문인데, 예를 들어 '수용자는 광고자가 광고를 통해 판매하고자 하는 상품을 어떻게 알아낼 수 있을까?'하는 것과, 또는 '텍스트이해에 있어서 비주얼 성분들은 어떤 역할을 수행하고 있으며, 이들은 또 전체적인 광고정보를 파악하는데 어떻게 통합될 수 있는 것일까?'하는 것, 그리고 '불완전한 문장으로 되어있는 헤드카피는 어떻게 이해될 수 있을까?'하는 것 등의 질문들이 그것이다.

(1) 헤드카피 분석: "사람과 사람 그리고… 행복한 커뮤니케이션"

크고 진하게 표현된 활자의 두드러짐을 통해 수용자의 시선을 모으고 있는 첫 번째 광고카피는 그 실현형식과 배치 그리고 주의집중의 기능으로 인해 헤드카피로 간주될 수 있다. 헤드카피는 텍스트 구성상 텍스트를 전개해 가는 시발점으로서 광고수용자의 주의를 환기시키고 영향을 끼치는 광고의 핵심이기 때문에 헤드카피의 제작과 관련해 일반적으로 요구되는 지침이 있다. 헤드카피의 가장 일차적인 주요 기능은 무엇보다도 소비자의 주의를 끄는 것이고 두 번째 중요한 기능은 바디카피를 읽도록 유도하는 것이다.[4] 또한 헤드카피는 적절한 표적시장을 선정해주는 것이어야 하고, 상품범주와 상표명을 인식시킬 수 있어야 하는데, 이를 'USP (=Unique Selling Proposition) 전략'이라고 지칭한다. 그 외에, 헤드카피는 상표의 주요 특징을 소개함으로써 어떤 약속이나 보상을 포함해야 한다. 따라서 상품의 주요가치를 위해 신중하게 단어를 선택해야 하며, 진부한 표현보다 특이하게 호소하여야 하고 또한 광고의 다른 요소들과 잘 결합되어야 한다.[5]

본 예문의 헤드카피는 생략기호를 이용한 미완성형의 문장구조로, 광고의 특정 요소를 의도적으로 생략하여, 광고수용자가 직접 생략된 부분을 보충하도록 요구하고 있다. 이러한 생략법의 효과는 소비자의 관여도를 향상시킴으로써 카피의 인지를 강화시키는 역할을 하는데, 이에 대해 게쉬탈트 심리학은 완성되지 않은 지각물을 완성체로 지각하고 싶은 동기를 인간이 가지고 있다고 설명하고 있다. 따라서 본 예문의 헤드카피는 주의집중과 더불어 이러한 심리적 동기를 이용해 바디카피를 읽도록 유도하고, 자연스럽게 생략된 부분의 유추를 이끌어 내고 있는 것이다. 결국 수용자가 바디카피의 내용을 '사람과 사람 사이의 행복한 커뮤니케이션을 만드는 일이 SK텔레콤의 일'이라는 것으로 읽는다고 가정할 때, 수용자는 이 광고가 전달하고자 하는 헤드카피의 내용을 다음과 같이 추론하게 된다: "사람과 사람 그리고 SK텔레콤. SK텔레콤이 만드는 행복한 커뮤니케이션"

그렇다면 광고의 호소기능과 관련하여 위의 헤드카피는 어떻게 분류될

---

4) 버넷과 머라이어티(Burnet, & Moriarty) 1989, 보브와 윌리암(Bovee & William) 1992 참조.

5) 던과 버반(Dunn & Burhan) 1982, 리대룡 1985 참조

수 있는 것일까? 지금까지 헤드카피를 어떻게 분류할 것인가에 관해 일반적으로 받아들여지는 정해진 분류법은 없다. 오장근(2003)에서 언급한 것과 마찬가지로 헤드카피를 화행에 따라 분류하는 경우도 있고, 내용이나 제시방법 또는 실현형식에 따라 분류하기도 한다.[6] 그러나 본 논문에서는 맹명관(1999)의 분류와 플라더(1972)의 분류를 통합적인 관점에서 문장작성형식과 화행의 기준에 따라 분류한 오장근(2003)의 예를 따르고자 하며,[7] 그럴 경우 본 예문의 헤드카피는 일종의 주장행위로, 그 중에

---

6) 예를 들어 던(Dunn, 1963)은 헤드카피를 ①뉴스성 헤드카피 ②호기심에 호소하는 헤드카피 ③감정에 호소하는 헤드카피 ④지시적인 헤드카피 ⑤헤드카피 없는 헤드카피로 구분하였으며, 웨이드맨(Wademan, 1993)은 ①명령형 헤드카피 ②방법제시형 헤드카피 ③이유설명형 헤드카피 ④의문형 헤드카피 ⑤대화형 헤드카피 ⑥곤경형 헤드카피로 구분하였다. 던과 버반(Dunn & Burban, 1982)은 제시방법에 따라 헤드카피를 ①직접적 헤드카피 ②간접적 헤드카피 ③혼합적 헤드카피로 구분하였고 버반Burban(1974)은 헤드카피를 내용에 따라 ①뉴스성 헤드카피 ② How-to 헤드카피 ③의문형 헤드카피 ④명령형 헤드카피로 분류하였다. 우리나라의 경우 정호기(1985)는 헤드카피를 표현형식에 따라 ①뉴스, 고지형식 ②단정, 고지형식 ③효용, 이익형식 ④주장, 제한형식 ⑤질문, 제안형식 ⑥증언, 제안형식 ⑦증서, 제안형식 ⑧경고, 제안형식으로 구분하기도 하였다.

7) 오장근(2003)은 맹명관(1999)의 분류와 플라더(1972)의 분류를 통합적인 관점에서 문장작성형식과 화행의 기준에 따라 다음과 같이 7가지로 분류하고 있다:

① 제시행위; 일상생활에서 언어사용과 문헌에서 가장 흔히 볼 수 있는 발화로 광고언어에서도 평서문의 형태로 많이 나타나고 있다. 광고언어에서 제시화행이 주는 효과는 수용자에게 사실을 사실대로 말한다고 믿게 하는 점이다.

② 질문행위; 의문형으로 실현되는 경우로, 믿기 어려운 의구적 내용을 표현하거나, 이의를 제기 할 때, 또는 알면서 강조하거나 수용자의 동의를 구하는 방법으로 사용한다.

③ 정표행위; 대표적인 감정표출형 발화이다. 특히 감탄형은 화자의 감정을 표출하는 것으로서 이런 감정이 수용자에게 공감될 것을 기대한다. 감탄형은 그 자체가 자기 충족적인 것이어서 수용자의 공감이 없을 경우 거부감을 느끼게 할 수 있다.

④ 주장행위; 광고에서 명령, 판단, 보장 등으로 실현되는 행위를 말한다. 이들 중 명령형은 어투가 단정적이고, 수용자의 행동을 조작하려는 것으로 받아들일 가능성이 많기 때문에 자주 사용되지는 않는다. 특히 행동적, 도발적인 성

서도 주어진 광고대상의 품질이나 속성에 대해 규정하는 판단행위로 간주될 수 있다. 따라서 이 광고의 수용자는 SK텔레콤의 기업이미지를 알리려는 본 광고의 호소기능과 관련하여 헤드카피는 SK 텔레콤의 속성을 '행복한 커뮤니케이션을 만드는 일'로 규정하여, 이를 두드러지게 강조하고 있는 것이다.

(2) 바디카피 분석: "전혀 다른 인생의 길을 걷고 있지만 ..... SK텔레콤의 일도 멈추지 않습니다"

보통의 활자체로 쓰여진 본 광고의 두 번째 카피는 의미적으로 응집성을 가지는 텍스트로 흔히 본문(좁은 의미의 카피) 또는 바디카피로 간주되어야 할 것이다. 왜냐하면 이 텍스트는 헤드카피처럼 독자의 흥미나 시선을 붙잡기 위해 쓰인 것이 아니라 상품의 주요한 특성이나, 고려할만한 정보를 전달해 줌으로써 소비자의 결정을 자극하고 이끌어내기 위해 쓰였기 때문이다. 그렇다면 본 분석 광고의 카피 중 가장 전형적인 언어적 구성요소로 평가되는 바디카피는 호소기능과 관련하여 어떠한 역할을 수

향의 어휘가 사용된 경우는 더욱 그렇다. 그러나, 언어적 내용이 일반적으로 받아들여지는 것이고, 또 화자의 의도가 비개인적인 것으로 해석되는 경우에는 행동적 효과가 높을 수 있다.

⑤ 요구행위; 명령형과 함께 광고주의 주장을 직설적이고 단정적으로 노출시켜 거부감을 줄 수 있다는 점에서 그다지 선호되고 있지 않은 형식이다. 그러나 주장화행에 비해 청유형과 같은 요구화행은 화자의 입장이나 감정이 수용자와 유사하다는 느낌과 함께 덜 강제적인 것이어서 거부감을 완화하는 특징을 갖는다.

⑥ 규정행위; 화행자체는 주장화행의 일부이나 실현형식 상의 차이로 인해 구분된다. 문장을 단절시켜 사이를 둔 다음, 결론으로 연결하는 방법을 말한다. 불완전한 형태의 문장형식이기 때문에 갖는 긍정적 효과가 있다.

⑦ 경고(정지)행위; 광고되는 생산품의 우월성을 강조하기 위해, 수용자의 일정한 행위를 고발하거나 금지하는 발화로 일종의 주장행위이다. 대부분 부정문의 형식으로 실현된다.

행하고 있는 것일까? 이제 바디카피의 정보전달 기능과 관련하여 해당 바디카피의 테마적 의존관계를 반 디이크(van Dijk 1980)의 거시구조(Makrostruktur) 방법론에 의지하여 구축해 보고자 한다. 우선 분석 텍스트의 바디카피는 5개의 명제로 구성되어 있다:

① 전혀 다른 인생의 길을 걷고 있지만 서로 통할 것이 더 많을 것 같은 두 사람…
② 믿음의 차이도 생각의 차이도 사람과 사람의 사이를 멀어지게 할 순 없습니다.
③ 세상의 모든 편견과 갈등을 씻어주고 사람 사는 세상을…
④ 커뮤니케이션이 해야 할 큰 일을 생각합니다.
⑤ 사람과 사람사이에 커뮤니케이션이 계속되는 한 SK텔레콤의 일도…

분석 텍스트의 거시구조를 얻기 위해 일반적으로 첫 번째 단계에서는 '생략'과 '선택'의 거시규칙을 우선적으로 적용해야 하지만, 광고카피는 이미 자신의 텍스트종류적인 특성에 의해 중요하지 않은 정보를 삭제했기 때문에 이러한 규칙의 적용이 불필요할 것으로 여겨진다. 따라서 여기에서는 곧바로 거시규칙 '일반화'를 적용하여 다음 단계의 거시구조를 아래와 같이 제안하게 된다:

1) 바디카피 "전혀 다른 인생의 길을… 멈추지 않습니다."의 거시구조
- 첫 번째 접근 -

⑥ 비록 전혀 다른 인생길을 걷고 있다 하더라도 사람과 사람 사이를 멀어지게 할 수는 없습니다.
⑦ 커뮤니케이션이 해야 할 일은 사람 사는 세상을 더욱 행복한 곳으로 만드는 일입니다.
⑧ SK텔레콤은 사람과 사람사이의 커뮤니케이션을 생각합니다.

바디카피의 전체 거시구조, 즉 텍스트테마를 얻기 위해 다음 단계에서는 거시규칙 '통합화'를 적용해 바디카피가 궁극적으로 전달하고자 하는 거시명제를 확인하게 된다. 만약 바디카피가 광고의 호소기능을 기반으로 하여 다른 카피 성분들(헤드카피 또는 슬로건)과의 의미적 연관성을 유지하면서 이해되어진다고 할 경우, 여기에서는 바디카피의 거시명제를 SK텔레콤의 특성과 관련하여 기술하여야 할 것이다:

2) 바디카피 "전혀 다른 인생의 길을… 멈추지 않습니다."의 거시구조
- 두 번째 접근 -

⑨ SK텔레콤이 하는 일은 사람과 사람사이의 행복한 커뮤니케이션을 만드는 일입니다.

결국 이러한 거시규칙의 적용을 통해 수용자가 확인하게 되는 것은, 바디카피는 헤드카피와는 달리 감성적, 즉흥적 호소를 말하기보다, 논리적 전개를 통해 전달하고자 하는 메시지를 제시하고 있다는 것이다. 다시 말해 위의 분석광고의 경우, 바디카피에서 실현되고 있는 광고의 호소기능은 SK텔레콤의 긍정적 이미지 창출을 위한 소비자에 대한 논리적 설득에 무게를 더 두고 있다 하겠다.

(3) 슬로건 분석: "사람과 사람 그리고 커뮤니케이션"

슬로건은 헤드카피와 마찬가지로 대부분 형식적으로 짧고, 그래픽적으로 강조되어 수용자의 주의를 모으는 광고 카피의 일부분이지만, 헤드카피와는 달리 독자적인 의미를 지니고 있어 그 자체만으로 수용자가 상품, 상표 또는 회사명을 기억할 수 있도록 하는 회기기능을 발휘한다. 따라서 슬로건은 일반적으로 상표나 회사명과 함께 오랜 기간 사용된다. 슬로건

은 이러한 회기기능으로 인해 광고언어에서 중요한 비중을 차지하고 있으며, 대개 광고의 끝에 위치한다. 슬로건은 하나의 단어, 단어결합체 또는 문장으로 구성될 수 있으며, 한 단어 슬로건은 대부분 상품명과 일치한다.[8]

텍스트종류 광고의 텍스트구조와 더불어 광고의 언어적 전달형식을 분석한 연구들은 그리 많지 않은데 이들 중 플라더(1972, 341 이하)의 연구는 광고의 호소적 기능을 실현하는 언어형식을 화행론적 관점[9]에서 접근함으로써, 물건이나 서비스를 제공하고자 하는 광고텍스트의 호소적 기능이 실제로 어떻게 현실화되고 있는지를 제시해주고 있다. 플라더는 특히 광고 슬로건에 기초하여 광고언어의 화행론적인 유형들을 분류하였는데,

---

8) 김원식 2000, 276 참조

9) 광고언어가 기본적으로 가지고 있는 호소적 기능이 헤드카피에서 어떻게 나타나는가를 알기 위해서는 화용론의 하위분야인 화행론에 대한 이해가 필요한데, 이는 일반적으로 영국의 언어철학자 써얼(Searle)의 화행론과 관계된다. 써얼은 가능한 한 언표내적 행동의 종류를 체계적인 근거에 입각하여 제한할 수 있는 종합적이고도 명시적인 분류기준을 추구하고자 하였다. 분류기준에는 그의 화행론의 제조건(예비조건, 성실성조건, 기본조건, 명제내용조건), 세계와 명제의 부합관계, 믿음, 의도, 심리상태 등을 포함하고 있으며 또한 이들 유형들의 통사구조적 특성도 고려하고 있다. 써얼의 화행유형을 살펴보면 다음과 같다:

① 단언화행(Repräsentativa; Assertiva): aussagen, behaupten, feststellen usw.

② 지시화행(Direktiva): bitten, befehlen, auffordern, erlauben, raten usw.

③ 위임화행(Kommissiva): versprechen, drohen, anbieten, ankündigen usw.

④ 정표화행(Expressiva): danken, sich entschuldigen, willkommen heißen usw.

⑤ 선언형(Deklarativa): exkommunizieren, den Krieg erklären, taufen, kündigen usw.

Searle은 보다 정확한 기준, 특히 언표내적의도 발화행위의 일치방향, 발화행위에서 표현되는 화자의 심리적 입장(예: 믿음, 소망, 의도 등)에 의거해서 위의 다섯가지로 분류하고 있거니와, ①에서는 사상(Sachverhalt)이 표현되며, ②에서는 화자가 청자에게 권유하여 그가 수행한 것을 시키고자 하며, ③에서는 화자가 미래의 행동경과에 대해서 임무를 지며, ④에서는 화자가 명제내용에 포함된 사상에 대해서 자신의 심리적인 입장을 나타내며, ⑤에서는 특정한 제도의 테두리 안에서 현재내용과 현실 사이에 일치가 이루어져야 한다고 보았다.

이는 광고텍스트가 전체적으로나 부분적으로 일정한 커뮤니케이션의 의도를 지니고 있어, 화행론적 분석에 아주 적합했기 때문이다. 다음은 플라더의 분류를 간략히 정리한 것이다:

① 추천행위(Empfehlungshandlungen): 수용자에게 광고대상을 권유하여, 선택을 하도록 유도하는 행위. 그 의도는 "Wir empfehlen Ihnen...(우리는 당신에게 ...을 권합니다)"으로 명시화될 수 있다.
② 주장행위(Behauptungshandlungen): 광고대상의 특정한 품질을 주장함으로써 익명의 소비자에게 효과적인 정보를 전달하고자 하는 행위. "Wir behaupten, daß....(우리는 ....임을 주장합니다)"로 명시화될 수 있다.
③ 규정행위(Präskriptionshandlungen): 일정한 행위유형을 규정해 주는 일종의 주장행위.
④ 보장행위(Versicherungshandlungen): 수용자에게 무엇인가를 보장하고 약속하는 행위자의 권위를 통해 보다 강력한 효력을 얻는 주장행위.
⑤ 판단행위(Beurteilungshandlungen): 주어진 광고대상의 품질이나 속성에 대한 판단행위로 일종의 주장행위에 해당.
⑥ 제시행위(Präsentationshandlungen): 생산품의 이름과 이 상품의 품질에 대한 발화를 병렬시킴으로써 생겨나는 행위로, 중요한 정보를 수용자의 기억에 가능한 한 오랫동안 남기기 위해 하이픈으로 연결된 두 가지 발화 사이의 확고한 결합을 강조하는 주장행위.
⑦ 요구행위(Aufforderungshandlungen): 광고에서 수행되는 가장 오래되고, 단순한 언어행위로, 대부분 명령적인 성격을 지닌다.

이러한 언어행위 외에 플라더는 그 외 모든 나머지 경우들을 '내적언어의 표현' 또는 '생각(Meinungen)'이라는 언어행위에 포괄시켰다. 여기에서는 광고텍스트의 발화가 비록 불분명하지만 수용자의 발화인 듯한 것들이 다루어지는데, 그 예로 'Persil bleibt Persil(페르질은 언제나 페르질)'

등을 들 수 있다.

이제 이러한 이론적 근거에 의지하여 분석 광고의 슬로건을 살펴보자. 위 분석 광고의 슬로건은 단어복합체로 실현되어 있으며, 그 내용은 헤드카피와 바디카피의 주장을 다시 한번 반복함으로써 이를 강조하고 있다. 특히 이 슬로건은 3개의 단어만을 등위연결사로 연결시키면서 수용자를 긴장하게 한 후, 바로 밑에 회사명인 SK텔레콤을 배치함으로써 'SK텔레콤이 사람과 사람 사이의 커뮤니케이션을 위해 일하고 있음'을 다시 한번 확인시키고 있는 것이다. 결국 이 광고의 슬로건은, 화행론적으로 볼 때, SK텔레콤의 공익적 특성(또는 SK텔레콤의 일)을 강조함으로써 수용자로부터 긍정적인 기업 이미지를 얻고자한 일종의 주장행위로 간주될 수 있다.

그 밖의 카피 정보로는 광고의 왼쪽 상단에 있는 SK그룹 전체의 슬로건과 로고가 있는데, 이 정보는 해당 광고의 텍스트 기능이나 내용과는 무관하게 주어진 것으로서 생략 가능하다고 본다. 따라서 본 논문에서는 이 카피정보를 부수정보로 간주하여 다루지 않을 것이다.

3.2. 비주얼 정보의 기호－화용론적 읽기

광고텍스트처럼 언어적 성분과 비언어적 성분 사이의 상호작용을 통해 해석되어질 수 있는 다매체 텍스트(multimedialer Text)를 분석하는데 있어서 시각정보인 비주얼 성분들은 특히 중요한 의미를 지니는데, 이들의 의미와 기능은 언어 성분들과의 의미론적 관계에서 정의되어질 수 있다. 비주얼적인 성분으로는 아이콘적인(ikonisch), 활자적인(typographisch), 인덱스적인(indexikalisch) 성분 등 일반적으로 '영상(Bild)'이라는 명칭 하에 포함되어질 수 있는, 텍스트 결속력을 형성하는 모든 비언어적인 성분들이 여기서 언급될 수 있다.

광고를 이해하는데 있어서 언어적인 성분이 중요한 역할을 수행하는지 아니면 비언어적인 성분이 중요한 역할을 수행하는지는 아직도 수많은 광고문헌에서 여전히 논점이 되고 있다. 우리는 흔히 말하기를 '백마디 말보다는 한번 보는 것이 낫다'고 하면서, 시각적으로 파악될 수 있는 도표, 색채, 활자체 그리고 레이아웃(Layout)같은 형상체의 역할이 중요함을 강조하고 있지만, 언어적인 성분을 통한 설명이나 제약없이 등장하는 경우는 거의 없다. 비언어적인 성분의 의미를 파악하는 것은 대부분 의미소지체(=Signifikant)인 가시적인 영상요소의 의미파악을 전제로 한다. 광고 비주얼의 분석에 있어서도 역시 형상적인 의미소지체의 분석이 우선적으로 수행되어져야 하는데, 그럴 경우 전체그림과 상이한 개별성분들은 그것들의 중요성과 분포 정도에 따라 파악되고, 기술되어져야 할 것이다.

비주얼 정보의 분석은 일반적으로 기호학적인 읽기행위가 요구되는 부분이다. 그럼에도 불구하고 본 논문에서 굳이 기호-화용론적인 읽기를 고집하는 것은, 비주얼 정보의 분석도 역시 텍스트종류 지식에 의해 야기된 기대유형에서부터 출발하기 때문이다. 이는 비주얼의 다양한 의미해석 가능성에 대해 기대유형이 일정부분 제약을 주고 있음을 뜻한다. 다시 말해 비주얼의 기본 단위를 변별하고, 메시지를 명명할 수 있는 단위로 잘게 자를 수 있다는 사실은 비주얼의 의미해석이 어느 정도 문화적 성격을 지니고 있음을 보여 주며, 이러한 문화적 요소들은 우리가 세계 속에서 그것들을 파악하는 습관, 즉 텍스트종류 지식에 의한 기대유형에 의해 일정부분 결정되고 있음을 보여준다.

따라서 우리가 만약 광고의 비주얼을 일종의 시각메시지로서 그 의미를 파악하고자 한다면, 이러한 텍스트 분석방법은 반드시 텍스트종류 지식에 의해 야기된 광고의 기본 기능과 기대유형을 틀로 하여 다양한 사회-문화적 콘텍스트를 고려해야 할 것이다. 왜냐하면 그렇게 함으로써 비로소 개별 기호가 지니고 있는 기의들을 하나의 결속성있는 기의들의 연결체로서 묶어낼 수 있으리라 생각되기 때문이다. 다음은 분석 광고의 비주얼을 조형적 층위와 도상적 층위로 나누어 읽어본 것이.[10]

(1) 조형적 층위

조형적 시니피앙	조형적 특징	시니피에
프레임(광고의 틀)	프레임 부재(사진이 지면에 의해 끊김)	상상적
촬영 각도	가벼운 반 부감	모델의 모습을 강조
색채	무채색(검정, 흰색, 회색)	종교성, 순수
	파스텔 톤의 배경색	통합, 교류, 만남
조명 코드	부드러운 키(key)	순종, 평화, 안정
위치 조절	밀도있음	근린성, 친밀성
페이지 구성	수직적 시퀀스 구성	회사명 강조

(2) 도상적 층위

도상적 시니피앙	제1층위 시니피에	제2층위 시니피에
수녀복 차림의 젊은 여자	수녀	종교성(카톨릭), 폐쇄성, 순수성
승려복 차림의 젊은 여자	비구니	종교성(불교), 폐쇄성, 순수성
두 여성 모델의 대비	수녀와 비구니의 대조	이질성, 배타성, 갈등, 편견

---

10) 에코(Eco 1972)의 비주얼 분석에 있어서 가장 눈에 띠는 것은, 도상기호의 의미, 즉 (대상, 색체, 유형 등)의 개별 도상체의 의미 또는 도상기호의 외시적(denotative) 의미를 다루는 아이콘 층위(ikonische Ebene)와 비언어적인 성분의 이코노그라픽 층위(ikonographische Ebene)를 구분하는 것이다. 비언어적인 성분의 이코노그라픽 층위에서 전달되는 정보는, 바르뜨에게 있어서 '코드화된 아이콘 정보'로 표시되는 모든 정보들을 포함하고 있다. 또한 에코는 언어적인 비유와 마찬가지로 시각적인 비유들을 다루고 있는 비유 층위(tropologische Ebene)를 언급하고 있는데, 이러한 범주에는 형상적으로 표현된 은유, 활유, 대유, 과장, 비교 등이 포함된다. 그 밖에도 에코는 비언어적 성분의 국지적 층위(topische Ebene)와 추리적 층위(enthymematische Ebene)를 구별해 주고 있는데, 이럴 경우 국지적 층위는 형상의 표현방법이 아니라 표현내용과 관계하고 있으며, 추리적 층위는 일정한 형상으로부터 이끌어질 수 있는 추론을 의미하고 있다. 그러나 위에서 언급한 에코의 층위들 외에도 우리는 또 하나의 층위, 즉 조형적 층위를 고려해야만 할 것 같다. 왜냐하면 많은 경우 일정한 언어정보를 특히 강조하거나 또는 수용자의 주목을 끌기 위해서 활자체를 크게 하거나 진하게 하는 조형적인 비언어적 방법을 사용하고 있기 때문이다. 이러한 조형적 층위에서는 색깔, 형태, 구성, 텍스처 등이 고려된다.

구형 자전거 핸들의 모습	구형 자전거	친밀감, 소박함
함께 자전거를 타고 가는 모습	수녀의 허리를 붙잡고 뒷자리에 비구니가 앉아 있음.	교류, 교감, 균형(상호성)
	목적지를 향해 나아감	진행성(역동성), 미래성
웃고 있는 모습	밝은 표정의 얼굴	만족감, 행복
나무들의 흐린 배경 모습	숲, 자연	편안함, 자연스러움

비주얼 정보의 읽기에서 가장 먼저 눈에 띄는 것은 구형의 자전거를 함께 타고서 밝은 표정으로 어디론가 향하고 있는 젊은 '수녀'와 '비구니'의 모습이다. 정형화된 프레임을 탈피하여 두 모델의 이미지를 부각시킴과 동시에 수용자로 하여금 프레임 밖 나머지 부분에 대한 상상력을 요구하며, 관객의 읽기가 아닌 참여자의 읽기를 강조하고 있다. 일반적으로 종교라는 같은 틀 안에서도 갈등적 요소로 읽히기 쉬운 수녀와 비구니를 웃고 있는 모습으로 함께 설정함으로써 수용자의 기대유형을 파기하고, 이를 통해 광고가 전달하고자 하는 '행복', '상호성', '교류', '친밀감' 등의 정보를 다양한 기표를 통해 제시해 주고 있다. 특히 자전거는 두 사람이 함께 균형을 잡아야지만 앞으로 나아갈 수 있는 친밀감 높은 교통수단으로, 이 분석광고의 의미를 읽는데 매우 중요한 기표로서 작용한다. 이 외에도 부드러운 키의 조명, 무채색과 파스텔 톤의 배경색 등은 두 인물의 여성성과 맞물려 '부드러움', '통합', '순수', '평화' 등의 의미를 전달해주고 있다.

결론적으로 말해, 위의 도표에서 보는 것처럼, 이 광고에서 사용되고 있는 조형적 층위와 도상적 층위의 비주얼 정보들은 서로 고립적으로 존재하고 있는 것이 아니라, 일정한 틀에 의해서 상호작용하며, 그 의미를 제약받고 있는데, 이는 이들 비주얼 성분들의 의미가 광고의 호소기능을 기반으로 한 기표들의 사회–문화적 읽기를 통해 얻어지고 있기 때문이다. 따라서 개별 비주얼 성분들이 지니는 기의들을 하나의 공통된 의미(결속성

있는 기의의 연결체)로 묶는 일은 그들이 지니는 공통의 의미자질 이전에 수용자의 텍스트종류 지식에 근거한 의미선택에 있음을 확인할 수 있다.

3.3. 분석 종합: 광고카피와 비주얼의 의미작용 그리고 관여성

광고텍스트를 이해하는데 있어서 카피가 비주얼의 해석에 중요한 역할을 한다는 것은 잘 알려진 사실이다. 그 까닭은 비주얼이 다의성을 지니고 있기 때문이며, 이는 비주얼이 만들어질 때 기표와 기의가 자의로 연결되는 자의성에서 연유한다. 이러한 비주얼의 필연적인 다의성으로 인해 나타나는 '일군의 부유하는 의미'는 카피에 의해 비로소 고정되는데, 이를 바르트는 카피의 '닻내리기(anchrage) 기능'으로 명명하고 있다. 다시 말해 광고카피는 비주얼이 만들어내는 다양한 해석 가능성들 가운데, 어떤 해석에 특권을 부여하는 기능을 지닌다. 결국 우리의 분석 광고처럼 광고카피와 비주얼의 의미적 상호작용을 통해 '기업에 대한 긍정적 이미지 획득'을 목적으로 만들어진 기업광고를 분석할 경우, 광고텍스트의 이해는 필연적으로 이들의 통합적 해석을 요구하게 되는 것이다. 다음은 위의 분석광고를 이해하는데 있어서 나타나는 광고카피와 비주얼의 의미적 관여성을 도표로 나타낸 것이다:

도상적 시니피앙	제1층위 시니피에	제2층위 시니피에	의미적으로 관여성이 있는 광고카피
수녀복 차림의 젊은 여자	수녀	종교성(카톨릭), 폐쇄성, 순수성	'전혀 다른 인생길을 걷고 있지만…'
승려복 차림의 젊은 여자	비구니	종교성(불교), 폐쇄성, 순수성	'믿음의 차이도 생각의 차이도…' '세상의 모든 갈등과 편견…'
두 여성 모델의 대비	수녀와 비구니의 대조	이질성, 배타성, 갈등, 편견	
구형 자전거 핸들의 모습	구형 자전거	친밀감, 소박함	'사람과 사람사이를 멀어지게 할 순 없습니다.'

<table>
<tr><td rowspan="2">함께 자전거를 타고 가는 모습</td><td>수녀의 허리를 붙잡고 뒷자리에 비구니가 앉아 있음.</td><td>교류, 교감, 균형(상호성)</td><td>'통하는 것이 더 많을 것 같은 두사람'
'사람과 사람사이에 커뮤니케이션이…'<br>'사람과 사람 그리고 커뮤니케이션'</td></tr>
<tr><td>목적지를 향해 나아감</td><td>진행성(역동성), 미래성</td><td>'커뮤니케이션이 해야 할 큰 일을 생각합니다.</td></tr>
<tr><td>웃고 있는 모습</td><td>밝은 표정의 얼굴</td><td>만족감, 행복</td><td rowspan="2">'행복한 커뮤니케이션'
'사람 사는 세상을 더욱 행복한 곳으로 만드는 일'</td></tr>
<tr><td>나무들의 흐린 배경 모습</td><td>숲, 자연</td><td>편안함, 자연스러움</td></tr>
</table>

광고물에서 소비자의 눈을 잡아끄는 것은 대부분의 경우 비주얼의 힘이다. 그러나 그 광고물이 제품 광고물일 경우 그 제품을 소비자로 하여금 공감을 얻게 하고 마침내 구매로 이어지게 하는 것은, 제품의 특징과 기능에 대한 정보를 제공하는 카피의 힘이 크다고 하겠다. 그러므로 효과적인 광고는 치밀한 전략에 의해 표현된 비주얼과 카피의 완벽한 결합체라고 할 수 있을 것이며, 특히 언어로 표현된 카피의 힘은 정확한 정보전달(바디카피)과 제품의 인지도(헤드카피와 슬로건) 등의 요소와 밀접한 상관관계를 이루어 광고의 궁극적 목표인 판매를 촉진시킨다는 마케팅적인 면 외에, 그것이 언어로 표현되어 소비자들에게 영향을 준다는 커뮤니케이션적인 측면도 있기 때문에 광고효과와 관련하여 광고카피가 시사하는 바는 비단 언급한 두 가지 측면 중 어느 한쪽에 치우치지 않음을 알 수 있다.

따라서 구명철(2002)이 언어기호(특히 헤드카피와 슬로건)와 시각기호(비주얼)의 관계를 기호학적인 관점에서 규명하고자 시도한 것은 논리기술적인 면에서의 아쉬움은 남지만 그 방향성만은 적절한 듯하다(오장근 2003, 336 이하 참조). 물론 언어기호와 시각기호의 유기적 관계를 고려하여 광고분석을 시도한 경우는 이미 베흐슈타인(Bechstein 1987), 조빈스키(1998),

야니히(Janich 1999) 등에서도 찾아볼 수 있다. 특히 야니히는 언어 성분과 비주얼 사이에 존재할 수 있는 모든 가능한 관계를 '유사성(Ähnlichkeit)', '입증(Beweis)', '사고연계(Gedankenverknüpfung)', '전체-부분(Teil-für-Ganzes)', '원인-결과(Grund-Folge)', '반복(Wiederholung)', '점층(Steigerung)', '의미규정(Bedeutungsbestimmung)', '병렬(Verkoppelung)', '낯설게하기(Verfremdung)', '상징화(Symbolisierung)' 등으로 하위분류하면서, 이들의 관계를 규정하는 데 중요한 실마리를 제공해 주고 있다. 이러한 야니히의 연구에 근거하여 구명철은 광고카피에 대한 비주얼의 역할에 따라 카피와 비주얼간의 관계를 다음과 같이 하위분류하였다(구명철 2002, 430 이하):

① 시선 유인 요소로서의 비주얼
② 정서적 배경으로서의 비주얼
③ 카피내용을 시각화하는 비주얼
④ 카피내용을 입증하는 비주얼
⑤ 카피와 인과관계에 있는 비주얼
⑥ 카피해석의 실마리를 제공하는 비주얼
⑦ 카피와 상호보완 관계를 지니는 비주얼

그렇다면 위의 도표로 표현되고 있는 카피와 비주얼의 의미적 상관관계는 어떻게 규명될 수 있을까? 야니히는 그림이 언어적 표현과 결합해야 비로소 커뮤니케이션 상의 전체를 이루게 될 것이므로, 비주얼에 대한 분석이 별도로 이루어지기 보다는 카피와 비주얼의 관계를 규명하는 방식으로 이루어져야 할 것이라고 강조했다. 따라서 이러한 방법으로 도표에서 나타난 비주얼과 카피의 의미관계를 규명한다면, 분석광고의 비주얼과 카피는 서로 독자적인 의미구축을 통해 동일한 내용을 단지 다른 기호유형으로 표현하는 '유사성'과 '반복'의 의미관계를 지닌 것으로 간주되며, 구명철의 관점에서 보면 '카피내용을 시각화하는 비주얼'이라고 말할 수 있다. 왜냐하면 카피정보가 비록 외형상으로 볼 때, 광고의 2/3를 차지하고 있는 지배적 표현성분이라 하더라도, 이 광고는 지면의 1/3을 차지하는 비주얼 정보만으로도 충분히 그들이 원하는 정보를 전달할 수 있을 만큼 풍부하고, 선명한 정보를 지니고 있기 때문이다. 예를 들어 주요 비주얼 성분인 '수녀'와 '비구니'는 '서로 다른 인생길', '믿음의 차이, 생각의 차이', '갈등과 편견' 등의 카피정보를 선명하게 보여주는 외시적 기호가 되고 있으며, 이들이 자전거를 함께 타고 있는 모습은 '통하는 것이 더 많을 것 같은 두 사람', '사람과 사람사이에 커뮤니케이션이...', '사람과 사람 그리고 커뮤니케이션' 등의 카피정보를 분명하게 이해시켜 주고 있다. 더욱이 이러한 비주얼의 역할은 그밖에도 '밝은 모습'이나 '구형의 자전거', '숲'과 같은 도상기호 뿐 아니라, 파스텔 톤의 색채를 비롯한 다양한 조형적 기호들의 층위에서도 공통적으로 읽혀진다. 결국 이 광고에서는 비주얼이 광고카피가 지시하는 내용을 시각적으로 재현해 주고 있다고 보아야 할 것이다.

4. 맺음말

지금까지 대부분의 광고 연구는 기호학적인 관점에서 사진이나 그림 등 영상이미지에 대한 이해를 주로 다루거나, 비주얼 정보와 언어정보 사이의 의미 관계를 규명하기도 하였으며, 언어학적인 관점에서는 광고카피의 특성과 문체적 특징들을 기술하고, 일정한 언어이론에 기대어 분석을 시도하기도 하였다. 그러나 그럼에도 불구하고 늘 마음 끝자락에 아쉽게도 남아있었던 것은, 광고텍스트의 지배기능으로 전체 텍스트 이해에 기본적 틀을 제공하는 호소기능이 너무 자연스럽게 전제되고 있었다는 것이다.

따라서 본 논문은 우리에게 늘 전제되고 있었던 광고텍스트의 호소기능에서 출발하고자 하였다. 이를 위해 본 논문은 커뮤니케이션 관점에서 광고를 살펴보고자 하였으며, 그럴 경우 광고의 커뮤니케이션 기능 중 지배적 기능인 호소기능이 어떻게 광고에 부여될 수 있는지에 대해 관심을 가졌다. 이의 해결을 위해 본 논문은 광고를 하나의 텍스트 종류로 규정하였고, 기호-화용론적 관점에서 광고의 호소기능이 텍스트 종류에 대한 수용자의 텍스트기대에서 출발함을 제시할 수 있었다. 그러나 광고텍스트의 호소기능은 일반적으로 직접적이기 보다는 간접적으로 표현되기에, 이러한 호소기능과 관련하여 광고 카피가 어떠한 실현형식과 화행형식을 지니고 있는지 그 가능성을 살펴보고자 하였다. 더 나아가 본 논문에서는 이러한 텍스트기능이 일종의 기대유형으로서 비주얼 정보를 해석하는데 있어서도 일정부분 역할을 하고 있음을 언급하였다. 특히 본 논문은 부분적으로나마 광고카피와 비주얼 사이의 의미관계에도 주목하였는데, 이는 광고텍스트의 이해가 카피와 비주얼 간의 상호작용과 의미제약을 통해 이루어진다고 믿고 있기 때문이다. 더욱이 위의 분석광고에서와 같이 카피와 비주얼이 서로 독자적인 의미구축을 통해 동일한 내용을 단지 다른 기호유형으로 표현해 주는 '카피의 내용을 시각화하는 비주얼'일 경우는 특히 이들 간의 의미작용 메카니즘을 적절하게 설명해주는 좋은 예라 할 것이다.

결론적으로 말해 광고의 호소기능은 카피와 비주얼의 실현양식에서 출현하는 것이 아니라, 수용자의 텍스트기대에 의해 주어지며, 이러한 호소기능을 효과적으로 전달하기 위해 광고자는 전략적으로 다양한 카피형식과 내용을 선택하고 비주얼 정보를 통해 구체화시키고 있다는 것이다. 따라서 수용자의 광고읽기는 텍스트종류 지식에 의해 야기되는 텍스트 지배기능의 확인으로부터 출발하여 다양한 카피 성분들의 읽기와 비주얼 성분들의 읽기 그리고 이들 간의 상호 작용을 통해 생겨나는 의미관계를 통합적으로 살펴볼 때 가능한 것이며, 이러한 통합적 읽기 행위가 바로 본 논문이 지향하는 기호-화용론적인 광고읽기를 뜻한다.

참고 문헌

고영근(1999), 『텍스트이론』, 서울: 아르케.

구명철(2002), 「독일광고에 나타난 언어기호와 시각기호의 관계」, 『독일문학』 84, 426-443, 한국독어독문학회.

김동윤 역(1999)/마르틴 졸리, 『영상 이미지 읽기』, 서울: 문예출판사.

김원식(2000), 「광고 텍스트의 언어학적 특성」, 『독일문학』 73, 264-292, 한국독어독문학회.

맹명관(1999), 『광고의 바다 헤드라인 건지기』, 서울: 살림.

송용섭/리대룡(1985), 『현대광고론』, 서울: 무역경영사.

안정오 역(2001)/유르겐 트라반트(1996), 『기호학의 전통과 경향』, 서울: 인간사랑.

오장근(1999a), 「광고텍스트의 전략적 이해」, 『독어학』 1, 287-311, 한국독어학회.

오장근(1999b), 「텍스트 이해와 수용자의 전략」, 『텍스트언어학』 7, 287-314, 한국텍스트언어학회.

오장근(2000), 「광고와 언어학」, 『독일어문학』 12, 355-385, 한국독일어문학회.

오장근(2003), 「광고언어의 호소적 기능에 대한 텍스트언어학적인 연구」, 『텍스트언어학』 14, 321-346, 한국텍스트언어학회.

이민행(2000), 「광고카피와 대화함축」, 『독일언어문학』 13, 53-67, 한국독일언어문학연구회.

이현우(1998), 『광고와 언어』, 서울: 커뮤니케이션북스.

정동규(2000), 「광고언어의 단어유희」, 『독어학』 2, 185-206, 한국독어학회.

Adamzik, K.(1994), "Zum Textsortenberiff am Beispiel von Werbeanzeigen", *Satz-Text-Diskurs*. Bd. 2 Tübingen : Niemeyer, 175-180.

Barthes, R.(1969), "Rhetorik des Bildes", *Der französische Strukturalismus*, Hamburg, 158-166.

Baumgart, M.(1992), *Die Sprache der Anzeigenwerbung*. Eine linguistische Analyse aktueller Werbeslogans, Heidelberg.

Beaugrande, R.-A. de/Dressler, W.(1981), *Einführung in die Textlinguistik*, Tübingen : Niemeyer.

Bendel, S.(1998), *Werbeanzeigen von 1622-1798*, Entstehung und Entwicklung einer Textsorte, Tübingen : Niemeyer.

Buchli, H.(1970), "Geschichte der Werbung", *Handbuch der Werbung*, Wiesbaden.

Fritz, Th.(1994), *Die Botschaft der Markenartikel. Vertextungsstrategien in der Werbung*, Tübingen : Stauffenburg.

Hantsch, I.(1972), "Zur semantischen Stragegie der Werbung", *Anzeigenwerbung*,. München, 137-159.

Janich, N.(1999), *Werbesprache*, Ein Arbeitsbuch. Tübingen : Niemeyer.

Januschek, F.(1974), "Werbesprache erklärt aus ihren Funktionen und ihren Rezeptionsbedingungen", *Sprache im technischen Zeitalter* 51, 241-260.

Kroeber, W. R.(1990), *Strategie und Technik der Werbung*. Verhaltenswissenschaftliche Ansätze. 2. Aufl., Stuttgart/Berlin/Köln.

Oh, Jang-Geun(1999), *Das strategische Textverstehen*, Theoretische Grundlage, Methode und Anwendung des strategischen Textverstehens, Münster.

Rickheit, G./Strohner, H.(1993), *Grundlagen der kognitiven Sprachverarbeitung*. Tübingen/ Basel (=UTB 1735).

Römer, R.(1968), *Die Sprache der Anzeigewerbung*. Düsseldorf.

Sowinski, B.(1979), *Werbeanzeigen und Werbesendungen*. München.

Sowinski, B.(1998), *Werbung*. Tübingen : Niemeyer.

A semio-pragmatic reading of the print ad

Oh, Jang-Geun

The purpose of this paper is to investigate a possibility to do how an advertisement can be analyzed in terms of a semio-pragmatic perspective. In this paper, the analysis target is restricted on the persuasive function of advertisement, since with respect to its communicative functions the persuasive function is the most important advertising component, in oder to arouse people's interest and catch eyes of a recipients. Therefore, first I will define speech act types of the copies first of all in this paper, and then grasp the meaning of their informations in cooperation with different components (included visual components). Finally, I try to examine what kind of role the copies performs to understand the persuasive function of advertisement.

열쇠어 : 광고, 광고커뮤니케이션, 호소기능, 기호-화용론, 광고카피, 광고읽기, advertising/advertisement, advertising communication, appeal function, semio-pragmatic, advertising copy, Reading of the print ad

은유의 이론과 실제로서 대중문화 텍스트 읽기

이도흠*

1. 머리말

흔히 은유에 대해 수사학의 꽃, 축소된 시라 한다. "초승달이 하늘을 지나간다."라고 말하면 일상의 언술이지만 '초승달'이 '쪽배'와 유사한 것을 바탕으로 "쪽배가 은하수를 건너네."라고 표현하면 시가 되는 것처럼, 은유는 일상의 언술을 시적 표현으로 전환하는 매개체이다.

하지만 우리는 은유를 수사학의 꽃, 비유의 한 양식으로 한정하거나 "남에게 배울 수 없는 것이며 천재의 표징이다."[1]라는 종래의 관점에 의문을 품는다. 대중들은 일상의 대화에서 빈번히 은유를 활용하고, 생애 처음으로 언어를 사용하기 시작한 아기조차 은유를 사용한다. 은유는 단지 비유의 한 양식이 아니라 인간이 개념체계에 따라 그린 지도이자 행위를 결정하는 구조로 작용한다.

때문에 "은유는 역사 외부의 변화되지 않는 동일성의 세계를 함축하는 정적인 구조이다"[2], "환유가 외부의 실재, 현실, 역사와 밀접한 연관을

* 한양대학교 국어국문학과 교수

1) 아리스토텔레스, 『詩學』, 천병희 역, 문예출판사: 1996, 125쪽.

2) Michael Ryan. *Politics and Culture*. The Macmillan Press. [한국어 번역본: 『포스트모

갖는데 반하여 은유는 이와 동떨어져 관념의 유희이며, 환유가 경험, 특수, 문맥, 물질에 바탕을 두는 반면에 은유는 보편, 이상, 전통을 지향한다."[3]라는 말에 의문을 품게 된다. 이에 은유가 수사학의 꽃에서 개념의 지도가 되고 행위의 구조가 되는 원리, 은유의 기능을 밝힌다. 아울러 이의 실제로 텔레비전 광고에 적용하여 현대 대중문화 텍스트에서 은유의 원리가 어떻게 적용되고 어떻게 기능을 하는가에 대하여 살펴보기로 한다.

2. 은유의 이론

2.1. 수사학의 꽃으로서 은유

아리스토텔레스가 "유(類)에서 종(種)으로, 혹은 종(種)에서 유(類)로, 혹은 종에서 종으로, 혹은 유추에 의하여 어떤 사물에다 다른 사물에 속하는 이름을 전용(轉用)하는 것이다."[4]라고 은유metaphor에 대해 정의한 이래로 이에 대해 수많은 연구가 있었다. 이를 Black의 분류에 따라 전이론, 비교론, 상호작용론으로 나눌 수 있으며,[5] 여기에 맥락이론, 해석론, 개념 체계론을 추가할 수 있다.

전이론에서 은유는, '지절(志節) → 국화'처럼, Μεταφορά(metaphorά)에서 기원한 것으로, "한 장소에서 다른 곳으로 옮기다(a carrying from one place to another)", 다시 말하여 한 개념이나 대상을 다른 개념이나 대상과 견주어 다른 무엇으로 전이하거나 대치하여 비유하는 것이다.

더니즘 이후의 정치와 문화』, 갈무리: 1996, 199쪽.

3) 위의 책, 200~205쪽.

4) 위의 책, 116쪽.

5) Max Black, *Models and Metaphors*, New York: Cornell Univ. Press, 1962.

비교론에서 은유는, 동그랗다는 유사성에 바탕을 두고 '보름달'에서 '엄마 얼굴'을 떠올리는 것처럼, 다른 두 개념이나 대상 사이에서 양자 사이의 유사성이나 차이를 발견하고 이를 바탕으로 세계를 유추(類推)하여 한 대상이나 개념을 다른 대상이나 개념과 견주어 의미작용을 일으키는 것이다.

상호작용론에서 은유는, '별-조국 광복'에서 '별'을 천체의 일종으로 읽지 않고 은유임을 인지하여 '어두운 하늘에 반짝이는 별처럼 암울한 식민지 시대에 조국 광복의 염원을 품음'이라고 해석하고 이 해석이 다시 별의 이미지로 해석자의 가슴에 물결치는 것처럼, 어느 한 편에 치우친 것이 아니라 '취의tenor'와 '매체vehicle', 또는 '틀frame'과 '초점focus' 사이에서 상호작용을 일으키며 벌어지는 의미작용이자 해석의 과정이다.

> 동자승 하나
> 배꼽 환히 드러내놓고
> 알몸으로 와선 중이다
>
> 따가운 햇볕도 배고픔도
> 다 눌러 베고서

나병춘의 시 「호박」의 전문이다. 호박으로 못난 여자나 마음씨 좋은 농부를 노래했다면 이 시도 상투적인 진술로 그쳤을 것이다. 하지만 시인은 호박에서 동자승을 본다. 여름 햇볕에 알몸을 드러낸 아직 푸른 기가 남아 있는 호박은 와선 중인 동자승이다. 다른 과일이나 채소처럼 특별히 화려한 색상을 띠거나 별스런 영양이나 맛을 간직하여, 사람을 부르는 것도, 돈을 챙기는 것도, 갈채와 환호를 기다리는 것도 아니기에, 그저 아무렇게나 밭둑에 널브러져 있다가 자신을 소멸시켜 죽이 되고 나물이 되어 조용히 사람들의 살이 되기에 그는 스님 중에서도 천진무구한 동자승이다. 남의 시선도, 남의 평가도 개의치 않기에 배꼽마저 드러내놓고 와선 중이다. 여름 땡볕이 몹시 따가울 터인데 이를 오히려 자신을 익게 하는 수행으로 여긴다. 허기도 지련만 이 또한 체념한 채 물욕에서 떠나 선정을 한다. 그리하여 충분히 익은 몸을 아낌없이 남에게 바치니 호박이야말로 보살이다. 그리 고행을 통하여 자신을 완성하여 남을 완성시키려 하니 호박은 바로 부처이다.

2.2. 개념의 지도로서 은유

Lakoff와 Johnson은 인간이 사고하고 행동하는 자체가 은유적이라고 본다. 조지 레이커프는 "일상생활의 모든 관습적인 언어, 어휘로 이루어진 모든 정의는 축자적이지 은유적이 아니다."라거나 "은유는 남에게 배울 수 없는 것이며 천재의 표징이다."[6]라는 기존의 주장을 뒤엎는다. 사랑하는 평범한 사람들이 "우리는 지금 갈림길에 있어.", "우린 다시 되돌아갈 수 없어.", "우린 길에서 벗어났어.", "우리 이제 제 갈 길을 가자."라고 흔히 말한다. 이는 "사랑은 여행이다."라는 뿌리은유root-metaphor에서 기인한 것이다. 이렇게 표현하는 것은 인간이 '사랑'이라는 추상적인 개념을 '여행'이라는 구체적 경험과 비교하여 양자 사이의 유사성을 유추하였기 때문이다. 기존에는 은유를 사고나 행위가 아니라 언어만의 특질이라고 간주하여 인간이 은유 없이도 잘 살아갈 수 있는 것으로 간주하였다. 그러나 은유는 일상생활, 그것도 언어가 아니라 사고와 행위 속에 속속들이 스며 있다. 인간은 일상의 개념체계에 따라 생각하고 행동하는데 그 개념체계 자체가 본질적으로 은유적이다.[7] 레이커프와 존슨에 따르면 인간의 사고과정은 거의 은유적이며 개념 체계는 은유적으로 구조화한다.

---

6) 아리스토텔레스, 앞의 책, 125쪽.

7) George Lakoff and Mark Johnson, *Metaphor We Live By*, Chicago: The University of Chicago Press, 1980, p.3.

이런 의미에서 은유는 표현의 방식일 뿐만 아니라 개념화의 방식이다. 은유는 (인간의) 개념 체계에 지도를 그리는 (일상언어와 사고가) 교차(하는) 영역이다.8)

더 나아가 Osowski는 "은유가 사람들이 다른 차원의 추상화(抽象化)를 동시에 작동하도록 하는 구조적 장치이다."9)라고 주장한다. Kathy Schuh와 Donald Cunningham은 '땅속줄기'의 자질과 'rhizome'을 유사성의 유추로 연결하여 리좀의 특성을 역동성, 이종성(異種性), 무한한 연결망, 무위계성, 불파열성, 안과 밖이 없음, 수다한 출구 등으로 설명한다. 땅속줄기라는 구체적 사물을 통해 리좀이라는 난해한 개념을 쉽게 이해할 수 있는 것이다. 이를 통해 알 수 있듯이 은유는 사고를 촉진한다.10)

투구를 쓴 게가
바다로 가네
포크레인 같은 발로
걸어온 뻘밭

들고 나고 들고 나고
죽고 낳고 죽고 낳고

바다 한가운데에는

---

8) George Lakoff, "What is a conceptual system for morality," in *The Nature and Ontogenesis of Meaning*, Willis F. Overton and David S. Palermo(eds.) (Hillsdale, NJ: Lawrence Erlbaum, 1994), p.43.

9) Jeffrey V. Osowski, "Ensembles of Metaphor in Psychology of William James," in *Creative People at War: Twelve Cognitive Case Studies*, Doris B. Wallace and Howard E. Gruber(eds) (New York: Cambridge Univ. Press, 1999). pp.127～145.
Kathy L. Schuh and Donald J. Cunningham, "Rhizome and the mind: Describing the Metaphor," *Semiotica* 149-1, 1/4, 2004, p.339, recit.

10) Kathy L. Schuh and Donald J. Cunningham, *ibid.*, 2004, p.339.

바다가 없네

사다리를 타는 게,
게座에 앉네

황지우의 시 「게 눈 꽃의 연꽃」(『게 눈 속의 연꽃』, 문학과지성사) 3연이다. 이 시는 김춘수의 「꽃」, 「꽃을 위한 서시」를 모티프로 한 시다. 맨 처음 우리를 당혹스럽게 하는 은유가 '투구를 쓴 게'이다. 이 의미는 무엇일까.

2연에서 게는 깨달음에 이른다. 그는 보름달이 산과 들을 가리지 않고 시방 세계 곳곳에 자비의 빛을 뿌리는 것처럼 보광(普光)의 거품을 피어 올린다. 보광의 거품을 피어 올리니 게는 연꽃을 담지는 못해도 그를 볼 수는 있다.

연꽃의 은유는 불교의 개념 체계에서 진속일여(眞俗一如)의 의미를 갖는다. 연꽃은 저 높고 아름다운 산록에서 피어나지 않는다. 왜 저 아름다운 연꽃이 눈부신 햇살이 쏟아지고 향기로운 바람이 스치고 지나는 높은 언덕에 피지 않고 냄새 나는 수렁의 진흙 속에서 피어날까? 왜 가장 더러운 진흙 속에서 줄기를 뻗어 청정한 하늘 위로 가장 아름다운 꽃 송아리를 틔울까? 진흙 속에서 연꽃이 피는 것과 같이, 모든 부처님이 저 높은 깨달음의 세계에 이르고 반야의 바다를 완전히 갖추었어도 열반의 성에 머무르지 않고 무량한 겁 동안 온갖 번뇌를 버리지 않고 온 중생을 구제한 뒤에 비로소 열반을 얻는 것이다. 높은 깨달음에 이르렀다 할지라도, 열반에 머물지 않고 아직 깨달음을 얻지 못한 중생을 구제해야 비로소 깨달음의 완성에 이른다. 이것이 진속일여이다.

연꽃을 볼 수 있는, 연꽃의 이런 이치를 깨달은 게니 전투를 하는 마음으로 선정에 돌입한다. 선가에서 불에 달군 돌을 입에 물고 용맹정진한다 라고 말한다. 바다에 이르고자 게는 긴 뻘밭을 기어가는 고행을 감행한다. 뻘밭은 태초로부터 영겁의 미래까지 바닷물이 끊임없이 들고 또 나는 곳이다. 바다인가 하면 땅이 드러나고 땅인가 하면 곧 바다이다. 뻘밭은 모든 생명이 죽고 나는 곳이다. 갠지스 강의 모래보다 많은 미생물이 세포 분열을 하고 물고기들이 알을 낳고 양육을 하는 곳이자, 서로가 서로의 먹이가 되어 서로를 살리며 그리 삶과 죽음을 되풀이하면서 공존하는 곳이다. 이곳에서 드는 것은 나는 것이고 나는 것은 드는 것이다. 죽음이 삶이고 삶이 곧 죽음이다. 그러니 뻘밭이야말로 연기(緣起)의 이치를 그대로 드러내는 장(場)이다.

바다는 들어갈수록 오묘하고 온갖 보배를 담고 있는 중중무진(重重無盡)의 세계이다. 달을 비롯하여 온갖 형상 가운데 비추지 않는 것이 없다. 수평을 이루고도 절대 평등을 이루기 위해 끊임없이 파도를 쳐대는 무등(無等)의 세계이다. 수천, 수만의 강물이 모여 바다를 이루듯, 자리(自利)와 이타(利他), 반야와 유식, 돈(頓)과 점(漸) 등 서로 다른 모든 쟁론(諍論)들을 하나로 아우르는 일미(一味)의 세계이다. 시작도 끝도 없고 파도를 통해 지극한 끝자락만 보여줄 뿐 깊이를 헤아릴 수 없는 무시무종(無始無終)의 세계이다. 그러니 바다는 일심(一心)이요, 진여실체(眞如實體)다. 이를 향하여 게는 뻘밭을 기는 고행을 감행하여 바다에 이른다. 게의 고행은 진여실체의 깨달음을 향한 수행 정진이다.

허나 깨달음이 곧 집착이다. 집착을 깨고 바라보니 바다는 바다가 아니다. 하늘이 바다라. 게는 사다리를 탄다. 저 언덕 너머에 이르려면 배를 타되 배에서 내리라고 석가가 말씀하셨다면, 비트겐슈타인은 지붕에 이르려면 사다리를 오르되 사다리에서 내리라고 일렀다. 배든 사다리든, 선에 이르려면 방편이 필요하다. 게가 방편으로 사다리를 타고 오른다. 이에서 머물지 않고 사다리를 버리는 순간 게는 게좌(座)가 되었다. 하늘에 올라 삼라만상을 가리지 않고 빛을 비추니 게는 부처다.

뻘밭을 기어 바다에 이르는 게의 행위를 은유로 전이한 것에 게자리가 하늘에 빛나는 것을 결합시켜 말로 표현할 수 없다는 선의 세계를 잘 형

상화하고 있다. 시를 방편으로 삼아 선을 깨우치고 있다.[11)]

이처럼 개념 체계론은 은유를 수사학, 또는 언어의 범주를 넘어서서 인간이 사고하고 행동하는 전반의 영역으로 확장시켰으며, 일상의 언어와 사고, 은유와 인간의 개념체계를 하나로 연결하여 생각하게 하였다. 그러나 은유가 문화의 장에서 인간의 행동을 유발하는 것에 대해서는 체계적인 설명을 하지 않고 있다.

2.3. 행위의 구조로서 은유

Marcel Danesi는 개념이 문화체제, 제도, 행동을 형성한다고 본다.[12)] 예를 들어 "사랑은 달콤하다."라는 뿌리은유에서 "sweetheart", "honeymoon" 등의 은유적 표현이 나타나며 이는 언어의 표현으로 그치지 않는다. 발렌타인데이에 사랑하는 사람끼리 사탕을 주고받는 행위, 젊은이들이 사탕을 먹은 후 키스를 하는 행위, 결혼식 때 케이크를 먹는 것이 부부의 사랑을 상징하는 것 등의 문화적 행위로 나타난다. 반면에 한국에서는 "사랑은 꽃이다."라는 뿌리 은유를 바탕으로 "사랑이 싹트다", "사랑이 꽃이 피다." "사랑이 시들다."라는 은유적 표현을 한다. 이에서 그치지 않고 사랑하는 남녀가 '버들가지'를 정표로서 주고받는 행위로 나타난다. '버들가지'를 정표로 주는 것은 버들가지는 어디에 심어도 뿌리를 내리고 싹이 트므로 그리 둘의 사랑도 공간적으로 떨어져 있어도 어디서든 싹을 틔우고 꽃을 피우기를 염원하기 때문이다. 이처럼 개념은 문화 내에서 그리고 문화를 가로질러서 비유를 만든다. 다네시는 추상적 개념이 문화 안에서

11) 이것으로 그치는 것이 아니다. 게를 무엇으로 보느냐에 따라, 이 시와 지평의 융합을 이루는 독자층과 그들이 놓인 맥락에 따라 이 시는 다채로운 함의를 얻는다. 예를 들어 게가 시인이라면 뻘밭은 조탁(彫琢)이며, 게가 인간 존재라면 뻘밭은 삶의 고통이다.

12) Marcel Danesi, "Metaphor and conceptual productivity: Result of a pilot project," *Semiotica* 148-1, 1/4, 2004, p.409.

은유로 표현되고 이해되고 행동으로 나타나는 것을 파악할 수 있는 지평을 열었다. 그러나 개론에 그쳤을 뿐이지 구체적으로 추상적 개념이 은유로 표현될 때 이것이 어떻게 문화적 실천으로 나타나는 지에 대해선 별다른 설명을 하지 않고 있다.

전이론을 비롯하여 개념체계론에 이르기까지 서양의 은유이론이 공통으로 갖고 있는 문제는 은유가 창조되고 작동하고 해석되고 소통되는 네 장 가운데 어느 한 면에만 치우쳐 있다는 것이다. 은유는 천재의 징표가 아니라, 인간에게 보편적으로 내재하는, 환유와 더불어 인간이 세계를 유추적으로 인지하는 두 축 가운데 하나이며 개념이나 대상의 유사성과 차이를 바탕으로 비유하여 표현하는 방식이자 이를 바탕으로 세계를 해석하는 방식인 동시에 개념체계에 따라 소통하고 행동하는 양식이다. 그러기에 은유에 관한 개념은 창조, 또는 (유추적) 인식의 장, 수사의 장, 해석의 장, 소통의 장을 아우르는 개념이어야 한다.

2.4. 화쟁의 은유론

이런 관점에서 필자는 네 장을 종합하여 은유를 정의하고자 한다. 은유는 한 개념이나 대상을 다른 개념이나 대상과 견주어 양자 사이의 유사성이나 차이를 발견하고 이를 바탕으로 세계를 유추하여 한 대상이나 개념을 다른 무엇으로 전이하거나 대치하여 비유하는 것이자, 담론 안에서 작동 시 수용자가 주어진 세계관과 문화 안에서 형성된 개념 체계와 상상력에 따라 원관념과 매체관념 사이의 관계를 유추하여 의미작용을 일으키는 방식이자 소통하고 행동하는 양식이다. 창조의 장에서 보면 은유는 두 개념이나 대상 사이의 유사성을 유추하는 것이다. 수사의 장에는 은유는 전이와 대체이다. 해석의 장에서 보면 이는 원관념과 매체관념 사이의 동일화이다. 소통의 장에서 보면 은유는 상호작용을 통해 해석한 의미의 실천이다.

원효(元曉)의 화쟁(和諍) 사상을 활용하여 체용상(體用相) 원리로 은유의 원리에 대해 아래와 같이 체계화 할 수 있다. 이해와 요약적 전달을 위해 '달'이라는 사물을 예로 이를 예시하면 아래의 표와 같다.

〈표 1〉 체용상 체계에 따른 달의 은유적 인식과 의미작용

	體用相	유사성의 근거	내포적 의미
一心	(몸의) 품	보름달(원)	쟁반, 미인, 님, 어머니, 조화, 완성, 圓融, 덕성
		반달(반원)	배, 송편, 빗
		초승달	蛾眉, 쪽배, 손톱
		그믐달	蛾眉, 실눈, 여자
		분화구	곰보, 계수나무, 옥토끼, 빵, 바다
		밝은 달	명료함, 일편단심, 淸淨
		노란 색	병아리, 개나리, 노란 꽃
		푸른 색	차가움, 냉혹함, 청아함
		유사한 발음	돌, 탈, 알
	(몸의) 몸	차고 기움	변화, 榮枯盛衰, 인생
		사라졌다 다시 나타남	부활, 순환, 재생, 영원성, 파라오
		드러나고 감춤	隱密顯了俱成門
	(몸의) 짓	월별로 나타남	달거리, 생리, 밀물과 썰물
		두루 널리 비춤	광명, 관음보살, 대자비, 임금(의 은총)
		태양과 대립한다	陰, 여성성, 여신, 밤, 어둠의 세계(어려운 상황)
		하늘과 땅 사이에서 위치하고 운동한다	영원이나 이상 등의 지향, 신과 인간, 聖과 俗, 천상과 지상, 이상과 현실의 중개자
	(몸의) 참	?	?

인간은 자기 앞의 대상을 품과 몸, 짓으로 분절하여 바라보고 자신이 갖고 있는 개념체계에 따라 대상의 특질을 발견하고 이를 유사한 무엇으로 대치하여 표현한다. '품'은 상(相)과 어느 정도 차이를 갖지만 체가 외현하여 겉으로 드러난 모습이자 인간이 세계를 드러난 모습 그대로 보는 경지이다. '몸'은 세계의 품 뒤에 숨겨져 인간 주체가 세계의 실체, 또는

본질이라고 파악하는 바다. '짓'은 세계가 관계에 따라 작용하고 기능을 하며 운동하는 바다. '참'은 체 가운데 체라고 할 수 있는 것으로 인간 주체가 파악할 수 없는, 영원불멸한 것이며 늘지도 줄지도 않으며 시작도 끝도 없는 세계의 진정한 실체를 나타낸다. 이렇게 보면 '몸'이 오히려 원래의 '상(相)'에 가깝고 '품'은 상 중에서도 겉으로 드러난 그림자에 불과하다. 그럼에도 '상'을 '품'으로 대체한 것은 언어기호가 집단 공통의 약속이기에, 이것이 그 구성원 모두가 세계를 인식하는 최소공배수를 바탕으로 설정되기 때문이다. 사물이나 사회의 본질을 말하라 하면 사람들 사이에 경계가 다르며 어떤 사람이 본질이라 한 것을 다른 이는 현상이라 한다. 인식의 차원에서는 개인별로 상과 체, 사(事)와 리(理), 현상과 본질에 대한 견해를 달리 할 수 있다. 더구나 시적 창조를 한다면 더욱 더 자기 마음대로 상체용을 분별한다. 그러나 집단 공동으로 소통되는 언어의 차원에서는 이럴 경우 소통의 혼란을 유발한다. 때문에 집단 구성원 모두가 공통으로 분별한 대상에 한해서만 이름이 붙여진다. 상 가운데 누구나 상으로 인지하는 최소공배수는 품 중에서도 꼴이다.

달의 꼴은 보름달, 초승달, 반달 등 여러 가지 모습을 띤다. 우리가 보름달을 보고 '님의 얼굴'을 연상하고 또 보름달을 '님의 얼굴'로 노래할 수 있는 것은 보름달과 얼굴 모두 '둥그렇다'라는 유사성을 지녔기 때문이다. 이렇게 하여 "초승달이 하늘을 지나간다."라고 말하면 일상의 언술이지만 초승달이 '쪽배'와 모양이 유사한 것을 바탕으로 "쪽배가 은하수를 건너네."라고 표현하면 시적 진술이 된다. 품의 은유는, '보름달-엄마 얼굴'처럼 1차로 그칠 경우, 구체를 모양의 유사성을 바탕으로 구체로 유추하여 전이한 것이다. 여기서 모양의 유사성 이외의 것은 없다. 그러나 '보름달-원-원융'처럼 2차적 은유의 경우, 인간이 가지고 있는 모양에 대한 개념체계가 작동하여 품의 은유가 추상화한다.

짓의 은유는 대상이 운동하고 작용하고 기능을 하는 특질을 유사한 다른 무엇으로 대체한 것이다. 달의 경우 인간이 달의 대표적 짓으로 본 것은 달이 땅에서 떠서 하늘로 올라간다는 기능이다. 하늘은 또 신의 세계, 천상계나 성(聖)의 세계, 천국이요, 땅은 인간의 세계, 지상계나 속(俗)의 세계이니, '달'은 자연 이 둘 사이를 오고가는 '중개자'의 의미를 갖는다. 이는 언어의 의미로 그치지 않고 달에게 소원을 비는 행위로 나타난다.

달이 차고 기우는 것이 달의 몸으로 파악한 이들은 달의 의미를 영고성쇠(榮枯盛衰)로 보며, 반면에 달이 완전히 사라졌다가 다시 나타나는 것을 달의 몸이라 본 이들은 달의 의미를 '부활'이라고 본다. 화엄의 승려들은 햇빛을 받아 모습을 드러내면서도 감추는 것을 달이라는 세계의 몸으로 파악했다. 사람들은 반달이 떴을 때, 그 빛나는 부분만 보고 '반달'이라고 이른다. 그러나 달의 밝은 부분이 나타나 밝은 부분이 긍정된다 해서 숨겨진 부분의 존재가 부정되는 것은 아니다. 마찬가지로 어떤 것의 드러남은 늘 같은 것의 드러나지 않았거나 감춰진 부분의 존재를 암시하고 있다. 달의 밝은 부분이 드러나는 순간에 어두운 부분 또한 은밀히 그 자신을 세우는 것이다. 이처럼 몸의 은유는 추상적인 것을 구체적인 것으로 대체한 것이다. 구체는 누구에게나 쉽고 가깝고 감각으로 느낄 수 있는 것이다. 반면에, 추상적 개념은 누구에게나 어렵고 멀고 감각으로 느끼는 것이 아니라 머리로 생각해야 하는 것이다. 어떤 인간도 개념에 대하여 완전하게 이해할 수 없다. 인간은 자신이 이해한 개념의 핵심을 자신이 가지고 있는 개념체계에 따라 유사한 구체로 대체한다.

이처럼 체의 은유를 개념으로 체계화하면 그것이 바로 철학이다. 물의 체가 무엇이라고 생각하느냐에 따라 유교철학도 나오고 노장의 철학도 나온 것처럼, 어떤 사물을 보고 그것의 체가 무엇이라고 생각하고 그것을 유사성을 갖는 형이상학적인 무엇으로 유추해내면 그것이 철학인 것이다. 남들이 전혀 떠올리지 못했던 사물의 몸을 유추할 경우 창조적 철학이 되며 그렇지 못할 경우 일상적 철학이 된다. 이런 면에서 시와 철학은 통한다. 여기서 개념의 핵심과 구체적 대상의 관계는 상호보완적이다. 반달을 보고 화엄 철학을 구상하는 것처럼 구체적 대상을 보고 새로운 개념을 떠올릴 수 있지만(대개 새로운 철학의 경우), 거꾸로 '사랑은 여행'의 은유처럼 자신이 일상에서 생각하고 있던 개념을 구체적 경험이나 대상에 견주어 비유할 수도 있다(대개 일상적 개념의 은유).

이처럼 세계는 드러내는 동시에 감추며, 감춰진 것이나 드러난 것이나 다 같이 공존하는 것이다. 여기서 중요한 것은 이런 의미작용이 모두 인간의 개념체계에서 비롯된 것으로 달의 진정한 의미인 참은 파악할 수 없다는 점이다. 달에서 천 개, 만 개의 낱말을 연상하여 그것을 달의 의미로 삼는다 하더라도 달이라는 세계의 실체 가운데 극히 한 부분만을 드러내는 것이며 오히려 헛된 망상이나 왜곡이기 쉽다.

체와 상, 용이 각기 독립적으로 작용하는 것이 아니라 서로 결합하기도 한다. 예를 들어 달의 둥그런 꼴과 중개자의 짓이 결합하여 둥그렇게 원융의 모습을 한 부처님의 의미를 만들기도 한다.

한편 거꾸로 다른 사물인데 짓이 같기 때문에 같은 의미로 작용할 수 있다. '달'처럼, '별, 새, 구름' 등은 모두 하늘과 땅 사이에서 떠가는 짓을 행한다. 그래서 이들은 다 같이 하늘과 땅, 천상과 지상, 신과 인간, 성과 속, 이상과 현실 사이의 중개자의 의미를 갖는다.

은유가 창조적 비유를 통해 의어(義語)를 만들 때 이는 기존의 세계를 파괴한다. 그럴 듯하게 당연한 것으로 여겼던 현재 세계를 파괴하고 그것과 전혀 상관이 없는 것으로 생각하였던 세계와 관련시키고 차이를 드러낸다. 읽는 주체는 구조적 사유를 통하여 둘 사이의 유사성이나 인접성을 유추, 또는 연상해내고 차이를 인식한다. 이 과정을 통하여 비유된 언어기호는 차이와 관계를 통하여 세계의 숨겨진 부분을 드러낸다. 이런 비유로 이루어진 텍스트는 텍스트 자체에 외연의미와 내포의미 사이, 하나와 다른 것 사이에 괴리가 발생한다. 이 괴리는 끊임없이 의미를 생성하도록 하여 텍스트를 살아있게, 해독자를 자유로운 주체이게끔 한다.

아무리 낯설게하기를 이룬 기호라 할지라도 세계의 일부분만 드러낼 뿐이다. 세계 자체가 의미를 지닌 것이 아니라 세계의 의미는 차이에 의하여 드러날 뿐이며 이 또한 세계의 부분일 뿐이며 세계를 감추는 거짓 기호이다. 기호는 세계를 드러내는 만큼 감추며 기호는 부재한 현전을 지시한다. 그래서 '진여의 절대적 의미'란 있을 수 없는 것이며 우리가 세계의 실체라고 파악한 것 또한 상과 용에 비교해서 세계의 본질에 좀더 가까이 간 것일 뿐이지 이 또한 세계의 부분, 또는 허위일 뿐이다. 원효의 말대로 어떻게 말로 할 지 알지 못하여 그렇게 불렀을 따름이다. 달을 쪽배-相-로 보든, 부활-體-로 읽든, 중개자-用-로 해독하든, 이는 모두 달이란 세계를 지시하기 위한 한 방편일 뿐이며 이것 모두 인간 주체가 마음[一心] 속에서 해석한 결과이다. 따라서 세계와 기호에 절대성을 부여할 수 없을 뿐더러 체가 세계의 절대적 의미에 이르지 못하였다고 하여 체가 아니라고 부정할 수도 없다. 달을 체상용으로 인식하는 것이 계속되듯, 이에 따른 의미작용 또한 끝이 없다.

은유의 구조적 체계는 언어의 의미로 끝나지 않는다. 집단적인 의미로 삼아 실천하면 문화가 된다. 예를 들어 새를 하늘과 땅의 중개자로 은유화하는 데서 그치지 않고 이를 집단적으로 실천하여 티베트인들이 천장(天葬)을 지내는 것도 새가 죽은 이의 영혼을 하늘로 모셔간다는 생각을 집단적으로 하였기 때문이다. 고대 한국인들이 새를 신격화하여 소도에 올리고 청동거울에 새기고 새의 깃털을 형상화하는 금관을 쓴 것은 새가 하늘(신)과 땅(인간)을 오가는 기능(짓)을 하는 데서 빚어진 은유이다.

이런 개념체계를 형성하는 바탕은 무엇일까. 논자는 이를 세계관으로 본다. 세계관은 세계를 인식하고 의미를 만드는 바탕 원리다. 달이 '높이 떠서 산이든 들이든 가리지 않고 두루 비추는' 짓(기능)을 하는 것을 보고 불교적 세계관을 지닌 신라인들은 그처럼 '자비의 빛을 귀족이건 양인(良人:신라의 서민)이건 가리지 않고 두루 뿌린다.'는 인식을 하여 달을 '관음보살'로 노래하고 해독하였다. 반면에 똑같은 달의 짓을 두고 성리학적 세계관을 지향하는 조선조의 양반층은 이를 '양반과 서민을 가리지 않고 은총을 베푼다.'는 인식을 하여 '임금님'으로 노래하고 해독하였다.

그래서 정철은 '임금님의 은총' 운운하면 시가 되지 않으니 이를 달로 바꾸어 '달이 높이 떠서 사해를 다 비추는구나.'라고 노래하였고 조선조 사대부 또한 성리학적 세계관 속에 있으니 자동적으로 '달'이 '지구의 위성'이 아니라 '임금님'이라 파악하고 이 구절을 "임금님의 은총이 양반과 서민을 가리지 않고 온 세상에 충만하구나."라고 해독하였던 것이다.

이처럼 인간이 의식하지 못하는 곳에서 개념체계에 따라 유사성의 유추를 하고 의미를 만들고 실천하는 원리 중의 원리, 세계의 분열에 집단 무의식적으로 대응하여 다시 삶의 평형을 이루려는 양식으로 작용하는 것이 세계관이다. 그러니 세계관을 알면 그 세계관을 가진 구성원들이 어떤 의미를 가지고 삶을 살았으며 이 의미를 어떻게 조합하여 텍스트로 만들었는지, 그 의미를 실천하여 어떤 행동과 문화를 만들었는지, 세계의 분열에 대하여 왜 그런 대응을 하였는지 미루어 짐작할 수 있다.[13)]

3. 은유의 기능

앞에서 말한 대로 은유는 창조의 장, 수사의 장, 해석의 장, 소통의 장에서 작동한다. 은유는 이 네 장에서 억압과 검열의 회피의 기능, 존재개시의 기능, 인언견언의 기능, 유희의 기능, 시적 기능, 의미의 공유 및 연대의 기능, 동일화의 기능을 수행한다. 이 중 억압과 검열의 회피의 기능, 존재개시의 기능, 인언견언의 기능은 창조의 장에서 일어난다. 유희의 기능과 시적 기능은 수사의 장에서 발생한다. 동일화의 기능은 해석의 장에서 발생한다. 의미의 공유 및 연대의 기능은 소통의 장에서 일어난다. 유희의 기능은 수사의 장뿐만 아니라 해석의 장에서도 작동한다.

---

13) 지면 관계상 상세한 논의는 이도흠, 『화쟁기호학-이론과 실제』(한양대출판부: 1999)로 미룬다. 여기서는 화쟁기호학 가운데 의미작용에 해당하는 부분만 기술하였다.

억압과 검열의 회피의 기능은 쓰는 주체가 무의식적·정치적 억압과 검열을 피해가기 위하여 원래의 개념이나 대상을 다른 무엇으로 전이, 대치하여 표현하는 것이다. 귀족부인과 관계를 맺고 싶은 욕망을 가진 청년이 신분적 차이 등으로 이를 이룰 수 없자 백합꽃을 꺾는 꿈을 꾸는 것으로 대치한 것이 한 예이다. 그 청년은 거의 매일 백합꽃을 꺾는 꿈을 꾸자 의사를 찾아갔다. 의사는 청년의 꿈을 정신분석하여 그 증상(기표)의 의미(기의)는 "마을의 백작 부인과 성관계를 갖고 싶다."라고 해석하였다. 청년은 마을의 백작부인과 관계를 맺고 싶은 욕망을 갖고 있었다. 그러나 이는 신분차이 등에 의해 현실의 억압을 받는다. 대신 청년은 꿈에서 소망을 실현하려 하는데, 프로이트가 잘 간파하였듯, '쾌락원리'만이 아니라 '현실원리' 또한 작동하기에 이 욕망은 현실원리의 검열을 받는다. 청년의 욕망은 현실원리의 검열을 피하여 백작부인을 그와 유사한 이미지를 갖고 있는 백합꽃으로, 성행위를 꽃을 꺾는 행위로 대치한 것이다. 군사독재국가에서 대중이 '독재자'라고 하면 구속될 것을 염려하여 '돼지'라고 부르는 것도 같은 예다.

존재 개시의 기능은 쓰는 주체가 한 개념이나 대상을 다른 개념이나 대상과 비교하면서 양자 사이의 유사성이나 차이를 발견할 때 세계의 근원으로 다가가려는 욕망, 또는 상투성에 반역을 일으켜 낯설게하기를 이루려는 욕망에 따라 친근한 세계를 찢어버리고 숨은 세계의 의미를 드러내는 것이다. 인간은 영원불변한 실체에 다가가려는 욕망을 가지며 이 욕망은 한 대상에서 본질을 구현하려는 형이상학적 사유로 구현된다. 여기서 주체가 대상의 본질이라 인식한 것을 그대로 전달할 수 없기에 추상적 개념과 유사한 무엇으로 대치하여 명시하면서 은유가 발생한다. 예를 들어 "늦가을 무서리를 이기고 더 아름다이 피어있는 국화꽃"이라는 같은 구절로 표현했다 하더라도 이의 본질을 무엇으로 보았느냐에 따라 다양한 의미망을 갖는다. 조선조의 성리학자들은 국화를 보면서 '임금이 사약을 내린다 해도 더 지절을 지키는 선비의 표상'으로 해석하고 이렇게 표현하면 산문이 되니 "늦가을 무서리를 이기고 더 아름다이 피어있는 국화꽃"이라 노래한 것이다. 이들은 국화꽃에서 지절을 본 것이다. 반면에 실존주의자들이 이를 '시지프처럼 어떤 도전과 시련도 극복하고 실존하는 인간 주체'로 해석하고 이를 국화꽃의 은유에 응축하였다면, 그들은 국화에서 '실존'을 읽은 것이다. 더 국화에 다가가면 '화엄' 또한 읽어낼 수 있다. 이런 은유를 통하여 쓰는 주체는 세계의 본질을 드러내고 수용자들은 추상적 개념을 읽어낸다.

신, 진여(眞如), 도(道), 일심(一心) 등은 인간의 인식과 이해의 범주를 넘어서는 것이기에 언어로 표현하는 것은 궁극적으로 불가능하다. 언어로 표현할 수 있고 이해할 수 있다면 그것은 신, 진여, 도, 일심이 아니다. 그러기에 이것은 불가언설(不可言說)이고 이언절려(離言絶慮)이며 불가사의(不可思議)하다. 말할 수 없는 것에 대해서는 침묵하거나,[14] 선승처럼 선정(禪定)을 통해 이에 이르는 것이 올바른 방법이라는 것을 알지만. 인간이 자신이 깨달은 것을 전달하는 보편적인 방법은 언어기호를 방편으로 이용하는 것이다. 궁극적 진리가 언어 너머에 있음을 알고도 이를 언어를 통해 전달할 수밖에 없는 문제를 해결하는 방법은 선령언구(先領言句) 후령의리(後領義理)이다. 곧, 언어를 통해 언어기호가 가진 외시denotation의 의미를 받아들인 다음 이에서 머물지 않고 그 의미를 넘어서서 함의connotation가 품고 있는 깊은 뜻을 헤아린다면 불가사의의 한 자락이라도 드러낼 수 있다. 그러기에 비트겐슈타인도 "지붕(세계의 실체)으로 올라간 뒤에는 사다리(언어)를 던져 버려야 한다."[15]라 했다. 여러 철인과 성인들이 궁극적 진리가 언어 저 너머(지붕, 언덕 저 편, 물고기)에 있으면서도 인간이 이를 전달하는 것은 언어(사다리, 뗏목, 통발)밖에 없음을, 대신 언어로 궁극적 진리를 지시한 다음에는 언어를 버리고 세계의 실체

---

14) Ludwig Wittgenstein, *Tractatus Logico-Philosophicus*, tr. D.F. Pears & B.F. McGuinness (London: Routeledge & Kegan Paul, 1961), p.151.

15) op. cit. p.151.

를 대할 것을 천명하였던 것이다.[16] 이것이 말을 방편으로 이용하되 말을 떠나는 인언견언(因言遣言)의 논리이다. 인언견언의 기능은 쓰는 주체가 신, 진여, 도, 일심 등 인간의 인식과 이해의 범주를 넘어서는 초월적인 영역에 대하여 이를 언어로 표현할 수 없음을 알면서도 언어를 방편으로 이용하여 이의 일부분과 유사성을 가지는 것으로 대치하여 표현하는 것이다. 예를 들어 불경에서 진여를 '저 언덕 너머'로, 이에 이르는 방편을 '배'로, 깨달음의 세계를 티끌 하나 없이 청정한 하늘로 비유하는 것이다. 진여가 '저 언덕 너머'는 아니지만, 이 은유를 통하여 진여는 우리가 이해할 수 있는 세계 저 바깥에 있음을, 우리가 이해하고 말할 수 있다면 그것은 부처님의 말씀이 아님을 깨달을 수 있다.

시적 기능은 한 개념이나 대상을 다른 무엇으로 전이하여 지시적 의미를 넘어서서 함의를 갖게 하는 것이다. 예를 들어 '수행정진하는 동자승'이라고 할 것을 '호박'으로 노래하는 경우이다. 이 경우 "사람의 성장은 식물과 같다."라는 뿌리은유를 바탕으로 '여름의 뜨거운 햇볕을 받아 속이 익어가는 호박'과 '육체의 고통을 통해 내면을 성숙시키는 동자승'이 유사한 것을 매개하여 후자를 전자로 대치한 데서 은유가 발생하였다.

유희의 기능은 수사의 장에서 한 개념이나 대상을 노골적으로 드러내지 않고 우회적으로 표현하여 재미를 느끼거나, 해석의 장에서 원관념과 매체관념 사이의 상호작용을 통하여 다양한 의미와 이미지의 파노라마를 펼치는 데서 오는 즐거움을 갖는 것이다. 예를 들어 직설적으로 "절망 속에서도 희망은 있다."라는 말보다 "어두울수록 별은 맑게 반짝인다."라는 표현을 할 때 발화자는 재미를 느끼며 이 말을 해석한 수용자 또한 별의

---

16) 莊子도 『莊子』 「外物」 편에서 "물고기를 잡은 뒤에는 통발을 버려야 한다. 우리 인간의 말이라는 것은 뜻을 전달하기 위한 것이다. 그 뜻을 잡으면 말은 버려야 한다"라고 하였다.(得魚而忘荃 言者所以在意 得意而忘言). 석가모니도 『金剛經』 「正信希有分」에서 "너희 비구들아! 나의 설법이 뗏목의 비유와 같음을 아는 자들은 법조차 마땅히 버려야 하거늘 어찌 하물며 법이 아닌 것조차 버리지 못하는가?(汝等比丘 知我說法 如筏喩者 法尙應捨 何況非法)"라고 하였다.

의미를 해석하고 동시에 별의 이미지를 떠올리면서 즐거움을 체험한다.

의미의 공유 및 연대의 기능은 일정 집단의 수용자들이 한 개념이나 대상을, (대개의 경우 다른 집단의 구성원에게 소통되지 않는 코드 원리를 이용하여), 다른 개념이나 대상으로 대치하여 표현하고 해석하는 행위를 통하여 서로 같은 구성원으로서 의미를 공유하고 이를 바탕으로 연대를 형성하는 것을 의미한다. 예를 들어 전과자와 비전과자가 섞여있는 모임에서 한 전과자가 다른 전과자에게 "야, 물총!"이라고 한 사람을 부르면 비전과자들은 그 뜻을 모르고 어리둥절해하지만, 전과자들은 킬킬거리며 웃는다. 더 나아가서는 웃지 않고 있는 비전과자들로부터 웃고 있는 자신들만을 구분하며 동료의식을 느낀다. 그것이 물총처럼 물(정액)을 여기저기에 뿌리는 유사성을 갖는다는 면에서 '강간범'을 가리키는 말임을 알기 때문이다.

동일화의 기능은 은유가 보편적이고 초월적인 진리를 상정하여 유추적 사고를 통해 본질, 일반성을 지향하면서 물질, 실재, 삶, 현실, 역사로부터 벗어나 동일성의 세계를 함축하면서 개념이나 대상을 보편적이고 추상적인 개념으로 치환하는 것을 뜻한다. 예를 들어 박정희 정권은 자신들이 추구하던 근대화와 산업화를, 그 시대의 한 서울 시장은 자신을 '불도저'로 은유화하였다. 여기서 불도저는 '중단 없는 산업화'를 의미한다. 이것은 문맥, 맥락, 역사, 삶으로부터 독립하여 보편적 의미를 갖는다. 그리하여 유신 지배층이 추구하는 산업화는 어떤 이유로든 중단되어서는 안 되는 것, 민주화나 인권 등의 반대에도 아랑곳하지 않고 밀어붙여야 하는 것의 의미를 함축한다. 여기서 군사독재정권의 산업화의 모순-빈부격차 심화, 노동의 과도한 억압과 소외, 정경유착, 공동체의 파괴, 전통적 가치의 붕괴- 등의 의미는 은폐된다. 때문에 은유는 역사의 외부의 변화하지 않는 동일성의 세계를 함축하는 정적인 구조이며 가장 강력한 이데올로기적 재현 형식이다.[17] 이처럼 은유는 차이를 녹여 동일성으로 만든다. 수천의 나뭇잎은 각기 다양하고 차이를 갖는데 이를 나뭇잎으로 동일화하는 순간 '차이, 나뭇잎을 생성하였던 기(氣), 생명력'은 사라진다.

4. 대중문화 텍스트에서 은유의 원리와 기능

「삼성카드 광고 제1편」을 강남의 한 카페에서 처음 상영하였을 때 그리 시끄럽던 카페가 갑자기 조용해졌다고 한다. 2, 30대의 여성들이 호흡을 멈추고 이 광고에 빨려 들었다고 한다. 이 광고 텍스트에서 정우성은 '후기 자본주의적 섹시함', '21세기형 백마를 타고 오는 왕자님'의 의미로 동일화한 은유의 대상이었기 때문이다. 정우성은 새로운 이상형으로 부상하였고 이 광고는 대대적인 성공을 거두어 경쟁사를 단번에 눌러버렸다. '정우성'은 한국 자본주의의 맥락을 넘어, 물질적 세계를 초월하여 '새로운 시대에 부합하는 능력 있는 섹시함'의 초월적 의미를 획득하였다.

우리나라 시청자들에게 부(富)의 은유가 된 기존의 광고 모델이 각인되어 있기에 해석의 과정에서 양자가 상호텍스트성의 관계를 형성하며 이는 삼성 광고 텍스트를 '기존의 부자 대 보보스족'이라는 이항대립 구조로 분석하는 바탕을 형성한다.

〈표 1〉 삼성 카드 광고 텍스트의 이항대립구조

기존의 부자	보보스 족
기름진 중년층의 얼굴	젊고 환한 얼굴
고급 승용차의 환유	자전거의 환유
전통적인 정장	캐주얼 풍의 정장
전통적인 헤어스타일	프레피 룩
부의 획득에만 관심	부의 분배에도 관심
자본축적과 사업확장	일상의 행복이 삶의 목적

17) Ryan, Michael. *Politics and Culture*. The Macmillan Press, 1989. 한국어 번역본: 『포스트모더니즘 이후의 정치와 문화』, 서울: 갈무리, 1996, 199~204쪽.

광고 속의 정우성은 기름기 흐르는 중년층의 모습이 아니라 젊고 환한 얼굴로 나타난다. 서민과 중산층에 거부감을 주는 자본가가 아니라 친근감을 주고 부러움의 대상이기까지 한 귀티가 나는 잘 생긴 얼굴이다. 그는 부자와 환유 관계인 고급 승용차 대신 자전거를 타고 있다. 비록 소형차 한 대 값은 나가는 벤츠 자전거이지만 자전거의 환유는 환경 친화적인 교통수단이라는 것이다. 자연히 자전거를 타고 있는 사람의 기표는 더불어 사는 삶의 가치를 무시하는 탐욕스런 자본가가 아니라 환경, 나아가 인류의 미래에 대해 고민하고 동참할 수 있는 교양 있는 중산층이란 은유의 의미를 내포한다. 기존의 부자들은 전통적인 정장 차림을 하고 나타난다. 그러나 정우성은 미국에서 중산층의 성공을 뜻하는 네이비 불루 색상을 한 캘빈클라인의 스리버튼 슈트를 입고 프라다의 검은색 배낭을 메고 폴로의 스니커즈를 신고 있다. 머리도 기존의 부자가 전통적인 헤어스타일이라면 정우성의 헤어스타일은 미국의 사립 고교생을 연상시키는 프레피 룩이다. 전통적인 정장과 헤어스타일이 기존의 법과 제도를 옹호함을 의미한다면, 정우성의 차림은 기존의 법과 제도를 준수하는 가운데 가벼운 일탈을 함을 의미한다. 옷차림과 헤어스타일이 갖는 기표 자체가 그들이 무조건적으로 기존의 제도를 옹호하는 수구 자본가 세력이 아니라 기존의 제도를 준수하는 가운데 자유를 만끽하려는 보보스족임을 의미한다.(옷차림이 넝마나 청바지가 아니고 헤어스타일이 저항을 뜻하는 염색머리나 박박머리가 아님 또한 주목하라.) 기존의 자본가는 사업의 확장을 통한 더 많은 자본의 축적이 일하는 목적이다. 하지만 정우성은 일상의 행복을 추구한다. 기존의 자본가가 자신의 사리사욕을 채우는 데만 급급하여 비판을 받았다면, 보보스족은 부의 분배에도 관심을 갖는다. 그들에게 자신의 삶을 풍요롭게 하고 행복하게 이끄는 것도 중요하지만 남들로부터 존경을 받는 것 또한 중요한 성취욕구 가운데 하나이다.

더 재미있는 것은 정우성의 몸이 생물학적으로 한국인이지만 여기서 표현된 이미지로서 정우성은 가장 서구적인 용모, 곧 '흰 가면을 쓴 누런 얼굴'이라는 것이다. 이목구비가 뚜렷하고 콧날이 오뚝한 모습만이 아니다. 짙은 눈썹, 푹 꺼진 눈, 눈가의 주름은 물론, 치아가 어금니 뒤 부위까지 드러나며 웃는 웃음조차 한국인에게서는 보기 힘든 미국 스타일의 웃음이다. "나는 너만을 사랑해"라는 메시지를 가득 담고 상대방의 눈을 뚫어지게 쳐다보며 벅찬 웃음을 지어 보이는 것, 볼에 닿을 듯 말 듯 부드럽게 훑어 내리며 키스를 하고 이에 볼을 비비며 화답을 하는 것 모두 아메리칸 스타일의 사랑표현이다.

이렇게 이 광고는 미국의 새로운 엘리트인 보보스의 이미지를 정우성에게 옮겨 놓았다. 제일기획 관계자는 광고 속 정우성을 가리켜 "미국에서 4년 이상 유학생활을 했고, 현재는 금융회사 같은 전문직에 종사하며 저축액 등을 뺀 순수 생활비로만 월 300만원 이상을 지출하고, 언제든 남는 시간엔 부인을 위해주는 것이 취미이자 특기인 남자"로 풀이했다.

〈그림 1〉 삼성카드 광고 텍스트의 행위소 모형

발신자/부부생활	→	대상/고소영 (귀엽고 섹시한 아내의 은유/ 일상의 행복의 환유)	→	수신자/정우성 (시청자의 환유)
		↑		
조력자: 삼성카드	→	주체: 정우성 (좋은 남편의 환유/ 보보스족의 은유)	↔	적대자/물질적 빈곤, 이타적 삶

이 광고의 서사구조를 놓고 행위소 모형을 분석하면 위와 같다. 삼성카드 중 고소영-정우성 편의 광고 텍스트를 서사로 분석하면, 정우성은 아내에게 바케트 빵을 사다 주고, 승진한 아내를 위해 악기 연주하고, 한턱을 쏘고, 크루즈 여행을 시켜주며, 사랑을 표현한다. 이들 행동들은 아내를 위하고 사랑하며 표현한다는 의미를 갖는 동위소의 계열체들이다. 선물을 받음, 스킨쉽, 아내를 위한 연주, 크루즈 여행 등은 여성들이 남성

들로 받고자 하는 사랑의 동위소로 이루어진 계열체들이다. 행복에 겨운 아내의 표정, 사랑 가득한 아내의 눈망울, "제 남편이에요 능력있는 남자랍니다. 여자를 사랑할 줄도 알구요." 등의 말 등은 일상의 행복을 말해주는 동위소들이다. 이것의 수신자는 이를 보고 기뻐하고 만족하는 정우성, 실은 광고 속 정우성이 되고자 하는 시청자들이다.[18)]

이 텍스트에서 주체는 대상을 향하여 '선물을 줌' 등의 행위를 하는 정우성이다. 정우성은 원래 좋은 남편의 환유이지만 자본주의적 섹시함, 보스족의 은유로 전이한다. 정우성이 추구하는 대상은 고소영으로 이는 원래 예쁜 여자의 환유이다. 하지만 고소영은 한국의 남성 시청자들에게 '언제인가 갖고 싶은 귀엽고 섹시한 아내'로 동일화한 은유로 전이한다. 웃고 기뻐하는 고소영은 일상의 행복의 은유이다. 대중의 새로운 우상인 보보스족들은 그들의 꿈, 즉 예쁘고 섹시한 아내를 맞아 풍요롭고 자유로운 일상의 행복을 추구한다. 이들이 이 목표를 달성하는데 적대자로 기능을 하는 자는 서사의 표면에 드러나지 않으나 물질적 빈곤과 이타적 삶이다. 이 텍스트에서 성공한 삶, 훌륭한 인생이란 사회문제나 국가 문제 등 거대담론에서 떠나 소시민적이고 일상적인 행복을 추구하는 것, 사랑하는 이가 원하는 것을 언제든 사줄 수 있는 능력을 갖고 있으며 일하는 시간 외에는 부인과 가족에게 충실한 것, 서양의 중산층과 같은 인테리어를 한 아파트나 빌라에서 살며 고급 옷을 입고 맛난 것을 먹으며 사랑하는 이와 함께 여가를 즐기는 것을 가리킨다. 이들이 거리에 나서서 빈민 복지를 확대하라고 데모를 하거나 이라크 전을 반대하는 촛불 시위를 하는 이타적 삶의 유혹을 물리치고 일상의 행복을 추구하고자 할 때 바로 조력자로 등장하는 것이 삼성카드이다. "사랑하는 이에게 당신의 능력을 보여주세요. 삼성카드"라는 멘트와 함께 삼성카드나 카드를 사용하는 장

18) 지금까지의 논의는 A. J. Greimas, *Structural Semantics*, Daniele McDowell, Ronald Schleifer and Alan Velie (tr.) (Lincoln: Univ. of Nebraska Press, 1966), pp.197～221 참고함.

면이 나타난다. 삼성 카드만 있으면 사랑하는 아내에게 바케트 빵을 사줄 수도, 멋진 남편이나 승진한 아내에게 한 턱 쏠 수도, 크루즈 여행을 하며 사랑을 표현할 수도 있다.

모든 장면을 하나 분석할 수 있겠지만, 한 장면을 선택해 그 장면에 담긴 신화를 분석해 보자.

〈그림 2〉 삼성카드 광고 텍스트의 신화 구조

<table>
<tr><td>광고장면</td><td>1. 기표: 정우성이 고소영에게 사랑 표현을 하는 장면</td><td>2. 기의: 정우성은 능력이 있으면서도 아내를 지극히 사랑한다.</td><td></td></tr>
<tr><td rowspan="2">신화</td><td colspan="2">3. 기호: 정우성이 사랑 표현을 하는 장면의 의미

Ⅰ. 기표: 위와 같음</td><td>Ⅱ. 개념
21세기형 남편은 바깥에서 능력이 있으면서도 안에서 아내를 지극히 사랑하는 자다</td></tr>
<tr><td colspan="3">Ⅲ. 기호(신화):
니치주의</td></tr>
</table>

기표는 정우성이 고소영에게 사랑 표현을 하는 장면이다. 장면의 기표 안에 담긴 의미는 정우성은 능력이 있으면서도 아내를 지극히 사랑한다는 것이다. 이 기표와 기의는 결합하여 새로운 기호, 광고의 장면과 그에 담긴 의미가 어우러진 기표를 만든다. 곧 "정우성이 능력이 있으면서도 아내를 사랑할 줄 안다."라는 것이다. 이 기표를 보고 대중들은 "정우성으로 동일화하는 21세기형의 남편은 바깥으로 능력이 있으면서도 안에 들어와서는 아내를 지극히 사랑할 줄 아는 사람이다."라는 개념을 떠올린다. 그리하여 이 광고 텍스트는 21세기형 남편들이 조국의 통일이나 민주화 등 거시적 일에 이끌리지 말고 집으로 돌아와 아내와 함께 일상의 행복을 추구하는 삶이 당연하고 자연스러운 것으로 인식하게 만든다. 니치주의의 신화가 형성되는 것이다.[19] 이 광고에 숨어있는 이데올로기는 아

메리칸 로맨티시즘과 니치주의이다.[20)]

이 은유는 신화로 그치는 것이 아니라 그런 행위를 낳는다. 광고기획사의 말대로 월 300만원을 아무런 고민 없이 지출할 수 있는 사람만이 삼성카드를 쓰고 지펠 냉장고를 쓴다면 문제는 그리 크지 않다. 이 텍스트들은 감미로운 노래와 색상, 꽃, 촛불, 자전거와 양복, 스니커즈 등의 계열체를 결합하여 미국 중산층의 이미지를 창출한다. 대중들은 광고 텍스트의 이미지를 환상적으로 받아들인다. 그들은 여건이 허락하는 대로 멀쩡한 냉장고나 자동차를 고급의 것으로 대체한다. 그러는 사이에 그들은 과잉소비를 하여 자본가를 살찌게 하고 자신은 더욱 가난해진다. 여기서 그치는 것이 아니다. 그들의 삶이 실제로 중산층으로 변한 것이 아니라 소비양식만 그런 것인데 고급 냉장고를 사용하고 고급요리를 만들고 있는 한 그들은 이미 중산층이다. 서민이면서도 자신이 중산층으로 상승한 양 착각한다. 그들은 자신을 광고 속의 이영애, 심은하, 정우성 등의 중산층으로 동일화하면서 점점 자신에게서 소외된다. '사이비 행복의식' 속에서 계급갈등과 불만은 자연히 없어진다. '반역을 향한 동경' 또한 사라진다. 결국 그들은 이 이미지에 취하여 서민적 이미지를 낡고 고리타분하고 시대에 뒤떨어진 열등한 것으로 인식하게 되면서 지배층에 포섭된다.

---

19) R. Barthes, *Mythologies*, London: Paladin, 1973, p.115. 참조

<table>
<tr><td>Langue</td><td>1. Sa(sens)</td><td>2.Si</td><td></td></tr>
<tr><td>myth</td><td colspan="2">3. sign
Ⅰ. Sa(sens/form)</td><td>Ⅱ. Si(concept)</td></tr>
<tr><td></td><td colspan="3">Ⅲ. sign</td></tr>
</table>

20) 심은하를 등장시켜 남편을 위해 퐁듀 요리를 하며 "여자라서 너무 행복해요"라고 말하게 한 디오스 광고, 이영애가 남자의 품에 안기며 "그이는 세상에 태어나 가장 잘한 일이 날 만난 거란다."라는 독백을 하는 지펠 광고 모두 이와 같은 계열에 속한다. 이들 광고는 역사와 구체성을 제거하고 현실과 환상을 뒤범벅으로 만들며 그 빈 자리에 소시민주의와 니치주의를 가져다 놓는다. 이들 텍스트가 품고 있는 가장 대표적인 신화는 "정치나 사회문제에서 떠나 일상의 행복을 추구하는 것이 가장 가치 있는 삶이다."라는 것이다.

또 한 편에서는 철저한 배제와 폭력이 감행된다. 광고 텍스트엔 예쁜 아내를 만나 일상의 행복을 이루는 수신자가 정우성을 환유로 하고 있는 시청자 모두로 그려지고 있지만 이는 환상일 뿐이다. 사회는 카드를 통해 행복한 가정 만들기에 실패한 자들을 개인 파산자로 판결하고 모든 금융 거래를 정지시킨다. 이들은 카드 빚을 메우고 다시 행복한 가정을 되찾기 위하여 술집에 나가 몸을 팔거나 대리운전 등 업무 외의 과외 일을 한다. 이것으로 불가능하다 생각하면 강도나 사기를 행한다. 이들 중 상당수는 곧 범죄자로 낙인이 찍혀 사회로부터 추방된다. 결국 카드광고가 그리고 있는 일상의 행복이란, 소수 엘리트들이 다수 대중을 끊임없이 착취한 후 배제하면서 얻을 수 있는 현실이다. 이런 광고가 통용되는 사회란 대중을 끊임없이 과잉소비로 이끌고 이 능력을 상실하였다고 판단한 순간 이들을 개인파산자와 범죄자로 몰아 철저히 배제하고서 유지되는 파놉티콘 panopticon이다.

〈그림 3〉 페미니즘에서 읽은 삼성 카드 광고 텍스트의 행위소 모형

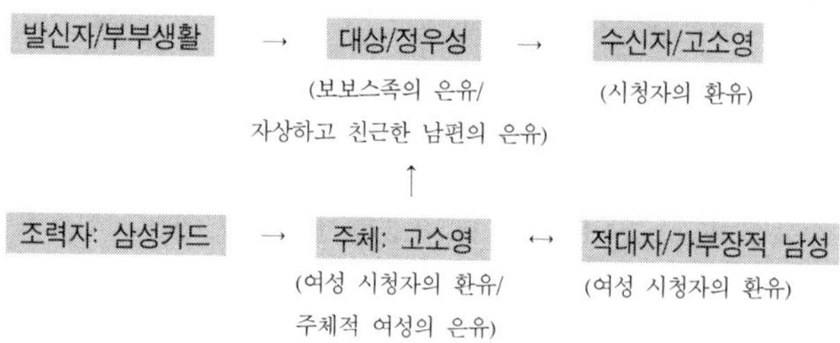

페미니즘 입장에서 보면 전혀 다른 해석이 가능하다. I. Ang의 주장을 응용하면 여성들은 정서적 연루emotional involvement, 곧 자신들의 경험이나 정서를 대중문화 텍스트에 짜 넣어 사랑과 이혼, 갈등 등을 인간관계에 초점을 맞추어 해석하며, 허구적 인물에 자신을 동일화한다. 드라마는 기존의 진부한 여성상을 단순히 반영하는 것이 아니라 대중문화 텍스

트를 통해 '이상적 어머니', '여성스러움'을 (은유를 통해) 동일화할 수 있는 상징적 형식들을 적극적으로 만들어낸다. 드라마에서 허구적 여성 인물은 여성의 '현실적' 이미지로 그려지는 것이 아니라 가능한 '여성스러움'의 양식으로 텍스트가 구성한 것에 (환상에) 더 가깝다.21)

이 텍스트에서 주체는 남편과 남편의 친구를 위해 카드를 긁는 고소영이다. 고소영이 카드를 사용할 때 나오는 멘트는 "사랑하는 이에게 당신의 능력을 보여주세요."이다. 고소영이 추구하는 대상은 친구처럼 자상하고 친근한 남편이다. 고소영이 이 목표를 달성하는데 적대자는 서사의 표면에 드러나지 않으나 "여자가 가장이 남편의 친구를 만나는데 따라오느냐 라고 하거나 어디 여자가 자존심 상하게 남자 대신 계산을 하느냐?" 고 언성을 높일 권위적인 가부장적 남편이다. 이 텍스트에서 여성들에게 행복한 삶이란 친구처럼 편안하고 친근한 남편을 만나 남편의 친구 등 주변 사람과 동등한 입장에서 사교를 하고 때로는 여자가 남편과 남편의 친구를 위해 기꺼이 술값을 지불할 수 있는 관계이다. 남성의 입장에서 읽으면 니치주의라는 신화가 숨어있지만 여성의 시선에서 읽으면 가부장적 권위에 도전하는 여성주의, 다시 말하여 기존체제에 저항하는 정치성이 담겨 있는 것이다.

5. 맺음말

은유는 수사학의 꽃일 뿐 아니라 인간이 개념체계에 따라 그린 지도이자 행위를 결정하는 구조로 작용한다. 은유는 한 개념이나 대상을 다른 개념이나 대상과 견주어 양자 사이의 유사성이나 차이를 발견하고 이를

---

21) I. Ang, *Living Room Wars-Rethinking Media Audience for a Postmodern World*. London: Routledge, 1996, p.92.

바탕으로 세계를 유추analogy하여 한 대상이나 개념을 다른 무엇으로 전이하거나 대체하여 비유하는 것이자, 담론 안에서 작동 시 수용자가 주어진 세계관과 문화 안에서 형성된 개념 체계와 상상력에 따라 원관념과 매체관념 사이의 관계를 유추하여 의미작용을 일으키는 방식이자 소통하고 행동하는 양식이다. 창조의 장에서 보면 은유는 두 개념이나 대상 사이의 유사성을 유추하는 것이다. 수사의 장에는 은유는 전이와 대체이다. 해석의 장에서 보면 이는 원관념과 매체관념 사이의 동일화이다. 소통의 장에서 보면 은유는 상호작용을 통해 해석한 의미의 실천이다.

은유는 창조의 장, 수사의 장, 해석의 장, 소통의 장에서 작동하면서 억압과 검열의 회피의 기능, 존재개시의 기능, 인언견언의 기능, 유희의 기능, 시적 기능, 의미의 공유 및 연대의 기능, 동일화의 기능을 수행한다. 이 중 억압과 검열의 회피의 기능, 존재개시의 기능, 인언견언의 기능은 창조의 장에서 일어난다. 유희의 기능과 시적 기능은 수사의 장에서 발생한다. 동일화의 기능은 해석의 장에서 발생한다. 의미의 공유 및 연대의 기능은 소통의 장에서 일어난다. 유희의 기능은 수사의 장뿐만 아니라 해석의 장에서도 작동한다.

대중문화 텍스트에서 은유는 역사 외부의 변화되지 않는 동일성의 세계를 함축하는 정적인 구조인 동시에 담론 속에서 적극적으로 자신의 기능을 수행하고 인간에게 실천을 이끄는 역동적 구조이기도 하다.

삼성카드 광고에서 정우성을 보보스족으로 동일화할 경우, 니치주의와 아메리칸 로만티즘의 신화와 이데올로기를 드러내는 것처럼, 환유가 경험, 특수, 문맥, 물질에 바탕을 두는 반면에 은유는 보편, 이상, 전통을 지향한다. 하지만 여성들이 페미니즘의 입장에서 정우성을 '자상하고 친근한 남편'의 은유로 동일화할 경우 가부장적 권위에 도전하는 여성주의, 다시 말하여 기존체제에 저항하는 정치성이 담겨 있는 것처럼, 은유는 기존의 코드나 동일화 체계에 저항하기도 한다.

한 마디로 말하여 은유는 드러내는 만큼 감추고 감추는 만큼 드러낸다.

드러내는 의미만 취할 경우 우리는 은유의 신화와 이데올로기에 조작당하는 대상으로 전락한다. 감추는 의미를 끊임없이 드러내고 또 드러낼 때 우리는 해석하는 주체가 되어 의미의 파노라마를 펼치는, 실체의 의미에 다가가는 황홀감을 맛본다.

참고 문헌

기호학연대(2003), 『대중문화 낯설게읽기』, 서울: 문학과 경계.

이도흠(1999), 『화쟁기호학, 이론과 실제』, 서울: 한양대출판부.

Ang, I.(1996), *Living Room Wars-Rethinking Media Audience for a Postmodern World*, London: Routledge.

Aristotle[1996], 『詩學』, 천병희(역). 문예출판사.

Barthes, Roland(1973), *Mythologies*, London: Paladin.

Black, Max(1962), *Models and Metaphors*, New York: Cornell Univ. Press.

Danesi, Marcel(2004), "Metaphor and conceptual productivity: Result of a pilot project," *Semiotica* 148-1, 1/4., 399-411.

Fauconnier, Gilles and Turner, Mark(2002), *The Way We Think: Conceptual Blending and the Mind's Hidden Complexities*, New York: Basic

Greimas, A. J.(1966), *Structural Semantics*, Daniele McDowell, Ronald Schleifer and Alan Velie(tr). Lincoln: Univ. of Nebraska Press.

Holme, Randal(2004), *Mind, Metaphor and Language Teaching*, New York: Palgrave Macmillan.

Kövecses, Zoltán(2002), *Metaphor-A Practical Introduction*, Oxford: Oxford Univ. Press.

Lakoff, George and Johnson, Mark(1980), *Metaphor We Live By*, Chicago: The University of Chicago Press.

Lakoff, George(1994), "What is a conceptual system for morality," in *The Nature and Ontogenesis of Meaning*, Willis F. Overton and David S.

Palermo(eds.). Hillsdale, NJ: Lawrence Erlbaum.

Leezenberg, Michiel(2001), *Contexts of Metaphor*, New york: Elsevier Science Ltd.

Liu, Dilin(2002), *Metaphor, Culture, and Worldview*, Lanham: Univ. of America.

Ricoeur, Paul(1981), *The Rule of Metaphor*, Robert Czerny with Kathleen McLaughlin and John Cotello, sj(tr.), Toronto: Univ. of Toronto Press.

Robins, Shani and Mayer Richard E.(2000), The Metaphor Framing Effect: Metaphorical Reasoning About Text-Based Dilemmas, *Discours Processes*. 30(1), 57-86.

Ryan, Michael(1996[1989]), *Politics and Culture*, The Macmillan Press. 한국어 번역본: 『포스트모더니즘 이후의 정치와 문화』, 서울: 갈무리.

Sacks, Sheldon(1980), *On Metaphor*, Chicago: Univ. of Chicago Press.

Schuh, Kathy L. and Cunningham, Donald J.(2004), Rhizome and the mind: Describing the Metaphor, *Semiotica* 149-1, 1/4, 325-342.

Shen, Yeshayahu and Balaban, Noga(1990), Metaphorical (In)Coherence in Discourse, *Discours Processes*. 28(2), 139-153.

Yu, Ning(1998), *The Contemporary Theory of Metaphor-A Perspective From Chinese*, Philadelphia: Jon Bnjamins Publishing Company.

Wittgenstein, Ludwig(1961), *Tractatus Logico-Philosophicus*, tr. D.F. Pears & B.F. McGuinness, London: Routeledge & Kegan Paul.

The Theories of Metaphor and Reading Mass Culture Text as a Practice

Lee, Do-heum

Metaphor is not only a figure of speech but also a cross-domain mapping in the conceptual system and a structure of action. In the field of creation, metaphor is a analogy of likeliness between two objects or concepts. In the field of figuration, it is a transference of meaning and a interaction between tenor and vehicle or frame and focus. In the field of interpretation, it is a identification between two concepts. In the field of communication, it is a praxis of meaning.

In mass culture text, metaphor is not only a static structure implying the world of identification but also a dynamic structure leading to praxis. Most of all, metaphor intends to the universal, ideal, tradition. However, it resists against existing code and identifying system. Metaphor identified by ruling class functions as a ideology. However, metaphor created by grass-roots functions as a counter-ideology.

Metaphor hides as much as it reveals. If we read only the meanings revealed, we should be degraded to the Being manipulated by myth and ideology of mass mediated culture text. However, if we read and expose the meanings hidden endlessly, we should be the subject of interpretation and be filled with rapture approaching to the substance of meanings.

열쇠어 : 은유, 대중문화, 은유 기능, 정태적 구조, 역동적 구조, 동일화, metaphor, mass culture, the function of metaphor, a static structure, a dynamic structure, identification, ideology

기호학과 커뮤니케이션

- 인지기호학적 관점을 중심으로 -

조창연*

1. 머리말

커뮤니케이션(의사소통)[1]은 의미전달이 중심 과제 이지만 동시에 의미생성의 문제와도 밀접하게 연결되어 있다. 이런 맥락에서 기호작용의 문제, 특히 의미 생성의 문제를 중점적으로 다루는 기호학은 커뮤니케이션과 밀접한 관계를 갖는다. 이같이 기호학적 연관은 커뮤니케이션 환경이 점차로 쌍방적이고 디지털적이며, 대인 중심적이 됨에 따라서 커뮤니케이션의 연구에 중요하게 등장한다. 사람들 간의 커뮤니케이션의 이해는 개인 커뮤니케이션과 개인커뮤니케이션의 토대가 되는 자아(自我)커뮤니케이션에 대한 이해를 필요로 한다. 개인커뮤니케이션은 개인이 환경과 상호작용하는 커뮤니케이션 현상인 반면, 자아커뮤니케이션은 개인의 의식속에서 일어나는 정보처리적 커뮤니케이션 현상을 의미한다. 이렇게 커뮤니케이션 연구가 인간 중심적 연구에 초점이 맞춰지면서 커뮤니케이션을

---

* 서원대학교 광고홍보학과 교수

1) 커뮤니케이션의 범위는 광범위하고 이에 따라서 그 개념도 매우 다의적이다. 따라서 논의를 명확히 하기 위해서 이 연구는 인간과 연관된 커뮤니케이션, 즉 인간커뮤니케이션에 대한 문제로 논의의 범위를 한정하도록 한다.

신호를 매개로 한 정보의 교환의 관점보다는 커뮤니케이션 하는 개인이 의미를 생성하는 역동적 행위로 보게 된다.

자아커뮤니케이션에 대한 기존의 연구들은 정보처리 중심의 고전적 인지심리학적 관점에 편향되어 있는데 이 관점은 커뮤니케이션에 대한 총체적 이해를 간과하고 있다. 즉 커뮤니케이션이 끊임없이 자기 자신을 생산하고 의미를 생산하는 생명체인 인간이 환경과의 오랜 상호 작용의 결과로 나타나게 된 사실을 올바르게 평가하지 못하고 있다. 다시 말해 커뮤니케이션의 발전이 인간의 진화적 생성과 발달과 밀접한 관계가 있다는 사실에 대한 통찰이 미흡하다. 따라서 인간의 생물학적 생성의 역사와 그 커뮤니케이션과 기호학적 발달의 상호과정을 연결하고 이를 통하여 커뮤니케이션의 연구를 인간과 커뮤니케이션 생성의 총체적 토대 위에서 관찰할 필요가 있다. 이러한 작업은 인식의 전환을 필요로 한다. 즉 문자기호로 기록되지 않고 생물학적 기호로 기록되어 인간에게 전달되고 기호화되어 있는 인간의 발달과 커뮤니케이션의 발달 과정을 커뮤니케이션의 연구에서 함께 고려하여야 한다는 인식, 즉 인지 기호학적 인식이다.

이러한 인식은 인간과 커뮤니케이션의 진화적 발전 관계를 기호학적으로 살펴보고 인간 커뮤니케이션의 원형(原形)적 모습을 도출하고 그것이 어떤 과정을 통해서 현재의 커뮤니케이션으로 발달하여 왔는가에 대한 분석을 필요로 한다. 연구 결과에 의하면 인간 커뮤니케이션은 구조적 접속에서 인지적 접속으로서 변화되어 왔음을 보여준다. 이것은 인지적 접속으로 인간 커뮤니케이션의 작용이 인지[2]를 매개로 의미를 전달하고 의미를 생성하는 이중적인 성격을 가짐을 의미한다. 즉 의미전달과 의미생성은 커뮤니케이션에서 동시적으로 일어나며 이러한 의미에서 커뮤니케이

2) 여기서 인지에 대한 개념을 확실히 할 필요가 있다. 본 연구에서는 인지를 이성적인 작용에 중점을 두고있는 협의적인 의미로서의 정보처리 이론에 한정하기보다는 "육화된 생물학적인 인식"(Varele et al., 1992, p.238)이란 광의적인 차원에서 파악한다.

션의 문제는 기호학적이며 동시에 인지적인, 즉 인지기호학적 특성을 갖는다.

2. 커뮤니케이션의 생성

2.1. 인간, 기호, 그리고 커뮤니케이션의 발생

커뮤니케이션은 그 생성의 역사가 인간의 진화적 생성과 밀접한 관계를 가지고 있다(Müller, 1990). 따라서 인간 커뮤니케이션은 기존 미디어 역사 중심이나 문자 중심적 기록문화의 경계를 넘어서 인간의 생물학적 역사와 통합적 관계에서 고찰되어야 한다.[3] 이것은 인간과 커뮤니케이션을 진화적 발전과정 속에서 파악하려면 생명체로서 인간의 탄생의 기원, 기호와 커뮤니케이션의 생성이 통시적으로 파악되어야 한다는 것을 의미한다. 원시의 단세포 생물에서 사용한 메시지는 오늘 날 우리가 사용하는 기호가 아니고 화학적인 것 이였기는 하지만 이들 생물체도 커뮤니케이션의 핵심 요소인 기호(정보)를 처리 할 수 있었다는 점에서 일종의 원시적 커뮤니케이션의 형태로 볼 수 있다. 이러한 사실은 인간의 탄생, 그리고 기호와 커뮤니케이션의 생성이 진화의 총체적 과정과 밀접하게 결합되어 있음을 시사한다(Tembrock, 1975).

진화 과정은 질적으로 서로 상이한 '상호작용', '커뮤니케이션', '의식

3) 이런 맥락 속에서 보면 언어란 행동을 조정하기 위한 일종의 도구이며 오랜 진화과정의 결과로 나타난 것으로서(Schmidt, 1996, p.16), 인간의 언어적 커뮤니케이션 기원은 생물학적으로 공유된 신호체계(Buck, 1984, p.32 이하 참조)로부터 구성된 것으로 파악된다(Mead 1934). 이렇게 볼 때 언어를 구사할 수 있다는 것은 커뮤니케이션의 능력을 잠재적으로 암시하며 여타의 구조생성을 가능하게 하지만, 언어는 커뮤니케이션을 위한 전제 조건이 아니라, 오히려 이미 커뮤니케이션의 결과로 파악해야 한다(Merten, 1977, p.118).

과 언어'의 삼 단계로 구분되는데(Müller, 1990), 이들의 발전 과정은 서로 연속적으로 연결되어 있다. '커뮤니케이션'의 단계를 기점으로 전(前) 단계의 커뮤니케이션은 의식화되지 않고 분화되지 않은 반면에, 후(後) 단계의 커뮤니케이션은 의식화되어 있고 분화된 특징을 보인다. 전 단계의 커뮤니케이션은 상호 작용으로 특징되며, 메시지는 물리·화학적 성분(매체)에 의해서 전달된다. 이에 대한 좋은 예는 신경세포에서 메시지 전달이다. 신경세포에는 자극과 세포들을 매개하는 전기적 신호전달이 존재하며 이를 통하여 여러 가지 모습의 신호들이 전달되는데, 이들은 서로 다른 시간 간격 속에서 작용하면서 다양한 세포와 조직체계를 통제한다. 이 단계에서 정보(메시지)와 그 정보의 의미는 서로 일치한다. 이러한 커뮤니케이션의 형식은 '공생'(Symbiose)으로 특징되는데, 이것은 송신된 정보와 해독된 그 의미가 일치하는 완전한 커뮤니케이션의 한 전형으로 볼 수 있다. 이 공생 형태의 커뮤니케이션은 의식과 무의식이 아직 분화되지 않은 구조적 결합(structural coupling)에 토대를 둔다. 이 결합의 상호작용 속에서 생각이나 상상은 언어 기호에 선행한다. 다시 말 하면 조직들 간에 어떤 상호 작용적 경험이 생각을 형성하며, 그 생각은 비언어적 형태로서 실재에 대한 경험의 의미화를 가능하게 하고, 비언어적 구상을 의미화하는 역할을 한다. 이러한 상호작용의 단계에서 의식과 무의식, 그리고 생각과 상상은 구분되지 않는다. 이 '상호작용의 단계'와 '커뮤니케이션 단계'의 중간 영역에 지배적 커뮤니케이션의 형태인 신호체계는 커뮤니케이션 단계에서 기호 체계로 발전된다(Tembrock, 1975, p.29; Bentele, 1984, p.118). '커뮤니케이션' 단계는 언어기호와 의식의 발생으로 특징된다. 이 단계에서는 의미론적 해석에서 가정하고 있듯이, 생각이 언어기호에 의해서 유도된다기보다 생각으로부터 유도되고, 상호작용에 토대가 되고 있는 구조적 결합의 역할은 개체적 차원으로 내재화 된다. 뿐만 아니라 매체를 통한 외부적 역할이 조직들의 결합을 증대함으로서 생물체의 분화 과정에서 기호 사용과 의식 발생이 나타나게 된다. 이 과정에서 언어사용은 의식 발생과 밀접하게 관계된다. 언어화 된 것은 의식 세계로 편입되는 반면에, 언어화되지 않은 것은 무의식의 세계에 남게 된다. 이것은 기호와 의식이 커뮤니케이션을 매개하는데 중요한 역할을 한다는 것을 의미한다. 이를 통하여 '구조적 접속'에 토대를 둔 공생적 커뮤니케이션의 형태와 다른, 인지적 접속(cognitive coupling)에 토대를 둔 새로운 형태의 커뮤니케이션이 생긴다.

'상호작용'으로 특징되는 '자연 발생적 커뮤니케이션'은 생물학적으로 공유된 신호체계에 토대를 두며, 비의도적이고, 비명제적이고 허위적이 될 수 없으며 그 메시지 요소는 신호체계에 토대를 둔다. 반면 의식과 언어사용으로 특징되는 '상징적 커뮤니케이션'은 사회적으로 공유된 신호체계에 토대를 두고, 의도적이며, 논리적 분석이 가능한 명제적 특성을 띄며, 그 메시지 요소는 (언어)기호에 토대를 둔다(Buck 1984, p.36). 이것은 상징적 커뮤니케이션이 자연발생적인 커뮤니케이션에서 유래되며, 생물학적 유기체의 커뮤니케이션은 진화적 과거로부터 유래된 시스템인 자연발생적 커뮤니케이션을 항시 수반한다는 것을 의미한다. 자연 발생적 커뮤니케이션의 단계에서 상호작용은 생물체의 본질적인 특성으로 볼 수 있는데 '상호작용' 단계가 '커뮤니케이션'의 단계를 거쳐서 '의식과 언어'에 이르는 일련의 과정에서 조직의 물질적 발달과 의식은 밀접하게 연관된다(Müller, 1990, p.224). 이 과정 속에서 비물질적 의도성(Intentionality)은 물질의 물리적 실재와 직접적으로 연관성을 갖게 된다.

이러한 일련의 연속적 진화 과정은 양적이고 질적인 변화를 초래하고 나아가서 생물 생성과 결합됨으로서 다음으로 높은 단계인 커뮤니케이션에 이르게 되고, 나아가서 인간화의 단계를 거치면서 의식과 언어기호로 특징되는 가장 최고의 단계에까지 이르게 된다(<표 1> 참조). 이 진화의 과정에서 모든 단계는 다른 발전의 단계들과 단절됨이 없이 연결되어 있고, 각 단계의 진화 결과는 분화와 전환을 거쳐서 다음 단계로 연결된다. 이 단계에서 분화와 전환은 질과 양의 근본적인 변화라기보다는 변화의 중심이 외향화(外向化)인가 내향화(內向化)인가와 관계된다. 이 모든 진화 과정의 단계의 중심부는 생물학적 조직(세포 혹은 조직)과 환경 간에 커뮤니케이션적인 상호 작용으로 특징되는데, 인지의 진화적 발전과 밀접하게 연결되어 있다. 커뮤니케이션의 조건은 이러한 진화적 결과에 의해서 결정된다.

<표 1> 상호작용, 커뮤니케이션 그리고 언어와 의식의 진화 관계

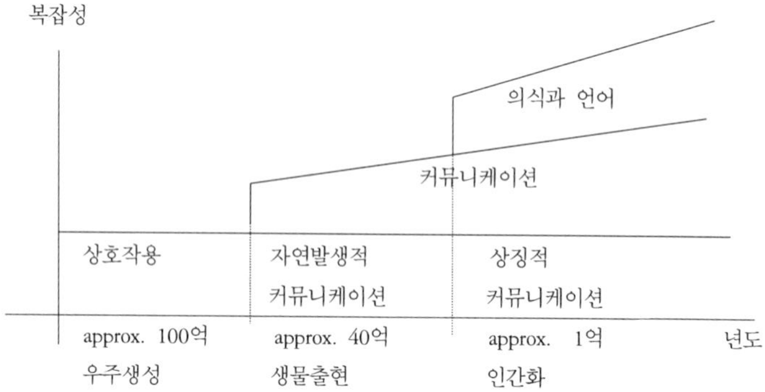

출처: Müller, 1990, p.227와 Buck, 1984, pp.34~41을 종합

2.2. 커뮤니케이션의 조건

커뮤니케이션의 본원적 형태인 공생적 커뮤니케이션의 형태는 진화 과정에서 조직의 분화를 통하여 송신 주체와 수신 주체가 분리됨으로서 불완전한 형태의 커뮤니케이션으로 발전되고 이에 따라서 인간의 커뮤니케이션은 시간적/공간적인 제약을 갖게 된다. 다음에서 이 제약 과정을 살펴보기로 한다.

커뮤니케이션의 진화는 무생물의 상태에서 생물로, 즉 세포 생성, 기호 생성, 조직들 간의 분화와 상호작용과 연결되어 있을 뿐 아니라, 나아가서 인간의 메시지 전달과 그 교환의 과정에까지 연결되어 있다. 자연적 커뮤니케이션의 형태가 '구조적 접속'에 토대를 두고 있음은 이미 앞에서 설명하였다. 이 접속에 바탕을 둔 커뮤니케이션은, '폐쇄성'(closed unity), '자기지시성'(self-referentiality), '자동조정'(Autopoiesis) 그리고 '재귀성'(reflexivity)으로 특징 된다. 자동조정의 체계들 사이의 커뮤니케이션은 폐쇄성 및 자기지시성과 재귀성에 근거하며 인지영역의 상호 작용적 자극이나 확대 및 측정을 통하여 지식의 자기조직의 가능성을 갖는다. 자율적이고 자기 생산적이며 자동적인 두 조직 간의 커뮤니케이션은 완전한 독립성(Autonomy)을 전제로 한다(Maturana, 1970). 독립적이며 자동조절적인 체계는 자신의 인지를 스스로 구성하기 때문에 조작적으로는 폐쇄적이며 자기지시적으로 움직인다. 이 속에서 상호작용과 재조정의 모든 과정은 자기 지시적이며 이를 통하여 다른 자기지시적 과정과 관계된다.

자율적 체계로서 인간은 폐쇄성을 바탕으로 한 결합의 형태로서 세계와 사물 의미의 배경을 경험한다. 이 과정 속에서 커뮤니케이션은 결코 한 조직에서 다른 조직으로 어떤 지식을 전달하는 것이 아니고, 다른 한 체계가 자신에게 고유한 과정을 스스로 재현하는 것으로, 조직은 인지적 영역이 스스로 상호 작용 과정을 재 지향함으로서 생긴다.[4] 이 과정은 자기지시적으로 스스로의 진화와 관련을 갖고, 그 잠재력을 가진 역동적 체계는 다양한 구조들을 통하여 나타나며 우발적이라기보다는 일관되게 진화적 연속성 갖는다(Jantsch, 1987, p.168). 여기서 자기지시적 특성은 조직의 폐쇄성을 전제로 하지만 그 구성요소들은 그물망으로 연결되어있는 상호작용을 통하여 통합된 구성체로 나타난다. 다시 말하자면 자기지시성은 상호작용의 그물망을 통하여 재귀적으로 작동한다(Varela, 1987, p.121).

이러한 인지체계의 조작적 폐쇄성 명제는 참여자의 인지적 능력이 부

---

4) 본 연구에서는 커뮤니케이션의 정의를 인지학과 생물학적 방향에서 정의를 인용했다. 다른 방향에서의 커뮤니케이션에 대한 정의들은 Merten(1977)을 참조.

분적으로 유사하고, 개체 발생의 과정에서 세계에 대한 유사한 지식과 행위도식을 계발함으로서 방향성을 갖고 성공적인 상호 작용을 가능하게 한다(Rutsch, 1994, p.65). 여기에서 이해의 문제는 송신자가 수신자와의 접속행위를 통하여 자신의 지향적 목표를 달성할 수 있는가, 혹은 커뮤니케이션이 성공적으로 달성되었는가를 결정하는 관건이 된다. 상대편 혹은 '지향되어진 것'이 송신자의 지향성에 상응한다면 그것은 이해되었음을 의미한다. 이러한 과정에서 '지향된 것'은 '지향하고 있는 것'의 행위목표에 직접적 접근함을 의미하지 않는다. 여기서 언어기호의 사용은 커뮤니케이션 성과와 구조적 발생을 계속하기 위하여 잠재력을 갖지만, 전제조건이 되지 못한다(Merten, 1977, p.118). 커뮤니케이션의 기본적 전제는 반성적 인식이며, 논리적 재귀성이 커뮤니케이션이 작용하기 위한 중요한 요인이기 때문이다. 이것은 상징을 사용하는 행위로서의 언어기호가 필연적으로 비언어적 기호 행동으로부터 유래되었음을 시사한다. 언어기호의 영역에서 커뮤니케이션은 반성(反省)된 인지와 사회적 차원에서의 반성(反省)적 특성에 의해 구성되며, 언어 기호적 영역의 형성이 의미론적 관계에 의존한다기보다는 자기반성을 통한 계속적 구별에 토대를 두고 있다(Maturana, 1987, p.112). 이것은 언어 기호가 본능적 행동을 대체하고 있는 어떤 의도성을 담고 있으며, 그 표현의 시도에 그 뿌리를 두고 있다는 것을 의미한다. 여기서 본능적 행위는 언어적 행동을 통하여 대체되고 이를 통하여 행위 선택과 선택적 행동이 가능하게 된다.

커뮤니케이션에 대한 이러한 인식은 커뮤니케이션의 성립조건이 두 사람 혹은 그 이상의 참여자가 자기생산의 자동조정 체계의 인지적 영역을 공유함으로서 가능하게 됨을 시사한다. 이러한 의미에서 한 생물체로서 인간의 커뮤니케이션이란 '주는 것'이라기보다는 자기 자신을 다른 이 들 속에서, 그에 대응되는 삶의 과정에서 발전된 자기 삶의 표출(Presentation)로 보아야 할 것이다. 다음 장에서는 이러한 커뮤니케이션 조건하에서 이 장에 참여하고 있는 커뮤니케이션의 참여자들 간에 커뮤니케이션의 가능성을 논의하도록 한다.

3. 인지 접속으로서의 커뮤니케이션

커뮤니케이션의 자연발생적 단계에서 커뮤니케이션은 구조적 접속에 바탕을 둔 공생적 형태에 근거하지만, 기관분화에 의한 상징을 토대로 한 인간의 커뮤니케이션의 단계에서 커뮤니케이션은 더 이상 구조적 접속에 바탕을 둔 공생적 커뮤니케이션의 형태로 이루어질 수 없다. 왜냐하면 분화된 두 개체는 시간과 공간적으로 분리되어 있기 때문이다. 그러므로 상징에 바탕을 둔 커뮤니케이션은 분리된 두 개체의 커뮤니케이션을 연결시켜주는 매개체가 필요하다. 여기서 인지는 매개체로 역할하며 궁극적으로는 미시적 단계의 커뮤니케이션과 밀접하게 연결되어 있다. 이것은 상징에 바탕을 둔 단계의 인간의 커뮤니케이션이 인지(Cognition)를 매개로 해서 이루어짐을 의미한다.[5)]

커뮤니케이션과 인지와의 관계에 대해서는 서로 다른 관점이 있다. 이들 각 관점의 대표자가 루만(Luhmann)과 슈미트(Schmidt)이다. 루만은 커뮤니케이션과 인지를 극단적으로 구분하려는 시각을 가진 반면, 슈미트는 커뮤니케이션과 인지가 밀접한 관련을 갖고 있다는 시각에서 접근한다. 이들 주장의 핵심적 요점은 '구조적 접속'의 관점에서 커뮤니케이션과 인지의 관계를 어떻게 보느냐에 따라서 서로 다르다. 따라서 이들의 관점을 이해하려면 이들 간에 쟁점이 되고 있는 '구조적 접속'이 무엇인지 명확

5) 엄밀히 말하면 커뮤니케이션과 인지는 서로 뚜렷이 구별된다. 인지는 개인적 영역과 관계를 가지는 것에 반해서, 커뮤니케이션은 어떤 사회적 과정과 관계되어 있다. 여기서 '커뮤니케이션적 행동'은 사회적 연관의 범위 속에서 나타나는 행동의 관찰자로서 볼 수 있는 반면에 '커뮤니케이션'은 사회적 연관으로부터 유래되는 행동의 조정으로 볼 수 있다(Maturara & Varela, 1987, p.210).

히 이해할 필요가 있다. 마투라나와 바렐라(Maturara & Varela, 1987, p.109)에 의하면 구조적 접속은 두 개의 구조적 유형적으로 결합된 개체들이 서로 작용하고 이것이 각각의 개체들의 진행 방향의 선택소로서 작용해서 구조적 변화가 초래될 때 생기게 된다. 이러한 변화는 한 체계의 상태변화가 다른 체계의 상태변화를 초래하고 이들 두 체계 간에 조정된 행동의 영역을 형성한다. 이러한 과정이 살아있는 개체들 사이에서 생기게 되면 인간들 사이에 형성되는 동의의 영역과 유사한 조정된 행동의 영역이 나타나게 된다. 이러한 조직체들 간에 개체 발생적인 상호구조적 결합으로부터 생성된 조정된 행동영역을 마투라나는 '동의'적 혹은 '일치'의 영역이라 부른다. 이것은 살아있는 '자기자동체계'와 그 주변 환경간의 관계가 '구조적 접속'이라는 개념으로 통합되는 것을 의미한다. 이 구조적 결합이 구조의 역동적 동의를 만든다. 즉 한 조직체가 환경에 구조적으로 접속되어 있으면 매체를 통한 조직체의 개체 발생적 적응이 결정될 수 있다는 것을 의미한다(Maturara, 1982, p.150 이하 참조). 중요한 것은 조직체와 환경간의 상호작용은 그것이 서로 영향을 미치는 상호섭동(Perturbation)을 일으킨다는 것이다. 설사 구조적 결합이 단지 변화를 일으키는 섭동으로 작용할 수 있을지라도, 이러한 구조적 결합은 항시 상호적으로 작용하고, 그들의 개체발생의 과정 속에서 조직체들 간의 상호작용의 특성을 갖게 함으로서 공동 개체 발생을 생기게 하고 사회적 단위의 형성을 가능하게 한다(Maturara & Varela, 1987, p.113, 210).

루만(Luhmann)은 마투라나의 구조적 접속의 기본적 컨셉트를 수용하지만 그의 커뮤니케이션 이론 구성에서 의식의 요인을 전혀 고려하지 않는다(Feilke & Schmidt, 1995. p.273). 루만은 의식이 폐쇄적인 체계로서, 그 기능들은 결코 직접적으로 다른 인지적 체계와 연결될 수 없다고 보고, 지식은 의식에서부터 커뮤니케이션으로 전도되어야 한다고 보면서, 커뮤니케이션과 인지를 구분한다. 즉 서로 다른 두 체계는 전혀 서로 교차하지 않지만 구조적 보완 관계를 형성하며, 이 속에서 커뮤니케이션과 의식이 비대칭적 관계에 있게 된다.[6] 이러한 루만의 주장은 인지조직이 조작적(operational)으로 결합되어 있다는 풰스터와 로트(Foester & Roth)의 인지 이론에 근거한다. 이에 의해 커뮤니케이션은 의식(意識)없는 '정지'(停止)에 이르게 된다.

루만의 커뮤니케이션 체계에서 언어적 커뮤니케이션과 인지의 결합은 언어나 여타의 다른 매체들의 상징조작에 의해서 이루어진다. 여기서 상징이란 분리된 속에서 분리된 것의 결합을 가능하게 해주는 역할을 한다(Luhmann, 1989, p.273). 이에 의하면 서로 다른 두 체계는 전혀 서로 교차되지 않지만 구조적 보완관계를 형성한다. 즉 커뮤니케이션 체계는 우선적으로 언어에 의한 커뮤니케이션과 관련되는 의식의 체계에 의해서 자극되고, 커뮤니케이션과 인지의 결합은 언어나 다른 여타의 매체들의 상징조작에 의해서 이루어진다.(Luhmann 1989, p.889). 인지와 커뮤니케이션에 대한 루만 이론은 '접속'(coupling)의 컨셉트와 연계되고 이것의 해석의 문제와 관계됨으로서 생산성을 갖는다. 루만은 해석이란 체계를 조작적으로 재생산하는 것과 관계될 뿐 그 존재 자체와 관련을 갖는 것이 아니며, 의식행위라는 것은 커뮤니케이션에 근거한 다른 사람들의 의식행위와의 관련 속에서 결정된다고 본다. 마찬가지로 커뮤니케이션의 '사건(事件)'도 다른 커뮤니케이션의 사건들과의 관련 속에서 결정되며 여기서 많은 체계들 간의 의식이 요청된다(Luhmann, 1995, p.325 이하 참조). 이러한 맥락에서 볼 때 커뮤니케이션의 주체는 커뮤니케이션의 원인(原因)으로 볼 수 있고 구조적 접속은 엄밀하게 동시간적 관계를 갖지만 인과적 관계는 아닌 것으로 보인다. 이런 이유로 해서 구조적 접속에 참여하고 있는 체계들이 서로 간에 오해할 수 있지만, 이러한 오해는 접속

---

6) 루만의 이러한 입장을 명확히 이해하기 위해서는 다음의 원문을 참조하는 것이 도움이 된다: "Waehrend das Bewusstsein auch ohne Kommunikation taetig sein kann, kommt Kommunikation (…) kaum ihne Koinzidenz von Bewusstsein zustande" (Luhmann, 1988, p.886).

을 통해 자체적 독자성을 갖고 있는 각 체계를 독자적으로 처리함으로써 해결된다. 그러나 의식과 커뮤니케이션은 의식의 연속성과 의식과 커뮤니케이션의 구조적 접속을 자동화함으로서 격리된다. 여기서 언어기호는 의도된 접속능력과 높은 복잡성을 부여함으로서 커뮤니케이션의 체계에 고차적 구별능력을 가능하게 한다. 또한 언어기호는 인지대상을 특별한 방법으로 처리하면서 의식을 유발시킨다. 의식은 자신에 의해서 통제될 수 있는 상상적 도발 자극에 의해 해체되지 않는다(Luhmann, 1990, pp.49~51). 이로서 언어기호는 두 체계의 항구적 구조접속을 수행하게 된다. 이러한 루만의 시각은 다음과 같은 점에서 문제성을 내포한다. 루만은 고차적 커뮤니케이션의 체계 형성은 인지와 커뮤니케이션이 분리되어 있음에도 인지를 통한 구조적 접속의 자동화의 과정 속에서 언어가 의도된 접속능력과 높은 복잡성을 부여함으로서 가능하게 된다고 보고 있는데, 이러한 루만의 시각은 지금까지 발전해 온 인간과 커뮤니케이션의 진화의 모든 과정을 언어생성 이후의 진화과정으로 제한함으로서, 인간의 커뮤니케이션의 발달과정을 전 진화 과정을 포함하는 통합적 시각에서 고찰하는데 제한적 일 수 있다.

의식과 커뮤니케이션을 분리하는 루만에 반하여 슈미트(Schmidt)는 커뮤니케이션과 인지가 밀접한 관계에 있다는 관점에서 출발한다. 즉 인지와 커뮤니케이션은 극단적으로 서로 분리되지 않고, 매우 밀접하게 결합되어 있고, 이들의 접속은 구조적으로 결정되기보다는 상호 작용하는 자율적 체계에 의존한다. 이러한 관점은 구조적 보완성과 관계되는데, 이 접속 관계에서 커뮤니케이션은 정보를 전달하거나 행동을 조정하는 도구로서 기능하며 그 구조적 접속은 한 사회 문화적 공간 안에 축적된 지식과 관계되며 방향주체의 전체적 상태에 좌우된다. 커뮤니케이션과 인지가 필연적으로 상호적 관계에 놓여있다는 슈미트의 관점에서 매체는 매우 중요한 역할을 한다. 즉 인지와 커뮤니케이션은 매체 제공을 통하여 매개적 관계에 있게 되고 문화의 상징적 질서[7)]에 대한 공통적 연관성을 갖고 접속된다(Feilke & Schmidt, 1995, p.275). 즉 인지와 커뮤니케이션은 구문론적, 의미론적 그리고 활용론적 차원의 총체적 종합체로서 문자적 기호의 사용결과로서 나타나며 매체 제공을 통하여 구조적으로 접속된다. 인지와 커뮤니케이션의 상호작용 속에서 커뮤니케이션의 행위와 개인의 인지적 과정은 사회체계 고유의 '집단지식'(集團知識)과 밀접하게 연결된다. 이 '집단지식'은 반성(反省)과 이중적 일치(Contingency)에 의한 개인의 커뮤니케이션으로부터 생겨나며 이를 통해서 다시 그 커뮤니케이션의 행위가 결정된다.

이러한 집단 지식은 문화 사회적 발전의 결과로 볼 수 도 있겠지만 이러한 집단적 지식의 근본적 배경은 인간의 '자연지식'(自然知識)[8]에서 찾아야 한다. 왜냐하면 인지의 자연적 발달과정은 인지의 사회적 과정이 시작되었을 때 종식되는 것이 아니고 양자는 어떤 식으로든 연속선으로 결합되어 있는 것으로 보아야하기 때문이다. 즉 이 두 발전의 방향은 서로 무관한 것이 아니라 매우 밀접하다. 이런 맥락에서 집단지식은 사람들이 커뮤니케이션을 하기 위해 전제가 되는 공통의 토대로서 사회적 인지와 관련되지만 생성의 근본적 뿌리는 '자연지식'과 무관하지 않다. 인간 커뮤니케이션의 발달은 이처럼 '자연지식'과 문화 사회적 '집단지식'의 연속성과 밀접하게 연관된다.

이러한 일련의 논의는 인지가 인간 커뮤니케이션에서 커뮤니케이션 파트너들을 접속시키는 일종의 매개체(Medium)의 역할을 하고 있음을 보여준다. 인간의 커뮤니케이션은 이러한 인지적 요인에 의해서 가능하게 된다. 커뮤니케이션에서 의미전달과 그 생성은 분리될 수 없기 때문에 기호

7) 한 문화의 진화, 언어 그리고 사회구도와 상징적 질서는 개인의 사회 전형적인 행동에 대한 인습적 표본을 제공한다. 이런 의미에서 문화는 방향 주관체의 총체로서 집단적 지식으로서 기능한다. 이런 의미에서 문화의 상징적 질서가 언급되어진다.

8) 여기서 자연지식은 한 생물체가 자연 속에서 진화의 오랜 과정을 겪고 생존하면서 획득하게 된 본원적 지식을 의미한다.

학적 문제가 되고 커뮤니케이션에서 인지가 매개체로서 중점적 기능을 한다는 점에서 인지과학의 문제가 된다. 그러기에 커뮤니케이션의 문제는 인지기호학적 문제가 된다. 다음 장에서 인지기호학의 관점에서 커뮤니케이션의 구성을 생각해 보도록 한다.

4. 커뮤니케이션의 인지기호학적 구상

지금까지 논의된 커뮤니케이션에 대한 이론적 결과를 바탕으로 대인커뮤니케이션, 특히 송신자와 수신자로 구성된 모델 구축의 가능성을 인지기호학의 논의 결과를 토대로 모색하도록 한다. 이를 위하여 대인커뮤니케이션을 기호와 결부된 행위지향적인 것으로 파악하고(Buddemeier, 1973, p.18), 그 의미차원을 의미전달과 의미생성의 두 차원에서 파악하였다(Eco, 1976). 이로서 대인커뮤니케이션은 송신자가 전달하는 (메시지)의미와 이 전달된 메시지 의미에 대한 수신자의 해석을 통한 의미생성, 그리고 이들 사이에 이해와 공감가능성의 문제로 파악된다. 여기서 이해와 공감의 문제는 핵심적 문제이다. 커뮤니케이션에서 이해와 공감 가능성은 인지와 밀접한 관계를 가지고 있기 때문에 이에 대한 논의를 좀 더 자세히 할 필요가 있다.

인지에 대한 전통적 관점은 인지를 인간의 고등 정신 과정과 관련된 인간 정신의 지적인 과정과 생산물에 국한시켜서 보는 경향이 있는데(Flavell, Mueller & Miller, 1993), 여기서는 논의를 진전시키기 위하여 이러한 고전적 범위를 넘어서 좀 더 확장된 시각에서 인지의 범위를 통합적 시각에서 보도록 한다.[9] 왜냐하면 인지의 발달 과정은 인간의 육체적

9) 인지가 단순히 인간 대뇌의 순수한 지적인 작용과 관계를 넘어서 통합적 능력과 관계가 된다는 증거는 아린 아이의 신체 운동과 지각간의 관계를 연구한 피아제(Piaget)의 연구 결과가 있다. 이 연구에 의하면 인간의 고등정신 과정으로서의 연

정신적 생성 진화의 총체적 과정과 밀접하게 결부되어 있기 때문이다. 이것은 인지가 단순히 정신적인 것 이기라기보다는 인간의 감각과도 밀접하게 연관되어 있고, 이들의 상호 작용의 결과와 밀접하게 연결되어 있다는 것을 의미한다. 이러한 의미에서 인지는 일종의 '육화된 생물학적 인식' (Varela et al., 1992, p.238)으로 볼 수 있다.[10] 이러한 인지적 관점은 '의미생성'과 '의미전달', 그리고 '이해'를 통시적으로 설명함으로서 대인커뮤니케이션에 대한 연구를 좀 더 생산적으로 확장한다. 다음에서 이 문제를 좀 더 자세히 논의하도록 한다.

커뮤니케이션에서 의미를 생성하고 전달하며 그것을 환경 속에서 내재화하는 일련의 발전 과정은 자연발생적 커뮤니케이션의 발전 단계와 밀접하게 연관된다. 이것은 커뮤니케이션이 '자기지시성', '자동조절' 그리고 재귀적 '폐쇄성'으로 특징되는 커뮤니케이션이라는 것을 의미한다. 이것이 제 삼자와 관련된 대인 커뮤니케이션으로 확장되면 커뮤니케이션 주체의 생물학적 분화 때문에 더 이상 구조적 접속에 의한 커뮤니케이션은 가능하지 않게 된다. 여기서 분화된 커뮤니케이션의 주체 사이의 공간적 시간적 괴리의 극복이 중요한 관건이 된다.

대인 커뮤니케이션을 가능하게 하는 근본적 공동기반은 커뮤니케이션의 참여자들이 자율적 의미생성의 체계를 갖고 있고 이것이 인지에 의해서 접속되어 있다는 것이다. 의미전달은 이러한 구조에 크게 의존된다. 여기서 커뮤니케이션은 단순히 의사소통이라기보다 한 사회적 단위의 구성원들 사이에서 상호 작용적으로 발생하는 행동 조정 방식을 의미한다

역적인 추리나 상징조작의 능력을 갖추기 전에 어린아이는 이미 지적으로 보이는 운동과 행동패턴을 갖고 있음이 밝혀졌다(Piaget, 1975). 이것은 인지가 단순히 고전적인 시각에서의 지적인 과정에만 국한되는 것이 아니라 통합적인 결과와 관계됨을 시사한다.

10) 인지정의에 대한 사회적 방향과 생물학적 방향에서의 접근은 각각 Vygotsky(1978)와 Piaget(1973)를 참조. 기타 정보처리적, 신 삐아제적, 맥락주의적인 접근법에 대한에 포괄적 설명을 위해서는 Vasta(1989)를 참조.

(Maturana, 1984, p.210).[11] 대인커뮤니케이션에서 상호 작용의 행동 조정 방식은 상징에 의한 '인지적 접속'(상징적 커뮤니케이션)에 근거한다. 이 상징적 커뮤니케이션에서 의미생성의 과정은 의미 생성 핵심 요인인 해석소(Interpretant)[12]와 밀접하게 연결되어 있다. 여기서 의미생성은 인지작용의 무한한 과정과 관계되는데, 이 과정은 의미가 기호가 되고 그 기호는 다시 의미가 되는 무한한 과정으로 특징된다. 이것은 대인커뮤니케이션에서 의미생성은 근본적으로 자기지시적이고 순환적 의미작용의 결과와 연관되어 있음을 시사한다(Bentele, 1984, p.162).

행동 조정 방식이 무엇을 통해서 어떻게 이루어지는가는 의미전달 형식을 결정하는 중요한 관건이 되는데, 커뮤니케이션의 진화 역사를 통해서 보면, 그림이나 언어 혹은 문자가 점차로 인지를 대신해 상호간에 행동조정을 위한 수단으로 사용되어 왔음을 알 수 있다. 이것은 결국 그림이나 언어 혹은 문자가 행동조정을 위한 일종의 메타퍼적 수단임을 뜻한다. 이것은 어린이가 문자를 배우는 과정을 생각해 보면 쉽게 이해할 수 있다. 어린아이는 행동을 통하여 문자를 모르는 상태에서 사물을 개념화하고 인지하고, 후천적으로 배운 언어를 이미 개념화된 것에 대한 메타퍼로 사용한다. 이것은 커뮤니케이션이란 상징을 매개로 한 '메타퍼적 섭동'(metaphoric Perturbation)[13]이라는 사실을 시사한다. 여기서 언어, 그림

11) 커뮤니케이션에 대한 마투라나의 이러한 생각을 메르튼(Merten)에서 찾아 볼 수 있다: "(…) 커뮤니케이션은 행동을 조절하면서작용할 뿐만 아니라, 구조를 형성하면서 미래의 커뮤니케이션에도 영향을 미치는 하나의 간주간적 구조를 생성한다"(Merten, 1977, p.129).

12) 해석소(Interpretant)는 표현소(Representamen), 대상소(Object)와 함께 Peirce(1931~1958)의 기호학을 구성하는 3가지 요소 중에 한 가지 요소를 말한다. Peirce는 인지(Cognition)와 지각이 서로 밀접한 관계에 있음을 언급하고 있다(Peirce, 1931-58, CP: 5.212).

13) 메타퍼적 섭동이란 다음과 같은 커뮤니케이션의 양식을 말한다. 즉 진동자가 실제적으로 전혀 물리적인 매체가 없이 에네르기의 전달을 통하여 다른 진동자를 동일한 주파수로서 공명하게 하듯이 어떤 특정한 물리적인 매체없이 의사소통이 이

혹은 문자와 같은 수단들은 실제로는 커뮤니케이션 참여 주체의 의미를 전달하기 위한 보조적 역할을 한다는 것을 의미한다. 이 '메타퍼적 섭동'을 이해하기 위해서 메타퍼(Metapher) 작용을 인지학적 관점에서 명확히 이해 할 필요가 있다.

메타퍼[14]는 경험이 구상화를 통해서 개념으로 투사되거나, 반대로 문자적 개념이 경험을 통해서 얻어진 구상에 투사된 것으로서, 도상적 시각에서는 일종의 추상화된 이미지를 의미한다. 이 메타퍼는 서로 다른 인지적 독립체들 간의 연결을 가능하게 하고, 인지 혹은 정신적 접속에 중심적 역할을 한다. 메타퍼의 '출처영역'(source domain)이 갖고 있는 함축적 의미는 메타퍼의 이해를 가능하게 한다(Steinhart & Kittay, 1994, p.42). 이 과정에서 문자적인 것뿐만 아니라 형상적 유사성을 통해서 발생된 유추(類推)는 인지적 과정에 토대를 두고 메타퍼 표현을 가능하게 한다. 또한 이 유추는 도식(Schema)의 전환을 가능하게 한다. 이런 의미에서 메타퍼는 도식 전환의 역할을 하는 일종의 '언어 기구'로서 이해될 수 있고, 또한 일종의 특별한 관계로서 새롭게 재편되고 있는 상징적 도식의 모사로 이해될 수 있다. 이러한 메타퍼 작용은 통합을 가능하게 하고, 이 통합적 힘을 토대로 개념과 관조, 사고와 경험 그리고 알려진 것과 새로운 것들 간의 간격이 연결된다. 여기서 메타퍼의 도상적 기능은 중요한 역할을 하는데 이에 의해서 의미 자극들이 선택적으로 작용되고 하나의 형상적 배열로 통합된다. 이 통합적 힘은 복잡한 현상을 덜 복잡한 통합적 형태로 만들며, 나아가 이해 기능[15]을 생성한다. 이러한 이해 기능은 지식,

---

루어지는 커뮤니케이션의 한 방식을 의미한다.

14) 메타퍼 개념은 여러 학문적 관점에 따라서 다양하게 정의되는데 이 논의는 인지과학적 관점에서의 메타퍼 정의에서 출발한다(Noeth, 2000; Lakoff, 1980; MacCormac, 1990).

15) 이해 기능은 다음과 같은 세 기능으로 요약된다: 1) 삶의 세계에 내재된 지식을 불러내며 이러한 지식이 명제적이고 명시적인 단어성으로 환원되지 않고 의미의 근원으로 사용될 수 있게 한다. 2) 세계에 대한 삶의 내부 지식과 메타퍼적 관계

경험 그리고 기대에 대한 재수용을 통하여 메타퍼가 이론적 측면에서 뿐만 아니라 실제적 맥락 속에서 방향성을 갖고 세계를 계발하는 초월개념을 생성하는 것을 가능하게 한다. 이것은 메타퍼가 함축적 커뮤니케이션의 특수한 형태로서 진정한 동의(同意) 형태를 생산할 수 있고, 나아가서는 이를 통하여 간주체적 의미 공감대의 형성을 가능하게 한다는 것을 의미한다.

메타퍼에 의한 커뮤니케이션은 언어적 기호를 반드시 전제하지 않는다. 즉 함축적 의미는 언어적인 것이 전제되지만 메타퍼 의미의 메타퍼를 인식하기 위해서 의식화되는 것을 필요로 하지 않는다. 이것의 좋은 예는 우리의 일상적 사용으로 이미 '전화된 메타퍼'를 들 수 있다(Eco, 1990, p.207). 인간이라는 단어를 예로 들면 단어 자체가 '인간'은 아니다, 그 단어에 해당되는 대상의 단위는 원래 없는 것이다. '인간' 혹은 '정신'등과 같은 단어들이 다름 아닌 우리 생각을 구현한 형태로서, 계속적으로 커뮤니케이션의 타진을 가능하게 하는 일종의 '인지 조작소'(cognitive Operator)로 작용한다(이와 관련하여 Uexkuell, 1981 참조). 이러한 결과는 언어기호 혹은 문자기호가 일종의 인지 조작소로 실용적 동기에서 하위적으로 전화된 것이며 그 의미의 결정은 기호의 논리 의미론적 차원을 넘어서 근본적으로 인지를 생성하는 인간의 진화적 발전의 근원과 밀접한 관계에 있음을 보여준다.

를 통하여 각각의 맥락에 함축적인 의미관계를 형성하면서 또한 그것을 통해서 새로운 맥락을 형성한다. 3) 공동적 영역에 대한 지식의 단계에서 메타퍼는 상황들을 구상화함으로써 상황을 정의(定義)할 수 있다. 즉 '무엇으로서 봄'이라는 메타퍼 특유의 특성은 어떤 관점에서 한 상황의 기술을 가능하게 한다(Debatin, 1995, p.308 이하 참조).

<표 2> 인지기호학적 커뮤니케이션 모형

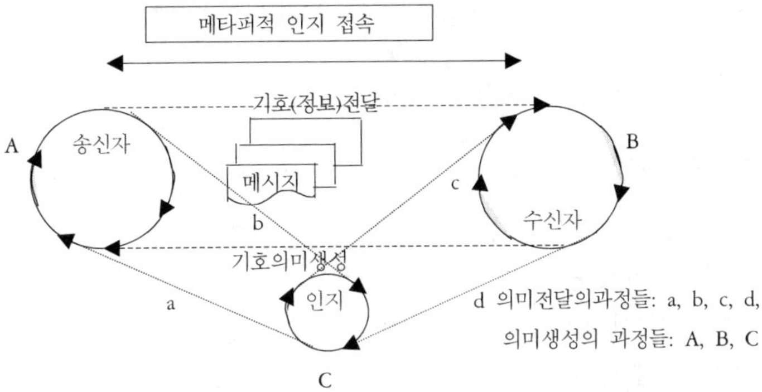

출처 : 저자구상

지금까지 논의 결과를 정리하면 대인 커뮤니케이션 참여자들은 구조적 접속이 아닌 인지 접속에 의해서 커뮤니케이션을 할 수 있게 된다. 이 인지적 접속은 생물학적 물리·화학적 '구조적 접속'이 비물질적 접속단계로 발전한 결과로서 '구조적 접속'의 파생적인 형태로 간주된다. 이 인지적 접속에서 메타퍼는 중요한 역할을 한다. 여기서 인지는 '출처영역'(Quellenbereich; Source domain)으로, 반면에 정보 혹은 메시지는 '목표영역'(Zielbereich; Target domain)으로 작용한다. '출처영역'이 '목표 영역'으로, 그리고 다시 '출처 영역'으로 구상적(具像的) 투사(projection)가 됨으로서 송·수신자간에 커뮤니케이션이 생긴다. 송신자와 수신자는 이 메타퍼 작용에 의해 만들어진 '메타퍼적 수퍼 유형'(metaphoric Supertype)을 통하여 상호이해에 이르게 된다. 이처럼 메타퍼는 인간의 커뮤니케이션에서 시각적, 문자적 차원의 통합을 넘어서 수용자와 송신자가 일련의 통시적 관계를 갖도록 한다. 뿐만 아니라 메타퍼는 복잡성을 감축하는 역할을 통해서 포괄적 관계를 형성하며 자동적 무의식적으로 작용하기 때문에 적은 인지적 노력을 통하여 '의미공명'(Resonance of meaning)에 이를 수 있다. 이것은 메타퍼가 동의를 생성하는 커뮤니케이션의 의미조건을 충족함을 보여주며 의미의 타당성 차원을 전달하는 메타퍼의 의미전달 능력을 통해 동의를 생산 할 수 있음을 보여 준다(<표 2> 참조).

5. 맺는 말

이 논의는 커뮤니케이션을 인지기호학적 관점에서 재조명하기 위한 시도이다. 지금까지의 커뮤니케이션의 연구는 기호전달에만 지나치게 치중하여, 인간에 대한 커뮤니케이션 연구조차 그 전체적 역동성을 연구하기보다는 기호전달에서 중요한 역할을 하는 미디어 중심적 연구에 치우쳐 있어서, 커뮤니케이션 연구에서 핵심적 토대인 기호의 의미생성의 문제가 등한시 되었다. 이것은 커뮤니케이션 현상을 올바르게 직시하고 이해하는데 장애가 되어왔다. 따라서 이 논의는 기존의 정보전달 위주의 커뮤니케이션 접근법이 가지는 한계점을 지적하고, 그 대안적 접근법으로 기호의미생성과 그 전달을 통합적으로 보는 시각을 제시하려 했다. 통합적 시각은 인지기호학의 이론을 토대로 하는데 두 사람으로 구성된 단순한 커뮤니케이션의 형태인 대인커뮤니케이션의 경우를 사례로 선택하였다. 커뮤니케이션의 현상을 설명하기 위해서 먼저 인간과 커뮤니케이션의 밀접한 생성의 역사와 발전의 과정에서 의식, 기호, 커뮤니케이션을 발생학적 관점에서 살펴보았다. 이에 의하면 커뮤니케이션의 발전은 생물체로서의 인간의 진화적 발전과 궤를 함께하고 있음을 보여준다. 즉 커뮤니케이션의 발전 초기의 특징인 '상호작용'에서 원시적인 형태의 '커뮤니케이션'이 발생되고, 우리가 생각하는 '언어기호와 의식'의 단계는 훨씬 후에 나타나고 있었다. 이것은 커뮤니케이션의 의미생성과 의미전달이 공학적 의미에서 단순한 정보전달의 차원에 한정된 것이 아니라 생물학적 현상으로 탄생과 생존의 진화과정과 밀접하게 관계되어 있음을 보여 준다.

이 논의는 커뮤니케이션이 우리의 감각과 정보의 채널을 끊임없이 연장하면서 모든 인간의 역사를 통해서 발전해 온 하나의 결과로서, 문자 기호화 된 역사를 넘어서 문자 이전의 생명체로서 인간의 생장과 진화적 발달 역사와 밀접한 관계를 갖고 있음을 보여준다. 이러한 결과는 커뮤니케이션을 단절 된 개별적 진화의 단계의 결과로 볼 것이 아니라 진화의 모든 단계들이 상호 영향을 주고 연결된 통합적 과정의 결과로 이해하여야 한다는 것을 의미한다. 또한 나아가서 매체 중심적 의미전달 중심의 연구에서 (기호)의미생성중심의 커뮤니케이션 연구로 그 연구 영역을 확장이 필요하다는 것을 시사한다.

이 연구는 연구의 성격상 '인지접속'과 문화, 그리고 커뮤니케이션에서 언어기호의 역할의 문제, 그리고 미시적 관점에서의 커뮤니케이션 설명틀에 의한 대인커뮤니케이션의 모형을 어떻게 매스커뮤니케이션이 현상 설명에 적용할 것인가에 대한 문제가 이 연구의 범위를 넘는 관계로 심도있게 논의되지 못하고 추상적 차원에서 언급되었다. 향후의 후속 연구는 이 문제들을 이론적으로 뿐만 아니라 구체적 커뮤니케이션의 실제의 장(場)과의 연계하여 충분한 논의하여야 할 것이다.

참고 문헌

김치수 외 (1998), 『현대 기호학의 발전』, 서울대출판부.

________ (2004), 『한국기호학의 회고와 전망』, 『기호학 연구』 제16집, 9-26.

Barnlund, D. C. (1970), A Transactional Model of Communication, K.K. Sereno & C.D. Mottensen(Eds.). *Foundation of Communication Theory*: R.Y.: Harper & Row, 1970.

Bentele, G. (1984), *Zeichen und Entwicklung: Vorueberlegung zu einer genetischen Semiotik*, Tuebingen: G. Narr.

Buck, R. (1984), *The Communication of Emotion*, New York: Guilford Press, 전성환

· 조전근 공역, 감성과 커뮤니케이션, 나남 2000.
Buddemeier, H. (1973), Kommunikation als Verstaendigungshandlung, Athenaeum.
Debatin, B. (1995), *Die Rationalitaet der Metapher*, Berlin & New York: de Gruyter.
Dewart, L. (1989), The Emergence of Consciousness, Dewart, L.(1989). *Evolution and Consciousness*, Toronto(u.a.): Toronto Univ. Press, pp. 184-200.
Dittman, A. T. (1972), The Body Movement-Speech Rhythm Relationship as a Cue to Speech Encoding, in: Siegman, A. W./B. Pope(eds.)(1972), *Studies in Dynamic Communication*, New York: Pergamon.
Eco, U. (1976), A Theory of Semiotics, 『기호학 이론』, 서우석 역, 문학과 지성사, 1985.
_______(1990), *Die Grenz der Interpretation*, Muenchen: Hanser.
Feilke, H. S./ J. S. Schmidt (1995), Denken und Sprechen: Anmerkungen zur strukturellen Kopplung von Kognition und Kommunikation, in: Trabant, J. (hrsg., 1995): *Sprache Deneken: Positionen aktureller Sprachphilosophie*, Frankfurt(a.M.): Fischer, pp.269-297.
Fischer, B. Aubrey (1978), *Perspectives on Human Communication*, New York & London: MacMillan & Collier MacMillan.
Flavell, John H., P. H. Miller & S. A. Miller (1993), *Cognitive Development*, 3rd. Ed. Prentice-Hall, Inc, 『인지발달』, 정명숙 역, 서울: 나남.
Jacob, F. (1974), *The Logic of Living Systems: A History of Heridity*, London: Allen Lane.
Jantsch, E. (1987), Erkenntnistheoretische Aspekte der Selbstorganisation natuerlicher Systeme, Schmidt, S. J. (1987). *Der Diskurs des Radikalen Konstruktivismus*, Frankfurt (a. M.): Suhrkamp, pp.159~191.
Koeck, W. K. (1987), Kognition-Semantik-Kommunikation, in: Schmidt, S. J. (Ed.), *Der Diskurs des radikalen Konstruktivismus*, Frankfurt(a. M.): Suhrkamp, pp.340~373.
Lanigan, R. (1992), *The Human Science of Communicology*, Pittsburgh: Duquesne Univ. Press.
Lakoff, J. (1980), Metaphors we live by, Chicago: Chicago Univ. Press.

Luhmann, N. (1989), *Soziale Systeme*, Frankfurt(a. M.): Suhrkamp.

___________ (1990), *Die Gesellschaft der Gesellschaft*, Frankfurt(a. M.): Suhrkamp.

___________ (1995), *Die Wissenschaft der Gesellschaft*, Frankfurt(a. M.): Suhrkamp.

MacCormac, E. R. (1990), *A Cognitive Theory of Metaphor*, 3rd. Ed. Cambridge (Mass.): MIT Press.

McQuail, D./ S. Windahl (1981), *Communication Models for the Study of Mass Communications*, 2. ed. - London [u.a.]: Longman, 『커뮤니케이션모델』, 임상원 역, 서울: 나남 1987.

Maturana, H. R.. (1970), Biology of Cognition, trans. by Koeck, Wolfram K.와 P. Heil & G. Ruth, Biologie der Kognition, Paderborn, 1974.

___________ (1982), *Erkennen: Die Organisation und Verkoerperung von Wirklichkeit*, 2. durchgesehene Aufl., autorisierte deutsche Auffassung von Wolfram K. Koeck, Braunschweig/Wiesbaden: Vieweg & Sohn.

___________/ F. J. Varela(1987), *Der Baum der Erkenntnis: Die Biologischen Wurzeln des Menschlichen Erkennen*, Bern/Muenchen 1991.

Mead, George H. (1934), *Mind Self and Society*, Chicago: University of Chicago.

McLuhan, M. (1966), *Understanding Media: The Extensions of Man*, New York: McGraw-Hill, 『미디어의 이해』, 박성규 옮김, 서울: 나남, 1997.

Merten, K. (1977), *Kommunikation. Eine Begriffs- und Prozessanalyse*, Opladen: Westdeutscher Verlag.

Miller, Gerald R./M. Steinberg (1975), *Between People: A New Analysis of Interpersonal Communication*, Chicago: Science Reserach Associates

Müller, H. A. (1990), *Sprache und Evolution: Grundlagen der Evolution und ansaetzen einer evolutionstheoretischen Sprachwissenschaft*, berlin (usw.): de Gruyter

Nilsen, T. (1970), On Defining Communication, K.K. Sereno & C.D. Mottensen (Eds.). *Foundation of Communication Theory*: R.Y.: Harper & Row, 1970.

Noeth, W. (2000), Handbuch der Semiotik, 2rd. Ed., Stuttgart: Metzler.

Rogers, Evertt M. (1986), *Communication Technology*: The new Media in Society, New York: The Free Press.

Rogers, Evertt M. & R. Agarwala-Rogers (1976), *Communication in Organization*,

New York: Free.

Piaget, J. (1959), *Einfuehrung in die Genetische Erkenntnistheorie*, Frankfuert(a. M.): Suhrkamp.

________ (1975), *Der Aufbau der Wirklichkeit beim Kinde*: Gesammelte Werke 2, Stuttgart: Klett.

Rutsch, G. (1994), *Kommunikation und Verstehen*, in: Merten/Schmidt/ Weichsenberg (hrsg. 1994), pp.60-78.

Schmidt, Siegfried J.(1987), Der Diskurs des Radikalen Konstruktivismus, Frankfurt(a. M.): Suhrkamp.

____________ (1997), *Die Welt der Medien: Grundlagen und Perspektiven der Medienbeobachtung*, Braunschweig/ Wiesbaden: Vieweg.

Schramm, W. (1954), "How Communication Works", in: Schramm, W. (ed.), *The Process and Effects of Mass Communication*, Urbana: University of Illinois press.

____________/W. E. Porter (1982), *Men, Women, Message and Media: Understanding Human Communication*(New York: Harper & Row), 최윤희 역, 인간커뮤니케이션, 나남, 1990.

Shannon, C. E./ W. Weaver(1949). *The Mathematical Theory of Communication*, Urbana(Ill): University of Illinois Press.

Steinhart, E. & E. Kitty (1994), Generating Metaphor from Networks, Hintikka, J. (ed.)(1994). *Aspects of Metaphor*, London/Boston: Kluwer, pp. 41-94.

Tembrock, G. (1975), *Biokommunikation: Informationsuebertragung im Biologischen Bereich*, Hamburg/Reinbeck: Rowohlt.

Varela, F. J.(1987), Autonomie und Autopoiese, in: Schmidt, S. J.(1987). Der Diskurs des Radikalen Konstruktivismus, Frankfurt(a.M.): Suhrkamp, pp.119-132.

Varela, F. J./E. Thompson/E. Rosch(1992), *The Embodied Mind*, Cambridge: MIT press.

Vasta, R. (ed.)(1989), Annals of Child Developement, Vol. 6.,: *Six Theories of Child Developement: Revised Formations and Current Issues*, Greenwich

(CT): JAI press.

Vygoysky, L. S. (1978), Mind in Society, (ed. by N. Cole et. al.), Cambridge (Mass.): Harvard Univ. Press.

Wilmot, W. W. (1987), *Dyadic Communication*, Random House, 『인간커뮤니케이션의 이해』, 김명혜 역, 나남, 1996.

Uexkuell, Th. (1981), Die Zeichenlehre Jakob von Uexkuell, Krampen, M. et al. (ed.)(1981). Dei Welt als Zeichen, Berlin: Severin & Siedler, pp.233～279.

Semiotics and Communication: In view of the cognitive Semiotic Study

Jo, Chang-Yeon

In the communication is the transmission of the message meaning a important problem, but the generierung of meaning of the message is essential. In this sense the communication problem is strongly marked with the semiotic. This semiotics connection to the communication become more important, the study of the communiation being from the mass to the interpersonal. Being faced with the this trend of the human communication study, this paper aims to 1) considering the human communication from the cognitive semiotic view, 2) seeking an alternative approach to the human communication, especially for the interpersonal communication.

For this goal we need first to define the communication from the view of the evolutional development of sign and human. In this discussion we divides the domain of the human communication in the macro-, meso- and micro sphere. The macro sphere of the human communication is concerned with the institutional communication between human systems, the meso sphere with the communication, that arises from meeting between persons in a organization, group and in personal relations, and the micro with the individual as well as self communication. The micro sphere of the human communication is further divided in the individual communication, that considers communicative interaction between environment and human, and in the self communication, that takes aim at studying on the process of information in the consciousness of the individual. This study is concerned with the inter-und self-communication of the human, being started from the totality of the human communication. That is th say that is the evolutive development of the human, sign and the of the communication is strongly connected together. The extension of the semiotic self make it possible to explain the human communication.

In this sense the problem of the human communication can be cognitive as well as semiotic understood. Putting this results together, this study aims at giving semiotic shape to the model for the interpersonal communication. The result of the study shows that the semiotic process of the human communication have changed from the structural coupling to the cognitive. In this process the transfer and the creation of meaning as the core part of the communication can be archived successfully by the cognitive coupling.

열쇠어 : 인지기호학, 커뮤니케이션, 자기커뮤니케이션, 대인커뮤니케이션, Cognitive Semiotics, Communication, Self-Communication, Interpersonal Communication

명품 브랜드 이미지의 현상-기호학적 접근을 통한 웹 사이트의 음향마케팅 분석

전형연**

1. 서론

오늘날, 소비자들은 쇼핑활동에서도 유희적 오락성을 추구한다. 말하자면 Alpert(1990)의 연구에서 보여주듯이 모든 쇼핑 활동에서 신체적(물리적)이고 지각적인 차원 즉, 시각적, 후각적, 촉각적 혹은 청각적인 차원의 환경자극을 요구한다는 말이다. 이 같은 요구는 웹 사이트 쇼핑의 경우에서도 마찬지로 나타난다. 그렇게 명품 브랜드 매장에서 명품의 이미지를 북돋우기 위하여 활용되어왔던 색체 마케팅, 음향마케팅, 향기 마케팅 등의 공감각 마케팅(synesthesia marketing) 도구가 최근 들어 명품 브랜드의 웹 사이트 환경에서도 중요한 마케팅 방법으로 활용되게 된 것이다(Areni 1993). 특히 고급스러움, 꿈, 자기만족 등의 상징성이 중시되는 명품브랜드 웹 사이트에서 네티즌 고객들이 실제 상품매장 같은 유쾌한 쇼핑 분위기를 바라는 것은 당연하다. 그렇게 명품브랜드들은 고객들과의 일방적인 커뮤니케이션 형태에서 벗어나 인터렉티브한 차원의 사이버 커뮤니케

* 본 논문은 『한국광고홍보학보』 2004년 가을 제6-3호에 게재되었던 논문을 수정한 것임.

** 신라대학교 광고홍보학과 전임강사

이션을 위하여 시각적이고 청각적인 가치들을 아주 영리하게 혼합하면서 예술성 차원까지도 만족시켜내는 등 정성을 기울이고 있다.

사실, 명품브랜드는 '브랜드' 즉 그 '명성'을 중심으로 한 마케팅 전략을 기획해왔다. 인쇄광고 위주의 제한적이고 '거만한' 커뮤니케이션을 일관해오던 명품 브랜드들에게 웹 사이트는 새로운 통합 광고홍보 매체로써 혹은 점점 젊어지고 있는 고객들과의 의사소통의 장으로써 혁혁한 자리매김을 시작하고 있다. 웹 사이트라는 매체는 브랜드의 유명도나 명품의 이미지를 보고 자발적으로 찾아오는 네티즌 고객들을 위하여 상품정보는 물론이고, 브랜드 자체의 레젼드나 전통과 관련된 '브랜드 이미지 정보'를 제공함으로써 브랜드에 대한 심층적인 광고홍보를 가능하게 해준다. 바로 이런 이유에서 명품 브랜드가 공감각을 동원하여 웹 사이트의 미학적(esthetic)인 구상에 심혈을 기울이고 있는 것이다.

2. 이론적인 배경

2.1. 명품의 정의

명품(luxe) 혹은 사치품이라는 이 단어의 정의는 특별한 기준이 없기 때문에 지극히 주관적이라고 할 수 있다. 그래서 이 영역을 탐구하는 대부분의 연구자들이 그 개념 정의에 어려움을 겪고 있는 것도 사실이다. 그래서 본 연구는 여기서 수많은 학자들의 다양한 개념정의를 제시하기보다는 2001년 프랑스의 광고전문 잡지 CB News(n°684, «Spécial Luxe», 2001)가 '네티즌과 명품상표'의 상관성과 관련하여 실시한 앙케이트 결과를 중심으로 소비자가 가지고 있는 명품의 개념을 소개하는 것으로 그 정의를 대신해 보고자 한다.

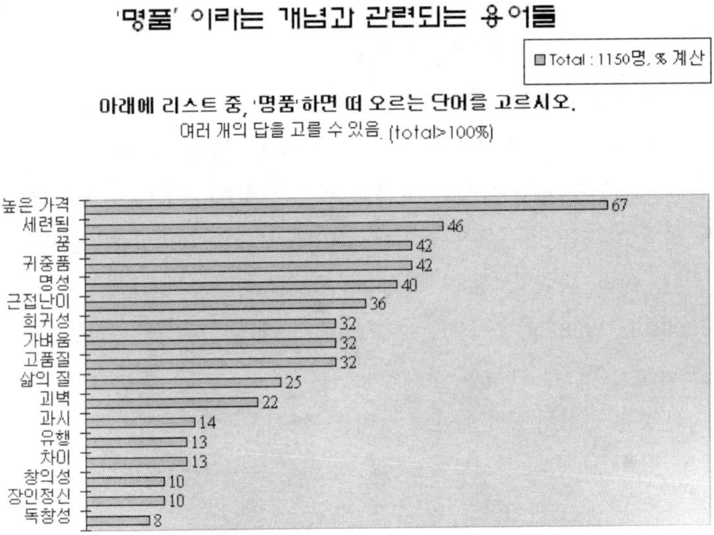

〈그림 1〉

우리는 이 연상어들을 4가지 부류로 나누어 정리해 볼 수 있다.

1. 높은 가격과 관련된 연상어 : 높은 가격. 사실, 희귀한 보석, 값비싼 밍크코트 등은 일반 대중들을 위한 품목이 아니다. 이것은 다분히 제한적인 상류층을 대상으로 하는 분야인 것이다. 결국, 여기서 명품이라는 개념정의는 우선적으로 '가격'이라는 측면으로 연결될 수 밖에 없는 것이다.

2. 창의성과 관련된 연상어들 : 세련됨, 고품질, 창의성, 독창성. 장인정신. 이런 단어들은 지극히 긍정적인 장인의식과 연결된 개념들과 관련된다. 예를 들어 로렉스(Rolex)나 까르띠에(Cartier)같은 브랜드들은 새로운 시계나 보석을 창조해내기 위하여 적어도 5년 이상의 기획기간과 수백억원을 투자한다고 한다고 한다(Sicard, 2003). 물론, 고품질이라는 개념이 명품에만 배타적으로 적용되는 것은 아니다. 결국, 사실과는 거리가 있더

라도 막연히 그 명성이나 전통성과 관련하여 짐작할 수 있는 장점들을 표현하는 연상어들이라고 할 수 있다.

3. 희귀성과 관련된 연상어들 : 근접난이성, 희귀성, 꿈, 귀중품, 차이. 이런 단어들은 아무 곳에서나 혹은 아무 때나 구입할 수 있는 상품이 아니라는 희소성의 개념과 연관된다. 실제적인 경험을 통해서 보다는 다다르지 못하는 혹은 현실성이 결여된 꿈이나 보물의 의미와 관련된다고 할 수 있다. 이런 희소성, 접근난이성(inaccessibility) 등의 개념은 보드리야르(Baudrillard, 1968)가 주목했던 "환상을 제공하는 특별한 '오브제 유니크(objet unique)'"라는 개념에 부합한다.

4. 환영과 관련된 연상어들 : 가벼움, 명성, 유행, 과시, 괴벽. 이런 단어들은 명품 브랜드 자체보다는 그 상품을 소비하는 소비자들의 허상적인 행동을 빗댄 표현이라고 할 수 있다.

위의 연상어들을 통해 알 수 있듯이, 명품이라는 개념의 정의는 '상징성 혹은 '이미지'에 기초한다고 할 수 있다. 물론, 모든 명품 브랜드가 자사의 이미지를 어필하는 방식으로 잠재적인 소비자들을 끌어들인다는 공통된 목표를 가진다고는 하지만 그렇다고 모두가 자사의 커뮤니케이션상에 같은 담화(discours)를 제시하는 것은 아니다. 이제 명품 브랜드의 매체 커뮤니케이션은 잠재적인 구매자들에게 명품의 이미지를 각인시키기 위하여 음향과 영상의 활용을 통하여 고객들의 흥미를 자극하고자 의도한다.

2.2. 음향 마케팅의 정의

명품 브랜드의 공감각 마케팅 방법 중 본 연구의 대상이 되는 것은 음향마케팅의 현상기호학적 접근이다. 프랑스 언론학자 Rieunier(1998)에 의하면 음향 마케팅은 사운드(sound)를 활용하는 마케팅 방법을 통칭한다. 이 학자는 음향 마케팅을 상품, 상품매장 그리고 커뮤니케이션 매체와 관련시켜 구분해서 정의하고 있다. 상품과 관련한 사운드의 정의는 상품에 대한 평가나 그것이 야기 시킬 수 있는 감성 차원에서 이해될 수 있겠다(스넥류의 바삭거리는 소리, 샴페인 병이나 콜라병 같은 마개를 따는 소리 등). 한 편, 상품매장의 음향 환경은 한 마디로 구매 욕구를 향상시키는 역할을 수행한다고 정리된다. 또한 광고 커뮤니케이션에서도 배경음악은 중요한 구성소로써 작용하고 있다. 이런 음향화 기술은 실제적으로 웹 사이트 방문자의 감각 경험을 풍부하게 만들어서 명품 브랜드 고유의 이미지와 연관시켜 내기위한 방편으로 사용되고 있다.

Galan(2000)은 그의 연구에서 가상의 상품매장인 웹 사이트 상에서, 전 세계를 마케팅 대상으로 두는 명품 브랜드의 음향 마케팅 기획이 여러 가지 문제점을 안고 있다고 설명한다. 우선, 전 세계 잠재고객들이 모두 초고속 인터넷 통신을 사용하고 있는 것은 아니라는 점을 간과해서는 안 된다 점이다. 두 번째, 만약 초고속 인터넷 망에서 생활하고 있다손 치더라도 해결해야 할 무수한 기술적인 문제점이 산재한다는 점을 지적하고 있다. 그래서 웹 사이트의 음향화(sonorization) 작업은 우선적으로 그 용량이나 크기의 제약을 고려해야 한다. 만약 음향 작용 때문에 웹 사이트의 창이 열리는 속도가 많이 느려진다면, 네티즌 고객들은 인내심을 시험받게 될 것이고 결국은 웹 사이트 방문을 포기하는 상황을 야기할 수 도 있기 때문이다. 그렇지만, 이러한 기술적인 제약에도 불구하고, 오늘날, 명품 브랜드들은 정보 텍스트나 컨텐츠를 위해서 뿐만 아니라, 영상과 음향을 위해서도 웹 사이트의 많은 공간을 할애하고 있다.

한편, 서구사회의 음향효과 양상에 대하여 Corbin(1982)은 '정적(silence)에 대한 반감'이란 개념을 가지고 확장해서 설명하고 있다. 사실, 정적은 묵념이나 추도의 의미에서 인간에게 '죽음'을 연상시키기 때문에 불안과 근심을 안겨주는 것이 사실이다. 바로 이런 시각에서, 수많은 기업들이 조용한 에어컨 혹은 효과 좋은 이중창의 설치가 초래한 절대적인 고요함을 제거시켜 불안감을 감소시킨다는 차원에서 혹은 일 효율을 높인다는 차원에서 사무실에 음향을 도입하고 있다. 또한 공공장소에서의 음악환경의 영향에 대한 연구를 통해 Rouzé(1999)는 정적을 '어떤 것의 부재(absence)'라는 단어의 유사어로 설명하기도 한다. 상점 안에 손님이 아무도 없을 때 정적이 흐른다. 이럴 때, 활기를 주는 음악은 상거래의 인간적인 기능을 향상시킨다. 일반적으로 소리(sound)의 부재를 의미하는 '정적(silence)'은 정지, 사망, 죽음 등을 연상시킨다는 말이다. 어떤 죽음에 대한 헌정이나 묵념의 의미인 일분간의 침묵을 그 예로 들 수 있겠다. 물론, 침묵을 특별한 일종의 커뮤니케이션의 형태라고 말하는 사람들도 있다. 그러나 이런 논리는 직접적인 명시성을 드러내기 힘들다는 이유로 쉽게 받아들여지지 않는 정의이다.

Rieunier(2000)는 상품매장의 음향환경에서 소비자의 행동이 어떻게 달라지는가를 살펴보기 위하여 하나의 의류 브랜드의 체인매장에서 근무하는 24명의 점원을 대상으로 소비자들의 행동을 관찰하게 하는 경험론적 질적 연구를 실시했다. 결과, 이들은 아래와 같은 단어들을 활용하며 음악의 부재에 대하여 반감을 표시했다 : 냉담한(glacial), 인정 없는(sans âme), 생기 없는(sans vie), 슬픈(triste), 이상한(bizzare), 불유쾌한(déagréable), 무미건조한(fade), 차가운(froid), 무뚝뚝한(maussade), 단조로운(monotone), 무기력한(mou). 웹 사이트라는 가상의 상점에서도 실제매장에서와 마찬가지로 음악의 부재 현상이 소비자들의 행동에 부정적인 영향을 미칠 수 있다는 점을 들어 정적(silence)의 한계를 지적할 수 있다. Galan(2000)의 연구는 웹 사이트에 음악이 동반되지 않았을 경우, 배경음악이 동반된 경우에서보다 상대적으로 네티즌 고객들이 머무는 시간이 짧다는 결과를 제시한다. 이 연구는 음향이 웹 사이트라는 가상 매장의 e-commerce에서 네티즌 고객들의 실제적인 구매율에 영향을 주기도 하고, 브랜드에 대한 주목도나 인지도에도 영향을 끼친다는 사실까지 지적해 주고 있다.

웹 사이트 상에서의 음향 마케팅 혹은 청각적인 가치 같은 것에 에 대하여 논한다고 하면,일반적으로 시그널 뮤직, 로고송, 효과음향, 음악, 노래, 광고음악, 배경음악 등을 떠올릴 수 있다. 그러나 이런 다양한 장르의 음향 마케팅 방법이 모두 명품 브랜드의 웹 사이트 상에서 나타나고 있는 것은 아니다. 그 자세한 양상에 대한 현상 기호학적인 관찰을 해보기 위하여, 특별히 음향 마케팅에 관심을 기울이고 있는, 아래 13개의 명품 브랜드 웹 사이트를 우리 연구의 대상으로 놓는다 : 꺄사렐(Cacharel), 까르띠에(Cartier), 챨스주르당(Charles Jourdan), 디오르(Dior), 겔랑(Guerlain), 헬레나 루빈스타인(Helana Rubinstein), 에르메스(Hermès), 겐조(Kenzo), 랑케스터(Lancaster), 루이뷔똥(Louis Vuitton), 파코라반(Paco Rabanne), 시슬리(Sisley). 베르사체(Versace).

이 13개의 코퍼스 선정과 관련하여 혹자는 너무 프랑스 브랜드 일색이 아니냐고 의문을 제기할 수도 있을 것이다. 실제로, 시슬리와 베르사체를 제외한 11개 코퍼스가 프랑스 명품 브랜드인 것이 사실이다. 그러나 세계적으로 유명한 명품 브랜드를 거느리고 있는 그룹은 5개 정도인데, 프랑스의 LVMH, 스위스의 Richemont, 프랑스의 PPR, 프랑스의 Hermès, 프랑스의 L'Oreal이 바로 그들이란 점을 알고 넘어갈 필요가 있다. 바로 이런 맥락에서 본 연구가 프랑스 명품 브랜드 중심으로 이루어지게 된 이유를 찾을 수 있을 것이다.

그룹명	주요 브랜드
LVMH	Louis Vuitton, Loewe, Moët et Chandon, Hennessy, Ruinart, Veuve Cliquot, Pommery, Canard-Duchêne, Mercier, Christian Dior, Guerlain, Givenchy, Céline, Kenzo, Christian Lacroix, Fred Joaillier, Sephora, Bon Marché…
Richemont	Cartier, Lancel, Chloé, Van Cleef & Arpels, Mont-Blanc, Dunhill, Piaget, Baume & Mercier, Vacheron & Constantin…
PPR	Yves Saint Laurent, Gucci, Sergio Rossi, Bouchron, etc.
Hermès	Hermès, Puiforcat, Cristal St-Louis…
L'Oréal	L'Oréal Paris, Lancôme, Helena Rubinstein…

Source : Corporateinformation.com

3. 명품브랜드 웹 사이트의 음향의 현상학적 양상

우리 연구의 코퍼스가 되는 13개의 명품 브랜드 중에서도, 어떤 브랜드에게 있어서는 음향이 더 커다란 역할을 수행하고 있는 반면, 어떤 브랜드에게는 짧은 시그널 음악 정도의 지극히 작은 구성소로써의 구실을 하고 있는 것이 사실이다. 물론 정도의 차이가 있다고는 하지만, '소리(sound)의 현전성(presence)' 이라는 개념이 중요한 기능을 발휘하고 있음을 알 수 있다. Galan(2000)의 연구에 의하면, 이런 다양한 소리들은 우선 네티즌 고객들에게 무언가를 사고 싶은 욕구를 줄 수 있다. 또한 마치 실제적인 상품 매장에서처럼 웹 사이트 상에서도 음향이 만들어내는 환경과 분위기는 브랜드 자체에 대한 어떤 이미지를 연상시킨다는 점에서 긍정적인 영향을 줄 수 있다. 동반되는 음향에 따라 네티즌 고객들은 웹 사이트 세상을 넘나드는 듯이 보인다. 그래서 브랜드들은 웹 사이트라는 평면성에 음악이라는 입체성을 입히고, 네티즌의 음악 기호에 맞는 음향 효과 창조에 정성을 기울이는 것이다.

자, 그렇다면 오늘날 명품 브랜드 사이트 상에서는 무슨 일이 일어나고 있는가? 명품브랜드 웹 사이트 속에서 발견되는 음향 마케팅의 기능에 대하여 고찰해 보기 전에, 각 각의 웹 사이트의 음향마케팅 사용 양상에 대한 일반성을 살펴 볼 필요가 있겠다.

오늘날 음향마케팅은 크게는 명품 브랜드 각각의 이미지를 강화시키는 차원에서, 작게는 가상의 상품매장이 가질 수 있는 정적이나 침묵을 깨고자 하는 차원에서 활용된다. 그 목적에 따라서 다르다고는 하지만, 일반적으로 이런 음향마케팅은 음악이 만들어내는 청각성을 통하여 명품 브랜드에게 어떤 특별한 이미지를 제공하고 있다. 13개의 명품브랜드만 살펴보더라도, 우리는 이 '음향'이라는 기호가 네티즌의 관심을 이끌어낼 수 있는 매우 특별한 구성소임을 알 수 있다.

여기서, 본 연구의 방법론인 기호학에 대하여 간략하게 살펴보고 넘어갈 필요가 있겠다. 기호학이란, 사람들이 사용하는 기호를 지배하는 법칙과 기호 사이의 관계를 규명하고, 기호를 통해 의미를 생산하고 해석하며 공유하는 행위와 그 정신적인 과정을 연구하는 학문이다. 학문으로서의 기호학은 즉, 과학적 경험주의, 논리 실증주의의 발전 과정에서 체계화되었으며, 소쉬르(Saussure)와 퍼스(Pierce)에 의해서 주창된 언어학 중심의 기호학이 현대에 와서 언어기호학, 시각기호학, 건축기호학, 음악기호학, 연극기호학, 문화기호학, 문학기호학, 텍스트기호학 등 다양한 분야로 발전되고 있는 것이다. 이 연구의 방법론이 되는 음악기호학도 '일상생활에서의 기호(signe)라는 개념은 매우 다종다양하다'라는 뷔상(Bussant)과 프리에토(Prieto)가 이끄는 기능주의학파의 입장에서 기인한다. 즉, 검은 구름은 폭풍우의 기호이고, 연기는 불의 기호, 고열은 병의 기호가 된다. 또, 수학의 연산기호, 교통신호, 지도의 표지, 모스신호 · 해상신호를 비롯하여, 몸짓이나 의복 · 그림 · 조각 · 음악 등도 일종의 기호라고 생각할 수 있는 것이다. 바로 이런 관점에서 소쉬르(1972)는 기호개념을 협의의 용어나 부호로부터 유형 ·무형의 문화현상 일반으로 확대하여 문화 자체를 하나의 기호로 봤다는 점에서 높이 평가될 수 있다. 본 연구는 이 문화기호 중 '음악이라는 기호'가 이미 '스스로 외재(外在)하는 실체를 고지하거나 지시하는 표상'이란 뜻을 넘어, 스스로 일체의 근거를 가지지 않는 '비실체적인 관계이고 자의식적이며 경험적인 가치'라는데 뜻을 같이한다.

사실, 웹 사이트의 시각적인 기호들에 우선적으로 관심을 기울인 이후에야, 명품브랜드들은 청각적인 환경을 풍요롭게 해줄 수 있는 기호들의 발견을 모색했다. 관심을 이끌어 낼 수 있는 요소, 감성이나 이미지를 일깨우는 기호 등의 개념에서 배경음악은 이제 웹 사이트의 분위기를 결정짓는 중요한 요소 중의 하나가 되었다. 웹 사이트라는 공간의 융통성을 활용한 다양한 음악적인 시도를 통해 웹 사이트는 특별한 '공감각 마케팅' 양상을 보이고 있다.

음향이 주는 효과의 측면에서, 명품 브랜드들이 소비자의 마음속에 심어주고자 하는 것이 꿈, 이미지 혹은 상상력이라면 음악은 그 경쟁자가 없을 만큼 유용하다. 이런 웹 사이트의 음향화 작업을 일반적으로 3가지 차원의 양상으로 구별하여 설명할 수 있겠다.

1) 웹 사이트를 위하여 특별히 제작된 새로운 음악 창조의 형태 : 챨스 쥬르당, 헬레나 루빈스타인, 에르메스, 겐조, 랑케스터, 파코라반, 베르사체, 루이뷔똥
   순수한 전자 음악 : 헬레나 루빈스타인, 랑케스터, 파코라반, 챨스주르당
   피아노, 바이올린, 플루트, 색소폰, 클래식기타, 아코디언 등의 클래식 악기를 동반한 전자음악 : 루이뷔똥, 겐조
   말 울음소리, 말굽소리, 파도소리, 바람소리, 새 울음소리, 아이들의 웃음소리 등의 자연의 소리나 음향이 삽입된 음악 : 에르메스, 루이뷔똥, 겐조
2) 이미 존재하는 음악의 조각들을 편집 활용하는 경우 : 디오르, 시슬리, 까샤렐
3) 짧은 텔레비전 광고나 뮤직비디오 영상에 동반되는 배경음악을 제시하는 경우 : 까샤렐, 까르티에, 겔랑

이 세 가지 형태의 음향화 작업 양상은 다양한 장르의 음악을 통해 컴퓨터 화면상에서 나타나는 각각의 시각적 영상을 보충 혹은 강화하는 기능을 하기도 한다. 그렇게 웹 사이트의 음향 환경은 가상 상품매장에서 중요한 역할을 차지하게 될 것임에 틀림없다. 또한 네티즌 고객들도 그렇게 빈번히 웹 사이트 음향에 노출되면서 브랜드의 음향 정체성에 조금씩 동화되어 갈 것이다.

Rieunier(1998)는 음향 마케팅을 기획할 때, 브랜드들이 아래와 같은 4가지의 음악적 요소들을 선정의 척도로 삼아야 한다고 지적하고 있다.

1) 웹 사이트에 어떤 이미지를 전이해 줄 수 있는 음악 스타일 (클래식, 오페라, 세계적인 다양성, 국가적인 다양성, 팝, 락, 재즈, 테크노, 하우스 등등)의 선정
2) 웹 사이트 환경에 차별성을 안겨줄 수 있는 악기 종류 (아코디언, 기타, 피아노, 바이올린, 플루트, 북, 자연음향 등등) 의 선정
3) 자극이나 흥분을 유발하는 요인 혹은 긴장완화의 요인이 될 수 있는 템포(빠른, 중간의, 느린) 선정
4) 웹 사이트에 대중성이나 독특함을 반영시켜줄 수 있는 명성 있는 기존의 음악 선정 (대중적인 인기를 끌고 있는 음악 혹은 대중적으로는 전혀 알려지지 않은 언더그라운드 음악을 통한 브랜드 차별화).

이런 선정요인들은 음향 마케팅이 고객들의 쇼핑뿐만 아니라 소비행동에까지 지대한 영향을 미치기 때문에 결코 게을리 할 수 없는 사항들이다.

4. 음향마케팅의 현상-기호학적 기능

기술적 혹은 경제적인 문제를 떠나서 생각해 보면, 음향화(sonorization) 작업이란 웹 사이트를 방문한 고객들의 음악적 성향에 대한 의문 제기에서 시작된다고 할 수 있다. 그렇지만 이런 의문 제기는 결코 심리학 연구 모형인 '자극-반응(stimulus-response)'설에 의거한 '행동주의 (behaviorism)'를 기초로 소비자들의 쇼핑행동에 대한 의문을 의미하는 것도, '음악환경 아래에서의 판매효율성'이라는 주제에 대한 과학적인 차원의 연구를 의미하는 것도 아니다. 소수지만 이런 주제와 관련되어 있는 '과학적' 혹은 '심리학적'인 연구들도 '음향 환경이 고객들의 특별한 주의를 끄는 데 유리하다', 혹은 '그래서 상품 매장에 방문한 고객의 행동을 변형시키는 요인

으로써 작용할 수 있다' 정도를 증명해주고 있을 뿐이다(Alpert 1990, Areni 1993). 이렇듯 극소수 연구자들에 의해 이루어지고 있는 극히 제한적인 연구경향과는 상관없이 명품 브랜드 웹 사이트의 음향 마케팅은 다양한 기능적인 기대 속에 이미 적극적인 활용을 시작하고 있다.

본 연구는 웹 사이트의 음향 프로그램을 통하여 명품 브랜드가 기대하는 것이 무엇인가에 대하여 의문을 제기한다. 각각의 음악적 활용태는 각 브랜드에게 특별한 의미를 부여한다. 이것은 결국 기획된 음향 환경의 구조 속에서 음악 기호가 어떤 '기능'을 수행하는가의 문제이다. 그런 이유에서 이 연구의 목표는 명품 브랜드 웹 사이트의 다양한 음향 활용의 역할과 관련하여 감성적인 차원, 인지적인 차원, 그리고 행동적인 차원에 대한 고찰을 통해 현상-기호학적인 면에서 기능적인 접근을 시도해 보고자 하는 것이다. 이런 시각에서 이 연구의 음향 마케팅 형태는 아래와 같이 4가지의 커다란 테마로 구분해서 설명될 수 있겠다: 감성적(affective) 기능, 내연적(connotative) 기능, 인터렉티브(interactive) 기능, 사회문화적(sociocultural) 기능.

그러나 우선, 음향 마케팅 전략의 내부에서 이 4가지 기능들이 공존할 수 있다는 사실을 밝혀둘 필요가 있다. 물론 지배적인 기능이 있다고는 하지만, 거기에 또 다른 기능들이 음향이라는 정보의 여러 가지 해석을 동시에 야기하고 음악적인 양상의 일관성을 나타내고 있다는 말이다. 또한 본 장의 기능적 연구는 각각의 음향 마케팅 기능의 특성을 각별히 잘 드러내는 몇 개의 브랜드의 사례를 살펴보는 방법으로 대신하고자 한다. 이것은 아직까지는 다채로운 양상을 나타내기 보다는 서로가 서로를 닮아가는 공통된 경향성을 띄는 13개 명품 브랜드 각각의 음향기능을 모두 기술함으로써 낳을 수 있는 잉여의 문제를 배제시키기 위함인 동시에 논문의 공간한계를 극복하고자 하기 위함이다.

4.1. 감성적 기능(affective function)

시청자를 매혹하는 법 혹은 놀라게 하거나 웃음 짓게 하는 법을 안다는 것은 단지 광고 텍스트나 영상의 역할일 뿐만 아니라, 음향 환경의 역할이기도 하다. 소비자를 즐겁게 만들어 주는 엔터테인먼트 마케팅, 이것은 복합적인 상징화에 초점을 맞추는 명품 브랜드 웹 사이트의 일반적인 창작 기획을 통해서만 나타나는 것이 아니라, 음향 마케팅 차원에서도 표현된다. 음향 마케팅의 '감성적인(affective)' 기능은 브랜드의 음향 이미지를 책임지는 음악의 창작 및 선정을 통해 브랜드와 고객의 또 다른 커뮤니케이션 방법으로 활용된다.

이 감성적 기능은 두 가지 경향성의 형태로 구별해서 생각해 볼 수 있다.

첫 번째, 웹 사이트 쇼핑에 기분 좋은 환경을 제공하는 차원에서 구상된 '동반 음악' 경향.

두 번째, 이미 기존에 존재했던 음악을 정교화하거나 변형하는 경향.

(1) 기분 좋은 쇼핑환경을 제공하는 동반 음악 경향

이 경우, 음악은 시청자들을 브랜드가 의도하는 어떤 감정으로 이끄는 환경적인 요인이 된다. 예를 들어, 슬픈 곡조는 청자에게 우수나 서글픔을 야기 시킬 수 있고, 유쾌한 음악은 긴장완화나 기분전환 혹은 화기애애한 분위기를 연출시킬 수 있다. Alpert(1990)의 연구는 바로 이런 논리에 기반하여 음악이 소비자들의 행동에 영향을 끼치고 있다는 사실을 확인시켜 주고 있다. 또한 이 연구는 슬픈 음악이 감성적인 내포(코노테이션)차원에서 상품구매의도를 향상시키는데 긍정적인 효과를 준다는 결과를 제시하고 있다. 이렇게 음향환경은 명품 브랜드의 이미지를 내포하는 차원에서 소비자 개개인을 특별한 정서로 안내할 수 있다. Alpert 등이 제시한 결과들은 연구의 코퍼스가 되는 13개 브랜드의 웹 사이트에서도 마찬가지 효과를 나타내리라는 것을 추정하게 해줄 뿐이다. 이유인 즉, 아직까지 어디에서도 음악이 웹 사이트를 방문하는 네티즌 고객들을 기분 좋게 만들어서 제품판매에까지 영향을 줄 수 있다는 연구결과를 확인할 수는 없었기 때문이다.

반면에 '즐거움을 선사'한다는 측면에서는 실제 상품매장을 중심으로 '비트가 강한 신나는 리듬의 음악' 스타일이 소비자 기분전환에 탁월한 효과를 보인다는 수많은 연구결과가 발표되어 있다(Harrinton 1993, Yalch 1993, Siberil 2000). 이런 맥락에서 Harrinton, Yalch, Siberil의 연구들은 소비자들의 음악취향에 상응하는 음악을 소비자들에게 들려주었을 때, 그 자극을 통하여 즐거움을 선사하게 됨으로써 더 많은 구매를 야기 시키기도 하고, 더 많은 시간을 상품매장에 할애하게 만든다는 연구결과를 제시하고 있다. 바로 이런 차원의 예로 우리는 챨스 쥬르당(Charles Jourdan)의 웹 사이트를 살펴볼 필요가 있다.

브랜드의 웹 사이트에서 배경 음악의 선정은 상품매장을 쇼핑하는 속도를 늦추게 하거나 긴장을 완화시키는 역할을 할 수도 있고, 음악적인 리듬에 익숙해 있는 네티즌 고객들에게 에너지나 활동성을 부가시켜주는 역할을 하기도 한다. 챨스 주르당의 웹 사이트에서 쇼핑을 하는 동안 우리는 피아노의 멜로디에 드럼의 리듬을 가미하며 베이스 기타로 연주된 딱 한 곡의 음악과 동반하게 된다. 물론 이 음악은 한 번의 아이콘 클릭을 통해 꺼질 수도 켜질 수도 있다. 다른 브랜드의 웹 사이트와 비교해보았을 때, 이 브랜드의 음향화 경향성은 매우 단순하다. 이것은 바로 '정적(silence)'을 피할 수 있는 기분좋은 음악환경의 동반인 것이다. 이 작업은 언뜻 보기에도 음향의 부재(absence) 현상과 비교해서, 동반음악이 브랜드에 어떤 가치를 부가시켜 주는 데 매우 관여적인(pertinent) 기능을 하고 있다는 것을 확인시켜 준다.

〈그림 2〉

〈그림 3〉

(2) 이미 기존에 존재했던 음악을 정교화하거나 변형하는 경향

웹 사이트 상의 감성적인(affective) 역할을 수행하는 두 번째 경향성을 살펴보자. 이런 맥락에서 감성적인 기능은 다분히 상업적인 제작 형태라고 일컬어지는 기존의 히트곡 혹은 스타시스템에 충실한 인기 가수의 노래 등을 통한 재활용 경향성으로 나타난다. 여기서 대중음악이 가지는 위상은 상업적인 기획이나 제작의 차원에서 장기간의 투자를 요구하는 음악 기획단계의 고충을 뛰어넘어 '친근함 속의 차이두기'라는 정서차원의 '감성적인' 소구를 수행한다.

예를 들어 보자. 까샤렐(Cacharel)의 웹 사이트 홈페이지는 글로리아(Gloria)라는 향수를 선전하는 동영상을 제시하고 있다. 이 동영상은 여성 나레이터의 목소리와 함께 '글로리아(Gloria)'라는 영어 팝송의 한 구절을 동반한다. (마지막에 여성 나레이터의 목소리는 '글로리아, 경험의 흥분, 까샤렐의 새로운 향수'라고 말한다.) 이 팝송은 우리 귀에 아주 친근한 인상을 준다. 이유인 즉, 이 음악이 1965년에 인기를 얻은 롹 음악계의 아일랜드인 거장, 반 티어 슨(Van Tiersen)의 노래 '글로리아(Gloria)'를 재활용하고 있기 때문이다. 그러나 이 음악은 1975년 패티 스미스(Patty Smith)에 의해서 리메이크 된 버전이다. 패티 스미스는 이 고전적인 롹

스타일의 노래를 아주 리드믹하고, 강하며 공격적인 펑크 스타일로 변형시켜 놓았다. 사람들은 패티 스미스를 아방가르드 예술 장르의 대가이자 '펑크 음악계의 대모'로 평가한다. 그런 이유에서 이 음악은 펑크 스타일을 연출하기 위하여 전자기타, 베이스 기타, 드럼 등의 전자악기들을 활용하고 있다.

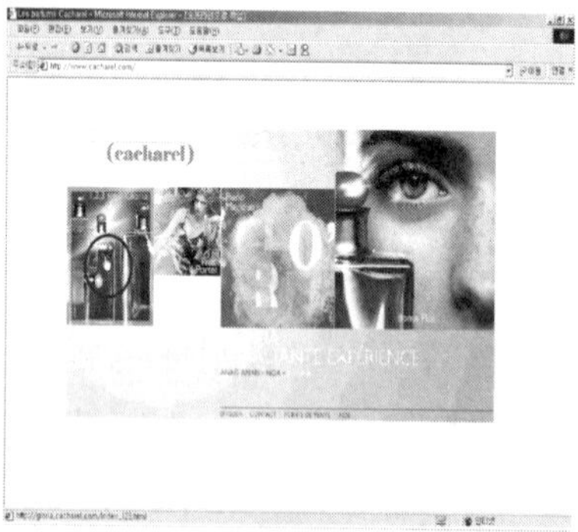

〈그림 4〉

〈그림 5〉

이 경우, 시각적인 텍스트 위에서 음악적인 표현의 슬로건이 먼저 주의를 끌어 당긴다. 그리고 나서, 노래가 감성적인 차원의 커뮤니케이션을 이끈다. 음악적 메시지 속에 나타나는 브랜드 이름의 현전성과 광고 영상 속에서 전파되는 메시지는 웹 사이트 상의 음향마케팅 형태를 통해 네티즌의 더 많은 관심을 이끌기도 하고 상품의 구매를 설득하기도 한다. 또한 우리는 이 음향마케팅이 읽히는 시각적 텍스트와 말해지는 청각적 텍스트 사이의 상대성이나 차별성을 보여주는 예라고 말할 수 있다. 이 동사적(verbal)이고 음악적(musical)인 두 장르 사이의 잉여는 음향 연출을 통해 '자연스러운' 나레이터의 현실적인 목소리와 혼합되어 전자악기가 초래할 수 있는 단조로움을 피하게 해준다. 이 목소리는 청취자들에게 마치 '친근한' 여자친구가 자신에게 직접 이야기를 전하는 것 같은 인상을 준다. 진정한 감성적 관계가 이렇게 고객과 브랜드 사이에 창조 되는 것이다.

까샤렐 웹 사이트의 다양한 음향 활용태는 텍스트나 영상 요소들만으로는 감수성 예민한 네티즌 고객들의 다채로운 정서들을 깨우는 일이 어렵다는 것을 파악하고, 매우 차별적인 음악을 통하여 각각의 상품의 독특한 이미지를 전이시키려는 명품 브랜드의 마케팅 의도를 표현하고 있음을 알 수 있다. 즉, 까샤렐은 상품의 특징을 설명하거나 특징 지워서 보여주기 힘든 향수 광고에서 음악이라는 장르의 힘을 빌어 감성적인 이미지를 전달하고 있는 것이다.

4.2. 내연적 기능(connotative function)

고객에게 촉발할 수 있는 즐거움이나 유머 같은 개념을 넘어서 음향 마케팅은 내포적인(connotative) 기능도 같이 함축하고 있다. 말하자면, 음향은 상품매장이라는 공간과 그 위상을 포함하고 있다는 말이며 또한 카테고리별 제품군 각각에 대하여 소비자들에게 주의를 유발시키는 기능을 한다는 말이다. 루이 포르쉐(Louis Porcher, 1975)에 의하면 음악 메시지의 내포는 무수한 이론적 시각을 통해 해석될 수 있는 것이다. 왜냐하면 이런 메시지는 우리 사회 문화의산물이기 때문이다. 어떻게 이런 기능들이 광고 음악 커뮤니케이션 안에서 구체화될 수 있을까? 웹 사이트 음향은 소위 «광고 음악의 스테리오타입»이라고 일컬어지는 텍스트/영상/음악의 일치 혹은 스팩타클과 음악의 조화를 통해 다양한 메시지의 함축을 꾀한다. 이런 음향 기획은 긍정성, 고급스러움, 신비함 같은 감정을 불러일으킬 수 있는 음악, 혹은 유쾌한, 우아한 혹은 미스테리한 환경을 야기하는 멜로디 라인 등을 활용하는 방법으로 실현된다.

나티에(Nattiez, 1987)는 장 몰리노(Jean Molino, 1979)의 '음악 상징성'의 개념을 아래와 같이 해석하고 있다: "상징화의 과정은 세 가지 차원의 극을 가지고 있다. 즉, 구체적인 현실 속에서 나타나는 메시지 그 자체, 메시지의 창조 전략 그리고 메시지 수신 전략이 그것이다". 이 세 가지 중 두 번째 차원과 관련하여 나티에는 아래와 같이 부연해서 설명하고 있다 : "메시지의 창조전략은 음악작품의 컨셉의 기획 단계에서 연출 단계로 이어지는 모든 과정을 포함한다. 이 과정은 일종의 '걸작'의 단계까지 다다를수 있도록 창작인을 조건화, 동기화시키는 철학적, 사회학적, 심리학적, 역사적, 미학적, 물리학적인 조건들의 통합이다"(Nattiez, 1997). 웹 사이트는 음악 장르에 따른 독특한 리듬과 멜로디 덕분에 명품 브랜드 고유의 이미지를 강화시킬 수 있는 '종합적인 연상작용(associative recall)'을 불러 일으킨다.

웹 사이트에서 명품 브랜드의 레젼드나 이미지는 짧은 다큐멘터리 필름 혹은 환등기의 장면 컷 등의 기술적이고 서사적인 양상의 텍스트와 영상의 구상으로 나타나서, 음악이라는 도구를 통해 각인된다. 웹 사이트의 내부에서 명품 브랜드는 그들의 경쟁사와 거리두기를 의도하기도 하고, 차별화를 시도하기도 하며, 독특한 그들의 존재가치를 강화시키기 위하여 노력한다. 음악의 잠재적 효능이 바로 이런 상황에서 중요성을 인정받는다. 웹 사이트는 각각의 영상에 부합하는 다양한 스타일의 음향을 통해 명품브랜드 자신이 꿈꾸는 고유의 이미지를 전이시킬 수 있다는 말이다.

명품 브랜드 웹 사이트들은 음향 속에 적용된 은유(metaphor)의 수사학적 표현의 수많은 예들을 제공한다. 이런 음향의 효과는 마케팅 분야의 연구자들 혹은 음악학자들이나 심리학자들에 의해서 폭넓게 연구되고 있는 각성자(arouser)의 능력에 대한 개념으로 이해될 수 있다(Tarasti 1996). 즉, 이것은 음향에 어떤 상징적인 메시지를 부가시킨다거나 도구화 시킨다는 차원의 문제이다. 일반적으로 음악기호들이 때때로 어떤 메시지를 대신하는 제유(synecdoche)로써 일상적인 상투성을 넘어 또 다른 차원에서 어떤 단어를 대신하는 음향기호로 활용되는 예는 쉽게 찾아진다.

같은 맥락에서 심리학자 프랑세스(Francès, 1984)는 '선별된 반응을 파생하는 음악의 지각작용'에 대한 연구를 통해 청취자가 멜로디를 들을 때 음향의 파장을 식별할 수 있는 능력과 더불어 특별한 컨텍스트 혹은 환경과 연관시켜내는 능력을 가지고 있다는 사실을 밝혀냈다. 예를 들어 하나의 음악은 어떤 계절을 혹은 바쁜 도시에서의 생활을 혹은 일상의 한 순간을 연상시킬 수 있다는 말이다. 말하자면, 고객이 어떤 음악에 노출되었을 때, 이 연상 작용은 멜로디나 악기의 종류 혹은 음악 스타일과 관련하여 시청자의 장기 기억 속에서 자동적으로 실행된다는 것이다. 이런 '기억의 종합화 망'은 인간 정보처리 과정을 토대로 하는 수많은 연구를 통해 이미 확인된 바 있다.

자. 이제 루이뷔똥(Louis Vuitton)의 예를 한 번 살펴보자. 뷔똥의 음악은 모든 음악적인 은유의 통합적 산실이라고 할 수 있다. 각각의 주제에 따른 주요 콘텐츠 메뉴 구성에 따라 다양한 악기들을 선정하는 차원에서부터 시작하여, 뷔똥의 음악은 독특한 능력을 발휘하고 있다. 비올라, 새소리, 파도소리, 증기선의 기적소리, 아이들의 웃음소리 등의 현실주의(realism)적 표현과 함께 유행하는 전자음악의 템포를 활용하는 초현실주의적(surrealism) 표현을 어우르는 방법으로 이 웹 사이트의 음향은 네티즌-고객에게 음악적 의미화작용(semantization)의 실례를 증명해 보여주는 듯 하다

홈페이지 첫 장면부터 시작하여, 방문자들은 현실에 존재하는 실제 소리 혹은 소음들과 함께 의도적으로 만들어진 전자음악의 조합을 들을 수 있다. 1854년 여행가방 생산을 시작으로 명품의 입지에 오른 뷔똥이라는 브랜드가 유지해온 '여행'이라는 전통적 컨셉은 음향 도구에 대한 구상과 연출을 통해 한 장의 그림엽서에서 느껴질 수 있는 일탈이라든지 휴식, 혹은 꿈이라든지 현실의 환기 등의 차원으로 표현된다. 음향의 엄격한 현

실주의는 꿈이나 일탈 같은 재미있는 아이디어와 호응한다. 예를 들어, 일상의 작은 행복이나 휴식을 연상시키는 아이들의 웃음소리, 파도소리, 갈매기소리 같은 음향들이 삽입된다. 또한, 새들의 지저귐, 바람소리, 뱃고동 소리. 파도소리 등은 스트레스로 얼룩진 도시라는 공간에서의 일탈을 가능케 해주는 자연(nature)성을 대표하는 음향들이다. "개념적이며 감동적이고 미적인 내용을 풍부하게 전달하기 위해서는 최소의 음향효과를 활용하는 것만으로도 충분하다"라고 로만 야콥슨(Roman Jakobson, 1976)은 말한다. 이유인 즉, "음향소들을 활용한 기막힌 아이디어의 신비스러움을 접하면 사람들은 즉각적으로 그 속에서 자기 자신을 찾아내게 되기 때문이다"(Jakobson 1976). 이런 '자기 찾기' 과정은 웹 사이트라는 가상공간의 비현실성 속에서도 음향이라는 매개 덕분에 청자와의 순수한 공감대 창조의 형태로 나타난다. 또한, '자연성'을 드러내는 영상들의 논리는 다분히 아쿠스틱한 전자음악과의 조합에 의해서 더 강조되고 있다. 소위 '자연(nature)'이라는 컨셉은 언어적인 텍스트나 시각적인 영상 담화가 표현되는 방식과는 크게 관련됨이 없이 사실적인 사운드들과 전자음악의 조화를 통해 매우 상징적으로 표현된다. 그렇게 '자연'이라는 테마를 바탕으로 하는 음향들의 삽입은 '여행의 내음'이라는 뷔똥의 정체성을 잘 연출하고 있는 것이다.

〈그림 6〉

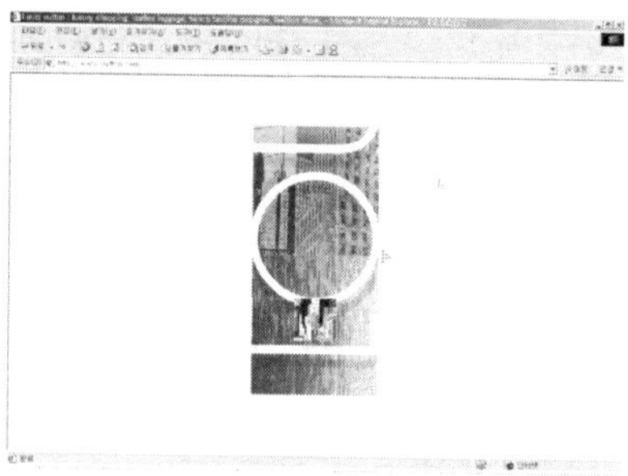

〈그림 7〉

사실, 이 웹 사이트에는 수많은 종류의 음향이 공존한다. 이런 음향들 중에서, 가장 주목할만한 것은 바로 '전통(Tradition)'이라는 테마와 관련된 페이지들에 동반되는 음악들이다. «루이 뷔똥, 시간성을 관통하는 예술(Louis Vuitton, L'art de traverser le temps)», 이라는 제목아래, 루이뷔똥의 레젼드를 이야기 하는 동영상은 다큐멘터리 필름처럼 전개된다. 말하자면, 페이지의 컬러는 오래된 흑백 사진을 연상시키는 빛바랜 영상이고, 페이지의 크기는 8미리 필름의 다큐멘터리 단편영화처럼 다른 화면에 비해 축소되어 있다.

〈그림 8〉

〈그림 9〉

이 페이지를 클릭하면, 전통 깊은 한 가족의 오래된 사진첩을 넘기는 듯한 동영상과 함께 50-60년대 스타일의 음악이 동시에 들려온다. 이 음악은 2001년 개봉된 유명한 프랑스 영화 "아멜리에(Le Fableux destin d'Amélie Poulain)"의 음악적 스타일을 연상시킨다. 이 영화의 작곡가 반 티어슨(Van Tiersen)의 음악 스타일처럼, 이 음악은 바이올린, 플루트를 바탕으로 하모니카, 아코디언 혹은 풍금 같은 소위 '복고적인' 악기들로 구성되어 있다. 그래서 네티즌 고객들은 이 음악을 들으면서 향수어린 과거 어떤 시절의 앨범의 한 장면을 넘기는 듯한 착각에 빠지게 된다. 다시 말하면, 이 음악은 추상적인 개념 기호를 음향이라는 구체적 기호와 결탁하여 은유해내고 있는 것이다. 결국, 루이 뷔똥 웹 사이트는 다양한 음향 활용을 통하여 네티즌-고객들에게 자사의 전통성을 표현하는 향수 혹은 브랜드의 정체성과 관련된 여행 같은 개념들을 훌륭하게 일깨우고 있다고 말할 수 있겠다.

4.3. 인터렉티브 기능(interactive function)

인터렉티브 기능은 웹 사이트 방문자들과의 커뮤니케이션을 형성하거나 지속시키고자 하는 노력과 연관된다고 할 수 있다. 사실, 웹 사이트의 음향화 작용은 청취자 즉 웹 사이트 방문자와의 관계를 형성한다는 데 목적이 있다고 해도 과언이 아니다. 접촉성을 강화한다는 것, 음향의 활용을 통해 관계를 구체화시킨다는 것, 혹은 청취자의 반응을 유발한다는 것이 바로 인터렉티브한 기능의 목적이다. 본 연구는 설득차원의 커뮤니케이션 전략에 호응한다는 차원에서 현상학적 시각을 가지고 두 가지로 분류해서 이해하고자 한다. 즉, '관계맺음'의 차원을 지원하는 시그날 음향 효과와 재인식(recognition) 효과, 다시 말하면, '호출효과'와 '연대의식 효과'라고 말할 수 있겠다.

예를 들어, 웹 사이트 방문자들의 주의를 끄는 것을 목적으로 하는 시그날 뮤직의 경우, 이 때 청취자는 최대한 수용적인 상태에 있다. 이 경우, 웹 사이트의 방문 개시를 알리는 음향시스템에 의하여 청취자는 자동적으로 음향성에 초대된다. 일반적으로 음향 선정은 피아노 같은 건반 악기나 하프 같은 현악기를 기반으로 단계를 드러내는 멜로디 라인으로 시작되는 경우가 대부분이다. 이 경우, 음향은 브랜드와의 관계맺음을 알리는 신호가 되기도 하고, 브랜드와의 관계맺음의 장소인 웹 사이트로의 입장(entrance)을 상징적으로 표시하기도 한다.

예를 들어, 커뮤니케이션의 계속성이라는 목적아래 구상된 파코라반

(Paco Rabanne)의 웹 사이트 홈페이지 속에서 네티즌-고객들은 시그날 뮤직의 활용태를 만날 수 있다. 웹 사이트의 중심적인 메뉴 소개를 위한 메탈 조각 영상은 실로폰을 연상시킨다. 컴퓨터 화면에 나타난 메탈조각 중 하나를 클릭했을 경우, 마치 또 다른 세계의 문으로 들어가는 듯한 착각을 일으킬만한 하프의 멜로디 라인 음향 시그널이 들려온다. 이제 이런 상징적인 시그널 효과는 '연출력'이 돋보이는 음향소들의 테크니컬한 믹싱작업을 통해서 음향 마케팅의 주요한 방법 중의 하나로 자리매김하고 있다.

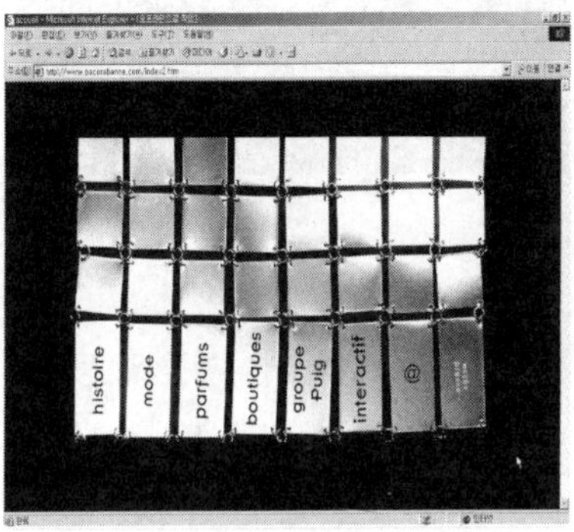

〈그림 10〉

〈그림 11〉

한편, 연대의식(connivance)과 관련 하여, 웹 사이트의 음향은 영화음악, TV 드라마 음악 등 또 다른 매체에 의존하는 경향을 보인다. 이 경우, 브랜드는 다른 매체 속에서 익히 잘 알려진 히트음악의 보고(寶庫)에서 다시 재가동할 준비를 갖춘 음악 형태를 찾아내야 한다. 오랜 시간 잊혀졌던 낡은 영화 속의 영화음악의 재인식을 통하여 우리 기억 한 구석에 자리 잡고 있는 아련한 과거와 추억들을 되살려내기도 한다. 이런 음향 마케팅 방법은 브랜드와 고객이 공유하는 어떤 것대한 연대감을 음향이라는 자극을 통해서 발산하는 것이다. 이런 음향 활용태는 친근감을 유발시킬 뿐만 아니라, 오래된 영화의 장면이나 과거의 한 시점을 되찾는 즐거움을 안겨줌으로써 새로운 커뮤니케이션을 넘어 연대감(connivance)의 형성을 가능하게 한다.

〈그림 12〉

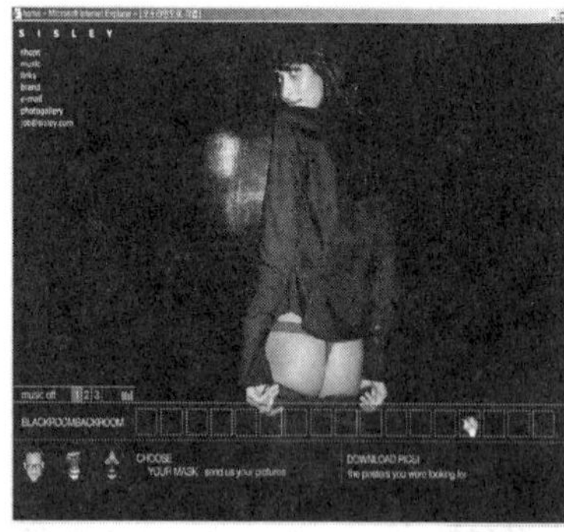

〈그림 13〉

시슬리(Sisley)의 예를 한 번 살펴보자. 웹 사이트의 페이지들에 동반되는 배경음악이 우리의 귀를 주목하게 한다. 만약 이 웹 사이트 속으로 들어간다면, 우리는 귀에 매우 익숙한 한 곡의 음악을 듣게 될 것이다. 이것은 연출가 끌로드 르루슈(Claude Lelouch)의 1966년작 영화 <남과 여>(Un homme et une femme)의 중요한 장면에 흘렀던 영화음악이다. 물론 이 음악은 가사를 배제시킨 경음악의 형태로 색소폰과 신디사이저를 가지고 연주되고 있다. 이 웹 사이트는 매우 잘 알려진 영화음악의 한 대목을 사용함으로써 과거를 현재라는 시대성과 대중성에 엮어내고 있다. 또한, 영상은 항상 배경음악에 의해서 전달되는 이미지와 텍스트의 정보 사이에 연결성을 가지려고 노력하는 경향이 있다. 바로 이런 관점에서, 이 음악 선정은 '고급 포르노(Porno Chic)'라고 일컬어지는 시슬리의 상당히 선정적인 비쥬얼 영상들과 잘 조화되어 표현되고 있다고 말할 수 있다.

4.4. 사회 문화적 기능(sociocultural function)

본 연구 속에서, 사회문화적 기능은 음향마케팅의 기획단계에서 이미 제품군이 타겟팅한 일단의 소비자들의 취향을 파악하는 작업에서 기인한다. 최근 명품브랜드 시장은 다양한 소비자의 취향에 맞추어 상품군은 물론 커뮤니케이션 방식 더 나아가 마케팅 방법까지도 세분화 시켜내고 있다. 예를 들어, 점점 증가하는 젊은 소비자층을 겨냥하는 제품군을 개발하기도 하고, 명품 브랜드 판매의 50% 이상을 책임지고 있는 일본, 중국, 한국 등 아시아 소비자층을 겨냥하여 명품 "소품류"를 기획 제작하기도 한다(Bontour 2002). 예를 들어, 전통적인 문양의 가방을 생산해온 루이뷔똥이 일본 만화의 캐릭터를 삽입한 가방과 핸드폰 고리를 제작하면서 아시아 젊은 소비자층의 공략에 박차를 가하고 있는 최근의 경향성을 들 수 있다. 혹은 최근 서양 문화권에서 유행하는 '아시아 문화 따라 잡기'에서 영감을 얻은 겐조는 스킨케어 라인의 개발에 앞서 '기(氣)'를 테마로 설정했으며, 자연과 기술의 결집이라고 말할 수 있는 '겐조키(Kenzoki)'를 개발 판매하고 있다.

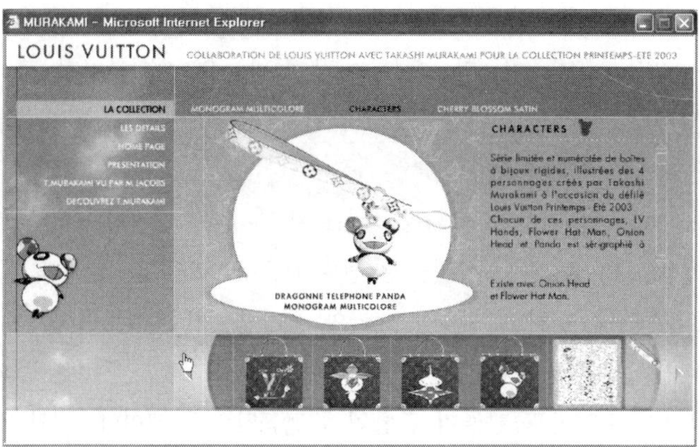

〈그림 14〉

음악 커뮤니케이션 역시 타겟팅하는 대상에 따라서 다양화되고 있다. 광고 사진에서처럼, 음악도 역시 사회의 대표적인 스테레오타입의 개발을 통해 내포되는 기호론(semeiology)의 한 부분인 것이다. 음향 마케팅은 대상이 되는 대중들의 취향(taste)을 반영할 뿐 아니라, 우리 시대의 유행성을 쫓는다. 물론 음향 연출이 항상 브랜드가 계획 구상한 이미지와 맞아떨어지는 것은 아니다. 브랜드의 음향 마케팅 부서의 기획 의지는 창조된 음악적 이미지와 겨냥하는 소구 대상의 취향이 맞아떨어지느냐 그렇지 못하냐에 따라서 변경될 수 있다는 말이다. 이것은 또한 웹 사이트의 공간이나 한 번에 부가되는 픽셀(Pixel)의 양 같은 문제 때문에 대부분의 브랜드들이 뉴웨이브나 테크노 등의 전자음악을 선택하고 있는 배경을 설명해 주기도 한다(Galan 2000).

예를 들어, 겐조(Kenzo) 웹 사이트는 각 제품 코너의 테마에 어울리게 다양한 종류의 음악들을 배치시켜 놓고 있다. 이런 경향성은 베르사체(Versace)의 웹사이트에서도 마찬가지로 뚜렷하게 나타난다. Kenzo Jeans, Kenzo Wave, Kenzo Juniors, Kenzo Home 등등의 테마로 구성된 페이지를 살펴보자. «청바지(Jeans)»라는 의류 장르는 활동적이고, 가벼우며, 편한 느낌을 대표한다고 할 수 있다. 그렇기 때문에 음향도 역시 소구 대상인 젊은 층이나 청소년들에게 인기 높은 테크노 같은 매우 리드미컬하고 가벼운 음악이 주를 이룬다. 물론 이런 음향들은 신디사이저 로 연주된 전자음악이다. 이런 음악은 이 코너의 방문자로 하여금 춤추고 싶은 욕구를 불러일으킬 수도 있다.

Kenzo Wave란 테마의 코너를 살펴보자. 수영복 매장을 연상시키는 영상을 배경으로 제시되는 상품들은 신디사이저로 연주된 상쾌한 멜로디에 드럼의 리듬감을 더하고 시냇물 소리와 물방울 소리, 새소리 등을 삽입한 배경음악을 동반한다. 이것은 수영복 시장의 주요 고객인 젊은 층의 취향에 부합하는 다양한 음향들이 혼합된 퓨전음악의 형태이다. 이와 같은 음향 마케팅 형식이 또 다른 제품 코너에서도 마찬가지로 활용되고 있다.

〈그림 15〉

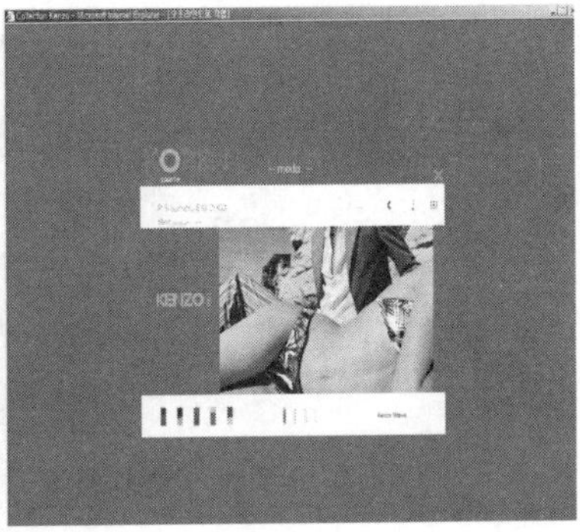

〈그림 16〉

Kenzo Home이라는 테마의 코너를 살펴보자. 이 코너는 '가정(home)'이라는 주제와 걸맞게 편안함과 부드러움이라는 이미지를 반영하는 환상적인 음향 환경을 조성하고 있다. 한 편 Kenzo Juniors 코너는 실로폰 멜로디를 기초로 하고 바람소리, 아이들의 목소리와 웃음소리 등을 잘 혼합하여 가볍고 경쾌한 분위기를 만들어내고 있다.

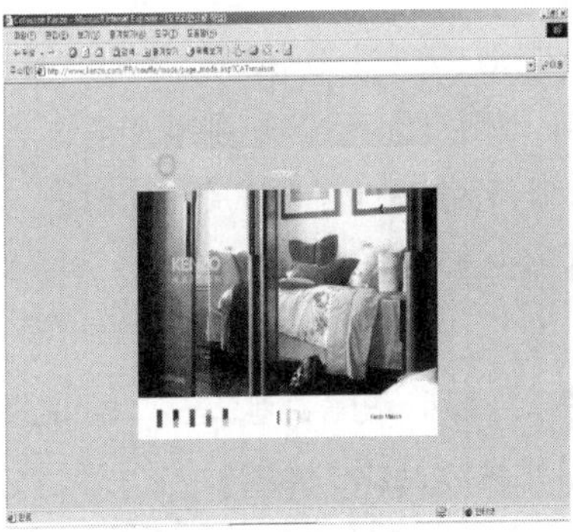

〈그림 17〉

〈그림 18〉

이렇듯 대상이 되는 고객의 취향이나 문화에 음향을 맞추어 연출하는 음향마케팅의 형태는 각양각색의 방법으로 구상되고 있다. 그러나 이런 음향 연출 방법은 시시각각 변하는 고객들의 욕구를 반영하기 위하여 잦은 업그레이드를 기획해야 하는 등 음악을 선정함에 있어서 끊임없는 주의를 요함으로써 다양한 근심거리를 제공하는 것도 사실이다

5. 결론

위에서 살펴본 것처럼, 음향마케팅의 영역은 이미지나 상징성의 발현을 목표로 하는 명품브랜드의 웹 사이트 안에서도 중요한 역할을 수행하고 있다. 물론 겐조나 루이뷔똥 같은 브랜드의 웹 사이트처럼 음향 마케팅이 다양한 형태로 활용되고 있는 예도 있고, 까샤렐, 시슬리, 파코라반 처럼 극히 일부분에서 음향 마케팅을 활용하는 예들도 있으며, 버버리, 샤넬, 지방시, 구찌, 랑콤 등의 브랜드처럼 음향 마케팅에 전혀 관심을 기울이지 않는 경우가 있다. 그렇지만 지난 몇 달 전에 웹 사이트의 음향 마케팅을 시작한 겔랑이나 찰스 주르당의 경우처럼 모든 명품브랜드들이 머지않아 음향마케팅의 중요성을 인지하게 될 것임에 틀림없다.

명품브랜드는 항상 상징적인 환경과 분위기를 꿈꾸게 해야 한다는 컨텍스트를 가진다. 거기서 가상공간인 웹 사이트도 예외일 수 는 없는 것이다. 음향화 작업은 재미있게 만들어 줌으로써 혹은 어떤 감성을 전달함으로써 혹은 꿈꾸게 만들어주는 방법 등을 통해서 잠재 고객들에게 명품의 이미지 논리를 이해하도록 도와준다. 결국, 명품브랜드는 그들이 웹 사이트 상에서 자사 브랜드에 대한 상세한 정보나 시각적인 다양성을 담아내는데 관심을 집중하는 만큼 감각 자극을 요구하는 감성적인 고객들에게 더 신비롭고 더 매혹적인 명품쇼핑공간을 제공하고자 하는 실제 명품브랜드 상품시장의 경향성을 따르고 있는 것이다.

결국, 웹 사이트에서 기획되고 있는 음향마케팅 프로그램을 포함한 공

감각 마케팅은 거만한 마케팅으로 일관하던 명품브랜드에게 전에 없던 소비자와의 풍요로운 커뮤니케이션을 제공하고 명품브랜드의 '대중화'를 북돋우는 기능을 하고 있는 것이 사실이다. 따라서 명품 브랜드 웹 사이트의 음향마케팅 양상에서 주목해야 할 점은 명품 브랜드가 서로 다른 문화와 언어를 가진 소비자들이 모두 공감할 수 있는 새로운 형태의 커뮤니케이션을 시도하고 있다는 점이다. 즉, 명품 브랜드들에게 있어서도 공감각마케팅은 소비자와의 인터렉티브한 관계형성을 위하여 다채롭게 활용하고 있는 것이다.

참고 문헌

ALLERES Danielle(1997), *Luxe: stratégies-marketing*, Paris, Économica.

ALPERT J. and ALPERT M.(1990), "Music Influences on Mood and Purchase Intentions", *Psychology and Marketing*, 7, pp.109~133.

ARENI C. and KIM D.(1993), The Influence of Background Music on Shopping Behavior : Classical Versus Top Forty, Music in a Wine Store, *Advances in Consumer Research*, 20, pp.336~340.

BALPE Jean-Pierre(1996), *Techniques avancées par l'hypertexte*, Paris, Hermès.

BARTHES Roland(1964), "Eléments de sémiologie", in *Communications*, n°4, Paris, Seuil, pp.91~135.

BARTHES Roland(1985), *L'aventure sémiologique*, Paris, Seuil.

BARTHES Roland(1970), *Mythologies*, Paris, Seuil, 1970.

BARTHES Roland(1983), *Système de la mode*, Paris, Seuil.

BAUDRILLARD Jean(1968), *Le système des objets*, Paris, Gallimard.

BAUDRILLARD Jean(1972), *Pour une critique de l'économie politique du signe*, Paris, *Gallimard, Ed. Tel*.

BONTOUR Anne and LEHU Jean-Marc(2002), *Lifting de marque*, Paris, Editions d'Organisation.

CASTAREDE Jean(2003), *Le luxe*, Paris, PUF.

CORBIN Alain(1982), *La Miasme et la jonquille*, Paris, Editions Flammarion.

ECO Umberto(1970), "Sémiologie des messages visuels", in *Communications*, n°15, Paris, Seuil, pp.11～51.

EGGS Ekkhrd(2000), "Logos, ethos, pathos, l'actualité de la rhétorique des passions chez Aristote", *Les émotions dans les interactions*, Paris, PUL, pp.15～31.

FLOCH Jean-Marie(1987), "La génération d'un espace commercial", in *Actes sémiotique Documents*, IX, 89.

FLOCH Jean-Marie(1995), *Identités visuelles*, Paris, Presses Universitaires de France.

FLOCH Jean-Marie(1985), *Petites de l'œil et de l'esprit*, Paris-Amsterdam, Hadès.

FLOCH Jean-Marie(1990), *Sémiotique, marketing et communication*, Paris, PUF.

FRANCES Robert(1984), *La perception de la musique*, Paris, Edtion Vrin.

GALAN Jean Paul(2000), "The potential impact of music in the web-user: theoretical framework, research avenue and obstacles", *The 6th International Research Seminar in Service Management Proceedings*, La Londe Les Maures, 6/9 june, pp.277～299.

GALLOPEL K.(1998), "Influence de la musique sur les réponses des consommateurs à la publicité: prise en compte des dimensions affectives et symboliques inhérentes au stimulus musical", *Thèse de doctorat en sciences de gestion*(박사논문), Université de Rennes 1.

GOFFMAN Erving(1973), *La mise en scène de la vie quotidienne*, Vol I and Vol II, Paris, Minuit.

GREIMAS Algeirdas Julien and COURTES Joseph(1993), *Sémiotique: dictionnaire raisonné de la théorie du langage*, Paris, Hachette.

GREIMAS Algeirdas Julien(1976), *Sémiotique et sciences sociales*, Paris, Seuil.

HALL Edward Twitchell(1978), *La dimension cachée*, Paris, Seuil, coll. «Points».

HALL Edward Twitchell(1984), *Le langage silencieux*, Paris, Seuil, coll.«Points».

HALL Edward Twitchell(1987), *Au-delà de la culture*, coll. Paris, Essais, Points.

HERRINTON D. J. (1976), "The effects of tempoand volume of background music on the shopping time and purchase amount or supermarket shoppers", *DBA Dissertation of Missisippi State Unbiversity*, Drawer.

JAKOBSON Romain(1976), *Six leçons sur le son et le sens*, 1re leçon, Paris, Ed. De Minute.

JAYER J.(1989), "Le sens est-il linguistique?", in *Préface*, n°10, novembre-décembre, 1987.

JULIEN Jean-Rémy, *Musique et publicité*, Paris, Flammarion.

JULIEN Jean-Rémy(1986), "Propositions méthodologiques pour une approche sémiologique de la musicale", in *Degrés*, n°45 printemps, f.1-f.12.

MOLINO Jean(1979), "Problème de la métaphore", *La métaphore*, Paris, Didier-Larousse, coll. «Langage», n°54, june .

NATTIEZ Jean-Jacques(1976), *Fondement d'une sémiologie de la musique*, Paris, Seuil, pp.50~54.

NATTIEZ Jean-Jacques(1987), *Musicologie générale et sémiologie*, Paris, Bourgeois Editeur.

PORCHER Louis(1975), *Introduction à une sémiotique des images*, Paris, ed. Credif-Didier.

RIEUNIER Sophie(1998), "L'influence de la musique d'ambiance sur le comportement des comsommateurs dans le point de vente", *Recherche et Applications en Marketing*, vol. 13, n°3, pp.57~77.

RIEUNIER Sophie(2000), "L'influence de la musique d'ambiance sur le comportement du client : revue de littérature, défis méthodologiques et voies de recherches", *Thèse de doctorat en sciences de gestion*(박사논문), Université Paris9.

RIEUNIER Sophie(2002), *Le Marketing sensoriel du pont de vente*, Paris, Dunod.

ROUZE V.(1999), "La musique d'ambiance dans les lieux publics : un reflet de la société contemporain", *Thèse de doctorat en sciences de l'information et de la communication*(박사논문), Université Paris 8.

SAUSSURE Ferdinand de(1972), *Cours de lingustiques générale*, Paris, Payot.

SEMPIRINI Andrea(1992), *Le marketing de la marque*, Paris, EL.

SIBERIL P.(2000), "Influence de la musique sur les comportements des acheteurs en grandes surfaces de vente", *Thèse de doctorat en sciences de gestion*

(박사논문), Université de Rennes 1.

SICARD Marie-Claude(2003), *Luxe, mensonge et marketing*, Paris, Village Mondial.

TARASTI Eero(1987), «Vers une grammaire narrative de la musique», in *Degrés*, n°52, winter, d.1- d.24.

TARASTI Eero, *Sémiotique musicale*, Limoges, PULIM, 1996.

YALCH R. and SPABGENBRE E.(1993), «Using store music for retail zoninga field experiment», *Advances in Consumer Research*, 20, pp.632~636.

CB News, n°640, "Spécial Luxe", 18 december 2000.

CB News, n°684, "Spécial Luxe", 17 december 2001.

CB News, n°728, "Spécial Luxe", 16 december 2002.

A Phenomenal and semiotic approach to the image of the luxury brand on the sound marketing of web sites

Hyeong-Yeon JEON

Recently, in Europe, the phenomenal and semiotic approaches to the qualitative analysis of synesthesia marketing of luxury brands have been used in various fields. The sound marketing of web sites is an important part of this synesthesia marketing strategies. This research has an object to see how luxury brands make the 'symbolic imagination' such as the dream, the luxury, and the elitism by using various sounds in web sites. Today, for luxury brands that have clung to limited and arrogant communication such as the printed publicity, the web sites leap into an interesting field of communication with clients who become more and more young. In present study, we analyzed this tendency in basing on 13 brands that employed more interesting sound marketing.

This research begins to ask, "What effect do the luxury brands obtain through the sound marketing?" The sound marketing is used in many cases for strengthening the traditional image of brand and in others cases for breaking the calmness of cyber market or offering an pleasant and positive circumstance of shopping. Each sound accompanied by various visual images contributes to transmission of a particular image of brand. For the phenomenal and semiotic analysis of sound marketing, we divided four functions of sound symbol: affective, connotative, interactive and socio-cultural function.

In conclusion, the synesthesia marketing including the sound marketing programs on web sites offers richer communication than before and plays a role of the popularization of luxury brands. However, the properties of the Internet network medium that could be summarized by the popularization and the "always- and easy- accessibility" pose an essential question about the traditional image of luxury brand that is built on the rareness, the elitism and the keeping a distance from the general public.

열쇠어 : 명품 브랜드, 웹 사이트, 공감각 마케팅, 음향 마케팅, 현상-기호학, 이미지, luxury brands, Web site, synesthesia marketing, sound marketing, phenomenal-semiotic approach, image

II. 텍스트

장미의 이름은 어디에 있는가?

박상진*

1. 열림이란 무엇인가?

텍스트는 작가와 독자 사이의 사회적인 소통을 형성하는 해석과 담론 과정을 담지한 은유적 표현물이다. 텍스트는 어떤 메시지가 출발하고 도착하는 지점이 아니라 여러 가지 수많은 사회적인 담론들이 가로지르는 교차점이다. 요컨대 텍스트는 소통이 이루어지는, 다시 말해 그 속에서 언어, 이미지, 이념 등이 일정한 맥락 속에서 의미를 생장시키고, 그러면서 작가를 독자에게, 개인이나 집단을 또 다른 개인이나 집단에게 연결시키는 마당이라고 볼 수 있다. 여기서 중요한 것은 이런 모든 것이 역사적, 사회적 상황에 연계된 구체적이고 특수한 과정이라는 점이다.1)

하나의 텍스트가 열리는 것은 작가와 그 텍스트 자체가 세계에 대해 어떤 자세를 취하느냐에 달려있다. 그러므로 텍스트를 비의도적인, 완전

* 부산외국어대학교 이탈리아어학과 교수

1) 미리 말하자면 여기서 말하는 '텍스트'는 해석의 대상이 되는 일반적인 문화 활동의 결과물을 의미한다. 비단 글로 쓰인 책뿐만 아니라 음악, 미술, 영화, TV드라마 등 우리 주위에 매일 홍수처럼 넘쳐흐르는 온갖 유형의 문화 활동을 의미한다. 다만 <장미의 이름>을 분석하는 이 글에서는 특히 문학 작품을 중심으로 논의를 전개하고자 한다.

히 자율적인 텍스트로 보는 구조주의적 입장은 여기서는 맞지 않는다. 텍스트는, 작가의 의도에 따른 주도면밀한 구성과 장치로 이루어져 있고, 독자는 그 속에서 일종의 미로 찾기 놀이를 하는 가운데 자신의 방향을 찾아나가는, 문화적 소통의 마당이다. 텍스트는 사회를 은유적으로 인식한 결과물이고, 그 결과물 속에서 작가와 독자는 각기 사회적인 의식을 가지고 미로 만들기와 미로 찾기의 놀이 관계를 이루는 것이다. 여기서 텍스트가 열려있다는 것은 그런 관계가 계속될 수 있는 구조가 마련되어 있으며, 그 구조에 독자가 참여한다는 말이다. 바꿔 말해 그 구조가 한두 가지로만 해석되도록 만들어진 것이라면, 더 이상 다른 의미를 찾아볼 수 없다면, 그것은 열림을 향한다고 볼 수 없다. 반대로 끝이 나지 않게 무한한 해석의 가능성을 제공하는 구조라면 열림을 향한다고 볼 수 있다. 그러나 구조 자체가 열림을 결정하는 것은 아니다. 그 자체대로 열린 (구조를 갖춘) 텍스트는 존재하지 않는다. 열림은 독자의 참여에 의해 비로소 작동된다. 그래서 열림은 상태가 아니라 과정이고 존재가 아니라 실천이며 관계다.

열린 텍스트는 시대의 현실에 대해 열려있다. 우리 시대에서 현실은 고정된 것, 한 가지 의미가 부여된 것이 아니라, 규정될 수 없고 가변적이며 불확실하고 순간들로 이루어진 것으로 파악된다.[2] 따라서 텍스트가 열려있다는 것은 어떤 지배적 이념이나 세계관에 의해 파악되고 정해지지 않은 변화로운 현실 그 자체에 관여한다는 의미로서, 어디까지나 역사적, 사회적 관점에서 파악되어야 할 성질의 것이다. 이렇게 볼 때 텍스트는 세계를 인식하고 묘사한 결과물이라기보다 세계의 보완자로 보는 것이 더 적절하다. 다시 말해 이미 있는 세계를 그려내어 보여주는 것이 아니라 세계를 계속해서 구성해나가는 것이 창작의 목표라는 것이다. 여기서 창작은 곧 해석을 전제로 하고 있음을 알 수 있다. 세계를 구성해나가

2) 상대성 원리, 불확정성 원리, 양자역학 등 현대 물리학의 성과는 세계를 그렇게 파악한다.

는 과정은 작가만이 아니라 텍스트와 독자가 제각기 하나의 축을 형성하는 협업적인 구조를 띤 복합적인 것이다.

하나의 텍스트는 작가의 의도의 흔적인 동시에 현재 이루어진 것의 흔적이며, 그 두 가지가 일치하느냐는 중요하지 않다. 오히려 그 둘의 거리는 바로 텍스트의 다양한 해석의 가능성을 의미한다. 텍스트가 흔적으로 남는다는 말은 작가와 독자에게 이중적인 효과를 자아낸다. 작가에 의해 생산된 텍스트는 작가 자신의 의도와 관계없이 하나의 흔적으로 남고, 독자에 의해 해석된 텍스트는 작가와 텍스트, 그리고 독자 자신의 의도를 넘어서서 하나의 흔적으로 남는다. 이는 하나의 열린 소통의 구조 속에서 이루어지며, 거기서 한 텍스트의 의미는 무한하게 뻗어나가는 것이다. 그 한계가 있다면 그것은 역사와 사회라는 컨텍스트의 시공일 것이다.

2. 창작은 이론으로부터의 탈주인가?

움베르토 에코의 소설 <장미의 이름*Il nome della rosa*>은 열린 텍스트인가 닫힌 텍스트인가? 도발적이고 당혹스럽기까지 하지만, 알아맞혀야 할 질문은 아니다. 그보다는 <장미의 이름>의 해석의 한계를 확장하는 문제 제기의 질문이다. <장미의 이름>이 닫히고 열리는 것은 그렇게 하는 사람들에 의해서 그렇게 된다. 작가와 독자가 <장미의 이름>을 닫을 수도 있고 열 수도 있다.

작가 에코는 <장미의 이름>이란 제목에 '장미'라는 이름을 넣은 것은 '장미'가 너무 의미가 많아서 어떤 의미도 남기지 않기 때문이라고 설명한다.[3] 이는 <장미의 이름>에서 복잡한 기호학적 유희를 벌이려는 에코

3) Eco, Umberto, *Reflections on The Name of the Rose*, tr., William Weaver, London: Minerva, 1994, p.2.

의 음흉할 정도로 교묘한 면모를 드러낸다. 거기서 독자는 단 하나의 해석을 선택할 수 없기 때문에 혼란스러워진다. 작가는 해석의 열쇠를 주지 않고 혼란스럽게 하면서 결국 해석의 자유를 준다. 이는 뒤에서 말하겠지만, 미로와 추정의 효과다. 미로와 추정으로 하여금 말하게 하는 것이다. 미로에서 어정거리는 가운데 독자는 스스로의 의식적, 무의식적 경험들을 거듭 짜 맞추는 일종의 조합 놀이를 벌이고, 거기서 <장미의 이름>의 의미는 무한히 창출된다. 여러 사람들은 이를 <장미의 이름> 텍스트 자체가 지닌 구조적 풍요로움이라 부르고, 그 풍요로움을 분석하는 것이 기호학이라고 한다.[4]

그러나 이런 풍요로움은 내가 말하는 열림과 어긋난다.[5] 왜냐하면 그러한 구조적 풍요로움에 기댈 때 텍스트 내부에 깊이 숨어있다고 여겨지는 어떤 진리 혹은 구조 자체를 찾아 나서는 텍스트 중심적인 읽기와 자기 탐닉에 빠지기 쉽기 때문이다. 그것은 언어의 유희에 빠지는 혹은 머무르는, 일면 광활해 보이지만 사실은 대단히 협소한, 텍스트 중심적 읽기에 지나지 않는다. 그에 비해 열림의 이론은 해석의 가능성을 넓히고

---

4) 슈테펀스Walter Stephens는 <장미의 이름>을 "기호학적인 결투, 즉 중세의 신 중심적 기호과정과 퍼스 식의 무제한의 기호과정 사이의 결판"으로 묘사한다. Stephens, Walter E., "Ec[h]o in Fabula", 1983, p.51. 한편 본다넬라는 이렇게 말한다. "에코가 기호학 이론에서 소설로 이동한 것은 한 걸음 나아간 것이다. 그것은 '순수한' 이론의 배반이 아니라, 그 세대의 얼마 안되는 전문 사상가들에 의해 성공적으로 이루어질 수도 있었을 이론과 실천의 결합이라는 매력적인 실험이다"(Bondanella, xiv). 그 외 에코 자신을 비롯한 다른 이들의 논의로 다음을 참고할 것. Eco, Umberto, "Prelude to a Palimpsest", in Inge, M. Thomas, ed., *Naming the Rose: Essays on Eco's The Name of the Rose*, MS: Jackson, 1988, pp.xi-xv; Kirby, John T., "The World as Text: Umberto Eco", Secret of the Muses Retold, Chicago: The University of Chicago Press, 2000, pp.30~53. 이에 대한 나의 논의는, 「'열림'에서 기호학으로-그 과정의 비판적 개관」(『이탈리아어문학』 제5집, 1999, pp.103~125)과 졸저 『에코 기호학 비판』(열린책들, 2003)을 보라.

5) '열림'에 대한 더 자세한 설명은 다음 책 참조. 졸저, 『열림의 이론과 실제-해석의 윤리와 실천의 지평』, 소명출판, 2004.

그를 통하여 텍스트가 펼칠 수 있는 가능 세계의 범위를 확장하고자 한다. 물론 가능 세계의 상상은 기호의 유희(기의의 미끄러짐)에서 나올 수 있다. 그러나 기호학이 유희의 구조를 밝혀내려 애쓰거나 유희 그 자체를 장려하는 것에 그친다면[6], 열림의 이론은 그 유희를 통하여 세계를 향해 열린 해석으로 나아간다. 그런 과정에서 한 텍스트가 우리에게 갖는 의미는 훨씬 더 넓고 풍요로워질 것이다.

열림의 이론과 기호학은 한 텍스트에 대하여 그것이 뛰어나다든지, 어떤 이념을 옹호 혹은 비판한다든지, 바람직하다든지 등등을 쉽게 판단하려 하지 않고 판단의 기준도 제공하지 않는다. 다만 해석의 이런저런 경로와 방법을 제공할 뿐이다. 그리고 해석의 가능성을 넓히고자 하며 다양한 해석에서 나오는 즐거움을 맛보고자 한다. 요컨대 열림의 이론이든 기호학이든 둘 다 해석의 즐거움을 제공할 수 있다. 그러나 그 즐거움이 즐거움으로만 그친다면 그 의미는 매우 제한될 것이다. 기호학이 유희의 구조를 밝혀내려 애쓰거나 유희 그 자체를 장려하는 것에 그친다면, 열림의 이론은 그 유희를 통하여 해석의 실천으로 나아간다. 세계가 해석 행위로 인식되고 의미가 부여된다는 탈근대적 사고에서 볼 때 해석의 한계를 어떻게 설정하느냐 하는 것은 곧 우리의 세계와 역사의 의미를 어디서 찾느냐 하는 문제와 같은 것이다. 따라서 해석의 한계를 묻는 일은 세계와 역사, 삶의 이해와 실천에 직결되는 작업이며, 시대의 패러다임을 바꾸는 하나의 실천이다.

에코는 해석의 지평을 넓힌다는 것이 무책임하다고 말한다.[7] 그러나 해석의 가능성을 넓히는 작업은 역사와 사회에 대해 더 진지하게 응답을

---

6) 기호학의 종류는 다양하며, 그 가능성이 뻗어나가는 방향도 다양하다. 구조주의적인 경향을 지닌 기호학부터 '탈기호학', 즉 '기호학을 넘어선 기호학'의 형태도 가능하며, 사회, 심리, 종교, 역사, 정치 등의 다른 관점과 방식들을 통한 읽기의 협조도 필요하다.

7) Eco, Umberto, *I limiti dell'interpretazione*, Milano: Bompiani, 1990, p.27.

한다. 한 텍스트의 의미가 이러저러하다는 식으로 가르치거나 종결짓는 것은 그 텍스트의 역사적, 사회적 위치를 한정짓거나 혹은 어느 곳인가에 머무르게 한다는 면에서 오히려 무책임한 짓이라고 할 수 있다. 반면 한 텍스트의 의미를 끝없이, 끊임없이 되묻는 작업은 그 텍스트의 역사적, 사회적 위치를 넓게 확장시키며 역사적, 사회적 관여성의 의미를 강하게 만든다.

이런 측면에서 에코가 자신의 기호학 이론을 창작에 성공적으로 응용했다는 공인된 생각은 재검토되어야 한다. 다시 말해, 그의 창작이 반드시 기호학 이론의 응용인지, 아니면 반대로 기호학 이론의 정합성으로부터 탈주하는 것인지 따져볼 필요가 있다. 리차드 로티는 후자 쪽에 서있다. 그는 에코의 창작과 이론의 관계를 이렇게 설명한다. <푸코의 추>는 "구조들의 보편적인 구조"를 밝혀내려는 <일반 기호학 개론Trattato di semiotica generale>[8]에 대립한다. 이는 비트겐슈타인의 <철학적 탐구Philosophical Investigations>와 <논리 철학 논고Tractatus Logico-Philosophicus>의 관계와 같다.[9] 후기 비트겐슈타인이 세계의 존재 방식을 요소 명제로 완벽하게 표현하려는 젊은 날의 환상을 내던져 버린 것처럼, 에코도 자신의 기호학 이론의 복잡한 도표와 현란한 분류를 내던져버렸다는 것이다. 로티는 극히 난해한 코드를 해독한 운 좋은 사람들만이 알 수 있고 평범한 사람들에게는 숨겨져 있는, 그런 깊은 의미가 이 세계에 내재한다는 일종의 본질주의에 대항하는 논쟁서로 <푸코의 추>를 읽는다. 이는 곧 "구조들의 보편적인 구조"로부터의 탈주인 셈이다.

나는 같은 얘기를 <장미의 이름>에 대해서도 할 수 있다고 본다. 그 소설의 주인공 굴리엘모 수사는 현실에 대한 우리의 지식은 미로와도 같

---

8) Eco, Umberto, *Trattato di semiotica generale*, Milano: Bompiani, 1975. 영어판으로는, *A Theory of Semiotics*, Bloomington: Indiana University Press, 1976.

9) Rorty, Richard, "The Pragmatist's Progress", in *Interpretation and Overinterpretation*, Collini, Stefan (ed.), Cambridge University Press, 1992, NY, pp.89~90.

은 것이어서 어떤 단일한 길이 진실을 구성한다고 말할 수 없다는 것을 알고 있다. 소설에서 굴리엘모는 이렇게 말한다.

> 우리의 정신이 그려내는 질서는 어떤 것을 얻기 위해 만들어진 그물과 같고, 또는 사다리와도 같다… 나중에 우리는 사다리를 버려야 한다. 왜냐하면 그것이 유용했다 할지라도 이제는 의미가 없다는 것을 우리는 발견하기 때문이다.[10)]

이는 사다리를 치워버리는 비트겐슈타인의 결론과 같다. 즉, 기호학 이론이라는 사다리는 <장미의 이름>이 쓰인 지금은 치워버려도 좋은 것이다. 그런 식으로 에코는 <장미의 이름>을 쓰면서 기호학 체계와 논리에서 탈주하고, 기호학이라는 닫힌 체계에서 소설의 열린 세계로 탈주하는 것이다. 비트겐슈타인이 <논리철학논고>를 쓰고 철학자로서 할 일이 다 끝났음을 알고 홀연히 철학계를 떠났듯이, 에코도 기호학계를 떠나는 것이다.

에코 자신이 이러한 탈주를 인정하는지는 모른다. 그러나 이론은 확실한 답을 해야 하는 반면 창작은 독자에게 해석의 자유로움을 주어야 한다는 말은 한 적이 있다.[11)] 그런데 역설적이게도 <장미의 이름>(1980)을 쓴 이후에도 에코는 <기호학과 언어철학>(1984)과 <해석의 한계>(1990)를 내는 등 기호학계를 떠나지 않는다. 더욱이 <장미의 이름>을 출간할 때, 에코는 "말할 수 없는 것은 침묵하라"라고 하는 비트겐슈타인의 명제를 비틀어 "이론화 할 수 없는 것은 소설로 쓴다"고 그 집필 동기를 언급했다. 침묵하는 대신에 돌아와 말할 수 없는 영역을 일상 언어의 맥락과 사용에서 드러내고자 한 후기비트겐슈타인의 흉내를 낸 것이었다. 요컨대 이론으로 말할 수 없는 영역이 소설이라는 것인데, <장미의 이름>에 자꾸

10) Eco, Umberto, *Il nome della rosa*, Milano: Bompiani, p.495.

11) Eco, Umberto, "Reply", *Interpretation and Overinterpretation*, Collini, Stefan(ed.), p.141.

기호학 이론을 들이대면 그런 에코 자신의 바람과도 맞지 않는다.

그렇게 보면 <장미의 이름>을 비롯한 창작이 아직 기호학 이론으로부터 탈주하지 못한 것이 아닐까, 따라서 그의 창작은 흔히 말하는 기호학의 응용이며 아직도 그 이론적인 현란한 구도와 체계성에 갇혀 있는 것이 아닐까 하는 생각도 든다. 방금 앞에서 설명한 대로 에코의 창작은 일단 기호학의 조화롭고 종합적인 구조적 체계에서 탈주한 결과물로 보는 것도 가능하겠으나, 그렇게 보이는 이면에는 기호학 이론 못지않은 내적 정합성을 갖춘 구조가 현란하리만치 치밀하게 자리한다고 생각해볼 수 있는 것이다. 에코는 언제나 중세의 질서 잡힌 세계에 대한 향수를 보여왔고, 이는 그의 소설들에 고스란히 반영된다. 에코는 제임스 조이스에 지대한 관심을 보였다. 조이스와 에코 자신의 예술적 발전 과정이 비슷하다고 느꼈기 때문이다. 즉, 조이스는 가톨릭교도로서 토마스 아퀴나스의 종합적이고 중심을 견지하는 입장에 서 있다가 <율리시즈>와 <핀네건의 경야>의 특징을 이루는, 삶에 대한 무질서하고 탈중심적인 관점으로 탈주했지만,[12] 그래도 여전히 청년 시절의 믿음, 중세적 사고의 조화로운 세계에 대한 향수를 여전히 고수하고 있기 때문이라는 것이다. 마찬가지로 에코도 학위 논문 <토마스 아퀴나스의 미적 문제>[13]와 함께 학자의 길을 출발하면서 중세의 신학적 질서를 구축한지 20여 년 만에 그로부터 탈주하여 <장미의 이름>과 함께 탈중심적인 글쓰기를 선보이지만, 중세적 사고의 조화로운 세계에 대한 향수는 여전히 남아있는 것이다.

데이비드 로비는 에코의 기호학이 아퀴나스의 <신학대전>에 버금가는

---

12) 이합 핫산은 <율리시즈>와 <핀네건의 경야>을 더 세심하게 서로 다시 구분하여 조이스가 <율리시즈>에서 <핀네건의 경야>로 옮겨가는 것을 탈근대를 정의내릴 수 있는 주된 사건으로 보았다. 다음 책을 참고할 것. Hassan, Ihab, *Paracriticisms*, Chicago: Univ. of Illinois Press, 1975.

13) Eco, Umberto, *The Aesthetics of Thomas Aquinas*, tr. Hugh Bredin, Cambridge: Harvard University Press, 1988; *Il problema estetico in Tommaso d'Aquino*, Milano: Bompiani, 1982.

조화롭고 합리적이며 종합적인 성격을 지니며, 그들의 차이는 아퀴나스의 체계는 형이상학적인 반면 에코의 체계는 형이상학에 대한 동경을 방법에 대한 열정으로 바꾼 것뿐이라고 말한다.[14] 마찬가지로 <장미의 이름>도 그 "방법에 대한 열정"에서 나온 산물일 수 있다. 이런 측면에서 <장미의 이름>을 읽는 것이 <장미의 이름>에 대해 지금까지 행해진 일반적인 독법이었다.

3. <장미의 이름>의 닫힌 읽기

3.1. 상호텍스트성과 혼성모방

<장미의 이름>은 일면 추리 소설의 모양을 하고 있지만, 거기서 철학과 신학, 역사는 무시할 수 없는 무게로 자리한다. 나는 <장미의 이름>이 왜 역사 소설이나 철학 소설보다는 추리 소설로 각광을 받는지 좀 이상하다는 생각을 한다. 그 이유는 아마도 추리 소설로 읽을 때 거기에 빨려드는 재미가 각별하기 때문일 것이다. 추리 소설의 구조는 무거운 주제를 스릴 있게 다루려는 에코의 재간에서 나온 것이다. 여기서 그 재미는 특히 지적인 것인데, 이는 기호학과 퍽 가깝게 연결되고 기호학으로 많은 부분이 설명된다. 따라서 <장미의 이름>을 추리소설로 읽는 것을 기호학과 직결시키는 경향은 자연스러워 보이고 실제로 그래왔다.

우선 <장미의 이름>에는 상호 텍스트성이 전면적으로 울려 퍼진다. 소설을 펼치면 [저자 서문]에서 에코는 이 책을 쓰게 된 경위를 흥미롭게 소개한다. 흥미로운 것은 우연성과 안타까움, 신비함, 그리고 자유로움에

---

14) Eco, Umberto, *The Open Work*, tr. by Anna Cancogni, Cambridge, Massachusetts: Harvard University Press, 1989, p.xvi.

서 나온다. 작가 에코에 따르면, <장미의 이름>은 그의 창작물이 아니다(물론 이 말 자체도 창작일 가능성이 아주 높다). 그는 아드소 다 멜크 Adso da Melk 수사의 수기에서 <장미의 이름>의 내용을 가져왔다고 말한다. 그러나 그가 멜크 수사의 수기를 직접 읽은 것은 아니며, 다만 멜크 수도원에서 출판된 어떤 책에 소개된 것을 읽었을 뿐이라고 말한다. 그 책을 발견한 날짜를 1968년 8월 16일이라고 구체적으로 제시한다. 그는 멜크 수사의 수기 원본을 직접 찾으러 멜크 수도원에서 나온 책을 들고 멜크 수도원으로 향한다. 여행 길에서 그는 안타깝게도 책을 잃어버리지만, 다행히 번역을 해놓은 터였다. 수도원에서 아드소의 수기는 끝내 찾아내지 못하고, 이제 손에 남은 것은 자기의 번역문뿐이다.

그 후 에코는 아드소의 수기에 대해 서지학적인 조사를 벌이지만, 원본은 찾을 길이 없고 대신 발레 수사가 필사한 판본만 발견한다. 이제 아드소 수기가 과연 실재했는지 부터 의문이 드는 가운데, <장미의 이름>의 내용을 이루는 이야기의 판본은 발레 수사의 판본과 자신의 번역본으로만 남아있다. 그런 상황에서 1970년 부에노스아이레스의 고서점에서 우연히 발견한 어떤 책에서 아드소의 수기를 인용한 대목을 발견하면서 아드소의 체험담이 실재했던 것이라는 심증을 굳힌다. 그러면서 마치 역사를 더듬어가듯, 라틴어로 쓰여진 아드소의 글이 수많은 개정 증보 번역판을 거치는 과정을 추론해보이고 난 뒤, 에코는 자신의 책 <장미의 이름>은 그러한 서지학적 추적과 쉬운 현대 이탈리아어판으로 번역한 결과라고 소개한다. 그리고 이러한 글쓰기가 1968년 발레 수사의 필사본을 읽었던 당시에는 작가라면 세계를 변화시키는 이념과 실천을 담보해야 하겠지만, <장미의 이름>을 쓰는 1980년에는 쓴다는 작업에 대한 순수한 애정만으로도 글을 쓸 수 있게 되었다는 자유로움을 만끽한다.15)

책을 쓰게 된 복잡하고 신비하게도 들리는 이러한 경위는 물론 다 꾸

15) 에코는 "글쟁이"로서 "글쓰기에 대한 순수한 사랑"(Eco, Umberto, *Il nome della rosa*, Milano: Bompiani, 1980, p.5)으로 <장미의 이름>을 썼다고 말한다.

며내고 갖다 붙인 얘기다. 아드소 다 멜크니 발레 수사니, 에티엔 질송이니 하는 사람들은 물론 에코 자신도 거기에 허구로 들어가 있다. 그런데 이런 허구 속의 허구, 혹은 상호텍스트성을 감추지 않고 눈앞에 그냥 드러내 보여주는 수법은 독자들에게 그리 낯설지 않고 어렵지 않으며 또 다른 신선한 느낌을 준다. 또 그 복잡한 미로를 에코의 입담과 함께 능히 헤쳐나가는 기쁨을 맛보게 만들기조차 한다. 그럴 수 있는 이유는 그런 수법이 포스트모더니즘 기법으로 대단히 새로워 보이지만, 사실은 이전에 흔하게 쓰여진 서술 기법을 갖다 쓴 것에 불과하기 때문이다(하긴 그렇게 갖다 쓴 것도 포스트모더니즘 기법에 속하기는 하겠다). 예를 들어 보카치오의 <데카메론>이 여러 사람들의 이야기를 수집하여 기록한 것으로 설정된 것이나, 만초니의 <약혼자들>이 이전에 쓰여진 책을 작가가 우연히 발견하여 이를 필사하여 전해주는 방법으로 이야기를 시작하는 구조를 <장미의 이름>도 취하고 있는 것이다. 요컨대 독자(적어도 이탈리아 독자)는 <데카메론>이나 <약혼자들>처럼 잘 알려진 텍스트들의 구조에 익숙해있기 때문에 <장미의 이름>의 구조에도 낯설지 않게 다가선다. 일단 그렇게 거부감 없이 다가선 이후에는, <데카메론>이나 <약혼자들>에 비해 훨씬 더 복잡한 인용과 모방으로 가득 찬 <장미의 이름>의 세계로 빠져들면서 고도로 지적인 유희를, 머리를 쥐어뜯으면서나마, 즐길 준비를 하는 것이다.

혼성모방 기법은 <장미의 이름>을 기호학적으로 읽는 즐거움을 더한다. 널리 알려진 바와 같이 이 소설의 형식은 소위 혼성 모방이라는 포스트모던 창작 기법으로 이루어져 있는데[16], 셜록 홈즈의 추리물이 단연 그 모방 대상의 선두에 있다. 예컨대 주인공인 굴리엘모 다 바스커빌 Guglielmo da Baskerville은 코난 도일의 <바스커빌의 맹견 The hound of the Baskervilles, 1902>과 함께 인간 이성의 승리인 셜록 홈즈를 연상시

---

16) Hutcheon, Linda, *A Poetics of Postmodernism: History, Theory, Fiction*, London: Routledge, 1988, pp.14~5 그리고 p.86.

킨다. 그런 만큼 이들은 철학자 오캄(William of Ockham)(굴리엘모는 영어식 이름 윌리엄William의 이탈리아식 이름이다)의 면도날 법칙[17]에 충실하다. 굴리엘모의 조수인 견습수사 아드소 다 멜크Adso da Melk는 소설의 나레이터이기도 한데, 셜록 홈즈 시리즈에서 와트슨Watson 의사와 똑같은 역할을 한다('와트슨'과 '아드소'란 이름의 일치는 우연이 아니다). 예수의 재림을 고대하며 수도원의 도서관에서 뜬 눈으로 밤을 새우는 존경스러운 눈 먼 수사는 희한하게도 이름이 아르헨티나 작가 보르헤스(Jorge Luis Borges)를 연상시키는 호르헤 다 부르고스(Jorge da Burgos)다. 보르헤스 역시 아르헨티나 국립 도서관의 장님 사서였으며 철학적 실재론을 지지했다. 환상주의와 상징, 미로와 도서관, 그리고 장미를 즐겨 얘기하는 것도 비슷하다. 도서관 지기 수사인 말라키아는 이미 마리오 프라츠Mario Fratz가 <낭만주의 문학에 나타난 육체, 죽음, 악마>에서 인용한 라드클리프의 사팔뜨기 스케도니(<검은 속죄자들의 고백>)를 묘사하는 말들을 거의 그대로 사용해서 묘사된다.[18] 그렇듯이 또 다른 예를 들자면 이단으로 몰려 고생하는 "어린 수사"의 에피소드는 전반적으로 잘 알려진 14세기의 익명 텍스트 「미성년 미켈레 수사의 이야기」에서 다시 뽑아낸 것이다.[19]

인물 유형말고도 어떤 개성 면에서도 혼성 모방의 흔적이 발견된다.

---

17) 어떤 현상을 설명할 때 추상적이거나 불필요한 수식어로 모호하게 하지말고 최소한의 필연적인 것 이외에는 모두 잘라 버리고 가장 간단하고 명확해야 한다는 원리. 여러 가지 다양한 해석의 방법이 있을 때 인간의 뇌는 가장 단순한 해석 방법을 채택한다는 것이 바로 오컴의 법칙이다.

18) "그는 키가 몹시 큰 데다 깡말라서 사지가 그렇게 길어보일 수 없었다. 분위기에는 어딘가 모르게 사람의 기를 죽이는 구석이 있었다… 큰 눈에서는 고통의 그림자가 일렁거리는 것 같았다… 표정으로 보아 그는 의지로써 격정을 잡도리하고 있는 것 같기는 하지만, 표정이 얼어붙은 것으로 보아 별로 성공을 거두고 있지 못하는 듯했다"(Eco, Umberto, *Il nome della rosa*, Milano: Bompiani, 1980, p.127).

19) Giuliani, Alfredo, "Scherzare col fuoco", *Saggi su Il nome della rosa*, Milano: Bompiani, 1985, pp.33~7.

즉 홈즈는 코카인을 복용하고 화학 실험을 즐긴다는 것을 우리는 와트슨의 걱정스런 묘사를 통해 알고 있는데, 굴리엘모 수사 역시 약초 채집과 어떤 풀들이 환각 효과를 갖고 있는가 하는 데 대한 뛰어난 전문가의 모습을 보여준다. 그래서 아드소는 언제나 어떤 신비로운 식물의 자극적인 잎사귀를 질겅질겅 씹는 그의 모습을 묘사한다.

소설에 쓰인 사건들이 일어나는 장소를 보면, 여기서도 에코는 거의 아무 것도 창조하지 않았다. 매우 험한 산위에 위치한 음울한 수도원과 복잡한 구조의 도서관은 고딕 소설[20]이나 괴담, 혹은 환상소설의 고전적인 장소다. 에코가 그린 수도원과 도서관은 마치 설계 도면을 들여다보는 착각을 일으킬 정도로 아주 세밀하게 묘사된다(옛날 범죄 소설처럼 설계도도 첨부되어있다). 그의 가장 독창적인 부분은 에디피치오Edificio라고 하는 거대한 건축물이다. 그것은 복잡하고 상징적인 건물인데, 지하에는 부엌과 식당을 들이고 윗층에는 필기실과 미로처럼 조직된 기념비적인 도서관이 자리하고 있다. 이 에디피치오는 많은 "인용"들의 짜임에서 태어난 것인데, 우선 언뜻 떠오르는 생각은 보르헤스의 <바벨의 도서관>이다. 도서관은 곧 미로의 우주이며, 그 어딘가에 비밀스러운 곳에 완전한 진리를 간직한 한 권의 책이 놓여있다. 흔히 신비적 종교가 꿈꾸는 설정이다.[21] 그 책에 대한 앎을 저지하기 위해 일곱 날 동안 일곱 개의 범죄가 발생한다. 이 일곱이란 숫자는 중세의 신앙을 패러디적으로 반영하면서 악마성의 구조를 드러낸다. 즉, 일곱이란 성사요 축복이며, 하루(아침부터 마지막 기도시간까지)의 규범적인 구분들이고, 수사 룻제로 바코네 Ruggero Bacone(굴리엘모 다 박스커빌의 스승)에 따르면 내적인 개안開眼

---

20) 쉘리Mary W. Shelly의 <프랑켄슈타인>처럼 역사적인 배경 위에서 초자연적이고 기괴하며 환상적인 사건을 그린 소설을 말한다.

21) 다음 책들을 참고할 것. J. L. Borges, *The Library of Babel*, Godine Publisher, 2000; Jorge J. E. Gracia ed., *Literary Philosophers : Borges, Calvino, Eco*, London: Routledge, 2002.

의 단계들이다. 그러나 동시에 일곱이란 숫자는 범죄 발생의 규칙성, 혹은 그 범죄가 이러한 신성함을 보존하는 것임을 의미하는데 역설적으로 이용되고 있는 것이다.[22)]

3.2. 추리소설과 미로

기호학과 추리 소설을 연결하는 주된 장치 혹은 개념은 미로(迷路)다. 추리 소설이 미로의 형식을 가진다면, 에코의 글쓰기는 그 자체가 추리 소설의 형식이고 기호학이다. <장미의 이름>은, 에코 자신이 인정하다시피, 기호 과정을 천착한다. 기호는 기본적으로 "어떤 다른 것을 가리키는 어떤 것"이다. 기호과정은 이런 "가리키는" 일, 즉 기호 짜기와 기호 풀이가 일어나는 과정을 뜻한다. <장미의 이름>은 그 전체가 기호와 그 기호의 풀이, 즉 기호과정과 해석에 대한 내용들로 가득 차있고, 동시에 그 텍스트 스스로 그 기호 과정과 해석의 굴레 안에 놓이고자 한다. 자체의 읽기의 방법론을 스스로 제공하는 꼴이다.

<장미의 이름>에서 나오는 기호과정은 몇 겹으로 겹친다. 예를 들어 주인공인 수사 굴리엘모는 우리가 살고 있는 우주 자체가 많은 것을 말해준다, 즉 "가리키고" 있다고 확신에 차서 말한다. 우주는 굴리엘모가 듣기 이전에, 존재하기 이전에, 그리고 그 누구도 그러하기 이전에 이미 "가리키고" 있다는 것이다. 따라서 굴리엘모가 등장하는 <장미의 이름> 이전에도 우주는 이미 뭔가를 "가리키고" 있었던 셈이다. 이렇게 "가리키는" 일은, 앞에서도 말했듯이, 기호짜기와 기호풀이가 일어나는 기호과정을 뜻한다. 따라서 우주는 그 자체가 이미 기호과정 안에 놓여있다는 것이다. 한편 아드소는 <장미의 이름>에서 나레이터로서 굴리엘모의 이런 사고와 언행을 기술하는데, 이 기술 자체가 굴리엘모가 짜낸 기호를 풀이

22) Giuliani, 같은 글.

하는 것이고, 또 작가 에코는 그런 기호 풀이의 과정을 <장미의 이름>을 통하여 다시 기호로 짠다.

또 앞에서 소개했듯이, 에코 이전에 수많은 판본들은 그런 기호짜기와 풀이의 과정에 놓여있었다. 우주와 굴리엘모, 아드소, 에코, 그리고 수많은 판본들은 모두 기호의 겹을 이루고 있다. 그리고 지금 이 글을 쓰는 나는 그 기호를 풀이하는 동시에 또 다른 기호를 짜면서 그 기호과정에 들어가고, 이 글을 읽는 여러분도 예외가 아니다. 모든 것은 해석되어야 할 기호 세트다. 기호의 무한한 연쇄다. 그리고 이 연쇄 없이 우리는 생각도 할 수 없고 세계를 이해할 수도 없다. 이것이 에코가 퍼스를 이어받아 발전시킨 개념인 "무제한의 기호과정the unlimited semiosis"이다.

에코는 추리 소설의 묘미가 시체가 나뒹굴어서도 아니고 악마같은 무질서에 인간의 지성으로 질서를 부여하는 것도 아니라, 이 "무제한의 기호과정"을 추론하고 또 그 추론의 구조 자체를 알아나가는 즐거움에 있다고 말한다.[23] 여기서 추론 구조는 미로의 형태를 띠는데, 에코는 이 미로가 보통 미로가 아니라 들뢰즈Gilles Deleuze와 가타리Félix Guattari가 말하는 미로(rhizome)라고 강조한다.[24] 그런 주장에 의하면 독자는 책을

23) Eco, Umberto, *Reflections on The Name of the Rose*, tr., William Weaver, London: Minerva, 1994, pp.54~58.

24) 이에 대해 에코는 백과 사전이라는 그의 개념과 연관시켜 말한다. 에코의 기호학적 개념들 중 크게 각광받는 "백과사전" 개념은 작가와 독자의 경험성과 현실성이 기호학의 강한 이론 체계와 충돌하지 않을 수 있는 완충 지대의 역할을 하고자 만들어졌다. "모든 기록된 정보 보관소", "도서관들의 도서관"(Eco, Umberto, *Semiotica e filosofia del linguaggio*, Torino: Einaudi, 1984, p.109)으로 정의되는 백과사전의 개념은 퍼스의 독창적인 개념들인 "무제한의 기호과정"과 해석소를 에코가 근본적으로 재검토한 결과물이다. 그럼으로써 에코는 기호의 성격 자체를 역사적으로 또 본질적으로 재구성하고자 했다. 수많은 사람들(Caesar, p.113/ Cosenza/ Proni, p.94/ Violi, p.99)이 백과 사전 개념을 가리켜 에코 기호학의 정점이라고 말하는데, 이는 그 개념이 퍼스 기호학을 종합적으로 추론한 것이고 또 통시적 구조주의의 필요에 부응한 것이기 때문이다. 에코는 백과 사전이 계층적 (나무 모양의) 형태를 띠는 것이 아닌, 들뢰즈와 가타리가 제시한 미로의 은유로 이해되어야 한

읽으면서 미로와도 같은 도서관을 헤매는 꼴이 된다. 그런데 앞에서 설명한 미로의 성격으로 인해 그 속을 헤매는 독자는 특이한 권리 혹은 위치를 부여받는다. 즉, 들뢰즈 식의 미로가 추론 구조에 독자를 참여시키듯이 독자 스스로 원하는 순서대로 읽을 수 있고 원하는 의미를 추정해나갈 수 있는 것이다.

이 미로의 형태는 <장미의 이름>이 취하는 추론 구조 뿐 아니라 소설의 주된 무대인 도서관에도 적용된다. 도서관은 하나의 복잡하고 무한한 우주이며, 우리는 거기서 지식의 욕구를 채우며 읽기로서의 삶을 사는 사서 혹은 독자다. 도서관에서는 세계 전체가 흐른다. 한 책은 다른 책을 인용하고 그 책은 또 다른 책을 인용하면서 무한히 이어지며, 그 책들이

다고 주장한다(Eco, "Dall'albero al labirinto", in *Luoghi del silenzio imparziale*, ed. by A. Bonito Oliva, Milan: Feltrinelli, 1981, pp.39-50 참조). 에코는 들뢰즈와 가타리를 인용하며 이렇게 말한다. "기호학적 백과사전의 모델은 나무가 아니라 미로다(Eco, Umberto, *Semiotica e filosofia del linguaggio*, Torino: Einaudi, 1984, p.112). 들뢰즈 식의 미로에 대해서는 다음 책을 참조할 것. Deleuze and Guattari, *Rhizome*, Paris: Minuit, 1976; tr. it., *Rizoma*, Parma: Pratiche Editrice, 1977). 미로라는 개념은 한 인터뷰에서도 언급된다(Rosso, Stefano, "A Correspondence with Umberto Eco", *Boundary 2*, volume XII, No. 1, Fall 1983, State University of New York at Binghamton, pp.1～13). 거기서 에코는 미로와도 같은 네트워크의 잠재적 무한성을 강조한다. "세계는 이미 미로처럼 구조지워져 있다. 그러니까, 세계는 구조화될 수 있지만 그 구조는 결코 확정적이지 않다"(*ibid*, 11).

추론과 읽기(해석)의 개념은 이런 식의 네트워크 개념에 많은 부분이 닿아있다. <*Semiotica e filosofia del linguaggio*>에서 에코는 "무제한의 기호과정의 기호학"이 "무한한 해석과 추론, 추정법(abduction), 그리고 텍스트들의 심문에 기초하는데, 이는 그들이 우리의 일상적 경험 세계와 과학의 세계를 포함해서 우주 자체이기 때문"(ibid, 10)이라고 말한다. <셋의 기호The Sign of Three>에서도, 에코는 해석과 추론이 의미와 언어의 효과로서만 존재하는 미로로서의 문화적 우주를 읽는 것과 관계한다고 강조한다. 백과사전의 형식 내에서 의미론적 재현은 "해석소들의 네트워크"에 의거하여 구조지워진다고 결론을 내린다. 세계의 복잡성을 백과사전의 미로와도 같은 네트워크로 인식하려는 에코의 노력은 더욱 깊이 연구할만한 주제다. 그러나 나는 백과사전을 인간의 모든 지식과 경험, 해석이 기록될 수 있는 총체적 체계로 형성해낸다는 것은 불가능하다고 생각한다.

모여있는 도서관에서 세계 전체가 흐른다. 우리가 이러한 도서관의 미로를 탐사하기 위해 이용하는 도서관의 목록은 도서관을 이루는 하나의 기호로서, 그 자체가 도서관처럼 수수께끼로 가득 찬 우주이며 미로다. 기호학자 에코는 기호학의 현란한 장치를 이용하여 그 목록의 목록을 짜서 우리에게 보여준다. 그리고 우리는 그 목록의 목록을 헤집어 보면서 도서관의 책들과 그 책들의 위치, 도서관의 구조를 추리하고 알아나가는 스릴과 재미, 그리고 유희를 즐긴다. 이때 <장미의 이름>은 그 자체가 이러한 복잡한 미로가 되며 도서관이 된다.

에코는 미로의 종류를 연역에 해당하는 고전적 미로와 귀납에 해당하는 매너리즘적 미로, 그리고 추정에 해당하는 들뢰즈 식의 미로로 나눈다. 그가 상대하는 미로는 추정이다. 고전적 미로는 보편에서 특수로 추리하고 매너리즘적 미로는 특수에서 보편으로 추리하면서 모두 논리의 선조적 순서를 따르지만, 추정은 특이하게 비선조적이다. 이를 테면,

> B라는 의심되는 사실이 관찰된다.
> 그런데 A가 진실이라면 B는 기정 사실이다.
> 그렇다면 A가 진실이라는 것을 의심할 이유가 있다.

이런 추리 방식은 질서 잡힌 선조적 방식이 아니다. 추정은 자유로운 상상 운동으로, 평범한 해독 행위보다는 감정(모호한 직관에 더 비슷한)이 부여된 것이다. 물론 <장미의 이름>은 추리 소설로서 끝에 가서야 범죄자가 가려지는 구조를 하고 있다. 시간적, 논리적, 선조적 진행 속에서 작가와 독자가 게임을 벌이는 것이다. 그러나 기호학적 읽기에서 <장미의 이름>은 일어나는 사건들과 등장인물에 대한 판단, 그리고 작가와 독자의 게임을 거듭 혼란스럽게 만드는 추정적 방식의 미로의 기호 과정이기도 하다. 그럼으로써 소설의 형식은 더 혼잡하게 되고 더욱 더 미로가 되어간다. 미로의 재생산이 끝없이 이루어지는 것이다. 결국 그 미로를 헤매는

독자의 상상과 도전, 거기서 나오는 지적 즐거움도 끝없이 보장된다.

더 중요한 것은 그 도전은 결코 좌절적이지 않다는 점이다. <장미의 이름> 자체가 추리소설과 기호학의 토대 위에 자리하기 때문이다. 추리소설은, 뒤에서 말하겠지만, 미궁에 빠진 범죄를 냉철하고 믿음직스러운 합리적 판단으로 깨끗이 해결하는 내용을 담고 있다. 미로의 출구를 찾는다는 면에서 해피엔딩이 이미 보장되어있다. 또 기호학은 인간세계에서 벌어지는 의미의 생성작용과 소통과정을 체계적으로 설명하고 그 체계 자체가 완벽성을 지향하기 때문에, 거기에 터를 두는 소설은 아무리 혼성모방과 미로로 혼잡하다 해도 그 밑에는 놀라운 질서와 규칙으로 짜인 구조가 자리하고 작동하는 것이다. 그러나 그렇게 소설을 읽기 위해서 모두가 기호학을 공부해야 하는 것은 아니다. 가능하지도 않고 바람직하지도 않다. 그쪽은 아무래도 작가의 몫이며, 독자의 몫은 기호학을 몰라도 거기서 나오는 미로찾기의 즐거움, 뭔가 밑바닥에 보이지 않는 숨은 신이 있으며, 그에 대한 스릴넘치는 탐색의 흥분을 맛보면 되는 것이다.

지금까지 <장미의 이름>을 기호학의 방식으로 읽을 때 나올 수 있는 해석의 양상들을 예시해보았다. 혼성모방은 상호텍스트성의 실천이며 기호과정이 낳는 효과다. 이런 측면에서 에코는 소설 쓰기는 우주적 사업이며, 거기에서는 상호텍스트성이 메아리친다고 말한다.[25] 기호학과 포스트모더니즘에서 파생되는 갖가지 장치들로 이루어진 이러한 지적 유희의 한 판 잔치를 벌이는 <장미의 이름>은 분명 재미있다.

그러나 나는 이런 식의 즐거움은 상당히 추상적이고 관념적이며, 많은 것들을 잊게 만든다고 생각한다. 아마 이런 기가 막힌 상호텍스트성과 혼성 모방, 그리고 미로 찾기의 재미난 놀이에도 불구하고 보에시우스나 아우구스티누스에게서 뽑아낸 것은 무엇인지, 오캄과 토마스 아퀴나스, 또는 질송에게서 빌린 것은 무엇인지, 복카치오와 만초니, 보르헤스, 코난

25) Eco, Umberto, *Reflections on The Name of the Rose*, p.20.

도일, 그리고 들뢰즈에게서 빚진 것은 무엇인지, 수도원 교단의 역사, 이단의 역사, 종말론의 역사에서는 무엇을 가져왔는지, 등등과 같은 이 모든 것을 알기 위해서 <장미의 이름>의 모든 근원들을 추적한다는 것은 적어도 그런 것들이 이루어낸 미로를 헤매는 즐거움 자체를 권하는 소설 자체의 (또는 작가의) 의도로 보아 아주 무익할 것이다. 또 그런 추적 작업은 독자로서의 나의 학식을 벗어나는 일이며, 그렇게 나를 괴롭힐 작업을 생략하는 것이 오히려 유익할 것이다. 왜냐하면 이 소설은 독자가 그런 여러 요소들을 찾아 탐구하는 것보다는 이 소설 안에서 짜인 대로 그 요소들을 음미하고 즐기기를 원하기 때문이다. 또 이 소설은 대단히 다양한 요소들이 얽혀 이루어졌지만, 그 요소들 각각을 연구하기 위한 안내서가 아니라, 그 자체로 완성된 또 하나의 텍스트이기 때문이다.

그러나 그 완성된, 교묘하고 치밀하게 짜여진, 자유로운 상상에 기반을 두는 비선조적 미로가 마치 우리 앞에 놓인 윷판이나 바둑판같은 놀이판에 불과하다면, 그 미로 속을 헤메는 것 자체는 유희 이상의 무슨 의미를 지닐까? 나는 그 미로의 구조보다는 효과를 논의하는 것이 필요하다고 생각한다. 그것은 <장미의 이름>을 꼭 기호학 소설로만 읽을 것이 아니라 다른 여러 다양한 읽기의 가능성을 부여할 수 있다는 말이다. <장미의 이름>의 미로와 그 속에서 어정거리는 우리의 읽기가 우리의 사회역사적 컨텍스트에 닿으면서 어떤 효과를 자아내는지를 보는 것은 곧 <장미의 이름>을 여는 일이다.

4. <장미의 이름>의 열린 읽기

4.1. 유희와 해석

한 텍스트가 열려있다고 하는 것은 그 텍스트가 해석의 대상이 된다는 말이다. 이때 해석이란 작가와 독자 사이에 사회문화적 소통이 일어나는 과정을 의미한다. 해석은 한 메시지가 출발하고 도착하는 지점을 정하는 작업이 아니라 다양한 담론들이 서로를 가로지르고 중첩되는 구체적인 과정 자체를 가리킨다. 일단 한 텍스트가 해석의 대상이 되는 순간, 그 텍스트는 필연적으로 해석의 주체들과 함께 하게 된다. 즉, 텍스트는 세계를 해석하는 작가의 결과이면서 작가의 생산물을 해석하는 독자의 결과물이기도 한 것이다. 따라서 하나의 텍스트는 주체적 해석의 대상이 되는 이상 닫혀있을 수가 없다. 작가와 독자가 자기 역할에 충실하다면 텍스트는 언제나 열린 과정에 놓이게 되는 것이다.

그렇다면 앞에서 '닫힘'으로 말하는 것은 무엇이었던가? 그것은 작가 혹은 잘 해야 텍스트 자체로 미리 설정된 어떤 구도나 해결(지배적인 세계관이나 이념 혹은 구조 자체)밖으로 독자가 한 걸음도 벗어나지 못하는 상태를 가리켰다. 앞장에서 살펴본 기호학적 읽기가 <장미의 이름>에 대해 아무리 복잡다단하고 깊은 해석을 가한다고 하더라도, 그 해석의 한계는 <장미의 이름>이라는 텍스트 내에 있을 뿐이다. 이런 상태에서는 작가와 텍스트, 독자의 협동 관계는 깨지며, 단지 텍스트의 내적 구조에 갇힌 해석만이 일어난다.

요컨대 그 자체대로 열린 텍스트는 없으며, 다만 작가와 독자의 해석이 텍스트와 온전히 아우러질 때 비로소 한 텍스트는 열리는 것이다. 그러면 작가와 독자의 해석이 텍스트와 온전히 아우러진다는 것은 무엇인가? 그것은 작가와 독자가 텍스트를 텍스트 내적인 구조에 더하여 사회역사적 컨텍스트에 관련하여 읽는 것을 말한다. 사회역사적 컨텍스트는 바로 우리의 삶으로서, 그 자체가 끊임없이 변화하고 무한히 열려있다. 거기에 터를 둘 때 미리 설정되는 텍스트이나 작가의 의도는 녹아 사라진다. 작가와 독자, 텍스트의 의도들은 따로 존재하지 않으며 무한히 아우러져 퍼져나간다. 반복하건대, 열림은 상태가 아니라 과정이며 존재보다는 실천이다.

에코는 아마도 소설이 미로든 무엇이든 하나의 구조를 갖춘 텍스트로서 우리에게 내보이는 어떤 의도에 충실하게 그 소설을 해석하자는 생각을 지니고 있는 듯하다. 나는 이런 생각을 닫혀있다고 부른다. 텍스트기호학을 강변하는 기호학자로서 에코는 기호학의 영역과 목표가 선택이 아니라 분석이라고 주장한다.[26] 즉, 텍스트를 읽는 독자가 현실적으로, 사회역사적으로, 또 정치적으로 어떤 의견을 갖게 되는지, 어떤 의미를 추출하는지, 어떤 식의 재미를 느끼는지 하는 것은 기호학의 영역이 아니며, 기호학의 영역은 단지 텍스트의 구조가 어떻게 형성되어 있고 그것이 독자에게 어떤 반응을 일으키는지 하는 내적 메커니즘에 국한된다는 것이다. 요컨대 에코의 기호학적 관심은 미적 메시지의 작동 구조가 독자에게 끼치는 사회역사적 효과보다는 미적 메시지 자체를 정의하는 일에 골몰한다(ibid, 261-2).

<장미의 이름>이 기호학의 연장이라면, 그러한 기호학적 입장은 그 소설의 작가로서 에코에게, 또 소설 자체에 깊이 스며들어 있을 것이다. 윌리엄 레이가 지적하듯이, 에코는 언제나 텍스트의 초월적 구조의 안정성으로 회귀하려고 하는 경향을 보인다.[27] 이 진술은 1980년에 이루어졌지만, 지금도 그 판단은 탄탄하게 들린다. 또 조나단 컬러는 해석의 한계를 강조하는 에코에 대해서 해석의 극단성이 소설의 읽기를 더 풍요롭고 재미나게 한다고 응수한다.[28] 같은 맥락에서 리차드 로티는 텍스트를 읽는다는 것은 단지 다양한 사람들이 다양한 입장에서 다양한 목적으로 읽는 것이고, 그 다음에 무엇이 일어나는지 보는 것이라고 말한다(ibid, 105-6).

---

26) Eco, Umberto, *A Theory of Semiotics*, Bloomington: Indiana University Press, 1976, p.312.

27) Ray, William, "Reading Theory: the Role of the Semiotician", *Diacritics* 10, no. 1 spring 1980, pp.50~60, p.58.

28) Eco, Umberto, *Interpretation and Overinterpretation*, ed. by Stefan Collini, NY: Cambridge University Press, 1992, p.110.

이에 대해 에코가 보일 법한 반응은 해석의 한계를 텍스트 내에 두자는 것이다. ＜장미의 이름＞은 작가적 의도가 텍스트적 의도와 완전히 합치하는 텍스트다. 다시 말해 작가 에코는 자신의 모든 의도를 텍스트의 구조와 장치의 구성에 집중시켰다는 말이다. 우리가 설혹 ＜장미의 이름＞에서 작가의 어떤 메시지를 읽었든, 에코는 소설 뒤에 숨어있으면서 그러한 메시지를 소통시켰다는 것을 받아들이려 하지 않을 것이다. 왜냐하면 에코의 작가적 의도가 드러나기에는 텍스트의 구조가 너무 중층적이고 미로적이기 때문이다. 다시 말해 기호학 소설 작가 에코는 자신의 작가적 의도가 어떤 것이었든, ＜장미의 이름＞이 지닌 그 중층적인 미로의 구조로 독자를 상대하려 할 것이다. 결국에 ＜장미의 이름＞으로부터 우리가 얻을, 혹은 깨닫게 될, 메시지는 그리 새로운 것이 아닐 가능성이 높다. 오히려 대중 소설과 추리 소설이 지닌, 혹은 줄, 메시지 이상의 것이 아닐 수도 있다. 정작 에코에게는 그 뻔한 메시지의 전달은 아무래도 상관없을지도 모르며, 거기서 에코가 오로지 의도하는 것은 아마 기호와 추리의 유희일 것이다.

그러나 그렇다고 기호와 추리의 유희가 ＜장미의 이름＞의 해석에서 맛볼 수 있는 전부는 아니다. 기호와 추리의 유희는 주인공 굴리엘모 수사로 하여금 우연성으로 가득 차있는 듯이 보이는 세계에서 필연성을 찾아내고 무질서에서 질서를 발견하며 그렇게 하는 과정에서 도저히 불가해하게 여겨졌던 사건이 믿음직스러운 합리적 추론의 결과 깨끗하고 안전하게 밝혀지는 추리 소설의 메커니즘과 결합되어 나타난다.

일반적으로 추리 소설은 일상에 숨은 어떤 위협적인 돌발성을 지닌, 미궁에 빠진 범죄 사건을 다루지만 독자는 언제라도 안심할 수 있다. 왜냐하면 탐정은 언제나 예리한 관찰력과 냉철하고 논리적인 사유로 불가해하게 여겨지는 사건을 깨끗이 해결해주기 때문이다. 그런데 추리 소설 속의 세상은 언제나 해피엔딩이고 완전무결하지만, 그 소설을 읽는 우리의 세상은 그렇지 않다. 그렇다면 우리는 왜 추리 소설을 읽는지, 이 복잡한 현대 사회가 왜 우리로 하여금 추리 소설에 열광하게 하는지를 물을 필요가 있다. 그렇지 않고 추리 소설의 깨끗한 해결과 추론의 재미를 추구하는 기호와 추리의 유희만 즐긴다면 오히려 작가로서, 또 독자로서, 무책임하다고 볼 수 있는 것이다. "무제한의 기호과정"에 놓여있다고 하는 <장미의 이름>은 텍스트의 우주에 놓여있을 뿐이며, 거기서 독자는 텍스트의 우주에서만 헤엄치는 것이다.

그렇게 볼 때 기호와 추리의 유희를 도구로 삼아 <장미의 이름>을 읽는 것은 <장미의 이름>을 더욱 풍요롭게 만들 것이다. 기호학적 읽기는 그 풍요로움의 도구이지, 그 자체가 풍요로움의 내용은 아니다. 즉, 열린 읽기를 통해서 기호학적 읽기가 우리에게 부여한 <장미의 이름>의 위계질서를 전복시킨다면, 기호학적 읽기의 내용이었던 상호텍스트성과 패러디, 혼성모방은 그 자체로서 분석되기보다는 새로운 세계의 구상에 이르는 노정으로 이용될 수 있는 것이다.[29] 따라서 뒤에서 예시할 열린 해석의 내용을 에코가 뻔한 메시지라고 평가절하하면서 그보다는 고급스럽게 기호와 추리의 유희를 즐기자고 유혹한다고 해도, 우리는 열린 해석의 내용을 휴지 조각처럼 버릴 필요가 없으며, 또 기호와 추리의 유희도 또한 방기할 필요가 없다. 그 유희를 통하여 경험하는 미로 찾기와 조합 놀이를 새로운 해석을 위한 여정으로 쓰면 되는 것이다. 그럴 때 그 "뻔한 메시지"라는 것을 <장미의 이름>이 우리 삶에 어떻게 관여하는지 더 진지하게 묻는데 연결시킬 수 있을 것이다.

---

29) 또 추리 소설을 기호학적으로 읽지 않는 것이 추리 소설의 사회적 의미 추적을 가능하게 만든다. 예를 들면 그람쉬가 대중적 추리소설에서 자본주의와 범죄의 상관관계를 추적한 것은 흥미롭다. 에코는 <장미의 이름>을 기호학이나 추리 소설과 별 연관이 없는 것으로 읽는 것을 이탈적인 읽기라고 부르면서 이 마저도 기호과정에 포함시킬지 모르겠다. 그러나 에코는 기호학의 문턱, 즉 경계를 매우 강조하는 편이기도 하다. 그래서 이탈적인 읽기를 상당한 정도 배척할 것임에 틀림없다. 나는 앞서 말한 컬러와 로티의 입장에 동조하여 보다 많은 종류의 읽기가 범람하는 모습을 꿈꾸어 본다.

4.2. 웃음의 주제

일찍이 이탈리아 미래파를 이끈 마리넷티는 "우리는 도서관을 파괴할 것이며, 도덕주의와 모든 기회주의적이고 공리주의적인 비겁함과 싸울 것"이고, "도서관 서가에 불을 지르고, 운하의 수로를 돌려 박물관을 홍수로 범람시키자"고 주장하면서, 우상파괴적이고 전통 거부적인 태도를 급진적으로 표출한 바 있다. 전통적인 미적 경험에 한정되었던 무대를 부정하고 미적 경험의 경계를 확장하자는 것이었다. <장미의 이름>의 무대가 되는 것은 중세 수도원, 그 중에서도 당시 규모가 매우 컸던 도서관이다. 도서관은 인류의 지적인 재산을 보존하는 곳이며, 이 소설에서는 호르헤 수사와 함께 중세의 기독교적 가치와 권위를 상징하는 건물이다. 그런데 이 소설은 도서관이 불타는 것으로 끝난다. 어찌된 셈인지 마리넷티의 주장에 동조하는 꼴로 에코는 소설을 마무리하고 있다. 그 두 사람은 서로 뜻을 같이 하고 있는 것일까? 그렇다는 쪽에서 보자면, 마리넷티의 의도는 물론 전통을 거부하고 기존 질서를 파괴하자는 것이었던 것처럼, 에코도, 70년대 들어서서 크게 방향을 틀긴 하지만, 기존 전통에 대한 반항과 극복을 이루어내지 못한 데 대한 회한을 드러내고 있는 셈이다(에코가 일찍이 60년대 이탈리아 네오아방가르드의 주역이었음을 기억하자).[30]

이러한 거부와 저항, 그리고 극복의 의미는 특히 웃음의 주제를 통해서 <장미의 이름>의 저변에 흐른다. 웃음의 주제는 <장미의 이름>에서 금서로 설정되는 아리스토텔레스의 <시학> 제 2권의 주제로서, <장미의 이름> 전체에 스며들어있는 인용의 시학의 한 예이기도 하다. 아리스토

---

30) 도서관의 화재가 도서관 자체를 파괴한다는 의미가 아니라 호르헤 수사가 아리스토텔레스의 <시학> 제 2권의 노출을 막기 위한 것이었다고 해도 마찬가지로 전통과 관습을 거부하고 새로운 미래를 건설하자는 맥락의 해석이 나온다. 아리스토텔레스의 <시학>이 공개된다면 그 엄숙한 중세의 질서가 깨지거나 인간의 문화로 대체되었을 텐데, 그런 가능성이 도서관의 화재로 무산된다는 것은 그만큼 기존 전통과 관습의 힘이 현재에 가하는 힘이 크다는 것을 보여주는 것이다.

텔레스의 <시학> 제 2권은 비극과 서사시에 대해 쓰여진 제 1권에 이어 희극에 대해 쓰여졌다고 알려져 있으나 지금은 전해지지 않는다. 이 책은 <장미의 이름>에서 웃음의 주제를 이끌어내는 모티브로 등장한다. <장미의 이름>에서 웃음에 관한 내용은 베난치오 수사와 호르헤 수사의 대화에서 처음으로 소개된다.[31] 베난치오 수사는 소설 속에서 아리스토텔레스의 <시학>의 제 2권을 필사한 것으로 추측되는 인물로서, 아리스토텔레스가 웃음이 진리를 나르는 수레일 수 있다면 그리 나쁜 것이 아니라고 말했다고 호르헤 수사에게 언급함으로써 호르헤 수사의 살해 대상자 목록에 오른다. 그가 필사했을 것으로 추측되는 문장에서 웃음은 "천민의 웃음"이며 "진리에 대한 두려움을 없애고 새로운 진리를 보여주는 무기"(ibid, 287)로 묘사된다.

웃음은 굴리엘모 수사와 호르헤 수사를 통해서 두 대조되는 방향에서 조명된다. 굴리엘모 수사는 웃음을 긍정하고 수용하는 반면 호르헤 수사는 저속하고 불길한 것으로 거부한다. 굴리엘모 수사는 웃음을 인간이 자유의지를 행사하는 이성의 한 징표로 여기는 반면, 호르헤 수사는 웃음이 지닌 공격적이고 가치전복적인 힘을 감지하고, 창조물의 결작을 뒤집어놓는 것은 불경스러운 일이라며 웃음을 배척한다. 웃음에 대해 긍정적이든 부정적이든, 사실 굴리엘모 수사나 호르헤 수사는 둘 다 웃음의 탈중심화, 탈전통적, 가치전복적 기능을 정확히 짚어내고 있다.

웃음에 대해서는 히포크라테스 이래 여러 설명이 있어왔지만, 그 대체적인 개념은 일상과 관습, 그리고 예상을 뒤집는 어떤 상태나 사건을 볼 때 나오게 되는 기분 혹은 동작으로서, 억압된 것이 방출되고 해방감을 얻게 된다는 것이었다. 특히 바흐친은 웃음의 기능을 사회의 역동적인 힘으로 보아, 웃음을 배제하는 공식문화에 대해 웃음의 민중문화는 그 모호성과 상대성, 저항성으로 끊임없는 변화를 일으킨다고 보았다. 이런 식의

31) Eco, Umberto, *Il nome della rosa*, pp.119-120.

웃음의 개념은 <장미의 이름>에서 과거 이단의 한 무리인 돌치노파에 가담했다가 과거를 숨기고 베네딕트회에 기거하고 있던 인물로 등장하는 레미지오 수사의 고백에서 묘사된다.

> 돌치노는 지주에게 반역하고 지주를 파멸로 이끄는 우두머리였습니다... 어떻게 말씀드려야 할지 모르겠습니다만, 그때의 일은 미친 자들의 축제, 멋진 사육제였습니다. 그런 순간에 느껴지는 기이한 분위기, 그것을 자유라고 할 수 있을지, 저는 그때까지 자유라고 하는 것이 무엇인지 몰랐습니다... 그것은 삶의 한 방법이었고... 새로운 경험이었죠. 더 이상 지주는 없었고 멋진 사육제가 벌어졌습니다. 사육제동안은 거꾸로 사는 겁니다(*ibid*, 275~6).

중세는 내세를 향한 신비적인 열망이 염세적인 절망의 분위기 속에 스며들어있던 시대였다. 그런 상황에서 호르헤 수사가 종말론적 시각에서 웃음을 저지하고자 했다면, 바흐친은 낙관론적 시각에서 교회의 혼란은 곧 새로운 교회와 세계, 그리고 새로운 삶의 탄생으로 이어진다고 말한다.[32] 여기서 에코는 미하일 바흐친의 테마를 활용한다고 나는 생각한다. 그래서 <장미의 이름>은 웃음이 르네상스 절정기의 라블레의 소설에서 터지기까지 진지한 배타적 분위기로 덮인 중세의 체제 밑에 스며들어 흐르고 있었다는 전제를 깔고 있는 것이다. 그리고 예술과 또 직접 웃음의 신학을 그 주제로 삼는, 지금은 전해지지 않는, 아리스토텔레스의 <시학>의 제 2권이 읽혀졌더라면 무슨 일이 일어났을까, 웃음의 철학이 권위를 지니고 죄와 섭리, 성직 계급, 진실, 그리고 신성불가침의 근본들을 흔들었더라면 중세에서 무슨 일이 일어났을까, 하는 가설들을 깔고, 웃음을 상대성을 추구하고 절대적인 것의 이면을 밝히게 하는 중요한 실마리

---

32) 미하일 바흐친, 『프랑수아 라블레의 텍스트와 중세 및 르네상스의 민중문화』, 이덕형 · 최건영 옮김, 아카넷, 2001.

로 제공하는 것이다. 이로써 <장미의 이름>은 다분히 대상과 세계에 친숙하게 함으로써 대상과 세계에 대한 공포심이나 충성심을 파괴하는 웃음의 기능을 이용하여 중세의 기독교적 독단론을 공격하고자 하는 것으로 보인다.

4.3. 소설의 죽음

<장미의 이름>을 읽다 보면 거기서 묘사되는 이단과 광신, 화형이 창궐하고, 스콜라적 사상이 지배하고 있었지만 금이 가고 있던, 교회와 제국이 갖은 수단을 동원해서 싸움을 벌이던 중세 말기가 어쩌면 근대와 탈근대가 교차하는 우리 시대와 비슷하다는 생각을 하게 된다. <장미의 이름>은 호르헤 수사를 중심으로 종말론의 음울한 냄새로 가득 차있다. 호르헤 수사는 교회의 혼란은 곧 세상의 종말이라고 믿으며, 신과 죽음에 대한 두려움에서 벗어나지 못한다. 이는 신에게서 이성으로, 죽음에서 현실의 경제 법칙으로 대상만 바뀌었을 뿐, 절대와 법칙, 관습에 의지하고 싶어하는 근대적 인간으로서의 우리의 모습과 다를 것이 없다.

그런 한편 <장미의 이름>은 굴리엘모 수사를 통하여 새로운 세계를 상상하는 진보적 지식인의 모습을 보여준다. 신은 반드시 두려움의 대상이 아니고, 새로운 진리를 추구하는 것이 반드시 신에 거역하는 것이 아니며, 민중과 순교자의 낙관주의를 통해서도 신의 영광과 진리를 드러낼 수 있다고 믿는다. 이는 다분히 이 시대의 탈근대적 인식으로서, 탈정전과 무질서, 전복과 파괴, 그리고 새로운 가치와 세계의 건설을 구상하는 꼴이다.

이렇게 볼 때 63그룹의 전력으로 보아 에코는 여전히 네오아방가르드적 기획을 실천하고 있다는 해석이 가능하다.[33] 그가 실천하는 네오아방

33) 네오아방가르드는 1950년대와 60년대에 급진적인 변혁과 조정을 겪고 있던 이탈리아 사회를 지식인들이 해석하고 거기에 대처하고자 한 하나의 문화 활동의 양

가르드적 기획은 부르주아 문화의 대안으로 진정한 대중 문화를 제시하고, 대중 문화가 그런 대안의 역할을 담당할 수 있는 길을 모색하는 일일 것이다. 네오아방가르드의 근본 입장은 예술과 삶을 연결하는 것이었다. 부르주아 문화는 삶과 당연히 떨어져있고, 우리가 흔히 부딪히는 대중 문화 역시 그러하다는 판단 아래, 삶과 진정으로 결합된 문화를 모색하는 것, 그리고 그런 대중문화가 우리의 미래의 대안적 문화가 되는 길을 찾는 것이 에코의 네오아방가르드적 기획이었다.

그러한 네오아방가르드의 경험으로 미루어보건대, <장미의 이름>은 소설의 죽음을 표출한다. <장미의 이름>이 대중적으로든, 예술적으로든, 또 기호학 이론을 응용한 특이한 전략으로든, 어쨌든 성공했다면, 그것은 그 소설이 이미 '소설의 죽음'을 담고 있기 때문이라고 생각한다. '소설의 죽음'은 앞에서 묘사한 이 소설의 기호학적 특징들에서 나온다. 즉, 인용과 모방, 상호텍스트성, 대중 취향 등의 요소들은 적어도 벤야민이 "산만한 지각" 혹은 산만한 소비의 경험으로 정의한 기술 복제 시대의 미적 경험

상이다. 이 지식인들은 이념적 기반을 비판적 마르크스주의에서 제공받았고 이를 인류학과 정신분석학의 맥락에서 강화시켰다(De Lauretis, Teresa, 1979: 60~65). 이 운동은 역사적 아방가르드와 비교해서 사회에 대한 논쟁적이고 공격적인 태도가 전반적으로 사라졌다는 특징을 갖는다. 그러나 그렇다고 네오아방가르드가 사회를 비판하는 힘을 잃었다는 말은 아니다. 오히려 그러한 네오아방가르드의 변화는 단지 사회를 능동적으로 제어하려는 지적, 실천적 노력의 결과였을 뿐이다. 이러한 반구조주의의 분위기는 1950년대에 마르크스주의 이론가 진영에서 조직한 이론 논쟁에 의해 널리 퍼졌다. 이들은 *Quindici Rossi, Classe operaia*, 그리고 *Nuovo impegno*와 같은 정기간행물을 중심으로 분파주의와 지방주의를 극복하고자 했다(Luperini, *Marxismo e intellettuali*, p.204). 궁극적으로 1960년대 이탈리아의 지적인 분위기는 이론과 실천의 긴밀한 관계를 목표로 하는 것이었고, 이는 마르크스주의적 사고를 되살리려는 것이었다(ibid, 210). 63그룹과 관련한 에코의 활동에 대해서는 그의 논문 "문화 상황에 대한 고찰을 위하여Per una indagine sulla situazione culturale"(R. Barilli and A. Guglielmi, eds., *Gruppo 63. Critica e teoria*, pp.289~311), "넵튠의 생장La generazione di Nettuno"(1964), 그리고 난니 발레스트리니 Nanni Balestrini가 편집한 <63그룹. 실험 소설*Gruppo 63. Il romanzo sperimentale*>(1966)에 실린 논쟁들(pp.72~8과 pp.84~6)을 참조할 수 있다.

들이다. <장미의 이름>은 이런 미적 경험들을 내재한 '소설의 죽음'의 풍경으로 채워져 있기 때문에 역설적으로 '소설의 죽음'의 문제를 생각할 기회를 우리에게 주는 것이다.

이탈리아 철학자 쟌니 바티모Gianni Vattimo는 벤야민이 주장하는 아우라의 상실이라는 기술복제시대의 미적 경험이 잘 드러나는 곳은 바로 대중문화의 영역이라고 말한다. 즉 매스미디어가 확장되고 심미화를 동반하면서 고급문화의 고유한 영역이 와해되고 예술의 죽음이 일어나는데, 그러한 죽음은 곧 대중문화의 확장이기도 한 것이다.[34] <장미의 이름>은 문학의 변두리 장르인 추리소설을 주요 장르로 격상시키면서 변두리와 중심의 전치轉置를 가능하게 했고, 웃음의 주제를 통하여 억압과 지배에 저항하고 대안을 제시하는 길을 묘사했다. 이는 문화와 예술을 현실에 대한 특권적 방식의 지식에 저항하여 계층화된 구조를 전복시키고 사회적, 정치적 실천의 도구로 만드는 네오아방가르드의 대중문화 운동과 다르지 않다.

대중문화의 확장으로서 '소설의 죽음'은 소설 자체가 소멸한다는 말이 아니다. 당연히 은유적으로 이해할 필요가 있는데, 소설의 확고한 가치체계가 소진된다는 말이다. 아도르노의 부정의 미학에서는 예술작품의 평가의 기준은 스스로를 부정하는 능력에 따라 결정된다. 즉, 대중문화의 시대에서 '소설의 죽음'은 오히려 소설작품의 평가의 기준이 된다. 소설작품은 동시에 우리에게서 벗어나는 것으로서만 떠오르는 것이다. 우리는 '소설의 죽음'을 목격하는 동시에 그것을 통해서 비로소 새로운 진실을 경험한다.

한 편의 소설은 우리의 삶을 정의하는 기준을 제공하지도 않고 삶의 진실을 드러내지도 않으며, 오히려 지금 여기 내던져져있는 우리의 실존의 풍경을 구성하고 보여준다. 그래서 한 편의 소설은 영원불변한 형식이 아니라 시간의 이행의 효과의 기록물이다. 소설은 시간성에 종속되고 따

34) Gianni Vattimo, *La fine della modernità*: 『근대성의 종말』, 박상진 옮김, 경성대출판부, 2003, 특히 제 3장 '예술의 죽음 혹은 몰락'.

라서 죽음을 전제로 한다. 한 편의 소설은 해석에 의해 결코 소진되지 않고 언제나 새롭게 스스로를 갖춘다. 그렇다면 '소설의 죽음'은 죽음 자체보다는 새로운 어떤 탄생을 동시에 경험하게 하는 사건으로 볼 수 있다.

결국 <장미의 이름>이 보여주는 '소설의 죽음'은 어느 하나의 절대적인 가치체계에 기댈 때 그 소설에 대한 해석이 어떤 한계에 부딪힐 수밖에 없다는 것을 말해주며, 동시에 소설의 형식을 끝없는 해석과 검토의 무대에 올린다는 것을 의미한다. 그럴 때 한 편의 소설작품은 기호학적 분석처럼 자기참조에서 그치는 것이 아니라 자기부정 혹은 자기역설의 형식의 옷을 입으면서, 사회역사적, 정치적 컨텍스트로 나아가는 것이다. 그것이 바로 프로이트가 "창조적 작가와 백일몽"에서 말하던, 현재에서 자극을 받아 과거를 반추하면서 미래를 설계하는, 창작품들의 기능이 아니겠는가.[35]

<장미의 이름>에 이런 거창한 의미를 부여하는 것은 결코 아전인수식의 논의가 아니다. 긍정적으로든 부정적으로든, <장미의 이름>은 세계적인 베스트셀러이며, 그 말은 우리의 대중문화 시대를 적절하게 증거하고 묘사한다는 의미가 된다. <장미의 이름>이 세계적인 베스트 셀러가 된 것은 추리의 유희와 함께 바로 이렇게 우리 시대를 증거하고 묘사하기 때문이라고 본다. 그래서 사람들은 <장미의 이름>을 읽고 싶어하고, 읽어야 한다고 생각하는 것이다. 또는, 추리소설처럼 깨끗한 해결은 우리의 복잡하고 불가지하게 보이는 세상을 완벽하게 정리하고자 하는 비현실적 꿈의 반영일 수 있다. 그것이 그람쉬의 지적대로 대중을 마취시키는 역효과를 낼 수도 있겠다. 그런데 바로 그러한 요소들—대중문화를 증거하고 묘사하는 것, 그리고 대중을 마취시키는 비현실적 꿈의 반영—자체가 바로 <장미의 이름>이 소설의 죽음을 상징하면서 동시에 <장미의 이름>에 우리 사회가 하나의 억압된 모양을 하고 있다는 반증의 역할을

35) Freud, Sigmund, "Creative writers and day-dreaming"(1908), David Lodge, ed., *20th Century Literary Criticism: A Reader*, pp.36~43.

부여하는 것이다. 그렇게 볼 때 <장미의 이름>이 읽히는 이유는 그 비현실적인 꿈과 마취의 재미가 우리의 삶에 어떠한 의미를 갖는가 하는데 대한 독자의 의식적, 무의식적 반응에 기인한 것으로 봐도 좋을 것이다. 여기서 <장미의 이름>이 얻을 수 있는 해석의 지평은 또 다른 방향으로 열린다. 그것은 현실에 대한 특권적 방식의 지식에 저항하여 개인과 사회의 계층화된 구조를 전복시키는 계기를 이루고, 또한 사회적, 정치적 행동의 진정한 도구로 <장미의 이름>을 활용하는 것이다. 거기서 소설의 죽음은 그 자체로 선언되거나 끝나는 것이 아니라 언제나 선언되고 언제나 다시 연기되는 상황으로 이어진다. 그러면서 소설이 우리 시대에서 수행하는 역할을 재검토할 것을 강하게, 계속해서 권하는 것이다. 요컨대 <장미의 이름>을 그렇게 만드는 것은 우리의 열린 해석에 달려있다.

4.4. 기호의 미로와 해석의 미로

지금까지 시도한 해석은 열림을 지향한다. 열림은 <장미의 이름>을 기호학에 국한시키지 않고 사실상 한 편의 진정한 소설작품으로 버티도록 만든다. 그런데 사실 에코는 그 마저도 미리 생각하고 소설을 썼을 수도 있고(여기서는 기호학자 에코의 기호학적 의도가 힘을 얻는다), 소설 자체가 그런 예상하지 못한 해석의 가능성도 생성해내는 열린 구조를 탑재하고 있다고(여기서도 텍스트의 의도가 지배권을 갖게 된다는 에코의 입지가 강화된다) 볼 수도 있다. 그러나 우리 개개인의 열린 상상과 사고에서 나오는 열린 해석의 의도와 실천은 더 강조되어야 한다. 에코는 <장미의 이름>을 읽는 독자의 협력을 강조하지만, 나의 협력이 텍스트 내에서 그친다면 최소한 그것은 에코 스스로 의도할 법한 읽기의 즐거움을 반감시킬 것이고 나아가서는 독자의 존재를 유령처럼 만들 것이기 때문이다. 텍스트의 횡포인 동시에 나의 실존의 위협이 아닌가! 기호학자 또는 작가 에코의 의도와 텍스트의 구조, 그리고 독자로서 우리 개개인이 작가의 의도를 추측하고 알아맞히며 텍스트의 너른 마당에서 뛰어 노는 활동을 모두 존중하고 강화하는 길을 찾는 것이 중요하다.

우리는 기호과정 내에 갇히지 않는다. 아무리 자유롭고 광활하다해도 기호과정의 유희 자체는 우리의 삶을 추상적 구조로 치환하는 것 이상은 아닐 것이다. 악마와도 같이 유능한 수사학의 선생 에코는 텍스트의 메시지를 이리 저리 어지럽게 혹은 자유롭게 산출해내기보다는 의미작용의 메커니즘을 분해하고 다시 조립하는 일에 더 홍미를 가진 것 같다. 기호학자로서 에코의 재능을 높이 사야하는 것에는 이의가 없고, 그 재능에서 온갖 해석의 가능성이 넓게 열린다는 것도 인정해야 할 것이다. 그러나 그런 재능이 혹시 형이상학적 그리움에서 나온 것은 아닐까, 다시 말해 완벽한 구성과 설명을 겨냥하는 것은 아닐까, 하는 의심을 가져 본다. 완벽한 미로란 출구가 없는 혹은 몇몇 확정된 출구를 갖춘 미로가 아니라, 무한대의 출구를 가능태로 지니고 있는 미로가 아닐까, 하는 생각을 해본다. "지난날의 장미는 이제 그 이름 뿐, 우리에게 남는 것은 그 덧없는 이름 뿐"이라는 <장미의 이름>의 대미를 장식하는 문장은 신비주의 문학과 기호학을 교묘하게 교차시키는 유희를 마지막으로 한 방 날리는 것이지만, 그 유희가 혹시나 진지하지 않을까 하는 또 다른 가능성을 우리에게 남긴다고 희망찬 기대를 품는 것은 기호학자 에코와 기호학 소설 <장미의 이름>을 넘어서는 우리의 몫일 것이다. 그럴 경우 완벽한 미로란, 독자의 해석적 반응이 작가 혹은 텍스트의 통제에서 벗어나지 않도록 미리 엄격하게 정해지고 조건지어진 몇 개의 해석적 출구만을 갖는 꼴이라기보다는 소통의 불확정성과 무한한 해석을 가능하게 하는 미로를 의미하는 것이 된다.

5. 닫힘과 열림. 그 공생의 역학과 열림의 이론

열림의 이론은 텍스트의 미적 구조와 함께 작가와 독자의 상황성을 고려하고자 한다. 미로찾기를 말한다면, 그것은 텍스트의 구조에 둘러싸이는 것이 아니라, 작가와 독자의 상황성과 관련하여 그 구조를 바라보고 해체하고 재구성하는 일을 말한다. 작가와 독자의 상황성은 도저히 텍스트의 구조 내에 우겨넣을 수 없으며, 해석에서 우리는 어쩔 수 없이 그들을 고려해야만 한다. 텍스트와 작가와 독자의 네트워크를 통하여 나올 수 있는 해석의 수는 무한하다. 전혀 엉뚱한 해석이 나올 수는 없지만, 해석의 지평은 무한히 확장될 필요가 있으며, 그 무한성은 위의 세 요소의 상호 작용에서 이루어진다. 이는 기호와 추리의 유희보다 더 어렵고 먼 길이지만, 더 큰 즐거움과 의미를 찾아내는 길이라고 믿는다. 요컨대 미로의 구조적 정의와 설명은 유희에 그치지만, 미로의 사회적 효과를 묻는 것은 실천에 연결된다.

그러면 위에서 살펴본 열린 해석이 작가 에코와 독자인 나, 그리고 <장미의 이름>이라는 세 꼭지점과 관련하여 어떻게 작동했는지 분석해 보자. 에코는 네오아방가르드의 실천가로서의 이력을 갖고 있다. 지배 체계에 저항하는 윤리적 기반을 갖춘 정치 행위를 지원하는 동시에, 이런 행위를 설명하고 받쳐주기 위한 어떠한 합리적 기반도 존재하지 않는다는 것을 강조하는 쪽이다. 이는 네오아방가르드의 이름으로 사회적 실존의 실질적 모호성을 인식하면서 세계와 역사를 조직하는 것이 우리의 임무이고, 그렇게 현실에 대한 윤리적 태도에서 솟아오르는 의식을 담지하는 것이 우리의 나아갈 길이라고 주장하는 것이다. 에코가 러시아 형식주의나 브레히트의 서사극 이론처럼, 지배적인 이념적 재현을 탈신비화하는 이론들에 기댄 것은 우연이 아니다.

독자로서의 나는 위의 에코의 입장이 <장미의 이름>에 스며들어있다고 본다. 그리고 그렇게 해석하면서 나의 현재 상황과 연결시킨다. 근대와 탈근대가 교차하는 지금 여기는 과학적, 기술적 객관성의 메커니즘에 인간의 주체성이 묻혀 사멸하는 상황에 놓여있다. 이를 바티모는 인간 중심주의의 붕괴라는 측면에서 형이상학의 종말이며 인문주의의 위기라고 진단했다.[36] 그러나 인간중심주의와 형이상학, 인문주의를 이 시대에서 살려야 한다는 말은 아니다. 그들의 위기에서 벗어나는 동시에 주체의 중심 역할이 무엇인지 묻는 작업이 필요하다. 그것은 우리 존재의 모호성을 인식하고 그 위에서 우리의 역할을 끊임없이 되묻는 작업이다. 한 편의 소설은 자체의 최대한의 모호성을 실현하고 독자에 의한 능동적인 개입에 의존할 때 비로소 하나의 "텍스트"가 된다. 따라서 모호성은 형식적인 모호성에서 출발하여 독자의 자유로운 해석을 장려하는 사회적 관계의 유형으로 발전한다. 결국 우리 존재의 모호성은 열린 해석을 받치는 하나의 조건인 셈이다.

<장미의 이름>은 작가 에코와 독자로서의 나의 교류를 가능하게 하는 하나의 마당이다. 에코는 <장미의 이름>에 여러 기호학적 장치를 동원하여 복잡한 미로를 구성했다. 달리 말해 <장미의 이름>은 도처에 출구가 보이지 않는, 즉 모호하기 짝이 없는 장면들, 인물들, 사건들을 배치해놓고 있는 것이다. 물론 추리소설로 보자면 결국에는 범인이 밝혀지고 범죄가 깨끗이 설명되지만, 그러한 단순한 읽기의 이면에는 독자로서의 내가 채워야 할 완성되지 않고 모호한 구석들은 무수히 많다. 기호학적으로 말해 모호성은 하나의 기표 안에 공존하는 복수의 기의들로 생성된다. 나는 위에서 도서관의 화재와 호르헤의 종말론, 웃음의 주제, 그리고 소설의 죽음 등을 선택하여 거기에 이런 저런 의미를 채워 넣고자 했지만, 그 외에도 독자들에 따라서 얼마든지 다른 점들을 포착할 수 있다. 그만큼 <장미의 이름>은 채워지지 않는, 고갈되지 않는 모호성을 탑재한 구조를 갖추고 있으며, 그런 면에서 에코의 악마와도 같은 재능을 높이 사야 할 것이다.

그러나 에코의 재능을 높이 사고 제대로 알아주기 위해서는 <장미의 이름>을 기호와 추리의 유희를 위한 기계적 미로로 만들거나, 그 속에서

---

36) Gianni Vattimo, *La fine della modernità*: 『근대성의 종말』, 박상진 옮김, 경성대출판부, 2003.

도취하는 꼴에 빠지지 말아야 한다. 그보다는 그 유희 자체를 급진적으로, 전략적으로 이해하고, 그 유희를 통해서(유희 자체가 아니라) 모든 존재와 구조를 끝없이, 반복적으로 해체하는 것이 필요하다. 이는 작가 에코와 독자로서의 나, 그리고 <장미의 이름>이 모두 역사와 사회에 완강히 조건화되어있음을 인식하는 데서 가능하다. 그것이 읽기의 진정한 즐거움이요, 유희가 아닌가. 기호학은 그를 위한 도구다. 기호학만을 위한 기호학은 우리에게 공허한 즐거움과 유희를 가져다준다. 기호학을 넘어선 기호학. 거기서 내세우는 자기부정의 논리는 곧 열림의 이론에 직결된다고 생각한다.

<장미의 이름>을 열림의 시각에서 읽는 것은 기호학적 읽기보다 훨씬 더 느슨하고, 따라서 사람들을 휘어잡는 매력과 흡인력을 발산하기 어렵다. 에코는 텍스트기호학을 끌어대며 그 탄탄한 내적 구조와 원리로 소설을 쓰고 소설이 읽히도록 의도한다. 거기에 참가하는 독자는 매순간 혀를 내두르고 한숨을 쉬며 그 엄청난 박식과 놀라운 재간에 압도당하고 거기서 지적 재미를 맛본다. 반면 열림의 차원에서 읽으라고 할 때에는 독자는 더 힘들어진다. 기호학적 읽기와 같은 탄탄한 지침이 없고, 그저 주위의 사회 현실에 깨어있는 의식으로 읽으라고 하기 때문이다. 너무나 큰 자유가 주어진 독자는 불안해진다. 그리고 그 불안은 미로 속에 갇혀서 헤매는 기호학적 독자의 불안과 비교가 되지 않는다. 앞에서도 말했지만, 어차피 에코는 모든 것을 안전하고 완벽하게 꾸며놓고 있는 반면, 열림의 불안은 끝없이, 끊임없이 지속되기 때문이다. 말하자면 열림의 불안은 열림을 유지시키는 하나의 조건이다.

한 편의 소설 텍스트를 어떻게 읽느냐 하는 것에 대해 기호학적인 탄탄한 지침에 비해 열림의 이론이 좀 더 막연하게 들리는 것은 그 때문이다. 열림의 이론은 하나의 체계를 계속해서 거부하는, 끝없는 탈주의 이론이며 반反이론이기 때문이다. 그러나 열림은 무책임하지 않다. 오히려 더 깊은 사색과 신중한 결정을 위한 기반이 되고자 한다. 체계와 규칙이

주어질 때 사색의 칼은 무디어지고 결정의 무게는 감소된다.

반복하건대, 텍스트와 독자의 소통의 미적 구조를 완전히 폐기하자는 것이 아니다. 텍스트는 작가의 의도의 흔적이며 또한 그 자체의 흔적을 남긴다. 독자는 그렇게 흔적을 남기는 텍스트의 구조에 대한 자유롭고 능동적인 개입을 통하여 작가에 응답을 하고, 이 응답은 또 다시 하나의 흔적으로 남는다. 그렇게 될 때 한 텍스트는 작가와 독자, 그리고 텍스트 자체의 의도에서 떨어져 나와 끊임없이 무한하게 하나의 흔적으로 남는 것이고, 또한 현재의 기억인 동시에 그 텍스트 자체에 생명을 준 생산 활동(해석)의 영원한 회상으로 남는 것이다. 이것이 열린 해석의 효과이며, 그 의미는 결론을 내리기보다는 과정에 묻히고, 해답을 주기보다는 문제 제기의 차원에 머무르면서, 끊임없이 변하는 사회와 역사의 컨텍스트로 열리는 것 혹은 그 컨텍스트 자체를 여는 일이다.

참고 문헌

박상진, 「'열림'에서 기호학으로－그 과정의 비판적 개관」, 『이탈리아어문학』, 제5집, 1999, pp.103～125.

_____, 『에코 기호학 비판－열림의 이론을 향하여』, 열린책들, 2003.

_____, 『열림의 이론과 실제－해석의 윤리와 실천의 지평』, 소명출판, 2004.

미하일 바흐친, 『프랑수아 라블레의 텍스트와 중세 및 르네상스의 민중문화』, 이덕형 · 최건영 옮김, 아카넷, 2001.

Borges, Jorge L., *The Library of Babel*, Godine Publisher, 2000.

Bondanella, Peter, *Umberto Eco and the Open Text; Semiotics, Fiction, Popular Culture*, Cambridge: Cambridge University Press, 1997.

Caesar, Michael, *Umberto Eco: Philosophy, Semiotics and the Work of Fiction*, Polity, Cambridge, 1999.

Cosenza, Giovanna, "I limiti dell'enciclopedia", in Manetti, Giovanni, ed., *Semiotica: storia, teoria, interpretazione - Saggi intorno a Umberto Eco*,

Milano: Bompiani, 1992, pp.115～128.

De Lauretis, Teresa, "Semiotica, teoria e pratica sociale : Una storia critica della semiotica italiana", in *VS*, maggio-agosto, 1979, Milano: Bompiani, pp.58～79.

Deleuze and Guattari, *Rhizome*, Paris: Minuit, 1976; tr. it., *Rizoma*, Parma: Pratiche Editrice, 1977.

Eco, Umberto, Per una indagine sulla situazione culturale", in *Rinascita*, 1963, n. 5/ in R. Barilli and A. Guglielmi, eds., *Gruppo 63. Critica e teoria*, Milano: Feltrinelli, 1976, pp.289-311.

__________, "La generazione di Nettuno"(1964), in *Il costume di casa. Evidenze e misteri dell'ideologia italiana*, Milano: Bompiani, 1973.

__________, Contributions to debate in N. Balestrini, ed., *Gruppo 63. Il romanzo sperimentale*, Milan, Feltrinelli, 1966, pp.72～8 and 84-6.

__________, *Trattato di semiotica generale*, Milano: Bompiani, 1975. 영어판으로는, *A Theory of Semiotics*, Bloomington: Indiana University Press, 1976.

__________, *Il nome della rosa*, Milano: Bompiani, 1980.

__________, "Dall'albero al labirinto", in *Luoghi del silenzio imparziale*, ed. by A. Bonito Oliva, Milan: Feltrinelli, 1981, pp.39～50.

__________, *Semiotica e filosofia del linguaggio*, Torino: Einaudi, 1984.

__________, "Prelude to a Palimpsest", in Inge, M. Thomas, ed., *Naming the Rose: Essays on Eco's The Name of the Rose*, MS: Jackson, 1988, pp. xi-xv.

__________, *The Open Work*, tr. by Anna Cancogni, Cambridge, Massachusetts: Harvard University Press, 1989.

__________, *I limiti dell'interpretazione*, Milano: Bompiani, 1990.

__________, *Interpretation and Overinterpretation*, ed. by Stefan Collini, NY: Cambridge University Press, 1992.

__________, *Reflections on The Name of the Rose*, tr., William Weaver, London: Minerva, 1994.

Freud, Sigmund, "Creative writers and day-dreaming"(1908), David Lodge, ed.,

20th Century Literary Criticism: A Reader, pp.36～43.

Giuliani, Alfredo, "Scherzare col fuoco", *Saggi su Il nome della rosa*, Milano: Bompiani, 1985, pp.33～7.

Gracia, Jorge J. E. ed., *Literary Philosophers : Borges, Calvino, Eco*, London: Routledge, 2002.

Hassan, Ihab, *Paracriticisms*, Chicago: Univ. of Illinois Press, 1975.

Hutcheon, Linda, *A Poetics of Postmodernism: History, Theory, Fiction*, London: Routledge, 1988.

Kirby, John T., "The World as Text: Umberto Eco", *Secret of the Muses Retold*, Chicago: The University of Chicago Press, 2000, pp.30～53.

Luperini, Romano, *Marxismo e intelletuali*, Padova: Marsilio, 1974.

Proni, Giampaolo, "L'influenza di Peirce sulla teoria dell'interpretazione di Umberto Eco", in Manetti, Giovanni, ed., *Semiotica: storia, teoria, interpretazione - Saggi intorno a Umberto Eco*, Milano: Bompiani, 1992, pp.89～98.

Ray, William, "Reading Theory: the Role of the Semiotician", *Diacritics* 10, no. 1 spring 1980, pp.50～60.

Rosso, Stefano, "A Correspondence with Umberto Eco", *Boundary* 2, volume XII, No. 1, Fall 1983, State University of New York at Binghamton, pp.1～13.

Rorty, Richard, "The Pragmatist's Progress", in *Interpretation and Overinterpretation*, Collini, Stefan (ed.), Cambridge University Press, 1992, NY, pp.89-90.

Stephens, Walter E., "Ec[h]o in Fabula", *Diacritics*, summer 1983, pp.51～64.

Vattimo, Gianni, *La fine della modernità*: 『근대성의 종말』, 박상진 옮김, 경성대출판부, 2003.

Violi, Patrizia, "Le molte enciclopedie", in Manetti, Giovanni, ed., *Semiotica: storia, teoria, interpretazione - Saggi intorno a Umberto Eco*, Milano: Bompiani, 1992, pp.99～113.

Where is the Name of the Rose?

Sangjin Park

The term "open text" indicates a process in which sociocultural communication takes place between the author and the reader. It is a concrete operation in which diverse discourses cross and overlay one another, rather than the starting point or destination of a message. The open text is a field of possibility of interpretation, a new form of communication, where language, ideology and subjectivity generate and realise their meanings according to a definite context.

The open text is "open" to the reality of a society which is itself not fixed but variable and uncertain. As a result, a text's openness means that it contains a reality that is not grasped or determined by a dominant ideology or world view derived from authorship. The open text is a project in which the author and the reader interpret the world and the text from a contextual point of view.

Once there is a text with an author and a reader, that text is open. The fact that text, author and reader coexist indicates a process in which the interpretation of the text is carried out through its cooperative relation to the author and the reader (in this sense, the term "open" in "open text" may be redundant). The term "open text" is thus adopted here as a *strategy* used to differentiate the idea from Eco's semiotic notion of "text". Thus, the open text is a substantiated or abstract concept that means the cooperative network or operation involving text, author and reader.

While the open work, as a concrete example of the open text or openness, promotes an "open", that is, cooperative relationship between text, author and reader that leads us to an "open" interpretation (I call this contextualised interpretation), the open text or openness means the *process* of realising this "open" interpretation. Thus, openness cannot be said to exist immanently in the text; rather it gets the text involved in its process.

From this perspective, I attempted to interpret The Name of the Rose by Umberto Eco comparing its semiotic reading which has been recognised as a strongly authentic one and its open reading which examines the interpretive possibilities in the contextualised relationship between Eco as the author, *The Name of the Rose* as the text, and I as the reader. I tried to suggest as many examples of open reading of *The Name of the Rose* as possible and to lead them towards making it richer so as to be applied to the diverse realities we meet in our society. What is important here is that these are all very concrete and particular things, strictly related to the social and historical situation. Thus my aim with reading of *The Name of the Rose* is to maintain it open to our reality.

열쇠어 : Umberto Eco, *The Name of the Rose*, theory of openness, text, author, reader, semiotic reading, open reading, interpretation, context

한국 언론의 미국-이라크 전쟁 보도와 이데올로기

- TV 보도 영상의 의미구조와 서사구조에 대한 논의를 중심으로 -

백선기*

1. 서론 : 문제제기 및 연구목적

2003년 3월 20일 미국에 의해 갑작스럽게 시작된 미국과 이라크와의 전쟁은, 누구도 예상하지 못한 가운데 27일만인 4월 16일 부시 미국 대통령의 종전 선언으로 끝나게 되었다. 사실 이것은 전쟁이라고 불리기에는 이라크의 반응이 너무 미약했던, 미국의 일방적인 공습과 침략이라고 하는 것이 보다 올바른 표현일 것이다.

이번 이라크에 대한 공습은 전 세계의 국제적인 안건들을 주로 해결하는 UN의 동의도 끌어내지 못했고, 나아가 종전 후에도 국제적으로 공인도 받지 못한 공습이었다. 미국과 영국 연합군에 의한 일방적인 침공이었으며, 전 세계에 다시금 제국주의적 침략 전쟁이 감행되는 시초가 된 것이다.

미국과 영국 연합군의 공습의 이유는 이라크가 미국내의 '9.11 참사'를 야기한 '알 카에다' 테러집단을 후원해주고 있으며, 전 세계에 테러를 확산시키는 집단으로 인식하고 있고, 나아가 '대량살상무기'를 은폐하고 있다는 것 등이었다. 미국 내에서 발생한 '9.11 참사'를 '테러'라고 명명하

* 성균관대 신문방송학과 교수

면서, 그러한 참사를 기도했다고 의문시된 '오사마 빈 라덴'을 포획하기 위해 아프카니스탄의 '오마르 정권'을 무너뜨리기 위해 아프카니스탄을 침공하기도 하였다. 이 당시만해도 전 세계의 여론은 미국의 입장을 옹호하였으며, 영국은 말할 것도 없이 프랑스, 독일, 나아가 러시아 및 중국 등 공산주의 국가들의 협조도 받았으며, 나아가 UN의 지지도 받았었다.

당시는 전세계를 '선 대 악', '천사 대 악마', '문명 대 비문명', '인류 대 비인류' 등의 이중구조 및 대립구조로 구분하여, 미국을 후원하거나 반대하는 두 그룹으로 극명하게 구분하였다(백선기, 2003). 그러나 당시에는 이러한 극명한 구분에도 불구하고 세계 여러 국가들은 기꺼이 미국을 지원하고자 나섰었다. 물론 이러한 극명한 구분에 대하여 이슬람권의 국가들 일부분은 불만을 표하기는 하였으나, 적극적인 의사를 표명하지는 못하였다. 이러한 조심스러움과 자제력이, 샤뮤엘 헌팅턴이 피력한 바 있었던 미래에 다가올 '문명의 충돌'로 이어지지는 않게 되었다.

그런데, 이번의 공습은 전혀 다르게 전개되었다. 먼저, 이번 공습에 대한 미국의 명문이 확고하지 않다는 점이었다. 미국은 이라크가 세계 3대 '악의 축(이라크, 이란, 북한)'의 하나이며, '대량살상무기'를 확보하고 있어, 전 세계 테러의 근원이기 때문에 이러한 위협을 없애야 한다는 것이었다. 그러나 이라크는 이미 세계원자력기구의 감시를 받아왔으며, UN으로부터 경제 제재를 받아왔었다. 따라서 이러한 과정 속에서 미국이 주장하는 '대량살상무기'를 지니기 어렵다고 하는 것이 일반 여론이었다. 아프카니스탄에 대한 공격 때에는 지원을 해주었던 프랑스, 독일 및 중국과 러시아가 반대하였으며, 이슬람권 전체의 강력한 반대에 부닥쳤었다. 전 세계에서는 미국과 영국 연합군의 공습에 대해 대대적으로 반대하며 '반전데모'를 전개하였다. 이슬람권의 반대는 물론이지만, 미국과 오랫동안 우호적 관계를 유지했던 많은 나라들에서도 '반전데모'는 극심해졌으며, UN도 공식적으로 반대를 표명하였다. UN의 코피아난 사무총장은 이라크를 방문하면서 미국과의 중재를 시도하였고, 미국과 영국 연합군이 침공하기 직전까지도 이를 막아보고자 하였다.

이와 같이 이번의 미국과 영국 연합군의 이라크 침공은 이전의 아프카니스탄에 대한 침공과는 여러 가지 면에서 차이가 난다, 침공의 명분과 의미, 침공에 따른 세계의 분열의 정도와 방향, 침공에 따른 결과 및 그로 인한 파장 등에서 커다란 차이가 나는 것이다. 더욱이 미국이 세계의 여론과 UN의 반대에도 불구하고 감행하였던 이유가 무엇이며, 이라크를 침공했던 본래의 의도가 무엇이었는지, 이라크를 침공하고 나선 이후의 수습 방안들은 무엇인가 등에 대해 많은 의문이 제기되고 있다.

이 같은 의문들이 많이 제기되는 이번 미국의 이라크 공습에 대해 우리 언론은 과연 어떠한 경향으로 보도하였으며, 어떠한 방향으로 보도하였고, 어떠한 자세와 입장을 견지하였으며, 무엇을 강조하였는가 등이 자연스럽게 관심의 대상이 되고 있다. 나아가 이러한 보도경향과 자세는 우리사회에 어떠한 영향과 파장을 불러일으켰으며, 그에 따른 효과는 무엇인가 역시 관심의 대상이 된다.

본 논문은 바로 이러한 관심들에 대한 탐색이며, 우리 언론의 보도경향과 그에 따른 영향과 파장에 대해 연구하고자 하는 것이다. 그 가운데, 가장 영향력이 강한 TV의 보도 경향과 그로 인한 영향과 파장들에 대해 연구하고자 한다. 특히, TV 보도의 중심 메커니즘인 영상보도의 서사구조 및 의미구조를 중심으로 분석하고자 하며, 그에 따른 특정 의미의 규정과 확산에 대해 분석하고자 한다.

2. 이론적 고찰

2.1. 보도와 현실인식구성(construction of reality)과의 관계

보도란 사회의 여러 가지 제반 현상들의 주요 기사가치들과 보도원칙들에 의해 취사 선택하여 독자나 시청자들에게 제시 해주고 있는 것이다. 일반적으로 주요 기사가치들이란 '저명성' '중요성' '근접성' '영향성' '파급성' '시의성' 등으로서, 특정 사안이나 사건들이 선택되는 기준들을 일컫는 것들이며, 보도원칙이란 '객관보도' '중립보도' '균형보도' '공정보도' '사실보도' '불편부당 보도' 등으로 다루는 사안이나 사건들이 사실에 근거하여 누구에게도 피해를 주지 않으며, 많은 독자나 시청들에게 알권리를 충족시키게 하는 원칙들을 의미한다.

그런데 보다 중요한 논의는 이러한 보도가치와 보도원칙에 의해 구성된 뉴스는 다루는 사건이나 사안에 대한 '지식'을 제고하게 된다. 미셸 푸코(Michle Faucault)가 설파한 바 있듯이, 지식, 이른바 '앎(knowledge)'이란 것은 사안이나 현상에 대한 인지나 인식을 나타내는 것으로서, 사안이나 사건에 대한 이해를 가능하게 만드는 것이다. 그런데 문제는 이러한 '앎'을 구성하는 기호나 서사구조 체계가 그러한 사안이나 사건에 대한 특정 방향으로의 인식을 하게 유도한다는 점이다.

그래서 어떤 사실이나 사안을 안다고 하는 것은 바람직하긴 하나, 특정 방향으로 알게 되기 때문에 자연스럽게 일부분만 인식하게 된다. 그리하여 특정 기호와 서사구조를 활용하게 하는 특정 권력의 영향하에 놓이게 되는 것이다. 이러한 개념을 언어와 기호가 지니는 권력작용이라고 하는데, 이 같은 권력화의 작용이 특정한 이데올로기가 언어나 기호에 스며들게 되는 연유가 된다. 예를 들면, 자본주의 사회에서는 자본주의의 기본 개념이나 인식에 걸맞은 기호나 언어들이 사용되며, 공산주의 사회에서는 공산주의 근본 이념에 맞는 언어나 기호들이 사용되게 되는 것이다.

버거와 루크만(Berger & Luckman) 역시 '앎(지식)'과 '현실 인식', 나아가 언론(미디어)과의 관계에 대해 주목하고 있다. 이들은 현실을 '주관적 현실(subjective reality)', '객관적 현실(objective reality)'과 '상징적 현실(symbolic reality)'로 나누고, 이들 현실들은 각각의 '앎(지식)'의 과정과 연계된다고 한다. 여기서 주관적 현실 인식이란 객관적 현실 인식과 상징적 현실인식과의 반영물(reflect)로서 드러난다고 한다. 이는 각각의 개개인들이 지니고 있는 현실에 대한 인식이란 객관적 현실과 이에 대한 상징적 현실구성과의 결합으로서 생성됨을 의미하는 것이다. 그리고 이러한 현실 인식에 미디어가 제공하는 지식의 내용에 많은 영향을 받고 있다고 주장하고 있다(Berger & Luckman, 1996).

이 외에도 홀(Hall, 1978), 투크만(Tuchman, 1978), 하트리(Hartley, 1982), 베네트(Bennett, 1982), 파울러(Fowler, 1985), 백선기(1995, 1997, 2003) 등도 미디어가 독자나 시청자들의 현실 인식에 커다란 영향을 미치고 있음을 주장한 바 있다. 홀은 뉴스란 사회적 범주에 따라 체계적으로 구분하고 선택한 복합적인 과정의 산물이며 단순히 발견되거나 수집되는 것이 아니라 창조되고 규정되는 것이라고(Hall, 1978) 하였고, 하트리는 뉴스를 사건이나 사안의 언어적, 사회적, 역사적 중요 요소들을 단순히 반영하는 것이 아니라 능동적으로 가공하여 독자들이 인지하고 이해할 수 있는 산물로 변형시킨 것이라고 주장하고 있다(Hartley, 1982). 베네트 역시 뉴스가 현실 세계를 수동적으로 반영하고 현실세계의 상(image)을 다시 돌려주는 것이 아니라 우리의 지각을 형성하고 사회적 현실의 윤곽을 형성하는 것이라고 하였고(Bennett, 1982), 투크만은 뉴스란 세상의 수많은 사건과 사안들 가운데 특정의 것들을 선택하고 해석한 것으로서 단순한 사실들의 집합이나 사회상의 반영이 아닌 '구성된 현실(constructed reality)이라고 주장하고 있다(Tuchman, 1978).

그런데 바로 이러한 언어나 기호들이 뉴스 구성체계의 근간을 이루고 있다. 뉴스란 언어나 기호들을 일정한 프레임(frame)과 서사구조(narrative structure)로 구성되어 있다. 그렇기 때문에 뉴스에 의해 다루어지는 사실이나 사안은 그것들에 대한 특정 방향으로의 인식을 유도하게 된다. 이러한 특정 방향의 인식들은 독자나 시청자들의 인식에 영향을 주게 되며, 현실에 대한 인식을 구성하게 되는 것이다. 이를 현실 인식구성(construction of reality)이라고 한다.

특히 보도는 사건이나 사안에 대한 최초의 기호구성으로서 초기의 '지식'이나 '정보'를 제공하게 된다. 시간이 경과함에 따라 다양한 기호구성체계들이 보완됨으로 인해 편향되지 않은 시각이나 인식을 형성하게 되기도 하지만, 초기의 기호구성체계로 인한 인식은 그 사건이나 사안에 대한 전체의 인식에 영향을 미치게 된다. 그리하여 사건이나 사안의 초기의 기호구성체계와 그것을 통해 유포되는 의미구조에 관심을 기울이게 되는 것은 당연하다. 나아가 이러한 기호구성체계로 시간이 지나감에 따라 만들어지는 담론 및 담론구조 역시 관심의 초점이 된다.

2.2. 보도와 담론(discourse)과의 관계

반 다이크(van Dijk)는 뉴스보도를 하나의 담론으로 보고있으며, 이러한 담론은 발화하는 주체(subjects), 발화의 대상(objects), 발화의 문맥 및 맥락(context) 등으로 구성되며, 이들의 작용을 통해 발화의 텍스트(text)의 의미가 구성되거나 변화되게 된다. 그는 이들 개념들을 복합적으로 활용하면서, 뉴스란 그것이 생산되는 사회적, 정치적, 문화적 맥락 뿐만이아니라 기자, 독자 및 시청자들의 심리적인 상황까지 다양하게 연계되어 있는 복합적인 산물이라고 한다. 그는 나아가 뉴스라는 생산물은 뉴스생산의 내부적 과정에서의 제반 관계들을 반영하고, 외부적으로는 정치, 경제 및 사회의 제반 관계들의 영향하에서 만들어지는 복합생산물이라고 하기도 한다(van Dijk, 1988). 더욱이 이러한 관계들은 뉴스의 의미에도 영향을 미치게 되어, 뉴스생산자의 부호화를 통한 의미들이 수용자들의 해독화 과정 속에서 서로 다르게 표출되기도 한다.

벨(Bell)은 뉴스를 특정한 형태의 담론이라고 하고, 사회와 문화내에서 통용이 허용되는 상징체계의 복합물이라고 정의 내리고 있다. 뉴스란 단순히 사건이나 사안들에 대한 기호 표출이 아니라, 기자나 수용자들의 제반 관계를 반영하고 사회와 문화의 맥락에서 의미를 생성하는 독특한 기호체계라고 한다. 그러면서 뉴스를 발화하는 매스미디어가 뉴스를 통해 현실(reality)과 사회구성원을 연계시킨다고 한다면, 바로 이러한 뉴스가 현실을 어떻게 규정하며, 어떻게 의미를 부여하는가 하는 것이 주요 관심사로 떠오른다고 한다(Bell, 1998).

찰레비(Chalaby)도 뉴스를 하나의 담론이라고 규정하기도 하며, 나아가 뉴스를 통해 사회에 담론이 만들어진다고 한다. 그는 뉴스 소재의 다양화가 경제적 요인으로 인해 생성되며, 새로운 뉴스거리가 발생하면 동시에 새로운 담론이 형성된다고 한다(Chalaby, 1998). 정치뉴스 중심에서 경제, 스포츠, 연예, 오락 및 신변잡기 등의 뉴스가 등장하게 된 이유가 언론사들이 독자나 시청자들에게 소구할 수 있는 담론들을 생성하고자 하는 의도 때문이라고 한다. 뉴스가 새로운 소재를 추구하고 새로운 기사를 생성한다는 것은 바로 사회 문화적으로 새로운 담론을 생성한다는 것을 의미한다.

볼로시노프(Vollsinov)는 담론의 주요 개념으로서 담론수행자의 역할 과 기능을 들고 있는데, 이는 뉴스의 생산과 분배, 소비의 과정에서 뉴스생산자의 영향력이 강력하다는 것을 의미하며, 따라서 뉴스란 사회 내에서 가장 강력한 사회적 영향력을 지닌 권력에 의해 재구성된 현실에 대한 담론이라고 할 수 있는 것이다. 즉, 지배적인 집단이나 권력을 지닌 집단은 뉴스 담론을 구성하는 과정에서 다양한 의미들 가운데 특정 의미를 크게 부각시키고 다른 의미들은 배제하거나 회피함으로써 특정 이데올로기나 이념들을 선택할 수밖에 만들고 있는 것이다.

이와 같이 뉴스라는 메커니즘을 통해 새로운 사안이나 사건들에 대한 담론이 형성되며, 담론의 방향이나 목적성에 사회 내에서의 새로운 변화를 기도하기도 하고, 새로운 갈등을 야기하기도 한다. 이를 뉴스의 '담론생성의 기능(discourse-making function)'이라고 하며, 뉴스를 통한 변화와 갈등의 연계를 적확하게 지적한 개념이라고 할 수 있다.

그런데, 이러한 뉴스는 독특한 서사구조(narrative structure)를 지니고 있는데, 이 구조는 뉴스 내에 내재한 많은 요인 및 요소들(agents)을 연계하고, 이들 연계 속에서 특정한 의미를 생성하게 하는 구조인 것이다. 뉴스는 결과적으로 기호, 기호구성체계 및 특정의 서사구조의 의해 형성되고, 이는 특정의 텍스트(text)로 구성되게 되는데, 이러한 구성은 제반 맥락적(context) 관계에서 의미를 생성하게 된다. 바로 이러한 이유에서, 뉴스는 언어적 관계에서 의미를 파악하는 것은 물론이고, 동시에 사회 문화적으로 의미를 파악해야 한다고 하는 것이다. 크레스(Kress) 역시 이러한 경향에 동조하는데, 그는 뉴스텍스트란 뉴스구성의 언어학적 분석과 더불어 맥락적 차원에서 분석해야 한다고 주장하고 있다(Kress, 1985).

2.3. TV 보도의 서사구조: 언어와 영상 서사구조의 연계적 의미구조

현재의 보도 매체의 영향력은 신문으로부터 TV로 이전하고 있다. 이는 신문이 지니고 있는 언어적 서사구조에 더불어 영상적 서사구조가 같이 활용되고 있기 때문이다. 백선기의 '미국 9.11 참사에 대한 TV 보도분석'의 연구(Baek, 2002, 2003)에서 알 수 있듯이, TV가 지닌 영상구조가 앵커맨이나 기자들의 발화된 언어구조에 비해 보다 강력하고 제한된 의미를 표출하고 있음을 발견하였다. 즉, 언어적 서사구조는 '9.11 참사'의 실상을 설명하거나 이해시키기에는 역부족하나, 영상화면의 서사구조는 이 같은 실상에 대해 보다 적확하고 강력한 의미를 규정하게 된다. 바로 이 같은 영상화면의 의미의 제한성은 TV 보도의 서사구조에서 두드러지는 특징으로서, TV보도를 아주 강력한 뉴스보도매체로 변모시키게 된 것이다.

예전에는 TV보도에 있어서 영상화면이 차지하는 위치가 오늘만큼 중요하게 인식되지 않았다. 보도에 있어서 영상화면은 언어의 부가적 요소로서 '제2차 자료'로 인식되었으나, 현재는 영상이 '제1차 자료'가 되어가고 있다. 영상은 이전에 언어의 해석방식에 의해 '정보량'이 적다고 평가받았으나, 최근에는 영상이 내포하고 있는 정보량이 언어의 정보량보다 많고 중요하다고 평가받고 있다. TV 보도에 있어서 영상화면은 언어의 표현보다도 더욱 더 중요하게 인식되어 있다. 이른바 '그림(영상)이 되어야 한다'는 속설이 방송계를 지배하고 있어, 아무리 중요한 사건이나 사안이라 하더라도 그림이 되지 않으면 보도가 되지 않는 경우가 많다(백선기, 2003).

그런데 문제는 영상화면이 어떻게 읽히고 어떠한 정보를 제공하고 있는가 하는 점이다. 영상은 언어처럼 기표와 기의라는 이중구조를 지니고 있는가, 영상도 언어 표현처럼 서사구조를 지니고 있는가, 영상의 의미도 언어와 같은 구조로 의미화되는가, 영상도 언어와 같은 문법구조를 지니고 있으며 그러한 구조하에서 적절하게 표현되고 있는가, 영상도 이른바 형식과 내용의 관계 속에서 의미를 표출하고 있는가, 영상도 언어와 마찬가지로 신화와 연계되는가, 영상도 언어처럼 이데올로기를 표출하는가 등의 의문들이 연이어 제기된다.

영상에 관한 많은 이론과 논의들은 주로 영화 연구들에서 많이 제시되었는데, 이들의 논의가 TV 영상에서도 많이 차용되고 있다. 영상에서의 의미를 표출하는 최소 단위는 '숏(shot)'이라고 할 수 있는데, 이것이 언어에서의 '기표'와 같이 작동하는가 하는 것이 최대의 관심사이다.

언어에서의 기표는 '일차의미'를 나타내는 기의가 연계됨으로써 하나의 기호로 작용하게 되는데, 영상에서의 숏은 기표이면서 동시에 기의로 작용하고 있기 때문에 그 구분이 용이하지 않다. 첫째, 숏은 기의의 연계를 통해 기호로 작용하는 것이 아니라, 그 자체가 하나의 기의로도 작용하고 있기 때문에 기표와 기의의 분절이 용이하지 않게 된다. 이는 언어가 기표와 기의라는 '이중 분절' 속에서 의미를 내포하는 체계적인 구조라는 것과 크게 대비되는 지점인 것이다. 둘째, 언어와 영상과의 또 다른 차이는 언어는 '발화(enunciation)'라는 실제적 과정과 '문법 체계(grammatic system)'라는 근본 구조가 존재하는데 비해서, 영상에서는 실제적 발화과정은 있는데 이를 체계화하고 통합하는 '문법체계'가 존재하지 않는다.

소쉬르(Saussure)는 언어의 실제 발화를 '파롤(parole)'이라고 하고 문법체계를 랑그(langue)라고 하여, 실제 언어 활동은 보이지는 않지만 인지되고 있는 '언어적 문법체계' 속에서 이해되고 통용되게 된다고 하였다. 그런데, 영상에서는 이러한 언어에서의 '랑그'에 속하는 근본 체계 및 문법체계가 존재하지 않는다. 영상의 발달은 언어의 체계와 서사구조를 원용하여 전개되어 왔지만, 그것이 실제로 영상의 문법체계로까지 발전되어 왔는가 하는 점은 많은 논쟁을 불러일으키고 있다.

셋째, 영상의 기의는 숏 자체에서도 표출되면서 동시에 숏과 연계된 사회 문화적 관계에서도 표출되기 때문에, 어느 것이 보다 적확한 기의인가가 분명하지 않다. 왜냐하면 소쉬르가 처음에 주목했던 음성언어는 발화자체인 음성은 특정한 기의하고 연계되지 않고 단순히 기의를 유발시킬 수 있는 초기의 '물적 존재(material factor)'에 지나지 않기 때문이다. 그러므로 그러한 음성발화가 의미를 낳기 위해서는 그것이 발화된 상황이나 환경과 연계되어야 하는 것이다. 그런데 영상화면은 그 자체가 기의를 내포하고 있어, 언어의 의미생성 과정과는 다소 차별이 된다고 할 수 있는 것이다. 넷째, 영상은 '숏'과 '숏'으로 이루어지고 있지만, 이것의 실제 표출과정은 '동적(moving)'으로 제시된다는 점이다. 그리고 이러한 동적인 재현(representation)은 단순한 기의를 내포하는 것이 아니라, 숏과 직접적으로 연계되지 않은 또 다른 성격의 기의를 내포하게 된다. 이것을 현재는 '이미지(image)'라고 일컫는다. 그런데 이미지에 대한 이해 및 해석은 언어의 의미와 해석 작용과는 구별되고 차이가 유발되는데, 이것에 대한 이해와 해석이 체계적이거나 명료하지 못하다고 하는 점이 문제가 된다. 다섯째, 언어에 대한 이해와 해석은 다소 차이가 난다하더라도 '이성(rationality)'을 동원한 해석이 가능하고, 그러한 해석은 생성자(producer)나 수용자(audience)에게 있어서 많은 공통점을 지니고 있으나, 영상 이미지에 대한 해석은 생성자의 것이나 수용자의 것이 엄청난 차이를 유발할 수 있고 어느 것이 보다 적확한 것인지 판단하기도 어렵다. 나아가 영상에 대한 인지나 인식은 '이성'만이 아니라 '감성(emotional)'도 유발되어 복합적으로 표출되기 때문에, 명료한 의미 파악은 아주 힘들어진다고 할 수 있다.

바로 이러한 의문들로부터 영상화면을 전통적인 '구조주의적 기호학'의 개념으로 분석할 수 있겠는가 하는 것이 커다란 쟁점으로 남게 된다. 바르트(Barthe)는 사진 분석을 시작으로 하여 영상화면에 대한 분석에 많은 흥미를 지녔으며, 소쉬르적인 해석보다는 '지시적 내용(denotation)'과 '함축적 내용(connotation)'으로 해석의 다양성을 시도하였으며, 이러한 해석인 기호 자체보다는 기호가 표출되고 있는 '형태(formats)'와 '내용(contents)'으로 나누고, 이것이 사회 문화적인 의미로 전개되기 위해서는 이것들을 둘러싼 '신화'와 '이데올로기'로 연계시켜야 된다는 '해석틀(frame of interpretation)'을 제시하였다(백선기, 1997, 2002, 2003). 메츠(Metz) 역시 영상의 의미 해석은 단순한 언어적 '해석틀'로서 이해하기는 어렵고, 여러 가지 주요 요소들에 대한 조합의 방식으로 이해해야 하며, 시간의 흐름에 따라 전개되는 전 서사구조의 '통합체적' 구조 속에서 이해되어야 한다고 주장한다. 그러면서 그는 '거대통합체(grand syntagma)'를 하나의 유용한 분석틀로 제시하고 있다. 이는 영상 전체의 연대기적 서사구조와 비 연대기적 서사구조를 연계시키면서 전체의 의미를 파악하고자 하는 것이다(Metz, 1968, 1991).

그런데, 영상화면에는 이러한 의미구조외에 '이미지'라는 또 다른 의미구조가 표출되게 된다. 그런데 영상이미지는 영화기호를 생성하는 생성자의 의도에 의해 형성되기도 하지만, 대부분의 경우는 시청자의 해석과정에서 형성되기도 한다.

영상화면의 경우는, 미트리(Mitry)가 주장하듯이, 시청자의 대뇌에서 화면이 자극체로서 기억되면서 시청자의 스키마(schema)를 통해 의미가 형성된다고 한다. 더욱이 영상화면은 정지된 것이 아니라 이동하는 것이기 때문에, 영상화면 자체가 대뇌에 남는 것이 아니라 영상화면의 복합적 잔상들이 남겨져서 기억되게 된다. 그리고 이렇게 남은 잔상들에 대해 의미가 형성되게 되는 것이다. 그러므로 어떠한 것이 전체 영상화면들 사이에서 무엇이 잔상으로 남는가 하는 또 하나의 어려운 문제가 남게 된다.

여기서 영상화면은 피사체인 현실에 대해 '재현(representation)'하거나 '모사(copy)'한 것이며, 이러한 재현이나 모사에 대해 시청자들의 스키마틀이 동원되게 되는 것이다. 재현이란 의미는 실체는 그대로 존재하고 있고, 영상화면은 이를 또 다른 상징으로 그려내고 있음을 일컫는다. 그런데 모사란 실체를 그대로 영상화면으로 담아내는 것을 의미한다. 바로 이러한 두 가지 견해가 영상화면의 의미에 대해 논쟁적인 입장을 피력하고 있다. 바쟁(Bazin)은 영상화면이란 실체에 대한 '모사'로서 실체에 대한 사실적이며 개관적인 이미지를 표출하게 된다고 하였으며(Bazin, 1958, 1998), 이에 반해 코몰리(Comolli)는 영상화면이란 실체에 대한 모사가 아니라 특정한 방향으로의 '재현'임으로 실체에 대한 변형과 수정이 자연스럽게 가해진다고 주장한다. 바쟁의 주장은 영상화면이 기호학에서 개념화한 '기표'로 인정될 수 있음을 의미하는데 반해, 코몰리의 주장은 영상화면은 실체와 직접관련이 없는 또 다른 의미를 지닌 상징 자체를 의미하게 되어 기호학적인 개념을 적용하는데 다소 어려움을 겪게 된다.

그런데 이러한 어려움은 시청자들의 이해구조가 다름에 의해 유발되는 의미의 차이에 의해 더욱 가중되게 된다. 시청자들의 이해구조 및 인식구조를 '스키마'라고 일컫는데, 이는 개개인들이 지니고 있는 개별적인 심리구조, 인식구조, 해석구조, 평가구조 등의 복합구조(complex structure)를 의미한다. 백선기 · 최민재의 연구(2003)에서 알 수 있듯이, 시청자의 연령과 출신 지역에 따라 같은 영화를 관람하더라도, 영화속에 등장하는 영상이미지에 대한 해석에 있어서 다소간의 차이가 있음이 밝혀졌다. 이는 시청자들이 지니고 있는 스키마들이 서로 차이로부터 비롯된 것이다.

이와 같이 TV 보도는 언어의 서사구조와 영상화면의 서사구조가 연계되어 복합적인 의미를 생성하는 구조를 지니고 있다. 이는 실제로 TV 보도의 의미를 파악하고, 그것이 지향하는 바와, 사회적 담론을 구성하고자 하는 의도와 영향에 대해 파악하기가 어려움을 의미한다. 그러나, 그럼에도 불구하고, TV 보도의 적확한 의미를 파악하는 작업은 지속적으로 시도되어야 한다고 하겠다.

3. 연구문제 및 연구방법

3.1. 연구문제

이상과 같은 이론적 논의를 근간으로 하여, 이번 미국과 이라크와의 전쟁에 대한 우리 TV 방송보도의 보도경향과 의미구조를 파악해 보고자 한다. 나아가 이러한 TV 방송보도를 통한 담론의 형성과 방향 및 그에 따른 영향들에 대해 파악하고자 한다. 이러한 목적에 의해 다음과 같은 연구문제들을 설정하였다.

- 연구문제 1 : 한국 TV 방송보도의 '미국-이라크' 전쟁보도는 어떠한 보도경향을 지니고 있는가?
- 연구문제 2 : 그러한 보도경향들은 어떠한 서사구조를 지니고 있으며, 이들 서사구조들은 어떠한 의미구조를 지니고 있는가?
- 연구문제 3 : 이들 서사구조들은 어떠한 담론구조를 지니고 있으며, 이들 담론구조가 지향하고 있는 방향과 그에 따른 영향은 무엇인가?
- 연구문제 4 : 이 같은 서사구조, 담론구조 및 의미구조에 의해 표출되는 것은 무엇이며, 그것이 우리사회에 함축하는 바는 무엇인가?

3.2. 연구방법

(1) 분석대상

먼저, 이번 미국의 이라크의 바그다드 공습으로 시작된 '미국-이라크 전쟁'은 2003년 3월 20일 시작되어 4월 16일 종전될 때까지 27일 동안 지속되었다. 이 시기는 전쟁이라기 보다는 미국과 영국 연합군에 의한 일방적 공습이었으며, 이라크의 반격은 별로 없었던 허무한 전쟁이라고 하겠다.

따라서 분석 대상으로는 이 기간 동안의 KBS, MBC, SBS의 주요 뉴스 보도를 중점적으로 선정하였다. KBS와 MBC의 '9시 뉴스'와 SBS의 '8시 뉴스'의 27일간의 뉴스 보도 전량을 수집하여 분석을 시도하였다. 각각의 뉴스보도들에서 '미국-이라크 전쟁' 관련 아이템들을 수집한 다음, 이들은 다시 '언어표현' 또는 '언어적 재현(linguistic representation)'과 '영상표현' 또는 '영상적 재현(image or picture representation)'으로 구분하여 범주화시켰다. 이들 각각의 재현들은 다시 기호학적인 기본 개념들인 '기표'와 '기의'로 구분하여 분석하였고, 전체 흐름은 '통합체적 구조'로 분석하였으며, 각각의 재현들내에 내재되어 있는 '계열체적 구조'로 심층적인 의미를 파악하려고 하였다. 그러면서 동시에 '미국-이라크 전쟁' 보도의 전 과정을 흐르는 '서사구조'를 밝히고자 하였으며, 이러한 구조 속에 내재되어 있는 의미를 파악해 보고자 하였다. 특히, 영상재현은 영상화면들의 연계와 그 연계 속에 스며들어 있는 중심 논제와 그에 따른 의미구성에 대해 밝혀보고자 하였다.

'미국-이라크 전쟁'은 4가지 국면에 의해 구성되고 있다. <표 1>에서 제시하고 있듯이, '미국의 이라크 수도 바그다드 공습' → '미국과 이라크의 교착 상태' → '교착상태를 파기하기 위한 미국의 대대적 공습' → '미국의 바그다드 함락과 그에 따른 종전'의 4 국면으로 이루어져 있다.

〈표 1〉 미국-이라크 전쟁의 주요 국면

국면	국면 별 주요 내용
제 1국면	미국의 이라크 수도 바그다드 공습
제 2국면	미국과 이라크의 교착상태
제 3국면	교착상태를 파기하기 위한 대대적 공습
제 4국면	미국의 바그다드 함락과 종전 선언

(2) 연구방법

각 국면을 근간으로 하여, 국면을 가장 잘 표출하고 있는 뉴스 아이템 하나씩 선정하여, 먼저, 언어표현에 주목하여, 그것의 서사구조와 의미구조를 밝히고자 하였다. 이 같은 서사구조와 의미구조를 파악하기 위해 통합체 분석방법, 계열체 분석방법, 서사구조 분석방법 등의 기호학적 방법들을 활용하였다. 나아가 서사구조에 따른 담론의 형성과 변화를 파악하기 위해 '담론분석방법'을 적용하였다.

그리고 각 국면들을 대표하는 기사 아이템들에서 표출하고 있는 영상화면들도 주요 화면들을 중심으로 서사구조와 의미구조를 파악하기 위해 기호학적 방법들을 적용하였다. 이는, 앞의 이론적 고찰에서 이미 논한 바 있듯이, 영상화면의 의미를 파악하는데 기호학적 방법의 적용이 과연 가능한가 하는 의문점과 연계된다. 더욱이 영상화면의 의미해석에 시청자의 스키마가 동원되어야 하는데, 연구자에 의한 해석이 과연 적확한 의미를 도출해 낼 수 있을 까 하는 것 또한 의문시된다.

그럼에도 불구하고, TV 보도의 영상화면은 일반 대중들도 시청하고 이해해야 하는 것이기 때문에 시청자가 이해하기 어려운 포맷이나 내용들은 방송하지 않을 것이라는 점에서는 예상보다는 그다지 많은 해석의 차이는 발생하지 않을 것이라는 생각이다. 따라서 비록 TV 보도가 영상화면으로 이루어져 있다 하더라도, 언어적 체계로 이해될 수도 있다고 생각한다.

나아가 우리가 보편적으로 'TV 읽기(reading)' 내지 '영상화면 읽기(picture

reading)' 등과 같이 '읽는다'는 개념으로 영상화면에 접근하고 있다. 바로 이와 같은 접근은 우리들로 하여금 영상화면을 '언어구조' 및 '언어문법체계'로 인식하고 있음을 드러내고 있는 것이다. 그렇다면, 영상화면도 일반 언어체계와 같이 유사한 체계를 지니고 있다고 예상할 수 있다. 이러한 판단 아래, 각각의 국면에서 제시하고 있는 영상화면들을 서사구조의 연계 속에서 재구성하고 언어와의 연계가 아닌 영상화면만의 의미를 파악하고자 하였다. 이들 영상화면들도 대립적인 관계에 의해 구성되고 있어, 언어체계 분석에 있어서 활용되었던 '계열체적 분석방법'이 적용되었고, 전체 영상화면의 서사구조를 파악하기 위해서는 메츠의 '거대통합체적 분석방법'을 적용하였다.

4. 연구결과 및 논의

분석대상에서 이미 밝힌 바와 같이, 우리 나라의 대표적인 세 TV 방송에 대해 분석을 하였는데, 이번 '미국-이라크 전쟁'에 대한 보도경향이 유사하고, 서사구조 및 담론의 경향도 유사하여, KBS-1 TV의 보도에 대한 분석을 중심으로 논의하고자 한다.

4.1. 제1국면: '미국의 바그다드 공습' 분석

(1) 언어기사 분석

<표 2> 제 1국면에 대한 언어기사

2003년 3월 20일 KBS 9시 뉴스 - 미국, 이라크 공격 시작
앵 커: 바그다드에 대한 미국의 첫 공습은 최후통첩 시한이 끝나고 90분 후에 이루어졌습니다. 제한적이고 선별적인 공습이었습니다. 먼저 이강덕 기자가 보도합니다.
기 자: 이라크 인근 해역에 정박중인 미 해군함정에서 토마호크 크루즈 미사일이 굉음을

내며 발사됐습니다. 우리 시각으로 오전 11시 30분 미국이 설정한 최후통첩 시한을 90분 넘긴 시각입니다.

인터뷰: 조금 전 8기를 미사일이 발사됐습니다.

기 자: 6척의 해군함정에서 발사된 40기 이상의 토마호크 미사일은 이라크 수도 바그다드 일원과 전략요충지 바스라를 향해 순식간에 날아들었습니다. 동시에 바그다드 일원에 공습경보 사이렌이 요란하게 울리고 대공포가 불을 뿜었습니다. 미군은 기선 제압을 위해 전략적 공격목표를 향해서 제한적 공격을 벌였습니다. 특히 후세인 대통령 등 이라크 지도부를 타격하기 위해 이들의 은신처에 대한 집중적인 공격이 펼쳐졌습니다. 이번 1단계 공격에는 스텔스 폭격기도 동원됐습니다. 전략요충지 바스라의 경우 장거리포 부대와 미사일 기지가 집중적인 공격을 받았습니다. 이처럼 선별적 공격이 세 차례 이루어졌고 이라크 당국은 일단 10명의 사망자 등 많은 인명 피해가 났다고 발표했습니다. 이제 바그다드를 비롯한 이라크 일원은 미국이 공언해 온 융단폭격식의 본격공습을 앞두고 공포 속에 소강상태를 유지하고 있습니다. KBS뉴스 이강덕입니다.

제1국면의 언어기사에서는 이번 미국의 이라크 공습이 언제 이루어졌으며, 그 성격이 무엇인가에 대해 적시하고 있다. '미국의 첫 공습은 최후통첩 시한 후 90분'에 이루어졌으며, 이라크 해안에 정박해 있던 '미 해군함정'에서 '토마호크 크르주 미사일'을 발사하면서 시작되었음을 알려주고 있다. 이를 통해 미국이 국제법상의 기본 규약인 '선전포고 이후'에 공습한 것임을 알려주어, 이번 공습이 비록 아주 빠른 시간 안에 이루어진 것이기는 하나 '최후통첩' 이후에 감행된 것임을 부각시켜 정당성을 인정하고 있다. 이는 미국 언론이 아닌 제3자적 입장에서 보도해야 하는 입장에서 보면, 다소 '미국 편향적인 보도'라고 할 수 있다.

그 다음으로는 미국의 공습에 동원된 전략 무기들을 중심으로 공격상황과 목표 지점들에 대해 언급하고 있다. '토마호크 크루즈 미사일', '스텔스 폭격기' 등이 동원되었고, 공습의 이유는 '이라크 군에 대한 기선제압'이었으며, 공습 목표지점은 '후세인 대통령 등 이라크 지도부'라고 명시하고 있다. 그 외의 목표지점으로는 '장거리 포대'와 '미사일 기지'임을 밝히고 있다. 미국의 최신의 화력들에 대해 언급하고 있으며, 이들은 주로 이라크 연안에 정박하고 있는 '항공모함'으로부터 발사된 것임을 의미한다.

그리고 여기서 아주 흥미로운 것은 이들 무기들의 목표지점이 이번 공습의 주 대상인 '후세인 대통령'과 '이라크의 전략기지'임을 명확히 하고 있다는 점이다. 이 같은 공습대상의 명확성은 이번 공습이 '제한적'이고 '선별적'임을 강조하는 것과 연계된다. '제한적이고 선별적인 공습', '전략적 공격목표를 향한 제한적 공격', '은신처에 대한 집중공격' 등의 기호들이 이번 공습이 전체 이라크나 이라크인을 대상으로 하는 것이 아니라, 후세인 등의 지도부에 국한한다고 하는 미국의 입장을 그대로 반영하고 있다. 이들의 공습이 제한적인지, 선별적인지, 또는 전략적인지 하는 것은 우리 언론이 판단할 수 없는 것으로서 중립적인 입장에서 보도했어야 하는 것인데, 언어기사의 표현에 의하면 이번 공습이 '제한적'인 것으로 규정하고 있어 미국의 입장과 별반 차이가 없음을 보여주고 있다.

<그림 1> 제 1국면에 대한 언어기사의 서사구조

최후통첩후 공습 → 토마호크 미사일 중심의 공습 → 후세인 은신처 공습 → 선별적, 제한적, 전략적 공습 → 기선제압용 공격

한편, 이라크의 반응에 대한 보도는 아주 적으며, 상세한 내용도 전해주지 않고 있다. '바그다드 일원에 공습경보 사이렌이 요란하게 울리고 대공포가 불을 뿜었습니다'의 한 문장만이 이라크의 대응에 대해 전해주고 있다. 이라크 군의 구체적인 대응전략과 동원된 화력 등에 대한 보도가 전무하고, 단순히 미국의 공습에 대응하는 것만 상징적으로 보도하고 있어 미국에 대한 보도에 비해서는 대조적이라 할 수 있다.

(2) 영상화면 분석

〈표 3〉 제 1국면에 대한 영상화면

shot번호	영상	기사
1		바그다드에 대한 미국의 첫 공습은 최후통첩 시한이 끝나고 90분 후에 이루어졌습니다. 제한적이고 선별적인 공습이었습니다. 먼저 이강덕 기자가 보도합니다.
2		이라크 인근 해역에 정박중인 미 해군함정에서 토마호크 크루즈 미사일이 굉음을 내며 발사됐습니다. 우리 시각으로 오전 11시 30분 미국이 설정한 최후통첩 시한을 90분 넘긴 시각입니다.
3		조금 전 8기를 미사일이 발사됐습니다.
4		6척의 해군함정에서 발사된 40기 이상의 토마호크 미사일은 이라크 수도 바그다드 일원과 전략요충지 바스라를 향해 순식간에 날아들었습니다.
5		동시에 바그다드 일원에 공습경보 사이렌이 요란하게 울리고 대공포가 불을 뿜었습니다. 미군은 기선 제압을 위해 전략적 공격목표를 향해서 제한적 공격을 벌였습니다.

shot번호	영상	기사
6		특히 후세인 대통령 등 이라크 지도부를 타격하기 위해 이들의 은신처에 대한 집중적인 공격이 펼쳐졌습니다.
7		이번 1단계 공격에는 스텔스 폭격기도 동원됐습니다.
8		전략요충지 바스라의 경우 장거리포 부대와 미사일 기지가 집중적인 공격을 받았습니다.
9		이처럼 선별적 공격이 세 차례 이루어졌고 이라크 당국은 일단 10명의 사망자 등 많은 인명 피해가 났다고 발표했습니다.
10		이제 바그다드를 비롯한 이라크 일원은 미국이 공언해 온 융단폭격식의 본격공습을 앞두고 공포 속에 소강상태를 유지하고 있습니다. KBS뉴스 이강덕입니다.

제1국면의 영상화면은 모두 10개의 숏으로 이루어져 있다. 그리고 이들 숏들은 세 가지서사구조들로 구성되어 있다. 첫 번째 서사구조는 미국의 공습이 시작됨과 특정 화력들이 동원되어 있음을 보여 주고 있고, 두

번째 서사구조는 바그다드의 침해상황을 나타내고 있으며, 세 번째 서사구조는 미국의 공격과 바그다드의 침해상황을 교차로 보여주고 있다.

첫 번째 서사구조는 '숏 1'에서 '숏 4'까지 구성되어 있는데, '바그다드 공습'이라는 표제로 시작하여(숏 1), 토마호크 미사일이 항공모함에서 발사되는 장면을 근접에서 보여주고(숏 2), 원근거리에서 보여주고 있다(숏 3). 그리고 나서 '숏 4'는 우리 나라 TV 방송보도에서의 전형적인 양태인 그래픽으로 지형을 처리한 다음 여기에 미사일이 투하되는 장면을 제시하고 있다. '지중해', '사우디 아라비아 해' 및 '걸프만'에 있던 6 척의 항공모함에서 미사일이 발사되어 이라크의 수도 '바그다드'와 전략 요충지인 '바스라'로 향하고 있음을 도상으로 보여주고 있다.

첫 번째 서사구조하에 표출된 영상화면들은 미국의 공습과정을 미국 방송의 화면을 그대로 중계 보도하고 있고, 발사장면의 위력이나 항공모함의 위력을 보여주고 있다. 그리고 나서 이들이 쏘아 올린 미사일이 이라크의 특정 지점들을 향해 날아가는 모습은 공습의 감행자 입장에서 접근하고 있음을 보여준다. 이러한 영상화면들은 실제 공습의 규모와 화력의 크기를 규정(define)하고 있는 것이다.

두 번째 서사구조는 이라크 수도 바그다드의 피해 현장들을 제시해 주고 있다. 영상화면은 '숏 5'와 '숏 6'을 통해 섬광이 가득하고 파괴되는 건물들의 모습들을 원근으로 영상화하여 제시하고 있어, 실제의 피해현상에 대해 인지하게 만들고 있다. 그런데 이러한 영상화면과 연계된 언어표현은 '바그다드내의 전략적 목표'와 후세인 대통령 등 이라크 지도부를 선별적으로 공격한다고 하였는데, 이들 영상화면들이 그러한 지역들을 나타내고 있는지는 확실하지 않은 상태에서 전경을 보여주고 있다. 더욱이 '숏 6'의 영상화면 밑의 캡션에는 '후세인 대통령 은신처 집중 공격'이라고 제시하여, 영상화면이 후세인의 은신처임을 나타내고자 했으나 확실하지는 않다.

세 번째 서사구조는 미국의 공격 화기와 그에 따른 이라크의 침해상황을 교대교대로 제시하고 있다. '숏 7'은 미국의 최신예 공격기인 '스텔스 폭격기'를 보여주고 있고, '숏 9'는 미국 전투기의 발진 모습을 보여주고 있다, 그리고 한 편으로는 이라크의 주요 수도에서의 피해상황들을 제시하고 있다. '숏 8'은 이라크의 주요 전략요충지인 '바스라'를 보여주고 있는 것 같고, '숏 10'은 바그다드 전경을 보여주고 있다.

이와 같이 제1국면에서는 미국의 공습을 중심으로 '공습 시도', '공습 과정', '공습 목표', '공습 무기 및 화력' 등 통합체적으로 보도하고 있으며, 이라크에 관한 것은 단순히 피해 지점과 피해상황만을 보도하고 있다. 이는 우리 언론이 이번 전쟁을 미국의 입장에서 미국의 공습과정을 중심으로 보도하고 있음을 의미하며, 이라크는 단순히 피해대상 지역으로만 언급되어 소외되고 있음을 의미한다. 전쟁의 두 상대국인 미국과 이라크 가운데 미국의 입장에서 미국의 시각으로 보도하고 있음이 드러난 것이다.

4.2. 제2국면: '미국과 이라크 전의 교착상황'

(1) 언어기사 분석

〈표 4〉 제 2국면에 대한 언어기사

2003년 3월 25일 KBS 9시 뉴스 - 이라크 전선 교착, 단기전 차질
앵 커: 이라크 전쟁의 최대 분수령인 바그다드 대결전이 임박했습니다. 미영 연합군 선발대는 이미 바그다드 외곽까지 다가가 있습니다. 이춘호 기자가 보도합니다.
기 자: 개전 엿새째, 바그다드는 또다시 엄청난 폭발과 화염으로 붉게 물들었습니다. 대규모 공습에 나선 미군은 B-52 폭격기를 동원해 시내의 군 시설과 주요 건물들을 맹렬하게 폭격했습니다. 시 외곽의 공화국 수비대의 진지와 북부도시 모술, 키르쿠크 등 거점지역에도 융단폭격이 쏟아졌습니다. 바그다드 대결전을 앞둔 사전 정지작업입니다. 공습에 발맞춰 지상군의 진격도 계속되고 있습니다. 선봉에 선 미 7기갑여단은 카르발라시까지 진출해 공화국 수비대 메디나 기갑사단과 물고 물리는 혈전을 벌였습니다. 101공수사단은 서부 사

막지역으로 우회해 바그다드로 직접 진격하고 있습니다. 그러나 이라크군의 반격도 완강합니다. 바그다드 외곽의 공화국 수비대 6개 사단이 시내 중심부에 특수공화국 수비대 2개 사단이 포진해 일전을 벼르고 있습니다. 또 나시리야와 남부 바스라 일대에서는 페다인 특수부대가 곳곳에서 게릴라전으로 연합군에 큰 타격을 입혔습니다. 이라크의 결사항전으로 속전속결의 꿈은 사라지고 막대한 인명피해와 장기전의 악몽이 연합군을 짓누르고 있습니다. KBS뉴스 이춘호입니다.

제2국면의 언어기사에서는 미국의 바그다드 진격을 앞두고 이라크의 '공화국 수비대'의 반격에 처하면서 '교착상태'에 빠진 것을 나타내고 있다. 이들 사이의 대결을 '바그다드 대결전'이라고 명명하면서, 미영 연합군과 이라크군의 대응과 그에 따른 교착상태에 대해 보도하고 있다.

바그다드에 대한 진격에 앞서 미국과 영국 연합군 선발대가 바그다드 주변에 집결하고 있으며, 미군은 'B-52 폭격기'에 의한 '대공습'을 감행하고, '미 7기갑 여단'이 진격하고 있고, '101 공수사단'이 바그다드로 진격하고 있음을 나타내고 있다. 그러면서 동시에 '이라크의 반격'에 대해서도 보도하고 있다. '바그다드 외곽의 공화국 수비대 6개 사단'과 '특수공화국 수비대 2개 사단'이 포진해 일전을 벼르고 있고, 나시리야와 남부 바스라의 '페다인 특수 부대'가 '게릴라전'으로 연합군에 큰 타격을 입히고 있다고 보도하고 있다.

그리고 나서 이러한 교착상태로 인해 미영 연합군의 '속전속결의 꿈'은 사라지고, '막대한 인명피해' 와 '장기전의 악몽'으로 시달리고 있음을 표출하고 있다.

이같이 제2국면의 언어기사에서는 미국과 영국 연합군의 공격과 이라크 군의 대응에 대해 '균형되게' 보도하고 있음을 알 수 있다. 그러나 끝부분의 멘트가 이러한 보도의 '균형감각'을 훼손하고 있다. 즉, '이라크의 결사항전으로 속전속결의 꿈은 사라지고 막대한 인명피해와 장기전의 악몽이 연합군을 짓누르고 있다'는 표현이 미국의 입장에서 구성되고 있음을 알 수 있어, 미국의 입장으로 편향되어 있음을 발견한 것이다. '이라크의 결사항전'. '속전속결의 꿈', '장기전의 악몽' 등의 기호들은 마치 이라크의 결사항전이 전쟁을 정기전으로 몰고 가는 것 같은 인상을 심어준다. 한 국가가 타 국가의 침범을 받을 때, 결사적으로 저항하는 것은 당연한 일이며, 그것이 비난받을 수 있는 것은 아니다. 한 국가를 공격하거나 침범했을 때, 쉽게 끝날 것이라고 생각했던 미국이나 영국이 속단했음을 지적해야 하는 것이 올바른 보도라고 생각한다.

(2) 영상화면 분석

〈표 5〉 제 2국면에 대한 영상화면

shot번호	영상	기사
1		이라크 전쟁의 최대 분수령인 바그다드 대결전이 임박했습니다. 미영 연합군 선발대는 이미 바그다드 외곽까지 다가가 있습니다. 이춘호 기자가 보도합니다.
2		개전 엿새째, 바그다드는 또 다시 엄청난 폭발과 화염으로 붉게 물들었습니다.
3	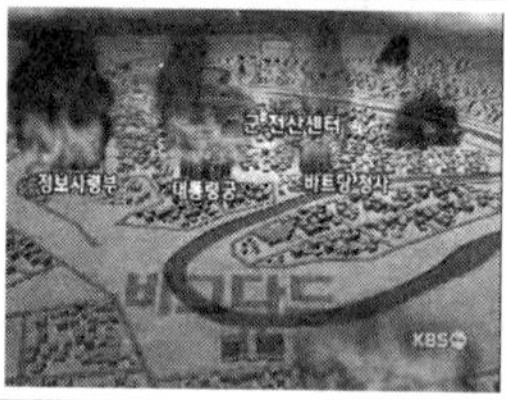	대규모 공습에 나선 미군은 B-52 폭격기를 동원해 시내의 군 시설과 주요 건물들을 맹렬하게 폭격했습니다.

shot번호	영상	기사
4		시 외곽의 공화국 수비대의 진지와 북부도시 모술, 키르쿠크 등 거점지역에도 융단폭격이 쏟아졌습니다. 바그다드 대 결전을 앞둔 사전 정지작업입니다.
5		공습에 발맞춰 지상군의 진격도 계속되고 있습니다. 선봉에 선 미 7기갑여단은 카르발라시까지 진출해 공화국 수비대 메디나 기갑사단과 물고 물리는 혈전을 벌였습니다.
6		101공수사단은 서부 사막지역으로 우회해 바그다드로 직접 진격하고 있습니다.
7		그러나 이라크군의 반격도 완강합니다.
8	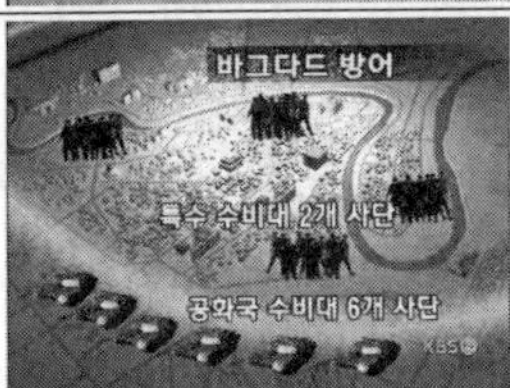	바그다드 외곽의 공화국 수비대 6개 사단이 시내 중심부에 특수공화국 수비대 2개 사단이 포진해 일전을 벼르고 있습니다.
9		또 나시리야와 남부 바스라 일대에서는 페다인 특수부대가 곳곳에서 게릴라전으로 연합군에 큰 타격을 입혔습니다.

shot번호	영상	기사
10		이라크의 결사항전으로 속전속결의 꿈은 사라지고 막대한 인명피해와 장기전의 악몽이 연합군을 짓누르고 있습니다. KBS뉴스 이춘호입니다.

제2국면의 영상화면은 세 가지의 서사구조로 이루어져 있다. 하나의 서사구조는 '미국의 공습 지상군의 진격'으로 구성되어 있고(숏1 – 숏 6), 또 다른 서사구조는 '이라크의 방어 및 반격'으로 구성되어 있으며(숏 7 – 숏 9), 그리고 마지막 서사구조는 비록 하나의 영상화면으로 구성되어 있지만 그로 인한 '대치상황'을 보여주고 있다(숏 10).

첫 번째 서사구조는 '대결전 임박'이라는 기호의 표제로 시작하고 있어(숏 1), 이후의 영상화면 구성이 미국군과 이라크군의 대접전이 곧 있을 것이라는 의미를 표출할 수 있도록 되어 있음을 알 게 한다. '숏 2', '숏 3', '숏 4'는 미국과 영국군의 공습에 의한 이라크의 피해현장을 보여주고 있다. 특히, '숏 3'은 이라크의 수도 바그다드내의 어떤 지역들이 공습당하고 있는가 하는 것을 그래픽을 통해 제시하고 있다.

이와 같은 그래픽 제시는 이번 전쟁 보도에 있어서, 우리 TV 보도의 하나의 정형으로 활용되고 있는데, 컴퓨터 그래픽의 첨단화로 인한 화면 구성은 실제상황을 보다 더 적나라하게 제시하고 입체적으로 인식하게 하며, 시청자들에게 많은 도움을 주고 있다. 그러나 동시에 이러한 그래픽 화면은 전쟁을 심각하게 인식하지 못하게 하고, 하나의 게임 같은 것으로 인식하게 만든다. 왜냐하면 인터넷 게임상의 전쟁 프로그램들이 바로 이와 같은 그래픽 상에서 전개되기 때문이다. 이는 이번 전쟁을 인식할 때, 마치 인터넷의 전쟁 게임 같이 인식하게 됨을 의미하는 것이다.

'숏 5'와 '숏 6'은 각각 미국의 기갑여단과 공수사단의 병력들이 전투

지역으로 돌진하고 있는 것과 전투원들이 전투에 임하기 전에 사전 준비를 하는 모습을 보여주고 있다. 이러한 영상화면들을 통해 미국군의 임전태세가 완료되었으며, 조만 간에 전투가 있을 것 같은 인상을 심어주고 있다.

두 번째 서사구조는, 첫 번째의 서사구조와는 반대로, 이라크 군의 반격, 방어선 및 게릴라전 모습들을 중심으로 구성되어 있다. 즉, '이라크 군의 방어 상황 및 대응 전략'이 중심주제인 것이다. '숏 7'은 실제 이라크 군의 반격을 제시하고 있고, '숏 8'은 또 하나의 전형적인 그래픽을 동원한 이라크군의 바그다드 방어진을 보여주고 있다. '특수 수비대'와 '공화국 수비대' 등의 배치를 실제 상황처럼 그래픽으로 제시하고 있어, 시청자들이 이라크군의 반격과 방어망에 대해 알 수 있게 해준다. '숏 9'는 이라크의 특수부대인 '페다인'이 게릴라전을 전개하는 모습을 보여주고 있다. 이들 세 가지 영상화면들을 통해 이라크군의 방어 준비도 완비되고 있음을 보여 주어, 커다란 전투가 전개될 것이라는 인상을 심어주고 있다. 이 같은 영상화면들과 더불어 자세한 내용들을 언어기사에서 표출하고 있어 상상을 하고 있는 것이 아니라 실제로 전개되고 있다고 인식하게 만들게 된다.

세 번째 서사구조는 미군들이 참호에서 대기하면서 이라크 군 진영을 감시하고 있는 장면을 보여주고 있다. 그럼으로써, 전투가 임박했음을 알게 해주면서, 동시에 '미국군이 단기전으로 끝날 것 같지 않다'는 언어기사와 더불어 '교착상태'에 봉착하고 있음을 인식하게 해준다.

제2국면의 서사구조는 전형적인 '미군 대 이라크군', '우리 대 그들', '우군 대 적군' 같은 이항 대립적인 구조로 이루어졌으며, 이러한 대립 속에서 의미를 낳게 된다. 미군에 대한 것을 먼저 배치하고 많이 구성함으로써 '우리'와 '우군'의 위치로 인식하게 만들고, 상대적으로 이라크군은 약하고 힘이 없음에도 불구하고 '그들'이나 '적군'으로 인식하게 만든다. 그리고 이라크의 모습들은 피격 당하는 모습들을 중점적으로 제시함으로써, 이라크군의 저항이나 대응에 대해 충분한 정보를 제공하지 못하고 있다. 따라서 이와 같은 구조는 미국의 입장에서 이라크군을 '적'으로 위치시키는 기능을 수행하게 되어, 우리의 시청자들은 주로 미국 중심의 시각으로 이번 전쟁을 인식하게 되는 것이다.

4.3. 제3국면: '교착상태를 파기하기 위한 대대적 공습'

(1) 언어기사 분석

〈표 6〉 제 3국면에 대한 언어기사

2003년 3월 29일 KBS 9시 뉴스 - 대규모 공습, 일진일퇴 국지전 공방
앵 커: 이라크 전쟁이 이제 열흘째를 맞았습니다. 미영 연합군은 오늘 이라크 전역에 개전 이래 최대 규모의 공습을 벌였습니다. 먼저 김환주 기자입니다.
기 자: 공습 열흘째, 바그다드의 밤하늘은 오늘도 붉게 물들었습니다. 밤새 세 차례 감행된 파상공습에서 이라크 공보부 건물이 직격탄을 맞아 대파됐습니다. 연합군은 어제 하루에만 이라크 전역 700군데에 미사일과 폭탄을 쏟아부었습니다. 민간인 왕래 지역도 폭격을 피해 가지 못했습니다. 지상전은 중남부 곳곳에서 치열한 공방전이 계속되면서 며칠째 교착상태입니다. 카르발라와 나자프 등 바그다드 외곽 지대에서는 연합군 주력과 전진배치된 공화국 수비대가 교전 중입니다. 나시리야 등 남부에서도 보급선 방어에 나선 연합군이 이라크 정규군과 민병대를 상대로 산발적인 전투를 계속하고 있습니다.
미 CNN기자(나시리야): 이라크군이 시내 아파트나 집에 숨어 저항하고 있어서 시가전이 불가피한 상황입니다.
기 자: 연합군은 특히 개전 후 처음으로 이라크군이 나자프 북부에서 자살폭탄 공격을 감행했다고 밝혔습니다. 미국이 병력을 21만명까지 증강하기로 결정한 가운데 전쟁은 이제 장기전과 단기전의 갈림길에 닿아 있는 양상입니다. KBS뉴스 김환주입니다.

제3국면의 언어기사는 전쟁 개시 이후 열흘째를 맞이하여 '최대 규모의 공습'에 대해 보도하고 있다. 그 규모와 빈도의 크기를 강조하면서, 이번 공습이 최대 규모임을 부각시키고 있다. '밤새 세 차례 감행된 파상

공격'과 '이라크 전역 700군데 미사일과 폭탄 투하' 등으로 규모가 큰 공습임을 강조하고 있다. 미국과 연합군의 공격이 얼마나 크게 감행되었는지를 의미화하고 있다.

그러면서 표제와는 달리 '지상전'에서는 미국과 영국의 연합군과 이라크군과의 교전이 전개되고 있으며, 이라크군의 저항에 의해 연합군이 쉽게 제압하지 못하는 상황을 중점적으로 언급하고 있다. 그리고 나서 '전쟁은 이제 장기전과 단기전의 갈림길에 닿아 있는 상황'이라고 하면서, 이번 전쟁이 쉽게 끝나지 않을 수 있음을 암시하고 있다.

(2) 영상화면 분석

〈표 7〉 제 3국면에 대한 영상화면

shot번호	영상	기사
1		이라크 전쟁이 이제 열흘째를 맞았습니다. 미영 연합군은 오늘 이라크 전역에 개전 이래 최대 규모의 공습을 벌였습니다. 먼저 김환주 기자입니다.
2		공습 열흘째, 바그다드의 밤하늘은 오늘도 붉게 물들었습니다.
3		밤새 세 차례 감행된 파상공습에서 이라크 공보부 건물이 직격탄을 맞아 대파됐습니다.

shot번호	영상	기사
4		연합군은 어제 하루에만 이라크 전역 700군데에 미사일과 폭탄을 쏟아부었습니다. 민간인 왕래 지역도 폭격을 피해 가지 못했습니다.
5		지상전은 중남부 곳곳에서 치열한 공방전이 계속되면서 며칠째 교착상태입니다.
6	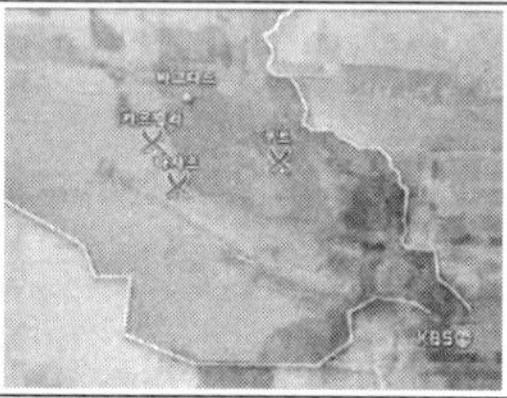	카르발라와 나자프 등 바그다드 외곽 지대에서는 연합군 주력과 전진배치된 공화국 수비대가 교전 중입니다.
7		나시리야 등 남부에서도 보급선 방어에 나선 연합군이 이라크 정규군과 민병대를 상대로 산발적인 전투를 계속하고 있습니다.
8		이라크군이 시내 아파트나 집에 숨어 저항하고 있어서 시가전이 불가피한 상황입니다.
9		연합군은 특히 개전 후 처음으로 이라크군이 나자프 북부에서 자살폭탄 공격을 감행했다고 밝혔습니다.

shot번호	영상	기사
10		미국이 병력을 21만명까지 증강하기로 결정한 가운데 전쟁은 이제 장기전과 단기전의 갈림길에 닿아 있는 양상입니다. KBS뉴스 김환주입니다.

제3국면의 영상화면은 세 가지의 서사구조로 이루어져 있다. 하나는 '숏 1'로부터 '숏 4'에 이루는 서사구조로서 '미영 연합군에 의한 대규모 공습'에 대한 것이고, 또 다른 서사구조는 '숏 5'로부터 '숏 9'에 이르는 것으로서 '미영 연합군과 이라크군과의 교전상황과 주요 지점'에 관한 것이며, 마지막 서사구조는 '숏 10'의 하나의 숏으로 이루어졌지만 '미군의 21만명 병력증강'을 상징적으로 표출하고 있다.

첫 번째 서사구조는 '최대규모 공습'이라는 문자표제와 더불어, 미영 연합군의 전투병이 총을 장진하는 모습을 보여주고 있는 것으로 시작하고 있다(숏 1). '숏 2', '숏 3', '숏 4'는 이라크 전역에서 미영 연합군의 공습이 어떻게 진행되고 있으며 그 피해상황이 어느 정도인지를 보여주고 있다. 물론, 원경으로 영상화면을 구성하고 있어 실제로 일어난 피해상황이나 현장들을 알 수는 없으나, 불빛으로 가득찬 바그다드의 모습은 그 피해정도가 극심함을 전해주고 있다. 그런데 이러한 영상화면들이 피해상황을 알려줌과 동시에 영화적 배치나 구성과 유사하여 영화의 한 장면 같이 인식하여 피해상황의 심각성을 느끼기 어렵게 해주는 우를 범할 수도 있다.

두 번째 서사구조는 '숏 5'로부터 '숏 9'까지 구성되어 미영 연합군과 이라크군의 교전이 벌어지고 있으며, 그러한 교전이 오랫동안 지속되고 있음을 보여주고 있다. 특히, '숏 6'와 '숏 7'은 이라크 지도를 배경으로 교전 지역을 명시해 주고 있으며, 지도와 전쟁지역을 '오버 랩'시킴으로써 영화의 한 장면과 같이 구성하고 있다. '숏 6'이 영미연합군과 이라크군과의 교전지역을 제시해주고 있으면서 주로 지역을 명시해주는데 중점을 두었다면, '숏 7'은 미영 연합군이 이라크 민병대와 교전하는 사실을 중점으로 보여주고 있으며, 그것을 미군 병사의 조준장면을 '오버 랩' 시킴으로써 교전의 심각성을 부각시키고 있다. '숏 8'은 이라크내 집이나 아파트에 숨어 있으면서 저항하는 이라크군들을 찾아내기 위해 정찰하는 미군 병사들의 모습들을 보여줌으로써, 이라크군을 찾아내는 것도 어렵고 이러한 게릴라전을 주요 전술로 활용하는 이라크군을 상대로 전쟁을 한다는 것이 어렵다는 것을 드러내고 있다. '숏 9'는 특별한 의미없이 미영 연합군이 이라크내 어느 지역에 공습을 감행한 화면을 보여주고 있어, 무의미한 영상구성이라고 할 수 있다. 이 같은 특별한 의미없이 구성되어 방송되는 전투장면, 공습장면, 피격장면 들이 많이 있다.

세 번째 서사구조는, 비록, 하나의 화면으로 구성되고 있지만, 기갑병력의 이동 상황을 보여줌으로써, 언어기사에서 표현하고 있는 '미군 병력의 21만명 증강'과 연계하여, 미영연합군의 증강이 임박했음을 보여주고 있다. 이는 '미영 연합군이 장기전과 단기전의 갈림길에 놓여 있다'는 언어기사와 더불어 '교착상태'에 빠져있음을 의미화하고 있다.

이와 같이 제3국면의 영상화면의 구성도 '미영연합군' 대 '이라크군'의 이중적 대립구조를 근간으로 하고 있으며, 그것도 미영연합군의 입장에서 구성되고 있다. 이라크는 오직 '피폭 대상지' '피해자' '피해지역' '공습대상 지역' '조준대상' 등과 같이 대상화(objectify)되어 있다. 이에 반해, 미영 연합군은 '폭격자' '공습자' '공격자' '가해자' '조준자' 등과 같이 주체화(subjectify)되어 있는 것이다.

〈표 8〉 미국과 이라크에 대한 이중적 대립구조

미국	:	이라크
폭격자	:	피폭대상자
공습자	:	공습대상자
가해자	:	피해자
조준자	:	조준대상자

이러한 구조는 미국이 가해자이면서도 '주체화'되어 기호구성에서 빠지게 되고, 오히려 이라크는 피해자이면서도 '대상화'나 '객체화'되어 기호구성의 중심 요소로 자리잡게 되어 주목을 받으면서 동시에 부정적인 평가를 받게 된다. 이를 '기호의 대상화 영향' 또는 '기호의 주체화 영향'이라고 한다(백선기, 2003). 예를 들면, 노사분규의 보도에 있어서, 노사분규의 원인 제공자 가운데 하나는 '경영주나 회사'가 됨에도 불구하고 이들은 이미 주체화되어 기호구성에서 제외됨으로써 보도에서 중요하게 언급하지 않는다. 그러나 노사분규의 피해자이면서 동시에 대상자인 노동자는 기호구성에서 가장 중요한 요소로 자리잡게 되어 언급되면서 노사분규의 주범으로 인식되게 된다. 그리하여 노사분규 보도에 있어서 노동자는 다양하게 기호화되면서 노사분규의 주범으로 위치지게 된다. 그러나 회사나 사주는 단일하게 기호화되면서 노사분규 자체의 담론에서 빠져나가게 되는 것이다(백선기, 1995, 1997).

4.4. 제4국면: '미국의 바그다드 함락과 종전 선언'

(1) 언어기사 분석

〈표 9〉 제 4국면에 대한 언어기사

2003년 4월 10일 KBS 9시 뉴스 – 미영 연합군, 바그다드 함락
앵 커: 미영 연합군의 바그다드 점령으로 이라크전쟁이 종전을 눈앞에 두고 있습니다. 먼저 김환주 기자가 보도합니다.
기 자: 개전 3주 만에 연합군이 마침내 이라크의 수도를 점령했습니다. 최후의 보루로 여겨졌던 바그다드는 연합군의 본격적인 공세가 개시된 지 일주일도 채 안 돼 맥없이 무너졌습니다.
인터뷰: 사담 반대. 고맙습니다, 부시!
기 자: 전세가 급격하게 기울고 후세인 대통령 사망설이 번지면서 그 동안 눈치를 보던 이라크 군중들은 거리로 나와 미군을 환영했습니다. 총성이 완전히 멎지는 않았지만 대세와는 아무 관련 없는 산발적인 저항에 지나지 않았습니다.

미 CNN 기자/바그다드: 미군을 겨냥한 총격과 함께 곳곳에서 산발적인 교전이 있었지만 대체로 평온합니다.

기 자: 미군은 아직 전쟁은 끝나지 않았으며 작전이 더 남아있다는 입장이지만 공식적인 승리의 축배를 잠시 미뤄놨을 뿐입니다.

브룩스 준장(미 중부군 사령부): 바그다드 주민들은 후세인정권이 끝장나 회생할 수 없다는 것을 알고 있습니다.

기 자: 후세인 대통령의 생사 여부와 행방은 여전히 오리무중입니다. 하지만 전쟁은 이제 정점을 지나 종착역으로 향하고 있습니다. 연합군은 전쟁의 종지부를 찍기 위해 후세인 대통령의 고향인 북부 티크리트에 화력을 집중하고 있습니다. KBS뉴스 김환주입니다.

제4국면의 언어기사는 이번 미국과 이라크 전쟁을 종식을 의미하는 바그다드 함락을 중점으로 보도하고 있다. '개전 3주만에 연합군이 마침내 이라크의 수도를 점령했다'는 언급과 더불어 '종전이 임박했음'을 피력하고 있다. 바그다드 함락 이후 이라크 국민들이 '미군을 환영'하는 상황을 보도하면서 바그다드 전역을 장악했음을 알려주고 있다. 그리고 미국 중부사령관이자 대변인의 목소리를 대신해 '사실상의 종전'을 공식화하는 내용을 담아내고 있다. 그러면서 보다 확실한 종전을 유도하기 위해 '후세인 대통령의 고향인 티크리트에 화력을 집중하고 있다'고 하면서 끝을 맺고 있다.

제4국면의 중심 기호는 '바그다드 함락', '종전', '미군 환영' 들이다. 이번 전쟁은 이라크의 수도 바그다드를 중심으로 하여 전개되었으며, 바그다드가 함락되자 전쟁이 종료되었음을 의미하게 된다. 이라크 수도의 함락은 이번 전쟁의 종전을 의미하게 되고, 이것은 이번 전쟁이 미국과 이라크의 전면전이 아닌 후세인 제거를 위한 전쟁이라고 하는 의미에서 종전이라고 하고, 그것이 우리 언론에서 그대로 받아들여지고 있음을 의미한 것이다.

제4국면 이후에 실제로 '종전'이 부시 미국 대통령에 의해 공식적으로 선언되기는 하였으나, 실질적 종전은 이번 제4국면에서 이미 이루어지게 된 것이다.

(2) 영상화면 분석

〈표 10〉 제4국면에 대한 영상화면

shot번호	영상	기사
1		미영 연합군의 바그다드 점령으로 이라크전쟁이 종전을 눈앞에 두고 있습니다. 먼저 김환주 기자가 보도합니다.
2		개전 3주 만에 연합군이 마침내 이라크의 수도를 점령했습니다. 최후의 보루로 여겨졌던 바그다드는 연합군의 본격적인 공세가 개시된 지 일주일도 채 안 돼 맥없이 무너졌습니다.
3		사담 반대. 고맙습니다, 부시!
4		전세가 급격하게 기울고 후세인 대통령 사망설이 번지면서 그 동안 눈치를 보던 이라크 군중들은 거리로 나와 미군을 환영했습니다.
5		총성이 완전히 멎지는 않았지만 대세와는 아무 관련 없는 산발적인 저항에 지나지 않았습니다.

<table>
<tr><th>shot번호</th><th>영상</th><th>기사</th></tr>
<tr><td>6</td><td>
</td><td>미군을 겨냥한 총격과 함께 곳곳에서 산발적인 교전이 있었지만 대체로 평온합니다.</td></tr>
<tr><td>7</td><td>
</td><td>미군은 아직 전쟁은 끝나지 않았으며 작전이 더 남아있다는 입장이지만 공식적인 승리의 축배를 잠시 미뤄놨을 뿐입니다.</td></tr>
<tr><td>8</td><td>
</td><td>바그다드주민들은 후세인정권이 끝장나 회생할 수 없다는 것을 알고 있습니다.</td></tr>
<tr><td>9</td><td>
</td><td>후세인 대통령의 생사 여부와 행방은 여전히 오리무중입니다. 하지만 전쟁은 이제 정점을 지나 종착역으로 향하고 있습니다.</td></tr>
<tr><td>10</td><td>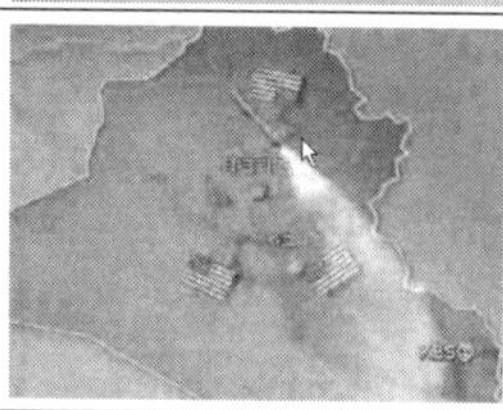
</td><td>연합군은 전쟁의 종지부를 찍기 위해 후세인 대통령의 고향인 북부 티크리트에 화력을 집중하고 있습니다. KBS뉴스 김환주입니다.</td></tr>
</table>

제4국면의 서사구조는 세 가지로 구성되어 있다. 첫 번째 서사구조는 '숏 1'과 '숏 2'로 구성되어 있으며, 이번 전쟁의 '종전'을 전 세계에 알려주었던 유명한 '후세인 동상의 철거' 화면이 중심이 되어 있다. 언어기

사에서는 '후세인 동상의 철거'에 대한 언급이 없음에도 불구하고, '후세인 동상의 철거 정면'은 영상화면이 지닌 의미 규정(define)의 영향력이 심대함을 보여주고 있다.

두 번째 서사구조는 '숏 3'에서 '숏 7'까지 이르는 것으로서 바그다드 함락 이후의 바그다드 상황을 중심으로 하여 구성되어 있다. '숏 3'에서 '숏 5'는 '이라크 국민들의 환영 모습'을 보여주고 있어 이번 전쟁에 대해 이라크인들이 환영하고 있음을 입증해 주고 있다. 더욱이 '숏 3'은 '사담 반대, 고맙습니다 부시'라는 자막을 크게 부각시켜, 이라크인들이 후세인에 반대하고, 그 대신 이번 전쟁을 감행한 미국 부시 대통령에게 '감사한다'는 표현을 하고 있음을 보여주고 있다. 이는 많은 우리 시청자들이 예상한 것과는 반대로 보여지고 있어 상당히 혼란스럽다. 우리 시청자들은 미군의 바그다드 함락에 대해 부정적이고 끝까지 항전할 것이라고 예상하였는데, 이 같은 '환영 일색의 군중'들의 모습은 실로 뜻밖의 장면들인 것이 다.

'숏 6'과 '숏 7'은 바그다드의 시내 풍경을 보여주고 있는데, 총을 지니고 있는 미군의 모습과 미국 탱크가 한적한 시가지를 지나는 모습을 나타내고 있다. 영상화면만을 보면 평온한 모습이라기 보다는 미군의 진격 및 함락으로 인해 시내가 한적함을 보여주고 있는 것 같은데, 언어기사에서는 '평온한 상태'라고 언급함으로써 이들 영상화면의 의미가 '평온'한 것으로 정의(define) 내려지고 있다.

세 번째 서사구조는 '숏 8'로부터 '숏 10'으로 구성되어 있고, 미국의 공식적 대응과 이후의 계획에 대해 이루어지고 있다. '숏 8'은 미국 중부군 사령관이며 이번 전쟁의 공식대변인의 언급을 다루면서, 그의 말 가운데 중요한 부분을 '자막'으로 처리하여 제시하고 있다. '바그다드 주민들은 후세인 정권이 끝장나 회생할 수 없다는 것을 알 고 있다'고 언급하면서, 이번 전쟁이 실제로 종전이 임박했음을 공식화하고 있다. '숏 9'와 '숏 10'은 '포대'의 모습과 이라크 북부인 티크리트를 보여주고 있다. 이들 영상화면들은 명확한 의미구성은 없으나, 언어기사에서 언급한 '전쟁의 종지부를 찍기 위해 후세인 대통령의 고향인 북부 티크리트에 화력을 집중하고 있다'는 것과 연계되어, 이라크 북부지방에 대한 공격을 시도하고 있음을 의미하게 된다.

제4국면의 영상화면의 구조는 '후세인의 몰락'과 '바그다드 함락에 대한 이라크인의 환영'을 중심으로 의미화하고 있다. 특히 '후세인 동상의 철거'가 상징하는 '종전'의 의미는 수많은 언어적 표현보다 보다 강력하게 전달된다. 더욱이 이번 국면에서는 후세인 동상 철거에 대한 구체적인 언급이 없음에도 이것을 영상화면으로 전달해 줌으로써 보다 명확한 의미를 제시하고 있는 것이다.

5. 결론

이상과 같은 분석의 결과 및 논의를 통하여 다음과 같은 점들이 밝혀지게 되었다. 먼저, 이번 '미국과 이라크 전쟁'에 대한 우리 TV 보도의 경향들을 정리해보면 다음과 같다.

첫째, 우리 TV는 이번 전쟁을 미국의 입장에서 미국의 시각으로 보도하고 있다는 점이다. 전쟁은 당연히 상대 국가들이 있기 마련이고 이번 전쟁은 전 세계적으로 정당화를 승인받지 못한 상태에서 전개했음에도 불구하고, 우리 TV는 미국의 입장에서 보도하였다는 지적을 부인하기 어렵다. 이러한 경향은 우리 TV가 미국의 이념과 이데올로기를 그대로 수용하는 것은 아닌가 하는 우려로 연계된다.

둘째, 우리 TV는 상대적으로 이라크의 입자이나 이라크인의 시각으로의 접근은 별반 다루고 있지 못했다는 지적을 면할 수 없다. 이라크의 시각이나 아랍권의 시각을 제시할 수 있었음에도 불구하고 이러한 시각을 제시하는데 적극적이지 못하였다. 이것 역시 우리 TV 보도가 '미국 편향적'이라는 지적을 피할 수 없게 되는 이유가 된다.

셋째, 우리 TV는 이번 전쟁을 미국의 공습과 더불어 시작했으며, 그 이후에도 미국과 영국 연합군의 공습계획과 전략을 중심으로 보도하고 있어, 미국과 영국 연합군의 뒤를 추종하는 식의 방식을 취하고 있다.

넷째, 이 같은 미국과 영국 연합군의 공습과 전략을 추구하는 방식을 추구하다 보니, 전쟁에 대한 보도가 거의 대부분 '전장과 전투'에 대한 보도에 치우치게 된다. 그런데 이러한 방식은 전쟁에 대한 보도에 있어서 다른 많은 요소들이나 현상들이 있는데, 이런 부분들에 대한 관심을 기울일 수 없게 된다.

다섯째, 이와 같이 전장과 전투에 주목하게 됨으로써, 우리 TV는 전쟁 당사자들 사이의 '무력과 화력 비교'를 대비하면서 보도하는 것이 하나의 경향으로 자리잡고 있다. 이번 전쟁에 대한 보도에 있어서도, 미국과 영국 연합군의 최첨단 무기들을 제시해 주고 있으며, 새로운 비밀 병기들을 호기심 있게 주목하고 있다. 그런데 상대적으로 이라크의 무기나 화력의 종류와 수준들에 대해서는 전혀 언급하지 않고 있어, 편향되게 보도하고 있음을 알 수 있다.

여섯째, 우리 TV 보도는 이번 전쟁을 수행하면서 이와 같이 전쟁과 전투의 실제상황에 대해 보도하는데는 열중하지만, 이번 전쟁의 원인과 배경에 대해서는 명확한 해설이나 설명을 가하지 않고 있다. 이는 아마도 우리 TV 방송사에 이번 전쟁과 관련된 전문가들이 부족하거나, 우리의 보도방식이 주로 미국의 CNN이나 주요 방송사들의 보도를 중계하거나 의존함으로 인해 해설이나 설명을 보다 전문적으로 수행하지 못하게 되는 것은 아닌가 생각한다. 그리고 방송시에 등장하는 전문가들의 대부분은 '군사전문가'들이 대부분이고 이들은 여러 방송사들에 동시에 출연함으로써 새로운 해설이나 평가를 접할 기회가 별로 없다는 점이 문제라고 할 수 있다.

일곱째, 이번 전쟁의 주원인들 중의 하나인 '대량살상무기의 존재' 때문이라고 알려지고 있었는데, 이에 대해 우리 TV는 중요하게 문제를 제기하지 못하고 있으며, 의문을 제기하지 못하고 있다. 전쟁보도에 있어서 전쟁상황만 추구하고 보도할 것이 아니라, 전쟁의 원인으로 제기되었던 이유들에 대해 의문을 제기해야 할 것이다.

여덟째, 우리 TV 보도는 미국의 입장에서 이번 전쟁을 보도하면서 상대적으로 이라크와 이라크인에 대해 크게 주목하지 못했다. 그런데 더욱 커다란 문제는 이라크와 이라크인에 대해 다소 폄하하는 자세에서 보도하는 것은 아닌지 우려되는 점이다. 이라크의 수도 바그다드가 함락되었을 때, 이라크인들이 후세인의 동상을 철거하고, 미군을 환영하는 모습을 보여주었고, 이라크인들이 관공서나 주요 박물관들이나 건물들에서 약탈하는 모습들을 방영하면서 부정적으로 언급하고 있어, 이들에 대한 부정적 시각을 유포하는 결과를 초래하게 되었다. 미국의 입장에서 이라크인을 보는 시각은 우리의 위치에서는 별로 바람직한 것이 아니며, 이라크와 이라크인에 대한 편향적인 시각은 없어져야 할 경향이다.

마지막으로, 이전 전쟁이 시작되고 27일만에 끝나게 될 때까지 우리 TV는 주요 사안으로 다루어왔으나, 미국의부시 대통령이 '종전'을 선언한 이후 별로 보도하지 않고 있다. 바로 이러한 점이 우리 TV 및 언론의 대표적 경향이기도 한데, 사건이나 사안이 발생할 때는 과다할 정도로 주목하다가, 어느 정도 종료가 되면 갑작스럽게 주목을 하지 않게 된다. 이를 학계에서는 '냄비 근성'이라고 비판하기도 한다. '쉽게 달아 올랐다가 쉽게 식는' 냄비 같다고 해서 붙여진 이름이다. 비록 이번 전쟁이 전투는 끝났어도 아직 끝나지 않은 전쟁이다. 따라서 앞으로도 이번 전쟁에 대한 관심을 집중시켜야 할 것이다.

다음으로는 학술적인 쟁점과 연계된 것으로서, 이번의 연구는 특히 TV 보도에 있어서의 영상화면의 구성과 양식, 및 의미전달 방식과 서사구조에 대해 주목하였다. TV 보도는 신문 보도와는 달리 영상화면이라는 독특한 방식이 존재하기 때문에 이것이 어떻게 적용하는가 하는 것이 주요 관심사였다. 이번 논의는 이전의 본 연구자의 논의(백선기, 2003)와 연계되는 것으로서, 그 당시에 밝혀진 것과 어떠한 차이가 있는가 하는 것도 중요 관심사들 중 하나이기도 하였다.

첫째, 우리 TV의 이번 전쟁보도에 있어서 언어기사의 표현보다는 영상화면의 구성과 그에 따른 의미구성이 보다 명확하고 중심적이었다. '전쟁의 시초', '중기의 교착상태', '최대 규모의 공습', '바그다드 함락 및 종전' 등에 이르기까지 각각의 국면의 주요 의미는 영상화면을 중심으로 제시되었다. 그에 따라 언어기사는 오히려 영상화면의 부수적인 위치로 놓여지게 되었다.

둘째, TV 보도에 있어서 영상화면의 의미구성력이 언어기사보다 강한 것은 확실하나, 모든 부분에서 그렇게 적용되는 것은 아니다. 영상화면의 서사구조에서 살펴보면, 중요한 영상화면들이 많이 구성되어 있음에도 불구하고, 경우에 따라서는 그저 구색만 갖추고 있고 의미구성에는 전혀 도움이 되지 않는 영상화면들도 다수 있음을 밝혀낼 수 있었다.

셋째, 영상화면의 서사구조는 언어기사의 서사구조와 같이 '언어의 체계'를 차용하면서 전개되고 있다. 이는 영상화면이 지니고 있는 여러 가지 속성들에도 불구하고, TV 방송보도에서 차용되는 영상화면은 언어의 체계 하에서 구성되고 연계되어 있음을 의미하는 것이다. 영상화면이 영화나 기타 장르들에서 활용되고 있는 것과 같이 다의적 의미를 지니고 있거나 다양한 상상력을 지니는 방식으로 활용되지 않고 있다. 나아가 영상화면이 지니고 있는 이미지적 요소나 이성을 뛰어넘는 해석이 가능할 있도록 활용되지 않고 있다.

넷째, TV의 영상화면이 보여주어야 할 장면들은 다양하지만, 우리 TV는 주로 전장과 전투 장면들을 중심으로 보여주고자 하는 경향 때문에, 미국과 영국 연합군의 이동 경로를 중심으로 장면을 구성하였다. 따라서 다른 많은 가능성 있는 장면들을 구성하지 못하였고, 오로지 미군과 이라크군의 대치되는 상황과 미국과 영국 연합군의 이동상황들만 중요하게 구성되었다. 이는 영상화면의 다양한 활용과 그에 따른 의미의 다양성을 추구하지 못하고, 지나칠 정도로 제한되게 영상화면을 활용하고 있다. 따라서 영상화면을 통한 의미의 규정도 제한적일 수밖에 없게 된다.

다섯째, 이와 같이 TV의 영상화면은 일반 영상과는 다른 점을 지니게 된다. 왜냐하면, TV 보도의 영상화면은 일반 영상과 달리 반드시 언어기사와 같이 사용되기 때문에 의미의 규정에 있어서 서로 상호작용을 하면서 영향을 미치게 된다. 따라서 영상 자체의 의미만을 부가시키거나 강조하는 것은 자주 사용될 수 없게 된다. 따라서 일반 영상의 분석에서 우려하듯이 영상의 의미가 지나칠 정도로 다양하거나 다의적일 수 없게 되는 것이다.

여섯째, 앞에서 지적한 것과 같은 TV 보도의 영상화면의 특성은 기호학적 개념의 적용이 여전히 용이하며, 지나칠 정도로 수용자들의 의미해독의 창의성에 의존하지 않아도 될 것 같다. 일반 영상에는 수용자의 의미해독의 중요성이 부각될 수 있겠지만, TV 보도 영상에서는 수용자의 해독이 다르게 내려질 수 있는 가능성이 그렇게 높다고 할 수 없을 것이다.

일곱째, 이러한 지적은 이번 전쟁에 대한 TV 보도가 기호학에서 개념화하고 있는 이항대립적 관계에서 구성되어 있음을 볼 때 더욱 극명하게 드러난다. 이번 전쟁은 '미국 대 이라크', '가해자 대 피해자', '공습자 대 피폭대상자', '주체 대 객체', '우군 대 적군', '우리 대 그들' 등과 같은 대립과 갈등의 이중구조를 근간으로 하여 구성되고 있다. 따라서 이 같은 대립적 구조가 스며들어 있는 상태에서 보도를 접하게 되면, 결국에는 미국을 '우리'와 '우군'의 시각에서 인식하게 되고, 이라크군을 '그들'과 '적군'으로 인식하게 되어, 우리에게는 중립적인 상대 국가들임에도 불구하고 미국에 우호적이면서 이라크는 비우호적으로 생각하게 되는 것이다.

결론적으로, 본 연구는 우리 TV 보도의 '미국 대 이라크 전쟁'에 대한 일반 경향을 파악해 보면서 그에 따르는 문제점들에 대해서도 지적하기도 하였고, 이번 연구의 결과에 대한 학술적인 논의도 병행하였다.

요컨대, 이번 전쟁에 대한 우리 TV 보도는 '미국 편향적'이며 '전장과 전투 중심'으로 전개되며, 지나칠 정도로 그래픽을 사용하여 '인터넷 전쟁 게임' 보듯이 접근하고 있어 전쟁의 실상을 인식하지 못하게 하고, 전문가들이 별로 없는 가운데 해설이나 설명이 약하며, 전쟁의 원인에 대한 문제 제기를 하지 않고 있다는 것이 밝혀지었다. 앞으로는 이러한 지적들이 개선될 수 있었으면 하는 바램이다. 그리고 동시에 본 논의로 인해 TV 보도 영상이 지닌 속성들에 대해 보다 적확하고 정확한 이해가 더해질 수 있었으면 하는 바램이다.

참고 문헌

김성도(2000), 「기호학과 영상이미지」, 『이미지는 어떻게 살고 있는가』, 한국영상학회, 서울: 생각의나무, pp.140～200.

김성도(1998), 「퍼스의 가추법」, 『현대기호학 강의』, 서울: 민음사, pp.137～172.

기호학연대(2002), 『기호학으로 세상읽기』, 서울: 소명출판사.

박성수(2000), 「이미지의 논리」, 『이미지는 어떻게 살고 있는가』, 한국영상학회, 서울: 생각의 나무, pp.116～138.

박성수 외(1996), 『영화 이미지의 미학』, 서울: 현대미학사.

백선기(1995), 『보도의 기호학』, 서울: 성균관대 출판부.

백선기(1997), 『한국 선거보도의 기호학』, 서울: 커뮤니케이션북스.

백선기(2002), 『텔레비전 문화의 기호학』, 서울: 커뮤니케이션북스

백선기(2002), 「텔레비전 뉴스의 구성양식과 재현」, 『텔레비전 문화의 기호학』. 서울: 커뮤니케이션북스, pp.377～403.

백선기(2003), 「이라크 전쟁과 언론: 신문보도 점검」, 『신문과 방송』, 5월호. pp.38～42.

백선기(2003), 「TV 보도 영상의 서사구조와 의미구조」, 『한국방송학보』, pp.57～109.
백선기 · 최민재(2003), 「영상 텍스트의 의미구성과 수용자 해독: 영화 <친구> 에 대한 분석을 중심으로」, 한국기호학회 춘계학술대회 발표논문.
서정철(1999), 『기호에서 텍스트로』. 서울: 민음사.
임상훈 역(2002), 『담론이란 무엇인가: 알튀세 입장에서의 푸코 · 포스트 맑시즘 비판』.
정근원(1996), 「이미지, 새로운 의사소통의 대안인가?」, 『저널리즘비평』, pp.88～90.
최혜실(2000), 「영상, 디지털, 서사」, 『이미지는 어떻게 살고 있는가』, 한국영상문화학회, 서울: 생각의 나무, pp.346～358.
최효찬(1998), 『테러리즘과 미디어』, 서울: 커뮤니케이션북스.
한국영상문화학회(2000), 『이미지는 어떻게 살고 있는가』, 서울: 생각의 나무.

Bazin, A.(1958), Que'st ce Que Le Cinema. Paris. 박상규 역(1998), 『영화란 무엇인가』, 서울: 시각과 언어.
Berger, J.(1983), Way of Seeing . London: Penguin book. 강명구 역 (1987), 『영상커뮤니케이션과 사회』, 서울: 나남.
Buckland, W.(2000), The Cognitive Semiotics of Film. Cambridge Univ. Press.
Carroll, N.(1996), Theorizing the Moving Image. Cambridge Univ. Press.
Chatman, S.(1978), Story and Discourse: Narrative Structure in Fiction and Film. Cornell Univ. Press.
van Dijk, T. A. (ed.) (1985), Handbook of Discourse Analysis. vol. 4. Academic Press.
Doelker, C.(1990), La realite dans les modias. Paris: LEP Loisrs et Pedagogie SA. 이도경 역 (2001), 『미디어에서 리얼리티란 무엇인가』, 서울: 커뮤니케이션북스.
Eco, U.(1979), A Theory of Semiotics. Indiana Univ. Press.
Eco, U.(1986), Semiotics and the Philosophy of Language. Indiana Univ. Press.
Fiske, J. & Hartley, J.(1978), Reading Television. London: Methuen. 이익성 외 역(1994), 『TV 읽기』, 서울: 현대미학사.
Heath, S.(1981), Questions of Cinema. Indiana Univ. Press.
Jensen, K.(1995), The Social Semiotics of Mass Communication. Sage.

King, C. (trans.) (2000), Semiotics and the Analysis of Film. Indiana Univ. Press.

Kristeva, J.(1980), Desire in Language: A Semiotic Approach to Literature and Art. New York: Colombia Univ. Press.

Kuhn, A.(1985), The Power of the image: Essays on representation and sexuality. New York: Routledge. 이형식 역(1995), 『이미지의 힘』, 서울: 동문선.

Metz, C.(1977). The Imaginary Signifier: Psychoanalysis and the Cinema. Indiana Univ. Press.

Nichols, B. (ed.) (1985), Movies and Methods. vol. II. Berkeley: Univ. of California Press.

Pajackowska, c. (trans.) (1997), The Image. British Film Institute.

Roskill, M. & Carrier, D.(1983), Truth and Falsehood in Visual Image. New York: Univ. of Massachusetts Press. 이계숙 역(1996), 『시각 이미지의 참과 거짓』, 서울: 눈빛.

Tuchman, G.(1978), Making News: A Study in the Construction of Reality. New York: Free Press. 박홍수 역(1995), 『메이킹 뉴스』, 서울: 나남.

Coverage Patterns of Korea TV on U.S.-IRAQ War and its Meaning Structures

- with an emphasis of narrative and meaning structure of TV pictures -

Seon-Gi Baek

The purpose of this study was to investigate coverage patterns of Korea TV on the U.S.-Iraq War, and its narrative structure and meaning structures. It was also interested in discourse structure about this war as well as narrative structure of pictures of TV in covering it.

In order to attain this kind of purposes of this study, the author constructed research questions as follows; 'what were coverage patterns of Korea TV on the U.S.-Iraq War?', 'what kinds of narrative structure such kinds of coverage patterns had?', 'what kinds of discourse structure the coverage patterns had?', 'what were meanings of these coverage patterns in Korea society?'

For the purpose of solving these research questions, news items about this was from three main TV stations were collected as main analysing objects. They were also divided into 'linguistic representation' and 'pictural representation'. Each of these representations were analysed with semiotic research methods as well as dicourse research methods.

As results of this study, it was firstly found that Korea TV tended to cover this war on the basis of American perspectives with American news values. Secondly, it did not reflect Islamic perspectives with Islamic news values. Thirdly, it just followed the route of U.S.-U.K. coalition armies' attacks, and focused on battle fields and fighting situations between U.S. and Iraq armies. Fourthly, it tended to show such kind of battel fields and fighting situations with image and pictures so that it could transform a war into a kind of internet war game.

In addition, through this study, it was found that pictures of TV news had a certain of narrative structure with linguistic grammar. The TV picture had a power of defining meaning of news coverage with limited range and systematic structure.

열쇠어 : 미국과 이라크 전쟁, TV 보도, 영상화면, 서사구조, 담론구조, U.S.-Iraq War, TV news, TV picture, narrative structure, discourse structure

스포츠 엔터테인먼트 미국 프로레슬링 WWE의 기호학적 접근

송치만*

미국을 중심으로 북미에서 성행하고 있는 프로레슬링 WWE는 스포츠 엔터테인먼트라는 독특한 영역을 차지하고 있다. 말 그대로 스포츠와 엔터테인먼트의 혼합물인 셈이다. 선수들의 현란하고 역동적인 몸동작은 어떤 스포츠에 못지않은 스펙터클을 연출한다. 그러나 각본에 의해 진행되는 경기나 이를 중심으로 벌어지는 주변 상황들은 한편의 드라마를 상상하게 한다. 이러한 두 요소의 절묘한 결합이 관중들을 열광하게 한다.

관중들은 이미 짜인 이야기 일뿐이라고 등을 돌리지 않는다. 오히려 주말 연속극을 기다리듯 이야기 전개에 몰입한다. 적절한 이야기 구조와 현란한 몸짓들이 생생하게 어울리기 때문이다. 우리는 스포츠 엔터테인먼트라는 독특한 분야의 내적 메커니즘을 기호학적 시각으로 살펴보고자한다. WWE라는 스포츠 담화를 구성하는 기본 가치를 탐구하고 나아가서 이야기 구조를 분석한다. 뿐만 아니라 스포츠 담화에 고유한 소통 전략을 실제 경기에 적용하여 선수와 관중이 어떻게 커뮤니케이션 공간속에서 상호작용하는 가를 살펴볼 것이다.

분석 대상이 문제되는데 한 경기의 분석은 우리가 제기하고자 하는

* 건국대학교 불문과 강사

WWE의 특징적인 모습을 보여주기에 불충분할 수 있다. 따라서 '레슬 마니아 21'[1]에서 벌어졌던 경기들을 필요에 따라 예시 분석 할 것이다.

1. WWE의 형식적 구성

WWE라는 분야에 대한 이해를 돕기 위해 경기가 어떻게 진행되는가를 간단히 살펴보기로 한다. WWE란 World Wrestling Entertainment의 약자로 기존의 프로 레슬링에 엔터테인먼트의 오락적 요소를 결합시킨 새로운 형태의 레슬링이라고 할 수 있다.

현 상태의 WWE는 많은 역사적 변화를 겪으면서 오늘날의 형식에 이른 것이다. 그 역사적 변이는 우리의 연구 대상이 아니기에 논의에서 제외하기로 한다.[2] 단지 우리가 언급하고자 하는 것은 1년 단위로 진행되고 있는 WWE의 운영방식이다. 이러한 사전 검토는 관중과 선수가 꾸미는 이야기 구성에 대한 보다 명확한 이해를 도울 것이다.

먼저 WWE는 로우(RAW)와 스맥다운(SmackDown)이라는 양대 리그로 구성된다. 기본 적으로 WWE 소속 선수들은 두 리그로 나누어 각 리그에서 경기를 갖게 된다. 그러나 석 달을 주기로 해서 모든 선수가 참여하는 경기가 벌어진다. 이를 WWE의 4대 PPV(Pay Per View)라 한다.[3] 이 주요 이벤트를 향해 이야기가 진행되고 선수간의 갈등이 고조되고 경기를 통해 갈등이 폭발하게 된다. 선수간의 갈등관계는 몇 주 또는 몇 달간 지속되면서 다양한 이야기를 제공한다. 4대 PPV는 양대 리그가 모두 참

---

1) 분석 대상이 되는 '레슬 마니아 21'에 대한 설명은 WWE의 형식적 구성에 대한 부분에서 하기로 한다.

2) WWE 생성의 역사적 배경은 다음 책을 참조할 수 있다. 김남훈, 천창욱, WWE 프로레슬링의 진실 혹은 거짓, 컬쳐코리아, 2004.

3) PPV(Pay Per View)는 어휘의 의미에서 알 수 있듯이 매 경기에 대해 돈을 지불하고 시청한다는 것이다.

여하는 큰 행사라는데 의의가 있지만 갈등이 고조되는 시점이라는 점에서 서사적 고려가 필요하다. 2005년도 PPV는 다음과 같다.[4] 도표에서 볼 수 있듯이 우리의 분석 대상인 '레슬 마니아 21'은 로우와 스맥다운이 공동으로 펼치는 PPV중의 하나이다.

1월 9일–뉴 이얼즈 레볼루션 (로우)
1월 30일–로얄럼블 (공동)
2월 20일–노 웨이 아웃 (스맥다운)
4월 3일–레슬 마니아 21 (공동)
5월 1일–백 래쉬 (로우)
5월 22일–져지먼트 데이 (스맥다운)
6월 12일–배드 블러드 (로우)
6월 26일–그레이트 아메리칸 배쉬 (스맥다운)
7월 24일–벤전스 (로우)
8월 21일–썸머 슬램 (공동)
9월 18일–언포기븐 (스맥다운)
10월 9일–노 머시 (로우)
10월 30일–명칭 미정 (스맥다운)
11월 27일–서바이버 시리즈 (공동)
12월 18일–아마겟돈 (로우)

2. WWE의 가치체계

스포츠와 달리 이야기가 정해져 있고 선수들이 선역과 악역으로 구분되는 것이 WWE의 특징이다. 선수들은 명백히 구분되는 선역 또는 악역

4) WWE에 대한 주요 정보는 http://www.wwe.com을 참조 할 수 있다.

을 부여받고 매 경기 자신의 역할을 충실히 수행한다. 그 만큼 선역과 악역의 구분이 이야기를 끌어가는데 중요한 요소로 작용하고 있다. 흥미로운 것은 선수들의 역할이 고정되어 있지 않다는 것이다. 한 선수가 영원히 선역만을 연기하지 않고 반대로 악역만을 고수하는 선수도 드물다는 것이다. 이야기 전개에 따라 선수들은 역할 전환을 한다는 것이다. 비중있는 선수일수록 역할 전환이 관중의 흥미를 모을 수 있기 때문에 적당한 갈등 구조와 이야기의 흐름에 따라 역할 전환이 빈번하게 일어난다. '레슬 마니아 21'을 중심으로 논의를 전개해 보면서 두 선수(랜디 오튼, 바티스타)의 역할 전환에 대해 살펴보기로 한다.

랜디 오튼의 경우

로우의 대표적인 악역단체인 '에볼루션(Evolution)'[5]의 멤버로 활동하던 랜디 오튼은 '섬머슬램(2004)'에서 크리스 벤와와 대결하여 최연소 챔피온에 오른다. 그러나 에볼루션의 리더 트리플 에치의 시기로 에볼루션에 의해 배반을 당한다. 랜디 오튼의 역할 전환은 일단 타의에 의해 일어난다. 즉, 악을 부정한 상태(−악)에 위치하게 된다. 그렇다고 해서 선역으로의 전환이 이루어졌다고 말할 수는 없다. 즉, 선역으로 전환되기 위한 매개적인 단계에 위치한다는 것이다. 그 후 오튼의 행동은 선역으로의 전환을 알 수 있게 해준다. 크리스 제리코, 크리스 벤와, 쉘튼 벤자민과 같은 대표적인 선역의 선수들과 함께 행동하면서 에볼루션과 대립하게 된다.

그러나 그의 선역은 오래 가지 않는다. 현역 최고의 전설적 선수로 꼽히는 언더테이커와의 갈등으로 선역을 부정(−선)하게 된다. 역할 전환을 감지하게 하는 행동은 경기 중에 드러난다. 언더테이커와의 경기 중에 랜디 오튼의 아버지가 등장하여 언더테이커를 공격한다. 경기를 공정하게

5) '에볼루션'은 공식 단체라기보다는 로우의 악역 선수들이 만든 일종의 사조직이라 할 수 있다. 트리플 에치가 그룹의 리더이고 릭 플레어, 바티스타, 랜디 오튼이 구성원이다.

진행하는 선역의 선수들과 달리 반칙을 사용하면서 악역으로의 이행을 예감하게 해준다. 뿐만 아니라 악역 당시 보여주던 '레전드 킬러'의 모습을 되찾으려는 의도가 보인다는 점에서도 악역 이행을 감지할 수 있다.

악역으로의 완전한 회기는 얼마 후에 일어난다. 로우의 미녀 레슬러 스테이시에게 자신의 피니시 기술인 RKO를 사용한다. 비신사적 행위라는 측면뿐만 아니라 여성 레슬러 중에서 선역을 대표하는 스테이시의 인기를 고려할 때 완전한 악역 전환의 계기가 부여된 것이다. 이 같은 역할 전환을 기호사각형에 투사해 볼 수 있다. 기호사각형의 번호는 랜디 오튼의 역할 전환 행로를 보여준다.

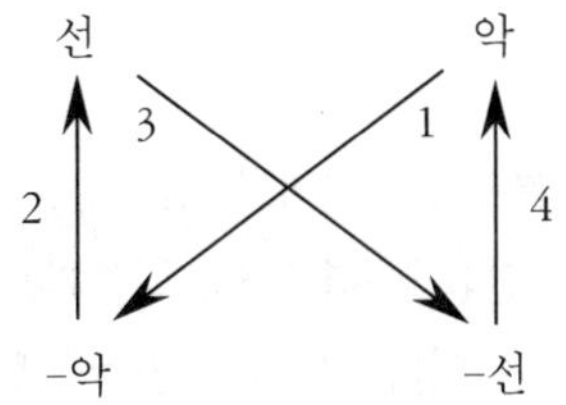

바티스타의 경우

로우의 대표적인 악역이었던 바티스타의 경우에서도 유사한 역할 전환을 발견할 수 있다. 에볼루션 일원이었던 바티스타는 리더인 트리플 에치와 갈등을 빚으면서 악역을 부정(-악)하게 된다. 챔피언 도전권 문제를 놓고 트리플 에치와 바티스타의 갈등은 조금씩 증폭된다. 마찰이 빚어지던 중 트리플 에치가 바티스타를 다른 리그인 스맥다운으로 이적하게끔 조작한 일을 바티스타가 알게 된다. 바티스타는 이적을 결정하는 자리에서 로우에 남기로 한다. 동료 간의 대결이 이루어지고 바티스타는 대결에서 승리한다. 악역 선수들 간의 대결이기 때문에 악역의 부정을 말하기 힘들다. 그러나 이후의 바티스타의 행로를 관찰한다면 그의 역할 전환을 쉽게 결정할 수 있다. 트리플 에치와의 경기에서 승리한 후 바티스타는 선역의 선수들을 도우면서 본격적으로 선역으로의 전환을 하게 된다.

바티스타의 역할 전환의 행로를 기호사각형으로 그려볼 수 있다. 사각형위의 번호는 행로의 시간적 추이를 말해준다. 랜디 오튼의 경우와 마찬가지로 바티스타의 행로 역시 '레슬 마니아 21'을 기점을 전후로 일어난 역할 전환을 기준으로 작성된 것이다.

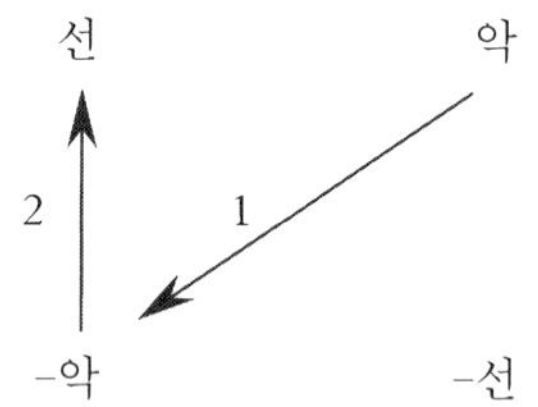

이러한 역할 전환은 다른 선수에서도 쉽게 찾아볼 수 있다. 거의 모든 선수가 필연적으로 역할 전환을 겪는다는 것이다. 결론적으로 선과 악의 절대 가치가 없음을 알 수 있다. 오히려 가치 세계가 가변적임을 알 수 있다. 절대 선도 절대 악도 없이 선수들은 상황에 따라 자신의 이익에 맞는 역할을 선택하게 된다. 이는 물론 각본에 의해 정해진 것이다. 우리는 단지 각본이라는 외적 상황을 고려하지 않고 경기라는 텍스트에 충실하면서 역할전환의 양상을 살펴본 것이다. 선악의 절대 가치가 없음을 확인함과 동시에 관중들이 역할전환을 기대한다는 것을 주목해야 한다. 역할 배정이나 전환은 짜인 이야기 흐름에 따라 결정될 뿐이지 선수들의 실제 성격이나 인간성과는 아무 관계가 없다. 관중들은 이를 알기 때문에 역할 전환을 기대하고 즐길 수 있는 것이다. 이러한 양상은 선수와 관중간의 커뮤니케이션 양상을 관찰 할 때 좀 더 자세히 다루어 질 수 있을 것이다.

3. 경기의 내러티브 분석

심층층위의 가치체계에 대한 검토가 이루어진 이후에 서사층위의 분석은 생성 행로의 논리적 순서에 부합하는 절차라 할 수 있다. WWE 경기의 서사 구조의 분석은 두 가지 틀 안에서 이해되어야 한다. 기본적으로 경기 자체의 분석이 가능할 것이다. 스포츠 행위의 몸짓들을 기호학적 요소로 재구성해 서사구조를 밝혀 볼 수 있다. 그런데 이러한 경기만의 분석은 WWE 경기가 갖는 고유한 서사적 특징을 보여주지 못한다. 경기가 이루어지기 위해서는 사전에 갈등 구조가 형성되는 것이 WWE의 특징이다. 선수간의 갈등은 몇 주 혹은 몇 달에 걸쳐 지속되기도 한다. 결국 링이라는 것은 갈등을 해소하기 위한 장소가 된다. 그레마스 기호학이 제시하는 공간화(spatialisation)의 개념에 따르자면 실행(performance)이 일어나는 이상적인 공간(espace utopique)이 되는 것이다.[6] 이러한 실행에 이르기 위해서 많은 이야기가 사전에 꾸며진다. 관중들은 마치 연재소설을 읽는 재미를 맛보게 된다. 작은 일에서 발단이 된 두 선수의 갈등은 매주 다양한 주제로 복잡해지고 심각해진다. 결국 대결의 양상으로 이어지는 것이다. '레슬 마니아 21'과 같은 큰 경기 일수 록 갈등 관계의 설정은 많은 시간과 과정을 거친다.

우리가 주로 보고자하는 바티스타와 트리플 에치의 경기 역시 많은 과정을 거쳐 경기에 이르게 된다. 이 두 선수는 '에볼루션'의 동료였다. 트리플 에치가 단체의 리더라는 측면에서 두 선수의 위상의 차이는 있었지만 결속력이 강하고 막강한 팀을 이루고 있었다. 그러나 '로얄럼블'의 우승으로 바티스타의 인기는 상승하게 된다. 당시 챔피언이던 트리플 에치는 점차 바티스타의 위협을 느끼고 다른 리그인 스맥다운으로 바티스타

6) 이에 대한 좀더 자세한 설명은 다음을 참조할 수 있다. 안 에노, 홍정표 옮김, 『서사, 일반 기호학』, 문학과 지성사, 2003, p.134.

를 이적 시키려는 계획을 세운다. 당시 스맥다운의 챔피언이었던 JBL과 바티스타의 갈등 구조를 만들기 시작한 것이다. 그러나 트리플 에치의 간계가 폭로되고 바티스타는 스맥다운으로의 이적을 거부한다. 그래서 '레슬 마니아 21'에서 바티스타와 트리플 에치의 경기가 성사된 것이다. 이러한 상황은 이미 역할 전환 부분에서 간략히 설명된 바 있다.

갈등의 조성 과정이 단지 경기장에서만 이루어지지 않는다는 것을 알 수 있다. 이러한 상황은 물론 관중들에게 모두 중계된다. 주차장의 에피소드도 볼 수 있고 단장도 이야기를 구성하는데 일정 역할을 수행한다. 심지어는 호텔에서 쉬고 있는 선수를 공격하는 경우도 존재한다. 스포츠라기보다는 드라마적 요소가 경기를 성사시키기 위해 다양하게 전개된다는 것이다.

앞서 지적한 것처럼 경기 자체는 갈등의 해소 기제로 기호학 서사도식의 실행(performance) 단계라 할 수 있다. 하지만 이 단계 자체가 하나의 이야기를 구성하므로 이것의 서사구조를 분석해 볼 수 있다.

이야기 분석의 첫 번째 단계일 수 있는 분절의 문제를 생각할 수 있다. 레슬링의 경우 형식적 분절이 존재하지 않는다. 축구나 농구 처럼 시간적 제한에 따른 분절도 없고 경기 방식이 유사하다고 할 수 있는 투기 종목과 같은 라운드의 개념도 존재하지 않는다. 따라서 경기 규칙이 갖고 있는 형식적 분절은 불가능하다고 볼 수 있다. 그렇다면 분절은 다른 측면에서 이루어져야 한다.

프로 레슬링 경기가 논쟁적 성격을 띤다는 것은 너무나 분명한 사실이다. 따라서 그레마스의 시련의 서사도식(schéma narratif de l'épreuve)을 적용하는 것이 분석에 매우 유용하다.[7] 대립(confrontation)-지배(domination)-결과(conséquence)의 시퀀스는 논쟁적 성격의 이야기 구조를 설명하는데 분석력을 발휘하기 때문이다. 경기 분절의 근거도 여기서 찾을 수 있다.

---

7) Algirdas Julien Greimas et Joseph Courtés, *Sémiotique. Dictionnaire raisonné de la théorie du langage,* Paris, Hachette, 1979, rééd. 1993, p.131.

경기 전체를 대립-지배-결과가 구성하는 하나의 이야기로 가정한다면 그 안에는 작은 단위의 이야기들이 존재할 수 있다. 그레마스는 이를 기본 프로그램(programme de base)을 구성하는 사용 프로그램(programme d'usage)이라 정의한다.[8)]

각 경기는 여러 개의 사용 프로그램으로 구성되는 기본 프로그램이라 정의할 수 있는 것이다. 그렇다면 사용프로그램을 구분하는 일이 분절에 이르는 길이 될 것이다. 우리는 그 분절 기준을 '커버'라 불리는 심판의 카운트 행위에서 찾고자 한다. 상대 선수의 양 어깨가 링 바닥에 닿고 심판이 3까지 카운트를 하면 승리하는 것이 WWE의 기본 규칙이다. 이러한 커버의 상황은 경기 중에 여러 번 반복된다. 커버에 이르기 위해서는 상대방을 압도하는 것이 절대적으로 필요하다. 기호학적으로 기술하자면 두 주체는 대립하고 자신의 프로그램을 완성하기 위해 반-주체의 프로그램을 무력화 시켜 긍정적 결과에 이르고자한다. 경기는 한 선수의 긍정적 결과로 끝이 날 것이다. 하지만 사용프로그램의 시퀀스는 반드시 대립-지배-부정적 결과로 이루어지기 마련이다. 긍정적 결과로 이어진다면 경기의 종료를 의미하는 것이고 더 이상 사용프로그램의 의미는 없어지기 때문이다.

그런데 또 다른 분절의 기준이 제시될 수 있다. 지배의 양상이 경기 중에 다르게 형상화 될 수 있기 때문이다. 이는 WWE 경기의 규칙과도 연관된다. 선수는 커버 외에 상대 선수의 항복 선언이나 상대 선수가 링 밖에서 심판의 카운트 안에 들어오지 못하게 해도 승리에 이르게 된다. 이 두 경우 역시 지배의 형상화의 양상들이라면 분절의 기준이 되어야 한다. 우리는 이러한 분절 기준을 바티스타와 트리플 에치의 경기에 직접 적용해 분석을 시도하였다. 그런데 우리가 분석표에서 볼 수 있듯이 카운트나 링 아웃이 일어날 때 마다 경기가 분절되었으나 항복 선언을 위한

---

8) 이에 대한 훌륭한 예는 다음의 책에서 확인할 수 있다. Algirdas Julien Greimas, *Du sens II*, Paris, Seuil, 1983, pp.157~169.

기술사용이라는 기준은 볼 수 없다. 이는 두 선수의 경기 진행 방식에 기인한다. 두 선수는 관절기술을 사용해 상대 선수의 항복을 받아내기 보다는 커버를 통해 승리에 이르는 경기를 주로 하기 때문이다.

경기시작	트리플 H	바티스타
1	두 행위자의 등장	
2	바티스타의 링 아웃	
3	바티스타의 링 아웃	
4	트리플 H의 카운트	
5	바티스타의 링 아웃	
6	트리플 H 의 카운트	
7		바티스타의 첫 번째 카운트
8		트리플 H의 링 아웃
9		바티스타의 카운트
10		트리플 H의 링 아웃
11	트리플 H의 카운트	
12		바티스타의 피니시와 카운트
경기 종료	바티스타의 승리	

사용 프로그램의 교차적 표출 양상의 분석은 이야기 전개를 기술하는데 유용하다. 구상적 층위(niveau figuratif)의 지배와 서사적 지배를 구분해야 한다. 경기 내내 우세해도 서사적 지배에 이르지 못해 긍정적 결과를 얻지 못한 셈이다. 각 선수가 전개한 사용 프로그램의 수는 구상적 층위의 지배를 설명해 줄 수 있다. 위의 표에서는 매우 균형 있는 전개를 볼 수 있다. 단지 시간화(temporalisation)의 과정에서 전반부와 후반부의 지배 양상을 명백히 구분하고 있음을 알 수 있다. 결론적으로 구상적 지배라는 측면에서는 균형점을 찾을 수 있으나 서사적 지배는 바티스타에 의해 이루어져 긍정적 결과에 도달한다는 것을 알 수 있다. 11번째 시퀀스의 가미는 이야기를 단조롭게 마치지 않는 효과를 보여준다. 마지막 단

계에서 선수간의 구상적 지배의 양상이 교차적으로 나타날 때 승부에 관한 긴장이 고조될 수 있기 때문이다.

4. 행위자(acteur)의 구성 방식

서사층위의 주역들이 행위소들이었다면 다음 층위는 행위자들에 의해 채워진다. 주체 반-주체간의 대립은 다양한 인물들로 표명되는 것이다. 행위자 구성의 검토는 WWE의 인물화 전략을 이해하는데 열쇠를 제공할 것이다. 이제 선수들의 특성이 어떻게 결정되는지를 살펴보기로 한다. 트리플 에치의 예를 통해서 검토를 전개해 보자.

본명 : 헌터 허스트 헴즐리

링네임 : 트리플 H

별명 : 더 게임

의상 : 어깨까지 오는 긴 머리, 콧수염이 특징이고, H가 새겨진 검은 삼각팬티를 입고 경기

음악 : Motorhead의 'The Game'

인트로동작 : 물을 입에 머금었다가 공중에 뿌리는 장면 연출

피니시 : The Pedigree

역할 : 악역

위에서 관찰할 수 있는 것처럼 하나의 행위자에서 다양한 관찰요소가 존재함을 알 수 있다. 이름의 문제는 매우 중요하다. 대부분의 경우 본명은 중요하지 않다. 링네임으로 알려져 있고 그 외에 별명이 부여되기도

한다. 따라서 한 선수에게 세 개의 이름을 확인할 수 있는 것이 대부분이다.

뿐만 아니라 고유한 복장이나 머리모양 역시 행위자 구성에 큰 역할을 한다. 트리플 에치의 경우 긴 머리, 수염, 검은 팬츠가 그를 확인하는 표지가 된다. 트리플 에치와는 달리 화려한 의상을 통해 자신을 부각 시키는 선수들도 존재한다. 반짝거리는 망토를 입고 등장하는 릭 플레어나 화려한 의상으로 여성 팬들을 사로잡는 숀 마이클스가 대표적인 예라 할 수 있다. 가면이나 모자, 선글라스 등을 사용하는 선수들도 볼 수 있다. 따라서 의상이 선수의 중요한 구성 요소라는 것을 주목해야 한다.

선수를 확인시켜주는 요소는 또 있다. 그의 등장과정이다. 음악이 먼저 울려 퍼지고 선수가 모습을 드러내는 것이 일반적이다. 각 선수는 자신의 고유한 음악을 가지고 있다. 음악만 듣고도 관중은 어떤 선수가 등장하는지 알게 된다. 갑작스럽고 의외의 등장을 위해 음악이 먼저 울리는 예는 WWE의 전형 화된 방식이라고까지 할 수 있다.

인트로 동작 역시 그런 범주에 속한다고 할 수 있다. 선수들은 단순하게 링에 올라서지 않는다. 자신의 등장을 관중에게 각인시키고 존재를 알리려는 동작을 취하게 된다. 트리플 에치의 경우 물을 입에 머금었다가 공중에 뿌리는 동작을 보여준다. 관례적으로 카메라는 물방울이 흩뿌려지는 모습을 매우 화려하게 포착한다. 경기장을 찾는 관중만이 아니라 TV 중계가 중요한 요소를 차지하기 때문에 카메라의 도움은 매우중요하다고 할 수 있다. 특

히 미국 내에서는 매 경기를 유료로 시청할 수 있다는 점을 잊지 말아야 한다. PPV라는 시스템 자체가 유료 시청의 의미를 이미 담고 있다.

WWE 경기 진행을 위해서 필수적인 요소가 행위자 구성의 과정에서 관찰된다. 스포츠적인 요소가 있는 만큼 선수의 경기 스타일이 존재한다. 반칙을 주로 사용한다거나 관절기를 주로 사용하는 선수, 공중기술을 사용하는 선수의 분류가 가능하다. 이러한 경기 진행 방식에 따른 분류 외에도 피니쉬 기술은 선수 정체성을 확인하는 주요한 요소가 된다. 모든 선수는 자신만의 고유하고도 최상의 기술을 적어도 하나씩은 소유하고 있다. 관중들은 한 선수가 등장하면 그의 피니시 기술을 보고 싶어 한다. 위의 경기 분석에서 보았듯이 바티스타는 자신의 피니시인 바티스타밤을 성공시키면서 승리에 이른다. WWE의 경기는 거의 예외 없이 피니시 기술과 함께 끝이 난다는 일종의 코드가 존재한다고 할 수 있다. 피니시 기술은 행위자 구성이나 경기 진행에 있어서 그만큼 중요한 요소인 셈이다. 그림에서 트리플 에치가 페디그리라는 피니시 기술을 구사하고 있는 모습을 볼 수 있다.

이러한 관찰에서 알 수 있듯이 각 선수는 다른 선수와 차별화 될 수 있는 특징이 부여된다. 특징 없는 선수들이 살아남을 수 없는 것이 WWE의 시스템이라고 할 수 있다. 행위소들이 맺는 관계에 따라 서사 구조가 결정된다면 이 행위소들의 행위자화(actorialisation)가 여기서는 더욱 중요한 위치를 차지하고 있다. 행위자에 부여되는 주제적 역할이 위에서 살펴본 것과 같이 형상화되는 것이다.

5. 선수와 관중간의 커뮤니케이션 양상

이제는 마지막으로 관중이 선수와 함께 꾸며가는 스펙터클의 양상을 커뮤니케이션 구조를 통해 살펴보고자 한다. WWE 경기 중에는 일반 스포츠 경기에서 볼 수 있는 것과 같은 소통이 일어난다고 할 수 있다. 따라서 몇 가지 차원의 커뮤니케이션이 고려될 수 있다.[9)]

여기서는 소통의 양상을 경기 진행에 따라 간단히 살펴보기로 한다. 본격적인 경기만큼이나 중요한 것이 선수들의 등장이다. 선수가 등장하고 관중이 환호하는 것은 실행적 차원(dimension pragmatique)의 소통행위로 이해할 수 있다. 선수들의 등장에서 관중들이 더 기대하는 것은 선수들의 고유한 몸짓이다. 예를 들어 트리플 에치는 '모터헤드'의 음악과 더불어 등장한다. 선수가 모습을 드러내기에 앞서 음악이 화려하게 깔린다. 관중들은 음악소리로 트리플 에치의 존재를 확인하고 환호하기 시작한다. 선수 정체성의 확인은 선수가 링에 올라서면서 다시 한 번 이루어진다. 위의 그림에서 확인할 수 있듯이 트리플 에치는 언제나 경기에 앞서 물을 뿜는 모습을 보여준다.

관중들이 여러 요소를 통해 선수 정체성을 확인하고 그에 대해 실행적 차원의 소통행위를 하는 것은 매우 선명하다. 이러한 소통을 더욱 활발하게 하는 데는 인지적 차원(dimension cognitive)의 정보 소통 역시 중요하다. 트리플 에치와 바티스타의 관계를 인지하고 있고 세계타이틀이 걸려있음을 알고 있는 관중들은 모조 챔피언 벨트를 흔들며 열광한다. 관중들이 악역을 벗어버리게 된 바티스타의 이름을 연호하는 것도 이러한 인지적 차원의 정보가 기반이 되는 것이다. 이에 대해서는 앞서 역할 전환의 문제에서 지적한바 있다. 위와 같이 정보의 공유는 스펙터클의 질을 결정

---

9) 선수와 관중간의 다 차원적 커뮤니케이션 양상에 대한 이론적 설명은 다음 논문을 참조할 수 있다. 송치만, 「스포츠 경기에서 선수와 관중 간에 일어나는 다차원적 커뮤니케이션」, 『기호학 연구』, 제17집, 2005.

하는데 중요한 요소가 된다.

경기 5분 만에 트리플 에치가 반칙을 통해 기선을 제압하자 관중들은 흥분해 야유를 보낸다. 정념적 차원(dimension passionnelle)의 흥분이 관중에게서 선수로 선수에게서 관중으로 전달되는 것이다. 관중들은 일반적으로 선역의 선수들과 정념적 차원의 공유를 원한다. 정념적 차원의 소통이 마치 전염병처럼 선수와 관중 간에 전이되고 있는 것이다.

비중 있는 경기일수록 진행은 일방적이지 않다. 우리가 보고 있는 경기 역시 공방을 주고받는 팽팽한 진행을 보인다. 경기의 결과와 관련해서 중요하게 작용하는 또 하나의 요소를 지적할 필요가 있다. 행위자 구성의 과정에서 이미 살펴본 피니시 기술이다. 이는 경기를 승리로 이끌기 위해 필수적인 요소이다. 서사적 기술을 하자면 지배의 단계에 이르는 것이 된다. 즉 반-주체의 서사 프로그램을 저지하고 자신의 서사 프로그램을 완성하는 단계이다. 피니시 기술의 사용은 언제나 허용되는 것은 아니다. 상대선수의 저항이 언제나 존재하기 때문이다. 따라서 피니시 기술의 사용에 이르는 것이 서사적 지배에 이르는 길이 된다. 피니시 기술의 성공에 힘입어 얻은 승리는 시련 서사 도식의 긍정적 결과에 해당한다. 트리플 에치는 몇 번의 시도에도 불구하고 자신의 피니시 기술인 페디그리에 도달하지 못한다. 다시 말해 서사적 지배의 단계에 이르지 못해 긍정적 결과와 이접(disjonction)될 수밖에 없었던 것이다.

피니시 기술은 선수의 서사 행로뿐만 아니라 관중들에게 있어서도 중요하다. 관중들은 경기가 무르익어 갈수록 피니시 기술이 등장하는 순간을 기다린다. 그리고 이는 경기의 결과에 이른다는 것을 인지하고 있다. 이 순간에 관중이 더 환호하는 이유는 선수와 관중 간에 인지적 차원의 정보 공유가 활발히 이루어지기 때문이다. 트리플 에치의 주 무기인 '페디그리'가 시도되는 순간 관중들은 야유를 하며 이를 방해하고자 한다. 이 기술은 경기의 종료를 의미하고 악역의 승리를 의미하기 때문이다. 인지적, 정념적, 실행적 차원의 소통이 동시에 일어나는 것이다.

이외에도 관중들이 실행적 차원의 참여를 통해 경기에 영향을 주는 예는 경기의 여러 순간에서 발견된다. 트리플 에치의 협조자 역할을 하는 릭 플레어의 경기 난입을 심판에게 알리는 야유도 그중의 하나이다. 거의 예외 없이 심판의 카운트 순간에 관중들은 '원, 투, 쓰리'를 함께 외친다. 경기 중 바티스타가 피 흘리는 트리플 에치의 머리를 가격할 때 관중들은 여덟까지 카운트를 해주며 바티스타를 독려한다. 이를 통해 관중들이 경기를 즐길 뿐만 아니라 경기라는 이야기를 함께 꾸며나간다는 것을 알 수 있다.

6. 결론

지금까지 스포츠 엔터테인먼트라는 레슬링의 특성을 기호학적으로 짚어 보았다. WWE는 우리나라에서도 마니아층이 형성되어있고 TV를 통해서도 활발하게 방영이 되고 있다. 최근에는 WWE팀이 내한 공연을 하기도 했다. 우리들의 레저문화 속으로 조금씩 스며들고 있음을 알 수 있다. WWE의 문제로 대두되고 있는 폭력성이나 비교육적 측면 등을 비판하는 연구도 가능할 것이나 그것이 기호학의 영역이 될지는 고민해봐야 할 것이다. 우리는 단지 그들이 쇼를 전개하기 위해 곳곳에 장치해 놓은 요소들을 찾아내 그것들이 어떤 의미를 갖는지 해석해 보았다. 그 의미가 어떤 생성 과정을 거쳐 우리 앞에 드러나는지를 밝혀보는 것이 기호학적 역할이라고 할 수 있다. 선수의 단순한 몸짓 하나라도 경기 진행이나 관중들의 환호를 끌어내는데 필요한 기호로 작동하고 있음을 발견하며 기호학 연구의 또 다른 적용 가능성을 발견하는 것이다.

참고문헌

Fontanille Jacques, *Le savoir partagé*, Paris/Amsterdam/Philadelphia, Hadès-Benjamins, 1987.

Fontanille Jacques, *Les espaces subjectifs*, Paris, Hachette, 1989.

Fontanille Jacques, *Sémiotique du discours*, Limoges, PULIM, 1998.

Fontanille Jacques et Zilbernerg Claude, *Tension et signification*, Sprimont-Belgique, Mardaga, 1998.

Greimas Algirdas Julien, *Du sens II*, Paris, Seuil, 1983.

Greimas Algirdas Julien et Courtés Joseph, *Sémiotique. Dictionnaire raisonné de la théorie du langage*, Paris, Hachette, 1979, rééd. 1993.

Greimas Algirdas Julien et Courtés Joseph, *Sémiotique. Dictionnaire raisonné de la th éorie du langag*e, Paris, Hachette, tome 2, 1986.

Hénault Anne, *Les enjeux de la sémiotique*, Paris, PUF, 1979.

Hénault Anne, *Narratologie, Sémiotique générale. Les enjeux de la sémiotique 2*, Paris, PUF, 1983.

김남훈·천창욱, 『WWE 프로레슬링의 진실 혹은 거짓』, 컬쳐코리아, 2004.

송치만, 「단체경기에서의 집단행위소 : 축구의 예를 중심으로」, 『프랑스학연구』, 28권, 2004.

송치만, 「스포츠 경기에서 선수와 관중 간에 일어나는 다차원적 커뮤니케이션」, 『기호학 연구』, 제17집, 2005.

안 에노, 홍정표 옮김, 『기호학으로의 초대』, 어문학사, 1997.

안 에노, 홍정표 옮김, 서사, 『일반 기호학』, 문학과 지성사, 2003.

http://www.wwe.com

Une analyse sémiotique de *WWE, World Wrestling Entertainment*

SONG Chi-Man

WWE est un domaine spécial où le sport et le divertissement se rencontrent. Les catcheurs sont à la fois les athlètes et les acteurs; ils présentent aux spectateurs les matchs spectaculaires et ils jouent leur rôle selon le scé nario. En entrant dans ce monde de *WWE*, nous trouvons tant de choses à analyser sémiotiquement.

En premier lieu, l'analyse de structure profonde nous montre l'axiologie fondamentale de *WWE*. Le bien et le mal ne se définissent pas d'une manière déterminante dans ce monde. Chaque catcheur joue un rôle du bien ou du mal. Mais il peut changer de rôle selon le scénario.

Deuxièmement, nous procédons à l'analyse narrative. Cette étape nécessite l'articulation appropriée au match. Nous disposons de deux critères: *pinfall* et *ring out*. En rendant compte des deux critères, nous appliquons à l'analyse narrative du match le schénarratif canonique de l'épreuve.

Troisièmement, l'actorialisation attire notre attention. Le catcheur garde sa propre identité. Il possède le *ring name*, son propre costume, le geste et la musique de l'introduction et le *finish*, technique de l'attaque redoutable.

De la manière de distinguer les catcheurs se conditionne la stratégie de l'actorialisation de *WWE*.

En dernier lieu, il s'agit de la communication interactionnelle entre les catcheurs et les spectateurs. Ils se communiquent dans les dimensions pragmatiques, cognitives, passionnelles et identitaires. Le spectacle se produit à travers ces communications très actives entre les deux protagonistes dans le stade.

열쇠어 : 가치론, 내러티브 분석, 행위자화, 커뮤니케이션, 프로레슬링, axiologie, analyse narrative, actorialisation, communication, WWE(World Wrestling Entertainment)

텍스트의 대화성

- 그 기호학적 소묘 -

송효섭[*]

1. 소통을 위한 보편적 언어의 가능성

텍스트라는 말이 작품이나 책과 구분되는 개념으로 쓰일 때, 그것은 닫혀짐, 고정성, 절대성과 같은 중심성을 함유한 개념으로부터의 이탈을 드러내는 것으로 보인다. 작품이나 책이 완결된 존재로서 그것의 중심적 권위를 구현할 때, 그 작품이나 책에 담겨진 담론에는 이러한 권위를 전복시키려는 또 다른 욕망이 꿈틀거리고 있다. 보이지 않는 그것은 보이는 것에 대항하여 새로운 담론을 생성시키는데, 그것을 우리는 '그림자 담론' 쯤으로 부르기로 하자.[1] 그림자 담론에서 그림자라는 개념은 본래 있

* 서강대학교 국어국문학과 교수

1) 이 말은 인류학에서 현장의 제보자들 간의 대화를 인류학자가 그의 학문적 입장에 따라 기술하는 과정에서 생겨나는 대화성을 가리키는 말로 쓰인 "그림자 대화"라는 말에서 암시받아 만든 것이다. 이러한 그림자 대화는 현장에 존재하지 않는 상대를 향해 이루어지므로, '침묵적' '정신적' '의사분절적' '의식의 아래에 있는' 특성을 지닌다. 우리는 어떤 작품이나 책이 읽혀지면서, 독자에 의해 새롭게 만들어지는 대화적 상황에 주목할 필요가 있으며, 이것이 바로 텍스트가 만들어지는 상황이다. 본래 존재하는 것으로 간주되는 텍스트에 대해 새롭게 만들어지는 텍스트는 언제나 이러한 '그림자적' 성격을 띨 수밖에 없다.
여기서 그림자라는 말이 갖는 은유적 함축에 유의해 보자. 그림자는 반드시 '무엇

는 어떤 것에 대한 복제로 나타나는 것이다. 그림자는 원본을 가정하는 것인데, 이러한 원본이 존재하는 양상 역시 단순하지 않다. 책이나 작품에 대해 관심을 갖는 독자는 우선 현실 세계 속에 존재하는 그것의 물질적 양상에 주목한다. 그것은 현실에 널려진 온갖 사물들 중의 하나이며, 이러한 사물들이 분류되면서, 작품 혹은 책이라는 이름을 갖게된 '물질들'의 모습으로 나타난다. 그 물질들은 객관적으로 접근 가능하다. 작품은 어떤 형태로 인쇄되어 있으며, 책은 어떤 형태로 제본되어 있다. 전통적인 텍스트 비평은 이러한 복제물로서의 작품과 책이 갖는 물질성에 주목하고, 그 원본을 가정한다. 이 원본은 이제 전적으로 물질 세계에 존재하는 하나의 '물건'은 아니다. 작품과 책은 모두 복제되어 유통되며, 그러기에 시공을 초월하여 그의 존재를 유지시킨다. 이것은 작품과 책이 갖는 상징 기호[2]로서의 특성을 말한다. 이와 같이 작품과 책은 지금 내 앞에 있는 작품과 책이라는 하나의 개별적이고 물질적인 존재이면서 동시에 '어떤 책' 혹은 '누구의 작품'과 같은 어느 정도 추상화된 작품과 책이기도 하다. 이때의 원본은 그러나 복제된 수많은 작품과 책의 기원으로서 고정성과 중심적 권위를 갖는다. 전통적인 텍스트 비평은 이러한 고정된 원본과 일탈된 복제본 사이의 간극을 메우기 위한 작업에 초점을 맞춘다. 원본은 늘 현존하는 것이며, 비록 그것이 물질성을 벗는다 하더라도 여전

의' 그림자이지 스스로 독자적인 그림자는 없다. 그러나 그림자는 늘 똑같은 모습으로 나타나지 않는다. 빛의 방향이나 밝기 등에 따라 그림자는 다른 모습을 띨 수 있다. 그림자 담론은 반드시 어떤 담론에 대한 담론이지만, 상황에 따라 다른 모습을 보여주는 것이다.

Vincent Crapanzano, "On Dialogue", Tullio Maranhão, ed. *The Interpretation of Dialogue*, Chicago & London: The University of Chicago Press, 1990, pp.288～290.

2) 여기서 상징 기호는 퍼스의 개념으로, 기호가 나타내는 대상을 법칙에 의해 나타낼 때 그 대상을 가리키는 기호를 말하는 것이다.

Charles Hartshorne & Paul Weiss, eds. *Collected Papers of Charles Sanders Peirce* 2, Cambridge, Massachusetts: The Belknap Press of Harvard University Press, 1965, pp.143～144.

히 물질처럼 고정된 이미지를 갖는다. 원본이 갖는 권위를 뒷받침하는 것은 이러한 원본 역시 어떤 역사적이고 맥락적인 기원으로부터 비롯되었다는 암묵적 전제다. 이러한 원본을 텍스트라 할 때, 이러한 텍스트는 수많은 기원적인 것에 의해 제약된 결정물로 간주된다. 텍스트는 바로 그 기원적인 어떤 것을 담고 있으며, 그 기원적인 것의 중심성에 의해 텍스트의 중심성이 유지되는 것이다. 물질적인 데서부터 보다 정신적인 데 이르기까지 텍스트를 지칭하는 스펙트럼은 다양하게 세분될 수 있지만, 기원적인 것에 의해 그것이 지배되는 한, 텍스트는 물질성과 도구성의 굴레에서 벗어나기는 어려울 것으로 보인다.

이러한 텍스트의 개념에서 대화성이 개입될 여지는 없어 보인다. 그것의 존재는 대화성이 요구하는 커뮤니케이션의 상황 밖에 있다. 그 텍스트가 커뮤니케이션의 가능성을 갖고 있지 않은 것은 아니다. 그 텍스트도 분명 무엇인가를 말하고 있을 것이다. 그리고 그 텍스트도 어떤 형태의 담론으로 이루어져 있다. 그러나 그것이 갖는 메시지는 이미 그 담론에 내재되어 있으며, 누구든지 그 메시지가 거기에 있는 것으로 간주하게 되면서, 담론은 그로부터 생성되는 그림자 담론을 만들어낼 여지를 없애게 된다. 텍스트는 물질적이고 현실적인 세계 속에 우뚝 존재하면서, 그것의 중심성을 확고히 한다. 비록 그 텍스트가 원본으로서의 추상성을 지니고 있다 하더라도, 그것은 여전히 특수한 것에 불과하다. 텍스트는 그저 이런저런 기원들로부터 배당 받은 그의 역할을 통해 그것의 위엄과 권위를 유지할 뿐이다.

이러한 양상은 텍스트가 갖는 여러 가지 외양들이 그 나름의 특성을 드러내지만, 그러한 외양을 번역하는 보편적 언어가 존재하지 않는 상황에서 비롯된다. 가령, 문학, 음악, 회화와 같은 예술들은 각기 다른 매체를 통해 그것의 예술성을 구현한다. 우리는 음악이나 그림을 통해 받은 감동을 표현할 수 있는 적절한 언어를 갖고 있지 않다. 말러의 교향곡 9번은 악보 혹은 그것의 연주라는 텍스트로 존재하지만, 이러한 것들을 우리의 일상적 언어로 번역할 수는 없다. 그럼에도 불구하고, 그것은 엄연한 텍스트로서 그 중심성을 갖는다. 칸딘스키나 마티스의 그림, 도스토예프스키나 최윤의 소설 역시 마찬가지다. 그것 역시 중심성을 구현하는 텍스트로 각각 존재한다. 그렇다면. 이들 텍스트들은 서로가 서로에게 단절되어 있는가? 지금까지 말한 전통적인 텍스트의 개념으로 본다면, 이들은 서로 단절되어 있으며, 어쩌면 그것들을 수용하는 우리들과도 단절되어 있다. 우리는 표현할 수 없는 어떤 것을 수용할 뿐이며, 그것을 전달하거나 그로부터 새로운 언어를 생산할 수 없기 때문이다. 전통적인 텍스트의 개념이 근본적으로 대화성을 차단하는 이유가 여기에 있다. 텍스트의 중심성은 무엇인가 우리가 언어로 나타낼 수 없는 어떤 것에 의해 지배되며, 그것은 우리의 언어 바깥에 있음으로써, 우리에게 권위에 대한 복종을 요구하는 듯이 보인다. 지금까지 우리는 이러한 권위를 용인해 왔으며, 때에 따라 그것을 신비화시키거나 낭만화시키기도 했다. 그러나 이러한 일종의 공모는 텍스트가 갖는 대화성의 가능성을 내버려둔 채, 텍스트의 주변에서 텍스트가 갖고 있을 것이라고 믿는 어떤 '기원'이나 '본질'을 더듬게 할 뿐이다. 거기에는 검증될 수 있는 담론적 과정이 많은 부분 생략되어 있다.

텍스트가 갖는 대화성을 구현하기 위해서는 텍스트에 부여된 이와 같은 권위부터 해체해야 할 것이다. 단절된 텍스트들 간에, 그리고 텍스트와 그것의 수용자 간의 대화적 관계를 구현하기 위해서는 이들 간에 존재하는 보편적 언어의 가능성을 탐색해야 할 것이다.

텍스트와 텍스트, 텍스트와 그것의 수용자, 나아가서는 텍스트의 생산자와 수용자 간에 커뮤니케이션의 장을 열고, 그리하여 대화를 가능하게 할 보편적 언어는 어떻게 만들어지는가? 여기서 언어는 우리가 일반적으로 쓰는 개별적 언어의 개념과는 다른 소쉬르가 말하는 랑그라는 개념에 가까운 것이다. 우리는 각기 다른 언어들(개인 방언, 지방 방언, 그밖의 수많은 구별되는 언어 층위들)을 쓰고 있지만, 우리는 이러한 언어들을 지배하는 보편적 언어가 있음을 가정한다. 그러나 그것을 결코 절대적이거나 고정적인 것으로만 설정하지는 않는다. 다시 말해 그것은 상대적이거나 유동적일 수 있는 것이다. 상황에 따라 만들어지는 보편적 언어가 존재할 수 있다. 이 때 그러한 언어가 만들어질 가능성에 대한 우리의 믿음은 확고하다. 이러한 믿음은 앞서 말한 전통적인 텍스트의 개념을 해체하고 보다 열린, 상대적이면서 유동적인 텍스트의 개념을 설정하게 한다. 이러한 텍스트의 개념을 통해서야 비로소 우리는 텍스트가 대화성을 갖게 될 혹은 대화적 상황에 참여하게 될 가능성을 운위할 수 있는 것이다.

이러한 사고의 전환은 소쉬르로부터 비롯된 구조주의적 사유에서 비롯된다. 텍스트는 구조를 갖는 것으로 간주되는데, 그 구조는 언어적인 것이다. 구조에는 언어의 흔적이 늘 남아 있다. 양항 대립의 구조에는 음운론에서의 음소들 간의 관계에서 비롯된 대립이라는 흔적이 남아 있다. 그러나 양항 대립의 구조가 곧 언어학적 구조는 아니다. 현실의 여러 사태들을 파악하는 양항 대립의 구조는 이미 언어학을 넘어서 존재한다. 그러기에 그것은 '초언어적' translinguistic[3]인 것이다. 구조주의적 사유의 확장은 언어학에서 초언어학으로의 방법론의 확대를 내포한다. 언어에 대한 분석에서 언어적인 것으로 파악된 현실의 여러 사태들에 대한 분석으로 나아가는 것이다. 여기서 언어적인 것으로 파악되었다는 것은 모든 텍스트들에 공유된 것으로 간주되는 언어적인 것이 있음을 가정하는 것이다. 여기서 언어적인 것이 있다고 말하지 않고 언어적인 것이 있음을 가정한다고 말하는 데 주목하자. 그 차이는 사소한 것이라고 말하기에는 너무도 결정적이고 중요하다. 왜냐하면 그것이 바로 텍스트란 무엇인가에 대한 해답을 함축하고 있기 때문이다.

텍스트를 언어학적 관점에서 읽는 텍스트 언어학은 텍스트는 문이라는 언어학적 단위의 확대로 본다. 이 경우, 텍스트에는 언어학적 자질이 내

---

3) Roland Barthes, *Elements of Semiology* trans. Annette Lavers & Colin Smith, London: Cape, 1964, p.11.

포되어 있다. 그러나 이러한 관점은 언어학 중심주의적 관점이며, 언어학적으로 증명될 수 있는 단위로서의 텍스트를 설정할 뿐이다. 이러한 텍스트의 개념은 모든 텍스트를 하나의 관점에서 읽음으로써, 텍스트들 간에 존재하는 보편성을 드러낼 수 있지만, 그 보편성은 그야말로 언어학적 보편성에 불과하다. 하나의 문이 통사론적으로 분석될 때, 그 문이 발화되는 상황에 참여하는 다른 요소들은 고려될 수 없다. 이러한 요소들까지 고려하기 위해서는 보다 확장된 틀이 필요하다. 발화자와 수화자는 물론이고 이러한 주체들이 놓인 여러 상황들까지 고려할 때, 텍스트는 단순한 문의 확장일 수 없는 것이다. 그것은 커뮤니케이션이라는 연행의 문제이며, 그러기에 그것이 이루어지는 어떤 틀이 필요하게 된다. 문제는 이러한 연행이나 그것이 이루어지는 틀이 현실 세계에 존재하지 않는다는 데 있다. 이제 우리는 텍스트를 통해 그것을 만들어내야 하는데, 따라서 우리는 앞서 말한 '그림자 담론' 같은 것이 텍스트에는 늘 존재하고 있음을 가정하게 되는 것이다. 텍스트들은 보편적 언어를 가지며, 그러한 보편적 언어는 커뮤니케이션의 매개가 되어야 한다. 그러기 위해 우리는 텍스트에 보편적 언어를 부여하며, 그 보편적 언어가 소통되는 커뮤니케이션의 틀을 만들어낸다. 그것은 그런데 도구적인 것이 아니라, 본질적인 것이다. 우리가 보편적 언어를 만들어내고, 그 언어가 소통되는 상황까지 만들어내야 한다는 것. 이것이 텍스트의 대화성을 싹틔우는 계기가 되는 것이다.

이러한 새로운 텍스트의 개념은 텍스트가 닫혀진 완결성을 구현하는 것이 아니라, 열린 미완결성으로 남아 있음을 말해준다. 이러한 텍스트에 중심은 없다. 그것은 무수히 만들어지는 과정을 구현한다. 텍스트에는 그러한 만들어짐의 기억의 흔적이 있으며, 앞으로 만들어질 미래의 가능성이 있다. 그것이 어떻게 만들어질 것인지는 누구도 알 수 없다. 막상 그 상황이 닥쳤을 때, 텍스트는 그 상황에 맞게 그 의미를 구현한다. 그 무수함은 단순히 복제된 것들이라고 말하기에는 너무도 우연적이고 돌발적일 수 있다. 그것을 코드의 실현이라고 말하기에는 현실의 입김이 너무 강하다. 텍스트는 그러니까 이런 여러 우연적이고 돌발적인 사태에서 거기에 참여하는 여러 요소들 간의 조정을 주도하는 힘을 가진 것이라고 말할 수 있다. 그것은 사태 속에 위치 지어진 것이며, 사태가 변하면 거기에 맞는 다른 위치를 갖게 된다. 그 다른 위치를 점유할 때마다, 텍스트는 다른 조정의 능력을 발휘한다. 텍스트는 그러니까 이러한 조정의 능력 자체라고 말할 수도 있을 것 같다. 바꾸어 말하면 그것이 곧 대화적인 능력 혹은 힘이 아니겠는가? 그렇다면 텍스트는 커뮤니케이션의 상황에서 어떤 조정을 한다는 것인가? 그리고 그 조정은 무엇을 의도하는 것이며, 어디로 사태를 이끌어 갈 것인가?

2. 대화에 대한 반인식론적 혹은 기술적 관점

대화란 두 개의 주체들 간에 이루어지는 것이다. '사이' 혹은 '가로지름'과 같은 말이 표현하는 것처럼, 두 개의 주체들은 대화를 통해 완전한 자신의 영역으로 규정할 수 없는 또 다른 영역을 가정하거나 지향한다. 다시 말해 대화는 새로운 영역을 만들어가는 것이다. 대화가 이루어지면서, 이러한 실제적인 새로운 상황의 발생으로 나아가는 것은 대화가 갖는 화용론적 기능을 말해준다. 대화는 어떤 목적을 이루는 것이며, 이러한 목적은 언어의 교환을 통해 새로운 언어를 만드는 것으로 나타난다. 우리가 흔히 진리라고 말하는 것 역시 이러한 새로운 언어 즉 로고스로 나타나는 것이다.

전통적 인식론의 관점에서 두 개의 관념들 사이의 충돌, 그리고 하나의 다른 하나에 대한 승리는 더욱 옳거나 진리인 관념이 그렇지 못한 관념을 지배한 결과로 설명된다.[4] 여기서의 대화는 이미 존재하는 보편적 진리나 지식을 찾는 것이다. 이러한 지식은 절대적인 것이므로, 어떤 상황에서든 진위가 이미 결정되어 있는 것이다. 대화를 통해 새로운 언어를 만들어내기 이전에 이미 그것은 본질적 관념으로 존재하는 것이기 때문에, 대화라는 언어적 교환 과정 자체가 큰 의미가 없다. 이러한 전통적 인식론의 입장과는 달리, 대화적 이해에서는 논쟁에 대화의 논리, 즉 진술하기와 질문하기의 교차, 합의적 동의 안에서의 종합이 뒤따른다.[5] 여기서 중요한 것은 이러한 대화가 이루어지는 과정이다. 대화는 여러 가지 주제로 여러 가지 상황에서 일어나는 것이기 때문에, 그 대화에서의 진리는 그 특수성에서 비롯되는 것이다. 그것은 곧 대화의 과정이 진리를 만들어가는 과정이며, 이러한 과정은 앞서 말한 새로운 언어를 만들어가는 과정임을 말한다. 여기서 언어는 특수한 대화적 상황에서 만들어지는 것이지만, 그렇다고 해서 보편성이 없는 것은 아니다. 여기서 보편성은 구체적인 상황에서 비롯된 보편성이며, 이때의 지식도 상황에 따라 그 진위가 다르게 나타날 수 있는 상대성을 띤 것이다. 대화에서 그 과정을 중요시한다는 것은, 대화의 과정에서 교환되는 언어의 수사적 용법이나 논증의 합리성이 중요시됨을 말한다. 이는 주로 언어의 문제와 직접 관련되어 있다. 대화가 원활히 이루어지기 위해서는 고정된 관념의 전제에서 벗어나 그것에 대해 회의하고 새로운 관념을 창조하려는 대화자의 의지가 중요하다. 그런데 이러한 새로운 관념의 창조는 상대와의 언어의 교환을 통해 이루어지기 때문에, 커뮤니케이션의 상황에서 비롯되는 것으로 간주되는 것이다. 이러한 대화적 이해는 전통적 인식론과는 반대되는 반인식론적인 특성을 드러낸다.

대화에 대해 서구에서 25세기 동안 가져왔던 두 가지 입장 즉 대화를 이상적인 것으로 보는 관점과 기술적인 것으로 보는 관점[6]은 바로 인식론과 반인식론의 입장의 대립과 깊이 관련되어 있다. 대화를 기술될 수

---

4) Tullio Maranhão, "Introduction", Maranhão, ed. 앞의 책, p.1.

5) 같은 책, 같은 쪽.

6) 같은 책, p.5.

있는 것으로 본다면, 이는 경험적 과학의 연구 대상이 되지만, 그것이 이상적인 것이라면, 그것은 도덕철학의 논의 주제가 된다.[7] 대화가 이루어지는 상황에서 거기에 참여하는 여러 요소들이 그 역동적 과정에 기여하는 양상을 살피면, 대화가 수없이 다양한 상황을 만들어내고 또 그 안에서 어떤 합의에 도달하는 구체적인 모습을 볼 수 있다. 그 합의는 물론 궁극적인 것이 될 수 없다. 대화는 늘 새로운 상황에서 새롭게 진행되고, 또 대화에 참여하는 주체들은 각기 다른 상황에 놓이며, 각기 다른 입장을 갖는다. 우리가 그것을 경험적으로 기술함으로써, 대화에서 새로운 언어가 만들어져가는 과정이 구체적으로 드러난다. 그러나 이러한 과정이 기술된다고 하더라도, 대화를 통해 궁극적인 무엇이 얻어진다는 보장이 없다. 경험적인 기술은 경험적인 것을 넘어서는 것에 대해서는 무능력하다. 대화의 기술적 관점의 한계를 인식한 플라톤이나 소크라테스가 대화를 이상적인 것으로 설정한 것[8]도 그런 이유에서다. 대화에 대한 이상적 관점은 경험적인 기술만으로 얻어질 수 없는 어떤 것을 이상이라는 지평에 설정한다. 대화가 이루어지는 과정에 참여하는 주체들은 이러한 대화를 통해 그 자신을 드러낸다. 그것은 형이상학적인 어떤 것처럼 보인다. 대화에서 '나'라는 주체는 대화에 참여하는 언어에 의해서가 아니라, 그 언어로부터 추론된 본질로 나타난다. 대화에 의해 추구되는 것도 새로운 언어가 아니라, 대화가 궁극적으로 지향하는 관념적인 이상이다. 누구나 대화에 공정하게 참여해야 하고, 그러한 과정을 통해서 공통선과 같은 궁극적인 가치가 드러나야 한다. 이러한 이상은 물론 실현되기 어려운 것이다.

오늘날, 우리가 이러한 이상적인 관점에서 대화를 보기보다, 경험적인 관점에서 대화를 기술하려는 것은 인문학의 탈형이상학적 흐름과 관련되어 있다. 보다 현실적 상황과 맥락을 고려하기 위해 우리가 관심을 갖는

---

7) 같은 책, 같은 쪽.
8) 같은 책, p.7.

것은 실제로 대화가 어떻게 일어나는가다. 그것이 어떤 방향으로 진행되어야 한다는 당위는 늘 현실과 갈등을 빚으며, 우리는 현실보다 당위 속에서 현실의 문제를 해결하려 한다. 오늘날 탈형이상학은 이러한 당위와 같은 이상적인 것이 아닌, 실제로 이루어지는 현실을 언어로 보는 관점을 보여준다. 대화의 기술적 관점은 대화를 텍스트로 기술하는 것이며, 이러한 텍스트는 선험적 진리나 지식에 의존하지 않고, 언어적 교환으로서의 대화를 그대로 드러낸다는 점에서 전통적 인식론의 입장보다는 반인식론의 입장에 가깝다.[9]

대화에 대한 이러한 입장을 바탕으로, 텍스트가 구현하는 대화성의 여러 양상들을 기술해보기로 하자.

앞에서 말했듯, 대화가 화용론적인 특성을 갖는다는 것은 대화를 통해 그 주체들이 어떤 지향점으로 나아간다는 것이다. 그 지향점이 무엇인지 미리 정해져 있지 않은 이상, 그것은 어떤 식으로든 해석되지 않으면 안 되는 것이다. 대화는 대화적 상황을 만들고, 이러한 대화적 상황에는 여러 가지 요소들이 참여한다. 대화적 상황은 곧 커뮤니케이션의 상황이므로, 우리는 커뮤니케이션의 상황에 참여하는 요소들을 대화적 상황에서 고려할 수 있다. 대화를 해석학적 상황으로 보는 이유는 이러한 요소들이 의미를 생성하는 데 참여하고, 우리는 대화를 통해 그것을 읽어낸다고 보기 때문이다. 그런데, 이러한 점은 텍스트가 놓이는 상황과 매우 유사하다. 텍스트 역시 그것의 발신자와 수신자가 있으며, 이러한 발신자와 수신자 사이에 이루어지는 커뮤니케이션의 상황을 가정한다. 그러나 텍스트를 통해 이루어지는 이러한 커뮤니케이션에서 발신자와 수신자가 늘 동

---

9) 여기서 우리는 대화에 대한 인식론/반인식론, 이상적 관점/기술적 관점이라는 양항 대립을 고착시키려는 것은 아니다. 이들 양항들은 서로가 서로에 대해 메타적 사유를 드러낸다. 인식론에 대한 사유로서의 반인식론, 이상적 관점에 대한 관점으로서의 기술적 관점, 혹은 이들의 역이 모두 가능하다. 이 글은 두 양항 대립의 항목 가운데, 후자의 항목의 입장에서 기술된 것이지만, 전자의 항목을 전적으로 배제하려는 것은 아니다.

일한 코드를 갖고 있는 것은 아니다. 이들 사이에 코드의 일치가 일어나기도 하지만, 불일치로 인해 해석을 통한 조정이 필요한 경우도 있다. 이 경우, 텍스트에서 의미작용의 가능성은 오히려 증대된다. 발신자에 의해 만들어진 텍스트라 하더라도, 그것이 발신자가 갖는 생각을 그대로 담고 있는 것은 아니다. 그것을 수신자가 읽는다 하더라도, 수신자의 생각이 텍스트의 의미를 결정하는 것도 아니다. 발신자와 수신자 사이에 놓인 텍스트는 온전히 발신자의 것도, 또 수신자의 것도 아닌, 애매한 위상을 점유한다. 이 경우 텍스트가 갖는 독자성 역시 온전하게 존중될 수 없다. 앞서 말했듯, 텍스트에는 어떤 그림자 담론 같은 것이 있다. 그림자 담론은 텍스트가 갖는 독자성을 전복시키는 담론으로 텍스트의 담론에 덧씌어진 것처럼 보이는 담론이다. 그러면 그러한 담론은 누가 만드는가? 발신자와 수신자의 역할이 여기서 문제되며, 발신자와 수신자는 텍스트를 통해 텍스트를 넘어서는 어떤 영역에서 의미를 생성하게 된다. 그 생성은 텍스트를 통한 커뮤니케이션의 상황에서의 여러 요소들 간의 역동적인 상호작용을 통해 이루어지므로, 이러한 텍스트는 대화적 상황에 놓이게 되는 것이다. 그러나 이러한 대화적 상황은 텍스트가 존재하는 한, 언제나 전제적으로 가정될 수 있는 것이므로, 텍스트는 바로 대화적 특성을 드러내는 것으로 간주될 수 있는 것이다.

바흐친이 말한 대화 혹은 대화화는 낱말, 담론, 문화 일반에 걸쳐 보편적으로 드러나는 것이다. 그것은 이들이 비록 언어적인 특성을 갖는다 하더라도, 단지 소쉬르가 말하는 랑그적인 것에 머무르는 것이 아님을 말하는 것이다. 이들은 반드시 어떤 상황에 놓임으로써, 그것이 갖는 독백성으로부터 일탈하여 상대화를 이루는 것이다. 상대화란 '무엇인가 다른 언어가 있음'을 언어를 통해 체현하는 것을 말한다. 그것은 실제의 대화처럼 다른 언어들 간에 이루어질 수도 있고, 아니면 단일한 언어 안에서 이러한 대화성을 체현할 수도 있다. 이러한 바흐친의 대화 혹은 대화화의 개념은 우리가 텍스트의 대화성을 논의하는 데뿐만 아니라, 텍스트 자체의 텍스트성을 논의하는 데에 있어서도 중요한 시사를 던진다.

텍스트가 어떤 그림자 담론을 가정한다면, 이는 텍스트에 또다른 언어적인 것이 만들어질 수 있음을 말하는 것이다. 그것은 주관적이고 심리적인 주체가 갖는 관념도 아니고, 소쉬르의 랑그와 같은 추상적 체계도 아니다. 그것은 대화적인 언어이며, 커뮤니케이션의 상황에 들어갈 수밖에 없는 언어적인 어떤 것이다. 커뮤니케이션의 상황 속에서 이루어지는 대화는 거기에 참여하는 여러 요소들의 가변성에 의해 얼마든지 다른 의미를 향해 나아갈 수 있다. (혹은 다른 의미를 생성할 수 있다.) 그러기에 우리는 대화에 옳고 그름의 보편적 지식이 있음을 가정하는 인식론에서 벗어나지 않으면 안 되는 것이다.

이제 문제는 텍스트에서 그림자 담론이 만들어지는 대화적 과정을 어떻게 기술할 것인가다. 앞서 말한 대화에 대한 기술적 모형은 대화의 과정이 기술될 수 있으며, 그러한 과정을 통해 도달될 수 있는 궁극적인 의미는 없음을 보여주는 것인데, 우리는 바로 이러한 재해석의 가능성에 열려있는 대화적인 상황의 역동적 추이를 보여주고자 하는 것이다. 이러한 과정은 물론 우연적인 현실 상황에 의해 예측하기 어려운 가변성을 보이지만, 우리는 이러한 요소들까지도 포함한 어떤 텍스트의 대화적 모형을 만들어볼 수 있다.

기호학적 조작과 진술은 이런 가변적인 상황에 유연하게 대응하는 힘을 갖는다. 이제 우리는 기호학적 관점에서 이러한 여러 가능한 상황들을 기술할 수 있는 새로운 언어를 만들어보기로 하자.

3. 텍스트의 대화적 커뮤니케이션 1: 코드화

기호학은 기호로 이루어진 메시지가 어떻게 전달되는가와 그렇게 전달된 메시지가 어떤 의미작용은 하는가에 관심을 갖는다. 이러한 두 가지 문제는 별개의 것이면서, 또한 서로 연결되어 있다. 전자는 소쉬르의 코드의 기호학의 문제이고 후자는 퍼스의 해석소의 기호학의 문제인데, 필자는 이들이 문화기호학의 틀에서 통합될 가능성을 기술한 바 있다.[10] 기호가 전달을 위한 기능을 수행하는 과정에서 그 기능을 완전하게 수행할 수 없을 때, 그 기호의 전달되지 않는 부분, 즉 잉여적인 부분을 어떻게 처리할 것인가가 바로 이러한 전달작용과 의미작용의 통합에서 가장 핵심적인 논점이 된다. 완전한 전달이 이루어질 수 없다는 것은 발신자와 수신자 사이에 커뮤니케이션의 장애가 있음을 말한다. 그렇다면, 발신자와 수신자 사이에 빚어지는 이러한 간극을 누가 메울 수 있는가? 발신자와 수신자 사이에 교환되는 메시지를 담론이라 한다면, 이러한 담론에 대해 그 의미를 해석하는 새로운 담론이 만들어질 수 있으며, 이러한 담론은 앞서 말한 그림자 담론이라 할 수 있다. 발신자와 수신자 사이에 빚어지는 커뮤니케이션의 장애를 의미의 생성을 통해 메우는 의미작용은 새로운 발신자나 수신자에 의해 이루어진다. 이러한 주체는 바로 그림자 담론의 주체이기도 하다. 텍스트에서의 그림자 담론은 그 텍스트와 별개인 새로운 텍스트로 만들어지는 것이 아니라, 이미 그 텍스트 안에 이러한 그림자 담론의 생성 가능성이 내포되어 있는 것이다. 그렇다면 텍스트는 텍스트 그 자체로 존재하기도 하지만, 앞으로 무엇인가로 될 수 있는 가능성도 함께 내포하는 것이다. 그 자체로 존재하는 양상이 텍스트의 전달작용을 드러내는 것이라면, 앞으로 무엇인가로 생성되는 양상은 텍스트의 의미작용을 드러내는 것이다. 앞서 말했듯, 이러한 두 가지 양상은 기호학적으로 통합될 수 있다.

텍스트의 대화성은 이러한 두 가지 양상을 관찰함으로써 드러날 수 있다. 텍스트가 대화적 상황에 놓였을 때, 텍스트는 전달되는 메시지로 작용한다. 발신자와 수신자 간의 대화는 곧 메시지의 교환이며, 이는 텍스

---

10) 송효섭, 『문화기호학』 제2판, 서울: 아르케, 2000, 233~303쪽.

트의 교환이기도 하다. 그러나 텍스트의 대화성을 논의할 때, 이러한 언어적 메시지로서의 텍스트에만 국한시켜 텍스트를 규정할 수는 없다. 텍스트가 대화성을 갖는다는 것은 텍스트에 대화적 상황이 내포되어 있다는 뜻이며, 따라서 그것은 실현될 가능성으로 존재하는 것이다. 그런데 이러한 가능성의 실현은 텍스트가 의미작용을 함으로써 이루어지며, 이러한 과정을 해석학적 과정이라 할 수 있다. 그렇다면 텍스트에서의 대화성을 말하기 위해서는 단계적으로 다음 세 단계의 과정에 대한 기술이 필요함을 알 수 있다.

a) 대화적 상황 속에 존재하는 텍스트
b) 대화적 상황을 만들 수 있는 가능성으로서의 텍스트
c) 대화적 상황 속에서 이루어지는 대화적 과정으로서의 텍스트

이러한 과정은 결국 전달작용을 하는 텍스트가 대화적 과정을 통해 의미작용을 하는 텍스트로 전환해 가는 모습을 보여준다. 정태적이고 고정적인 메시지의 전달처럼 보이는 텍스트가 실제의 커뮤니케이션의 상황에서는 다양한 의미를 실현할 수 있으며, 결국 그 실현된 의미는 단순히 발신자나 수신자가 아닌 텍스트의 해석자의 모습을 띤 발신자와 수신자에 의해 전유될 수 있는 것이다.

문제는 이러한 과정을 기호학적으로 기술하는 일이다.

이를 위해 먼저 야콥슨이 제시한 언어 전달의 도식[11]에서 메시지를 텍스트로 바꾸어 제시해 보기로 하자.

---

11) Roman Jakobson, *Language in Literature*, trans. Krystyna Pomorska & Stephen Rudy, Cambridge & London: The Belknap Press of Harvard University Press, 1987, p.66.

컨텍스트

텍스트

발신자　　　　　　　　　　　　수신자

접촉

코드

이 도식은 발신자에 의해 만들어진 텍스트가 수신자에게 전달되는 상황에 관여하는 여러 가지 요소들을 보여준다. 텍스트는 커뮤니케이션의 상황 즉 발신자와 수신자 사이의 대화적 상황 안에 존재한다. 이러한 상황에 관여하는 위의 요소들은 서로 깊이 관련되어 있다. 이들 관련 양상을 구체적으로 기술해보기로 하자.

3.1. 발신자-컨텍스트-수신자

컨텍스트는 지시될 수 있고, 수신자에 의해 포착될 수 있으며 언어적이거나 혹은 언어화될 수 있는 것이다.[12] 여기서 컨텍스트는 단지 현실에 존재하는 모든 것이 아니라, 지시되거나 포착되거나, 언어화될 수 있는 것으로 인식되었다는 사실에 주목하자. 다시 말해 컨텍스트는 텍스트 바깥의 현실세계에 존재하는 것만이 아니라, 커뮤니케이션의 상황이 발생함으로써 비로소 인식될 수 있는 것이다. 그렇다면 그 인식주체는 누구인가? 야콥슨의 설명으로 보아 우선 발신자와 수신자가 그 인식주체가 될 것이다. 발신자와 수신자는 그들이 컨텍스트 안에 존재함을 인식하고 있다. 발신자와 수신자는 컨텍스트 안에 존재론적 위상을 가지며 아울러 그것에 대한 인식론적 주체가 된다. 이러한 역설적 성격은 발신자와 수신자가 그를 둘러싼 컨텍스트를 통해 커뮤니케이션의 상황에 맞는 컨텍스트를 만들어냄을 보여준다. 컨텍스트는 컨텍스트화를 통해 만들어진다. 이

12) 같은 책, 같은 쪽.

것은 일종의 틀짜기와 같은 것이다. 그러나 이러한 틀짜기가 발신자와 수신자에 의해 동일하게 일어날 수는 없다. 틀짜기는 어떤 코드의 지배를 받아 이루어지는데, 발신자와 수신자의 코드가 다름으로써 틀짜기도 달라질 수밖에 없다. 그렇다면, 컨텍스트의 일치, 다시 말해 발신자와 수신자가 같은 컨텍스트 안에서 커뮤니케이션을 이루기 위해서는 코드의 일치를 위한 조정이 필요하다. 이는 커뮤니케이션이 진행되면서 이루어진다. 텍스트를 수신자가 받아들이기 위해서는 이러한 코드의 조정 과정을 거치게 되며, 이러한 코드의 조정은 결국 텍스트를 대화적으로 해석하는 과정이 되는 것이다. 발신자와 수신자는 텍스트 담론의 발신자와 수신자이면서 아울러 그림자 담론을 생성하는 해석자의 역할을 함께 하는 것이다.

3.2. 발신자-접촉-수신자

접촉이란 발신자와 수신자의 커뮤니케이션을 가능하게 하는 물리적 회로나 심리적 연계를 말한다.[13] 이러한 접촉 역시 발신자와 수신자가 적극적으로 만들어낼 수 있다. 발신자와 수신자 사이의 커뮤니케이션에서 물리적 회로는 가령 발신자와 수신자가 직접 맞대면하는가, 전화를 통해 통화하는가, 전자 메일과 같은 수단으로 메시지를 주고 받는가와 같은 문제인데, 이러한 물리적 수단은 발신자와 수신자가 선택 혹은 조정할 수 있다. 발신자와 수신자는 그들에게 가장 적절하다고 생각하는 물리적 회로를 통해 커뮤니케이션을 이룬다. 이러한 선택의 적절함, 또 이러한 선택이 갖는 의미, 그것이 전달된 텍스트에 미치는 영향은 단지 발신자와 수신자의 문제에 국한되는 것은 아니다. 발신자와 수신자는 커뮤니케이션의 전체 상황에 비추어 접촉이 갖는 여러 가지 의미를 해석하는 해석자의 역할을 겸한다. 이는 발신자와 수신자 사이의 심리적 연계의 문제에서도

13) 같은 책, 같은 쪽.

마찬가지다. 발신자와 수신자가 갖는 여러 가지 심리적인 문제들, 가령 서로에 대해 갖는 친밀감이나 적대감 혹은 그보다 복합적인 여러 정서적인 문제들 역시 커뮤니케이션의 과정에서 이들 간에 조정이 이루어지는데, 이러한 과정에서 발신자와 수신자는 텍스트만이 아닌 커뮤니케이션의 전체 상황에 비추어, 이들 간의 심리적 연계를 해석한다. 이러한 해석은 이들 간의 모종의 공모를 통해 가능한데, 이러한 공모는 가령 서로 간에 대화를 지속시키기 위한 코드의 일치로 나타난다. 물리적 회로에서 동일한 회로를 사용하는 것이나, 심리적 연계를 통해 서로 간에 정서적인 조정을 이루는 것은 모두 동일한 코드의 사용을 통해 가능한 것이다. 접촉에 대한 해석을 하는 주체는 발신자나 수신자이면서 그에 덧붙여진 어떤 그림자적인 존재로 나타난다.

3.3. 발신자-텍스트-수신자

여기서 텍스트는 커뮤니케이션의 상황에서 메시지의 위상을 점유한다. 텍스트는 앞서 말했듯, 대단히 복합적인 특성을 갖는다. 그것은 단순한 메시지로서 뿐만 아니라, 커뮤니케이션의 전체 상황에 대한 메타 메시지로 존재하기도 한다. 대화적 상황에 텍스트가 존재할 수 있지만, 텍스트는 대화적 상황을 그 안에 함축할 수도 있다. 그 말은 텍스트가 발신자에 의해 수신자에 전달되는 것이기도 하지만, 발신자와 수신자를 포함한 커뮤니케이션의 전체 상황을 텍스트가 내포할 수도 있다는 것이다. 이러한 상황에는 발신자와 수신자 말고도 접촉, 컨텍스트, 코드와 같은 요소들도 포함된다. 이러한 상황에서 이들 간에 이루어지는 모든 역동적 과정이 바로 텍스트일 수 있는 것이다. 그러한 텍스트는 담론에 대한 그림자 담론을 형성시키는 과정일 수도 있다. 그렇다면 그림자 담론을 형성시키는 또 다른 주체, 즉 발신자와 수신자에 덧붙여진 그림자 발신자와 그림자 수신자와 같은 존재가 또한 텍스트에 내포될 수 있는 것이다. 발신자와 수신자 사이에 메시지로 존재하는 텍스트는 겹겹의 그림자를 형성할 수 있는 가능성을 드러내며, 이러한 형성을 주도하는 주체들을 상정한다. 그것은 앞서 말했듯, 커뮤니케이션의 상황을 파악하고 이를 통해 새로운 상황을 만들어가며, 그 과정에서 텍스트에 대한 새로운 의미를 생산하는 존재들이다. 텍스트에는 이미 만들어진 의미가 있는가하면 앞으로 만들어지게 될 의미도 있다. 즉 거기에는 과거의 기억과 흔적이 있으며, 미래의 가능성과 잠재성이 있다. 그 과정에 발신자와 수신자와 같은 주체는 불변하는 동일성과 지속성을 갖는 형이상학적 아이덴티티를 지닌 존재일 수 없다. 그것은 커뮤니케이션이 진행되는 과정에서 거듭 생성되는 상대적이고 코드화된 언어적 존재일 수밖에 없다. 가령 주체가 있고, 그림자 주체가 있다고 하자. 이들의 관계는 원본과 복제물의 관계와 같으며, 이러한 관계는 이러한 존재들이 퍼스가 말하는 상징 기호임을 말하는 것이다. 커뮤니케이션은 어떤 원본(텍스트)에 대한 수많은 복제물(그림자 텍스트)이 만들어지는 과정으로 보인다. 텍스트가 갖는 대화성은 이러한 퍼스가 말한 상징 기호의 생성 가능성에 바탕을 두고 있다.

3.4. 발신자-코드-수신자

코드는 전적으로 혹은 부분적으로 발신자와 수신자에 공통된 어떤 것을 말한다.[14] 여기서 공통된다는 것은 이미 공통된 것으로 존재하고 있다는 것인가, 아니면 앞으로 그렇게 존재할 가능성이 있다는 것인가? 여기서는 두 가지 모두를 함축하는 듯 하다. 코드는 이미 존재하는 것이면서, 새롭게 만들어지는 것이기도 하다. 코드는 코드를 통해 만들어지기도 하는데, 따라서 우리는 그것을 메타 코드라 부를 수 있다. 코드가 기호를 구성하고 생성하는 규칙이라면, 커뮤니케이션의 상황에서 끊임없이 이루

14) 같은 책, 같은 쪽.

어지는 여러 요소들 간의 역동적 과정에 이러한 규칙이 적용된다. 그런데 이러한 규칙은 선험적으로 존재하는 것이 아니라, 상황에 의해 만들어진다. 코드는 상황을 통해 생성되며, 그리하여 그것은 반복적으로 적용된다. 코드는 공통된 어떤 것이기에, 같음을 가정한다. 그러나 같음을 통해 반복되는 코드는 복합적인 커뮤니케이션의 상황에서 그 힘을 제대로 발휘하지 못한다. 다시 말해, 새로운 다른 코드들이 생겨나고 이들 간에 충돌이 일어날 가능성을 커뮤니케이션의 상황은 늘 갖고 있는 것이다. 발신자와 수신자가 커뮤니케이션을 위해 코드를 일치시키려는 조정을 꾀하지만, 그것이 완벽하게 이루어지는 경우는 없다. 결국 끊임없이 코드를 만들어낼 수밖에 없는 커뮤니케이션이 갖는 숙명적 사태에 우리는 직면하게 된다. 이때 코드를 만들어내는 발신자나 수신자 역시 이러한 상황에 그 스스로의 위상과 역할을 내맡기게 된다. 텍스트는 이러한 생성되는 코드에 의해 만들어지거나 만들어질 모든 그림자 텍스트들을 함축하게 된다.

3.5. 컨텍스트-텍스트-접촉-코드

우리는 늘 커뮤니케이션의 회로를 그릴 때, 발신자로부터 출발하여 수신자에 이르는 방향성을 전제한다. 텍스트는 발신자에 의해 만들어진 것이고, 그래서 발신자는 텍스트의 주인인 것으로 생각한다. 이 경우, 텍스트를 읽는 것은 발신자를 읽는 것이다. 반대로 수신자는 텍스트를 최후로 전유하는 존재다. 그러므로 마지막 텍스트의 주인을 수신자라고 생각하기도 한다. 텍스트를 이와 같이 발신자나 수신자와 동일시하거나 소유적 관계로 생각한다면, 커뮤니케이션은 지극히 단순한 메시지의 전달에 그칠 뿐이다. 발신자와 수신자가 완벽하게 일치된 코드를 갖고 있다는 전제하에 이러한 메시지를 단순히 메시지로만 읽는다면, 이는 지극히 비현실적이다. 다시 말해 수없이 발생할 수 있는 다양한 사태들에 대한 고려가 불가능한 것이다. 다양하고 구체적인 상황들을 외면할 경우, 발신자와 수신자 사이에는 일종의 거짓된 공모가 이루어진다. 그리고 메시지의 의미작용는 그 순간 중지되고 만다.

관점을 달리하면, 우리는 커뮤니케이션의 상황이 곧 텍스트라는 사실에 주목할 수 있다. 발신자와 수신자 역시 이러한 텍스트 속에 존재하며, 이들을 포함한 여러 다른 요소들 간에는 어떤 보편적 언어가 있어, 상호 간의 역동적 관계를 주도한다. 이제 발신자가 어떤 텍스트를 만들었다 하더라도, 그것은 보다 보편적인 상황에서 그 의미를 생성하는 것이지, 발신자로 회귀하는 것은 아니다. 여기서 보편적 언어란 무엇일까. 컨텍스트, 접촉, 텍스트는 이러한 보편적 언어에 의해 틀지어지고 해석되는데, 그 보편적 언어가 바로 코드다. 코드는 발신자와 수신자의 것만도 아닌 보편성을 갖고 있지만, 상황에 따라 새롭게 적응할 수 있는 유연성도 함께 갖는다. 커뮤니케이션의 상황에서 컨텍스트는 코드화된 컨텍스트가, 접촉은 코드화된 접촉이, 텍스트는 코드화된 텍스트가 된다. 여기에 발신자와 수신자의 입김이 작용하기는 하지만, 이들 역시 주체로서가 아닌 코드화된 주체로서 작용할 뿐이다. 코드화된다는 것은 주체 스스로 자신을 코드화의 과정에 내맡김을 말한다. 커뮤니케이션이 성립되기 위해 코드의 작용은 결정적이지만, 코드의 역할은 여기에 그치지 않는다. 텍스트의 담론에 대한 그림자 담론의 생성, 상징 기호의 무한한 복제를 가능하게 하여, 텍스트가 갖는 무한한 잠재성을 드러내는 것 역시 코드의 힘이다. 이제 이러한 코드가 힘을 발휘하여, 텍스트의 커뮤니케이션 상황에서 대화적 관계가 역동적으로 진행되는 상황을 보다 세밀하게 기술해보기로 하자.

4. 텍스트의 대화적 커뮤니케이션 2: 해석소의 산출

지금까지 우리는 야콥슨이 말한 언어 전달의 모형을 바탕으로, 이러한 모형이 상황에 따라 얼마든지 새롭게 생성될 수 있는 가능성에 대해 논했다. 요컨대, 이러한 모형만으로는 설명해내지 못하는 어떤 잉여적인 것이 존재하는데, 이러한 잉여적인 것은 완전한 커뮤니케이션이 이루어질 수 없는 현실적 상황에서 비롯된다. 커뮤니케이션이 완결되지 않는다는 것은 무엇인가 발신자와 수신자 사이에 영원히 메울 수 없는 간극이 있음을 말하는 것이다. 이는 인간의 삶에서 보편적으로 일어날 수 있는 불편한 상황을 말한다. 비관적으로 들리지만, 이러한 상황은 극복되지 않는다. 또 이러한 상황이 꼭 극복되어야 할 당위성도 없다. 텍스트가 대화적 상황에 놓이면서 아울러 대화성을 함축한다는 역설은 텍스트가 놓이는 경계적 성격을 말해준다. 텍스트는 영원히 여기서 벗어날 수 없는 것이다. 경계에 놓이는 텍스트에 대한 완결된 해석도 존재하지 않는다. 해석은 영원히 새롭게 갱신된다. 그리고 그 해석의 도구인 코드도 거기에 맞추어 수정된다. 궁극적인 의미는 없고, 우리는 다만 대화적 과정을 기술할 뿐이다. 대화에 대한 기술적 관점에 이 글이 서는 이유가 여기에 있다.

앞서 야콥슨의 전달 모형은 따라서 수없이 겹쳐지는 커뮤니케이션의 모형으로 바뀌어야 하며, 그 모형은 곧 끊임없이 생성되어야 할 텍스트의 모습을 보여주는 것이다. 즉 다음과 같은 그림이 그려질 것이다.

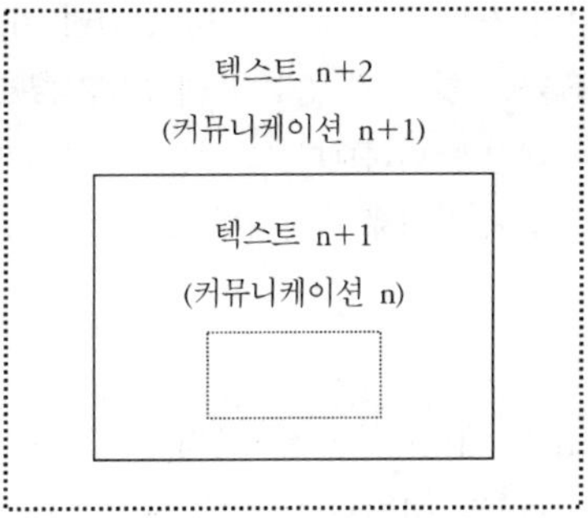

여기서 텍스트와 커뮤니케이션은 무한히 새롭게 만들어지는 과정 속에

존재하고 있음을 보인다. 그리고 이러한 과정에 이를 주도하는 보편적 언어가 있으며, 따라서 이러한 모든 과정 자체가 기호화될 수 있다. 이러한 과정은 그 자체가 퍼스가 말한 세미오시스이며, 이러한 세미오시스 안에 대화적 관계들이 내포되어 있다. 앞서 말한 야콥슨의 도식에서 여러 요소들은 바로 이러한 대화적 관계에 참여한다.

이제 우리는 텍스트가 갖는 대화성을 기술하기 위해, 퍼스의 여러 기호학적 개념들을 빌어오지 않으면 안 된다. 왜냐하면, 커뮤니케이션으로서의 텍스트가 생성되는 과정을 주도하는 보편적 언어가 단지 코드에 국한된 것이 아니라, 현실 세계에 존재하는 지시대상까지 포함하는 것이기 때문이다. 다시 말해, 텍스트가 놓여져 의미가 생성되는 순간, 코드화가 이루어지지만, 이러한 코드화는 결국 텍스트가 존재하는 현실 속의 여러 우발적인 요소들로부터도 이루어지는 것이다. 기표와 기의와는 달리 현실 세계에 존재하는 대상을 기호를 생성시키는 보편적 언어에 수용하기 위해서 우리는 퍼스가 말한 다음과 같은 기호의 개념부터 검토해볼 필요가 있다.

> 기호 혹은 표상체는 어떤 측면 혹은 능력에서 누구에게 어떤 것을 나타내는 어떤 것이다. 그것은 누구에게 전달되는데, 이는 전달받은 사람의 마음 속에서 등가적인 기호 혹은 그보다 더 발전된 기호를 만들어낸다. 그것이 창조한 기호를 나는 첫 번째 기호의 해석소라 부르기로 한다. 기호는 어떤 것, 즉 그것의 대상을 나타낸다. 그것은 그 대상은 모든 측면에서가 아닌 어떤 종류의 관념에 의거해 나타내는데, 나는 그것을 표상체의 기반이라 부르기도한다.[15)]

여기서 우리는 기호를 구성하는 세 가지 요소, 즉 기호, 대상, 해석소를 찾아낼 수 있다. 그런데 여기서 기호와 해석소는 분리된 것이 아니다.

---

15) Hartshorne & Weiss, eds. 앞의 책, p.135.

기호는 곧 해석소인 것이다. 위의 인용에서 보듯, 기호를 통해 기호가 만들어지는데, 그 만들어지는 기호가 해석소라는 것이다. 그렇다면 기호가 만들어지기 이전 원래의 기호는? 그것 역시 해석소다. 새로운 기호가 이전의 기호와 같은 것은 물론 아니다. 새로운 기호는 어떤 기호학적 과정을 거쳐 만들어지는데, 그 기호학적 과정은 완결될 수 있는 것이 아니다. 다시 말해 기호학적 과정은 '무한한 세미오시스'라 할 수 있는데, 퍼스가 말하는 기호는 바로 이러한 기호학적 과정이다. 그렇다면, 우리는 그 무한한 과정에서 어떤 분절을 통해(지금 설명하는 과정처럼) 해석 이전의 기호와 해석 이후의 기호를 구분할 수 있다. 기호, 대상, 해석소의 삼항이 역동적 작용을 함으로써 기호가 만들어졌다면, 이는 마치 이후 기호에 이전의 기호가 포괄되는 것처럼 보이기도 한다. 그러나 실제로 포괄되는 것은 아니다. 이를 우리가 앞서 논의한 텍스트의 커뮤니케이션의 상황에 비추어 말하면, 커뮤니케이션의 상황 안에 존재하는 텍스트가 커뮤니케이션의 상황을 포함한 텍스트에 포괄되는 것으로 보이지만, 그러나 이러한 상황은 계속 새로운 상황을 만들어내기 때문에, 포괄이라 말하기 어려운 것과 같다. 즉 텍스트의 커뮤니케이션의 상황에서 실현하는 대화는 끝없는 것이다. 그 말은 텍스트의 대화성을 통해 텍스트의 해석이 가능하지만, 그 해석은 완결될 수 없다는 것이다.

대상이란 기호에 의해 표상되는 것인데, 그것은 지각될 수 있는 것이거나, 단지 상상될 수 있는 것이거나, 아예 상상될 수도 없는 것이다.[16] 그것은 단일한 알려진 존재하는 어떤 것 혹은 이전에 존재했던 것으로 알려지거나 존재할 것으로 기대되는 어떤 것 혹은 그러한 것의 집합 혹은 알려진 자질, 관계 혹은 사실을 말한다.[17] 기호는 어쨌든 대상과는 다른 어떤 것이라면, 사고 혹은 표현 안에서 어떤 체계를 바탕으로 혹은 어떤 이유로 기호가 대상 혹은 대상들의 집합을 표상하는가를 보여주는 어

16) 같은 책, p.136.
17) 같은 책, p.138.

떤 설명, 논증, 혹은 컨텍스트가 존재해야 한다.[18] 다시 말해, 기호가 되기 위해서는 어떤 조건이 필요하며, 단지 존재하거나 존재하는 것으로 생각되는 것은 기호가 될 수 없다는 것이다. 그렇다면, 대상은 그대로 존재하는 것일까? 만일 우리가 소쉬르의 랑그 체계에서 기표와 기의를 떠올릴 때, 여기에서 대상은 존재하지 않는다. 그것은 체계 속에서 그것의 실존을 관계 속의 항목으로 전환시킨다. 그러나 퍼스의 세미오시스에 이러한 체계는 전제되지 않는다. 퍼스에서의 대상은 체계 속에 들어오기 이전의 대상일 뿐이다. 물론 앞서 말했듯, 그 대상의 성질은 매우 다양하다. 그렇다고 해서, 대상이 현실에 존재하는 그 자체는 아니다. 대상은 표상됨으로써 세미오시스 안에서 그 위상을 부여받는다. 대상은 자연스럽게 표상되는 과정 속에서 그 존재를 드러내게 된다. 그런데, 그 존재는 그 존재성을 우뚝 드러내지는 않는다. 퍼스는 대상을, 기호가 사용되고 해석될 때의 대상 즉 어떤 표상으로부터도 독립적이지만 그럼에도 불구하고 표상으로서의 기호를 결정하는 대상인 역동적 대상과 기호 안에서 그것의 표상에 의존하는 대상인 직접적 대상을 구분했는데, 전자는 기호 밖의 현실로 나타나고 후자는 기호 안의 정신적 표상으로 나타난다.[19] 대상이 존재한다 하더라도, 우리가 대상을 인지하는 것은 기호를 통해서이며, 그 모습은 기호 내적인 것이면서 기호 바깥의 현실로부터의 영향을 배제할 수 없는 성질을 지닌다. 대상은 단일하게 존재할 뿐만 아니라, 어떤 전체의 일부로 존재할 수도 있다. 따라서 이러한 대상이 존재하는 전체를 하나의 우주로 설정할 수 있는데, 담론의 우주 역시 그러한 것이다.[20] 퍼스는 담론의 우주를 그 존재의 양상성에 따라, 1) 관념 혹은 가능태들의 우주 2) 존재태들의 우주 3) 필연태들(관습과 법칙)의 우주로 나누었는데,[21]

---

18) 같은 책, p.136.

19) Thomas A. Sebeok, ed. *Encyclopedic Dictionary of Semiotics*, Berlin, New York, Amsterdam: Mouton de Gruyter, 1986, pp.679～680 참조.

20) Jørgen Dines Johansen, *Dialogic Semiosis: An Essay on Signs and Meaning*, Bloomington & Indianapolis: Indiana University Press, 1993, pp.203～211 참조.

여기서 우리는 앞서 말한 커뮤니케이션으로서의 텍스트도 대상이 될 수 있음을 알 수 있다. 여기서의 텍스트는 그것이 코드의 지배를 통해 의미를 생성하는 과정을 보여줌으로써, 일종의 필연태의 특성을 갖는데, 이러한 필연태를 대상으로 한 해석소는 이러한 필연태에 덧붙여진 기호가 될 것이다. 이러한 '덧붙임'은 커뮤니케이션을 함축한 텍스트의 대화성이 끊임없는 조정을 내포하며, 그리하여, 어떤 방향으론가 가고 있는 모습을 보여준다.

해석소는 대상을 표상함으로써 새롭게 만들어지는 기호인데, 그것이 앞서 말한 기호와 분절적으로 구분될 수 있는 것은 아니다. 다시 말해 모든 기호는 해석소다. 그런데 해석소 역시 우뚝 존재하는 것이 아니다. 그것은 어떤 움직이는 과정 속에 있는 것이며, 인식되는 것이다. 그렇다고 전적으로 인식론적 특성을 갖는 것은 아니다. 어떤 인간의 인식도 기호의 삼항성의 매개 없이는 표상되지 않으며, 표상되지 않으면 그것은 존재하지 않는 것과 마찬가지다. 그런 점에서 또한 해석소는 인식론적 특성과 함께 존재론적 특성도 갖게 된다. 퍼스는 해석소 역시 세 가지로 구분했다.[22] 해석자가 기호를 해석할 때 실제로 산출되는 해석적 사고내용을 역동적 해석소라 한다. 이는 해석자에게 주어진 조건이나 상황에 좌우되기 쉽다. 기호가 표상하는 것으로 생각되는 해석내용 즉 어느 주어진 조건이나 상황에서 기호가 표상할 수 있는 가능한 해석내용들의 범주를 직접적 해석소라 한다. 마지막으로, 기호가 지속적인 해석의 확충을 통해 궁극적으로 도달하게 되는 해석내용을 최종적 해석소라 한다. 만일 해석자가 어떤 기호를 해석하는 순간, 거기에서 발생하는 해석소는 기호의 본래적 가능성, 실제적 실현, 최종적 실현가능성이 모두 포함될 수 있는 것이다. 우리는 그런 가능성들을 인지하지만, 아울러 그것은 세미오시스의 과정에 엄연히 존재하는 것이다. 해석소(기호)의 이러한 모순적 성격이야말로, 퍼

---

21) 같은 책, p.205.

22) Sebeok, ed. 앞의 책, pp.681~684 참조.

스의 기호학이 갖는 '객관적 관념론'[23]의 특성을 드러내는 것이다. 우리는 텍스트를 커뮤니케이션의 상황을 함축한 텍스트로 보았는데, 이러한 텍스트 역시 기호로 본다면 텍스트 본래의 커뮤니케이션의 특성, 텍스트를 통해 실현되는 커뮤니케이션, 텍스트가 최종적으로 실현할 커뮤니케이션의 특성을 함께 갖는 것이다. 커뮤니케이션의 과정에서 여러 다양한 요소들이 참여하는데, 그것은 대화적으로 이루어지는 것이다. 이미 앞서 말했지만, 이들 요소들은 코드들의 지배를 받으며 보편적 언어를 형성한다. 대화가 가능한 여건이 마련된 것이다. 그러나, 이러한 코드 역시 대상으로서 해석소로 표상된다면, 우리는 또한 이러한 표상작용(의미작용)이 일어나는 여러 가지 현실적 여건을 고려하지 않을 수 없는 것이다. 다시 말해, 기호작용이 일어나는 현실의 다양하고 복합적인 혹은 우발적이고 경험적인 조건들이 기호작용에 영향을 미치게 된다.

이러한 영향이 어떻게 미치는가를 알기 위해서, 위의 퍼스의 기호의 정의에 나타난 '기반'의 개념을 살필 필요가 있다. 퍼스는 "어떤 관념에 의거해 나타낼" 때의 '관념'을 플라톤적 관념이라고 하였으며, 이러한 것을 다루는 기호학의 지류를 순수문법이라 하여, 그 과제를 "그들이 어떤 의미를 체현하기 위해 모든 과학적 지성에 의해 사용된 표상체에서 진실이어야 할 것을 확실히 하는 것"이라고 했다.[24] 이를 통해 보면, 기반이란 의미 형성에 작용하는 인간의 인식론적 요소로 보이는데, 이런 요소가 덧붙여져야 기호는 새로운 기호로 거듭날 수 있는 것이다. 퍼스는 기호가 대상을 표상하기 위해서는 어떤 설명, 논증, 혹은 컨텍스트가 덧붙여져야 한다고 했는데,[25]이런 요소들이 모두 기반이 될 수 있다. 어쨌든 세미오시스가 이루어지기 위해서는, 대상과 기호(해석소)의 표상에 관여하는 모든 요소들이 상정되지 않으면 안 된다. 그것은 이미 코드로 규정되어 있

23) Christopher Hookway, *Peirce*, London: Routledge & Kegan, 1985, p.143.
24) Hartshorne & Weiss, eds. 앞의 책, p.135.
25) 같은 책, p.136.

는 것만은 아니기 때문에, 우연적이고 돌발적인 사태를 맞을 가능성이 없지 않다. 그러나, 분명한 것은 대상을 표상하는 기호작용은 이루어진다는 것이고, 그것은 대상을 남김없이 해석해내는 방향으로 나아간다는 것이다. 텍스트에 존재하는 여러 요소들이 코드화되어 새로운 코드를 만들어가는 과정도 이와 같이 이루어지는 것이며, 따라서 여기에서 기호적인 것과 기호 외적인 것 사이의 대화적 과정은 필수적인 것처럼 보인다.

5. 그림자 담론, 그 경계적 위상

텍스트에는 담론 외에 그림자 담론이 있다. 그림자 담론은 상황에 따라 다른 모습으로 나타나며, 따라서 그것을 해석된 담론이라 말할 수 있다. 해석된 담론 역시 담론이며, 그러기에 그것이 궁극적 의미의 모습을 띠지는 않는다. 텍스트는 커뮤니케이션을 함축하며 커뮤니케이션에 관여하는 여러 요소들이 함께 존재한다. 그리고 그것은 또한 커뮤니케이션의 상황 속에 놓인다. 그러나 이것이 크고 작은 포괄의 관계는 아니다. 구조적으로 우리가 커뮤니케이션에 관여하는 요소들이 코드화될 수밖에 없음을 말했는데, 그러한 코드화가 소쉬르가 말한 랑그처럼 보편성을 띤 것은 아니다. 상황에 따라 코드화는 다르게 이루어지며, 이러한 것은 코드화도 현실 혹은 지시 대상의 세계에 의해 영향을 받는다는 것을 뜻한다.

우리는 텍스트의 대화적 커뮤니케이션에서 발신자와 수신자가 현실에 존재하는 것이 아니라, 보편적 언어 혹은 담론의 세계에 존재할 수밖에 없음을 말했다. 다시 말해 텍스트에서 대화는 사람과 사람의 대화가 아니라, 언어와 언어 사이의 대화인 것이다. 그러면서도, 그 언어 속에는 아직도 발신자와 수신자의 모습이 어렴풋이 각인되어 있다. 어렴풋이 각인된 그것은 텍스트가 읽히는 순간 얼핏 그 모습을 드러낼 뿐이다. 이들은 모두 텍스트의 해석자들이다. 이들은 코드화가 이루어지는 세미오시스의 과정에서 그 모습을 드러낸다. 따라서 그것은 괄호 속에 존재할 뿐이다.[26] 그런데 문제는 이러한 코드화가 종결되는 시점을 우리는 알 수 없다는 데 있다. 텍스트를 대화적 과정이라 하더라도, 텍스트의 해석이 마무리되어 대화가 종결되는 지점은 분명히 드러나지 않는 것이다. 앞서 말했듯, 대화에 대한 반인식론적 관점은 특수한 상황에서의 대화의 과정이 문제될 뿐이다. 우리는 야콥슨에서 퍼스에 이르는 이론의 궤적을 추적하면서, 대화가 텍스트에서 코드화되면서 아울러 그 코드를 벗어나 현실의 영향에 놓이는 경계적 양상을 기술해본 셈이다. 이는 대화가 어떠한 목적론도 함유하지 않은 채, 다만 기표들의 놀이로, 끝없는 의미의 미끄러짐으로 나아간다는 해체론적 관점과 분명히 다르다. 해체론이 던지는 대화의 새로운 의미에 대해서 우리는 불편하지만 또다시 사유를 시작해야 할 것이다.

---

26) Johansen, 앞의 책, p.193.

A Dialogic Principle of Text: From A Semiotic Perspective

Song Hyo-Sup

In this paper, I describe how the dialogic principle is realized in the text. It is intended to describe how various elements of the text interact in the process of being read by the reader.

If we accept that a text is created in order to be communicated, we can assume several elements which play a decisive role in the process of communication through the text. According to R. Jakobson's model, they are sender, receiver, context, code, contact and message. The text can be regarded as 'message' in this model.

Herewith, we can find a contradictory relation between text and communication. The text not only exists in the situation of communication, but also presumes the situation of communication. In order to make this contradiction justified, we need the presupposition that a text is not just a means of communication but a subject that participates in interpretation of itself and creates new meanings. It means that a text is not only an encoded communication but also a possibility to realize communication in a specific situation.

In this paper, in order to show that the communication itself can be a kind of text, I describe how the situation of communication exists in an universal discursive space. Because this space is ruled by code, communicational process can be a process of encoding.

In the following stages, the text ruled by such a code creates new codes in order to generate new meanings by referring to the context of the real world. This process is regarded as an 'semiosis' called by C. S. Peirce. All of this process is based on a dialogic principle which this paper aims to reveal ultimately.

열쇠어 : 텍스트, 커뮤니케이션, 대화성, 그림자 담론, 약호화, 해석소

코엘류의 『연금술사』에 대한 변증부 분석

- 텍스트 의미론의 관점에서 -

최용호*

줄거리 요약

『연금술사』는 크게 1부와 2부 그리고 에필로그로 구성되어 있다. 1부와 2부는 다시 각각 14개와 27개의 에피소드들로 이루어져 있다. 1부는 양치기 산티아고가 피라미드에 묻혀있는 보물을 찾기 위해 고향을 떠나 이집트로 여행하는 과정을 담고 있다. 교회 성물 보관소 앞 무화과나무 밑에서 두 차례 똑같은 꿈을 반복해서 꾼 산티아고는 꿈속에서 한 어린 아이가 알려준 보물에 대해 호기심을 갖게 된다. 살렘의 왕을 만나 자아의 신화에 관한 신비로운 이야기를 듣게 된 산티아고는 마침내 굳은 결심을 하고 자신의 꿈을 이루기 위해 여행을 떠난다. 그런데 여비를 마련하기 위해 양을 팔아 번 돈을 사기꾼에게 모두 빼앗기고 낯선 땅 이집트에서 빈털터리가 되고 만다. 시련이 시작된 것이다. 2부는 산티아고가 크리스털 가게 주인의 도움으로 시련을 극복하고 큰 돈을 벌어 다시 여행을 떠나는 장면에서 시작된다. 사막을 여행하며 영국인을 만나 연금술에 대해 알게 되고, 오아시스에서 한 여인과 사랑에 빠지기도 하며, 연금술

* 한국외국어대학교 불어과 교수

사를 만나 바람으로 변하는 신비한 체험을 하기도 한다. 전쟁으로 인해 죽을 고비를 여러 차례 겪으며 산티아고는 자신도 모르는 사이에 점차 자아의 신화를 이루어 간다. 마침내 피라미드에 다다른 산티아고는 놀랍게도 보물이 그곳이 아니라 자신이 꿈을 꾼 교회 성물보관소 무화과나무 밑에 묻혀있다는 사실을 알게 된다. 고향으로 돌아와 보물을 손에 넣은 산티아고는 자신을 믿고 보내준 사막의 여인 파티마에게로 다시 떠난다.

1. 변증부 분석 층위

변론부가 사건의 양태를 다룬다면 변증부는 사건의 상적인 진행과정을 기술한다. 주제부 분석의 기본 단위가 의미소, 즉 문장의 하위 단위에 국한되어 있고, 변론부 분석이 명제를 기본단위로 삼고 있는데 반해 변증부의 분석 단위는 이야기의 논리에 따라 텍스트의 상이한 층위에서 각기 다른 방식으로 재구되는 사건이라고 할 수 있다. 사건은 '행동'으로 구성되어 있다(마이클 J. 툴란 1995:36). 우리는 논리적으로 이 행동의 주체를 상정해볼 수 있다. 한마디로 변증부는 행위와 이 행위의 주체인 행위자에 대한 분석이 이루어지는 의미구성부이라고 할 수 있다. 사건은 텍스트 속에 단순히 주어진 단위가 아니라 해석을 통해 재구된 단위이다. 재구되는 방식은 분석 층위에 따라 각기 다른 형태를 띠며 추상성의 정도 역시 다르게 나타난다. 텍스트 의미론에서 변증부 층위는 크게 세 층위, 즉 사건 층위, 연기 층위, 상위변증 층위로 삼등분된다. 상위변증 층위는 상위주제 층위에 상응하는, 매우 추상적인 분석 층위이다. 주제부 분석이 선행되지 않은 상황에서 상위변증 층위에 대한 분석은 불가능하다. 따라서 우리는 오직 사건 층위와 연기 층위의 관점에서 『연금술사』의 변증부를 분석하고자 한다.

1.1. 사건 층위

사건 층위에서는 행위자와 이 행위자가 수행하는 역할과 기능에 대한 분석이 이루어진다. 먼저 가장 기본적인 문장 단위에서 논의를 시작해보자.

> "나는 살렘의 왕일세."(p.46)

사건은 문장 층위가 아니라 텍스트 층위에 속하는 단위이기 때문에 단순히 한 문장만 가지고 사건의 상적인 진행과정을 분석할 수는 없다. 이 문장이 속한 텍스트의 콘텍스트 속으로 들어갈 때 우리는 변증부의 진정한 분석 대상을 만날 수 있다. 이에 앞서 먼저 주제화 그래프를 이용해 이 문장의 의미 구조를 기술해보자.

> [나] → (속격) → [살렘의 왕]

위 그래프는 '나의 속성 – 속격 – 은 살렘의 왕이다'라고 읽는다. '나'와 '살렘의 왕'은 주제화 그래프의 절점에 해당하고 곽 괄호로 표상한다. '속격'은 이들이 맺고 있는 관계의 유형을 표현하는 일종의 메타언어로서 원 괄호로 표상한다. 화살표는 관계의 방향을 가리키는데 바로 이 방향이 이 그래프를 읽는 순서를 결정한다. 위의 문장에서 '나'와 '살렘의 왕'은 계사 '–이다'에 의해 연결된 정의적 관계를 맺고 있다. 즉, '나'는 '살렘의 왕'이다. 텍스트 의미론의 용어법상 이들은 모두 행위소actant[1]들이다.

또 다른 다음의 문장을 보자.

---

1) 행위소란 이 용어는 문장의 구조를 분석하기 위해 프랑스의 언어학자 테니에르L. Tesnière가 처음으로 사용한 용어이다. 그는 동사를 중심으로 문장의 구조를 분석한다. 행위소는 한 문장 속에서 동사가 취하는 일종의 논항이라고 할 수 있다.

노인이 말했다(p.46)

먼저 위의 문장을 주제화 그래프로 표상하면 다음과 같다.

[노인] ← (능격) ← [말하다]

'노인'이 행위소라면 '말하다'라는 동사는 단순히 정의적 관계를 나타내는 계사와는 달리 이 '노인'이 행하는 행위를 가리킨다. 이 두 절점은 능격이라는 격 관계로 연결되어 있다. 즉, '말하는' 행위의 주체는 '노인'이다.

우리는 문장 층위에서 변증부 단위의 가장 기초적인 형태인 행위소와 행위를 구분해낼 수 있다. 그런데 텍스트 의미론의 분석 대상이 텍스트이기 때문에 하나의 문장이 독자적인 분석 층위를 형성하지는 못한다. 비록 그렇다 하더라도 변증부의 분석 단위를 정의하기 위해서는 이와 같은 문장 층위의 분석이 선행되어야 한다. 다시 말해 행위소와 행위는 변증부 분석에 필요한 기초 단위가 된다.

위의 두 문장을 포함하고 있는 보다 긴 다음의 문구를 살펴보자.

> "나는 살렘의 왕일세."
> 노인이 말했다.
> "어째서 왕께서 양치기와 더불어 이야기하십니까?"
> 너무도 놀라 당황하고 들뜬 기색을 숨기지 못한 채 산티아고가 물었다.
> "이유가 많지. 그러나 정작 중요한 것은, 자네가 자아의 신화를 이룰 수 있게 되었다는 걸세."
> 산티아고는 '자아의 신화'가 무엇을 의미하는지 알 수 없었다.(p.46)

문장에서 텍스트로 분석 층위를 옮기는 순간 우리는 하나의 우발적인 행위소나 행위가 아니라 이야기의 논리적인 전개에 필연적으로 수반되는,

일군의 행위소와 일련의 행위들을 만나게 된다. 우리는 동일한 행위소들의 목록을 작성해야 하며 이들이 행하는 다양한 행위의 상이한 형태들을 보다 일반적인 범주로 묶어야 한다. 이러한 작업은 해석학적 주행parcours interprétatif에 의해 지속적으로 재평가될 수 있다. 이 과정에서 부차적인 행위소와 행위는 제거되거나 아니면 보다 일반적인 형태로 통합될 수 있다.2)

먼저 위의 텍스트 속에 등장하는 행위소들의 목록을 작성해보자. 우리는 앞에서 '나'와 '살렘의 왕'이 속격의 관계로 이루어진 동일한 행위소임을 살펴보았다. 이어지는 다음 문장 속에 등장하는 '노인'이란 표현은 앞의 두 행위소와 어휘적인 조응 관계를 맺고 있다. 세 번째 문장의 '왕' 역시 마찬가지이다. 주어인칭대명사인 '나'를 제외하면 이들은 모두 어휘적 조응 관계를 맺고 있다. 결론적으로 우리는 다음과 같은 행위소들의 목록을 만들어볼 수 있다.

나 = 살렘의 왕 = 노인 = 왕

그런데 세 번째 문장 속에 또 다른 행위소인 '양치기'가 등장한다. 그가 누구인지는 다음 문장 속에서 명확하게 밝혀진다. 그는 이 소설의 주인공인 '산티아고'이다. 다섯 번째 문장 속에 등장하는 '자네'라는 인칭대명사는 양치기인 산티에고와 대명사 조응 관계를 맺고 있다. 요컨대 우리는 위의 텍스트 속에서 서로 다른 두 부류에 속한 행위소들의 목록을 다음과 같이 작성해볼 수 있다.

---

2) 바르트R. Barthes(1977)는 플롯의 구조상 중요한 '기능'과 그렇지 않은 '지표'들을 구분한다. 전자가 이야기의 논리적인 전개에 핵심적인 역할을 하는 반면에 후자는 작중인물의 심리적인 상태나 분위기만을 표현한다. 전자가 목적론적이라면 후자는 우연적이라고 할 수 있다. 해석학적 주행은 목적론적인 판단에 따라 이루어지는 해석행위라고 할 수 있다.

〈행위소와 행위자〉

A	B
'나'	'양치기'
'살렘의 왕'	'산티아고'
'노인'	'자네'
'왕'	'산티아고'

이처럼 우리는 대명사화, 어휘적 조응, 명칭, 정의 등의 관계를 바탕으로 텍스트 층위에서 동일한 행위소들의 목록을 작성할 수 있다. 텍스트 의미론에서는 이렇게 하나의 목록으로 작성된 행위소들의 집합, 즉 'A'와 'B'를 행위자acteur라고 부른다. 위의 텍스트 속에 모두 여덟 개의 행위소들이 등장하지만 행위자는 오직 둘뿐이다. 우리는 행위소들을 행위자들로 환원함으로써 보다 경제적인 방식으로 텍스트의 변증구조를 분석할 수 있다.

행위자는 이처럼 행위소들 간의 문법적 관계로부터 도출된다. 반면 이들이 수행하는 행위의 상이한 형태들을 분석하기 위해서는 보다 거시적인 - 목적론적인 - 관점에서의 접근이 필요하다. 두 행위자와 연결된 행위의 목록을 작성하면 다음과 같다.

〈행위〉

A: 노인	B: 산티아고
'말하다' '이야기하다'	'놀라다' '당황하다' '들뜨다' '숨기지 못하다' '묻다' '이루다' '알지 못하다'

노인의 두 행위는 일종의 전달행위이다. 노인은 자신이 '살렘의 왕'이라고 하는 사실과 산티아고가 앞으로 '자아의 신화'를 '이루게' 될 것이

라는 비밀을 전달한다. 이 모든 사실을 전해들은 산티아고는 '놀라고 당황하고 들뜬' 기색을 '숨기지 못한다.' 그는 궁금한 점을 '묻지만' 정확하게 그 사실이 무엇을 뜻하는지는 '알지 못한다.' 산티아고의 행위는 모두 노인으로부터 전해들은 사실에 대한 정념적이고 인지적인 반응으로 이루어져 있다. 그런데 이러한 즉각적인 반응이 이야기의 논리적 전개에 중요한 역할을 하는 것은 아니다. 바르트(1977)의 용어를 빌어 표현하자면 이들은 '지표'에 속하는 것들에 불과하며 이야기의 목적론적 단위인 '기능'에 속하는 것들은 아니다. 대신 우리는 A의 행위를 중심으로 위의 텍스트를 요약해볼 수 있다. 요컨대 위의 텍스트는 A가 B에게 C, 즉 비밀을 전달하는 내용을 담고 있다. 이러한 관계를 주제화 그래프로 표상하면 다음과 같다.

[A] ← (능격) ← [전달하다] → (대격) → [C]
↓ ↓
(수혜격) → [B] ← (여격)

위의 그래프 속에 등장하는 격 관계는 행위자들이 수행하는 역할이라고 할 수 있다. 즉 A는 B에게 C를 전달하는 발신자의 역할을 수행하고 있다. B는 C에 대한 수신자의 역할뿐만 아니라 수혜자의 역할을 하고 있다. 역할은 주제화 그래프에서 표상되는 격 관계에 기초한 상호작용의 유형이다. 다시 말해 위의 그래프에서 '전달하다'는 '말하다'와 '이야기하다'라고 하는 사례occurance의 유형type이라고 할 수 있다. 행위와 역할의 관계는 이처럼 사례와 유형의 관계에 상응한다. 물론 이 관계는 독서의 가설에 따라 얼마든지 다른 형태를 띨 수 있다. 예컨대 우리는 상이한 관점에 따라 '말하는 행위'나 '이야기 하는 행위'를 '전달 행위'보다 상위에 속한 행위로 규정할 수 있다. 물론 이러한 판단은 한 문장에 대한 문법적인 분석이 아니라 이야기의 전개과정에 대한 '목적론적인' 관점에서 내려져야 한다(Barthes 1977). 우리가 전달행위를 이야기 행위와 언어행위의 상위 행위로, 즉 이들의 유형으로 상정한 이유는 앞으로 보다 더 자세하게 논의하겠지만 『연금술사』 속에서 바로 이 행위가 이야기의 전개에 필수적인 한 계기를 형성하고 있기 때문이다.

그런데 이 전달행위는 친화적 관계를 구성하는 전형적인 상호작용이기도 하다. 이러한 전형적인 상호작용을 텍스트 의미론에서는 기능이라고 부른다. 역할이 격 관계를 토대로 한 유형화된 상호작용이라면 기능은 사회문화적인 맥락 속에서 규범화된 상호작용이라고 할 수 있다.[3] 바꿔 말해 전자가 의미론적이라면 후자는 화용론적이다. 텍스트의 구조분석이 필연적으로 내재주의를 표방한다 하더라도 이 내재주의가 필연적으로 텍스트 내재주의를 의미할 필요는 없다. 텍스트의 의미는 텍스트에 내재하는 것이 아니라 한편으로 사회문화적 규범에, 다른 한편으로 해석행위에 내재적이다(Rastier 1987).

문화인류학적 측면에서 라스티에는 인간 상호작용의 전형적인 형태를 크게 친화적 기능과 대결적 기능으로 대별한다. 주고받는 전달행위가 전형적인 친화적 기능을 나타낸다면 치고받는 공격행위는 전형적인 대결적 기능을 표현한다. 이 두 기능은 각각 친화적 통합체와 대결적 통합체로

---

3) 텍스트 해석 행위는 필연적으로 한 문화권 속에서 통용되는 해석모델을 바탕으로 이루어진다. 규범화된 상호작용은 바로 이러한 모델을 가리킨다. 이 문제와 관련해서 마이클 J. 툴란의 주장을 인용해보자. "어떤 텍스트 해석 행위도 백지 상태에서 혼자 그 텍스트에 개인적인 질문을 던지는 가운데 이루어지는 것이 아니다. 텍스트들과 독자들 모두 그들에 선행하는 (그러나 고정되거나 영원하지는 않는) 중요한 것, 두드러진 것에 대한 문화적 함축들에 의해 운명적으로 형태지어지고 틀 지워진다. 바르트가, 어떤 특정 이야기에 접근하기도 전에 우리는 우리들 내부에 '일종의 플롯 언어'를 가지고 있다고 말한 이유는 우리가 서사물들과 관련을 맺는 모든 경우에 있어 문화적 의미와 특이성이라는 이러한 관련 상황(문맥)이 항상 존재하기 때문이다."(1995:52-3) 비록 이러한 '플롯의 언어'가 텍스트에 초월적이라 하더라도 문화에 초월해서 존재하는 것은 아니다. 그것은 한 문화권 내에 내재적이라고 할 수 있다. 구조주의 분석이 여전히 내재주의를 표방할 수 있는 것은 텍스트적 전망이 아니라 문화적 전망 속에서 이다.

이루어져 있다. 친화적 관계는 A가 B에게 α를 제안하고 B가 이를 수용하는 계약 행위에서 출발한다. α, 즉 계약의 내용에 따라 계약 당사자들 간에 주고받는 교환행위가 뒤따른다. 우리가 앞에서 살펴본 왕과 양치기와의 대화는 전자가 후자에게 비밀을 전달하는 행위로 이루어져 있다. 곧 이어지는 이야기 속에서 양치기는 비밀을 전달받은 대가로 왕에게 양의 십분의 일을 바친다. 친화적 관계는 이처럼 재화의 재분배로 귀결된다. 요컨대 친화적 관계를 구성하는 통합체는 계약, 교환, 재분배로 구성되어 있다. 반면 대결적 관계는 A가 B에게 도전하고 B가 이에 응하는 도전과 응전이라는 통합체로부터 시작한다. 곧이어 A의 공격과 B의 반격이 뒤따른다. 그 결과 어느 한쪽의 승리로 끝을 맺는다.

〈인간 상호작용의 전형적인 형태〉

친화적 통합체	친화적 기능	대결적 기능	대결적 통합체
계약	제안	도전	대립
	(가능성 t1)	(가능성 a1)	
	수용	응전	
	(가능성 t2)	(가능성 a2)	
교환	전달	공격	투쟁
	(가능성 t1)	(가능성 a1)	
	전달	반격	
	(가능성 t2)	(가능성 a2)	
결말	재분배	승인	결말

이야기 속에서 행위자들이 수행하는 모든 기능이 이 두 기능으로 환원되는 것은 물론 아니다. 우리는 사회문화적인 규범에 따라 전형적인 상호작용의 여러 형태들을 분류해낼 수 있다. 인지과학이나 인공지능에서 논의되는 패턴, 스키마, 시퀀스 등의 개념은 바로 이러한 전형적인 상호작용을 표현하는 용어들이다. 예컨대 식당에서 이루어지는 '들어가기', '안내받기', '주문하기', '계산하기', '나가기' 등도 전형적인, 다시 말해 규범

적인 상호작용이라고 할 수 있다. 텍스트의 변증부를 효과적으로 분석하기 위해서는 이러한 규범화된 상호작용의 사례들을 조사하고 이들을 통합체의 형태로 분류해야 한다. 위의 도표에서 제시한 인류학적인 기능은 매우 일반적인 성격의 상호작용이라고 할 수 있다. 비록 이 기능만으로 모든 것을 설명할 수는 없다 하더라도 독서의 가설을 세우는 데 이는 매우 유익한 지침을 제공해준다. 왕과 양치기와의 대화 속에서 바로 이러한 지침을 발견할 수 있는데 우리는 이를 바탕으로 『연금술사』 속에 등장하는 다양한 상호작용의 형태들을 유형화하고 체계화 할 수 있다.

1.2. 연기 층위

연기 층위는 사건 층위보다 심층 층위에 해당하는 분석 층위로서 연기자와 시퀀스에 대한 분석이 이루어진다. 행위자가 행위소들의 집합으로 구성되어 있는 것과 마찬가지로 연기자는 행위자들의 집합으로 구성되어 있다. 행위소로부터 행위자가 도출되듯이 행위자로부터 연기자가 도출된다. 물론 도출되는 방식은 서로 다르다. 행위소와 행위자와의 관계가 비교적 문법적으로 잘 정의된 관계 - 대명사화, 어휘적 조응, 명칭, 정의 등 -로 이루어진 것에 반해 행위자와 연기자는 시퀀스 속에서 할당받은 역할에 의해 정의되는 보다 추상적인 차원의 관계를 형성한다. 시퀀스는 이야기 텍스트 속에서 반복적으로 등장하는, 유형화된 상호작용의 패턴이라고 할 수 있다. 여기서 중요한 개념은 바로 패턴이다. 상호작용의 특정한 형태가 하나의 패턴을 형성하면서 반복 출현할 때 우리는 이를 시퀀스로 분리해 낼 수 있다. 한 이야기 속에는 한 가지 이상의 시퀀스가 존재할 수 있다. 동일한 시퀀스에 출현하는 상이한 행위자들은 모두 동일한 연기자로 분류된다. 『연금술사』에서 비단 '늙은 왕'뿐만 아니라 '크리스털 가게 주인', '영국인', '연금술사' 모두 산티아고에게 전달행위를 수행하는 발신자로서 등장하는데 이들은 각기 다른 행위자들이지만 동일한 연기자라고 할 수 있다. 행위소들을 행위자들로 환원하고 다시 행위자들을 이렇게 연기자들로 환원함으로써 우리는 매우 경제적인 방식으로 텍스트 분석에 임할 수 있게 된다.

이 연기자란 개념은 그레마스 기호학에서 언급하는 행위소 개념과 유사하다. 라스티에의 모델에서 행위소가 문장 층위, 즉 표층층위에 속하는 단위라면 그레마스의 모델에서 행위소는 심층층위에 속하는 추상적인 단위이다. 이 단위에 구체적인 성격과 역할이 부여되면 표층층위의 단위에 해당하는 행위자가 된다. 결론적으로 라스티에는 용어법상 그레마스를 거꾸로 재해석하고 있다. 그의 모델에서 문장 층위, 즉 표층 층위에 등장하는 행위소는 그레마스 모델에서 가장 심층층위에 등장하고, 반복적인 환원의 과정을 거쳐 심층 층위에서 도출된 행위자와 연기자는 표층층위에 등장한다. 용어법 상의 이러한 차이를 제외한다면 텍스트 의미론의 변증부는 그레마스 기호학의 기호-설화층위에 상응하는 의미구성부라고 할 수 있다.

이상에서 약술한 변증부 분석의 과정을 요약하면 다음과 같다.

〈변증부 분석 층위〉

분석층위	행위주체	행위유형	분석단위
문장층위	행위소	격 관계	문장
사건층위	행위자	역할과 기능	사건
연기층위	연기자	시퀀스	사건의 패턴

2. 『연금술사』의 변증부 분석

2.1. 행위자 분석

서사이론에서 인물에 대한 연구는 매우 중요한 부분을 차지한다. 발

Mieke Bal에 따르면 "인물은 행위 속에서의 기능, 정체성, 성격, 이야기, 다른 인물들과의 관계 등과 관련된 모든 것에 의해 정의된다."(1984:31) 즉 인물 분석은 "누구인가?"라는 물음과 관련되어 있다. 툴란Toolan M.은 변별적 자질 분석이 이 질문에 대한 효과적인 답변이 될 수 있다고 지적한다(1995:146). 보다 자세한 설명을 인용해 보자. "변별적인 자질이나 유형 분석에 근거하기 위해 우리는 단지 그 페이지에서 발췌한 작중인물들의 목록과 그 페이지 이면에서 추출해낸 특성들의 목록을 작성하고 그 결과에 주목하거나, 그렇지 않으면 그 각각의 작중인물들의 개별적인 특성에 주목할 필요가 있다."(Toolan, 1995:157) 서사이론에서 인물은 텍스트 의미론에서 행위자에 해당한다. 행위자가 "누구인가?"라는 질문에 대답하기 위해서는 이 행위자가 구체적인 행위의 주체로 등장하는 행위소들의 목록을 작성하고 이들의 특성 – 기능, 정체성, 성격, 등 – 을 분류해야 한다. 먼저 『연금술사』에 등장하는 행위자들의 목록을 작성해보자.

보물을 찾기 위해 사막을 횡단하는 과정에서 온갖 죽을 고비를 넘긴 산티아고는 마침내 피라미드를 눈앞에 두고 그동안 만났던 사람들을 떠올린다.

> 마침내 모래 언덕에 올라섰을 때, 그는 뛰는 가슴을 억누를 길이 없었다. 보름달과 사막의 순결한 흰 빛으로 환히 빛나는, 신성하고 장엄한 이집트의 피라미드가 눈앞에 모습을 드러냈던 것이다. 그는 그 자리에 무릎을 꿇고 주저앉아 울음을 터뜨렸다. 자아의 신화를 믿게 되고, 늙은 왕, 크리스털 상인, 영국인 그리고 연금술사를 만날 수 있었던 것에 신께 감사했다. 그리고 무엇보다도 사랑은 결코 자아의 신화와 결별하는 것이 아님을 깨닫게 해준, 사막의 여인을 만날 수 있었던 것에 대해 감사했다.(p.255)

우리는 위에서 이 소설 속에 등장하는 중요한 행위자들의 목록을 얻을 수 있다. 우리는 이 목록에 '노파'와 '젊은이' 그리고 '파티마'를 추가하고자 한다. 노파는 산티아고의 꿈을 해몽한 집시이며, 젊은이는 산티아고의 여비를 훔쳐 달아난 이집트인이고, 사막의 여인 파티마는 산티아고의 연인이다. 앞으로 보다 자세하게 살펴보겠지만 이들은 모두 산티아고와 친화적인 상호작용의 관계를 맺고 있다.

행위자	행위소
산티아고	양치기 산티아고가, 그는, 산티아고는, 등
노파	노파는, 나는, 집시 노파 등
늙은 왕	한 노인이, 노인은, 영감님은, 내가, 나는, 살렘의 왕, 멜기세덱, 늙은 왕 등
젊은이	젊은이, 이 아랍인, 새로운 친구, 친구가 등
크리스털 가게 주인	크리스털 가게의 상인은, 그는, 상점 주인은, 주인은, 나는, 등
영국인	영국인은, 나는, 그는,
연금술사	연금술사가, 신비한 기사, 가사가, 연금술사가, 연금술사의, 등
파티마	한 처녀가, 처녀는, 그녀의 검은 눈동자와, 그녀의 입술, 아가씨에게, 파티마, 예언자의 따님 이름, 아름다운 아가씨는, 그녀를 등

텍스트 의미론에서 행위자는 행위소들의 집합으로 정의된다. 예컨대 I부 에피소드 1에 등장하는 산티아고의 행위소 목록은 다음과 같다.

> 양치기 산티아고가.... 그는... 산티아고는... 그는... 산티아고는... 산티아고가... 자신과... 내게... 내... 산티아고는... 산티아고 자신이... 산티아고는... 산티아고는... 자신의... 자신이... 산티아고는... (pp.19-21).

한국어의 특성상 주어가 생략된 문장이 많은데 우리는 이들을 위의 목록에서 제외하였다. 위의 목록은 대부분 고유명사와 인칭대명사로 이루어져 있다. '양치기'는 어휘적 한정을 보여주는 유일한 사례이다. 우리는 특별히 한정기술에 주목할 필요가 있는데 왜냐하면 이들이 '예민하게 평가적이기' 때문이다(Toolan, 1995:148). 우리는 이 목록을 바탕으로 행위자의 속성을 종합적으로 기술할 수 있다. 예컨대 '산티아고'는 다음과 같이 기술된다.

[산티아고] → (속격) → [양치기]

산티아고가 양치기로서의 삶을 살기로 결심하게 된 동기는 '더 넓은 세상을 알고 싶었기' 때문이다.(p.27). 그레마스에 따르면 "이야기의 전형적인 공식에 따르면 최초의 욕망은 결핍에 대한 확인에 그 토대를 두고 있다."(1976:117) 다시 말해 이야기는 결핍으로부터 시작해서 이 결핍을 충족시켜주는 것으로 종결된다. 『연금술사』에서 지식의 결핍은 이야기를 이끌어가는 핵심적인 모티브로 작용한다. 지식을 얻기 위해 산티아고는 '이미 익숙해져 있는 것'을 버리고 '가지고 싶은 것'을 찾아 떠난다(p.55). 우리는 그의 이러한 성격을 /적극적/이라고 말할 수 있다. 이 의소는 산티아고의 행동과 태도에 반복적으로 출현하는 동위소이다. 한마디로 산티아고는 적극적인 성격의 소유자이다.

[산티아고] → (속격) → [적극적]

꿈을 이루기 위해 모험을 감수하고자 하는 산티아고가 /적극적/이라면 꿈을 꿈으로 간직하고 살고자 하는 크리스털 가게의 주인은 /소극적/이라고 할 수 있다.

> 자네는 양이나 피라미드에 대한 꿈을 가지고 있고 그걸 실현하길 원하지. 그런 점에서 자넨 나와 달라. 나는 오직 메카만을 꿈으로 간직하고 싶어. 마음속으로는 벌써 수천 번 사막을 가로질러 성스러운 반석이 있는 광장에 도착하고, 율법에 따라 그 바위를 만지기 전에 광장을 일곱 바퀴 돌고

있는 나 자신을 눈앞에 그려보았지. 나는 이미 내게 일어날 일이며 내 앞에 기다리고 있는 일, 그리고 함께 나눌 대화와 기도까지 상상해보았어, 다만 내게 다가올지도 모르는 커다란 절망이 두려워 그냥 꿈으로 간직하고 있기로 한 거지(p.94-5).

위의 문구 속에서 기술된 크리스털 가게 주인의 성격은 다분히 /소극적/이다. 이 의소는 '나', '다르-', '꿈-', '간직하-', '마음속', '두려워', '그냥', '꿈', '간직하-', '있-' 등의 의미소 속에서 현동화되어 있다.

[크리스털 가게 주인] → (속격) → [소극적]

우리는 이처럼 문장 차원의 분석을 통해 행위소에 부여되는 갖가지 속성과 술어들을 바탕으로 행위자의 자질들을 목록으로 작성해볼 수 있다. 이러한 목록이 구조적으로 의미를 가지기 위해서는 행위자들의 자질들이 가급적 대립적인 관점에서 기술되어야 한다. /적극적/과 /소극적/의 대립은 이처럼 행위자의 자질을 기술하는 데 필요한 구조적인 대립이다.

꿈을 품고 살아가는 산티아고와 크리스털 가게 주인은 모두 진실 된 태도로 삶을 살아간다. 반면 산티아고의 보물 - 즉, 타인의 꿈 - 을 탐낸 노파는 그렇지 않다. 노파는 해몽의 대가로 산티아고가 찾게 될 보물의 십분의 일을 요구한다. 점쟁이인 이 노파는 집시이다. 우리는 먼저 다음과 같은 그래프를 작성해볼 수 있다.

[노파] → (속격) → [집시]

『연금술사』 속에서 집시에 대한 평가는 대단히 부정적이다. 몇 가지 사례만을 인용해보자.

떠도는 말로는 집시들은 끊임없이 남을 속인다고 한다.(p.37)

집시들은 교활하지.(p.51)

세상을 떠돌아 다녀서 그런지 집시들은 정말 약삭빠르단 말이야!(p.265)

'속이-', '교활하-', '약삭빠르-' 등의 의미소 속에서 '집시'는 진실하지 못한 /교활한/ 사람으로 그려진다. 이러한 문구들 - 일종의 지표인 - 에 의거해서 우리는 위의 그래프를 다음과 같이 수정, 보완할 수 있다.

[노파] → (속격) → [교활한]

산티아고가 찾게 될 보물의 십분의 일을 요구한 '노파'나 산티아고가 양을 팔아 여비를 마련한 뒤 아프리카 대륙에 도착하자마자 그에게 다가와 그의 돈 - 즉, 꿈을 이루기 위한 수단 - 을 훔쳐 달아난 '젊은이'는 모두 /교활한/ 성격의 소유자들이다. 이들을 제외하면 『연금술사』 속에 등장하는 대부분의 행위자들은 모두 /진실 된/ 사람들이다.

/적극적/과 /소극적/의 대립과 마찬가지로 /진실 된/과 /교활한/의 이러한 대립은 행위자들의 자질을 구조적으로 기술해주는 대립이다. 우리는 또 다른 유형의 대립을 찾아볼 수 있다. 살렘의 왕인 '늙은 왕'과 200년이 넘도록 사막에서 살아온 '연금술사'는 /초월적/인 존재로서 산티아고가 자아의 신화를 이루어 갈 수 있도록 도와준다. 반면에 대부분의 다른 행위자들은 /현실적/이다. 물론 사막에서 바람으로 변한 '산티아고'나 꿈을 해몽한 '노파', 그리고 금속을 금으로 변하게 한 '영국인'은 모두 어느 정도 초월적이며 어느 정도 현실적이다. 그러나 이들은 모두 세상에 속한 사람들이며 초월적인 신비로운 존재는 아니다. 이 이야기 속에 등장하는 파티마는 유일하게 /여성/ 행위자이다. 보물을 찾아 떠나는 여행 이야기는

보물을 찾은 뒤 연인을 찾아 다시 떠나는 사랑 이야기로 끝을 맺는다. 비록 유일한 사례에 불과하지만 /여성/으로서 파티마는 자아의 신화를 완성한 단계에서 일종의 보상으로 주어지는 주변적인 역할을 수행한다.

지금까지 분석한 의소 대립에 기초하여 『연금술사』에 등장하는 주요 행위자들의 자질들을 도표로 체계화하면 다음과 같다.

	남성	여성	초월적	현실적	적극적	소극적	진실 된	교활한
산티아고	+			+	+		+	
노파	+			+				+
늙은 왕	+		+				+	
사기꾼	+			+				+
크리스털 가게주인	+			+		+	+	
영국인	+			+	+		+	
연금술사	+		+				+	
파티마		+		+		(+)	+	

우리는 또 다른 대립에 기초하여 여러 가지 자질들을 열거할 수도 있지만 의소분석이 경제성을 지향하기 때문에 위의 분석만으로 만족하고자 한다. 우리는 위의 도표를 통해 '늙은 왕'과 '연금술사'가 동일한 방식으로 특성화되어 있음을 확인할 수 있다. 이들은 모두 초월적인 존재로서 산티아고에게 자아의 신화에 대한 꿈을 일깨워준다. 반면 자신만의 방식으로 자신만의 꿈을 찾아 떠나는 영국인과 산티아고는 또 다른 시각에서 동일한 유형의 인물로 묘사된다. /남성/과 /여성/의 자질 대립을 제외하면 산티아고로 하여금 자아의 신화를 이루도록 도움을 준 크리스털 가게 주인과 파티마 역시 유사한 방식으로 특성화될 수 있다. 끝으로 산티아고의 보물과 재물을 탐낸 노파와 젊은이는 모두 교활한 인물들로 유사한 인물군을 형성한다. 자질 분석은 이처럼 유사한 인물의 유형을 분류하는 데 유용한 지침을 제공한다.

2.2. 이야기 분석

『연금술사』의 주된 이야기는 친화적인 상호작용에 바탕을 두고 있다. 친화적 상호작용은 앞에서 살펴보았듯이 계약, 교환, 재분배 등의 통합체로 구성되어 있다. 계약은 A가 B에게 α를 제안하고 B가 이를 수용하는 것으로 이루어져 있다. α는 A가 B에게 C를 전달하고 B가 A에게 D를 전달하는 것이다. 이렇게 해서 가치의 재분배가 이루어진다. 『연금술사』는 이러한 친화적 통합체에 두 가지 단계를 추가한다. 즉, A가 B를 만나는 단계와 A가 B를 떠나는 단계이다. 이러한 두 과정은 A가 여행하는 중에 이루어진다. 친화적 상호작용은 이처럼 여행의 이야기의 한 과정으로 등장한다. 좀 더 자세하게 논의해보자.

(1) 여행 이야기

여행은 이 소설의 핵심 테마를 형성한다. "겉옷이 나름의 의미를 지니는 것처럼, 산티아고에게도 자신의 존재의미가 있었다. 바로 여행이었다."(p.27) 주제화 그래프를 사용해 여행의 도식을 간략하게 표현하면 다음과 같다.

[산티아고] ← (능격) ← [여행하다]

물론 여행 그 자체가 목적은 아니다. "그는 언제나 새로운 길을 찾아 여행을 다녔다."(p.31). 새로운 길에서 그는 언제나 새로운 것을 알게 된다. 여행의 목적은 다름 아닌 바로 새로운 지식이며 이 지식이 그에게 '삶의 빛과 의미'를 제공해준다(p.27).

[산티아고] ← (능격) ← [여행하다] → (목적격) → [지식]

그런데 지식을 얻기 위해 여행하는 것은 특정한 어느 한 지역에 국한된 지엽적인 여행이 아니다. 그것은 세상을 여행하는 것이다. "그리고 무엇보다 중요한, 가슴에 품어온 큰 꿈을 매일 실현하는 것, 바로 세상을 여행하는 일이었다."(p.30) 우리는 보다 완성된 여행의 도식을 아래와 같이 작성해볼 수 있다.

[산티아고] ← (능격) ← [여행하다] → (목적격) → [지식]
↓
(처소격)
↓
[세상]

이러한 일반적인 여행의 도식은 소설이 전개되면서 아래와 같이 구체적인 형태를 띠게 된다.

[산티아고] ← (능격) ← [여행하다] → (목적격) → [보물]
↓
(처소격)
↓
[사막]

'보물'은 이 소설에서 '자아의 신화'라고 하는 실존적 가치를 구현하기 위한 도구적 가치에 지나지 않는다. 이 소설은 사막을 여행하면서 일어나는 여러 가지 일들을 에피소드로 소개하고 있다.

(2) 친화적 상호작용

주인공인 산티아고는 여행하면서 많은 사람들과 만나고 또한 헤어진다. 이들과의 관계는 앞서 언급한 대로 대부분 친화적 관계의 성격을 띠고 전개된다. 예를 들어 산티아고가 집시인 노파를 찾아가 그에게 교회 앞

무화과나무 밑에서 그가 꾼 꿈에 대한 해몽을 부탁하는 내용의 에피소드를 살펴보자.

산티아고는 먼저 노파를 찾아간다. 그는 그에게 자신이 꾼 꿈의 해몽을 요구하고 이 요구를 들어준다면 충분히 사례하겠다고 약속한다. 꿈의 내용을 다 듣고 난 노파는 산티아고에게 새로운 제안을 한다. 그것은 해몽을 해 줄 테니 이제 곧 찾게 될 보물의 십분의 일을 달라고 하는 것이다. 산티아고는 이 제안을 허무맹랑한 제안으로 생각하지만 이를 곧바로 수용한다. 꿈이 현실이 아닌 다음에야 자신이 곧 보물을 찾게 될 것이라고 아무도 장담할 수 없을 뿐만 아니라 공짜로 해몽까지 들을 수 있는 기회라고 생각했기 때문이다. 점쟁이는 보물이 피라미드 밑에 숨겨져 있으니 지금 당장 그 보물을 찾아 나서라고 권한다. 그런데 이 해몽은 산티아고가 꾼 꿈의 내용을 문자 그대로 해석한 것, 다시 말해 꿈의 내용을 그대로 다시 말한 것에 지나지 않는다. 산티아고는 오히려 자신이 속았다고 생각하고 점쟁이를 떠난다. 친화적 관계는 재화의 재분배로 마무리되는 것이 일반적이지만 이 에피소드의 경우 재분배는 꿈이 실현된 다음으로 연기된다. 주제화 그래프로 지금까지 약술한 내용을 도식적으로 표상하면 다음과 같다.

<이동>

① [산티아고] ← (능격) ← [찾아가다] → (대격) → [노파]

<산티아고의 제안>

② [산티아고] ← (능격) ← [제안하다] → (대격) → [③]
↓
(여격)
↓
[노파]

③ [노파] ← (능격) ← [해몽하다] → (여격) → [산티아고]

④ [노파] ← (능격) ← [수용하다] → (대격) → [③]

⑤ [산티아고] ← (능격) ← [이야기하다] → (대격) → [⑥]
↓
(여격)
↓
[노파]

⑥ [아이] ← (능격) ← [계시하다] → (대격) → [⑦]
↓ ↓
(처소격) (여격)
↓ ↓
[꿈] [산티아고]

⑦ [보물] → (처소격) → [피라미드]

<노파의 새로운 제안>

⑧ [노파] ← (능격) ← [제안하다] → (대격) → [⑨/⑩]
↓
(여격)
↓
[산티아고]

⑨ [노파] ← (능격) ← [전달하다] → (대격) → [해몽]
↓ ↓
(수해격) → [산티아고] ← (여격)

⑩ [산티아고] ← (능격) ← [전달하다] → (대격) → [보물의 1/10]
↓ ↓
(수해격) → [노파] ← (여격)

⑪ [산티아고] ← (능격) ← [수용하다] → (대격) → [⑨/⑩]

<이동>

⑫ [산티아고] ← (능격) ← [떠나다]

찾고 떠나는 과정을 나타내는 ①과 ⑫은 세상을 알기 위해 세상으로 떠나는 산티아고의 여행 이야기의 한 부분을 형성한다. <산티아고의 제안>과 <노파의 새로운 제안>은 모두 친화적인 상호작용으로 이루어져 있다. 다만 전자가 후자에 비해 불완전한 형태를 띠고 전개될 뿐이다. 왜냐하면 제안과 수용의 과정이 성공적으로 이루어진 반면에 그 다음 과정인 교환의 과정은 갑자기 중단되었기 때문이다. 산티아고가 자신의 꿈을 이야기하자마자 노파가 새로운 제안을 한다. 그 결과 <산티아고의 제안>은 파기되고 <노파의 새로운 제안>이 효력을 발휘하게 된다. 산티아고는 이 새로운 제안을 받아들인다. 이 제안에 따르면 해몽의 대가로 산티아고는 보물의 십분의 일을 전달해야 한다. 그리고 바로 이 과정이 마무리될 때 비로소 친화적 관계는 재화의 재분배로 종결될 것이다. 이 소설은 산티아고가 보물을 찾아나서는 데에서 시작해서 보물을 찾는 것으로 끝이 난다. 따라서 ⑩은 소설의 결말 부분에 가서야 찾아볼 수 있을 뿐이다.

> 그때 타리파에서 만났던 집시 노파와의 약속이 머리에 떠올랐다. 보물의 십분의 일을 노파에게 주기로 했었던 것이다. (p.265)

실제로 보물의 십분의 일을 전달했는지의 여부는 이 소설에서 명확하게 기술되어 있지 않다. 하지만 여러 가지 정황 – 예컨대 산티아고의 성실성과 진지성 – 에 비추어 우리는 충분히 약속이 이행되었을 것이라고 추측해볼 수 있다.

(3) 이야기의 시퀀스

우리가 지금까지 분석한 친화적 상호작용은 비단 꿈의 해몽과 관련된 에피소드뿐만 아니라 산티아고가 겪게 될 여러 가지 모험의 구조적인 특성을 잘 요약해주고 있다. 즉, 친화적 상호작용은 이야기를 끌어가는 하나의 패턴으로 등장한다. 이를 시퀀스로 도식화하면 다음과 같다.

I	II	III	IV	V	VI
A가 B를 만나다.	A가 B에게 α를 제안하다.	B가 A의 α를 수용하다.	A가 B에게 C를 전달하다.	B가 A에게 D를 전달하다.	A가 B를 떠나다.

『연금술사』의 이야기는 위에서 제시한 시퀀스들의 반복으로 이루어져 있다. 산티아고는 세상을 여행하면서 '늙은 왕', '크리스털 상인', '영국인', '연금술사' 등과 만나고 헤어진다. 물론 모든 만남이 친화적 관계로 이루어지는 것은 아니다. 예컨대 이집트 한 카페에서 만난 젊은이는 피라미드로 안내해달라는 산티아고의 제안을 받아들이고 그를 안내하지만 결국 산티아고가 맡긴 돈 보따리를 훔쳐 달아난다. 친화적 관계는 깨어지고 대결적 관계가 형성된다. 일반적으로 대결적 통합체는 도전과 응전, 공격과 반격으로 이루어져 있다. 그런데 산티아고는 자신의 돈을 훔쳐 달아난 사기꾼의 뒤를 쫓아 반격하지 않는다. 그가 되돌아오기를 헛되게 기다릴 뿐이다. 결과적으로 대결적 관계는 미완의 형태로 끝이 난다. 이야기의 전반적인 흐름이 친화적 관계에 의해 지배 받고 있기 때문에 이러한 결과가 큰 의미를 지니는 것은 아니다. 늙은 왕은 산티아고에게, 누구에게나 이루어야할 자신만의 고유한 꿈이 있다고 일깨워준다. 그 대가로 산티아고는 양의 십분의 일을 바친다. 젊은이에게 돈을 몽땅 잃고 실의에 빠진 산티아고에게 크리스털 가게 주인은 자신의 가게에서 일하는 대가로 충분히 사례하겠다고 제안한다. 산티아고는 이를 수용하고 꿈을 이루기 위해 다시 한번 용기를 낸다. 사막을 여행하면서 만난 영국인은 산티아고

에게 책에서 얻은 지식을 제공한다. 그 대가로 산티아고는 체험을 통해 얻은 지식을 제공한다. 이러한 교환이 항상 긍정적인 결과를 이끌어내는 것은 아니다. 이들은 각자 자신만의 고유한 방식으로 자신만의 고유한 신화를 이루어 가기로 결심한다. 사막의 한 오아시스에서 연금술사를 만나 그의 제자가 된 산티아고는 스승의 도움으로 사물의 정기를 깨닫게 된다. 이러한 만남과 헤어짐은 모두 친화적인 상호작용의 형태를 띠고 전개된다. 점쟁이에게 해몽을 부탁하고 그 대가로 보물의 십분의 일을 지불하는 이야기나 사막의 여인인 파티마와 사랑을 주고받는 사랑이야기도 부분적으로 이러한 친화적 상호작용으로 해석할 수 있다. 『연금술사』에 등장하는 에피소드들은 산티아고가 여행하면서 만나고 헤어지는 사람들과 이처럼 친화적 관계를 형성하는 내용으로 구성되어 있다. 이들은 모두 서로 다른 이야기이지만 모두 동일한 패턴의 이야기들이다. 이 패턴을 앞에서 분석한 여섯 단계의 시퀀스에 따라 도표로 정리하면 다음과 같다.

〈시퀀스 분석〉

	A가 B를 만나고 헤어짐 (I, VI)	A 또는 B가 A 또는 B에게 α를 제안하고 수용함 (II, III)	A가 B에게 C를 전달함 (IV)	B가 A에게 D를 전달함 (V)	보충설명
에피소드 6: pp.33-38	A: 산티아고 B: 노파	α: 해몽과 사례	C: 사례는 이 소설의 끝부분에 암시적으로 묘사됨	D: 해몽	B는 A에게 발신자의 역할을 하지만 A는 수신자의 역할을 거부함
에피소드 7~10: pp. 39-64	A: 산티아고 B: 왕	α: 비밀과 사례	C: 양의 십분의 일을 왕에게 바침	D: 자아의 신화와 관련된 비밀	B는 A에게보물의 위치와 자아의 신화를 일깨워줌으로써 발신자의 역할을 하고 A는 이를 수용함으로써 주체로 거듭남
에피소드 13~18: pp.80-105	A: 산티아고 B: 크리스털 가게 상인	α: 노동과 돈	C: 크리스털 가게를 번창하게 할 수 있는 제안과 노동	D: 급여	B는 A가 보물을 찾아 떠날 수 있도록 충분한 여비를 마련하는데 도움을 주는 조력자의 역할을 함

에피소드 20~26: pp.112-142	A: 산티아고 B: 영국인	α : 경험과 책	C: 삶의 경험을 제공함	D: 책의 지식을 제공함	A와 B는 서로에게 자신의 경험과 지식을 제공하는 발신자로서의 역할을 함. 그러나 각자는 서로의 길을 가기로 작정함으로써 수신자의 역할을 거부함
에피소드 33~40 pp.187-253	A: 산티아고 B: 연금술사	α : 동행	C: 산티아고는 연금술사를 따라 나선다	D: 연금술사는 산티아고에게 금을 제공함	B는 A가 자아의 신화를 이룩하는 데 결정적으로 도움을 주는 조력자의 역할과 또한 발신자의 역할을 함. A는 주체로서 가치 대상을 추구함
에피소드 30 pp.151-178 / 에피소드 35 pp.199-202	A: 산티아고 B: 파티마	α : 연인관계	C: 사랑을 고백함	D: 사랑을 받아들임	B는 A가 오아시스를 떠나 보물을 찾아 나서는 데 잠재적인 반대자 역할을 하지만 A가 떠나도록 허락함으로써 실제적인 조력자의 역할을 함

'산티아고'는 '보물'과 '자아의 신화'라는 가치 대상을 추구하는 '주체'이다. '점쟁이'는 산티아고가 앞으로 큰 보물을 손에 넣을 것이라고 예언한다. '늙은 왕' 역시 동일한 예언을 하지만 예언하는 것으로 그치지 않고 보물을 손에 넣기 위해 해야 할 일을 자세하게 가르쳐 준다. 그는 발신자이면서 동시에 조력자인 것이다. 사막의 한 오아시스를 전쟁으로부터 구하고 한 여인과 사랑에 빠져 안주하고 싶은 산티아고에게 자아의 신화를 다시 일깨워 준 '연금술사'는 '늙은 왕'과 마찬가지로 발신자인 동시에 조력자이다. 반면 이집트에서 여비를 몽땅 도둑맞은 채 오갈 데 없는 산티아고를 자신의 가게로 불러 들여 다시 재기하게끔 도움을 준 '크리스털 가게 주인'은 조력자의 역할만을 수행한다. 여비를 훔쳐 달아난 '사기꾼'이 배신자라면 산티아고로 하여금 간접적으로 안주하게 하고 망설이게 한 사막의 여인 파티마는 잠재적인 반대자이지만 그로 하여금 당당히 꿈을 찾아 떠나게 함으로써 실재적인 조력자가 된다.

위의 시퀀스 분석에 기초해서 행위자와 이들이 수행하는 연기자적 역할을 도표로 나타내면 다음과 같다.

〈행위자와 연기자적 역할〉

	발신자	주체	대상	조력자	배신자	반대자	대가
'산티아고'		+					
'점쟁이'	+						
'늙은 왕'	+			+			
'사기꾼'					+		
'크리스털 가게 주인'				+			
'영국인'				(+)			
'연금술사'	+			+			
'파티마'				+		(+)	
'보물'='자아의 신화'			+				
'희생'							+

이상에서 약술한 연기자적 역할은 그레마스 모델에서 행위소에 해당한다. 그러나 '배신자'와 '대가' 등에서 볼 수 있듯이 이들이 항상 일치하는 것은 아니다. 그레마스의 모델이 시대와 지역을 초월하여 적용되는 보편적 모델이라면 라스티에의 모델은 텍스트에 따라 각기 다른 방식으로 적용되는 경험적인 모델이라고 할 수 있다.

참고 문헌

최용호, 『텍스트의미론 강의』, 서울: 인간사랑, 2004.

송효섭, 「해석학적 욕망, 그 언어학적 통제」, 『시학과 언어학』 제 8호, 시학과 언어학회, 2004.

코엘류 저, 최정수 역, 『연금술사』, 문학동네.

Barthes, R., Introduction to the structural analysis of narratives, *Image-*

Music-Text, London: Fontana, 1977.
Greimas, A. J., *Sémantique structurale*, Paris, Seuil, 1966.
Rastier, F., *Sémantiaue interprétative*, Paris, Puf, 1987.
Rastier, F., *Sens et Textualité*, Paris, Hachette, 1989.

Dialectic Analysis on Alchemist by Coelho From the point fo view of Text Semantics

CHOI Yong-Ho

In this article I attempt to apply the 'dialectic' to the narrative analysis on the *Alchemist* by Coelho. The 'dialectic' forms a semantic component of Text Semantics in addition to 'thematic', 'dialogic', 'tactic'. It aims, briefly speaking, to unveil the narrative structure constitutive of story text in general by focusing on both actors and the interaction between them. In this sense, it has the same mission and the same goal with Narrative Semiotics. According to the level of analysis, on the one hand the actors are divided into three forms: 'actant', 'actor' and 'agonist', on the other hand the different interactions between them are classified as follows: action, function and sequence. In the dialectic analysis on *Alchemist*, I make clear the irenical function is prevailing in the adventures the hero Santiago went through.

열쇠어 : 텍스트 의미론Text Semantics, 변증부Dialectic, 서사Narrative, 행위자Actor, 기능Function, 연기자Agonist, 시퀀스Sequence

Ⅲ. 삶

표정(表情)의 기호학 : 희노애락의 대위법

- 아이베스펠트(I. E.- Eibesfeldt)의 행태학을 중심으로 -

박여성*

1. 들어가기

생명체는 기본적으로 유전자, 개체의 기억, 언어와 문자 및 기타 (전자) 매체를 통한 문화의 구성 등 적어도 세 가지 방식으로 정보를 산출하고 저장한다. 이런 시각에서 포스너(1992)는 공동체, 물질문명 및 문화의 층위에서 인류학의 연구대상을 구분한 바 있다:

> (1) 사회인류학의 대상은 사회적 문화, 즉 공동체이다. 하나의 공동체는 그 안에서 운영되는 제도 및 기관(Institutionen)과 의례행위(Rituale)로 이루어진다. 예를 들어 교회나 예배의식은 종교적 기관이다.
>
> (2) 물질인류학의 대상은 공동체의 물질문화, 즉 문명(Zivilisation)이다. 공동체의 문명은 물질적 피조물(Artefakt)과 그것을 산출하고 사용하는 기술(技術: Technologie)로 이루어진다. 예를 들어 십자가, 성체(聖體), 화환, 찬송가, 성서 등은 종교적-물질적 피조물이다.
>
> (3) 문화인류학의 대상은 공동체의 문명 속에서 실현되는 정신문화, 즉 좁은 의미의 문화(Kultur)이다. 공동체의 정신문화는 정신적 피조물(Mentefakt: 이념과 가치의 체계)과 그것을 기술(記述)하고 사용하는 규약으로 이루어진

* 제주대학교 독일학과 교수

다. 예를 들어 천주교 성인의 모습이나 엠블렘을 수반한 신부의 동작 등은 종교적-정신적 피조물이다.

공동체 문화(제도와 기관 및 의례)와 물질문화(물질적 피조물 및 사용기술) 그리고 정신문화(정신적 피조물 및 규약)는 후속 세대로 전승되어야 하는데 그것을 통상 전통(Tradition)이라고 부른다. 특히 텍스트의 형태를 띠는 정신적 피조물은 다음의 조건을 충족해야 한다:

— 텍스트는 의도적 행동, 즉 지향성(Intentionality)의 결과이어야 한다.

— 텍스트가 도구로 사용되려면 그것에 하나의 기능을 부여하는 규약이 통용되는 문화가 존재해야 한다.

— 텍스트에는 하나(이상)의 시니피에를 할당하는 코드가 있어야 한다.

이런 시각에서 우리의 기호 환경을 잠시 살펴보자: 세상이 험악하던 시절, 동네 어귀의 전봇대나 구멍가게 창문에는 여지없이 현상범의 사진이 붙어있었다. 영락없이 푸줏간의 고깃덩이 신세이다. 그런가하면 필자의 동료이자 베를린 공대 기호학연구소의 마시모 세레나리 박사의 아들은 자신의 스케치북에 동양인을 괴물 반 악당 반의 사악한 돈벌레로 그려놓았다. 혼담을 나누던 선남선녀들이 미아리 점집을 배회하다가 파탄에 이르는 일도 종종 생긴다. 어째서 동방정교회의 아이콘(聖像: Icon)은 죄다 백인의 모습인가? 그래서 낭만주의 천재 괴테조차도 선악의 성정(性情)이 얼굴에 표상된다는 골상학(骨相學: Physiognomie)에 몰두했던 것은 아닐까? CNN을 장식하는 조지 부시 대통령과 알 카에다 전사 빈 라덴, 토니 블레어 총리와 분노한 바그다드 시민... 히틀러나 스탈린이 부활할 것 같은 21세기 벽두, 우리는 도대체 누가 악의 축(Axis of Evil)인지도 가늠할 수 없는 카오스 시대에 살고 있다. 이것은 개인뿐만 아니라 특정한 지역이나 국가 나아가 종교와 인종을 차별하는 근본주의와 이방인혐오

(Xenophobie)가 활개치는 현실기호학의 현주소이기도 하다.

2. 행태학(行態學: Ethologie)

문화적 취향과 선택의 결과 구축된 세미오시스에서는 신체의 일부, 특히 얼굴은 중요한 소통유발자(Auslöser)로 동원된다. 이를테면 바로크 시대의 포동포동한 아이의 발그레한 뺨이나 호르몬 분비로 생긴 여체의 유방과 허리의 만곡선은 성적인 유발자이다. 그것은 깃털로 축제용 치장을 한 야노마미 부족의 남자, 일본의 가부키 배우, 러시아의 차르 알렉산드르 II세의 경우처럼 무늬, 레이스, 단추의 열 등을 수단으로 남성의 2차 성징을 강조하는 의상체계의 보편적 문화소(Kulturem)로 자리잡는다(<그림 1>). 루이 14세 시대의 귀부인(마리 앙투아네트)의 옷이나 트로브리안트 군도의 카일레우나 부족 무용수의 풀잎 치마처럼 엉덩이 부분을 북돋운 의상에서도 마찬가지이다. 이에 착안하여 쾨니히(O. Koenig)는 집단 및 계급 특유의 귀속성을 강조하는 '의상행태학'이라는 개념을 제안했다. 이제 의상은 —바르트가 말하듯이— 악천후로부터 몸을 보호하는 생물학적 기능과 치부를 가리는 윤리적 기능을 넘어서 과시와 유혹, 위협과 경고 등의 커뮤니케이

〈그림 1〉 남성성을 강조하는 어깨 장식

션 기능을 획득하게 되었다.

프리쉬(C. v. Frisch), 틴베르헨(N. Tinbergen)과 더불어 1973년 노벨 생리의학상을 수상한 로렌츠(K. Lorenz)의 학풍을 계승한 아이베스펠트(I. E.- Eibesfeldt)는 독일 뮌헨대 생물학과와 막스 플랑크 인류행태학연구소(Max-Planck Institut. Forschungsstelle für Humanethologie)를 이끌면서 행동의 과학으로서 행태학을 정립한 20세기의 석학이다. 그의 자서전인 "생명의 황금나무야 푸르러라"(Und grün des Lebens goldnen Baum)에는 세계의 모든 지역을 대상으로 한 행태학 연구의 과정이 소개되었다. 그는 1980년대 이래로 동물행태학(Tierethologie)의 이론적 토대를 정립했고, 언어학자 헤센(V. Hee-schen)과 더불어 인간행태의 표층적-동물적 속성뿐만 아니라 상호작용에도 주의를 기울여서 인사, 위협, 화해, 투쟁, 교류, 위안, 축하 등의 행동을 행태언어학(Etholinguistik)의 단초로 제안하는 가운데 "인간행동의 생물학"으로 정의되는 인류행태학(Humanethologie)으로 연구영역을 넓혔다. 현재 진행하는 문화행태학(Kulturethologie)의 연구가 완결되면, 윅스퀼(J. von Uexküll)에서 출발하여 인류학과 생물학, 기호학과 사회학을 가로지르는 학제적인 생명과학, 즉 행태학이 정립하는 것이다.

행태학 연구의 사례를 하나 들어보자: 야노마미 부족이 이방인을 영접할 때 드러내는 공격적인 몸짓은 전투와 살육을 상징하는 춤으로 시작한다. 그런 다음 화동(花童)이나 여인들의 부드러운 환대(춤이나 입맞춤)가 뒤따르는데 이런 성향은 서구에도 존재한다. 외국의 국가원수를 영접할 때 광장에서 벌이는 거창한 열병사열이나 군사행진의 근본원리는 파트너의 약점을 이용해서 우월권을 확인하려는 원시부족의 의식과 다를 바 없다. 손에 힘을 주어 상대방과 악수하는 것도 사실은 은폐된 공격성이다. 이때 드러나는 동작의 특성은 기호학의 관심사가 아닐 수 없다.

3. 표정

관상이나 인상은 생물학적으로 타고난 선천적인 세미오시스인 반면에, 표정은 소통목적에 따라 의도적으로 또는 반사적으로 나타나는 안면 운동이다. 즉 지향성(志向性)을 가지는 일종의 엠블렘(Emblem)이다. 인간의 안면운동은 어느 정도 문화적 보편성을 가지는데—유인원과의 비교에서 알 수 있듯이—특정한 표정을 습득하기 위한 기초훈련으로서 모방은 매우 오래된 것이다. 나아가 인간은 언어적 커뮤니케이션 패턴과 비언어적 커뮤니케이션 패턴을 혼합함으로써 자신을 더욱 확실하게 표현할 수 있다. 그래서 말하기에 거북한 메시지를 어색한 웃음으로 뭉뚱그리거나 신랄한 비난을 제스추어로 완화할 수 있다. 이때 동원하는 엠블렘은 감정의 단절로 인한 대결을 객체화하는데 기여하며, 상대방을 물리적으로 해치지 않고도 싸움을 가능하게 해 준다. 비교적 대규모의 공동체에서 의례화된 갈등을 극복하는 인간 특유의 형식은 바로 공존의 전제조건이다.

한편, 유인원이나 인간뿐만 아니라 개나 고양이 과(科)의 일정한 고등동물도—대개 종족사의 과정에서 발전시킨—복잡한 표정을 구사한다는 사실이 밝혀졌다. 이 분야에 대한 연구로는 20세기 미국 기호학의 거두 고(故) 시비억(Th. A. Sebeok) 교수의 '동물기호학'(Zoo-Semiotics)에 대한 업적을 들 수 있다. 사람이건 동물이건 모든 행동방식은 상대방이 행위 의도를 간파할 수 있을 정도로 일정한 흥분자극을 충분히 규칙적으로 수반해야만 종족사의 과정에서 특정한 조율을 거쳐 하나의 신호로 정착할 수 있다. 이때 그 신호는 단지 흥분상태의 순수한 동반현상(부르르 떨기, 붉어지거나 창백해지는 얼굴)일 수도 있고 특정한 기능을 충족하는 행동일 수도 있다. 예를 들어 먹이(젖)를 주려고 가슴에 보듬는 행동은 의례화 과정을 통하여 우호적이고 유대감을 공고히 하는 신호를 창출하는 단서에 선택의 제한권을 보장한다. 반면에 깨물기, 가격, 점프 등의 행동은 위협으로 간주된다. 대부분의 감정표현 동작은 먹이를 거부하는 아기의 동작처럼 반사적으로 유도된다. 아기(젖먹이)는 맛있는 것을 거절하고 싶을 경우 입 속에 든 것을 내뱉는다. 심지어 그 아기는 음식물이 입에 닿기도 전에 이 동작을 적용하고, 일반적인 상황에 적용하는 학습능력을 개발한다. 그래서 어떤 사안에 대해 더 이상 알고 싶지 않을 경우에도 무엇을 뱉는 동작을 취한다. 그러나 아기의 거부동작과 -이성간의 악의없는 희롱(시시덕거리기[Flirten])이나 우호적인 친교시도를 표현하는- (혀)날름거리기(Züngeln)는 구분해야 한다. 혀를 조금 덜 내밀며 종종 약간 옆으로 내밀면서 윗입술을 살짝 핥는 성적인 유혹(일회적이며 짧은 의도적인 핥기 행위)을 보면, 여자들은 거의 무의식적으로 접촉을 위한 요구 나아가 이성을 받아들일 준비에 대한 표현으로 이해한다.

신체기관을 여는 것은 일단 지각상태의 편안함을 은유적으로 표현한다. 이 경우 전형적인 행동은 '하품'이다. 대부분의 포유류와 조류, 파충류 심지어 어류까지도 하품을 한다. 그렇다면 하품은 종족사적으로 오래된 행동이다. 일단 턱을 내미는 하품은 '피곤하다', '졸리다', 그래서 '잠을 자자'는 화용적 의미를 가진다. 그래서 학생들은 특정한 공간(이를테면, 강의실)에서는 하품을 참으려고 한다. 하품을 통한 -피곤함이나 지루함의- 명시적 표출은 커뮤니케이션 상대자(교수)에 대한 결례이기 때문이다. 그것보다는 차라리 눈을 감거나 얼굴을 돌릴 것이다. 악취가 나면 숨을 멈추거나 코 방망이를 눌러서 그 냄새를 차단한다. 그리고 머리를 의도적으로 옆이나 뒤로 돌린다. 불쾌한 감관자극에 반응하는 이런 동작은 용기 혹은 거만함도 표출한다. 머리를 뒤로 돌리는 경우 대개 코가 눈에 비하여 높아지게 마련이다. 그래서 거만한 사람을-코의 실제 모양과 관계없이-'콧대가 높다'(hochnäsig)고 하는 것이다.

개를 관찰해 보면, 다양한 표정과 근육이 구조적으로 연동(連動)하는 것을 볼 수 있다. 이를 관찰한 로렌츠(1953)에 의하면 개의 표정은 조합원리를 반영한다. 수평축(a→g)은 점점 더 공격적인 강도를 수직축(a→c)은 점점 더 순응적인 강도를 나타낸다(<그림 2>). 그렇다면 c는 가장 순응

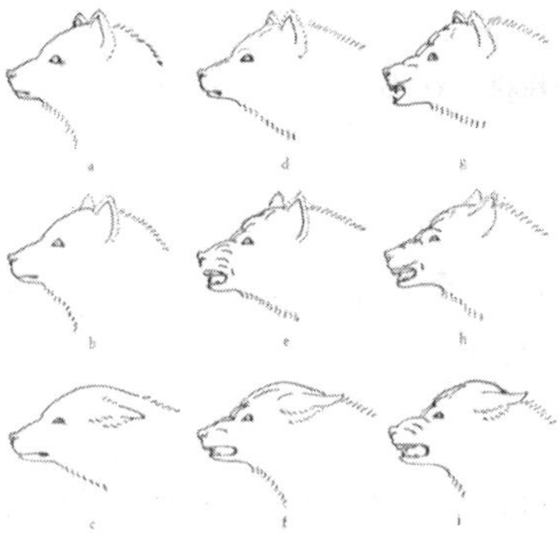

〈그림 2〉 표정의 조합-개의 공격성과 순응성

적인 표정이고 i는 가장 공격적인 표정이라고 할 수 있다. 점이(漸移)지대에 놓인 여러 상이한 표정들은 공격성과 순응성과, 비공격성과 비순응성 사이의 기호사각도로 세분할 수 있다. 이때 개의 표정에 관여하는 요소는 귀(모양/방향), 눈(방향/크기), 입(개/폐), 이빨(개/폐) 및 코(주름살)이다.

개에 비하여 안면근육을 더욱 복잡하게 조합하는 유인원의 표정(<그림 3>)을 보자:

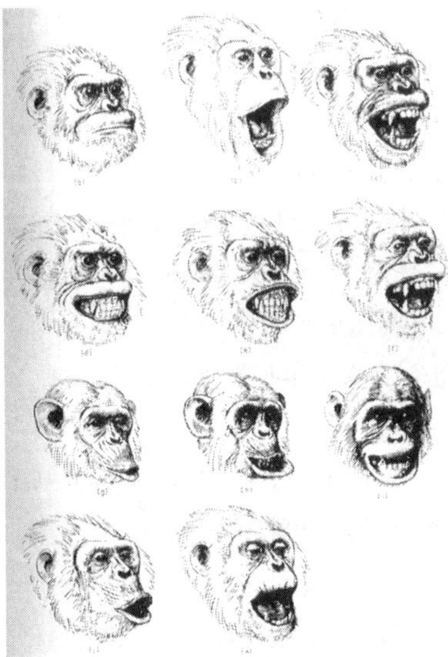

〈그림 3〉 침팬지의 다양한 표정

(a) 노려보기: 입술을 꽉 다문 분노의 표현
(b) 욕하기: 소리치면서 투덜거리기
(c) 소리지르기: 이빨을 드러낸 분노의 표현
(d) 입술을 말아서 이빨 드러내기: 순종/위축
(e) 입술을 둥글게 말아 치켜들고 이빨 드러내기: 겁먹은 표정
(f) 입을 벌리고 이빨을 드러내기: 반가움(?)
(g) 입을 뾰족하게 내밀기: 호기심(?)
(h) 비탄의 표정: 훌쩍이거나 흐느끼는 표정(whimper face)

(i) 울부짖는 표정: 절망이나 슬픔의 표현

(j) 우호적인 순종: 야유하는 표정(hoot face)을 수반

(k) 놀이 표정: 친교적 표정

이때 침팬지의 표정에 관여하는 요소는 입과 입술(개/폐, 전/후, 상/하), 이빨(개/폐), 눈과 코(콧구멍의 개/폐) 등이다.

'개체발생(Ontogenese)은 계통발생(Philogenese)을 되풀이한다'는 핵켈(G. Häckel)의 정리는 인간의 행동습득과정에도 적용된다. 그래서 젖먹이는 가까운 환경(주로 엄마)과의 접촉을 통하여 초기의 행동표본을 습득한다. 로렌츠는 이것을 '각인'(刻印: Prägung)이라고 부른다. 개체와 개체, 개체와 집단 그리고 집단과 집단은 상호작용을 통하여 특정한 행동방식을 커뮤니케이션 신호로 의례화하는데 그 과정의 중요한 기능은 다음과 같다:

(1) 동작은 단순화되고 종종 리듬으로 반복되는 동시에 동작의 강도는 과장된다. 말하자면 모사의 과장이라고 할 수 있다.

(2) 감정표현 동작에는 의도를 암시하는 행동으로부터 완전히 수행된 표출행위에 이르기까지 무수한 중간과정이 존재한다.

(3) 신호로 정착하는 행동방식들이 세분됨으로써 그것에 토대하는 신체기관의 구조도 상응하여 발달하는 경우를 볼 수 있다. 그래서 일부 동물(사자)은 갈기를 발달시키거나 혈관을 드러낼 정도로 벌건 부위(개코원숭이)를 가진다. 신체기관이 퇴화한 인간의 경우는 의복이나 화장(化粧)이 그에 상응하는 역할을 한다.

(4) 동기는 바뀔 수도 있다. 예를 들면 교미 직전의 수컷이 상대방에게 보이는 위압적 행동은 공격성의 새로운 동기로 변할 수도 있다.

물론 이러한 자극-반응의 행동주의적 패턴은 표정습득의 초기과정에서 관찰된다. 생득적 메커니즘과 아울러 향후 후천적으로 학습되어야 하는

문화적 패턴의 형성에는 그 밖의 기제들이 개입한다.

4. 눈썹

엄마와 아이 사이의 상호작용에서 관찰되는 눈썹 동작은 대부분의 문화권에서 우호적 관계를 맺으려는 보편행동이다. 사모아인이나 폴리네시아인, 파푸아 뉴기니아인이나 야노마미 원주민도 이방인과 우호적인 접촉을 할 경우 눈썹을 빨리 올리지만, 일본이나 한국에서는 어른의 눈썹 동작은 고상하지 못한(무례한/꼴불견인/부적절한) 행동으로 간주된다(아이들은 예외인 것 같다). 유럽이나 미국에서는 우호적 관계를 수립한 사람들 사이에서 (제한적으로) 허용되지만, 이방인에게는 여전히 낯설음을 유발한다. 골목에서 싸우던 아이들은 종종 표정만 보고도 승자를 결정한다. 대부분의 아동은 턱을 뒤로 빼고 얼굴을 처든 다음 눈썹을 찌푸리면서 상대방을 노려보는 상대방(plus face)을 승리자로 간주하는 반면에, 패배자는 눈썹이 처진 채 턱을 아래로 떨구고 상대방의 눈길을 피한다(minus face). 이것은 10살 정도가 되기까지 아동이 체험하는 공간(골목이나 학교)에서 통용되는 서열에 상응한다. 이러한 경고와 위압적 메커니즘은 사회적 경험을 통하여 정형화된 틀을 넘어서 감정을 자발적으로 표출하는 기제로 순화된다.

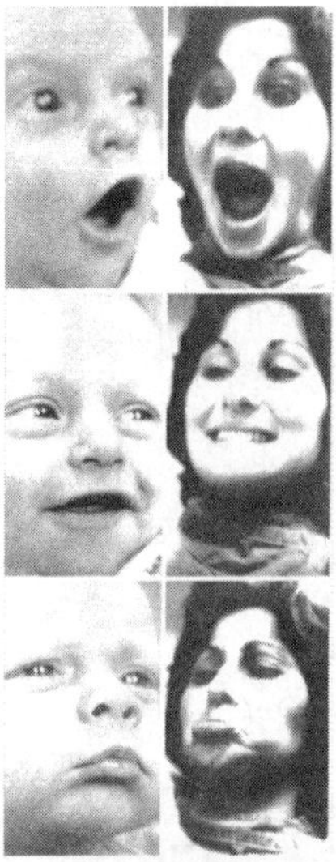

〈그림 4〉 표정의 각인

〈그림 5〉 눈인사(위→아래): 프랑스 여인, 야노마미 남자/여자, 중앙 아프리카 칼라하리 쿵 부시맨 여인, 파푸아 뉴기니아 훌리 족 노인, 인도네시아 발리 족 남자

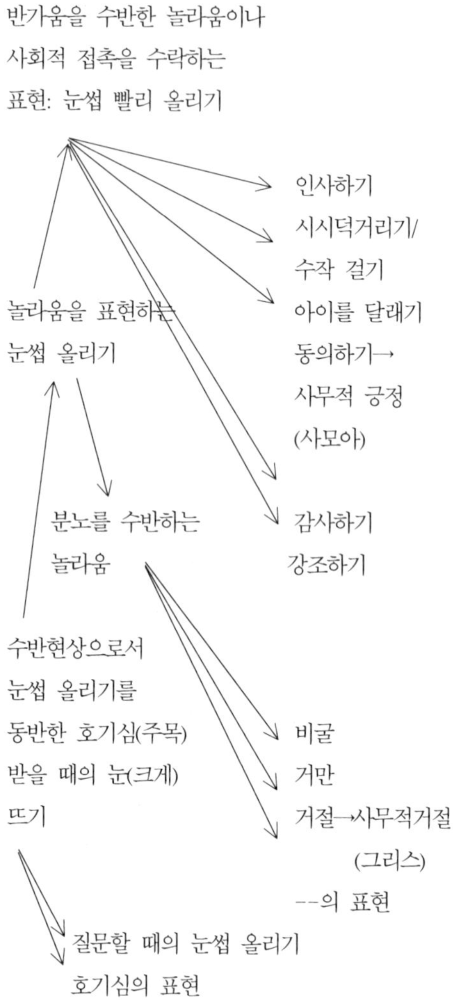

〈표 1〉 눈썹 올리기의 기능

눈썹 빨리 올리기 동작은 의례화된 표현으로서 생각하기, 동의, 시시덕거리기, 인사하기, 긍정하기, 격려하기 등의 상황에 동원되어 광범위한 의

미영역을 가지지만 그 핵심은 -언어적으로는 긍정표현에 해당하는- 우호적인 접촉준비와 공감이다(사모아). 눈썹을 올림으로써 확장된 안면은 호기심이나 놀라움 또는 의심을 표현한다. 물론 다른 부위와 연동하여 기대가 가득한 정지동작, 눈길 접촉, 숨을 멈추기, 놀라움의 경우 입을 벌리기, 호기심의 경우에는 머리를 흔들면서 눈을 움직이는 동작을 수반한다. 이런 눈썹 빨리 올리기는 거절이나 격분의 표현인 지속적인 눈썹 올리기와 구별해야 한다.

이와 달리 눈썹 천천히 올리기는 표현을 세분하는 수반동작으로서 일단 주의력을 표현하면서 놀라움과 함께 거만, 격분, 사회적 거절, 사무적 거절을 표현한다. 이것은 위협적인 쏘아보기(째려보기)나 눈과 눈썹 사이를 오므리기(접촉의 거절, 부정, 오만함의 표현)를 수반한다. 거절의 강도가 강할 경우에는 머리를 뒤로 젖히거나(심한 거만함의 표현) 손 흔들기를 수반한다. 격분이나 사회적인 거절을 표시할 경우에는 눈썹을 아주 천천히 올리는 것이 보편적이다. 동료의 실책에 대하여 분노하거나 치켜든 눈썹으로 상대방을 째려보거나 아예 눈을 감고 상대방과의 눈길 접촉을 회피한다. 이때 사무적 거절은 지중해 문화권(그리스)에 국한된다.

5. 가부키(歌舞伎)

엠블렘 중에서 가장 정교한 것은 얼굴을 비롯한 손과 팔을 동원한 신체상부의 연동적 동작이다. 이때 동작을 이루는 기본단위들(형태소)의 복합(어휘소)을 통하여 통사구조(문법)와 연동한다. 나아가 의사소통의 목표는 화행 층위에 할당할 수 있다. 문제는 인간이나 동물의 표정이 화행 분류에 의하여 선험적으로 규정된 것은 아니기 때문에, 연구 방향은 귀납적이라는 한계를 안고 있다.

여기에서는 일단 얼굴에 국한하기로 한다. 일본의 전통예술인 가부키에서는 특정한 상황에 동원되는, 이를테면 적장에게 굴복하는 장수의 얼굴, 이별의 슬픔을 나타내는 게이샤의 표정 등에서 분노와 슬픔, 기쁨과 질투의 패턴은 엄격하게 의식화되어 있다. 이때 보편적인 패턴의 일정한 요소들은 과장되어 있고 어떤 것들은 억제되어 있다. 분노한 표정의 경우 연기자는 송곳니가 보일 정도로 입의 근육을 벌린다. 그렇게 해서 분노의 주름살이 생겨나며 상태가 격앙되면 안면 근육이 경련하기 시작한다. 배우의 표정은 극적인 방식으로 자기통제의 상실을 상징하며, 생생한 감정 표출을 위하여 종종 실제로 자신의 얼굴을 때리기도 한다. 여자 역할을 맡은 연기자(가부키에서는 여자 역할도 모두 남자가 연기한다. 이와 유사한 장면으로 중국의 경극 영화 "패왕별희"에 나오는 [2003년 4월 1일 자살한] 장국영을 떠올리면 된다)는 질투나 기쁨을 표현하기 위하여 입 근처에 손수건이나 옷고름을 대고 지그시 깨물면서 머리를 좌우로 살랑살랑 흔든다.

〈그림 6〉 기쁨(여자)

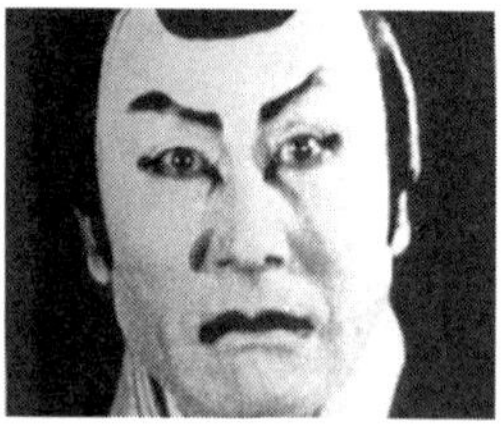

〈그림 7〉 놀라움(남자)

〈그림 8〉 슬픔(여자)

〈그림 9〉 슬픔+(분노) (남자)

〈그림 10〉 분노+(공포) (남자)

〈그림 11〉 기쁨(남자)

모리시타와 지크프리트(Morishita & Siegfried, 1983)는 44명의 일본인과 36명의 유럽인을 대상으로 문화적으로 의례화된 표현이 얼마나 보편적으로 이해될 수 있는가에 대한 실험을 했다.

〈표 2〉 그림 6의 분석(일본/유럽/한국 순): 기쁨(여자)

구분 / 강도	놀라움	공포	분노	혐오	슬픔	기쁨
5	0/0/0	0/0/1	0/0/0	0/0/0	0/0/0	5/2/16
4	0/0/0	0/0/0	0/0/0	0/0/0	0/0/1	15/5/15
3	0/5/0	0/1/0	0/0/0	7/0/1	2/0/0	11/12/10
2	0/10/0	0/1/0	0/0/0	3/0/0	1/0/0	0/7/3
1	0/5/0	0/0/0	1/0/0	2/0/0	0/0/0	5/0/2

〈표 3〉 그림 7의 분석-가부키 전문가의 분석: 놀라움

구분 / 강도	놀라움	공포	분노	혐오	슬픔	기쁨
5	10/6/13	1/1/5	0/0/1	0/0/0	0/0/0	0/0/0
4	14/7/11	1/0/9	0/0/1	0/0/0	0/0/0	0/0/0
3	11/11/5	5/3/3	1/1/3	0/1/0	1/0/0	0/0/0
2	6/3/0	4/6/0	4/1/0	0/1/0	1/1/0	1/1/0
1	4/1/0	8/4/1	0/0/0	4/0/0	1/2/0	0/0/0

〈표 4〉 그림 8의 분석-가부키 전문가의 분석: 슬픔

구분 / 강도	놀라움	공포	분노	혐오	슬픔	기쁨
5	0/0/0	0/0/0	0/0/0	0/0/0	5/13/10	0/0/0
4	0/0/0	0/0/0	0/0/0	0/0/0	13/5/9	0/0/0
3	0/0/0	0/0/0	0/0/0	0/0/0	3/5/16	2/0/2
2	0/0/0	1/1/0	0/0/0	0/0/0	10/5/8	0/1/0
1	0/0/0	0/1/0	0/0/1	0/0/0	9/2/3	6/0/1

〈표 5〉 그림 9의 분석-가부키 전문가의 분석: 슬픔+(분노)+((혐오))

구분 / 강도	놀라움	공포	분노	혐오	슬픔	기쁨
5	0/0/0	0/0/0	0/0/2	0/5/2	4/8/3	0/0/0
4	0/0/0	0/1/2	0/1/5	1/3/1	16/10/15	0/0/0
3	0/0/0	0/0/0	1/1/7	0/3/2	11/5/4	0/0/1
2	0/1/0	0/0/0	1/2/2	1/1/0	5/1/3	0/0/0
1	0/2/0	1/1/0	1/2/0	1/5/0	4/5/1	0/0/0

〈표 6〉 그림 10의 분석-가부키 전문가의 분석: 분노+(공포)

구분 / 강도	놀라움	공포	분노	혐오	슬픔	기쁨
5	0/0/0	0/1/0	3/8/2	0/0/0	0/1/2	1/0/1
4	3/0/1	0/1/3	6/1/12	0/0/1	0/1/2	3/2/1
3	1/1/1	0/0/1	6/2/4	4/2/3	4/4/0	6/2/5
2	1/1/1	0/10/0	4/3/3	2/4/1	0/1/0	3/1/0
1	1/1/0	0/1/0	6/4/1	2/1/0	1/2/1	1/1/2

〈표 7〉 그림 11의 분석-가부키 전문가의 분석: 기쁨

구분 / 강도	놀라움	공포	분노	혐오	슬픔	기쁨
5	0/0/0	0/1/0	0/2/1	1/0/2	0/0/0	2/0/2
4	0/0/0	0/1/0	0/1/2	1/0/5	0/0/1	8/0/8
3	0/2/0	0/1/0	0/3/1	1/2/4	0/3/2	14/5/9
2	0/2/0	0/8/1	1/1/1	0/1/1	2/2/0	5/6/9
1	0/5/0	1/1/0	0/5/0	2/4/0	1/1/0	6/4/1

여기에서는 50명의 한국인에게 의뢰한 설문결과를 추가하였다. 놀라움[Surprise], 공포[Fear], 분노[Anciousness], 혐오[Disgust], 슬픔[Sadness], 기쁨[Delight]의 기본범주에 5단계(최대 5↔최소 1)의 강도를 교차 적용한 30개의 가능성 중에서 선택한 결과가 한 영역에 집중적으로 분포하면 인지적 가중치가 높은 것이고(**짙게** 표시), 흩어진 경우는 낮은 것이다.

설문조사 결과 일본인과 유럽인 및 한국인의 인지도는 대동소이하지만 편차는 있었다. <그림 6, 7, 8>은 대부분 각각 기쁨, 놀라움, 슬픔으로 해석한 반면에, 9, 10, 11에서는 주요 감정에 있어서는 일치하지만, <그림 9>는 분노와 혐오를 동반한 슬픔으로, <그림 10>은 기쁨과 혐오 및 공포를 수반한 분노로 해석하여 인지적 집중도가 낮았다. (남성의) 기쁨(<그림 11>)의 해석에도 편차가 있었다. 여인의 기쁨(<그림 6>)에 대해서 일본인은 기쁨에 추가적으로 혐오를, 유럽인은 놀라움을 표시했다. 이때 (여장남자) 배우가 통상 절망의 표시로 손가락으로 옷고름을 입술에 갖다 대는데, 놀라움이나 혐오에서도 손을 입에 대기 때문에 혼란이 생긴 것 같다. 가부키 양식에 익숙한 일본인과 정서적으로나 문화적으로 이질적인 유럽인 그리고 정서적으로는 일본과 가깝지만 가부키 전통에는 낮선 한국인에 대한 인지실험의 결과가 -몇몇 동작을 제외하면- 유사하다는 것은 문화적 보편성을 뒷받침한다. 물론 분노(<그림 10>)와 기쁨(<그림 11>)의 해석에서 편차가 컸는데, 그것은 한편으로는 일본식 화장법에 다른 한편으로는 오해를 야기할 정도로 정서적 반응을 억제하며 안면근육을 지나치게 긴장하는 가부키 특유의 모순적 안면동작에 기인하는 것 같다. 더욱이 일본 여러 지방에서 발전한 가부키 전통에서는 각 지역 나름대로 문화적인 과잉완성이 드러난다. 자연적인 인상(골상)과 문화적인 표정이 동일한 신체로 표현된다는 점에서 이것은 색다른 연구주제를 제공한다. 다른 문화에서는 기쁨을 어떻게 나타내는가? 표현방식은 어떻게 양식화되고 변형되며 어느 정도나 보편적인가?

5. 표정코드체계(FACS)

5.1. 안면근육의 해부학적 구조

표준 유럽인의 안면 해부도(<그림 12>)에서 보다시피, 표정을 가능하게 하는 개별적인 안면근육이나 근육 그룹마다 일정한 기능을 조합하여 동의, 슬픔, 분노 등을 표현할 수 있다. 표정의 조합은 영장류 고등동물에서도 관찰되지만, 인간의 경우는 입의 각도나 이마의 주름살 등을 추가로 동원하여 뉘앙스의 변동 폭이 훨씬 넓다. 따라서 표정만으로도 매우 다양한 커뮤니케이션을 감당할 수 있다:

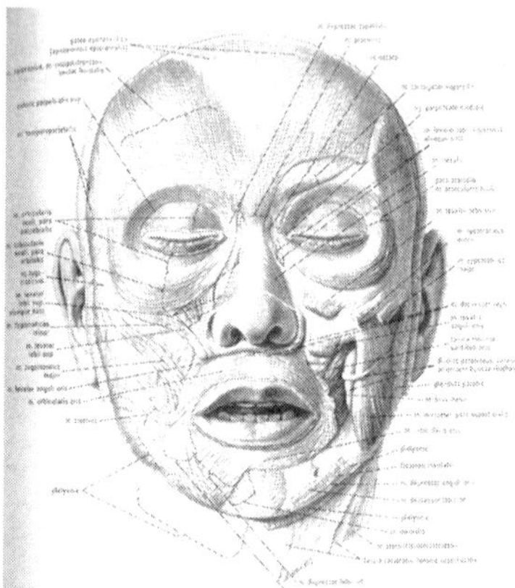

〈그림 12〉 유럽인의 안면근육(IEE 1991: 625)

5.2. 효르츠외(C. H. Hjortsö, 1969)의 표정 연구

안면 운동의 연구에서 있어서 획기적인 계기는 안면근육의 수축을 통하여 얻을 수 있는 23개의 가능한 기본표정을 추출한 핀란드 심리학자

효르츠외(1969)의 연구이다(<그림 13>). 그는 표정을 결정하는 안면근육의 해부학적 구조를 정확하게 기술했는데, 이것은 차후 에크만/프리젠(Ekman & Friesen)의 표정 코드체계(FACS: Face Action Coding System)의 기반이 되었다. 그는 23개의 안면 근육의 수축/이완을 통하여 영향받는 얼굴 표면(주름살 형성, 입의 위치)의 변화를 기술했고 그것에 일련번호를 붙여서 스케치로 재현했다:

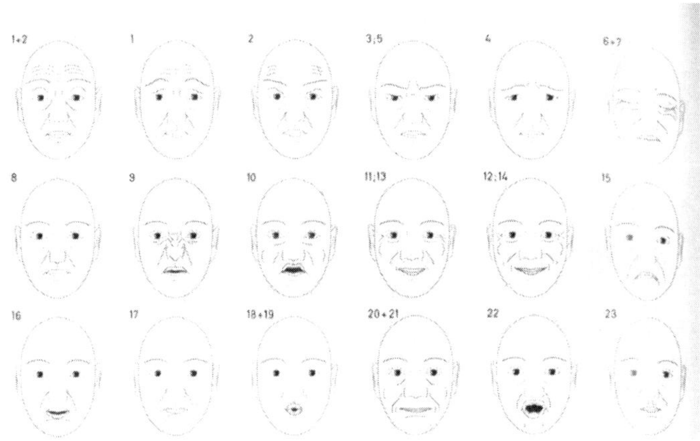

〈그림 13〉 Hjortsjö-안면근육 수축의 기본형(IEE 1991: 628)

근육조합을 통한 기본표정: 1+2: m.frontalis, 1: m.frontalis,pars medialis, 2: m.frontalis, pars lateralis, 3: m.procerus 또는 depressor glabellae, 5: m.depressor supercilii, 4: m.corrugator supercilii, 6+7: m.orbicularis oculi, 6: m.o.o pars orbitalis, 7: m.o.o. pars palpebralis, 8: m.nasalis, 9: m.levator labii superioris alaeque nasi, 10: m.levator labii superiorios, 11: m.zygomaticus minor, 13: m.caninus, 12: m.zygomaticus major, 14: m.risorius, 15: m.triangularis, 16: m.depressor labii inferioris, 17: m.mentalis, 18+19: mm. incisivi labii superioris et inferioris, 20+21: m.risorius, 22: m.orbicularis pars labialis, 23: m.orbicularis pars marginalis.

효르츠외는 위의 23개의 근육범주를 조합하여 다음과 같이 24개의 정표동작의 목록을 만들었다. 그러나 이 범주들이 일관적인 정렬원리를 따른 것은 아니다. 기분과 상태에 따라(화난, 우호적인, 슬픈, 불신하는, 놀란-겁먹은, 거만한/건방진, 구역질나는) 또는 그 밖의 행동표본에 따른 개념들(웃는, 미소짓는)도 섞여 있다는 점에서 유형분류의 일관성 원리에는 미흡하다.

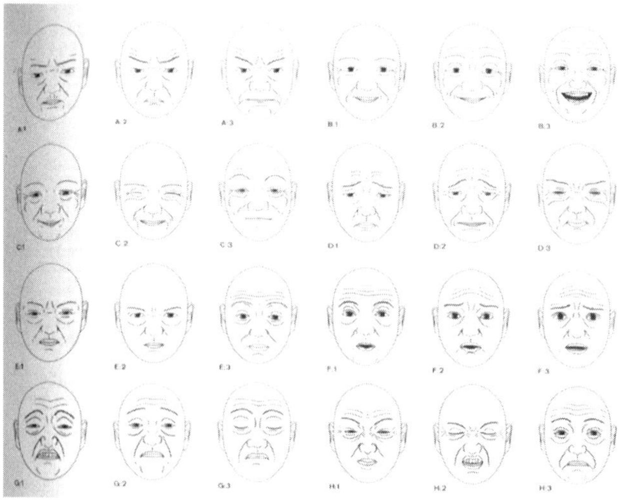

〈그림 14〉 Hjortsjö-안면근육 수축의 조합을 통한 표정(IEE 1991: 269)

A1: 단호한/엄격한/결연한 - (2), 3, 5, (16), (17), (20+21), 23
A2: 화난/양보심이 없는 - 2, 3, 5, 15, 16, 17, (20+21), 23
A3: 분노한/격노한 - 2, 3, 5, 15, 16, 17, (20+21), 23
B1: 미소짓는/온화한/우호적인 - (6), 7, 11, 12, (20+21)
B2: 기쁜/행복한 - (1), (2), 11, 12, 13, 14, (20+21)
B3: 자애로운/웃는 - 1, 2, 6+7, 9, 11, 12, 13, 14, 20+21
C1: 마음을 끄는/호감을 주는 미소 - 6+7, 11, 12, 13, 14, 16, 23
C2: 교활하고 약삭빠르고 간교한 미소 - 6+7, 11, 12, 13, (20+21), (23)
C3: 스스로 만족하는 미소 - (1+2), (6), 7, 11, 12, 13, 14, 20+21, 23
D1: 슬픈/걱정하는/근심하는 - 1, 4, (7), 15, 17
D2: 비통해하는/눈물을 흘릴 듯한 - 1, 4, (7), 15, 17, 20+21
D3: 심적인 고통을 겪는 - 3, 5, 6+7, 9, 18+19, 23
E1: 불신하는(그거 맞아?) - 3, 5, 7, (15), 17

E2: 관망하는/탐색하는 - 3, 5, (18+19), 23
E3: 황당한/어이없는/아연실색한 - 1+2, 17
F1: 놀란/의외의 - 1+2, 18+19, 22
F2: 깜짝 놀란/경악한/기겁한 - 1+2, 4, 18+19
F3: 경악/공포/절망에 빠진, 정신적 충격 - 1+2, 4, (11), 18+19, 22
G1: 경멸하는/거만한/빈정거리는 - 1, 7, (9), 10, 15, 17
G2: 무시하는/비하하는/거만한/콧대 높은 - 1, 7, (9), 10, 15, 17
G3: 거만한/자만한/건방진 - 1+2, 7, 10, 15
H1: 혐오를 느끼는(악취가 나는군!) - 1+2, 6+7, 8, 9, 17, 18+19, 22+23
H2: 구역질나는(맛이 왜 이래!) - 3, 5, 6+7, 8, 9, 10, 16, 22+23
H3: 씁쓸한/근심 가득한/의기소침한/상심한/비참한/가련한 - 1+2, 7, (9), 11, 15, 17

5.3. FACS(Face Action Coding System)

에크만/프리젠(P. Ekman& W.V. Friesen, 1976)은 효르츠외의 연구를 토대로 안면동작 코드체계(FACS)를 개발했다. 그들 또한 안면근육이 수축하는 방식을 패턴으로 분류하고 특정한 근육을 할당하여 58개의 동작단위(AU: Action Unit)를 구별했다. 이때 머리와 눈의 위치도 감안되었다. 여기에 동작단위 외에 근육에 의하여 정의되지 않은 다른 동작, 즉 동작기술소(AD; Action descriptor)가 추가된다. 중요한 동작기술소로는 (25)-입술 벌리기(Lips part), (26)-턱 내리기(jaw drop), (27)-입 내밀기(mouth stretch), (54)-머리 내리기(head down), (64)-눈 내리기(eye down) 등이 있다.

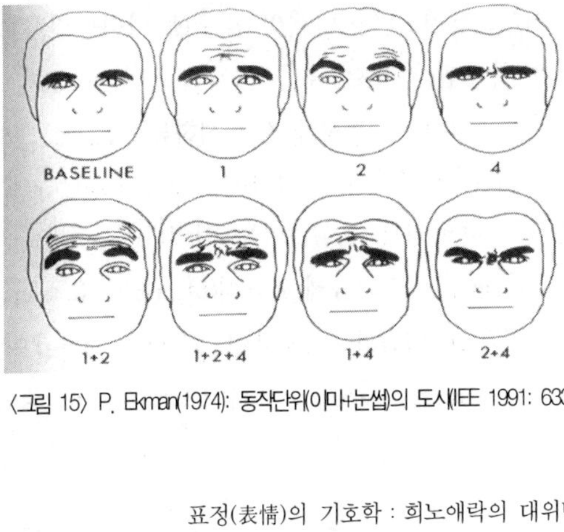

〈그림 15〉 P. Ekman(1974): 동작단위(이마+눈썹)의 도시(IEE 1991: 633)

이 조합으로부터 일곱 가지 표현(<그림 15>)을 추출하는데, 예를 들어 슬픔은 동작단위 1과 1+4로, 놀라움과 관심은 1+2, 분노는 4 ... 같은 방식으로 안면근육을 조합함으로써 다양한 표정을 만들 수 있다. 그러나 몇 가지 조합은 물리적으로 배제된다. 미소를 지으면서 그것을 억제하는, 즉 충돌하는 정서들을 동시에 표현하는 것은 이론적으로는 가능해도 실제로는 실행되지 않기 때문이다. 근육의 수와 수축의 강도 및 빈도, 다른 기관과의 연동의 가능성을 감안할 때 수학적으로 조합할 수 있는 경우의 수는 많지만 실제로 커뮤니케이션 기능을 발휘하는 경우의 수는 제한되며 다른 유인원의 경우는 그 경우의 수가 더욱 제한적이다.

에크만은 -연출된 묘사에서는 몰라도- 2+4가 정서의 표현에 별다른 역할을 하지 않는다고 보았으나 아이베스펠트는 그것이 바로 가부키 배우에게 나타나는 분노(격분)의 표정이라고 해석한다. 1+2는 눈썹을 빠르게 그리고 느리게 위로 올리면서 이루어진다. 눈썹을 빨리 올리면 대부분의 문화권에서 보편적으로 나타나는 사회적인 접촉/친교를 위한 눈인사를 상징한다. 눈길 접촉에서는 대부분 머리를 잠시 올리며 눈썹을 약 1/3초 정도 올린 후 미소를 머금고 종종 그에 상응하여 목례를 한다. 동작단위 4는 의심, 난감함, 어리둥절, 당황, 어려움을 표현한다. 또한 여러 상황에서 다른 단위들과 조합될 수 있다. 이를테면 4는 언어에 수반되어 발화휴지(發話休止)를 위한 문장부호로 사용되기도 한다. 질문의 상황에서는 4는 의심을 표현하며, 긴장된 낱말 탐색의 경우에 나타난다. 기능적으로 1+2는 안면 상부의 확장인 반면에, 4는 눈썹을 당겨서 눈에 그림자(陰影)를 만든다. 멀리 있는 목표물을 집중해서 응시하는 경우에도 이 표현을 사용한다. 흥미있는 것은 선천적인 시각장애자들도 어떤 문제와 직면하거나 당황한 경우에 동작단위 4를 보여준다는 점이다.

위의 연구에 기대어 무스터를레/로슬러(Musterle /Rossler, 1986)는 로렌츠 매트릭스를 인간의 얼굴에 적용하여 컴퓨터 시뮬레이션을 시도했다(<그림 16/17 위>): (a)-(c) 축은 공포의 증가, (a)-(g) 축은 증가하는 분

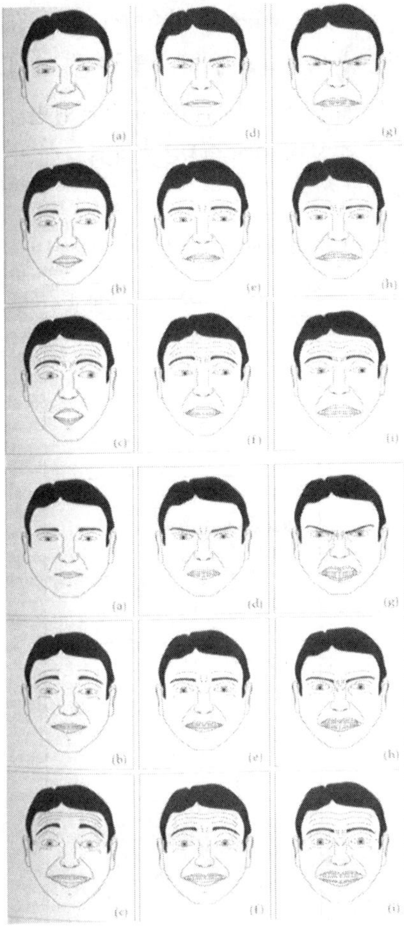

〈그림 16/17〉 Musterle & Rossler의 얼굴 표정의 시뮬레이션

노, (e)-(f)-(h)-(i)는 교차 조합이다. 예컨대 (i)는 경악(Entsetzen)이다. 동일한 원리를 거절의 표정에 적용할 경우(<그림 16/17 아래>), (a)-(c) 축은 애정 및 관심의 강도를 (a)-(g) 축은 거절의 강도를 나타낸다. 이로부터 (i) 근심/걱정(Ängstlichkeit)의 표정이 얻어진다. 마찬가지로 그 밖의 표정은 교차 조합의 결과이다. 이러한 시뮬레이션을 통하여 특정한 표현들의 조합에 대한 가설을 제시할 수 있다. FACS에 비하여 두 사람의 연구는 각 축에 강도개념, 즉 상이한 강도의 기본검정들의 결합으로부터 섬세한 표정과 정표의 가능성을 시뮬레이션으로 묘사했다. 이런 작업은 개별문화권이나 인종의 상이성에도 불구하고 전반적으로 존재하는 인간의 표정 메커니즘을 체계화하는 중요한 진전이다. 이것은 -이미 로렌츠가 확인했듯이- 개나 유인원 등의 고등동물의 행동에서도 유사하게 확인된다.

이제 각 표정을 다시 정서표현을 위한 FACS 코드에 적용하였다(xyz는 각 동작의 상이한 강도이다: x와 z는 각기 근육수축의 최소에서 최대 강도를 의미한다). 그 결과를 보면, 인종이나 문화권에 따라서 안면근육의 동원여부와 수축 방식이 다소 다르고 개인별로 편차를 보이지만 안면근육과 표정의 연동방식은 거의 보편적인 속성을 보여준다(<표 8>).

〈표 8〉 정서표현애 대한 FACS 코드

감정	원형	주요변이형	비고
놀라움	1+2+5x+26 1+2+5x+27	1+2+5x 1+2+26 1+2+27 5x+26 5x+27	
공포	1+2+4+5xyz+20xyz+25/26/27 1+2+4+5xyz+25,26/27	1+2+4+5xyz+L R20xyz+25,26/27 1+2+4+5xyz	
기쁨	6+12xyz 12y		
슬픔	1+4+11+15x 54+64 1+4+15 54+64 6+15xyz 54+64 25+26	1+4+11 54+64 1+4+15 54+64 14+15x+17 54+64 11+15x 54+64 11+17	
혐오	9 9+16+15+26 9+17 10xyz 10xyz+16+25 26 10+17		
분노	4+5xyz+7+10xyz+22+23+2526 4+5xyz+7+10xyz+23+25+26 4+5xyz+7+23+25+26 4+5xyz+7+17+23 4+5xyz+7+17+24 4+5xyz+7+23 4+5xyz+7+24	이 원형들 각자는 선택적으로 457 10 동작단위들과 선택적으로 결합할 수 있다.	

6. 기호학의 과제

인간은 의복과 장식 및 행동을 통하여 일련의 메시지를 시각적으로 상징화한다. 특히 후자의 경우 다양한 몸짓의 신호체계를 동원한다. 이때 대부분의 몸짓은 유발자로서 기능한다. 기본적인 표정은 장애자(농아나 맹아)나 신생아에게도 나타나며, 생물학적으로 인간에 근접한 유인원의 종에서도 관찰된다. 종종 미세한 동작에서도 개별문화를 넘어서는 준-보편적 빈발성(Frequentalität)을 볼 수 있다.

근육의 조합을 통하여 표현할 수 있는 정표동작의 수(랑그)는 이론적으로는 많지만 실제로 실현된 불변소로서의 표정(파롤)은 제한되어 있다. 인간은 자발적으로 표정을 조절할 수 있기 때문에, 자신의 표정을 통하여 상대방을 기만할 수도 있다. 그리스인의 거절이나 아요레오 부족의 거절의 표정은 상이하듯이, 표정은 개별문화에서 규정된 특수한 의미를 나타낼 수도 있다. 표정은 특정한 상황에서 규칙적으로 빈발하고 타자의 행위의도에 대한 식별소로서 기능하는 가운데 -선조로부터 물려받은- 다양한 의식을 통하여 전승되고 습득된다. 신호부여의 목적으로 행해지는 특정한 의식에서 명명된 행동방식은 동작의 강도에 따라 과장되거나 종종 리드미컬하게 반복되며 문화적 수식어(화장, 의상)로도 발현된다. 따라서 종족사적으로 전개된 표현동작과 아울러 문화적으로 전승된 표현동작도 매우 중요하다. 종족사적으로 전승된 동작들과 문화적으로 전개된 의식들은 넓은 영역에서 상호작용을 한다. 최근에 시도되는 컴퓨터 시뮬레이션을 통한 패턴 및 표정의 자동인식 연구(Pattern Recognition)는 인지적 정확도를 보장하며, 독일 기호학의 중심지인 베를린 공대의 다양한 프로젝트들이 입증하듯이 컴퓨터공학(특히 로봇 공학)과의 협동연구를 가능하게 해 준다. 미이라나 시신으로부터 생전의 얼굴을 복원하는 골상학적 작업은 조형미술과 기호학 및 법의학을 가로지르는 학제적 연구의 가능성을 일깨워준다. 물질적 피조물(Artefakt)로서의 도구(젓가락, 식칼, 포크)와 연동하는 몸의 숙련은 음식기호의 동작학적 속성을 규명하는 주제이며, 제주 돌하르방이나 동자석(童子石)의 얼굴, 정낭과 정주, 고궁과 솟대, 서낭당과 사당, 정원과 골목, 무덤과 돌담 등 각 지역에 흩어진 물질적 피조물들은 우리의 표정과 공간을 조명할 수 있는 생활기호학의 시사적인 의제이다.

관상은 선천적이며 생물학적이지만 표정은 후천적이며 문화적이다. 관상의 질곡을 기호학적으로 극복하는 것은 주체적인 삶을 영위하려는 의지의 몫이다. 그런 점에서 "마흔이 되면 자기 얼굴에 책임을 지라"는 선현들의 격언은 기호학자들의 이론에 훨씬 앞서 몸 기호학의 정곡을 찌르고 있다.

참고 문헌

문학비평가로서 동시에 기호학자로서 오늘날 우리의 학문지평을 확립하신 존경하는 김치수 교수님의 정년퇴임에 즈음하여 선생님께 헌정하는 본 논문은 행태학(Ethologie)을 독립분과로 정립한 독일 뮌헨대학교 생물학과 명예교수이자 막스 플랑크 인류행태학 연구소장을 역임한 아이베스펠트(I. E.- Eibesfeldt) 교수의 대저 *Die Biologie des menschlichen Verhaltens: Grundriß der Humanethologie*("인간행동의 생물학: 인류행태학 총론", 1990/1997)와 자서전 *Und grün des Lebens goldnen Baum*(1992, "생명의 황금나무야 푸르러라"[1999, 졸역, 사계절]) 그리고 로렌츠(K. Lorenz)의 *Die Entwicklung der vergleichenden Verhaltensgorschung in den letzten 12 Jahren*("지난 12년 동안의 행동연구의 발전", 1953)의 주요내용을 참조했다. 이 주제와 관련하는 다양한 연구상황에 대해서는 한국기호학회의 학술지 "기호학연구"(1~18집, 문학과지성사, 월인)와 기호학 동인지 "기호로 세상 읽기"(1집, 2002), "기호로 대중문화 읽기"(2집, 2003, 이상 소명출판)를 추천한다. 그밖에 응용기호학의 연구경향에 대해서는 공저로 기획한 "지식의 최전선"(2002),

"지식의 프론티어"(2003, 이상 한길사), "책으로 읽는 21세기(2004, 도서출판 길)", 본고와 관련되는 연구로는 김영순(2001)의 "신체언어 커뮤니케이션의 기호학"(커뮤니케이션 북스), 성광수/김성도(2001)의 "한국인의 언어예절과 신체언어"(기호학연구 10집)를 참고할 수 있다. 다른 참고문헌은 다음과 같다:

EKMAN, P./W. V. FRIESEN, Tomkins, S.S.(1971), Facial affects scoring technique: A first validity study("정서표정의 기보법[記譜法]", Semiotica 3, 37-58).

FILL, A.(1993)의 *Ökolinguistik. Eine Einführung*("환경언어학", Gunter Narr, Tübingen).

EKMAN, P./W. V. FRIESEN(1976) Body Movement and voice pitch in deceptive interaction("기만적 상호작용에서 나타나는 신체동작과 음성 피치", Semiotica 16, 23-27).

HJORTSÖ, C. H.(1969) *Man's Face and Mimic Language*("인간의 표정과 몸짓 언어", Malmö).

MORISHITA, H./W. SIEGFRIED(1983) *Erkennen von Emotionen in der Mimik von Kabuki-Schauspielern. Vergleich japanischer und europäischer Einstufungen von 17 Bildern*("가부키 배우의 표정에 나타난 정서의 인식-일본인과 유럽인의 평가 비교").

MÜLLER, C.(1998) *Redebegleitende Gesten: Kulturgeschichte, Theorie, Sprachvergleich*("발화수반 제스추어: 문화사, 이론 및 언어비교", Berlin: Verlag Arno Spitz 1998).

MUSTERLE, W./O.E. ROSSLER (1986) *Computer Faces: The Human Lorenz matrix* ("컴퓨터 표정-인간에 적용한 로렌츠 매트릭스", BioSystems, 19, 61-80).

NÖTH, W. (2000) *Handbuch der Semiotik*("기호학편람", Metzler Verlag).

POSNER(1992)의 "Was ist Kultur? Zur semiotischen Explikation anthropologischer Grundbegriffe"("문화란 무엇인가?, 인류학적 개념의 기호학적 규명", in: Marlene Landsch, Heiko Karnowski und Ivan

Bystøina (Hg.), *Kultur Evolution: Fallstudien und Synthese*, Frankfurt a. M.: Lang, S. 1-65).

POSNER, R. (1994)-"*Der Mensch als Zeichen*" ("기호로서의 인간", in: ZfS, Bd. 16. Heft 3-4, 195-216).

POSNER, R. (2001) "*Im Zeichen der Zeichen: Sprache als semiotisches System*" ("기호의 이름으로: 기호체계로서의 언어, in: O. Panagl(hg. 2001) *Der Mensch und seine Sprache(n)*, Böhlau, Wien).

POSNER, R., KRÜGER, R., NOLL, Th., SERENARI, M.(1999-2000), *Berliner Lexikon der Alltagsgesten*("베를린 동작사전", TU Berin, Arbeitsstelle für Semiotik.

POSNER, R. ROBERING, K. SEBEOK, Th. A.(Hg., 1997) *Semiotik. Ein Handbuch zu den zeichentheoretischen Grundlagen von Natur und Kultur* ("자연과 문화에 대한 기호학적 정초를 위한 편람", 3 Bde., Berlin/New York: de Gruyter 1997ff).

SERENARI, M.(2000) "Über das Auftreten und das Nicht-Auftreten emblematischer Gesten in der Karikatur"("만평에 나타난 엠블렘", SB 1-4/2000).

SOTARO, K./Essegbey, J.(2001) "Pointing left in Ghana: How a taboo on the use"("아프리카 가나 지역의 손 지시동작과 타부", in: Gesture No. 1, 2001).

신영숙(2001), 「자동특질 추출을 이용한 차원모형 기반 얼굴 표정인식」, 연세대 인지과학 협동과정 박사학위논문.

신영숙(2003), 「Gabor 웨이브렛과 FCM 군집화 알고리듬에 기반한 동적 연결모형에 의한 얼굴표정에서 특징점 추출」, 『인지과학』, 제14권 제1호, 한국인지과학회 참조.

Ethologische Grundlage zur Semiotik:
Contrapunctus zwischen den Gesichtausdrücken

Park, Yo-Song

Diese Arbeit versucht eine ethologische Grundlage über semiotische Untersuchungen zum Gesicht darzulegen, besonders im Hinblick auf Menschenethologie (I. E.- Eibesfeldt, Hjörtjö) und angewandte Semiotik (R. Posner). In Zusammenhang mit kulturellen Eigenschaften sollen hier verschiedene Konzepte berücksichtigt werden, wie z. B. kinetische Marken, Artefakte und Mentefakte bei der Semiose, wie Posner und Eibesfeldt betonen. Dabei handelt es sich um die Analyse über Gesichtsausdrücke mitttels Augenbrauen, Blick, Mundhaltung, Lächeln- oder Lachbewegung bzw. wodurch eine gesamte semiotische Struktur für ein Darstellungsmodell ermittelt werden soll.

Meine Darstellung stützt sich dabei auf soziologische und anthrolpologische Interesse, auf deren Basis ich hier ein Modell für eine sog. Marken-Semiotik vorstelle, das sich von der semantischen Ebene über syntaktische Konstellation bis zur textuellen Ebene der Semiotik des Gesichtes erstreckt.

정념의 기호학 연구 서설

박인철*

1. 문학 연구에서 정념의 차원이 차지하고 있는 중요성과 기호학 이론에서 정념의 기호학이 차지하고 있는 위상

본 논문은 최근 파리 학파가 정념(passion)의 문제를 중심으로 새롭게 정립한 기호학 이론의 성립 배경과 그 이론의 면모를 살펴보고 아울러 이 이론이 문학 작품의 분석에 기여할 수 있는 이점을 실제 분석을 통해 보여주는 것을 목표로 삼고 있다.

문학 연구는 인간의 정념과 관련된 문제에 대해 크게 두 가지 태도를 취해왔다고 할 수 있다. 하나는 직관적이거나 인상적인 태도로, 이것은 인물의 감정이나 작품에서 묘사된 감정적인 차원을 중요한 분석 대상으로 삼는다. 다른 하나는 형식적인 접근 방식이나 구조주의적인 접근 방식이 취하는 태도인데, 여기서는 그와 같은 문제가 별로 고려의 대상이 되지 못하고 있다. 형식이나 구조는 피와 살로 이루어져 있지 않기 때문이다. 하지만 문학 작품에서 정념은 중요한 몫을 차지하고 있다. 정념은 텍스트 내에서, 때로는 인물에게 새로운 행동과 사고를 유발시키기도 하고,

---

* 연세대학교 불어불문학과 교수

때로는 인물이 앞에서 취했던 행동과 사고에 변화를 가져오게 하기도 한다. 문학 텍스트에서 이와 같은 단속적인 효과는 주로 정념을 통해 빚어진다고 할 수 있다. 사실 문학 텍스트는 세 가지 차원, 즉 행동, 인식, 정념의 차원 전체가 분석되었을 때 그 의미 세계가 우리에게 온전하게 파악되었다고 할 수 있을 것이다.

그런데 직관 비평이나 인상 비평이 설사 정념의 분석에 대한 실례를 제공해준다 하더라도 이러한 방법은, 엄밀함이 결여되어 있기 때문에, 우리에게 적절한 분석의 도구가 될 수는 없을 것이다. 반면 언어학, 특히 발화의 문제를 다루는 언어학이나 어휘론은 정념의 분석에 도움이 될 수 있을지 모른다. 언어학은 주체의 '정조'(精調, état d'âme)를 이른바 '발화 양태'(modalisation énonciative)와 이와 관련된 형태소들(상황이나 대상에 대해 긍정적이거나 부정적인 평가를 표현하는 형태소들)이나 어휘들의 분석(예컨대 amour, envie, orgueil, avarice, jalousie 등과 같은 정념을 나타내는 낱말이나 sentiment, inclination, affect, émotion, trouble 등과 같은 보다 일반적인 정념을 표현하는 목록)을 통해서 파악하기 때문이다. 하지만 정념을 나타내는 형태소나 어휘의 분석은 곧 한계에 부딪히고 만다. 왜냐하면 어휘란 한 시대나 문화에서 감정의 세계를 분할하고 분류하는 랑그의 역량에 속하는 것이라서 이를 통해 담화에서 제시된 모든 감정의 세계를 파악할 수는 없기 때문이다. 문학 작품에서 정념의 문제는 담화 전체를 통해 파악되지 않으면 안 될 것이다. 국소적(local)인 것(어휘, 형태소, 문장)을 결정하는 것은 담화의 전체적(global)인 구조이다. 물론 정념은 문학 텍스트 전체를 통해 나타나는 것이 아니라 국소적인 부분에서 출현하지만, 그럼에도 불구하고 우리는 담화 전체의 상황을 고려하여 이를 다루어야 할 것이다.

이러한 상황에서 1990년대 초반부터 파리 학파가 제시한 '정념의 기호학'(sémiotique des passions)은 문학 작품에 나타난 정념 및 감정의 세계를 이해하고 분석하는 데 유효하고 적절한 도구를 제공해준다고 할 수 있을 것이다. 왜냐하면 기호학은 담화의 조직을 지배하는 원리, 그 규칙성을 규명하는 것을 소임으로 삼고 있기 때문이다. 기호학의 계획이 과학적이라는 이유도 바로 여기에 있다. 그런데 정념의 기호학이 나오기 전까지 파리 학파의 기호학 이론은 설화 프로그램과 설화 도식, 의미 생성 행정 등을 바탕으로 주로 '행동의 차원'(dimension pragmatique)을 규명하는 데 집중되어 있었고, 이를 준거로 '인식의 차원'(dimension cognitive)을 규명하는 데 전념하였다. '정념의 차원'(dimension passionnelle)은 행동의 차원에 종속되어 있는 부차적인 것으로 간주되어서 부분적으로만 연구되었다. 하지만 이제 기호학자들은 정념을 행동과 대립하고(철학에서는 정념을 이성과 대립시키고 있지만) 오히려 이를 포함하는 영역, 즉 독자적인 영역으로 생각하고 있으며 이를 입증하는 많은 연구물들을 내놓고 있다. 그런데 정념의 기호학은 기존의 기호학의 연장이나 단순한 첨가는 아니다. 파리 학파는 정념의 기호학 이론을 통해 기존의 기호학 이론을 쇄신하고 이를 기초부터 다시 세우는 작업을 시도하고 있다. 정념의 기호학은, 기호학자들이 어떻게 생각하든 우리에게는, 완전히 새로운 기호학이라고 할 수 있다.

정념의 기호학에 대한 최초의 체계적인 저서는 1991년 그레마스와 퐁타니유가 내놓은 『정념의 기호학, 사태로부터 정조로』[1]이다. 여기서 두 저자는 텍스트의 표면에서 발견되는, 일관된 의미 조직을 교란시키는 불안정한 상태—예컨대 미감(esthésis)이나 정념이 나타난 담화에서 볼 수 있듯이 여러 가지 사행(procès)들이 복잡하게 엉켜있는 경우나, 변형의 결과로서 상태들의 경계가 모호하여 연속적인 모습을 띠고 있거나, 또는 상태 자체가 불안정한 경우 등등—에 주목하고 있다. 이들은 이러한 사태를 실제 담화를 구성하는 복합적인 요소에서 비롯하는 의미 효과로 보지 않고 이를 보다 심층적인 계층에서 비롯하는 현상으로 보고 있다. 이들은 이

1) A. J. Greimas & J. Fontanille, *Sémiotique des passions, Des états de choses aux états d'âme*, Seuil, 1991.

심층적인 계층을 '인식론적 계층'(niveau épistémologique)이라고 부른다.

인식론적 계층은 기존의 이론에서 말하는 심층보다 더 심층적이다. 이 계층은 불연속적인 의미 단위로 분화되기 이전, 행동자가 주체와 대상으로 분화되기 이전, 가치가 쾌와 불쾌로 분화되기 이전의 계층이다. 따라서 인식론적 계층은 연속적인 상태로 이루어져 있다. 하지만 이 계층은 불연속적인 단위들로 분절된 의미가 발생할 수 있게 하는 '의미의 선(先)조건'(précondition de la signification)을 이룬다. 여기서는 단지 선(先)주체(pré-sujet)와 선(先)대상(pré-objet) 사이에 인력과 척력이 작용하는 '감'(感, phorie)이 긴장의 상태에 놓여 있다. 그래서 이 계층을 지배하고 있는 것을 두 저자는 '감의 긴장성'(tensivité phorique)이라고 부른다. 인식론적 계층은 후에 '긴장의 공간'(espace tensif)이라는 이름으로 불려진다. 그리고 이들은 정념을 인식론적 계층이 설화 계층이나 담화 계층으로 '전환'(conversion)되거나 '호출'(convocation)될 때 생기는 일종의 '변조 현상'(modulation)으로 파악하고 있다.

실상 파리 학파의 기호학은 정념의 기호학을 통해 의미의 접근 방식에 있어서 중대한 인식론적인 전환을 감행했다고 할 수 있다. 그레마스에 의해 선도된 기존의 파리 학파가 취했던 의미의 접근 방식은—장 클로드 코케의 '주관의 기호학'(sémiotique subjectale)은 별도로 하고 적어도 80년대 중반까지는—언어학과 인류학 그리고 형식 논리학을 바탕으로 하는 구조주의적 접근 방식이라고 할 수 있는데, 이 접근 방식은 불연속적인 현상과 이산적(discret)인 대립만을 가지적(intelligible)이고 유효한 것으로 생각하였다. 그러나 새로운 기호학은 이러한 불연속적인 현상과 대립을 빚어내기 이전의 과정, 즉 앞에서 우리가 말한 연속적이며 미분화된 상태인 '의미의 선조건'에 주목한다. 물론 불연속적인 것만이 가지적인 것이다. 하지만 불연속적인 것이 완전히 가지적인 것이 되려면 그러한 상태에 도달하기 이전의 과정을 고려하지 않으면 안 된다. 이 과정은 여기서 비롯되는 이산적인 대립만큼이나 유효한 것이다. 따라서 이제 기호학에서는 이산적인 대립 보다는 긴장의 차이, 점이적 차이가 훨씬 주목을 받고 있다. 나아가서 기호학은 어떻게 감각적인 것으로부터 분절된 의미가 출현하는지에 대한 문제를 해결하느라고 부심하고 있다.

아울러 이제 기호학자들은 더 이상 구조를 정태적이고 폐쇄적인 것이 아니라 역동적이고 자기 조절적인 실체로 바라보기 시작했다. 이것은 기호학자들의 관심의 중심이 구조로부터 조작(opération)과 활동(acte)으로 옮겨갔다고 할 수 있다. 게다가 종래에 기호학자들이 보편적이라고 할 수는 없더라도 일반적인 것이라고 자부했던 모델(이를 테면 '설화 도식'(schéma narratif)과 같은 것)은 이제 문화적인 문맥에 따라 상대적인 모델로 간주되고 있다. 이론이 사실에 투사되는 기존의 연역적인 연구틀에서 벗어나서 사실을 이론 안에 통합하게 된 것이다. 이렇게 해서 새로운 기호학의 길이 열리기 시작한다. 새로운 기호학에 따르면 의미는 정태적이고 안정된 형태를 띠고 있는 것이 아니라 동적이고 끊임없는 긴장 속에 놓여있다.

그런데 그레마스와 퐁타니유가 예의 저서에서 내놓은 이론은 아직 검증되지 않은 이론이고 더욱이 이 이론에 따라 정념을 분석하면 지나치게 복잡하고 까다로운 절차를 거치지 않을 수 없게 된다. 따라서 본 논문은 주로 퐁타니유가 『정념의 기호학』 이후 독자적으로 개진한 이론을 준거로 삼고자 한다. 그는 앞의 저서에서 전개된 이론을 부정한 것은 결코 아니지만, 정념을 인식론적 계층에서 전환이나 호출을 거쳐 실현된 것으로 보기 보다는 그것을 담화에서 직접 파악하려는 시도를 보이고 있다.

2. 담화에 대한 정의

정념은 설사 살과 피와 관련된 사실이라 할지라도 담화의 형태로 표현된다. 정신분석도 그렇게 생각하고 있다. 정념이 비록 비언어적인 수단을 통해 표현되는 경우가 있더라도 언어적 담화가 그 주된 매개물이기 때문이다. 따라서 정념의 분석은 곧 담화의 분석과 직결된다. 정념은 언어적인 차원에서 실현된다는 점에서 합리성(rationalité)을 띠고 있다. 바로 이러한 점에서 정념은 철학자들이 생각하는 것처럼 이성과 대립하는 것이 아니라 행동과 대립한다. 그러면 우선 기호학에서는 담화를 어떻게 정의하고 담화 분석에 있어서 어떤 접근 방식을 취하는지 살펴보자.

담화는 기호학에서 분석의 단위이다. 그런데 담화는 이론가들이 내세우는 이론틀에 따라 다르게 정의된다. 기호학의 '표준이론'(théorie standard)이라고 할 수 있는, 1980년대 말까지 그레마스가 선도한 기호학 이론은 담화를 행동자들 사이에서 가치 대상들이 순환하는 장소로 보았다. 이러한 이유로 종래의 기호학은 설화·행동자 구조를 담화의 의미를 조직하는 기본 원리로 간주하였고, 이에 따라 주로 생산된 것, 즉 발화문의 조직에 관심을 기울였다. 하지만 같은 파리 학파내에서도 코케는 그레마스의 이와 같은 접근 방식을 '객관의 기호학'(sémiotique objectale)이라고 부르고, 이에 대항에서 '주관의 기호학'(sémiotique subjectale)을 제창하였다. 코케는 의미를 조직하는 중심이 발화문보다는 발화, 혹은 조금 더 정확히 말하면 '발화 기원'(instance d'énonciation)에 있다고 본다. 사실 발화문은 이것을 생산한 발화와 분리해서 생각할 수는 없는 것이다. '발화 행동자'(actant d'énonciation)는 담화를 통해 세계에 대해 취하고 있는 자신의 '위치'(position)를 드러내고, 이 위치로부터 자신이 지각하고 체험한 세계를 표현한다. 벤베니스트는 이처럼 주체가 세계 속에서 차지하고 있는 위치를 '주어의 위치장'(champ positionnel du sujet)이라고 부른 바 있다.[2)] 주

---

2) 우리는 벤베니스트가 『일반 언어학의 제 문제, 1, 2』 전체를 통해 champ positionnel du sujet라는 용어를 두 번 사용한 것으로 알고 있다 : "[태와 인칭과 수를 나타내는 표지는] 각기 나름대로 사행과 관련하여 주어를 위치시키고 이것들의 집합이 주어의 위치장이라 부를 수 있는 것을 규정한다."(E. Benveniste, "Actif et moyen dans le verbe", in *Problèmes de linguistique générale* I, Gallimard, 1966, p.174) ; "공간 좌표 체계는 이렇게 공간을 정돈하는 사람 자신이 일단 스스로를 중심과 지표

관의 기호학을 표방하는 코케는 이 용어를 자기 것으로 삼으면서 담화의 의미를 "주체가 담화내에서 차지하고, 옹호하고 추구하는 위치(position)에 입각해서 구축해야 한다"[3]고 주장한다. 코케의 주관의 기호학은 다분히 현상학에 이론적인 바탕을 두고 있다.

그런데 우리는 담화에 대한 이러한 두 가지 상반된 접근 방식을 놓고 어느 한 이론을 택하고 다른 이론을 배제할 필요는 없을 것 같다. 왜냐하면 주관의 기호학을 택하면 담화에서 그 현상학적인 기반만을, 그 기초적인 지향성의 형태만을 취하고 담화내에서 실현된 설화 구조와 가치체계를 간과할 우려가 있고, 객관의 기호학을 택하면 담화에서 불연속적이고 가지적인 것만을 취하고 연속적이고 감각적인 것, 그리고 발화 작용을 간과할 우려가 있기 때문이다. 따라서 우리는 두 이론의 대립을 극복할 필요가 있다. 왜냐하면 담화는 주체의 위치장의 표현이기도 하지만, 아울러 가치 대상들이 순환하고 모종의 가치 체계가 구축되는 장소이기 때문이다. 이러한 대립을 포용할 수 있는 방안을 제시한 기호학자가 퐁타니유이다. 그는 주관의 기호학과 객관의 기호학이 지니고 있는 유효성의 영역을 그대로 인정하면서 양자를 통합하는 '담화 기호학'(sémiotique du discours)을 제시하고 있다. 그러면 퐁타니유가 제시하는 담화 기호학이 무엇인지 간략하게 살펴보자.

퐁타니유는 담화와 담화를 실현시키는 발화에 매우 역동적인 성격을 부여한다. 왜냐하면 우리는 담화를 통해 단지 기존의 기호체계들이나 코드를 실현시키고 활용하는 데 그치는 것이 아니라 끊임 없이 새로운 형상들을 창조해내고 기존의 체계를 변형시키고 왜곡시키기 때문이다. 이러

로 지시하게 되면 모든 대상을 어떤 곳이든지간에 위치시키기에 적합하다"(E. Benveniste, "Langage et expérience humaine, in *Problèmes de linguistique générale* II, Gallimard, 1974, p.69).

3) J.-Cl. Coquet, "Linguistique et sémiologie", *Actes sémiotiques-documents* IX, 88, 1987, p.9.

한 이유로 담화는 '활동 중인 발화'(énonciation en acte)이다. 이러한 의미에서 퐁타니유는 '발화 실천'(praxis énonciative)이라는 용어를 쓴다. 우리가 앞에서 말한 기호-설화 구조와 위치장은 바로 이 발화 실천을 통해 분절된다.[4] 퐁타니유는 또 이 두 영역을 포섭하고 통제하는 조작이 이루어지는 곳을 '담화 기원'(instance de discours)이라는 용어로도 지칭한다.[5] 발화 실천이라는 용어는 또 다른 이론적인 맥락에서 사용되기 때문에 우리는 앞으로 주로 이 담화 기원이라는 용어를 사용하고자 한다. 이렇게 해서 퐁타니유는 다음과 같이 담화를 정의하기에 이르른다 :

> "담화는 생성 중인 힘들의 역동적인 배치이다. 가치의 출현과 순환 그리고 교환은 이 힘들의 역동적인 배치 속에서 이루어지는데, 때론 여기서 가치가 동위성(isotopie)의 형태로 안정되기도 한다."[6]

---

4) J. Fontanille, *Sémiotique du discours*, PULIM, 1998, p.163.

5) *Ibid.*, pp.86, 162, 174 참고. 언어학에서 instance라는 용어는 주로 '현실태'라는 의미로 쓰인다. 벤베니스트도 그러한 의미로 이 용어를 사용하였다. 그러나 instance는 또한 '조작'이라는 의미도 지니고 있으며 벤베니스트 또한 이러한 의미로 이 용어를 사용하였음에 유의해야 한다(졸고, 「장 클로드 코케의 '주관의 기호학'」, 『기호학 연구』, 제2호, 한국기호학회, 1996, p.77 참고). 우리는 이 논문에서 instance를 이러한 의미로 사용하고 있다. 퐁타니유는 instance를 "담화를 통제하는 조작들 및 조작자들 그리고 매개변수들 전체를 지칭한다"(*Sémiotique du discours*, p.92)라고 정의한다. 간단히 말해서 instance는 생산물이 있으면 생산물이 논리적으로 전제하는 생산자나 생산 행위를 지칭한다. 따라서 담화 기원이란 담화를 가능하게 하는 조작들 전체를 말한다. 우리가 instance de discours를 '담화 기원'이라고 옮긴 것은 이러한 이유에서 이다(마찬가지 이유로 instance d'énonciation은 '발화 기원'으로, instance narrative는 '서술 기원'으로 옮길 수 있을 것이다). 그런데 혹자는 instance를 '심급'(審級)이라는 용어로 옮기고 있는데 이것은 우리가 보기에 적절치 못한 번역인 것 같다. 심급은 재판 용어이다. 이 용어에는 위계관계와 심판이라는 의미가 관련되어 있다. 그래서 프로이트는 이 용어를 차용하여 초자아의 검열 기능을 심급이라고 하였다. 그러나 언어학에서나 기호학 그리고 심지어 서술 이론에서 instance는 이런 위계관계나 재판, 검열의 의미를 지니고 있지 않다.

6) "Le discours est un agencement dynamique de forces en devenir, où émergent, circulent et s'échangent des valeurs, parfois stabilisés sous forme d'isotopie."(J.

이 정의에서 '생성 중인 힘들의 역동적인 배치'가 이루어지는 곳은 물론 주체의 위치장이다. 아울러 가치들이 출현하고 순환하고 교환되는 것을 가능하게 하는 것도 바로 주체의 위치장이다. 그러면 이제 이 위치장이 어떻게 이루어지는지 살펴보기로 하자.

3. 위치장

이른바 세미오시스(sémiosis)(혹은 기호 기능)라는 용어는 시니피앙(옐름슬레우의 용어로 말하면 표현면)과 시니피에(혹은 내용면)의 상관관계를 확립하는 조작을 의미한다. 쉬운 예로 신호등에서 적색이라는 시니피앙에 '금지'라는 시니피에를 결합시키는 조작이 세미오시스이다. 기존의 이론에서 이 관계는 자의성에 바탕을 둔 규약을 통해 확립된다고 했다. 그레마스는 심리학의 용어를 차용하여 언어의 표현면을 '외수용'(extéroceptivité)—물리적, 생물적인 형태를 띤 것에 대한 지각—, 그리고 내용면을 '내수용'(intéroceptivité)—개념, 인상, 감정과 같은 것—이라고 부른 바 있다. 그리고 외수용을 내수용으로, 다시 말해서 외부 세계에 대한 지각을 정신적인 것으로 전환시키는 조작을 '자기 수용'(proprioceptivité)이라고 불렀다. 자기 수용을 통해서 외부 세계 혹은 자연 세계에 대한 우리의 지각은 시니피앙을 우리에게 제공하고, 내부 세계에 대한 우리의 지각은 시니피에를 이루는 것이다. 그런데 그레마스는 『불완전함에 대하여』[7]와 『정념의 기호학』이 나오기 전까지는, 외수용을 내수용으로 전환시키는 자기 수용이라는 조작에 대해 상세하게 언급하지는 않았다.[8] 그는, 옐름슬레우를 따라 구조주의적인 관점에서, 양자가 논리적인 상호 전제관계를 가진다고

Fontanille & Cl. Zilberberg, *Tension et signification, Mardaga*, 1998. p.236)

7) A. J. Greimas, *De l'imperfection,* Pierre Fanrac, 1987.

8) A. J. Greimas, *Sémantique structurale,* Larousse, 1966, p.65 그리고 그 이하 참고.

말했을 따름이다. 그러나 새로운 기호학은 자기 수용이 지각 주체의 '신체'(corps propre)를 통해 이루어진다고 보고 있다. 지각 주체가 외부 세계와 내부 세계의 영역을 획정하고 이 두 세계를 결합시키는 것은 신체를 통해서이다. 신체는 외부 세계와 내부 세계에 동시에 속해 있기 때문이다.[9)]

신체는 퐁타니유에게 있어서 담화 기원을 책임지는 조작자이다. 그래서 외수용적 세계와 내수용적 세계 사이에 경계를 세우고 아울러 양자를 결합하는 조작은 담화 기원에서 이루어진다고도 할 수 있다. 이 조작은 우선 '위치 결정'(prise de position)으로 나타난다 : "발화를 통해 담화 기원은 자신의 위치를 발화한다."[10)] 예컨대 사과의 붉은 색의 채도의 계열(표현면)은 성숙도의 단계들(내용면)과 상관관계를 가진다. 그런데 나는 성숙도의 단계들을 시간의 차원들과 연관시킬 수 있다. 이 경우 앞에서 내용면을 이루었던 성숙도의 단계들은 표현면에 해당하고 시간의 차원은 내용면에 해당한다. 이처럼 표현면과 내용면 사이의 경계는 지각 주체가 세계에 대해 취하는 위치, 관점에 따라 정해진다. 그리고 이 경계는 고정된 것이 아니다. 신체가 자신의 위치를 옮길 때마다 이 경계 또한 이동하기 때문이다.

아울러 위치 결정은 '현전'(présence)의 성격을 띤다. 그렇기 때문에 위치 결정은 그 밖의 다른 모든 조작들의 기점이다. 위치 결정은 누가 하는가? 그것은 신체, 즉 느끼고 지각하는 신체이다. 최초의 언어행위가 '현전하게 하기'라면 이 행위는 현전을 감지하는 신체와의 관련 없이는 생각할

---

9) 신체의 역할이 본격적으로 강조되기 시작한 것은 『정념의 기호학』에서부터 이다 : "지각하는 신체의 중개를 통해서 세계는 의미-언어로 변형되고 외수용적 형상들은 내면화된다. 이렇게 해서 구상적인 것은 주체의 사고 양식으로 고려될 수 있다. [⋯] 세계의 형상들은 신체라는 매개체가 이 형상들에 과하는 감응화(sensibilisation)를 통해서만 의미가 된다."(A. J. Greimas & J. Fontanille, *Sémiotique des passions. op.cit.*, pp.12～13)

10) J. Fontanille. *Sémiotique du discours, op. cit.*, p.92.

수 없다. 따라서 신체는 발화 행동자가 취하는 최초의 형태라고 할 수 있다. 발화 행동자는 언어적 주체인 '나'(je)로 확립되기 이전에 자신을 둘러싼 현전에 반응하는 '감응적인 지시의 중심'(centre de la référence sensible)을 이룬다. 이러한 사실로부터 우리는 '지표'(deixis), 즉 시간, 공간, 발화 행위자가 단순한 형식적인 형태소가 아니라 현전이라는 지각적이고 감정적인 체험과 원초적으로 결합되어 있다는 사실을 추론할 수 있다. 내용면과 표현면의 경계를 결정하고, 아울러 발화의 장과 지표를 확립한다는 점에서 위치 결정은 발화 기원의 첫 행위라고 할 수 있으며, 이러한 행위를 책임짓는 것이 바로 신체이다.

4. 지각/발화와 현전의 장

지각이란 단순하게 말하면 주체가 대상을 현전하게 하는 행위라고 할 수 있다. 지각 작용에서 주체는 내부나 외부의 대상을 '지향'(visée)하고, 또한 지향을 통해 대상은 주체에 의해 '파지'(把持)(saisie)된다. 지향은 긴장과 방향성을 띠고 있고, 파지는 지향이 미치는 유효한 범위를 확정한다. 지향과 파지는 지각이 작용하는 두 가지 방식이다. 이처럼 주체의 지각작용을 통해 주체와 대상 사이에 이루어지는 시·공간의 범위를 '지각장'(champ perceptif)이라고 한다. 지각장을 이루는 요소는 대상(기호학의 용어로 말하면 행동자(actant)), 시간, 공간 이 세 가지이다. 지각장의 범위 안에 들어오는 대상은 현전하는 대상이고, 이 범위를 벗어나는 대상은 부재하는 대상이 된다. 그런데 지각은 대상을 현전하게 하는 행위이기 때문에 지각장은 곧 '현전의 장'(champ de présence)이기도 하다. 현전의 장은 지각이 발휘되는 시-공간의 영역이라고 할 수 있다. 그런데 무엇인가를 지각한다는 것은, 이것을 내수용적 세계나 아니면 외수용적 세계에 속하는 어떤 감정, 어떤 관념, 어떤 형상으로 인식하기 이전에, 그것이 현전함을 감각적으로 느낀다는 사실을 의미한다. 예컨대 우리는 이러저러한 물질, 이러저러한 요소를 분간하기 전에 그것이 뜨겁다든가 아니면 차갑다든가, 매끄럽다든가 아니면 거칠다든가, 움직인다든가 아니면 정지해 있다든가, 딱딱하다든가 물렁물렁하다든가 하는 감각적인 자질을 느낀다. 그리고 어떤 감정이나 감정 전체를 파악하기 이전에 이것에 대해 끌린다든가 아니면 혐오감을 느낀다든가 한다. 즉 형상이나 감정, 관념의 정체를 분간하는 일은 무엇보다도 그것이 지니고 있는 감각적이고 지각적인 자질의 지각에 토대를 두고 있는 것이다.

현전의 장에 나타난 '형상'(figure)은 지각 주체의 위치와 상관해서 시-공간적인 위치 및 거리가 결정되며 이렇게 결정된 위치 및 거리가 대상이 주체에 대해 갖는 '깊이'(profondeur)가 된다. 깊이는 현전의 장속에서 주체가 겪는 체험을 기술할 수 있는 최소 의미 자질이다. 물론 현전의 장속에서 주체와 대상 사이의 거리는 측정가능한 객관적인 거리가 아니라 지표의 중심으로부터 파악된 주관적인 거리, 이렇게 말할 수 있다면, 발화의 거리이다. 그런데 깊이는 당연한 일이지만 '지시의 중심'(혹은 담화 기원의 위치)과 '장의 지평'(horizon du champ)을 전제한다. 지각이 지시의 중심과 지평 사이에서 작용하기 때문이다.

지각 주체가 지시의 중심에 서서 대상을 지향할 때 주체가 대상에 대해 갖는 긴장의 정도를 '강도'(intensité)라고 한다. 강도는 정동적(affectif)이고 기질적(thymique)인 성격을 띠고 있다. 따라서 강도는 지각에 활기를 띠게 하거나 무디게 하는 에너지라고 할 수 있다. 그리고 주체의 지향에 의해 파지된 대상의 위치와 양을 '범위'(étendu 혹은 extensité)라고 한다. 범위는 "지각 주체의 주의의 흐름을 이끌거나 제약한다."[11] 그래서 어떤 대상의 현전을 지각한다는 것은 신체와 상관해서 모종의 위치와 범위를 차지하고 있으며, 신체에 어느 정도의 강도로 영향을 미치고 있는 대상의

11) J. Fontanille & Cl. Zilberberg, *Tension et Signification*, *op. cit.*, p.17.

현전을 지각한다는 사실을 의미한다. 세계와 우리의 관계를 특징지며 세계에 대한 긴장이라고 할 수 있는 강도는 지향과 관계한다. 신체가 자신에게 지각적으로나 감정적으로 자극을 일으킨 것을 향하기 때문이다. 이와 달리 위치와 범위, 양의 지각은 파지와 관계한다. 강도의 효과는 내적인 것으로 나타나고 범위의 효과는 외적인 것으로 나타난다. 또한 강도가 감정적인 성격을 띠고 있다면, 범위는 지각적이고 인식적인 성격을 띠고 있다. 이렇게 해서 지시의 중심인 신체의 위치로부터 평가된 강도와 범위의 결합은 '현전의 정도'(degré de présence)를 결정한다. 이처럼 강도와 범위는 현전의 두 양식이자 '지각을 통제하는 중요한 두 차원'[12)]이다

지금까지 논의된 사실로부터 우리는 현전의 장을 이루는 근본적인 자질들을 다음과 같이 요약할 수 있을 것이다.

1) 신체가 차지하는 지시의 중심
2) 현전의 장을 획정하는 장의 지평
3) 중심과 지평 사이의 거리인 장의 깊이
4) 이 깊이에 고유한 강도의 정도와 범위의 정도

담화 기호학에서는 현상학에서 말하는 현전의 문제를 발화와 연관시킨다. 왜냐하면 지표의 기준이 현상학에서는 지각이라고 한다면, 언어학과 기호학에서는 발화이기 때문이다. 발화와 지각은 똑같은 작용의 다른 이름이라고 할 수 있다. 따라서 현상학적인 의미의 지각은 발화와 동일한 문제틀에 속한다. 발화 역시 이를 통해 주체가 세계를 자기 앞에 현전하게 하는 행위이기 때문이다. 발화는 지각 혹은 지각의 주체인 신체의 기호학적인 표현이라고 할 수 있다. 이렇게 해서 우리는 담화 기호학의 관점에서 "지각한다는 것은 육체를 통해 무엇인가를 현전하게 하는 것이

12) J. Fontanille. *Sémiotique et Littérature,* PUF, 1999, p.102.

다"[13]라는 메를로 퐁티의 명제를 이렇게 옮길 수 있을 것이다 : "발화한다는 것은 담화를 통해 무엇인가를 현전하게 하는 것이다."[14]

5. 가치가

우리는 앞에서 담화가 가치의 순환 및 가치 체계가 정립되는 장소라고 말한 바 있다. 기존의 이론은, 가치는 하나의 사항이 체계라는 전체적인 판도 내에서 차지하는 위치에 따라 결정된다는 정태적인 관점을 취하였다. 그런데 대상의 가치는 대상을 '가치 대상'으로 만드는 의미내용과 가치 내용에서 비롯하기도 하지만, 강도, 양, 상(相, aspect), 대상이 순환하는 템포에서 비롯하기도 한다. 따라서 엄밀한 의미에서의 가치에 대한 상관물을 제공하고, 아울러 가치 대상에 돌려진 의미 충당과 이 가치 대상을 규정하고 통제하는 긴장의 차원 및 형상의 차원을 구분하는 것이 중요하다. 이러한 이유로 기존의 이론에서와 달리 담화 기호학에서는 가치가 감각적이고 지각적인 자질들로부터 출현한다고 본다. 가치의 바탕을 이루는 자질들이 이른바 '가치가'(價値價, valence)이다.[15] 가치가는 가치가 출현하기 위해 필요한 조건이다. 달리 표현하면 가치가가 '발현된 것'(le manifesté)이라고 한다면, 가치는 '발현하는 것'(le manifestant)이라고 할

13) M. Merleau-Ponty, *Primat de la perception et ses conséquences philosophiques*, Cynara, 1989, p.104.

14) J. Fontanille, *Sémiotique du discours, op. cit.*, p.92.

15) valence라는 용어는 화학에서 '원자가'(혹은 경우에 따라 '이온가')로 옮기고 있다. 원자가는 어떤 원소의 원자가 다른 원소의 원자와 결합하는 능력을 나타내는 수를 뜻한다. 예컨대 물분자 H_2O에서 산소 원자의 원자가는, 수소 원자를 1가로 보았을 때, 2가가 된다. 그리고 심리학에서 valence는 대상의 인력을 뜻해서 '유발성'이라고 옮겨지고 있다. 끝으로 언어학에서는 테니에르가 이 용어를 차용한 바 있다. 테니에르는 문장의 기본 구조에서 각각의 술어에 결부된 행동자의 위치의 수를 valence라고 불렀다.

수 있다. 양자는, 에름슬레우가 말한 의미에서, 상호 의존관계에 있다.[16]

앞에서 언급한 바와 같이 감각적이고 지각적인 자질들은 강도와 범위로 표현될 수 있다. 그렇다면 가치가 역시 강도와 범위로 표현될 수 있을 것이다. 그런데 강도와 범위가 가치가가 될 수 있기 위해서는 이들이 지향하거나 파지하는 지각 주체의 전망에 의해 어떤 방향성을 띠어야 한다. 이것이 바로 앞에서 말한 '깊이'이다. 그리고 이산적이고 범주적인 성격을 띤 가치와 달리 가치가는 점이적(graduel)인 성격을 띠고 있다. 즉 강도는 가장 약한 상태(atone)에서 가장 강한 상태(tonique)로 이행하고, 범위 역시 가장 좁은 혹은 적은 양의 상태(concentré)에서 가장 넓은, 혹은 가장 많은 양의 상태(étendu)로 이행한다. 가치는 정확하게 말해서 강도와 범위의 결합이라기 보다는 강도의 정도와 범위의 정도의 결합에 의해 빚어진다. 따라서 서로 구분되는 두 가치는 각기 서로 다른 정도의 강도와 범위 때문에 구분된다. 예컨대 통풍이 잘되는 정원의 가볍고 널리 퍼진 냄새와 통풍이 안되는 좁은 공간에 갇힌 고리타분하고 머리를 어지럽게 하는 냄새가 잇다고 하자. 두 냄새는, 전자가 [이완된 + 확산된]([atone + étendu])이라는 자질을 갖고, 후자가 [긴장된 + 집중된]([tonique + concentré])이라는 자질을 갖고 있기 때문에, 서로 대립된다. 각각의 가치가에서는 정도만 구분된다. 하지만 가치가가 서로 결합됨으로써 이 결합은 가치체계에 불연속적인 대립망의 지위를 부여한다.

여기서 우리는 강도와 범위가 어떠한 결합 양상을 띠는지 알아볼 필요가 있을 것이다. 퐁타니유는 통합체적인 관점에서(즉 연접과 이접의 관점에서) 두 가치가의 결합은 두 가지 방식으로 나타난다고 한다. 하나는 강한 긴장과 넓은 범위, 약한 긴장과 좁은 범위가 결합하는 경우, 즉 강도와 범위가 비례관계에 있는 경우인데, 이러한 결합을 '환위적 상관관계'

---

16) 옐름슬레우의 용어에 따라 가치를 fonction이라고 한다면, 두 가치가는 fonction에 대한 fonctif를 이룬다. 그래서 강도와 범위는 '긴장'(foncité)이라고 할 수 있는 fonction(tonique/atone)에 대해서 fonctif에 해당한다.

(corrélation converse)라 한다. 이것은 두 가치가 사이에 연접(conjonction)이 실현된 경우이다. 다른 하나는 약한 긴장과 넓은 범위, 강한 긴장과 좁은 범위가 결합하는 경우, 즉 강도와 범위가 반비례 관계에 있는 관계로, 이러한 결합을 '역 상관관계'(corrélation inverse)라고 한다. 이것은 두 가치가 사이에 이접(disjonction)이 실현된 경우이다. 앞에서 예로 든 두 가지 냄새의 가치가의 결합이 이러한 역 상관관계에 해당한다. 이 두 가지 유형의 상관관계는 다음과 같은 표로 나타낼 수 있다 :

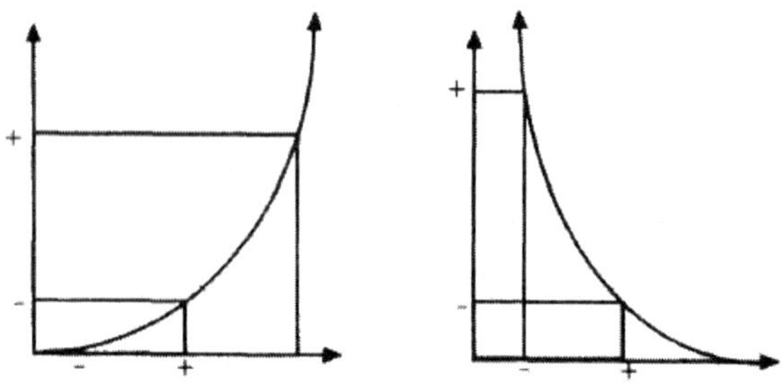

〈표 1〉

이처럼 가치가는 담화 속에서 가치가 나타나기 위한 조건을 이루며 이 조건은 원칙적으로 감각적인 영역에 속한다. 가치가는 특히 대자적(對自的) 세계(monde pour soi)의 현전 방식을 특징짓는다. 따라서 이 세계의 가치는 이러한 현전 방식에 입각해서 정의될 것이다. 아울러 강도와 범위로 이루어진 장의 현전이 일으키는 효과는 가치가를 통해 정의될 수 있으며, 이 효과 전체는 가치 체계의 토대를 이룬다. 의미는 가치 체계를 통해서만이 가지적인 것이 될 수 있다. 그런데 가치 체계의 토대를 이루는 것은 가치가이고, 가치가는 지각의 작용 방식에서 비롯한다. 이러한 사실로부터 우리는 의미라는 것이 원초적으로 지각에 토대를 두고 있다는 사실을 이해할 수 있을 것이다.

6. 정념 분석

활동 중인 발화라는 견지에서 보면 일체가 지시의 중심인 신체의 위치로부터 조직되기 때문에 신체는 자신의 현전의 장 안에서 일어나는 변조를 느낀다. 따라서 현전의 장 안에서 발생하는 것 중, 크건 작건, 내재적으로 감정적으로 격하거나 정동적이거나 정념적이지 않은 것은 하나도 없다. 정념의 어원인 pâtir가 시사하는 바에 따르면 정념은 무엇보다도 주체가 수동적으로 당하는 상태(subi, éprouvé)이다. 현전의 견지에서 보면 정념은 신체에 미치는 강도이다. 따라서 정념은 앞에서 말한 긴장의 논리, 즉 현전과 현전이 감응적인 신체에 과하는 긴장의 논리를 따른다. 그렇기 때문에 정념의 효과는 대부분 강도와 범위의 변조를 통해 파악될 수 있다.

그런데 정념의 분석에서 우리는 지각과 긴장의 부문과는 다른 부문들도 함께 고려해야 한다. 이 부문들은 양상, 상, 리듬, 템포 등이다. 실상 기호학 이론의 형성에서 정념에 대한 연구의 길을 터놓은 것은 바로 '양상'(modalité) 이론이었다. 그레마스는 처음에는 설화적인 관점에서 정념 효과를 양상의 결합으로 설명하였다.[17] 이 경우 정념 효과는 단순히 행동자의 설화 행정(parcours narratif)의 부대현상으로 간주된다. 그러나 이러한 관점을 택하면 정념의 영역에 대한 접근은 변형의 논리라는 틀 안에 머물게 되고 만다.[18] 그런데 분명한 것은, 앞에서 지적한 것처럼, 정념의

---

17) Cf. A. J. Greimas, "Le défi", in *Du sens II,* Seuil, 1983 ; "De la nostalgie. Etude de sémantique lexicale", *Actes sémiotiques-Belletin*, n. 39, E.H.E.S.S.-C.N.R.S, 1986.

18) 변형의 논리라는 틀 안에서 사행들은 완결된 사행들로서 고려의 대상이 된다. 그래서 사행들은 '논리적 역순의 전제관계'로 연계되고, 당연히 어떤 목적성을 띠고 있는 것으로 파악된다. 그러나 정념의 체험은—경우에 따라 극히 틀에 박힌 예정된 프로그램을 따르기도 하지만—발생(advenir)의 순간에서만 파악될 수 있다. 따라서 정념에는 목적성이 극히 희박하고 정동적인 긴장의 논리를 따른다. 그래서 우리는 정념이 생성해가는 과정을 고려해야 한다. 이러한 이유로 퐁타니유는 정념

차원은 현전 및 감응, 그리고 담화 기원 속에서 위치를 차지하고 있는 신체와 분리해서 생각할 수 없다는 사실이다. 왜냐하면 정념은 이것이 비롯하는 곳이며, 또한 이것에 영향을 미치는 신체를 요구하기 때문이다. 따라서 정념의 분석은 크게 두 가지 방향으로 이루어진다. '양상 분석'(analyse modale)과 '긴장 분석'(analyse tensive)이 그것이다. 양상 분석과 긴장 분석은 각각 '구성 요소의 분석'(analyse des constituants)과 '현시 요소의 분석'(analyse des exposants)이라는 이름으로도 불리기도 한다. 여기서 '구성 요소'와 '현시 요소'라는 용어는 옐름슬레우로부터 차용해온 것이다. 옐름슬레우는 음절의 기능 작용을 분석한 자리에서 음소를 구성 요소, 악센트와 억양의 고조를 '현시 요소'라고 부른 바 있다.[19] 이 구분은 음성학에서 '분절적'(segmental) 현상과 '초분절적'(supra segmental) 현상에 대응한다. 따라서 정념의 분석에서 양상 분석 혹은 구성 요소의 분석은 설화적 술어의 양상과 상과 같은 이산적 단위와 관계한다. 반면 긴장 분석 혹은 현시 요소의 분석은 주로 정동적인 표현의 강도와 범위와 같은 연속적인 단위와 관계한다. 그러면 예의 두 부문의 분석이 어떻게 이루어지는지 차례로 알아보기로 하자.

6.1. 양상분석

기호학 이론은 양상 연구에 천착함으로써 획기적인 발전을 이룰 수 있었다. 기호학 이론의 핵심 중의 하나인 설화 도식(조종(혹은 계약)－역량

을 하나의 '사건'(événement)이라고 한다. 그런데 퐁타니유의 관점에 따라 담화 역시 '행동 중인 발화'라고 한다면, 우리는 담화를 역시 하나의 '사건'으로 간주하고 그 의미를 파악하기 위해서는 담화의 생성 중인 과정을 좇아가야 할 것이다.

19) L. Hjelmslev, "La syllabe en tant qu'unité structurale", *Nouveaux Essais*, PUF, 1985, pp.165～171. 옐름슬레우는 이 구분을 문장과 텍스트의 차원에도 적용하여 구성 요소는 연사와 같은 통사 단위에, 현시 요소는 일치와 '술어 지향'(orientation prédicative)과 같은 문법 요소에 해당한다고 하였다.

-수행-상벌)은 양상을 통해 형식화될 수 있었다. 그런데 정념의 차원에서는 양상의 지위가 변한다는 사실에 유의해야 한다. 행동의 차원에서나 인식의 차원에서 양상은 '수행'(performance)의 조건으로서 작용한다. 이 경우 양상이 양상화하는 술어는 '행위'(faire)이다(vouloir-faire, devoir-faire, pouvoir-faire, savoir-faire). 그리고 여기서 양상은 '범주적'(catégorique)으로 작용한다. 즉, 행위에 대한 양상화는 '-하기를 원한다'(vouloir-faire)거나 '-하기를 원하지 않는다'(ne pas vouloir-faire)거나, '-을 할 수 있다'(pouvoir-faire)거나 '-을 할 수 없다'(ne pas pouvoir-faire) 처럼 양상의 유무가 분명하다. 이와 달리 정념의 차원에서 양상이 양상화하는 술어는 행동자의 '존재'(être)이다. 예컨대 정념의 차원에서 행동자는 어떤 상태(대상과의 연접이나 이접의 상태)에 있기를 원한다(vouloir-être). 그리고 여기서 양상은 범주적인 방식으로 작용하는 것이 아니라 점이적인 방식으로 작용한다. 예컨대 '반항인'(le révolté)은 '의무'(devoir) 보다는 '의지'(vouloir)에 더 힘을 쏟는 자이다. 이에 반해 '체념한 사람'(le résigné)은 '의지'를 '의무'에 종속시키는 자이다. 이 간단한 예에서 볼 수 있는 것처럼 반항인에게 '의무'가 전혀 없는 것도 아니고, '체념한 사람'에게 '의지'가 전혀 없는 것도 아니다. 전자의 경우에는 '의지'가 '의무' 보다 강하고, 후자의 경우에는 '의무'가 '의지' 보다 강하다. 즉, 예의 두 사람에게는 '의지'와 '의무'의 유무 문제가 아니라, 두 양상 사이의 위계 관계가 문제인 것이다. 이러한 점이적(plus ou moins)이고 위계적인 양상의 결합은 주체에게 모종의 '역할'(rôle)(예컨대 '반항인'이나 '체념한 사람'과 같은)이나 '태도'(attitude)를 부여한다. 그런데 담화의 차원에서 양상 술어는 이것이 그 의미와 지위에 제약을 가하는 설화적 술어에 대해서 독자적인 지위를 가진다. 양상의 자율성은 다음 두 가지 사실을 통해 확인할 수 있다. 즉, 첫째 양상은 사행의 실현 조건과 독립해서 존재할 수 있다. 그렇기 때문에 담화에서 설사 양상이 표면적으로 표현되지 않는 경우에도 이를 재구할 수 있다. 둘째 사행의 존재태로서의 양상은 발화의 통제를 받

는다. 그래서 양상은 이것이 제약하는 술어의 통제를 벗어난다. 이러한 사실로부터 우리는 양상을 이것만으로도 활동 중인 담화의 의미 전체를 보장할 수 있는 완전히 별개의 차원으로 간주할 수 있다. 이 의미는 사행의 실현, 즉 설화 차원에서 실제로 일어나고 있는 것과는 독립해 있는 별개의 의미이다. 그렇기 때문에 양상은 담화에서 일종의 '상상의 장'(champ imaginaire)을 열어놓을 수 있는 것이다. 예컨대 '나는 춤을 추고 싶다'(je veux danser)라고 발화하면, 나는 내가 춤추는 장면을 상상할 수 있는 것이다. 하나의 양상만으로도 나는, 실제로 무엇을 하든, 상상적으로 어떤 장면을 떠오르게 할 수 있는 것이다. 여기서 상상의 장의 중심은 담화 기원이 차지하고 있다. 하지만 이 상상의 장은 엄밀한 의미에서의 설화 차원과는 다른 규칙의 지배를 받는다.

그러면 양상이 일으키는 정념의 효과 혹은 정동적 효과를 알기 위해 다음 네 문장을 보자.

1) Elle danse. (그 여자는 춤을 춘다)
2) Elle ne sait pas danser. (그 여자는 춤을 출줄 모른다)
3) Elle veut danser, mais elle ne sait pas. (그 여자는 춤을 추고 싶으나 춤을 출줄 모른다)
4) Elle ne sait pas vraiment pas danser, pourtant elle voudrait tellement.... (그 여자는 정말 춤을 출줄 모르지만 너무도 춤을 추고 싶어한다)

네 문장들은 '양상의 부하'(charge modale)에 따라 차이가 난다. 양상의 부하는 첫 번째 문장에서부터 네 번째 문장에 이르기까지 증가하고 있다. 우리는 양상의 부하가 증가함에 따라 정동적 효과도 증가함을 직관적으로 알 수 있다. 특히 마지막 문장에서는 양태를 나타내는 부사 때문에 주체가 발휘할 수 있는 일종의 상상의 영역이 나타나고 있다. 비록 아무 일도 일어나고 있지 않지만 이 상상의 영역은 인식적·정동적인 사건이 일어나는 장소이자 해결을 요구하는 내적인 의미의 긴장이 일어나는 장소이다.

위의 네 문장을 통해 양상의 조직이 정동적 효과를 빚어내기 위해 필요한 조건들을 설명해보자. 처음 두 문장은 아무런 정동적 효과도 빚어내지 않고 있다. 다만 두 번째 문장은, 이것이 여자가 무도회의 초대를 받은 상황에서 발화된 것이라면, 정동적 효과를 일으킬 수 있을 것이다. 하지만 세 번째 문장에서 우리는 이러한 현상을 보다 분명하게 볼 수 있는데 그것은 서로 다른 두 양상인 '의지'(vouloir)와 '지식'(savoir)이 충돌하고 있기 때문이다. 비록 이 정동적 효과를 정확한 어휘로 분류할 수는 없더라도 아무튼 그것은 좌절이나 유감, 수치, 사양, 역정과 흡사한 정동적 상태를 나타내고 있다고 볼 수 있다. 여기서 우리는 양상이 정동적 효과를 나타내기 위해서 필요한 첫 번째 조건을 알 수 있다. 즉, 정동적 효과는 하나의 술어가 동시에 혹은 연속적으로 적어도 둘 혹은 그 이상의 서로 다른 양상의 규정을 받아야 한다는 점이다.

두 번째 조건은 세 번째 문장과 네 번째 문장을 비교해보면 알 수 있다. 네 번째 문장도 세 번째 문장만큼이나 정동적 효과의 성격이 분명하지 않지만 원리는 훨씬 분명하게 나타나고 있다. 네 번째 문장에서는 양상이 '지향된 경도'(gradient orienté)로 다루어지고 있다. 즉, 사람은 춤을 잘 출 수 도 있고 잘 못 출 수도 있으며, 매우 원한다거나 덜 원할 수 있다. 그런데 예문에서는 양상을 수반하는 강도를 나타내는 양태 부사 vraiment, tellement이 각 경도의 극단적인 가치를 지향하고 있는 것이다. 이처럼 정동적 효과를 빚어내는 양상의 조직은 적어도 둘 이상의 양상의 결합으로 이루어져야 하며, 여기에 결합된 양상을 강도나 범위 혹은 양의 경도로 다룰 수 있게 하는 '긴장의 변조'(modulation tensive)가 수반되어야 한다. 즉, 기호학에서 다루는 양상인 devoir, vouloir, pouvoir, savoir, croire는 서로 연결되어 있는 것으로, 아울러 강하거나 약한 양상으로, 그리고 범위가 넓거나 좁은 양상으로 다루어져야 한다.

'고집'(obstination)을 예로 들어보자. 고집이란 어떤 장애가 있더라도 이에 굴하지 않고 미리 그려진 길을 좇는 것을 의미한다. 이 경우 고집을 부리는 사람은 자신이 소유하고 싶어하는 대상과 이접되어 있음을 안다(savoir-ne-pas-être). 그리고 그의 기도는 다른 사람의 관점에서 혹은 경우에 따라 고집부리는 사람의 관점에서, 성공하기 어렵다(pouvoir-ne-pas-être, 혹은 ne-pas-pouvoir-être). 그럼에도 불구하고 그는 대상과 연접하기를 한사코 바라며 이를 위해 모든 수단을 기울인다(vouloir-être). 비록 여기서 열거된 양상들이 하나의 행동을 위해 지향하고 있지만 이 양상의 결합을 정념으로 정의하는 것은 여기에 가해지는 강도이다. 이 강도가 장애가 있음에도 불구하고 고집부리는 사람으로 하여금 자신의 기도를 계속 추구하게 하는 것이다. 그레마스와 퐁타니유는 이러한 요소를 '양상의 과잉'(excédent modal)이라고 부른다.[20] 사실 우리는 어느 정도 정상적인 범위를 벗어난 정조를 정념이라고 부르고 있는 것이다. 이처럼 정동적 효과는 양상의 합에서 비롯하는 것이 아니라 그 상관관계와 여기서 빚어지는 긴장에서 비롯한다. 이러한 양상의 결합을 '양상의 얼개'(dispositif modal)라고 한다.

6.2. 긴장 분석

긴장 분석은 앞에서 말한 바와 같이 정동적인 표현의 강도와 범위와 관계한다. 언어 표현에서 강도는 평가(évaluation)의 단계에 나타나는 변수로 나타나는데, 이것은 발화 양태(modalisation énonciative)의 성격을 띠고 있다. 예컨대 부정적으로 평가된 사건을 놓고 발화자는 이 사건을 '사고'(incident)라든가 '재앙(catastrophe)'이라고 부를 수 있다. 이 경우 발화자는 부정적인 사건이 느낌에 미치는 강도에 따라 '사고' 아니면 '재앙'이라는 낱말을 선택하는 것이다. 이 간단한 예에서 볼 수 있는 것처럼 강

---

20) A. J. Greimas & J. Fontanille, *Sémiotique des passions*, op. cit., p.68.

도는 가치 평가가 있은 다음에 개입한다. 그래서 이 경우 강도는 불쾌에 대한 강도이다. 따라서 정동적 강도는 가치 체계와 분리될 수 없는 성질의 것이다. 정동적 강도는 '감'(感, phorie) 자체의 자질이라고 할 수 있다. 그래서 한 편으로는 감이 존재하고, 다른 한편으로는 가치 판단이 존재한다. 감은 다소(plus ou moins) 강하거나 다소 약한(이것이 정동에 대한 정의이다) 식으로 연속적이고 점이적인 성격을 띠고 있고, 가치 체계는 '쾌'(euphorie)와 '불쾌'(dysphorie)로 양극화 된다.[21] 정념 효과는 이처럼 정동과 가치가 지닌 자질들의 결합에서 비롯한다고 할 수 있다. 예컨대 '절약'(économie)과 '노랑이'(avarice)의 경우 '절약'이라는 틀에 박힌 행태를 '노랑이'라는 정념으로 변형시키는 것은 가치 판단에 강도가 수반되기 때문에 그렇다. 이 강도의 강함은 우리가 일반적으로나 규범적으로 받아들일 수 있는 한계를 넘어서게 해서 정동적인 효과를 유발시키는 것이다.

강도가 미치는 범위는 주체 및 대상 그리고 정념의 행정의 시-공간적인 전개와 관계한다. 우선 대상의 경우를 보자. 예컨대 불어에서 avarice와 pingrerie는 모두 인색함을 의미하는 정념이다. 두 정념에 강도의 차이는 별로 없다. 하지만 두 정념은 그것이 지향하는 대상의 가치(규모와 양)에 따라 차이가 난다. pingrerie의 경우는 하찮은 대상에 보이는 집착으로 좀스러운 정념이다. 이에 반해 avarice는 돈이나 감정과 같이 비교적 중요한 대상을 지향하는 정념이다. 마찬가지로 불어에서 fierté(자존심, 긍지, 자만심)와 susceptibilité(격하기 쉬운 감정, 과민함)는 정념적인 반응의 강도에서는 별반 차이가 없지만, 그러한 반응을 일으키는 원인의 중요성, 수 혹은 범위에 있어서 차별된다. 전자는 몇몇 중요한 경우에 일어나지만, 후자의 경우는 온갖 사사로운 경우에 다 일어난다. 정념의 행정의 시-공간적인 전개는 범위(거리와 지속)나 수의 정도와 관계한다. 예컨대 '편

21) 기호학에서 가치에 대한 평가는 '기질적'(thymique)인 차원에서 이루어지는데, 긍정적인 평가는 '쾌'(euphorie)로 표지되고 부정적인 평가는 '불쾌'(dysphorie)로 표지된다.

집' 혹은 '강박증'(obsession)은 똑같은 역할이나 태도를 지속적으로 강요하는 정념의 행정이다. 끝으로 주체가 문제시될 때 그 원인은 주체의 정체 자체에 있다. 정체는 다수의 태도나 역할로 이루어져있고 태도나 역할도 다수의 성분들로 이루어져 있기 때문에 이 모든 것을 일관성 있게 유지하는 것은 어려운 일이다. 실상 역할을 이루는 성분들과 역할들 그 자체는 양립불가능 하거나 아니면 각기 독자적으로 존재할 수도 있다. 예컨대 프루스트의 『스완의 사랑Un amour de Swann』에서 스완은 오데트에 대한 사랑과 질투를 동시에 체험하기 때문에 분열된 상태에 있다. 그에게 사랑과 질투는 서로 나란히 진행되는데 오데트에 대한 사랑이 식자 질투도 사라지고 만다. 이러한 관점에서 보면 정념은 주체의 내면에 일관성(혹은 비일관성)을 부여하는 원리로 간주될 수 있다. 왜냐하면 정념은 어떤 역할을 선택하거나 가동시키고, 다른 역할들은 정지시키거나 아니면 하나의 역할 주위로 다른 역할들을 모으기 때문이다. 요컨대 정념은 자아를 구성하는 여러 성분들 사이의 관계를 지배한다. 그런데 단지 이러한 부분들의 합으로 주체의 정체를 이룰 수 없기 때문에 정념은 전체의 일관성을 확보하게 해주는 다소 효과적인 결합체가 될 수 있을 것이다. 이렇게 해서 확보된 전체가 오랜 시간을 두고 지속적인 것이 될 때 그것은 '성격'이나 '기질'이 된다.

그런데 강도와 범위의 주 역할은 발화의 통제하에 '현전의 정도'(degré de présence)를 변조하는 데 있다. 우리는 앞에서 신체는 발화의 중심이자 위치장의 중심이라고 하였다. 신체의 본령은 무엇보다도 느끼고 지각하는 데 있다. 담화에서 정념은 느낌을 통해 체험된다. 정념은 지각을 통해 자기 앞에 현전하는 것에 대해 육체가 느끼는 감정이라고 할 수 있다. 육체가 이 현전을 정념으로 체험하기 위해서는 이 현전은 질적으로 주체의 지각을 민감하게 할 수 있도록 강도가 있어야 하며, 아울러 양적으로 이 강도가 미칠 수 있는 범위가 작용해야 한다. 따라서 현전은 담화 기원의 위치로부터 평가된 두 차원인 강도와 범위의 결합을 통해 얻어진 범주이

다. 강도의 정도와 범위의 정도의 결합이 '현전의 밀도'(degrés de densité de présence)를 결정한다. 예컨대 주체에게 대상과의 이접이 결핍으로 느껴지기 위해서는 이 이접이 '현전의 감정'(sentiment de présence)으로 변형되어야 하는 것이다. 즉, 주체는 결핍된 대상을 지향하지만(이 경우 강도는 높다) 아무 것도 손에 넣지 못하고 있다(범위는 제로 상태이다). 따라서 정념은 감성적인 신체에 작용하는 현전과 긴장(강도와 범위가 결합된)의 논리를 따른다.

퐁타니유는 강도와 범위의 두 차원의 강한 정도와 약한 정도의 결합을 통해 네 가지 중요한 '현전의 변조'(modulation de la présence)로 간주될 수 있는 '결핍'(manque), '충일감'(plénitude), '무력감'(vacuité), '공허감'(inanité)을 정의한다. 여기서 '결핍'은 강한 강도에 거의 제로 상태에 가까운 범위가 결합된 경우이고, '충일감'은 강한 강도에 넓은 범위가 결합된 경우이고, '무력감'은 약한 강도에 좁은 범위가 결합된 경우이고, '공허감'은 약한 강도에 넓은 범위가 결합된 경우이다. 그리고 그는 여기에 각각 기본적인 정념—'현전의 정념'(passion de la présence)이라고 부를 수 있는—을 결부시키고 있다. 즉, 결핍에는 '기다림'이나 '향수', '충일감'에는 '행복', '무력감'에는 '권태', '공허감'에는 '헛됨'이라는 현전의 정념이 대응한다. 다음은 현전의 변조와 이에 대응하는 현전의 정념을 함께 나타낸 도표이다.

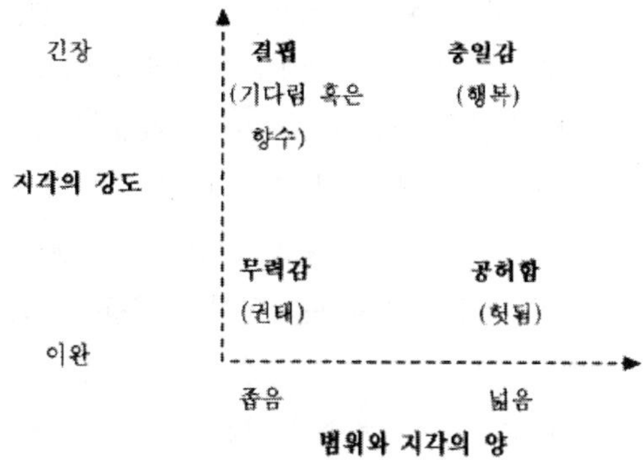

〈표 2〉

7. 분석의 예

앞에서 우리는 양상으로 이루어진 구성 요소의 부문들과 긴장을 나타내는 현시 요소의 부문들을 살펴보았다. 전자는 정념적 주체가 통과하는 정념의 행정의 각각의 단계에서 그의 양상적 정체를 정의하고, 후자는 이 행정의 템포, 리듬, 강약 등 정동적 긴장의 변화를 정의한다. 담화의 차원에서 정념을 분석하기 위해서는 실상 우리가 살펴본 도구들 외에도 많은 도구들이 필요하지만 우리는 지금 우리가 제시한 도구들을 바탕으로 Madame de Lafayette의 Princesse de Clèves에 나오는 한 대목을 분석해보고자 한다.[22]

느므르 공은 이내 클레브 공작 부인이 궁전을 따라 가지 않아도 된다는 사실을 알았다. 공작은 공작 부인을 보지 않고 떠날 결심을 할 수 없었다. 그래서 공작은 출발 전날 공작 부인과 독대하기 위해 예의가 허용하는 범

22) 분석 내용은 J. Fontanille, *Sémiotique et littérature, op. cit*. p.82 이하 참고.

위 안에서 되도록 늦게 공작 부인의 저택에 갔다. 운이 공작의 의도를 도왔다. 뜰 안에 들어갔을 때 공작은 집에서 나오는 네르베르 부인과 마르티그 부인과 마주쳤다. 두 부인은 공작에게 공작 부인은 혼자 있다고 하였다. 느므르 공은 흥분과 동요에 쌓여 계단을 올라갔다. 공작 부인 역시 느므르 공이 자기를 보러 왔다는 말을 들었을 때 공작과 똑같이 동요했다. 공작 부인은 행여 자기가 공작에게 자신의 연정을 말하지나 않을까 하는 두려움에 사로잡히기도 하고, 그에게 호의적으로 말하지나 않을까 하는 겁도 나고, 공작의 방문이 자기 남편에게 불안한 감정을 주지나 않을까 하는 생각도 들고, 이 모든 일을 남편에게 말해야 하나 아니면 감추어야 하나 하는 고민도 생겼다. 이 모든 감정들이 한 순간 공작 부인의 뇌리에 나타나 부인을 너무도 당황하게 만들어 버린 나머지 부인은 아마도 자신이 가장 원했을지도 모를 절호의 일을 피하기로 결심을 먹었다. 공작 부인은 하녀 하나를 시켜 부속실에 있는 느므르 공에게 자기는 지금 몸이 불편해서 황송하게도 공작을 맞을 수 없어서 죄송하다는 말을 전하게 하였다. 공작 부인을 볼 수 없고 또한 부인이 자기를 보고 싶지 않다고 하니 공작은 여간 마음이 아프지 않았다. 게다가 그는 내일 떠나는 몸이 아닌가. 그는 더 이상 우연에 기대를 걸 것이 없었다. 도핀느 부인의 저택에서 예의 대화가 있고 난 연후에 그는 부인에게 말 한번 하지 못했다. 그래서 그는 어리석게 주교 대리에게 말을 했던 것이 그의 모든 희망을 앗아가게 했다고 믿을 수 밖에 없었다. 마침내 공작은 자리에서 나왔다. 쓰라린 고통에 쌓여서.

클레브 공작 부인은 공작의 방문이 그녀에게 일으킨 동요에서 마음을 가라앉히자 말자 그녀로 하여금 공작을 회피하게 만들었던 이유들이 죄다 없어지고 말았다. 그녀는 심지어 자신이 잘못했다고까지 생각했다. 그래서 그녀에게 용기가 있었다면, 그리고 공작이 아직 자리에 있었다면 공작을 불러오게 했을 것이다.[23] (Garnier-Flammarion, pp.359～360)

---

23) M. de Nemours sut bientôt que Mme de Clèves ne devait pas suivre la cour ; il ne put se résoudre à partir sans la voir et, la veille du départ, il alla chez elle aussi tard que la bienséance le pouvait permettre, afin de la trouver seule. La fortune favorisa son intention. Comme il entra dans la cour, il trouva Mme de Nervers et

인용된 대목은 새 군주의 대관식에 참석하기 위해 궁중인들이 렝스로 이동하는 에피소드에 해당한다. 이 에피소드에서는 두 가지 양상의 차원이 서로 충돌하고 있다고 할 수 있다. 하나는 사회적인 차원에 속하는 양상이고, 다른 하나는 개인적인 차원에 속하는 양상이다.

먼저 사회적인 차원에 속하는 양상을 보자. 여기서는 '의무'(devoir)와 '능력'(pouvoir)이 지배적이다. 느므르 공작은 '출발해야 하고'(doit partir), 클레브 공작 부인은 '궁정을 따라 가지 않아도 된다'(ne devait pas suivre la cour)(그녀는 건강 때문에 그러지 않아도 된다). '예의가 허용하는 범위에서'(la bienséance le pouvait permettre) 느므르 공은 공작 부인을 독대하기 위해 가능한 한 늦게 부인의 집에 간다. 한편 공작부인은 하녀를 통해 그에게 그를 '맞을 수 없다'(ne pouvait le recevoir)는 말을 전한다. 여기서

Mme de Martigue qui en sortaient et qui lui dirent qu'elles l'avaient laissé seule. Il monta avec une agitation et un trouble qui ne peut se comparer qu'à celui qu'eut Mme de Clèves quand on lui dit que M. de Nemours venait pour la voir. La crainte qu'elle eut qu'il ne lui parlât de sa passion, l'appréhension de lui répondre trop favorablement, l'inquiétude que cette visite pouvait donner à son mari, la peine de lui en rendre compte ou de lui cacher toutes choses, se présentèrent en un moment à son esprit et lui firent un si grand embarras qu'elle prit la résolution d'éviter la chose du monde qu'elle souhaitait peut-être le plus. Elle envoya une de ses femmes à M. de Nemours, qui était dans son antichambre, pour lui dire qu'elle venait de se trouver mal et qu'elle était bien fâchée de ne pouvoir recevoir l'honneur qu'il lui voulait faire. Quelle douleur pour ce prince de ne pas voir Mme de Clèves et de ne pas la voir parce qu'elle ne voulait pas qu'il la vît! Il s'en allait le lendemain ; il n'avait plus rien à espérer du hasard. Il ne lui avait rien dit depuis cette conversation de chez Mme la Dauphine, et il avait lieu de croire que la faute d'avoir parlé au vidame avait détruit toutes ses espérences ; enfin, il s'en allait avec tout ce qui peut aigrir une vive douleur.

Sitôt que Mme de Clèves fut un peu remise du trouble que lui avait donné la pens ée de la visite de ce prince, toutes les raisons qui lui avaient fait refuser disparurent ; elle trouva même qu'elle fait une faute et, si elle eût osé ou qu'il eût encore été assez à temps, elle l'aurait fait rappeler.

나타난 양상은 전체적으로 모든 사람에게 요구되는 제약과 자유의 경계를 정의하는 '의무의 코드'(code déontique)에서 비롯한다고 할 수 있다. 다시 말하면 주체와 대상의 관계에 발령자(Destinateur)로서의 사회 혹은 궁정이 개입하고 있다.

이와 달리 개인적인 차원에서는 '의지'(vouloir)와 '지식'(savoir)이 지배적이다. 느므르 공작은 클레브 공작 부인이 혼자 있음을 '들었다'(savoir). 그는 '그녀를 보지 않고 떠나려는 결심을 할 수 없었다'(vouloir). 한편 부인은 공작을 보지 않으려는 결심을 하였지만 사실은 그를 너무도 보고 싶었다(vouloir). 공작 부인은 원하면서 동시에 원하지 않는다. 느므르 공작은 그녀가 '자기를 보고 싶어하지 않는다'(vouloir)고 생각한다. 개인적인 차원에서는 '의지'와 '지식'이 지배적이다.

아울러 장면의 구축도 이러한 구분에 바탕을 두고 있는 것처럼 보인다. 즉, 우연성(contingence, ne pas devoir être)이 두 번 언급되고 있는데, 하나는 '행운'("행운이 그의 의도를 도왔다")과 관계하고 있고, 다른 하나는 '우연'("그는 더 이상 우연에 기대를 걸 것이 없었다")과 관계하고 있다. 하지만 전자가 의무를 정지시켜 가능성에 문을 열어 놓는다고 한다면, 후자는 다시 주체를 의무 속에 가두어 놓고 있다. 양자 사이에서 우리는 느므르 공작이 겪는 고통을 본다.

끝으로 두 인물 사이의 교환에도 두 차원의 양상의 구분을 적용할 수 있다. 교환이 사회적일 경우 의사 전달은 '능력'과 관련된다. 공작 부인은 몸의 불편함을 호소하며 사회적인 언어로 느므르 공작을 만날 수 없다고 말한다(elle ne pouvait pas recevoir...). 이에 대해 느므르는 즉각 이 언어를 개인적인 언어로 옮긴다. "부인이 자기를 보고 싶어하지 않았다"(elle ne voulait pas qu'il la vît)라고.

앞에서 언급한 바와 같이 정념은 둘 이상의 양상의 결합 내지 충돌에 의해 빚어지기 때문에 이제 위에서 지적한 두 차원의 양상이 어떤 상관관계를 갖는지 살펴보자.

우선 느므르 공작은 첫 번째 양상의 정체를 나타내는 문장 : "공작은 공작 부인을 보지 않고 떠날 결심이 서지 않았다"(Il ne put se résoudre à partir sans la voir.) 이 문장은 두 부분으로 나누어서 분석할 수 있다. "보지 않고 떠나다"는 사회적인 차원에서 공작의 상황을 요약하고 있다. 이 문장은 '의무'의 지배를 받는다. 이와 달리 "결심이 서지 않았다"(ne put se résoudre)는 공작의 개인적인 입장과 관계하고 있다. 그런데 "결심하다"를 보다 정확하게 분석하면 여기에는 사회적인 것과 개인적인 것이 얽혀있는 것을 알 수 있다. 여기서 "결심하다"라는 표현은 처음에는 거부했던 것(사회적인 차원)을 받아들이는 것(개인적인 차원)을 의미한다. 즉 "결심하다"는 '거부하고 싶지 않다'(vouloir ne pas faire(refuser))가 '받아들이지 않고 싶지 않다'(ne pas vouloir ne pas faire(accepter))로 변형된 것이라고 할 수 있다. 이러한 변형은 사회적인 의무에 따른 것이다. 그는 본래 공작 부인을 보고 떠나고 싶어했다. 하지만 사회적인 구속 때문에 그는 어쩔 수 없이 부인을 보지 않고 떠나야 한다. 사회적인 의무가 그 법칙을 그의 개인적인 의지에 부과한 것이다. 그러나 그는 '결심을 할 수 없었다'(ne put pas se résoudre). '능력'의 정지는 '의무'를 부정한다. 즉 '의무'만으로는 충분하지가 않다. 이 상황에서 느므르에게는 사회적인 의무의 실행을 뒷받침해줄 수 있는 '능력'이 결여되어 있다. 이것은 그에게 개인적인 차원의 양상, 즉 '의지'를 해방시킨다. 게다가 부인 혼자만 있는 행운과 방금 클레브 공작 부인 곁을 떠난 두 부인으로부터 들은 사실(savoir)은 그에게 제약이 되고 있는 사회적인 의무를 완전히 소멸시킨다.

느므르 공작과 달리 클레브 공작 부인은 공작을 보지 않으려고 결심한다. 그녀는 그러한 결심을 할 수 있었다. 왜 그럴까? 그것은 그녀가 '당황'(embarras)해 있기 때문이다. 그녀의 당황스러운 상태는 공작의 '동요'(trouble) 못지 않게 강하다. 이 당황스러운 상태는 여러 가지 장면들이 혼란스럽게 중첩된 것에서 비롯하는데, 이것은 요컨대 공작 부인에게 있어서 '지식'의 혼란, 그 약화를 의미한다. 공작 부인의 '의지'는 그녀의

'의무'를 압도하지 못하는데, 그것은 그러기 위해서 필요한 개인적인 차원에 속한 양상인 '지식'이 문제시되고 있기 때문이다. 이 양상이 결여되어 있기 때문에 부인의 '의지'는 실현될 수가 없다. 공작이 떠난 다음 공작 부인의 심경의 변화는 이 분석의 타당성을 뒷받침해준다.

요약해보자. 각각의 주체에게 '의무'와 '의지'는 서로 반비례 관계에 있다. 즉, 하나의 양상이 실현되기 위해서 다른 양상은 약화되거나 부정되어야 한다. 사회적인 차원의 양상과 개인적인 차원의 양상 사이의 갈등에서 주된 양상, 즉 '의무'와 '의지'는 각각 '능력'과 '지식'의 도움을 받아야 한다. 텍스트에서 의무와 의지는 강도에 있어서나 범위에 있어서나 결코 약화되지 않는다. 차이는 이 두 양상을 지지해주는 양상에 있다. 느므르의 '능력'이 약해짐으로써 그의 '의무' 역시 지지를 잃고 '의지'가 우세해진다. 클레브 공작 부인의 경우에는 '지식'이 혼란에 빠져 있기 때문에 그녀의 '의지'가 지지를 잃고 '의무'가 승리한다. 이렇게 해서 우리가 앞서 언급한 바와 같이 정념의 효과는 주어진 순간에 주체의 정체성을 정의하는 양상들의 병치나 합을 통해서 빚어지는 것이 아니라 이들 사이의 밀접한 상관관계를 통해 빚어지는 것임을 알 수 있을 것이다. 텍스트의 두 인물에서 가장 강한 정념의 순간은 이 상관관계가 가장 극단적인 위치에 있을 때 일어난다. 즉, 양상 간의 갈등이 가장 심할 때 느므르에게나 클레브 부인에게나 긴장은 최고도에 다다른다. 이와 달리 상관관계가 최고도에 오른 긴장의 문턱에서 어느 한 쪽으로 쏠리면 긴장은 이완된다. 그리고 이 각각의 단계에 정념의 유형이 대응한다. 즉, 양상의 긴장이 최고도에 다다랐을 때 '흥분'(agitation)과 '동요'(trouble)가, 긴장이 이완 상태에 도달했을 때 '쓰라린 고통'(aigreur)과 '후회'(regret)가 대응한다.

우리는 지금까지 인물들이 겪는 정념의 행정을 양상들 사이의 상호관계에 초점을 맞추고 외부에서 바라보는 관찰자의 관점에서 분석해 보았다. 그런데 이 행정은 다른 관점에서, 즉 정념을 겪는 인물들의 관점에서 다루어질 수 있다. 사실 정념의 주체는 양상화를 지적으로 인식하는 것이 아니라 감각적, 감정적으로 느낀다. 이처럼 감각적 주체로서의 정념의 주체가 양상화를 지각하는 것을 분석하는 것이 '긴장의 현시 요소'의 분석이다.

화자는 느므르 공작이 클레브 공작 부인의 저택의 안뜰에 도착했을 때 그가 느낀 동요의 정도가 공작 부인이 공작이 자기 집에 와있다는 소식을 접하고 그녀가 느낀 동요의 정도와 같다고 서술하고 있다. 즉, 두 정념의 파트너의 양상적 정체를 규정하는 강도와 범위가 같다는 말이다. 하지만 두 사람에게 양상화는 일련의 정돈되고 위계화된 형태로 제시되는 것이 아니라 제약과 욕망과 희망이나 위협이 착종된 형태로—퐁타니유의 표현을 빌리면 '양상의 동요'(tumulte modale)로—제시되고 있다. 아울러 이 동요가 시간·공간적인 차원에서 전개하는 것을 보면 각자가 느끼는 동요의 성격이 다름을 알 수 있다. 사실 느므르 공작과 클레브 공작 부인은 각자가 자기를 중심으로 '현전의 장'을 펼치고 있다. 두 사람의 양상화에 대한 지각은 각자가 확보하고 있는 이 현전의 장 속에서 조직된다. 이 때문에 양상화의 효과는 현전의 정도와 분리되어서 논의될 수 없는 것이다.

이러한 관점에서 보면 느므르 공작의 현전의 장은 지향되고(orienté) 개방적인(ouvert) 것으로 나타난다. 공작은 실상 자신의 양상적 정체를 하나씩 하나씩 거쳐가면서 '행운'에 의해서 개방된 장으로 전진한다. 게다가 공작 부인이 혼자 있다는 사실은 공작의 장과의 소통을 가능하게 하는 또다른 장, 즉 공작 부인의 장의 개방을 예상한다.

이와 달리 클레브 공작 부인의 현전의 장은 공격을 받고(envahi), 해체된(désorganisé) 것처럼 보인다. 사실 공작 부인은 여러 양상들과 '두려움'(crainte), '겁'(appréhension), '불안'(inquiétude), '고민'(peine)과 같은 정조(état d'âme)들이 물밀듯이 침입하는 장의 중심에 있다. 여기에는 몇 가지 장면들이 중첩되어 있는데 이 장면의 중심 인물은 느므르, 클레브, 그리고 공작 부인 자신이다. 즉, 두려움은 공작 부인의 관점에서 느므르에게서 예견될 수 있는 태도이고, 겁은 공작 부인이 느므르의 태도에 대한 반응으로서 그녀가 취하게 될지도 모를 태도에 대한 것이다. 불안은 클레브 공작의 관점에서 느므르와 클레브 공작 부인 사이의 관계에 대해 품을지도 모를 감정이고, 고민은 부인의 관점에서 자기 남편에 대해 취하게 될 태도와 관계한다. 공작 부인을 '지식'의 혼란에 빠뜨리게 하고 '당황'하게 만드는 것은 이러한 여러 정조의 비규칙적이고 가변적인 중첩이다. 이와 달리 느므르 공작의 경우에는 일련의 양상화가 가속적인 템포를 띠면서 개방된 장으로 전진하기 때문에 '흥분'이 일어난다. 이처럼 여러 양상들을 관리하고 주체로 하여금 자신의 현전과 정동적 상태에 빠진 자신을 지각케 하는 것은 긴장의 현시 요소의 역할에 속한다. 긴장의 현시 요소의 관점에서 보면 클레브 공작 부인이 느므르 공작에 대한 사랑이 왜 늘 어려움에 봉착하게 되는지를 알 수 있다. 즉, 공작은 소설 전체를 통해 지향되고 개방적인 장의 중심에 서서 늘 새로운 침입(irruptions)(신중하지 못한 행동, 계재에 맞지 않은 사랑의 고백, 숨어보기, 성가신 방문 등)을 감행하지만, 공작 부인은 자신의 장이 침입을 받기 때문에 양상의 해체를 피하기 위해 끊임 없이 자신의 장을 닫아 놓기 때문이다.

8. 결론

지금까지 본 것처럼 정념에 대한 분석은 주로 양상의 분석과 긴장의 현시 요소의 분석 양 부문에 걸쳐 이루어진다. 새로운 기호학의 관점에서 보면 클레브 공작 부인의 은둔은 그녀의 양상적 정체 편보다(아마 표준 이론이라면 이 편에 주목했을지도 모르겠지만) 오히려 긴장의 현시 요소에서, 정확히 말하면 두 지각의 장의 상호작용 편에서 찾아보는 것이 바람직하지 않을까 한다. 이것은 기호학이 종래의 구조주의적인 관점에서 벗어나서 생성과 연속성의 관점을 택함으로써 가능한 일이다. 이러한 관점을 택함으로써 우리는 현상학에 이어 감각적인 것으로부터 분절된 의미가 발생하는 과정을 일관된 방법으로 규명할 수도 있을 것이다. 끝으로 정념도 행동이나 인식과 마찬가지로 발화 실천을 통해 도식화된다. 이러한 도식화를 통해 정념은 '순수한 느낌'(pur sentir)으로부터 벗어날 수 있다. 도식화는 정념을 가지적으로 만들고 문화적 형태 속에 등록될 수 있게 해서 정념이 의미를 띠게 만든다. 그러나 이러한 문제를 다루기 위해서는 별도의 자리가 필요할 것이다.

참고 문헌

E. Benveniste, *Problèmes de linguistique générale* I, Gallimard, 1966.

___________, *Problède linguistique générale* II, Gallimard, 1974.

J.-Cl. Coquet, "Linguistique et sémiologie", *Actes sémiotiques-documents* IX, 88, 1987.

J. Fontanille, *Sémiotique du discours*, PULIM, 1998.

__________, *Sémiotique et Littérature*, PUF, 1999.

J. Fontanille & Cl. Zilberberg, *Tension et signification*, Mardaga, 1998.

A. J. Greimas, *Du sens II*, Seuil, 1983.

___________, "De la nostalgie. Etude de sémantique lexicale", *Actes sémiotiques-Bulletin*, n. 39, E.H.E.S.S.-C.N.R.S, 1986.

___________, *De l'imperfection*, Pierre Fanrac, 1987.

A. J. Greimas & J. Fontanille, *Sémiotique des passions, Des états de choses aux états d'âme*, Seuil, 1991.

L. Hjelmslev, "La syllabe en tant qu'unité structurale", *Nouveaux Essais*, PUF, 1985.

M. Merleau-Ponty, *Primat de la perception et ses conséquences philosophiques*, Cynara, 1989.

Prolégomènes à une étude de la sémiotique des passions

Park In-Cheol

La faculté de langage nous permet de prendre position par rapport au monde perçu et vécu et, du même coup, de lui accorder une certaine présence discursive, voire, et de le représenter. C'est là le point du départ à partir duquel la sémiotique du discours envisage le problématique du discours. En nous appuyant sur cette perspective, nous avons traité, dans cet article, des problèmes concernant la passion.

La passion obéit, d'une part, à une logique tensive, celle de la présence et des tensions qu'elle impose au corps sensible de l'actant. C'est pourquoi la plupart des effets passionnels, dans le discours, peuvent être saisis dans la perspective des variations d'intensité et de quantité perspectives. Et, d'autre part, les effets passionnels résultent de la combinaison d'au moins deux modalisations, traitées comme des gradients orientés et associés. Chaque effet passionnel sera donc redevable d'une analyse en deux plans : une analyse modale, qui permettra de caractériser la compétence du rôle passionnel, en d'autres termes, sa disposition affective ; et une analyse tensive, qui portera pour l'essentiel sur les valeurs d'intensité et d'étendue de l'expression affective.

Enfin, nous avons tenté de vérifier la validité de cette approche du domaine passionnel, en analysant un fragment d'un texte de Madame de Lafayette, Princesse de Clèves.

열쇠어 : 정념, 신체, 담화 기원, 현전의 장, 지각, 양상 분석, 긴장 분석

정념 기호학의 정념도식

- 방랑 시인 김삿갓의 정념행로 -

백승국*

1. 서론

행동, 정념, 인지. 이 세 단어는 유럽 기호학 이론[1]의 지난 40년간 역사와 변천 과정을 대변하고 있다. 러시아의 형식주의자 프롭(Propp)에 의한 민담서사의 구조적인 형식성과 보편성을 파악하기 위한 인물들의 기능 분석에서부터 그레마스(A. J. Greimas)에 의해 재정립된 행동자 모델과 정례적 서사 도식 그리고 기호사각형은 행동 기호학의 기반을 마련해준 분석도구이다. 또한 행동 기호학의 주체들은 인지차원에서 인식론의 두 가지 기본 틀인 지각력과 감각화에 의해 기호학 분석의 대상과 영역을 확장하는 새로운 비전을 제시하였다. 정념 기호학의 이론은 사실의 세계가 의식의 세계로 의미 작용을 할 때, 그 두 세계 사이에서 매개 역할을

* 한국외국어대학교 문화콘텐츠학과 대우교수

1) 미국을 중심으로 퍼스의 기호 사상에 내려오는 화용론적 기호학에 대립하는 소쉬르의 영향을 받은 유럽의 기호학. 특히 소쉬르의 영감을 받아 엘름슬레우, 테니에르, 메를로퐁티 그리고 비트겐스타인 등 이론을 수용하여 포괄적이고 광범위한 모든 텍스트의 의미공간을 기호학의 분석대상으로 삼는 그레마스 기호학을 지칭한다.

하는 정념화된 신체의 존재에 관심을 갖게 하였다. 이것은 기호학의 분석 대상이 행동의 영역에서 인지과학, 현상학 그리고 심리학의 깊은 탐구 대상인 몸체적 존재에 대한 기호학적 접근을 가능하게 한다. 즉 정념 기호학은 행동 주체와 인지 주체 사이에 존재하는 지각 주체가 생성하는 의미작용에 관심을 집중시키고 있다. 또한 정념 기호학은 감각 이론을 구축하는 토대를 제공하고 있다.

기호학의 분석 도구가 우리문학에 본격적으로 소개된 시기는 1980년대이다. 분석 방법론의 효율성과 보편성을 갖춘 기호학 이론을 우리 문학 연구에 적용하려는 시도를 하였던 시기이다. 하지만 기호학의 새로운 이론을 문학 작품에 적용하는 목적이 보다나은 작품의 이해나 감상의 폭을 확장하는 것이 아니라 기호학 용어들을 나열하는 지적유희가 돼서는 안된다. 즉 새로운 이론을 작품에 적용하여 이론의 유용성과 보편성을 검증・비판하는 단계를 거쳐야 한다. 특히 서양의 사회・문화적 맥락과는 전혀 다른 한국 문학에 적용했을 때 이론의 활용 가능성에 대한 보편성을 확인하는 것이 중요하다.

이러한 측면을 고려하여, 본고는 이문열의 소설 "詩人"의 기호학적 분석을 통해 최근 새로운 분석 방법론으로 자리잡은 정념(情念)[2] 기호학의 분석 도구가 한국 문학에 적용・가능한 이론인가에 대한 검증을 하고자 한다. 더 나아가 소설 "詩人의 정념 기호학적 분석을 통해 분석 도구가 이론과 텍스트간에 매개 역할을 하는 적절한 도구인지, 그것이 어떻게 문학 작품을 이해하는데 유용한가에 대한 검증을 하려고 한다.

---

2) 행동과 상반되는 정념은 주체들의 마음의 상태, 감정 상태의 통합적 구성을 말한다. 주체가 인지적 차원에서 의미작용을 할 뿐만 아니라 그의 몸체로도 기질적인 느낌을 받는다. 주체가 몸으로 유쾌감, 불쾌감, 질투심, 고통, 분노, 쾌락 등을 체감한다. 시인에서는 김병연과 그의 가족이 실현하지 못한 신분회복에 대한 좌절감으로 체념, 절망, 실망의 정념을 체감한다.

2. 좌절감

소설 "詩人"에서 삿갓 방랑 시인 김병연과 그 가족이 추구하는 가치 대상은 추락한 가문의 명예를 회복하고 양반계층으로 신분상승을 하는 것이다. 하지만 그들이 설정한 가치는 사회·문화의 가치론를 형성하는 구성원들에게 인정받지 못한 채 고립과 가치박탈을 체험한다. 즉 한 공동체의 총체적 가치를 창출하고 인정하는 가치의 발신자 역할을 하는 사회로부터 부정적 비준을 받게된다. 그리고 김병연과 그 가족의 서사 행로는 좌절감의 상태에 빠지게된다.

그레마스(A. J. Greimas)는 좌절감에 대해"누군가를 하나의 좋은 일이나 이득으로부터 박탈하는 것, 즉 신용적 기다림의 실망감"으로 정의했다. 신용적 기다림은 단순 기다림과 달리 이중의 관계를 전제하는데, 그것은 가치 대상과 행위 주체와의 관계이다. 다시 말해, 상태 주체의 기다림은 단순한 바람이 아니라 신임이라는 선행된 바탕 위에 각인 된 것인데, 상태 주체는 그의 희망과 그의 권리의 실현을 위해 행위 주체에 의존할 수 있다고 생각한다. 그러므로 상태 주체는 양태적 배치를 구성할 수 있게 되는데, 신용적 기다림의 상태 주체는 이중적인 양태성(樣態性)[3]으로 구성되어 있다. 상태 주체는 가치 대상의 획득을 갈망하는 양태성 /연접하기를 희망한다/와 행위 주체의 양태성 /행동-의무/에 의한 거부로 연접의 불가능성을 확인하고 좌절된 주체로 변형된다. 이러한 신용의 파괴는 좌절된 주체에게 새로운 양태적 배치를 부여하는데, 그것은 가치대상의 획득이 불가능함을 나타내는 양태성 /연접될 수 없음을 알고 있다/와 행위 주체가 가치 대상을 향한 지향성이 결핍된 양태성 /행동을 원하지 않는다 /에 의한 이중적 구성을 하게 된다. 다시 말해 좌절된 상태 주체는 알고 있다, 가치 대상이 그를 거부하는 것을, 그리고 그의 좌절이 행위 주체의

3) 양태성은 주부에 의한 술부의 변형이다.

부정적 양태성의 결과임을 알고 있다. 소설 "詩人"에서 신용적 기다림의 파괴를 명확하게 가치 대상과 연관지을 수는 없다. 김병연과 그의 가족의 좌절은 행위 주체의 역할에 의한 가치 대상에 의해서가 아니라 그들의 신분회복을 허용하는 사회의 평가와 비준 때문이다. 그러므로 그들의 근본적 좌절감은 일련의 양태적 변화를 받아들여야 한다. 좌절감이 부여하는 양태성 /존재할 수 었다/의 희생자인 그들은 행위 주체인 사회가 야기하는 양태성 /행동하지 않기를 원한다/에 더 이상 영향을 받지 않고 사회의 새로운 양태성 /존재하지 않아야 함을 믿는다/를 강요받게된다. 이러한 부정적 양태성이 의미하는 바는 김병연과 그의 가족이 조선조 후기의 사회체제에 거부당하고 인정을 받지 못함을 나타낸다. 즉 그들은 빈번하게 가치박탈을 체험하게 되고, 그 체험은 고립과 소외감에 도달하게 된다. 사회 · 문화의 가치론적 코드를 통제하는 집단은 그들에게 신분회복을 위한 서사 프로그램 즉, 가치 대상을 획득하기 위한 어떠한 가능성도 허용하지 않으며 평민 계층에서조차 그들을 철저히 배척해 김병연 가족은 모든 사회로부터 고립된 생활을 하게 된다. 그리고 이러한 가치박탈은 좌절감으로 이어져 김병연과 그 가족에게 정념적 변형을 가져온다. 우리의 관심은 김병연의 가족 각자에게 운명되어진 그들의정념 행로를 추적하는데 있다.

정념차원의 기호학적 분석을 위해 기호학의 선각자 그레마스(A. J. Greimas)와 퐁타닐(J. Fontanille)이 함께 저술한 『정념 기호학』에서 소개한 5단계의 정례적 정념 도식을 바탕으로 정념 기호학의 분석도구와 이론을 알아볼 것이다.

3. 정례적 정념 도식의 이론

정례적 정념 도식은 행동 기호학의 정례적 서사 도식처럼 다음과 같이

5단계로 구성되어 있다.

*행동 기호학의 정례적 서사 도식

계약, 조종 → 능력 → 수행 → 비준

*정념 기호학의 정례적 정념 도식

구성화 → 배치화 → 정념화 → 감각화 → 도덕화

그레마스와 퐁타닐이 함께 출간한 정념 기호학의 이론이 그레마스 사후 2년 뒤인 1993년에 퐁타닐에 의해 수정 보완됐다. 그래서 퐁타닐이 기호학 잡지"프로테"에 기고한 논문 정념 도식을 기반으로 소개하고자 한다. 우선 각기 상이한 특성을 지닌 5단계를 명확하게 파악해서 주체들의 정념 행로가 어떤 과정을 거치는지, 또 그것이 구조화 됐을 때 하나의 정념도식으로 이해 가능한지 의문을 갖어 본다.

첫 번째 단계 '구성화'에서 정념적 주체가 담론 안에서 부상한다. 즉 행동자는 정념적 주체로서 정념을 인정하고 받아들이기 시작하는 준비된 상태이다. 정념적 주체는 그의 주변환경에서 야기된 모든 정념적 간청들을 받아들이는 감수성이 민감한 주체로 부상한다. 그리고 주체는 리듬감과 양적인 변조의 절대적 영향을 받는다. 주체의 정념이 빠르고 느린 리듬감의 변조에 의해 특징지어지고, 양적 변조로 인해 주체의 정념이 증식하게된다.(예를 들어, 정열적인 사랑과 질투자의 감정)

'배치화' 단계에서 주체는 정념을 체감하기 위해 필요한 모든 결정 인자들을 수용하게 된다. 배치화는 행동 기호학의 정례적 서사 도식의 두 번째 단계인 능력의 단계와 두 가지 관점에서 유사하다. 즉 배치화는 정념적 변형이 일어나는 배치화 다음 단계인 정념화에 연결되어 있고, 다른 한편으론 어떠한 정념을 형성하는데 필수적인 주체의 양태성를 갖추게 된다. 하지만 이러한 유사점은 단지 형태의 유사성에 불과하다. 왜냐하면 기능적인 측면에서 배치화는 서사 도식의 능력의 단계와는 상반되게 정념적 변형과 함께 소진되지 않는다. 예를 들어 질투자의 의심이 확실성의 획득과 함께 소멸되지 않고, 오히려 그 반대로 역동성을 갖게 된다. 게다가 행동 기호학의 서사 도식의 능력 단계에서 행위 주체가 행동을 양태화시키는 반면, 정념 기호학의 배치화는 긴장적 주체의 양태성과 절대적인 연관이 있다.

'정념화'는 정념 주체가 변형되는 단계이다. 이 단계에서 주체의 기질적 상태가 변하며, 또한 그가 구성화와 배치화 단계에서 감지한 기질적 가치들을 인지한다. 정념화 단계는 정념을 실현하는 단계로, 이 단계에서 주체는 그에게 야기된 감정 혼란에 대한 원인을 자각한다. 즉, 정념적 주체는 혼란, 동요, 불안, 낙담 등에 대한 정념적 의미를 찾게 된다. 정념화 단계에서 정념 주체는 그의 불안정성과 연속되는 긴장감을 해소한다.

'감각화'는 정념화의 기질적 변형에 따른 결과이다. 감각화는 고유한 신체 안에서 발생한다. 감각화는 주체의 정념 행로를 총체적으로 표출한다. 예를 들어 충동적 성격의 주체는 총체적인 긴장감에 전이되고, 주체의 몸체적 반응은 상성(相性)[4]의 시작을 의미하는 자질인 시발성에 지배당한다. 감각화 단계에서 정념화의 기질적 변형 후에 양태화된 신체가 화자- 관찰자에 의해 정념 주체의 상태를 평가받게 된다.

마지막 단계인 '도덕화'는 주체의 상성에 대한 총괄적인 평가가 나타난다. 즉, 감각화 단계가 화자-관찰자의 존재를 전제하고 있으며, 도덕화의 층위에서 화자-관찰자는 정념 도식의 각 단계에 내재하고 있는 주체의 정념 행로를 총괄·평가한다. 이렇게 하여 도덕화는 주체의 구성화, 배치화, 정념적 변형 그리고 감각화의 몸체적 발현 등과 관계를 갖게된다.

---

4) 상성은 문법의 형태론적 측면에서 동사 술부의 문법적 형태로서 관찰자에 의한 동사의 사행(事行 : 동사가 나타내는 동작 추이상태를 총괄하는 개념)을 지적한다. 이것은 동사가 시간에 따라 지속성, 종결성, 완성과 미완성의 형태를 문장에서 혹은 담론에서 나타낸다.

지금까지 우리는 행동 기호학의 정례적 서사 도식과 형태상 유사한 정념 기호학의 정례적 정념 도식의 5단계의 개념과 특성 그리고 주체의 정념 행로에 대한 이론적 측면을 알아보았다. 이러한 정념 도식이 동양사상이 스며있는 소설 "詩人"에 적용하여 분석이 가능한 보편성을 갖춘 도식인지 알아보겠다.

4. 소설 "詩人"의 정념적 차원

소설 "詩人"에서 방랑시인 김병연과 그 가족의 정념적 상황을 가장 압축적으로 선명하게 보여주는 것은 정념 도식의 3단계인 정념화 단계이다. 정념화는 각 주체들의 기질적 가치들을 인지하는 단계이다."詩人"에서도 김병연과 그 가족의 독특한 기질적 가치들이 불쾌감을 유발하는 정념적 변형을 야기 시킨다. 이것은 좌절감의 희생자인 김병연 일가가 부정적인 기질적 가치들로 인해 불안정한 정념 상태를 노출시키며 각자의 위치가 정념화 과정 속에 상이하게 나타난다. 우선 김병연의 형인 김병하는 불안정한 정념적 상황을 벗어나기 위해 체념을 선택한다. 이런 체념은 가족의 염원인 신분 회복을 획득하고자 하는 가치 대상으로 설정했던 모든 비전들을 포기하게 만든다. 그리고 어머니 역시 가족의 신분 회복을 강렬히 원하지만, 모든 희망을 포기한 채 절망 상태에 빠진다. 신분 상승을 최대 삶의 추구로 삼았던 김병연도 가치 대상의 획득을 위해 끊임없이 노력하지만, 양반 계층으로 편입이 불가능해지자 실망의 상태에 빠진다. 이렇게 김병연과 그 가족은 정념적 상황 속에서 각자의 삶의 의미와 존재를 자각하며 그들의 정념 행로를 구조적으로 형성하고 있다.

우리는 소설 "詩人"에서 각 주체들에게 결정된 정념 상태의 기질적 구성을 이해하고 분석하기 위해 서사구조의 중요한 분석 도구인 양태성를 활용해 주체들의 양태적 배치가 불러오는 정념적 상황들을 분석할 것이다. 우선 주체들은 좌절감이 그들에게 강요하는 양태성에 이중으로 중첩되어 있다. 즉 각 주체들은 좌절감의 양태성 /존재할 수 없음을 알고있다/와 또 다른 양태성 /존재하지 않아야 함을 믿는다/에 절대적인 영향을 받고 있다. 그렇다면 좌절감의 양태성이 의미하는 바는 무엇일까? 그것은 바로 불가능성이다. 소설 "詩人"에서 주체들은 자신들의 염원인 신분 회복을 위해 모든 서사 프로그램을 시도하지만, 좌절감의 부정적 양태성에 의해 본래의 지향성이 변질된다. 하지만 좌절감의 양태성에 대응하는 각 주체들의 태도는 다양하게 나타나며, 이것은 주체들의 상이한 양태적 배치에서 확인 될 것이다. 그리고 주체들의 다양한 양태적 배치는 그들의 독특한 정념적 상황을 설정할 것이며, 우리는 이러한 정념적 상황 속에서 구조적으로 형성되어진 그들의 정념 행로를 추적하여 분석할 것이다.

우리는 각 주체의 좌절감이 결과적으로 정념 도식의 첫 번째 단계인 구성화 단계에 상응한다는 것을 쉽게 확인할 수 있다. 이 단계부터 각 주체의 정념적 추구가 조건화되고, 그 안에서 소설의 정념적 주체들이 활동하게 된다. 각 주체들의 정념을 결정해 주는 요소는 하나의 동일한 구조와 동일한 원천을 갖는다. 그것은 바로 소외감의 정념이다. 즉 주체들이 고통스러워하는데, 그것은 사회체제의 인정으로부터 전적으로 소외되었다는 사실 때문이다. 이때부터 각 주체들은 그들의 정념 행로를 위한 정념적 간청을 제시한다. 우선 가족의 신분 회복을 위한 모든 비전을 단절한 김병하는 엄격한 사회체제의 소외감에 대해 순응의 태도를 선택한다. 그리고 신분 회복의 가능성을 확신하는 어머니는 사회의 인정을 획득하기 위한 서사 프로그램을 투사한다. 하지만 그녀는 자신의 목적이 절대 불가능함을 깨닫고 불행한 그녀의 정념 행로를 시작한다. 김병연 역시 가치대상의 획득을 위해 행한 일련의 서사 프로그램도 모든 가치를 통제·관리하는 발신자의 역할을 하는 사회체제로부터 부정적인 평가와 비준을 받게된다. 다음과 같은 텍스트는 그들의 사회적 실추를 인정하고 불행한 운명을 선명하게 표현하고 있다.

"무엇 때문이었건 일찍이 자신이 속했던 특권적인 신분에서 도태된 정영이 그 사회에 대응하는 방식은 크게 세 가지로 나뉜다.

그 하나는 자신을 밀어낸 체제 전반에 대해 적극적인 반역을 꾀하는 것이며, 나머지는 자학에 시달리다 서둘러 하위계층으로 편입되가는 것이다.

그보다도 두 살 손위인 형 병하는 셋째 방식을 택해 철이 들면서 서둘러 상민(常民)으로서의 길을 갔다.

그러나 옛날에 대한 기억이 그보다 많았던 만큼 그 새로운 선택이 준 상처도 커서 끝내는 스물다섯의 나이로 삶을 제대로 꾸려 보지도 못하고 죽고만다.

그런 형과 달리 그는 두 번째 방식으로 대응했다. 곧 옛 신분의 회복을 갈망하며 그 유일한 길인 학문에 매달린 것이었다. 갈망이란 원래가 새로운 소유보다 한번 소유했다 박탈된 것을 향할 때가 더 뜨겁고 세찬 법이다. 따라서 그는 학문에 대한 열정에서도 노력에서도 단순한 신분 상승을 꿈꾸는 동시대의 여느 정영들보다는 다를 수밖에 없었다. 어머니가 그에게 걸었던 비원(悲願)도 학문에 대한 그의 지속적인 추구를 뒷받침한 가족사적 원인이 된다.

– 이제 너만 남았다. 부디 너만은 그 어미의 피멍든 가슴을 잊지 말아다오" (pp.64~65)

위의 인용문은 각 주체가 공통으로 부여받게되는 정념인 소외감이 야기되는 과정을 보여준다. 이렇게 야기된 소외감의 감정으로부터 구성화는 각 주체들의 행동자적 위상이 어떤 양식에 의해 투사되는지 예시해준다. 즉 그들은 양적 증식과 양적 추출이 나타나는 양성 작용에 의해 정의되는데, 김병하는 옛 신분과의 결정적 단절쪽으로 어머니와 김병연은 신분 회복의 방향으로 나타난다.

4.1. 긴장적 스타일(구성화)

정념 도식의 1단계인 구성화는 서사 행위의 양성 작용과 질적 변조로 나타난다. 즉 서사 행위에서 정체성이 드러난 정념적 자질들이 주체들의 정념 행로를 결정하게 된다. 주체들의 양성작용은 그들이 획득하고자 하는 가치대상을 대하는 태도에 따라 양적 증식과 양적 추출로 나타난다. 양적 추출을 하는 김병하의 정념 행로는 사회의 부정적 비준에 의해 신분 회복을 하고자 하는 그의 모든 서사 프로그램이 중단되거나 정지된다. 이와는 반대로 김병연과 어머니의 정념 행로는 사회 편입을 끊임없이 시도하는 반복적 갈망으로 정의할 수 있다. 이렇게 각 주체의 긴장적 스타일이 달리 나타난다. 즉 김병하의 긴장적 스타일은 /중단적 상성/에 의해 어머니와 김병연의 긴장적 스타일은 /반복적 상성/에 의해 특징지어진다.

이러한 긴장적 스타일로부터, 각 주체는 정념적 효과들을 체감할 수 있는 준비된 상태로 나타난다. 김병하는 사회·문화의 가치론 코드가 강요하는 양태성 /존재하지 않아야 함을 믿는다/ 에 대한 모든 저항을 중단하고 체념을 제시한다. 어머니는 획득할 수 없는 가치 대상에 대한 희망을 간직하며 연접을 위한 몇 번의 시도를 한 후, 불가능성을 자각하고 절망감에 빠진다. 김병연도 그의 모든 서사 프로그램들이 사회의 부정적 비준을 받음으로 결국 실망에 도달한다.

4.2. 양태적 스타일(배치화)

긴장적 스타일을 통해 우리는 각 주체들이 구성화의 다음 단계인 배치화를 위해 명확한 정념적 특징들을 받아들여야 함을 확인하였다. 김병하는 그의 신분 회복을 위한 모든 서사 프로그램을 거부하게 만드는 양태성 /존재할 수 없음을 알고있다/에 의해 특징지어진다. 즉, 김병하의 양태성이 의미하는 바는 신분회복의 획득이 불가능함을 알고 있음을 뜻한다. 이러한 그의 태도는 김병연이 백일장을 치룬 뒤 노신과의 만남으로 심리적 갈등을 겪을 때 김병연에게 조언을 해주는 그의 언술에서 확인할 수 있다.

"거봐라. 우리가 속으로 조상을 팔아 영달을 사려하니 당장 욕이 되지 않느냐?

거참 딱하게 되었다. 발 없는 말이 천리를 간다고 뒤따라 그 모든 소문이 들어오면 네가 아무리 발뺌을 하려 들어도 어렵겠다. 세상이 다 네가 만난 그 선비 같기야 하겠느냐만, 공론이 되면 사사로운 동정은 뒤로 밀리게 마련, 여기서는 네 몸 두기가 괴로워지겠구나." (p.100)

인용문에서 우리는 김병하의 긴장적 스타일인 / 중단적 상성/ 에 특별한 양태적 스타일이 추가됨을 알 수 있다. 즉 좌절감의 희생자인 그는 신분 회복을 위한 그의 모든 서사 프로그램이 행동이 중단 되도록 강요하는 부정적인 양태성 /존재할 수 없음을 알고있다/ 에 결정적인 영향을 받고 있다.

김병하와 같이 좌절감의 희생자인 어머니의 태도는 매우 상이하다. 그와는 상반되게 그녀는 좌절감의 원동력인 양태성 /존재하지 않아야 함을 믿는다/에 대해 체념하지 않는다. 게다가 그것에 대항하는 힘에 고무되어 사회로부터 긍정적인 비준을 받을 수 있는 서사 프로그램들을 투사한다. 이때부터 그녀의 양태적 스타일은 양태성 /존재할 수 있음을 믿는다/을 동반하게 된다. 이러한 양태적 스타일을 화자-관찰자의 아래 설명에서 읽을 수가 있다.

"그리고 형이 생계를 돕기 전보다 오히려 더 악착스레 일해서 책이든 지필묵이든 그가 학문을 닦는데 필요로 하는 것은 무엇이든 모자람 없이 해주려고 애썼다.

형의 싸늘한 비웃음의 눈길을 피해 가면서까지.

신분적인 몰락을 경험한 여인일수록 더 치열하게 자신의 신분 상승 의지를 자식들에게 투영시킨다고 한다." (p.65)

위의 인용문에서 보듯 김병연의 양태적 스타일이 어머니의 조종에 의해 형성되었음을 알 수 있다. 사회적 신분 회복을 위한 서사 프로그램 속에서 행위 주체인 김병연의 활동은 어머니에 의해 제안된 계약을 명예롭게 하기 위해 구성되었다. 단순한 서사 프로그램을 실현하면서 양반 계층으로부터의 재편입을 확신하던 어머니로부터 가치대상을 획득하려는 김병연의 열정은 그가 생각했던 것보다도 더욱 강렬했다. 그러므로 김병연이 어머니와 함께 공유한 양태성 /존재할 수 있음을 믿는다/에 그의 염원이 더 한층 증폭된 양태성 /존재를 원한다/를 겸비하게된다. 이러한 그의 가치 대상 획득에 대한 강렬한 의지는 상민과 천민의 딸들이 그에게 보여준 간청에 대한 그의 반응에서 잘 나타난다. 다음의 텍스트는 신분계층의 개념에 대한 그의 민감성을 보여주고 있다.

> "먼저 그를 그녀들에게서 눈 돌리게 한 것은 그 무렵 들어 한창 그 불꽃을 키워 가던 신분 상승의 의지였다. 형마저 서둘러 상민의 길을 가자 그는 어쩔 수 없이 집안을 다시 일으킬 책임을 떠맡게 되었고, 그것은 다시 한 자각의 형태로 그 유일한 길인 책에 파묻히게 했다. 신분에 대한 특유의 민감도 그와 천민의 딸들 사이를 굳게 가로막는 벽이 되었다. 비록 몸은 그들 천민들이나 크게 다름없이 살고 있었지만, 그의 정신은 그때 벌써 나중에 획득할 그 신분으로 살고 있었다." (pp.76~77)

위의 인용문은 강렬하게 구성된 김병연의 양태성 /존재를 원한다/를 뚜렷하게 부각시킨다. 좌절감에 대한 양태성 /알고 있다 존재할 수 없다/에 체념하는 김병하의 태도와는 상반되게 김병연은 그를 희생으로 만든 좌절감과는 반대로 역동적인 양태성과 대치하고 있다. 그리고 이것이 그의 양태적 스타일을 정의한다.

이렇게 해서 우리는 각 주체의 정념 행로의 지배적인 양태성을 설정하였다. 다시 말해 김병하의 정념 행로는 신분 회복의 불가능성을 내포하는 양태성 /존재할 수 없음을 알고있다/에 의해, 어머니는 신분 회복의 가능성에 대한 믿음을 나타내는 양태성 /존재할 수 있음을 믿는다/로 특징지어진다. 그리고 김병연은 신분 회복의 강렬한 욕망을 나타내는 양태성 /존재를 원한다/ 에 의해 각각 지배당하고 있음을 확인하였다. 각 주체의 양태성이 좌절감에 대해 일치성의 관계로 혹은 대립의 관계로 적용되는 것이다. 양태성은 이렇게 배치화 단계에서 정념 행로의 터전을 만들어주며, 각 주체의 독특한 정념이 변형의 단계인 정념화에 출연할 수 있도록 한다.

4.3. 정념적 변형(정념화)

지금까지 우리는 각 주체의 독특한 정념들이 김병하에게는 체념으로, 어머니에게는 절망으로 그리고 김병연에게는 실망으로 나타남을 지적했다. 정념화 단계는 주체들의 정념이 변형되는 과정을 보여주고 있다. 우선 각 주체들은 좌절감에 대해 구성화와 배치화 단계에서 각자의 위치를 선택했다. 그리고 그들의 기질적 가치들을 인정했다. 김병하는 체념을 노출시키고 어머니는 획득할 수 없는 것에 대한 희망을 지키려는 안스러움을 보여주고 있다. 하지만 배치화 단계에서 지적했듯이 이러한 정념적 효과에 도달하기 위해서는 몇 번의 정념적 변형을 받아들여야 한다. 이러한 변형들로 정념적 주체의 존재를 확인할 수 있다.

김병하가 좌절감의 양태적 배치인 양태성 /존재할 수 없음을 알고있다/에 순응할 때, 그가 완전하게 그의 양태성 /존재를 원한다/를 단절하지는 않는다. 단순하게 그는 좌절감을 야기시키는 혼란을 인지적 방법으로 억제할 뿐이다. 정념화 단계에서 이런 혼란은 명확한 정념으로 변형된다. 즉 정념화 단계에서 가족의 신분 회복을 자극하는 김병하의 양태성 /존재를 원한다/는 그의 정념 행로를 지배하는 사회체제의 순응을 인정하는 양태성 /존재할 수 없음을 알고있다/에 의해 상쇄됨에도 불구하고 여전히 존재에 대한 희망을 가지고 있다. 이러한 김병하의 초기 양태적 배치는 다음과 같은 정념적 변형을 보여준다.

*초기 양태적 배치

/존재하기를 원하다/ → /존재할 수 없다/ → /존재해야만 하는 것은 아니다/ → /존재할 수 없음을 알고있다/

*말기 양태적 배치

/존재할 수 없음을 알고 있다/ → / 존재해야만 하는 것은 아니다/ → /존재할 수 없다/ → /존재하기를 원하다/

초기 배치는 서사 행위에 나타나는 좌절감의 양태적 배치이며, 좌절감에 순응하는 김병하의 감정상태를 보여 주고 있다. 그리고 가치 대상을 향한 김병하의 염원을 나타내는 존재 양태성 /존재하기를 원하다/가 초기 양태적 배치 전체에 연루되어 있다. 하지만 그의 욕망은 좌절감이 발산하는 부정적 양태성에 의해 정지 당하고 있다. 이와는 반대로 정념적 변형 후에 나타나는 말기 배치에서는 좌절감의 양태적 배치에 대한 김병하의 일치성을 볼 수가 없다. 다시 말해, 김병하의 염원을 표명하는 존재 양태성이 좌절감의 부정적 양태성으로 인해 가치 대상의 획득이 불가능해졌음에도 불구하고 김병하는 완벽하게 그의 욕망을 제거하지는 않는다. 이러한 양태적 관계들이 그를 체념된 주체로 만드는 것이다. 이러한 체념은 가치 대상의 획득에 대한 김병하의 미련을 내포하고 있다. 즉, 체념이 행위의 급격한 단절이나 정지를 의미하는 것이 아니라 행위를 내포한 완만한 정지를 의미한다. 즉 사회적 코드가 그에게 강요하는 양태성 /존재해야만 하는 것은 아님을 믿어라/와 그의 존재 양태성 /존재하기를 원하다/ 사이의 양태적 대립에 의해 발생하는 긴장감을 신분 회복의 불가능성을 자각하는 자신의 양태성 /존재할 수 없음을 알고있다/가 안정화시킨다. 이렇게 김병하는 그의 정념적 혼란을 안정화시키기 위하여 가치 대상에 대한 욕망을 떨쳐 버리지 못한 체념의 정념을 선택한다. 그리고 체념의 정념이 김병하의 삶의 의미를 규정해주는데, 이것은 불가능성의 내재적 갈

등에 의한 하나의 초췌한 "한"을 품은 삶을 의미한다.

> "그 표현하는 방식은 달랐지만 형이 품고 죽어간 한은 그 자신과 동일했다. 다만 그가 그걸 신분 회복의 의지로 바꾸어 불태우는 동안에 형은 자학적이라 할만큼 철저하게 스스로를 몰락시켜 갔을 뿐이었다." (p.130)

어머니의 정념화 과정도 아들 김병하와 유사하게 나타난다. 즉 좌절감에 상반되는 신분회복의 실현 가능성을 의미하는 양태성 /존재할 수 있음을 믿는다/에 의지한 그녀의 정념 과정은 긴장감 해소를 위한 기질적 변형을 유도한다. 어머니의 초기 배치는 다음과 같이 나타난다.

*초기 양태적 배치

/존재하기를 원하다/ → /존재할 수 없다/ → /존재해야만 하는 것은 아님을 믿는다/ → /존재할 수 있음을 믿는다/

*말기 양태적 배치

/존재할 수 있음을 믿는다/ → /존재하지 않아야 함을 믿는다/ → /존재할 수 없다/ → /존재하기를 원하다/

초기 배치는 사회·문화의 가치론 코드의 배척에도 불구하고 어머니의 희망을 나타낸다. 사실상 신분 회복의 가능성을 의미하는 그녀의 양태성 /존재할 수 있음을 믿는다/는 좌절감의 두 가지 부정적 양태성을 상쇄시키고 그녀의 염원을 간직한 양태성 /존재하기를 원하다/를 부활시킨다. 이것은 그녀가 아들 김병연에게 한 여러 번의 훈계 중에 명백하게 표명되고 있다.

> "이제 너만 남았다." (p.65)
> "집안에서 네 글 읽는 소리가 들릴 때는 조당수라도 달기만 하더니, 이

제는 고깃국에 이밥이라도 어찌 맛난 줄을 모르겠구나. 그래. 정말 이대로 농투성이가 되어 늙어갈 작정이냐." (p.104)

"지성으로 읽고, 부디 청운에 올라 이 에미의 일생에 걸친 한을 풀어다오." (p.108)

초기 양태적 배치의 기질적 변형이 이루어진 말기 양태적 배치에서 부활된 염원의 양태성 /존재하기를 원하다/ 는 그녀를 양반계층의 편입으로 인도할 수 없을뿐더러 좌절감의 부정적 양태성 /존재하지 않아야 함을 믿는다/와 양태성 /존재할 수 었다/를 상쇄시키지도 못한다. 어머니는 그녀의 염원들이 실현될 수 없는 희망임을 자각하게 된다. 그리고 이같은 그녀의 절망을 표현하는 심정은 가족을 떠나면서 김병연에게 남긴 서신에 나타난다.

"결국 이 에미는 소임을 다하지 못한 것이다. (…)

다만 바라는 바는 네가 하루 속히 청운에 올라 이 에미가 죄를 씻고 다시 김문으로 불러들여 주는 일이다." (p.132)

김병연를 실망에 빠지게 하는 정념 상태로 양태적 배치의 대립으로 나타난다. 즉 좌절감의 양태성과 대치를 이루는 또 다른 양태성과의 대립이다.

*초기 양태적 배치

/존재하기를 원하다/ → /존재할 수 없다/ → /존재해야만 하는 것은 아님을 믿는다/ → /존재하기를 원하다/

*말기 양태적 배치

/존재하기를 원하다/ → /존재해야만 하는 것이 아님을 믿는다/ → /존재할 수 없다/ → /존재하기를 원하다/

초기 배치는 실추된 가족의 명예를 회복하려는 김병연의 의지를 보여준다. 실제로 그의 마지막 양태성 /존재하기를 원하다/는 모든 양태적 배치에 영향을 미치면서 좌절감의 두 가지 부정적 양태성을 상쇄시키며, 신분 회복을 향한 욕망의 양태성 /존재하기를 원하다/를 부활시킨다. 이러한 그의 양태성은 '역적에게는 삼족을 멸한다'란 절망적 운명조차 극복하려는 힘을 안겨준다. 하지만 김병연의 서사 프로그램이 화용적 차원에선 긍정적인 결과를(백일장에서의 장원과 양반 안응수의 문객 노릇) 얻어내지만 그는 인지적 차원에서 모든 가치 대상의 평가하는 발신자인 사회체제로부터 부정적 판결만을 받게된다.(노신과 김좌근의 충고와 평민계층의 멸시) 즉 행위 주체인 김병연은 자신의 가치 대상인 신분 상승을 위한 서사 프로그램을 실행한다. 하지만 이런 서사 프로그램은 긍정적 비준을 받는 것이 아니라, 사회가 강요하는 인지적 계약에 의해 부정적 비준만을 얻는다. 그리고 마지막 양태성/ 존재하기를 원하다/ 조차 축소돼 무력한 욕망으로 전화되고 만다. 게다가 그가 시도한 서사 행위들은 좌절감의 부정적 양태성 /존재할 수 없다/와 양태성 /존재해야만 하는 것이 아님을 믿는다/에 의해 상쇄된다. 김병연은 일련의 기질적 변형을 거치면서도 자신의 욕망을 잃지 않지만, 행동하는 힘이 부족해 실망된 주체로 전락하고 만다.

> "하지만 그 어머니의 비원이 아무리 처절한 것이라 해도 현실적으로 불가능한 것은 불가능일 뿐이었다. 더듬고 찾아봐도 제도 안으로 진입, 사회 상층부로의 재편입은 그 길이 없음이 명백해지자 진작부터 자신을 유혹하던 일탈의 결의를 실천하게 된다. (p.133)

결국 김병연에게 발생된 기질적 변형은 다른 두 주체와 마찬가지로 소외감에 이르는 정념행로를 갖게된다. 각 주체들이 고통스러워하는 원인은 그들이 조준한 가치 대상으로의 진입을 사회・문화의 가치론 코드가 완전 봉쇄하기 때문이다. 이러한 측면에서 정념화 단계의 기질적 변형이 존재와 가치 추구, 그리고 그들의 삶의 의미에 지대한 영향을 미치는 것을 확인할 수 있다. 그러므로 기질적 변형은 단순히 주체의 존재, 즉 주체의 감각 수용적 차원에만 관련이 있는 것이 아니고 자신의 고유한 신체의 반응과도 연관성을 갖는 것이다.

4.4. 기질적 귀결(감각화)

기질적 귀결은 기질적 변형의 결과로서 주체의 고유한 신체와 관련이 있다. 정념적 변형의 주체들은 양반 계층의 소외감을 확인하며, 그것으로 인한 일련의 기질적 귀결들이 야기하는 불쾌한 감정들을 인정하게 된다. 김병하의 기질적 귀결들은 두 가지 형태로 표명되어지는데, 그것은 공격성의 형태와 자학의 형태로 나타난다:

> "읍거리 장터바닥을 뒹굴 때의, 꼭 그래야 할 것도 없는 여러 요란한 시비들. 형은 대단찮은 일로 상것들과 멱살잡이를 하고 때로는 칼부림도 피하지 않았다. 읍거리 사람들이 모두 고개를 흔들던 그 술. 형은 아직 뼈가 굳기도 전부터 자학적으로 술을 퍼마셔 댔고, 또 마셨다 하면 난폭한 주정이었다." (p.130)

김병하의 몸체적 반응은 자신과 타인을 파괴하는 행동으로 부각되어 나타난다. 이것은 김병하의 정념 행로에서 중요하다. 즉, 자신과 타인의 파괴는 사회가치 체제와의 관계를 모두 중단하는 것을 의미한다. 주체가 파괴하거나, 혹은 스스로 파괴되어지는 것은 적어도 일순간적으로 더 이상 사회의 가치적 틀 속에 존재하지 않기 위해서다. 그러므로 그의 긴 정념 행로에서 이러한 파괴를 지배하는 자질은 바로 /중단/이다. 다시 말해, 김병하의 몸체적 반응은 그가 신분회복을 위해 추구한 가치의 단절을 의미한다. 그리고 이러한 것이 김병하의 총체적 정념 스타일을 형성하는 것이다.

김병연 어머니의 총체적 정념 스타일은 그녀의 절망에서부터 구상된다. 절망감의 발현은 그녀가 친정으로 떠나는 것으로 나타난다. 그녀가 남긴 서신에서 절망하는 결정적인 동기를 찾아낼 수 있다

> "한가문에 며느리되어 소임을 다하지 못하면 응당 내쳐지는 법, 내칠 사람이 없다하여 마냥 미련을 부리고 있을 수는 없는 터이다. 이에 에미는 조상의 혼령에 죄를 빌고 스스로 친정으로 물러가고자 한다." (p.132)

친정으로 떠나는 그녀의 이유는 그녀의 염원인 가치 대상 획득을 자극하는 반복적 양태성/존재를 원한다/가 좌절감의 부정적 양태성에 상쇄되어지고, 그녀의 신분 회복이 가능함을 나타내는 또 다른 양태성 /존재할 수 있다/가 소진되었기 때문이다. 이렇게 소진된 그녀의 양태성은 그녀에게 일종의 죄의식을 갖게 한다. 즉 어머니로써 그녀의 의무인 가족의 신분 회복을 완수하지 못한데 대한 죄의식을 느끼게된다. 이런 죄 의식의 몸체적 반응으로 친정으로의 떠남이 이루어진 것이다. 이것은 그녀가 집안을 재건하려고 방향을 잡아놓은 모든 서사 프로그램이 소진되어 포기했음을 의미한다.

일탈을 위한 김병연의 정념 행로도 다음과 나타난다.

> "그는 드디어 진작부터 자신을 유혹하던 일탈의 결의를 실천하게 된다. 이듬해 초가을, 둘째 익균이 아직 백일도 나기 전이었다. 그해 출발에 앞서 그는 처음으로 나중 이름을 대신 하게 될 삿갓을 썼다. 할아버지에게서부터 피로 이어받은 불충의 죄, 그 할아버지에게 개별적으로 지은 불효의 죄에다 어머니의 일생에 걸친 비원을 풀어 드리지 못한 또 다른 불효의 죄르 ㄹ더

해 하늘 아래 떳떳이 드러낼 수 없는 자신의 몸을 가리기 위함이었다. 철없이 뛰노는 큰 아들 학균과 아직 핏덩이나 다름없는 둘째 익균, 그리고 막연한 불안에 떨면서도 말리는 말 한마디 못 붙이고 자신을 배웅하던 아내 황씨에게 느껴야했던 안쓰러움도 어쩌면 그 삿갓으로 가리고 싶었던 죄 의식 중의 하나가 아니었던지 모르겠다." (pp.133～134)

몸체적 반응으로 나타나는 김병연의 일탈은 그의 염원이 잔존하고 있음을 나타내는 양태성 /존재를 원하다/의 반복적 단절에서 발생된다. 즉 김병연이 조준한 가치 대상이 부정적 가치로 귀속 되어져 그와 양반 계층간의 관계를 단절로 설정해 놓는다. 단절에 실망한 김병연은 양반 계층에 대항하는 항거 행동을 하게 되는데, 그는 양반 사회를 경멸하기 위해 할아버지를 원용하고 사회로부터 자신이 버려졌음을 보여주기 위해 한시(漢詩) 정형의 틀 조차 파괴하는 행동을 보인다. 그리고 김병연은 신분 회복을 갈망하기보다는 오히려 사회와 동떨어진 소외인으로 자청하게 된다. 이렇게 김병연의 기질적 귀결은 김병연의 일탈로서 신분 회복에 대한 그의 염원을 실현해주는 가능성을 보여주는 양태성의 부정적 전환으로 나타난다.

4.5. 도덕화

도덕화의 목적은 정념적 전이를 평가하여 통제하는 것이다. 정념 행로의 끝에서 결국 각 주체들은 자신에게 혹은 타인에게 발생된 정념들을 노출시킨다. 그들이 노출한 정념은 화자 - 관찰자의 평가를 받게된다. 즉 화자- 관찰자는 주체의 정념 행로를 총괄적으로 평가한다.

감각화 단계에서 자학의 태도를 보여준 김병하의 도덕화는 타인에게 피해를 입히는 측면에서 폭력으로 평가된다.

> "형은 아직도 뼈가 굳기도 전부터 자학작으로 술을 퍼마셔댔고, 또 마셨다 하면 난폭한 주정이었다." (p.130)

어머니의 도덕화는 그녀의 양태적 스타일에서 실행된다. 즉 그녀에 대한 평가는 독특하게시선(視線)과 연관성이 있다. 두 자식들을 대하는 그녀의 태도에서 그녀의 정념적 상태를 엿볼 수 있다. 화자 - 관찰자에 의하면, 이 시선은 그녀의 악착스러움으로 묘사된다.

> "그리고 형이 생계를 돋기 전보다 오히려 더 악착스레 일해서 책이든 지필묵이든 그가 학문을 닦는 데 필요로 하는 것은 무엇이든 모자람 없이 해주려고 애썼다. 때로는 형의 싸늘한 비웃음의 눈길을 피해 가면서까지. 신분적인 몰락을 경험한 여인들일수록 더 치열하게 자신의 신분 상승 의지를 자식들에게 투영시킨다고 한다." (p.65)

김명연의 정념 행로에 대한 평가는 다양하게 나타난다. 우선 그는 방랑으로 평가받는다.

> "한마디로 그의 삶은 성장기부터가 그대로 일탈이라고 불러도 좋을만큼 소외와 가치박탈의 체험으로 점철 된 것이었다. 그리고 도피의 한 방법으로 이뤄졌던 잦은 이주는 영혼의 한 습성으로 자라나, 뒷날 그럴 필요가 없어지고 나서도 방랑의 유혹으로 끊임없이 되살아나게 된다." (p.60)

이런 평가는 김병연의 정념 행로가 양태적 스타일과 긴장적 스타일에 의해 평가를 받기때문이다. 긴장적 스타일은 그의 욕망을 나타내는 양태성 /존재를 원한다/와 사회·문화의 가치론 코드(소외와 가치박탈)사이의 긴장감으로 묘사된다. 그래서 김병연은 잦은 이주와 도피 그리고 끊임없는 방랑으로 나타난다. 김병연의 두 번째 도덕화는 그의 기질적 귀결인 일탈과 연관이 있다.

"하지만 그 어머니의 비원이 아무리 처절한 것이라 해도 현실적으로 불가능한 것은 불가능일 뿐이었다. 더듬고 찾아봐도 제도 안으로 진입, 사회 상층부로의 재편입은 그 길이 없음이 명백해지자 그는 드디어 진적부터 자신을 유혹하던 일탈의 결의를 실천하게 된다." (p.133)

일련의 정념적 위기에 뒤따르는 감각적 충격은 김병연에게 양반 계층에 밀착된 모든 가치들을 부인하도록 만든다. 사실 이 충격은 역동적인 도덕적 파괴로 나타난다. 다시말해 화자 – 관찰자에게 있어 이 도덕적 파괴는 김병연의 일탈로 나타나고 있다. 일탈의 사전적 정의를 살펴보면 그의 도덕적 파괴가 잘 설명되어 지고 있다. "일탈은 어떤 사상이나 조직. 규범 등에서 벗어남. 빠져나감."[5]으로 정의된다. 이 정의는 일탈의 주체가 사회·문화의 가치론코드의 틀을 빠져나가 새로운 공간으로 이동함을 의미한다. 하지만 일탈의 공간성은 불안정한 것으로 사회적인 고립과 비주거성의 방랑으로 특징 지워진다. 그러므로 김병연 자신의 존재 방식으로 자리잡은 일탈 속에서 그는 사회적 가치들을 추구할 수도 없는 상황에 안주해야만 하는 것이다. 김병연의 이러한 가치 초월의 존재 상태를 취옹이 지적하는 시(詩)의 정의와 견줄 수 있다.

"시(詩)다. 그걸로는 벼슬도 생기지 않고 공명도 오지 않고 재물도 얻어지지 않는다.

그러나 때로는 그 한 구절로 셋 모두를 갈음할 수 있는게 시다." (p.147)

이렇게 우리는 소설 "詩人"의 정념적 차원에서 주체들의 의미생성 행로를 알아보았다. 실제적으로 이 소설은 제목이 의도적으로 지적해주듯이 시인 김병연의 정념 행로가 정례적 정념 도식의 5단계의 도덕화의 기반위에 구성되어졌음을 확인할 수 있다. 즉 그의 정념 행로는 방랑 시인의

5) 이기문, 『동새국어사전』, 동아출판사, 1988.

일탈 행로로서 정의할 수 있으며, 일탈 행로는 소설 전체의 통일성에 정념을 전이하고 감각화시키고 있다. 결국 소설 "詩人"의 서사 구조는 김병연의 일탈 행로를 도출하여 한 인간의 삶의 여정을 이야기하고자 하는데 있다. 이것은 그레마스가 정의한 한 인간의 "삶의 형식" 혹은 "삶의 의미"로 규정할 수 있다.

5. 결론

지금까지 우리는 이문열의 소설 "詩人"에서 김병연과 그 가족의 각기 다른 정념 행로를 정례적 정념 도식에 적용하여 그들의 정념 스타일을 분석하였다. 정념의 분석은 일탈을 선택한 시인 김병연의 심리 상태와 그 가족의 불행한 삶을 막연히 이해하거나 상상하는 감상론자의 직관에 의한 것은 아니다. 그들의 운명적인 삶의 형태는 정례적 정념 도식에 의해 구조화 되어 이야기할 수 있는 서사로서 다음과 같이 정리할 수 있다.

*정례적 정념 도식

구성화(긴장적 스타일) → 배치화(양태적 스타일) → 정념화(기질적 변형) → 감각화(기질적 귀결) → 도덕화(화자 - 관찰자의 평가)

*김병하의 정념 행로

좌절감(중단적 상성 → 좌절감에 대한 순응. 양태성 / 알고 있다. 존재할 수 없다/ → 좌절감의 부정적 양태성 / 존재할 수 없다/ 와 / 존재를 원한다/ 사이의 긴장감 해소를 위한 양태성 / 알고 있다. 존재할 수 없다/ 에 의한 체념의 상태. → 몸체적 반응으로 나타난 공격성과 자학의 형태 → 폭력으로 평가.

*어머니의 정념 행로

> 좌절감(반복적 상성 → 좌절감에 대항하는 양태성 / 믿는다. 존재할 수 있다/ → 좌절강 부정적 양태성 / 존재할 수 없다/를 그녀의 양태성/ 존재를 원한다/가 상쇄시키지 못함에 의한 절망의 상태 → 몸체적 반응으로 나타난 친정으로의 떠남 → 아들에 대한 악착스러움으로 평가.

*김병연의 정념 행로

> 좌절감(반복적 상성 → 좌절감에 대항하는 역동적인 양태성 / 존재를 원한다 / → 좌절감의 부정적 양태성 / 존재할 수 없다/ 에 그의 강렬한 양태성 / 존재를 원한다/가 상쇄되어 욕망이 잔재한 실망의 상태 → 몸체적 반응으로 나타나는 일탈을 위한 출발 → 방랑과 일탈로 평가.

이렇게 김병연과 그 가족의 정념 행로는 각기 다르게 나타나지만, 소설의 기본 구도는 그들이 사회체제에 배제된 채 소외감에 이르는 정념적 과정을 중심 축으로 구성되어 있다. 이것으로 우리는 작가 이문열의 의도적인 소설 구성에 대한 그의 전략을 알 수 있다. 소설의 주된 이야기 주체인 방랑 시인 김병연의 일탈 행로를 도출하기 위해 그는 텍스트의 구도를 의도적으로 구조화시킨 것이다. 즉 작가는 방랑 시인의 일탈된 삶으로 운명지어진 김병연의 행로를 이야기하는 것이다. 이러한 작가의 의도를 소설 첫머리에서 파악할 수 있다. “그의 일탈된 삶을 추억하는 일은 기억의 문제에서 출발함이 좋을 듯 싶다.” 이문열은 이렇게 “詩人”의 전체 구도를 일탈이라는 하나의 테마로 조건화하고 있다. 그리고 그가 의도하는 소설의 장르가 정치·사회적 의미보다는 심미적 의미에 더 큰 관심이 있음을 암시하고 있다. 그런데 몇몇 비평가들은 지금까지 이 소설의 장르적 성격을 잘못 이해하여 왔다. 가령 이동하는 이 작품을 '역사 소설'이라고 규정 짓는다. 19세기 초엽에서 중엽의 조선조 후기 철종 때에 걸쳐 살았던 방랑시인 김병연(1807～1865)이라는 실제 인물을 등장시켜 펼쳐 나가기 때문에 분명히 역사 소설로 범주화 할 수 있다는 것이다. 실제 존재했던 인물의 과거 사실을 사실적으로 재창조하는 것이 역사 소설의 조건이라 한다면 모든 소설이 역사 소설에 속할 것이다. 특히 사회·문화 전반의 모든 양상들을 사실적으로 소설이라는 거울을 통해 재현하는 것을 최대 목적으로 삼았던 19세기 프랑스 문학을 지배한 사실주의와 자연주의의 소설 대부분이 역사 소설에 속한다고 보아야 할 것이다. 또한 "詩人"의 소설 장르에 관한 김욱동의 주장처럼 "詩人"을 이문열의 중편 소설 「들소」나 「금시조」와 같은 예술 소설로서 한 시인으로 성장하여 가는 과정을 묘사한 예술가 소설에 속하는 작품이라고 명확하게 규정 지울 수는 없다. "詩人"의 후반부가 김병연이 시인으로 성장하는 과정을 주된 소재로 이야기하고 있다고 해서 소설 전체의 서사구조를 고려하지 않고 예술가 소설로 규정하기에는 설득력이 없다. 그의 주장대로라면, 이문열의 작품세계에 큰 영향을 준 실존주의자인 사르트라가 「보들레르」, 「생쥬테」. 「말라르메」, 플로베르에 대한 「집안의 천치」와 같은 작가 연구에서 비롯한 예술적인 한 개인의 삶의 여정을 보여준 전기 소설의 작품들을 예술가 소설이라고 규정해야할 것이다. 김욱동의 관점은 이문열 소설의 작품세계를 이미 분석해 놓은 정형적인 틀에 "詩人"을 고착시키려는 인상을 준다. "詩人"의 텍스트 구조는 소설 시인만이 가지는 독특한 서사구조 일 뿐이지 「들소」나 「금시조」의 서사구조와는 같지않다. 그러므로 한 작품의 장르를 규정하기 위해서는 전체적인 작품의 내용과 서사구조를 정확하게 파악하는 텍스트 자체를 근거로 이루어져야 한다.

결국 "詩人"은 역사 소설이나 예술가 소설로 구조화된 소설이 아니다. 이문열은 소설의 서두에서 일탈된 삶을 살아가는 시인 김병연의 삶을 추적하고자 하는 심미적 구도를 명확히 밝히고 있다. 다시말해 소설의 전체적인 서사구조가 보여주는 것은 실제 존재했던 한 인물의 개인적인 삶의 여정이 전개되어 가는 과정을 보여주는 전기 소설이다. 작품을 구조화시킨 각 인물들의 정념 행로의 분석 결과도 명확하게 전기 소설의 특성을 지적해준다. 즉 "詩人"의 서사구조는 화자와 주인공이 같지 않은 3인칭의 고전적인 전기소설의 특징을 보여준다. 소설의 화자- 작가는 자신이 이야기하는 주인공 김병연의 삶이 진실한 사실임을 독자에게 설득한다. 이러한 설득을 위해 작가는 논문 투의 형식을 빌어 방랑 시인 김병연의 삶에 대해 전해져오는 설화의 진실성에 대해 해석도 하고 당시의 사회, 문화, 역사적인 상황들을 마치 역사의 증인처럼 독자에게 설명하기 위해 텍스트에 빈번히 개입한다. 또한 화자-작가는 주인공 관점에 의해 이야기되는 언술행위의 수신자로서 이중 역할을 하고 있다. 다시말해 "詩人은 두 개의 이야기로 구성되어 있다. 첫 번째 이야기는 화자-작가 → 메시지(김병연의 삶) → 수신자(독자)가 인지적 담론에 설정된 것이고, 또 다른 이야기는 발화자(김병연)→ 메시지(자신의 삶) → 수신자(화자-작가)가 정념적 담론에 설정된 이야기이다. 화자-작가가 소설의 화자로서 김병연의 삶을 독자에게 전달할 수 있는 것은 화자가 발화자인 김병연에 의해 전개되고 있는 이야기를 경청하는 수신자의 역할을 하기 때문이다. 즉 실제 존재한 방랑시인 김병연의 삶의 행로를 화자-작가가 주관적인 관점으로 독자에게 전달해주는 것이 아니라 발화자인 김병연의 목소리를 통해 들은 이야기를 독자에게 김병연에 관한 설화의 진실성에 의문을 제기하면서 전달해 주는 독특한 서술기법을 보여주고 있다. 이러한 이중적인 서사구조는 작가가 전개하는 이야기의 개연성을 독자에게 더 한층 증폭하기 위한 이문열의 서사 전략인 동시에 전기 소설의 특성을 구축하는 주요 요소로서 작용하고 있다. 이문열의 이러한 독특한 플롯 구성과 서사 기법을 통해 소설 "詩人"은 한 인간의 삶의 형식을 살펴볼 수 있는 전기 소설이다.

이러한 측면에서 작품의 구조적인 의미를 분석하는 작업의 중요성을 다시 한번 신중하게 생각해야겠다. 즉 작품을 논하기 위해서는 우선 작품을 충실하게 파악해야 한다. 다시말해 이문열의"詩人"을 이해하는데 있어 이문열의 개인적인 삶의 역사나 가족사를 파악하는데 집중해서는 안되겠다. 이문열의 주된 작품세계인 실존주의적 휴머니즘의 문학관을 도출해 내기위해 이문열 개인의 가족사를 상세하게 파악하고 텍스트 분석이 아닌 작품 전체의 감상을 통해 실존주의의 특성을 추출해내는 더 나아가 조작한 듯한 인상을 주어서는 안된다. 이미 보았듯이"詩人"의 서사구조에 스며있는 각 인물들의 가치 박탈에 의한 좌절감, 소외감, 절망감, 체념 등이 나타나는 정념 행로의 분석에 의해 작가의 실존주의적 작품 경향을 알 수 있는 것이다. 물론 한 작가가 쓰는 모든 작품에는 정도의 차이는 있지만 작가의 내면세계와 주변 환경에서 형성되는 다양한 소재와 보편적인 역사가 투영되기 때문에 작품의 역사적인 비평이 중요하다고 볼 수 있다. 그렇지 않으면 이미 나와있는 작가의 작품세계에 대한 비평의 틀에 맞추는 인상을 줄 수 있기 때문이다. 결론적으로 텍스트의 의미 분석 자체를 도외시한 작품의 단순한 감상이나 지극히 주관적인 비평은 독자에게 혼란만을 가져다줌을 잊지 말아야겠다.

이렇게 해서 우리는 정념 기호학의 분석도구인 정례적 정념 도식이 사회·문화적 맥락이 상이한 한국 문학에 적용했을 때도 구조화된 도식으로 일반화할 수 있는 분석 방법임을 확인할 수 있었다. 또한 "詩人"의 소설 장르에 대한 새로운 규정과 작가의 문학적 세계를 텍스트 자체를 통해서 이해할 수 있었다. 물론 기호학 전문 어휘의 개념 정립이 확립되지 않은 현실에서 이론적인 측면을 이해하기란 다소 어려운 점도 있다. 하지만 이문열의 소설 "詩人"을 새로운 측면에서 이해하고 분석할 수 있도록 새로운 분석 도구를 활용했다는 점에 만족하고자 한다.

참고 문헌

김욱동, 『이문열-실존주의적 휴머니즘의 문학』, 민음사, 1994.

백승국, 「음식기호학과 기호사각형」, 『프랑스학 연구』, 제 26권, 2003.

______, 『기호학으로 세상 읽기』, 소명출판사, 2001.

석경징 외, 『서술이론과 문학비평』, 서울대학교출판부, 1999.

이문열, 『시인, 詩人』, 도서출판 둥지, 1991.
이선영, 『문학비평의 방법과 실제』, 삼지원, 1990.
최현무, 『한국문학과 기호학』, 문학과 비평사, 1988.
Greimas, A. J, Courtes, J Semiotique dictionnaire raisonne de la thorie du langage II, Paris, Hachette, 1986.
Greimas, A. J, Fontanille. J Semiotique des passions, Paris, Seuil, 1991.

정념 도식 연구

홍정표*

1. 머리말

그레마스를 중심으로 한 파리 학파의 기호학은 초기 연구에서는 행동의 기호학으로서 감정이나 성격 등 심리적인 것을 배제한 행동하는 주체만을 분석의 대상으로 삼았다. 그러나 그들은 1970년대 말부터 기존의 기호학의 이론 모형으로는 설명할 수 없는 정념이나 심상 등을 분석하기 위해 새로운 문제틀을 구성하려는 시도를 하였다. 희로애락 등의 정념 세계를 기호학적으로 체계있게 밝힐 수 있는 이론 구축을 위해 꾸준히 노력한 결과, 그레마스는 타계하기 2년 전인 1991년에 제자 퐁타니유와 공저로 『정념의 기호학』[1]을 발간하게 된다. 정념의 생성이나 표출되는 상황, 이유, 원인 등은 표면상으로 복잡하고 다양하긴 하지만 불변의 형식적인 구조가 반드시 존재하며, 두 학자는 나름대로 내재된 규칙성을 발견하여 여러 가지 분석 도구와 개념 장치 등을 구축한 것이다.

이 글의 목적은 그들의 저서에서 고유의 가치를 지닌 자율적 모델로

---

* 한국외국어대학교 불어과 강사

1) Greimas et Fontanille, *Sémiotique des passions*, Seuil, 1991. (앞으로 S.P.로 약칭).

소개된 표준 정념 도식과 퐁타니유가 그레마스 사후 재정리한 도식을 소개하고 이 이론의 적용가능성을 실제 분석을 통해 검증해 보는 것이다. 표준 정념 도식은 두 학자가 원래 '질투'의 분석을 위해 정립해 놓은 거시, 미시 시퀀스 중에서 미시 시퀀스를 출발점으로 하고 있다. 이를 기반으로 하여 정념의 형성과 진행과정을 다양한 관점에서 다섯 단계로 상세히 분석한 후, 이 정념 작용의 명칭들을 일관성있게 부여하였다.[2] 그러므로 우선 거시와 미시 시퀀스를 알아보고 5단계 정념 도식을 자세히 살펴볼 것이다. 그리고 이런 분석 도구가 문학 텍스트에 적용 가능한지를 검증하기 위해 다양한 정념의 분석이 가능한 텍스트인 스탕달의『적과 흑』 제 2부 12~13장과 14~16장 일부에 적용시킬 것이다.

2. 거시 시퀀스와 미시 시퀀스

우리는 여러 가지 정념적 사건의 전제관계를 파악하고 구분함으로써, 포괄적 거시 시퀀스와 구성적 미시 시퀀스를 결합시키는 거대한 통합체를 설정할 수 있다. 거시 시퀀스는 일종의 정념의 배치인 반면, 미시 시퀀스는 정념적 변형에 해당하는 연계를 설명하고 있다. 가령 질투의 정념에서 거시 시퀀스에 미시 시퀀스(아래 도식에서 불안, 의심, 제외된 광경, 정동화, 도덕화)를 끼워 넣음으로써 두 시퀀스는 다음과 같이 연결될 수 있다.

2) 5단계의 명칭에 constitution, disposition, pathémisation, émotion, moralisation 등 접미사 'tion'이 있는 어휘를 사용하였으며, 이를 우리 말로 옮길 때 접미사 '화'(化)로 번역하였다.

불안
의심
배타적 애착관계 → 의혹의 그림자 → 제외된 광경 → 사랑
정동화 증오
도덕화

〈도표 1〉[3]

질투하는 주체는 대상에 대해 연적과의 공유를 허용하지 않는 '배타적 애착관계'(attachement exclusive)를 주장한다. 배타적이라는 것은 모든 분배나 공유를 거부하는 것으로, 이로써 주체는 연적과 경쟁관계(rivalité)에 들어가게 된다. 위의 도식에서 거시 시퀀스는 질투의 윤곽에서 경쟁관계의 지배적 역할을 나타냄으로써 논쟁적 시퀀스의 전개를 택하고 있다. 질투하는 주체는 연적의 출현으로 경쟁관계를 의식하면서 신뢰적 혼란이 일어나 '의혹의 그림자'(défiance ombrageuse)가 드리워진다. 이와 같이 '의혹'은 신뢰의 위기를 일으키면서 질투하는 주체의 마음 속을 가득 메우는 지배의 형태로 나타난다.

그 다음 이어지는 미시 시퀀스는 엄밀히 정념의 논리를 따른다. 이것은 다섯 단계로 구성되며, 우선 '애착관계'와 '의혹'에서 비롯되는 질투의 중요한 변화 중의 하나인 '불안'(inquiétude)[4]이 나타난다. '불안'의 정념은 긴장적 주체(sujet tensif)[5] 상에서 재연동작용(réembrayage)[6]을 함으로

3) S.P. p.268.

4) 불안은 여러 정념 중 '아직 정착하지 못한 떠도는 정념'(Michel Arrivé, Linguistique et psychanalyse, Klincksieck, 1987, p.83 참고)이라는 점에서 정념 도식의 제1단계인 형성화 단계에 속한다고 할 수 있다.

5) 그레마스와 퐁타니유는 정념의 기호학에서 기존의 기호학으로는 설명할 수 없는 것을 규정한다. 즉 내부에 존재하면서 담화 속에서 인정된 미묘한 파동의 표출을 설명할 긴장(tension)의 영역을 설정함과 동시에, 정념의 혼란스런 내부, 발화 행위 주체의 내면 밑바닥에 존재하는 것을 감응(phorie)이라고 지칭한다. 이 긴장성과 감응의 두 가지 가상물을 기존의 생성 행로의 시발점인 심층 층위보다 더 심층인 선조건 층위에 배치한다. 그러므로 감응의 긴장적 공간은 선조건 층위를 말하며, 이 층위의 주체를 긴장적 주체라 한다.

써 정념화된 주체를 구성한다. 이 재연동작용에 해당하는 단계를 형성화(constitution)라 부르며, 선장치화(prédisposition)라 할 수 있다.

불안에서 유발되는 '의심(soupçon)'과 '조사(enquête)'는 정념화된 주체에게 양태적 장치를 배치하게끔 한다는 점에서 '장치화(disposition)'에 해당한다. 그 다음에 이어지는 근본적인 기질적 변형을 포함하는 확신의 획득과 '제외된 광경(vision exclusive)'은 '정념화(pathémisation)'로 일반화될 수 있다. 이것의 결과는 정념화된 주체(sujet passionné)의 모든 역할에 작용하여 정념적 상태로 규정된 '정동화(émotion)'이다. 이는 관찰 가능한 태도로 표출된다. 이 세 단계 즉, 장치화, 정념화, 정동화는 정념적 사행(procès)의 연속적 단계이며, '감성화(sensibilisation)'라 부른다.

마지막 단계는 윤리적, 미적 평가를 하거나 평가를 받는 과정으로 '도

---

6) 정념이 재연동작용을 한다고 하는 것은 자신을 완전히 주관화시켜 감정에 사로잡히는 것을 말한다. 참고로 연동작용에 대해 기호학 사전의 설명을 요약해 보면 다음과 같다.
"연동작용은 논리적으로 분리작용(débrayage)을 전제하는 것으로, 발화 현실태(instance de l'énonciation)에서 벗어난 분리작용의 역작용으로서 발화행위로의 복귀를 지시한다.
이것은 행위소적(actantiel), 시간적(temporel), 공간적(spatial) 연동작용으로 분리될 수 있다. 이 작용들은 각기 따로 고찰될 수도 있고, 융합작용(syncrétisme)으로 동시에 연결되어 작동될 수도 있다. 일례로 모파상의 작품 '두 친구'에서 전시의 파리에서 두 친구가 우연히 서로를 알아본 것은 그들 각자의 내면 세계에 즐거운 낚시 여행의 기억, 즉 융합적인 시·공적 연동작용이 작동된 것이라고 말할 수 있다.
연동작용에는 발화문에서의 연동작용과 발화에서의 연동작용, 발화 현실태로의 복귀를 목적으로 하는 것과 내적 연동작용, 또한 동질범주적 연동작용과 이질범주적 연동작용 등의 유형이 있다.
예컨대 자연에 대한 묘사는 '심상'으로 변형되며, 시간적 연동화를 겪은 후 기억화된 마르셀(프루스트)의 어린 시절은 일련의 '사건들'이기를 그치고 '기억들'의 형상적 조직이 된다. 이러한 연동작용의 방식으로 상징체계의 문제성을 철저히 규명할 수는 없지만, '내면 세계'의 무수한 양상의 담화화를 부분적으로나마 설명할 수 있을 것이다."(A. J. Greimas et J. Courtés, Sémiotique Dictionnaire raisonné de la théorie du langage, Hachette, 1979, pp.119~121).

덕화(moralisation)'라 지칭한다. 이 단계에서는 정념 도식 전 단계에 내재하는 정념적 시퀀스를 되돌아보고 이를 총괄 평가한다. 5단계 표준 정념 도식은 다음과 같이 도식화될 수 있다.

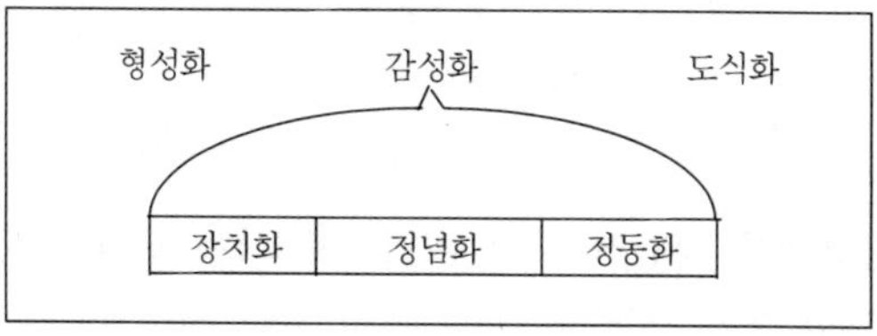

〈도표 2〉[7]

앞서 언급한 대로 이 5단계 도식의 설명이 그레마스 사후 그의 제자 퐁타니유에 의해 재정리되었다.[8] 이 글에서는 그가 프로테잡지에 발표한

---

7) S.P. p.271.

8) 『정념의 기호학』에서는 4단계 거시 시퀀스가 표준 서사 도식의 상적 논리를 따른다고 하였으나(S.P. p.268), 퐁타니유는 정념 도식을 재정리하면서 5단계 미시 시퀀스가 방법론적 차원에서 표준 서사 도식의 확대적용임을 밝힌다. 이것은 두 도식의 각 용어를 비교해 보면 분명히 알 수 있다.

표준 서사 도식	표준 정념 도식
계약(조종)	형성화
역량	장치화
수행	정념화
결과	정동화
검증	도덕화

이러한 대응 관계는 여러 가지 해석을 가져올 수 있는데, 우선 두 가지 도식의 생성을 주도한 방식은 매우 상이하다. 서사 도식은 프로프(Propp)의 전반적인 '기능(fontions)'의 감축 등과 촘스키(Chomsky) 언어학에서 차용한 개념에서 비롯된 것으로서, 행로의 결말 부분에서부터 거슬러올라가 추측할 수 있고 재구축할 수 있는 행동의 의미를 설명하기 위해 설정되었다. 반면에 정념적 시퀀스는 분석 시에 이런 식의 독해를 요구하지 않으며, 유일한 목적으로 유발된 점진적 생성과 모색

정념 도식[9]을 소개하고 이것을 실제 텍스트에 적용시키고자 한다. 그러면 이제 표준 정념 도식을 차례로 살펴보겠다.

3. 형성화

형성화는 담화에서 정념적 주체[10] 가 드러나는 단계이다. 이 단계에서 사용되는 두 가지 주요 범주는 강도(intensité)의 일반 범주에 속하는 양화(quantification)(ex. 배타성, 양적증가 등)나 템포(ex. 당혹감, 동요 등)이다. 정념화된 주체는 이런 자질들을 마지막 단계인 도덕화에 이르기까지 간직함으로써, 형성화는 생성과정 전체에 기호학적 스타일인 긴장적 스타일(style tensif)을 가져다 주는 단계라고 할 수 있다. 긴장적 스타일은 담화에서 독특한 상화(aspectualisations)의 형태로 나타난다. 일례로 충동성의 우발적 기동상(aspect inchoatif)이나 망설임의 통제되지 않는 반복상(aspect itératif) 등을 들 수 있다.

예컨대 질투의 전제들, 즉 애착관계와 경쟁관계는 재연동작용에 의해 불안으로 전환된다. 이와 같이 긴장적 주체의 재연동작용에 해당하는 단계를 형성화라고 부르며, 이 단계에서 정념화된 주체는 아직 쾌감(euphorie)이나 불쾌감(dysphorie)의 양극화에 도달하지 못하고 기질적 동요(oscillation thymique)의 형태를 띠고 있다.

다시 말해서 불안은 정념적 과정을 개시한다. 불안은 분절되지 못하고(non articulées) 양극화되지 못한(non polarisées) 긴장의 상태, 즉 감응적 불안정성(instabilité phorique)[11]의 상태에 있으며, 주체는 알기를 원하는

의 결과이다. (Jacques Fontanille, "Le schéma des passions." In *Protée*, Québec, vol.21, 1993, p.33)

9) *Ibid.*, pp.33~41.

10) 행위소(actant)가 정념을 느끼는 상태에 있을 때, 이 행위소를 정념적 주체라 한다.

의지적 양태화나 조사의 개시와 같은 기동적 유형의 상화로 생성의 단계를 전개시킴으로써만 이런 불안정성에서 벗어날 수 있다. 그리하여 주체는 동요의 상태에서 벗어나 /vouloir-savoir(알기를 원함)/를 설정함으로써 의심이 자리잡는 장치화가 이어진다.

4. 감성화

정념 도식의 감성화는 정념적 사행의 연속적 단계인 장치화, 정념화, 정동화를 통틀어 말하며, 주체는 이것들에 의해 기질적 대상(objet thymique)에 연접된다.

4.1. 장치화

앞의 단계인 형성화에서 유도되는 의심과 조사는 정념화된 주체에게 상상을 통해 여러 가지 양태적 장치를 설정하게 한다. 즉 '장치화'는 주체가 체험하는데 필요한 결정적 요소를 받아들이는 단계이다. '알아야 할 어떤 것이 있다(il y a quelque chose à savoir)'는 메타지식(métasavoir)은 하나의 발랑스(valence)[12]인데, 이것이 긴장적 주체를 통해 얻어지는 가치의 그림자(ombre de valeur)와 일치할 때 비로소 의심은 조사를 개시한다. 달리 표현하자면 의심을 만드는 메타지식은 감응(phorie)[13]의 동요에서 인식적 발랑스 위의 '체성화(sommation)'[14], 즉 이제는 느낄(sentir)뿐 아니

11) 쾌·불쾌의 기질 범주에 선행하는 선평가적(pré-évaluatif)이며, 선기질적(protothymique)인 계층을 이루고 있는 상태를 말함.

12) 인력(attractions)과 척력(répulsions)으로 주체를 대상에 결합시키는 것을 화학용어를 차용하여 발랑스라 부른다.

13) 정념의 혼란스런 내부, 발화 행위 주체의 내면 밑바닥에 존재하는 것을 말함.

14) 마음 속에 품고 있는 것이 어떤 태도나 행위 등으로 드러나는 것. 즉, 정신적인

라, 인식할(connaître) 수 있게 할 체성화로 작용한다. 이와 같이 메타지식은 의심의 범위 내에서 인지적 탐색 주체의/vouloir-faire(~하기를 원함)/를 설정하도록 함으로써 형성화 단계에서 장치화 단계로 넘어간다 할 수 있다.

의심을 생성하는 메타지식은 정념적 변형에 필요한 인지적 역량이라 할 수 있다. 왜냐하면 예컨대 질투하는 자가 의심의 현장을 상상하지 않는다거나 또는 제 3자의 개입 등으로 의심을 품게 되지 않는다면 질투심은 일어나지 않을 것이기 때문이다. 여기서 우리는 정념 도식의 장치화와 서사 도식의 역량 간의 유사점과 차이점을 살펴볼 수 있다. 첫 번째 유사점은 앞에서 언급한 대로 전자는 정념적 변형에 선행되는 조건인 역량이며, 후자는 행위에 선행되는 조건인 역량이라는 점이다.

두 번째 유사점은 장치화에서도 서사 도식의 역량과 마찬가지로 정념의 형성에 필요한 주체의 양태화를 정한다는 것이다. 이런 양태화는 서로 다른 국면의 다양한 양태(modalités)를 결합시킴으로써 하나의 복합적 장치로 나타난다. 이 단계에서 시퀀스의 양태적 동위성(isotopie modale)이나 형상소를 지배하는 양태의 확장된 특성 등이 이루어진다.

반면에 장치화와 서사적 역량 간의 차이점을 살펴보면, 첫 번째 차이점은 전자는 후자와는 달리 정념적 변형과 함께 소멸되지 않으며 오히려 강도가 더욱 심해진다는 것이다. 일례로서 질투하는 자의 의심은 확신과 더불어 소멸되는 것이 아니라 오히려 더욱 강해질 것이다. 두 번째 차이점은 서사적 역량은 행위를 양태화하는 반면, 장치화는 긴장적 주체의 상태를 양태화한다는 점이다. 장치화는 정념행로에서 어떠한 민감한 자극에 의해서라도 현실화할(actualiser) 수 있으며, 상태의 양태화와 정념적 형상소에 적합한 의미의 투입으로 구성된다.

요컨대 앞서 언급한 대로 형성화는 행로 전체의 긴장적 스타일을 규정

것이 신체적인 것으로 드러나는 것.

율, 경련 등으로 표출된다. 간단히 말해서 정념적 변형의 기질적 결과로서 주체가 느끼는 모든 것이 이 단계에서 신체적 반응을 통해 겉으로 드러난다는 것이다.

쾌감이나 불쾌감과의 연접이나 이접이 정동화의 유일한 속성은 아니다. 괴로움이나 즐거움도 행로 전체를 지배하는 기호학적 스타일에 의해, 또한 주체의 총체적인 정념적 스타일에 의해 나타날 수 있다. 요컨대 정동화는 작품 전체의 정념적 스타일이 요구하는 형태를 띤다.

정동화는 양태적 차원에서도 표출된다. 신체는 정념적 변형에 반응하면서 기다림, 욕구, 놀라움, 거절을 드러낸다. 최초의 긴장은 부분적으로 해소되고, 정념은 완료되고, 정동화의 신체적 표출만이 주체에 남아 있다. 이 단계는 두 가지 점에서 양태적 작용(opération modale)이라 할 수 있다. 첫 번째는 신체가 양태화된다거나 또는 정념에 의해 설정된 정서에 대해 양태적 여과장치의 역할을 한다는 점에서이며, 두 번째는 화자나 목격자들을 구성함으로써 알도록 한다거나(faire savoir), 지각하도록 한다(faire percevoir)는 점에서 양태적 작용이다.

5. 도덕화

도덕화는 정념 도식의 마지막 단계로서 윤리적, 미적 평가를 받는 주요 대상이다. 이 단계는 정념의 긴장적, 개체적, 문화적 양상의 종합으로 나타난다. 주체는 마지막 행로에 도달한 후 자신과 타인을 위해 정념적 변형의 결과를 평가하거나 평가 받는다.

선행 단계에서는 주체가 정념적 변형의 결과를 표출함으로써, 평가될 수 있고 측정될 수 있는 관찰 가능한 정념적 사건을 만들었고, 이에 따라 모든 시퀀스에 대해 잠재적 관찰자를 설정하였다. 이 화자-관찰자는 정념적 현장에 포함되거나 포함될 수 있다는 점에서 정념 행로를 도덕화, 즉 총괄 평가한다. 다시 말해서 이 단계에서는 주체의 형성화를 주재하는 긴장적 스타일, 장치화에 내재된 인지적 역량, 정념적 변형에 내재한 행위소적 장치, 신체적 표출의 정동화 등을 도덕화할 수 있다.

또한 도덕화 단계에서는 정념적 감염(contagion passionnelle)을 평가하여 통제한다. 각 정념은 한 행위소나 여러 행위소(정념화된 주체, 그의 대상, 표출된 정념적 사건의 관찰자)와 동시에 관련될 수 있고, 정념의 완료는 정념적 전달을 용이하게 하는 문화 공동체를 가정한다는 점에서 감성의 확산이 우려된다. 실제로 이런 정념적 감염이 일반적으로 확산될 때는 행위의 미분화(indifférenciation des conduites), 반응의 예측불허, 통제 불가능하고 무의미한 사회적 삶 등을 초래할 수도 있다. 요컨대 도덕화의 목표는 이런 감염이나 확산의 통제가 될 수도 있다.

지금까지 우리는 '정념 도식의 5단계'를 세밀히 살펴보았다. 기호학의 목적은 만들어진 가설을 실제 텍스트에 적용시키는 것이다. 이 이론의 적용 가능성을 증명하기 위해서는 하나의 문학 텍스트 전체에 적용시킬 수도 있을 것이고, 한 에피소드에 적용시킬 수도 있을 것이다. 이 글에서는 『적과 흑』 제 2부 12~13장과 14~16장 일부에 적용해보겠다.

6. 적용

1. 『적과 흑』 제 2부 12장~13장[15]의 짧은 에피소드는 표준 정념 도식의 정교하고도 완전한 실현을 보여 준다.

라 몰양(Mlle. de La Mole 또는 마틸드)이 그녀의 오빠인 노르베르(Norbert)

---

15) Stendhal, *Le rouge et le noir*, Livre de poche, 1983, pp.339~344. (번역은 『적과 흑』, 스탕달 저, 김붕구 역, 삼중당, 1991을 참고함)

와 자신의 얘기를 하고 있음을 눈치 챈 줄리앙(Julien)은 비통한 의혹에 사로잡혀 있다. 우여곡절 끝에 아름다운 마틸드로부터 사랑을 고백한 편지를 받은 줄리앙은 억누를 수 없는 기쁨을 맛본다. 이 에피소드에서 주체(S)는 줄리앙, 대상(O)은 마틸드이다.

> 줄리앙은 생각하는 것이었다. 「그렇다. 이것은 숨길 수 없는 사실이다. 라 몰양은 이상한 눈초리로 나를 바라본다」…… 이튿날 또다시 줄리앙은 자기 얘기를 하고 있는 노르베르와 그의 누이동생과 맞부딪쳤다. 그가 옆으로 다가가자, 남매 사이에는 전날 밤처럼 침묵이 흘렀다. — (1) 형성화
>
> 줄리앙의 의구심은 절정에 달하게 되었다…… 이 비통한 의혹에 줄리앙의 정신상태도 일변하고 말았다. 이런 의혹을 품는다는 것부터가 줄리앙의 마음 속에 사랑이 싹트고 있음을 증명하는 것이다…… — (2) 장치화
>
> 줄리앙이 라 몰양에 대한 자신의 사랑을 깨닫게 된 것은 그녀의 우아한 몸매, 옷차림에 대한 그 고상한 취미, 그리고 흰 손과 아름다운 두 팔, 혹은 그 부드러운 동작 – 이 모든 것을 몇 번씩이나 공상 속에 집어넣어 넋을 잃고 난 후의 일이었다…… — (3) 정념화
>
> 한 시간 쯤 지나 하인이 편지 한 통을 줄리앙에게 건네주었다. 사연에는 사랑의 고백으로 꽉 차 있었다……
>
> 줄리앙은 기쁨으로 뺨을 실룩거리며, 저절로 터져 나오려는 웃음을 문장에 주의를 기울임으로써 억제하려 애썼다…… — (4) 정동화
>
> 이윽고 그는 벅찬 감격을 억제할 길 없어 이렇게 외쳤다. "드디어 나는, 가난한 시골뜨기인 나는 귀부인에게서 사랑을 고백 받았다!" 줄리앙은 솟아오르는 기쁨을 억누르며 덧붙였다. — (5) 도덕화

(1) 정념적 주체는 그를 둘러싼 환경에서 야기되는 모든 감정적 자극을

수용함으로써 형성된다. 즉, '형성화' 단계에서는 불안정한 형상적 변이체 주위에서 감응의 긴장적 속성의 여러 가지 표출이 제시된다.

텍스트에서 S는 O의 은근한 시선을 느끼고 있으며, 이런 느낌으로부터 긴장의 영역이 설정된다. O가 S에게 불러 일으키는 자극은 어떤 템포라고 할 수 있는데, 이것은 말하자면 S가 이 에피소드에서 겪게 될 모든 감성의 근원인 정념적 '형성화'가 그에게 일어나는 형태이다.

이와 같이 정념화된 주체는 템포의 자질을 간직함으로써 긴장적 스타일을 규정짓는다. 이외에도 S의 긴장적 스타일은 남매가 자신의 모습을 보자 침묵을 지키는 데서 촉발되는 /vouloir-savoir(알기를 원함)/를 향한 억제할 수 없는 기동상으로 되어 있다. 달리 표현하자면 S의 인지적 역량은 지식(정보)의 실재에 근거를 두는 메타지식의 느낌으로 귀착한다. 이런 느낌은 인지적 탐색의 개시를 가져옴으로써 기동상을 투사한다.

(2) S는 'quelque chose à savoir'(알아야 할 어떤 것)이 있음을 느끼고 있지만 이것이 'presque rien'(거의 무(無))은 아니어야 한다. 이것은 하나의 발랑스로서, 긴장적 주체(sujet tensif)에 의해 획득되었지만, 인지적 주체(sujet cognitif)에 의해서는 아직 획득되지 않은 상태이다. S는 메타지식을 획득했다는 점에서 실제로 정보적 역할(rôle informatique)을 행했다고 할 수 있다.

S의 O에 대한 사랑은 사랑을 유발하는 조작 즉, 'faire-aimer(사랑하도록 함)'를 전제함으로써 정념의 행로에 양태적 스타일을 가져다 준다. 텍스트에서 S의 기질적 변형은 (마틸드와 노르베르가 함께 있는 현장에서) 자신은 제외됨으로부터 비롯되는 /ne-pas-pouvoir-être(~일 수 없음)/(S는 그들과 함께 있을 수 없음)에 의해 이루어지는 인지적 성격으로 되어 있다.

(3) 정념화 단계에서 S는 O의 아름답고 고상한 모습을 목격하고 O에 완전히 빠져듦으로써 S가 O로 되는 행위소적 역할 교환이 이루어지고 있다. S가 O에 완벽한 아름다움을 부여하는 것, 즉 대상을 미화시키는 것

은 대상에 대한 가상물 설정의 과정에서 중요한 것으로 S는 O에 /vouloir-être(~이기를 원함)/의 양태를 투사하고 있다. 그럼으로써 사랑받는 대상(objet aimé)이 양태적 대상(objet modal)으로 변형되는 조작을 볼 수 있다. S가 하는 공상은 그에게 쾌감의 변형(transformation euphorique)을 가져온다.

(4) 정동화 단계는 신체적 행위(faire somatique)로서 S가 느끼는 모든 것이 관찰가능한 신체적 반응을 통해 드러난다. 선행 단계에서 S가 반한 O가 자신을 사랑함을 알고는 S는 기쁨을 감추지 못하고 자기도 모르게 뺨을 움직이며 웃음이 터져 나오려 한다. 즉 /ne-pas-pouvoir-ne-pas-faire(~하지 않을 수 없음)/를 투사하고 있다.

(5) 도덕화 단계에서 S의 감정은 기질적 변형에서 기인하는 기쁨으로 충만되어 있다. 기쁨의 기질적 변형은 인지적 성격으로 되어 있으며, 양태적 시퀀스에서 /croire-être(~임을 믿음)/(O가 S를 사랑하고 있음을 믿음)의 획득에서 비롯된다. 요컨대 S의 감정은 야심의 달성으로 쾌감으로 평가된다.

2. 다음에는 제 2부 14장~16장[16]에 내재한 표준 정념 도식의 5단계를 살펴보겠다. 마틸드의 거만하고 냉담한 마음은 능력있고 유능한 귀족들에게는 관심이 없고, 오로지 가난하고 비천한 출신의 줄리앙에게만 쏠려 있다. 그녀는 새벽 한 시에 자신의 방으로 올라오라고 그에게 편지를 보냈다. 앞의 에피소드와는 달리 여기에서는 마틸드가 주체(S)이고, 줄리앙이 대상(O)이다.

16) *Ibid.*, pp.350~365.

지금 마틸드가 진심으로 두려워하는 것은 줄리앙이 자기를 불만스럽게 생각하고 있지나 않을까 하는 불안이었다.......	(1) 형성화
마틸드의 눈에는 줄리앙이 조금도 자기를 사랑하지 않는 것 같기도 했다. 이런 무서운 의혹이 여기까지 깊어지자, 마틸드의 마음 속에는 여인의 자존심이 고개를 들었다....... 줄리앙은 한시 오분이 되자 마틸드의 방의 창가에다 사다리를 걸쳐 놓고 천천히 올라갔다....... 마틸드는 이상하게도 괴로웠던 것이다.......	(2) 장치화
"당신요? 당신은 저쪽 방문으로 나가시면 되잖아요?" 마틸드는 줄리앙의 로맨틱한 생각이 기뻐서 이렇게 말했다. '아아, 정말 이 사람이야말로 내가 진심으로 사랑할만한 청년이 아닌가!' 마틸드는 생각했다.......	(3) 정념화
줄리앙의 얘기를 듣고 있던 마틸드는, 그의 의기양양한 꼴에 비위가 상했다. "벌써 내 주인이나 된 것처럼 구네!" 마틸드는 이렇게 생각하며, 벌써 뉘우침에 가슴이 찢어지는 듯 했다. 마틸드의 이성으로는, 방금 자기가 저지른 분별없는 행동에 몸서리가 날 지경이었다. 할 수만 있다면 자기 자신과 줄리앙을 한꺼번에 소멸시켜 버리기라도 하고 싶었다.	(4) 정동화
이따금 순간적으로 의지력이 뉘우침을 억누르더라도, 고통스러운 수치심과 소심한 마음으로 해서 마틸드는 몹시 괴로웠다. 이런 무서운 상태에 부딪치리라고는 전혀 예상을 하지 못했다.	(5) 도덕화

(1) 형성화 단계에서 긴장적 주체인 S는 불안한 상태에 있는 주체, 즉 선조건층위의 변조에 잠긴 주체이다. 지금 S의 감정은 재연동화되어 긴장이 생성하는 감응적 동요에 온통 잠겨 있다. 불안은 여러 가지 가상물을 설정하도록 하는 선조건층위의 흔들림이다. 긴장 상태의 주체로 재연동화된 불안한 주체는 인지적 탐색의 주체(sujet de quête cognitive)가 되어 정

념적 분리작용 담화 연쇄에서 주체가 가상의 사건을 삽입하는 작용)에 의해 가상물을 투여한다. 즉 S는 '혹시 O가 자신(S)을 불만스럽게 생각하는 것이 아닐까? 혹시 O가 나(S)를 사랑하지 않는 것이 아닐까?' 등 여러 가지 가상물을 만들고 있다. S에게는 이러한 것에 대해 알기 원하는(/vouloir-savoir/) 인지적 주체가 잠재되어 있어 의혹이 자리잡는 장치화가 이어진다.

(2) 장치화 단계에서는 주체의 여러 가지 양태가 결합됨으로써 하나의 복합적 장치로 나타난다. 텍스트에서 S는 O에 대해

/vouloir-être(~이기를 원함)/
/pouvoir-ne-pas-être(~가 아닐 수 있음)/

를 투사한다. 이 경우 'être'는 'O가 S를 사랑함'을 가리킨다. 즉 S의 고통은 'vouloir'와 'pouvoir'간의 충돌로 특징지어진다. 이러한 /pouvoir-ne-pas-être/의 양태성으로부터 S의 자존심이 들추어진다. 자존심(orgueil)이란 원래 자신의 역량의 과대 평가 위에 놓인다. 이것은 '자신으로부터 기인하는 것(ce qui lui est dû)'이므로 /devoir-être/에 속하며, 애착관계와 동류이다. 간단히 말해서 S는 O에 정념적으로 애착을 가지면서 O에 예속되게 되며, /pouvoir-ne-pas-être/로 인해 자존심이 고개를 든다고 할 수 있다.

(3) 정념화 단계는 S의 두 가지 구별되는 주체를 내포하고 있다. 즉 O가 위험을 무릅쓸 정도로 용기가 있음을 알게 된 '인지적 주체'와 거기서 비롯되는 '기질적 주체'를 나타내고 있다. 전자는 대상이 모험을 겪을 만한 용감한 자임을 깨달으면서 후자에게 쾌감의 변형(transformation euphorique)을 하게 한다. 그러므로 인지적 차원에서 기질적 차원으로 이행하면서 기쁨에 사로잡힌 주체가 성립되었다.

S는 O에 반하여 그 속에 푹 빠진 주체로서 선조건층위에서 근본적 미감을 다시 찾는다. 심미적 주체는 감응에 다시 잠겨 대상을 진심으로 사

랑할만한 청년으로 미화시킨다.

(4) 정동화 단계에서 O의 의기양양한 모습은 S에게 자신의 불운을 체감하게 하며 불쾌감의 변형(transformation dysphorique)을 일으킨다. S는 O의 태도를 보고 후회와 실망으로 가득차 있다. 즉 S의 양태적 가상물은 /ne-pas-vouloir-être/인 반면, O의 양태적 가상물은 /vouloir-être/이므로, S와 O의 가상물은 완전히 상충되고 있다. 결국 S는 자신의 어리석은 짓에 대해 몸서리치는 신체적 반응을 일으킨다. 즉 /ne-pas-pouvoir-ne-pas-faire/의 양태를 투사하고 있다.

(5) 도덕화 단계에서 S는 가난하고 비천한 청년을 애인으로 삼은 것에 대해 수치심과 괴로움을 느끼고 있다. 수치심을 느낀다는 것은 그것을 표출할 수 밖에 없는 정념화된 담화 속에 연동화된 기질적 변형이다. 또한 괴로움은 괴로움을 일으키는 조작, 즉 'faire-souffrir(괴로워하게 하다)'를 전제로 한다. 괴로움의 양태적 부여는 /croire-ne-pas-être/이며 괴로움의 주체는 반-대상(anti-objet)과 연접 상태에 있고 양태의 관점으로 보면 실현된 주체(sujet réalisé)의 불쾌한 이미지 위에 놓인다. 결론적으로 정열이 사라진 후 S의 감정은 불쾌감으로 평가된다.

이상과 같이 우리는 『적과 흑』에서 발췌한 짧은 에피소드에서 줄리앙과 마틸드의 정념행로를 5단계 정념 도식으로 분석해 보았다. 분석의 결과 두 주인공의 도덕화가 완전히 상반되게 나타남을 관찰할 수 있었다.[17]

---

17) 이것을 죠제프 쿠르테스(Joseph Courtés)의 「결혼 시퀀스의 기본 조직」(in Nef, F., *Structures élémentaires de la signification*, Complexe-P.U.F., 1976, p.73)에 적용시켜 보면 줄리앙의 쾌감과 마틸드의 불쾌감을 이해할 수 있다. 즉 남·녀 결합의 여러 가지 차원(부유 대 빈곤, 고귀 대 비천, 매력 대 혐오 등)에서 줄리앙은 마틸드와의 결합으로 부유와 고귀에 접근할 수 있는 반면, 후자는 전자와의 결합으로 빈곤과 비천에 접근하게 됨으로써, 전자는 쾌감을 느끼며, 후자는 불쾌감을 느낀다고 말할 수 있다.

7. 맺음말

"그레마스에게 있어서 일관된 것은 어떤 가설을 세우고 그것을 연역적으로 풀어서 이론으로 정립한 후, 그 이론을 구체적인 사례에 적용시키는 순서를 따른다는 점이다. 그것은 서구의 가장 보편화된 합리주의 내지는 이성주의적인 방법이고, 그레마스는 그러한 방법을 엄격하고도 철저하게 추구하였다."[18] 그의 사후 제자들이 계속 연구를 이어받고는 있지만 생존시보다 이론이 구심점이 없이 여러 방향으로 분산되고, 이론적 노력도 감소한 것이 사실이다. 그러나 제자 퐁타니유는 그의 학설을 재정리하고 발전시키면서 꾸준히 저술과 논문을 발표하고 있다.

정념의 기호학은 "언어의 내부에서 유동적이고 연속적인 현상들을 발생시키는 체험된 의미를 지각을 통해 파악하는 것 사이에 존재하는 거리를 좁히려는 시도이다."[19] 이런 시도를 위해 그레마스와 퐁타니유는 여러 가지 분석 도구를 설정하였으며, 본 논문에서는 이것들 중 하나인 표준 정념 도식을 살펴보았다.

표준 정념 도식은 담화에 내재된 전체 윤곽을 재구성하도록 하는 것으로서, 이 도식의 특성은 5단계가 각기 정념적 의미효과 즉, 긴장성, 감응, 양태화 등을 계속 보유하고 있다는 것이다. 우리는 지금까지 살펴본 정념 도식을 통해 담화에서 정념의 어휘와는 상관없이 정념적 의미 효과를 충분히 찾아낼 수 있으며, 정념 행로를 하나의 도식으로 일관성있게 구축할 수 있었다. 그리고 정념 도식을 실제 텍스트에 적용시켜본 결과 이 도식이 적용가능함이 입증되었다. 앞으로 이 도식을 프랑스의 문학 작품뿐 아니라 사회·문화적으로 상이한 우리 나라 문학 작품에도 적용시켜 그 적용 범위를 확대해 나가야 할 것이다.

---

18) 서정철, 『기호에서 텍스트로』, 민음사, 1998, p.334.

19) Anne Hénault, 『기호학사, *Histoire de la sémiotique*』, 박인철 역, 한길크세주, 2000, p.170.

참고 문헌

Arrivé, M., *Linguistique et psychanalyse*, Klincksieck, 1987.

Coquet, J.-C., *Sémiotique, L'Ecole de Paris*, Hachette, 1982.

__________, *Le discours et son sujet I*, Klincksieck, 1984.

Courtés, J., *Introduction à la Sémiotique narrative et discursive*, Hachette, 1975.

Fontanille, J., *Les espaces subjectifs introduction à la sémiotique de l'observateur*, Hachette, 1989.

__________, "Le schéma des passions", in *Protée*, Québec, vol. 21, 1993.

__________, *Sémiotique du visible*, P.U.F., 1995.

__________, *Tension et signification*, Mardaga, 1998.

__________, *Sémiotique et littérature*, 1998. (한국어 번역본, 『기호학과 문학』, 김치수 · 장인봉 옮김, 이화여자대학교 출판부, 2003)

Greimas, A. -J., *Sémantique Structurale*, Larousse, 1996.

__________, *Du sens II*, Paris, Seuil, 1970.

__________, *De l'imperfection*, Panlac, 1987.

Greimas, A. -J. & Courtés, J., *Sémiotique, Dictionnaire raisonné de la théorie du langage*, Hachette, 1979.

Greimas et Fontanille, *Sémiotique des passions, Des états de choses aux états d'âme*, Paris, Seuil, 1991.

Groupe d'Entrevernes, *Analyse sémiotique des textes*, Paris, Presses universitaires de Lyon, 1988.

Hénault, A., *Les enjeux de la sémiotique*, Paris : P.U.F., 1979. (한국어 번역본, 『기호학으로의 초대』, 홍정표 옮김, 어문학사, 1997)

__________, *Narratologie - Sémiotique générale*, Paris : P.U.F., 1983. (한국어 번역본, 『서사, 일반 기호학』, 홍정표 옮김, 문학과 지성사, 2003)

__________, *Histoire de la sémiotique, coll. Que sais-je?*, Paris : P.U.F., 1992. (한국어 번역본, 『기호학사』, 박인철 옮김, 한길사, 2000)

Hjelmslev, L., *Prolégomènes à une théorie du langage*, Editions de Minuit, 1971.

Nef, F., *Structures élémentaires de la signification*, Complexe-P.U.F., 1976.

Parret, H., *Les passions, Essai sur la mise en discours de la subjectivité*, Pierre

Mardaga éditeur, 1986.
Petitot-Cocorda, J., *Morphogenèse du sens*, Paris, P.U.F., 1985.
Rengstorf, M., "Pour une quatrième modalité narrative," *Langage* 43, 1976.
Ricoeur, P., *Temps et récit II*, La configuration dans le récit de fiction, Seuil, 1984.
Zilberberg, C., *Essai sur les modalités tensives*, Amsterdam, 1981.
김성도, 『구조에서 감성으로』, 고려대학교 출판부, 2002.
백승국, 「이문열의 소설 "시인"의 정념적 세계」, 동서어문학회, 1999.
서정철, 『기호에서 텍스트로』, 민음사, 1998.
주경복, 「Greimas 기호학의 이론적 기초에 대한 비판적 고찰(I), (II)」, 『프랑스학 연구』 제10, 11호, 1992~1993.
홍정표, 「정념의 기호학적 연구」, 『프랑스학 연구』 제15권, 1997.
_____, 「양태 이론 고찰」, 『불어불문학 연구』 제 38집, 1998.

<인용된 텍스트>
Stendhal, *Le rouge et le noir*, Livre de poche, 1983.
『적과 흑』, 스탕달 저, 김붕구 역, 삼중당, 1991.

L'étude du schéma des passions

HONG Jeong-Pyo

Cette étude a pour but de présenter 'Le schéma des passions' par A. J. Greimas et J. Fontanille en rapport avec la sémiotique des passions et de l'appliquer à l'analyse concrète d'un texte.

Le schéma pathémique canonique résulte d'un tâtonnement, d'une élaboration progressive motivée par un seul objectif. Les deux sémioticiens ont détaillé les opérations constitutives du processus passionnel en 5 étapes et leur ont donné de manière homogène des noms d'opération : constitution, disposition, pathémisation, émotion et moralisation.

La 'constitution' est l'étape pendant laquelle le sujet pathémique émerge dans le discours. La 'disposition' est la phase au cours de laquelle le sujet reçoit les déterminations nécessaires pour éprouver une passion ou un type de passion. La 'pathémisation' est la phase transformatrice principale de la séquence, celle qui va modifier l'état physique du sujet, et lui faire connaître en somme les valeurs thymiques qu'il pressentait lors de la constitution ou de la disposition. L' 'émotion' nous ramène à l'individu et à son corps. Les trois phases précédentes refont surface avec l'émotion. La 'moralisation', pour finir, se présente comme une synthèse des aspects tensifs, individuels et culturels de la passion.

Enfin, on appliquera ce schéma dans un fragment du Rouge et le Noir de Stendhal.

열쇠어 : 형성화, 장치화, 정념화, 정동화, 도덕화, constitution, disposition, pathémisation, émotion, moralisation

기호, 텍스트 그리고 삶

초판 1쇄 인쇄 • 2006년 2월 8일
초판 1쇄 발행 • 2006년 2월 15일
엮은이 • 신현숙 · 박인철 편
펴낸이 • 박 성 복
펴낸곳 • 도서출판 **월인**
서울특별시 강북구 수유2동 252-9
등록 • 제6-0364호 / **등록일** • 1998년 5월 4일
대표전화 • (02) 912-5000 / **팩스** • (02) 900-5036
http://www.worin.net

ISBN 89-8477-304-2 93710

값 21,000원

※ 잘못된 책은 구입하신 서점이나 본사에서 바꾸어 드립니다.